Todo recomeço começa de um fim

Editora Appris Ltda.
1.ª Edição - Copyright© 2023 da autora
Direitos de Edição Reservados à Editora Appris Ltda.

Nenhuma parte desta obra poderá ser utilizada indevidamente, sem estar de acordo com a Lei nº 9.610/98. Se incorreções forem encontradas, serão de exclusiva responsabilidade de seus organizadores. Foi realizado o Depósito Legal na Fundação Biblioteca Nacional, de acordo com as Leis nos 10.994, de 14/12/2004, e 12.192, de 14/01/2010.

Catalogação na Fonte
Elaborado por: Josefina A. S. Guedes
Bibliotecária CRB 9/870

B465t
2023
	Benevides, Camila
	   Todo recomeço começa de um fim / Camila Benevides.
	   1. ed. - Curitiba : Appris, 2023.
	   535 p. ; 27 cm.
	
	   ISBN 978-65-250-4276-3
	
	   1. Ficção brasileira. 2. Autorrealização. I. Título.
	
	                                                              CDD – 869.3

Appris
editora

Editora e Livraria Appris Ltda.
Av. Manoel Ribas, 2265 – Mercês
Curitiba/PR – CEP: 80810-002
Tel. (41) 3156 - 4731
www.editoraappris.com.br
Printed in Brazil
Impresso no Brasil

CAMILA BENEVIDES

Todo recomeço começa de um fim

Appris
editora

FICHA TÉCNICA

EDITORIAL	Augusto V. de A. Coelho
	Sara C. de Andrade Coelho
COMITÊ EDITORIAL	Marli Caetano
	Andréa Barbosa Gouveia (UFPR)
	Jacques de Lima Ferreira (UP)
	Marilda Aparecida Behrens (PUCPR)
	Ana El Achkar (UNIVERSO/RJ)
	Conrado Moreira Mendes (PUC-MG)
	Eliete Correia dos Santos (UEPB)
	Fabiano Santos (UERJ/IESP)
	Francinete Fernandes de Sousa (UEPB)
	Francisco Carlos Duarte (PUCPR)
	Francisco de Assis (Fiam-Faam, SP, Brasil)
	Juliana Reichert Assunção Tonelli (UEL)
	Maria Aparecida Barbosa (USP)
	Maria Helena Zamora (PUC-Rio)
	Maria Margarida de Andrade (Umack)
	Roque Ismael da Costa Güllich (UFFS)
	Toni Reis (UFPR)
	Valdomiro de Oliveira (UFPR)
	Valério Brusamolin (IFPR)
SUPERVISOR DA PRODUÇÃO	Renata Cristina Lopes Miccelli
ASSESSORIA EDITORIAL	Nathalia Almeida
REVISÃO	Andrea Bassoto Gatto
	Monalisa Morais Gobetti
PRODUÇÃO EDITORIAL	Bruna Holmen
DIAGRAMAÇÃO	Bruno Ferreira Nascimento
CAPA	Sheila Alves
REVISÃO DE PROVA	William Rodrigues

Ao Criador de tudo, por todos os dias me permitir respirar, aprender e auxiliar cada vez mais pessoas com meu servir!

A todas as mulheres da minha vida, eu honro e agradeço a vocês por toda doação, entrega, força e sabedoria, e por tudo que me ensinaram sobre ser mulher!

A todos os homens da minha vida, eu honro e agradeço a vocês por terem me ensinado tanto sobre o amor, principalmente o próprio.

Aos meus anjos de quatro patas, que me ensinaram que o amor é leve e entregue.

Agradecimentos

Agradeço primeiro ao Criador de Tudo que é, por me proporcionar essa vida incrível e extraordinária.

A meus mentores, familiares e todos as pessoas que passaram pela minha vida, trazendo tanto aprendizado.

Eu agradeço a cada pessoa que está lendo essas páginas, que esse livro possa trazer primeiro a sensação de reconhecimento, porque eu vejo você, entendo a sua dor.

Depois que te traga entretenimento e diversão, que possa arrancar de seus lábios alguns sorrisos e de seus olhos lágrimas de purificação.

Agradeço a você por me permitir fazer parte da sua jornada!

Gratidão
Gratidão
Gratidão

Escute enquanto lê:

O amor começa em amar a si e tudo flui bem!
Tente pensar no amor e aprender com a dor.
Se é para recomeçar, seja como for.
Se é para amar, cuide melhor de você.
Amor tem que fazer sorrir, ame-se mais!
Quando parecer que o amor simplesmente foi embora,
talvez só tenha encontrado outro endereço.
Todo recomeço começa de um fim!

(Música: Bem-Vindo – Luiza Caspary e Jair Oliveira)

Sumário

CAPÍTULO 1
Tudo começa do começo 13

CAPÍTULO 2
Conto de fadas existe? 27

CAPÍTULO 3
O inesperado pode ser bom! 41

CAPÍTULO 4
Mas nem sempre o inesperado é tão bom assim 51

CAPÍTULO 5
Amadurecer dói, mas é preciso! 57

CAPÍTULO 6
Amar é desnecessário 65

CAPÍTULO 7
Nem tudo é como dizem 81

CAPÍTULO 8
A prática leva à perfeição... ou não! 89

CAPÍTULO 9
O que é bom, infelizmente, dura pouco demais! 95

CAPÍTULO 10
O prazer é real e a tristeza também 107

CAPÍTULO 11
Nunca subestime sua intuição! 125

CAPÍTULO 12
Onde tudo começa, tudo precisa terminar! 149

CAPÍTULO 13
Um novo começo nem sempre é novo 203

CAPÍTULO 14
Se é para recomeçar, então recomece 225

CAPÍTULO 15
O amor está aí, bem dentro de você 251

CAPÍTULO 16
Quando você é a pessoa que deseja ter, tudo flui 279

CAPÍTULO 17
O amor é construído diariamente 349

CAPÍTULO 18
Amar é decisão 451

CAPÍTULO 19
Tudo pode desmoronar ou não. Depende de você! 485

CAPÍTULO 20
A vida é surpreendente para quem aprende a vivê-la 531

CAPÍTULO 1

Tudo começa do começo

Hoje estou saudosa. Sei que parece antiquado, mas eu adoro fotos reveladas. E, então, olhando meus álbuns de fotos, observei rostos que fizeram parte da minha história e como cheguei até aqui.

Essa história começa como muitas, com um passado, um presente e a construção de um futuro.

Primeiro, deixe-me apresentar. Sou Helena Soares e sempre fui a "diferente" de todas as meninas da minha escola na época da adolescência: aquela que nunca se encaixa, nunca se enturma, nunca se sente confortável com outras pessoas. Sabe aquela que fica sozinha no canto, imersa em seu mundinho paralelo? Essa era eu!

Vamos começar essa história no ano de 2002. Eu estava com 16 anos. Meu longo cabelo cacheado castanho-escuro partido ao meio, tampava boa parte do meu rosto e me ajudava a esconder a tristeza que havia em meu olhar, tristeza adquirida por anos de mentiras, abandono, medo, raiva, culpa e frustração.

Eu era bem magra, sem nenhuma curva no corpo. Não atraía muito a atenção dos garotos, o que achava ótimo. Na verdade, isso facilitava minha exclusão daquele mundo adolescente patético em que nunca me encaixei e muito menos entendia.

Quando me olhava no espelho eu realmente não gostava do que via. Não me sentia bonita, muito menos atraente, mas era o que tinha para o momento, então tentava não pensar sobre isso.

Atrás da adolescente rebelde estava a menina ferida, a menina sem amor, a menina que precisou virar adulta cedo demais para sobreviver a este mundo estranho, com pessoas estranhas, fazendo coisas estranhas.

Fui abandonada pelo meu pai e tive que crescer e virar adulta aos 7 anos. Precisei assumir as atividades da casa e as responsabilidades da vida.

Meu pai nunca foi pai de verdade; era agressivo e ausente. Tenho poucas memórias dele e as poucas que tenho, definitivamente, não são boas.

Tenho um grande apagão em minha mente, não me lembro de quase nada até meus 14 anos. É como se não tivesse vivido antes. Mas algo em mim me diz que foi melhor esquecer, então tento não me preocupar com isso e deixar como está.

Definitivamente, eu não tinha tempo para pensar em mais nada além do caos em casa e que precisava de dinheiro para sair de lá o mais rápido possível.

Éramos somente eu e minha mãe, que também sofreu demais pelo abandono. Vivíamos em Minas Gerais, em uma cidade vizinha da capital. E ela nunca foi uma "mãe exemplo". Ela e meu pai bebiam e brigavam muito, e eu acabei crescendo nessa confusão. Meus avós eram meu porto seguro.

Minha mãe, após ser abandonada pelo meu pai, na tentativa de se sentir menos sozinha, namorava vários homens, e eu ficava ali, ainda mais sozinha do que ela, até que, finalmente, consegui um trabalho de babá. Por falar nisso, nunca me vi no papel de mãe, no entanto, por mais incrível que pareça, cuidar do bebê de outra pessoa era divertido.

Eu cuidava do bebê da Lorena, uma empresária iniciante, recém-casada, uma mulher muito bonita, muito rica e muito triste também. Nunca vi o marido dela. Ele era muito ausente e Lorena estava sempre sozinha. Dava para ver a solidão em seus olhos verdes, que pareciam duas folhas murchas.

Por várias vezes pensei: "Como pode uma mulher linda e inteligente como ela aceitar essa vida infeliz? Essa vida de aparência de amor pleno para sociedade, mas de quartos separados na intimidade? Como pode? Por que ela aceita isso?". Somente depois de alguns anos eu entendi o porquê.

O bebê, Bernardo, de 1 aninho, era lindo e carinhoso, não dava trabalho algum, o que me permitia estudar nas horas em que ele estava dormindo. Eu trabalhava o dia todo como babá e à noite ia para a escola. De segunda a sexta-feira, essa era a minha rotina.

Aos sábados fazia algumas faxinas para aumentar minha renda. Nessa época queria fazer um curso de informática, mas minha mãe e minha vó não tinham condições de me ajudar, então comecei a fazer as faxinas.

Acho que já deu para perceber que eu não era de muitos amigos na escola, né? Afinal, eu mal conseguia ficar acordada nas aulas, quanto mais conversar.

Com a escola eu tinha um único objetivo: FICAR LIVRE de tudo o mais rápido possível. Então tirava boas notas para acabar logo o ensino médio.

Eu detestava a escola. A maioria tentando ser algo que não era ou tentando se encontrar no meio do turbilhão de hormônios que se vive nessa fase. Você não é nem criança, nem adulto, não pode nada e, ao mesmo tempo, pode tudo. Até hoje não sei o que era para fazer naquela época... Enfim, eu sobrevivi assim.

Ah, claro, tentaram fazer bullying comigo, mas, sinceramente, eu ficava tão cansada de cuidar do Bernardo, de lidar com os conflitos em casa e estudar que eu nem ligava. Os garotos falavam coisas tipo: "Magrela, mas eu pego, hein!"; "Podia usar uma roupa mais justa aí!", coisas idiotas assim.

As garotas só olhavam. Eu não seguia a moda da época, então não era uma ameaça para elas. Estava sempre de roupas largas e sem pentear o cabelo direito, normalmente ia com ele partido ao meio ou com um rabo de cavalo para facilitar minha vida.

Os garotos populares eram delas, então tudo estava bem. Até o dia que Hugo Bernardes olhou para mim no intervalo.

Hugo Bernardes era o garoto mais popular do 3º ano; alto, bonito, filho do diretor da escola, moreno de cabelo liso, cortado em camadas perfeitas acima das orelhas e olhos verdes, aquele verde-escuro e claro ao mesmo tempo. Ele ainda estava se tornando um homem, era um pouco magro, mas já dava para ver que se tornaria em um belo exemplar do sexo masculino.

Ah! Ele tinha um irmão, o Ricardo, ainda no 1º ano. Compartilhavam da mesma beleza, mas Ric, como todos o chamavam, era loiro, como um anjo, cabelo liso também, um pouco mais longos que o de Hugo. Seus olhos eram tão azuis que dava para imaginar o oceano ao olhar para eles.

Ric era da minha sala. Sinceramente, eu nunca nem tentei conversar com ele. Primeiro, estava sempre rodeado de garotas lindas, as "populares"; segundo, eu não tinha nada para dizer a ele. A única vez em que conversamos, lembro-me de emprestar um apontador para ele. A conversa foi bem simples e resumida:

— Ô, menina dos cachos, você tem apontador aí?

— Oi. Ah... Claro. Toma!

Pronto. Lembro-me dessa vez e só.

Até que um belo dia, no intervalo, estava lá, no meu canto, como sempre, alienada em meu mundo, lendo um meu livro e ouvindo Legião Urbana no fone de ouvido, e, de repente, comecei me sentir observada. Sabe aquela sensação que tem alguém te encarando? Pois é. Por instinto, comecei a procurar e pronto... Dei de cara com um par de olhos verdes do outro lado do pátio.

Hugo estava com seus amigos, o trio de sempre. Paulo estava à direita — moreno, alto, corpo já atlético para a idade. Acho que jogava basquete na escola, não sei direito. E à esquerda estava Frederico — um pouco menor do que Paulo, devia ter 1,65 m, cabelo cacheado como o meu, um sorriso lindo. Nunca vi dentes tão brancos, aliás.

Por um instante perguntei a mim mesma: "Será que estou tão descabelada assim que até ele notou?".

Ele desviou o olhar assim que percebeu que eu olhei para ele. E foi aí que eu acho que tudo começou.

No dia seguinte, lá estava eu, após um longo dia de trabalho. Bernardo tinha passado mal e havia chorado tanto que minha cabeça estava explodindo de tanta dor.

Entrei na sala 10 minutos atrasada para a aula de matemática, que eu detestava, por sinal. Sob os olhos de todos, sentei-me na única carteira vazia, bem atrás de Ric. Sem pensar direito por causa da dor de cabeça que sentia, tirei o caderno e o livro e comecei a forçar meus olhos a ficarem abertos o máximo possível.

No meio da aula senti uma batida na minha mesa.

— Você está bem? Está com uma cara horrível hoje, gata!

Quando olhei para ver de onde vinha a voz, deparei-me com o oceano, ou melhor, com o par de olhos azuis de Ric, olhando-me.

Devo ter dado um pulo, porque ele também se assustou:

— Calma, garota. Eu não mordo não!

— Desculpa, o que disse?

— Perguntei se você está bem. É Helena, certo?

— Quem? O quê?

Parecia que eu tinha contado uma piada nessa hora, pois ele quase caiu para trás de tanto rir, chamando a atenção do professor que, claro, não gostou.

— Você é hilária. Mas já percebi que não está bem, porque nem sabe mais quem é e onde está!

Meio sem entender o motivo de o garoto mais cobiçado da minha sala de repente resolver conversar comigo, dei uma risada sem graça e voltei a olhar para meu caderno.

Era um problema bem chato, a propósito, ou eu estava cansada demais para tentar entender.

— Posso te ajudar se quiser. Sou muito bom em matemática.

Ric, ainda olhando para mim, soltou essa, batendo o lápis no meu caderno, onde eu estava rabiscando uma tentativa de resposta ao problema matemático.

Olhando bem nos olhos azuis dele, quase que o desafiando, eu disse:

— Claro! Vai ser ótimo! Acho que meus neurônios já foram dormir hoje.

Ric, todo feliz, como se tivesse ganhado na loteria, virou meu caderno, olhou atentamente para meus cálculos e falou:

— Você estava no caminho certo. Falta só uma coisa.

Ele faz algumas anotações e pronto, virou o caderno novamente para mim.

— Uau! Não é que você é bom mesmo?! Obrigada pela ajuda. Estava travada nessa parte.

— Imagina! Vi que está cansada. Se quiser ir estudar para a prova lá em casa no fim de semana. Meu irmão é o cara dos cálculos. Está estudando para entrar em engenharia. Ele me ajuda quando tenho dúvidas.

Ah, claro! Ele tinha que me lembrar do belo irmão mais velho dele, que eu ainda estava tentando entender o motivo de estar me encarando no dia anterior.

— Eu agradeço, Ricardo! Vou ver minha escala de trabalho e se precisar aceito sim. Eu te aviso. Obrigada!

Ele olhou bem no fundo dos meus olhos, como se estivesse escolhendo as próximas palavras com cuidado, e comentou:

— Ótimo! Meu irmão vai gostar, afinal, ele só tem falado de você ultimamente.

Nessa hora ele parece ter feito uma expressão séria, quase de raiva, não sei. Enfim, dei um sorriso e voltei para os estudos.

A aula acabou e fomos para o intervalo.

Uma garota, que até então nunca tinha olhado na minha cara, chamou-me:

— Helena! Helena!

Eu olhei, afinal, era meu nome sendo gritado no meio do corredor por uma voz fina e irritante.

Dei de cara com Luísa, uma das garotas mais lindas da escola — magra, alta, cabelo ruivo e olhos azuis, ela era quase uma boneca de tão perfeita. E estava vindo em minha direção com um sorriso no rosto. Juro que fiquei procurando as câmeras nesse momento porque nada daquilo fazia sentido para mim. Primeiro Ric e depois ela.

— Oi, pois não?

— Vem, fica com a gente. Você sempre vai comer sozinha, com esse fone de ouvido e esse livro estranho aí — respondeu Luísa, pegando o livro que estava na minha mão, um livro de contos naquele dia.

Sem saber o que fazer, só concordei com a cabeça. Não estava entendo nada, minha cabeça doía demais para pensar sobre tudo, então apenas a segui, junto às amigas dela, uma mais linda do que a outra, em direção ao pátio.

Sentada ao lado de Luísa e o clube das mulheres gatas da escola, senti-me, como se diz, "um filhote de urubu no meio do bando de garças". Eu realmente não pertencia àquele lugar.

Cabelo amarrado com um rabo de cavalo malfeito, olheiras profundas, calça jeans surrada e larga, blusa de malha preta comprida para fora da calça. Olhando bem meu look, vi que era um pouco diferente das minissaias e das miniblusas de minhas colegas de mesa. Enfim, só queria comer meu sanduíche e ir para a próxima aula.

— Helena, você trabalha de dia, né?

Nívia, amiga de Luísa, perguntou olhando para minhas olheiras. Ela tinha uma beleza delicada, os olhos puxados como asiáticos, cabelo liso, longo e negro, pele branca e lábios carnudos. Ela e Paulo tinham sido namorados.

— Sim, cuido de um bebezinho durante o dia e ajudo a mãe dele com a casa.

— Nossa, deve ser cansativo. Como faz para tirar essas notas boas, hein?

Outra garota "garça", Catarina, morena, cabelo crespo tão perfeito que parecia que alguém o tinha desenhado, olhos castanho-escuros, falou, analisando-me como seu eu fosse um pedaço de pano sujo.

— Pois é... Um pouco. É que eu mantenho o foco.

Escutei um "Aaaahhh" de todas juntas, e pensei: "Onde fui me meter, senhor? Faça o sinal bater para eu voltar para sala de aula, por favor!". E Deus deve ter escutado minhas preces. O sinal ecoou no ar, livrando-me do bando de "garças" estilosas.

— Obrigada pelo convite, meninas, mas preciso voltar para a aula.

— Imagina, Helena. Você é sempre bem-vinda a nossa turma — disse Luísa com um sorriso falso no rosto.

Sério, para que tanto dente?

Só acenei com a cabeça e saí de lá o mais rápido possível.

Quase chegando na sala, alguém pegou na minha mão. Olhei irritada, pois esse negócio de pegar em mim sem permissão me estressa, mas antes de eu conseguir mandar a pessoa pastar, vi um belo par de olhos verdes me encarando.

— Hugo?

— Oi, Helena. Desculpe! É que o Ric comentou que te chamou para ir lá em casa para estudar matemática no sábado. Você pode chegar às 10h? Porque à tarde tenho ensaio da banda e não posso deixar de ir — falou Hugo, ainda segurando minha mão e me olhando profundamente nos olhos.

Nesse momento senti como se tivesse recebido uma pequena descarga elétrica por todo o meu corpo, partindo de onde ele havia começado a me tocar, paralisando-me por completo. Devo ter demorado, porque ele logo disse:

— Helena? Você ouviu o que eu disse?

— Oi! Ah, claro! Eu... É... Então... Eu...

As palavras não se formavam. Que coisa! Dei uma tossida para recuperar o fôlego. Afinal, precisava ser tão bonito?

— Eu falei com seu irmão que preciso ver minha escala no trabalho. Posso confirmar com vocês amanhã?

— Faz assim... Me passa seu telefone que te mando uma mensagem. Aí você me manda outra confirmando, combinado? Bom que já fico com seu número.

Hugo disse isso com um olhar tão fixo em mim que me senti completamente perdida e só consegui confirmar com a cabeça.

Ele pegou o celular e perguntou:

— Então qual é o seu número, Helena?

— Ah... É...

Falei o número sem raciocinar muito e na mesma hora senti meu celular vibrar.

— Pronto, te mandei um oi aí. Salva meu número. A gente se fala amanhã. Espero mesmo que possa ir, viu? — ele me disse, soltando a minha mão e dando uma piscadinha com um belo sorriso, e saiu.

Sem nenhuma reação, dei meia-volta e entrei na sala, pensando: "Que coisa estranha. O que aconteceu aqui?".

Meus pensamentos foram interrompidos por Luísa:

— Oi. Helena. Era o Hugo falando com você? Sério? Estão namorando?

— Não, imagina. Ele estava procurando o irmão.

Nem sei porque menti para ela, mas, afinal, nem eu sabia o que estava acontecendo. Luísa olhou no fundo dos meus olhos, meio descrente, e sentou-se. Assim que me sentei no meu lugar, começou a aula de Geografia: "Socorro... Alguém me traga um café!".

Ric sentou-se na carteira da frente e passou o restante da aula puxando uma conversa ou outra.

— Que aula chata!

— Nem fala, estou quase dormindo aqui. Queria mesmo era um copo de café enorme agora.

Ric sorriu com aqueles dentes perfeitos naquele rosto assimétrico dele. Não sei qual dos irmãos ganha essa disputa de beleza!

Acabou a aula, graças a Deus!

— Tchau, gata! — Ric despediu-se, dando um belo sorriso e saindo em seguida, deixando-me na dúvida do que ele realmente quis dizer com isso.

Bom, estava cansada demais para pensar nisso e o caminho de volta para casa era bem longo, exatos 20 minutos caminhando, o que eu até gostava, tirando o perigo de uma garota de 16 anos esguia e com cara de morta andar pelas ruas desertas do meu bairro tarde da noite.

Normalmente, eu conseguia ir em segurança. Umas duas vezes tive que correr por ter um ou dois homens estranhos atrás de mim, mas nunca sofri nenhuma violência.

— Vamos lá, meu anjo da guarda... Me proteja, beleza? — Eu falava isso sempre que saía sozinha, e realmente me sentia protegida.

Quando estava a uns dois quarteirões da escola senti aquela mesma sensação de estar sendo vigiada. "Ai, meu Deus... Quem será?", pensei. De canto de olho, dei uma olhada para trás. Um homem suspeito, de capuz, estava vindo na minha direção. Não senti uma boa energia vindo dele. Sempre fui muito sensitiva, toda vez que algo aconteceu, eu senti antes.

Olhando para todos os lados, vi que estava tudo fechado. Éramos só nós dois na rua. Apertei o passo e, lógico, ele também. "Deus, sei que está aí. Me ajuda, por favor! Não deixe ele me alcançar!", eu pensava e andava mais rápido. Então escutei:

— Helena? Helena! Espere!

Uma voz masculina conhecida. "Será que o homem de capuz é alguém conhecido?". Mas não. Olhei para trás e vi outro homem chegando, correndo, passando por ele.

Hugo? Como pode?

— Oi, Helena. Que bom que te alcancei! Você volta andando sozinha para casa? Aqui é muito perigoso. Venha, vou te deixar em casa.

Ele puxou minha mão, ainda olhando para trás.

O homem de capuz virou uma rua e desapareceu.

— Oi. Hugo. Nossa, foi Deus quem mandou você! Aquele cara estava me seguindo, ou parecia que estava. Meu coração tá na boca! Me dê só um minuto para me acalmar, por favor.

Hugo ficou parado, olhando-me, preocupado.

— Eu estava bem atrás de você quando saiu da escola. Ric estava com alguns amigos. Aí vi esse cara estranho atrás de você. Não pode voltar sozinha, de jeito nenhum. Falei para o Ric. Ele devia ter te chamado para ir com a gente. Moramos na mesma rua, afinal — Hugo disse com a voz irritada.

— Imagina, não é obrigação nenhuma de vocês. Mas, obrigada. Vou ficar bem atenta na próxima. Podemos ir agora? — Falei, quase chorando de nervoso, e ele percebeu, claro.

— Helena, não custa nada, ok? Vamos com você a partir de agora. Chega de correr risco à toa. Somos vizinhos e homens. Isso tem que servir para alguma coisa, não é? — Hugo falou sorrindo. E que sorriso! Até acalma a alma, sério! Então ele pegou minha mochila sem eu sequer perceber, a minha mão, e disse:

— Vamos, deixa que eu levo isso. Está tudo bem agora! Estou com você!

Devia existir um manual de como uma garota deve reagir a isso, porque eu não fazia ideia de como ou o que fazer. Só disse sim com a cabeça e um leve "Obrigada", que saiu quase sussurrado.

Seguimos o restante do caminho, que foi rápido, pois eu já estava bem perto de casa. Hugo e Ric moravam quatro casas antes do meu prédio, mas ele fez questão de me levar até a porta.

— Hugo, você mora aqui, né? Pode deixar. Mais alguns passos e eu estou em casa. Sério! Eu...

Ele colocou os dedos na minha boca, impedindo que eu continuasse, e falou andando com passos firmes em direção ao meu prédio:

— Eu vou com você, Helena. Já disse. Não tem discussão.

Na porta, ele me entrega a mochila.

— Obrigada, Hugo. Nem sei como agradecer. Graças a Deus você estava bem atrás de mim hoje. Nem quero pensar no que poderia ter acontecido.

— Nem eu. Imagina, não tem que agradecer. Mas...

Ele diz esse "mas" olhando fixo em meus olhos, com um olhar meio desafiador.

— Mas o quê?

— Você podia ir mesmo na minha casa no sábado. Vai ser legal. Podemos jogar também ou nadar... Tem piscina lá. Você sabe, né? — Hugo respondeu, olhando-me da cabeça aos pés. Acho que devo ter virado um pimentão vermelho nessa hora.

— Eu farei o possível. Amanhã te confirmo! E obrigada pelo convite, eu acho!

— Acha? E por que está tão vermelha?

— Eu? Ah... Deve ser o vento, nervoso ou sono, enfim. Boa noite, Hugo! E obrigada mais uma vez.

Entrei rápido e fechei a porta sem dar tempo de essa conversa se estender. Disse para mim mesma:

— Que coisa estranha! Bem, estou morta e precisando de um banho. Amanhã acordo cedo novamente.

Achei que não ia conseguir dormir, mas apaguei. O cansaço e o estresse me deram muito sono.

No dia seguinte, exatamente às 6h, meu amado relógio despertou. "Sério! Um dia ainda quebro esse despertador!", pensei. Levantei, tentando me lembrar de onde estava. "Ah é... Na minha cama. E hoje... Hum... Hoje é sexta-feira. Isso!".

Comecei a fazer um breve checklist das minhas atividades do dia, mas fui interrompida pelo toque do celular. Uma mensagem? Àquela hora? Torci para não ser a Lorena falando que o Bernardo havia piorado.

'Oi, linda! Passando para saber como você está. Conseguiu descansar? Espero sua resposta sobre amanhã, hein! Um beijo'.

"Eita! O Hugo me chamando de linda? Pensei que estava acordada!", foi o que me veio à mente.

Levantei, tomei um banho, troquei de roupa e olhei novamente no celular. Para minha surpresa, a mensagem era real, estava lá! Espantada, disse:

— Como assim? Linda? Quê? Beijo? Esse cara tá doido, é? Pode ter mandado errado, né? Linda pode ser qualquer uma das gatas dele.

Decidi ignorar a mensagem porque, claramente, não era para mim.

Minha mãe já está nervosa e brigando com alguém no telefone, como sempre. Devia ser algum namorado irritante dela. Tomei meu café e saí para o trabalho. Ao chegar, Bernardo me recebeu com os bracinhos esticados e um lindo sorriso naquele rostinho de bochechas rosadas.

— Ai, Helena, graças a Deus! Ele só fica calmo com você quando tem dor de dente — falou Lorena, aliviada por eu ter chegado e por me entregar Bernardo. E completou: — Pra variar, o pai saiu antes de eu perceber que ele sequer tinha chegado. Nunca case, Helena. Não vale a pena. Preciso ir para o escritório. Qualquer coisa me liga, ok?

— Agora somos só nós dois, B. — falei olhando com ternura para Bernardo, que respondeu com o sorriso mais lindo do mundo.

Brincamos um pouco e Bernardo resolve tirar sua soneca da manhã. Então peguei meu livro e meu caderno de matemática. "Preciso aprender essa matéria para a prova semana que vem!". No mesmo instante, meu celular vibrou. Mensagem. Parecia que alguém estava me vigiando.

'Oi, Helena. Você não me respondeu. Estou preocupado. Você está bem? Dá um sinal de vida, ok?'.

"Gente, a mensagem é para mim mesmo? Mas que p...".

Antes de completar o palavrão que veio em minha mente, respondi a mensagem:

'Oi, Hugo. Desculpe por não responder antes. Bom dia! Eu saí correndo para o trabalho e só agora consegui pegar no celular direito. Então, sobre amanhã, posso ir sim, mas preciso sair umas 14h para ir trabalhar'.

Tenho uma faxina na escolinha do bairro às 15h. Uma boa grana, apesar de muito trabalho. Fico lá até as 19h normalmente, mas recebo bem e faltam só mais duas faxinas para conseguir pagar meu curso de informática à vista, então vale a pena!

Meu telefone vibrou. Era outra mensagem de Hugo:

'Perfeito! Posso te buscar em casa se quiser. Ah! Pega biquíni. Se estiver sol nadamos um pouco depois de estudar. E hoje me espera na saída na porta da escola. Vou voltar com você. Já falei com o Ric. Vamos com você todos os dias para te manter segura, beleza?'.

Li e reli algumas vezes... Biquíni? Sério? Pra que isso, gente? E pra que essa escolha? Respondi a mensagem educadamente:

'Ok, combinado. Até mais tarde e obrigada'.

Só consegui responder isso. Nem sabia se tinha biquíni. Um breve pânico ameaçou me dominar, mas respirei fundo e me lembrei de que tinha sim. Um velhinho, mas que servia. E eu gostava dele porque tampava bem tudo que precisava ser tampado.

O dia passou tranquilo com Bernardo. Às 17h em ponto, Lorena chegou, com a expressão bem cansada. Ela tinha chorado muito! Era perceptível devido aos olhos vermelhos e inchados.

— Obrigada, Helena. Desculpa a demora. Hoje o dia foi "daquele jeito". Pode ir. Obrigada!

Chegou a doer o peito de vê-la assim. Uma mulher incrível como ela não devia sofrer tanto.

— Tchau, Lorena. Tchau, lindo! O que precisar, conte comigo – disse, dando um beijo nas bochechas rosadas de Bernardo e um abraço em Lorena.

Já na sala de aula, escolhi uma mesa mais no fundo. De nada adiantou meus esforços para ser invisível, Ric logo me viu e se sentou ao meu lado, fazendo com que todos reparassem, principalmente Luísa e Nívia.

— Oi, Helena! Que susto ontem! Meu irmão me contou!

— Pois é... Foi mesmo!

— Ainda bem que Hugo não tirou os olhos de você e viu tudo.

Deu para perceber que ele viu que tinha falado demais. Ric virou-se rapidamente para frente, como se pudesse apagar sua fala ao fazer isso.

O professor entrou e começou a aula de Física.

Sinal ecoou. Intervalo.

Só então percebi que Luísa não tirava os olhos de mim e de Ric. "Ela deve estar achando que eu quero ficar com ele, sei lá", pensei. E como que adivinhando meu pensamento, Luísa se aproximou e falou, olhando em volta para ter certeza de que estávamos sozinhas na sala:

— Oi, Lena. Posso te perguntar uma coisa?

— Oi. Luísa. Claro, diga.

— Você está pegando o Ric?

Eu quase engasguei de tão absurda que foi a pergunta. E isso deve ter ficado na minha cara pela expressão dela.

— Eu? Luísa, sério. Olha para mim. Acha mesmo que ele ficaria comigo?

Ela olhou, pareceu pensar e falou:

— Então por que do nada ele só se senta perto de você agora e me ignora?

Eu olhei bem nos olhos dela, como se ela tivesse falado o maior absurdo da história, e caí na gargalhada. Qual outra reação deveria ter? Realmente, alguém precisava fazer um manual de reações humanas para situações como essa.

— Luísa, desculpa, mas isso é tão absurdo que chega a ser cômico!

— Não tem graça. Eu estou tentando pegar ele há meses e você, sem fazer nada, vestindo-se como um garoto sujo, consegue?

— Opa, garota! Sem ofender, beleza? Para deixar claro, não tenho nada com ele e nem quero ter, ok?

Saí da sala com passos firmes, sem paciência para manter essa conversa absurda. Escolhi um lugar bem isolado para me sentar, peguei meu fone de ouvido e meu sanduíche. "Ai... A paz, final...". Mas antes de concluir meu pensamento, escutei uma voz familiar:

— Oi, linda! Achei você!

Quase engasguei com o pedaço de sanduíche que tinha acabado de colocar na boca.

— Oi, Hugo! Me achou mesmo, hein?!

Dei um sorriso de pânico e de felicidade, porque ele parecia estar mais lindo do que no dia anterior, se é que isso era possível, com uma calça jeans clara, uma camisa polo preta e aqueles belos olhos verdes.

Olhando para minha expressão que eu nem sei dizer qual era, Hugo perguntou, dando aquele sorriso sedutor dele, que devia ser proibido em locais públicos:

— É impressão minha ou está tentando se esconder de alguém? Espero que não seja de mim, afinal, sou seu salvador, certo?

— Não, imagina. Só estava comendo e ouvindo música.

— Que música? Deixa eu ver — disse ele, pegando meu fone e colocando no ouvido.

Ele ficou sério e eu o questionei:

— O que foi?

— Então... Kiss, é?

— Sim, eu gosto muito.

— Bom gosto! Também curto bastante. Minha banda, inclusive, toca rock. Quer ouvir?

— Sério? — falei, com expressão de surpresa. Aquele garoto lindo, com aquele rosto de anjo, tocava rock? Sei... Essa piada era a melhor! A maioria dos garotos que tinham uma banda na escola eram nerds como eu.

— É sério! Que cara de desconfiança é essa? Eu sou o vocalista. E toco guitarra também. Vai no ensaio amanhã, que te provo! — respondeu ele, com muito orgulho, cruzando os braços de forma imponente.

— Tá falando sério mesmo? Você é vocalista de uma banda de rock?

— Por que o espanto? Não tenho cara de vocalista de uma banda de rock?

— Não mesmo! — falei, caindo na gargalhada.

Hugo me olhou carrancudo. Acho que ele não gostou da minha reação.

— Desculpe, Hugo, mas você não tem, digamos, o perfil padrão de um vocalista de uma banda de rock.

— Não se deve julgar o livro pela capa, linda! Mas como aceitou ir lá em casa amanhã e eu te levar hoje, vou reconsiderar esse absurdo que disse. E já digo que se eu conseguir te provar que sou bom, vou querer algo em troca — falou ele, com um olhar bem estranho, quase me devorando, e chegando mais perto; perto demais, inclusive. Consegui sentir seu perfume amadeirado e um leve toque de menta saindo de sua boca contornada pelos seus lábios perfeitos. Cadê o manual, gente? Socorro!

Tentando recuperar minha sanidade mental e tirar os olhos daquela boca linda, eu olhei para o chão:

— Claro! Justo!

— Perfeito! Te espero na saída, hein!

— Combinado, papai!

Hugo riu e saiu andando, lindo como sempre.

Voltando para a sala de aula, tudo correu bem, até a última aula. Ao bater o sinal, Ric virou-se para mim e disse:

— Partiu, gata? Hoje serei seu guarda-costas!

Eu olhei para aquele par de olhos azuis e não tive outra reação a não ser sorrir para ele. Peguei minhas coisas e saí da sala, com Ric à frente. Na porta da escola, logo encontramos Hugo nos esperando.

— Aí está ela! Nossa preciosa! — falou ele, sorrindo e olhando para Ric, que deu de ombros.

— Então não tenho como fazer vocês dois mudarem de ideia?

— Claro que não, já disse. Não custa nada. Moramos na mesma rua! — respondeu Hugo, olhando no fundo dos meus olhos, pegando minha mochila.

— O que você leva nessa mala? É muito pesada para uma garota delicada como você.

Coitado do Hugo. Ele não fazia ideia de que eu limpava bunda de neném e privadas para pagar meus estudos, né?

— Eu não sou tão delicada assim. E como fico fora o dia todo, preciso andar com tudo que vou utilizar durante o dia. Livros, cadernos, roupas, enfim... Muita coisa!

Ric, olhando para mim e para Hugo meio sério, disse, puxando-me pela mão delicadamente:

— Vamos, gente?

Pelo canto do olho vi Luísa, vendo toda essa cena sem entender nada. Se nem eu estava entendendo, imagina ela...

"Que preguiça!", pensei, mas começamos a caminhada.

Hugo seguiu me perguntando várias coisas, como se quisesse me decifrar:

— Então você é babá? Deve dar bastante trabalho!

— Até que não. B. é um anjo. Muito calmo e educado, dorme uma boa parte do dia!

— E você limpa a bunda dele? — Ric perguntou, caindo na gargalhada.

Hugo ficou meio sério e me olhou como se pedisse desculpas pelo irmão.

— Limpar bundas de bebês é uma das minhas várias habilidades! — respondi, também gargalhando, deixando Hugo mais calmo, que também riu, lindamente.

Ao chegar na porta da casa deles, Hugo nos surpreendeu:

— Ric, pode ir entrando. Vou levar Helena na casa dela e já volto, beleza?

Ric olhou meio sério, pareceu chateado, mas falou:

— Beleza. Tchau, Helena! Foi ótimo vir conversando com você! Até amanhã.

E me deu um beijinho no rosto, que eu realmente não esperava, e muito menos Hugo, que olhou com olhar fuzilante para o irmão.

— Eu que agradeço a gentileza de me trazer e me convidarem para a aula particular de matemática amanhã.

Saí andando e Hugo veio atrás. Quando estávamos quase chegando na minha casa, Hugo pigarreou e disse:

— Helena, quero te perguntar uma coisa. Mas não quero que fique brava, ok?

Antes de fazer a pergunta, ele pegou na minha mão e eu senti minhas pernas amolecerem. "Por que fico com as pernas bambas quando ele me toca?".

Eu olhei nos olhos dele e disse:

— Depende. Que tipo de pergunta?

— Você gosta do meu irmão, tipo, gosta para namorar?

— Quê? Que pergunta doida é essa?

— Só preciso saber. Pode dizer sim ou não?

— Claro que não! Eu mal conversava com ele até dois dias atrás. Como posso gostar para namorar?

Nessa hora, a testa franzida de Hugo relaxou e ele olhou no fundo nos meus olhos, chegando ainda mais perto. Senti novamente seu perfume amadeirado e o leve toque de menta.

— Ótimo! Melhor assim!

Ele foi se aproximando e eu fiquei totalmente paralisada. "O que ele pensa que está fazendo?", pensei.

Então um barulho me salvou desse momento, no mínimo, esquisito. Alguém abriu a porta do prédio, interrompendo nosso contato visual. Graças a Deus! Hugo deu um passo para trás e passou as mãos no cabelo. Parecia que estava tentando se acalmar.

— Obrigada por me trazer aqui, Hugo. E por carregar minha mochila também. Sei que está pesada — disse, levantando a mão para pegá-la, pois ainda estava com ele.

Ele ficou olhando para mim, sem falar nada, só olhando, um olhar doce que parecia ter algo mais, só não sei o quê.

— Não queria que você entrasse ainda, mas sei que está bem cansada. Nos vemos amanhã, certo? Às 10h? — Hugo disse, entregando-me a mochila, com olhar ansioso.

— Isso. Às 10h eu chego na sua casa. Obrigada pelo convite!

— Não esquece o livro de matemática. E o biquíni!

Então ele me deu um beijo na bochecha, colocando uma mão na minha cintura. Um beijo demorado, por sinal, que me fez sentir coisas que eu nunca havia sentido antes. Eu nem sei explicar o que senti. Foi diferente do beijo do Ric. O dele me tirou de onde eu estava e me trouxe de volta ao mesmo tempo.

Fiquei vermelha, lógico, e ele percebeu, claro, e sorriu contente, como se percebesse o efeito que causava em mim.

— Tchau, linda! Boa noite e sonha comigo! — falou ele e saiu andando.

Eu entrei e corri para o banho. Minha mãe estava no quarto com algum namorado nojento dela. Dava para ouvi-los. Como eu queria ir embora dali! Deitei-me logo depois do banho e só então percebi como eu estava cansada!

Mas, aí, a lembrança do beijo quente de Hugo voltou à minha mente e, claro, assim como ele disse, sonhei com ele a noite toda.

CAPÍTULO 2

Conto de fadas existe?

Acordei assustada, olhando no relógio:

— Nossa! Já são 8h!

Levantei da cama ainda sem saber direito em que dia da semana estávamos, mas logo me lembrei.

— Jesus, é hoje! Tenho que ir à casa de Hugo, de biquíni!

O pânico ameaçou me dominar, mas eu prometi que ia e não tinha como fugir. Tomei um bom banho e fui para a cozinha. Um homem estranho estava lá, tomando o meu café.

— Bom dia, garota! Não tem educação, não? Sou namorado da sua mãe!

Eu só olhei para minha mãe, que estava toda feliz olhando para aquele babaca.

— Bom dia para você também!

Peguei uma banana e voltei para o quarto, pisando firme para tentar me controlar.

— Não aguento mais não ter liberdade na minha própria casa! — falei, alto.

Peguei minha caixinha escondida dentro do armário. Eram minhas economias. Faltava bem pouco para eu ir embora dali. Meu plano era me mudar para uma cidade maior, com mais possibilidades de trabalho e fazer o curso que queria. Minha prima Ivana havia me chamado para morar com ela na capital. Precisava só da passagem e de uma grana para me sustentar por um tempo. Faltava bem pouco agora. Se tudo desse certo, era meu último ano naquele lugar infernal.

Ela era minha mãe, eu sei que devia respeitar, mas a situação em casa estava se tornando insustentável.

"Bom, chega de pensar, preciso me arrumar. Pegar livro, caderno... Ah... O biquíni!". Minha expressão até mudava quando pensava nisso, mas fazer o quê, precisava levar. Coloquei tudo na mochila e saí de casa às 9h45. Sempre fui muito pontual.

Na porta da casa do Hugo, apertei o interfone.

— Pois não? — uma voz masculina grave atendeu.

— Oi, aqui é a Helena, amiga do Hugo e do Ricardo. Vim para estudar.

O portão abriu e logo vi Hugo vindo me encontrar, de camiseta branca e bermuda azul-marinho, ambas de tecidos leves. Agora conseguia ver os músculos em seus braços se formando. Ele conseguia ficar a cada dia mais lindo. "Deus, me ajuda!".

— Oi, linda. Você veio mesmo! Fiquei com medo de ter que ir à sua casa e te trazer à força.

— Eu disse que vinha. Sou uma pessoa de palavra!

Com um sorriso encantador no rosto, ele fez um sinal mostrando a porta da casa e pegou minha mochila.

— Deixa que levo isso para você. Vem, entra. Estamos tomando café.

Eu entrei, toda sem jeito, naquela casa enorme e muito bem decorada. A sala ampla, com dois quadros grandes de orquídeas brancas pendurados e uma bela cortina nas largas janelas.

Hugo pegou a minha mão e me conduziu até a sala de jantar. Estavam todos na mesa. A mãe, Rita, aparentava ter uns 40 anos. Era muito bonita e tinha o cabelo loiro do Ric e os olhos verdes do Hugo. Ela me recebeu com um grande sorriso.

— Então você é a Helena! Que maravilha que aceitou vir! Venha tomar café conosco. Estudar gasta energia! Venha, sente-se do meu lado, querida.

Já a amei. Sorri e me sentei ao lado dela.

Nunca vi tanta comida: café, chá, pão, bolo, biscoito, frutas... Tinha tudo ali. Parecia um hotel. Não que eu já tivesse viajado e me hospedado em um hotel, mas eu via nos filmes.

Ric estava do outro lado da mesa, vestido quase igual ao irmão, com camiseta branca e bermuda preta. Sorri para ele, que retribuiu na hora. O pai, diretor da escola, Rômulo, olhou e me cumprimentou, dizendo:

— Seja bem-vinda, Helena. Finalmente, uma moça educada por aqui!

Ele disse isso sorrindo e olhando para Hugo, que ficou vermelho.

Tomamos café tranquilamente enquanto a mãe deles tentava extrair informações:

— Você trabalha, né, Helena? Deve ser bem puxado.

— É, mas dou conta. Vou fazer o curso de informática avançado no próximo semestre, por isso preciso do dinheiro.

"Ainda não posso revelar para ninguém minha real intenção de me mudar, já pensou se minha mãe fica sabendo? Vai ser um inferno!".

— Sua mãe cuida de você sozinha? Deve ser muito difícil!

— Ela faz o melhor que pode.

Rita me fitou com olhar comovido, afinal, todos do bairro conheciam bem a minha mãe e as várias histórias dela com seus namorados e bebedeiras.

Acabamos de tomar café e Hugo me levou a um escritório.

— Vamos estudar aqui. É mais silencioso e não seremos incomodados — comentou ele, puxando a cadeira para eu me sentar na mesa que ficava no centro do cômodo.

— E Ric, não vem? — perguntei, olhando para a porta que Hugo havia acabado de fechar.

— Não, ele vai com meu pai no centro resolver umas coisas. Ele sabe essa matéria. Já ensinei a ele — ele respondeu e se sentou ao meu lado, com um sorrisinho no rosto.

Aquele mesmo perfume e agora, para ajudar, estava sozinha com ele aqui. Como ia me concentrar na matéria com aqueles olhos, aqueles lábios... "Helena, chega! Pare de sonhar!". Forcei-me a me manter focada em aprender matemática.

— Então, qual sua maior dificuldade?

— Essa matéria aqui. Sempre travo no meio do problema! — respondi, apontando para o livro sem olhar para ele.

Ele deu um sorriso confiante e disse:

— Vou te ensinar de um jeito que você nunca mais ficará travada.

E, realmente, ele me ensinou de um jeito tão simples que aprendi em cinco minutos.

— Nossa, era só isso? Por que o professor não ensina assim?

— Pois é, eles complicam o fácil, não é?

— Verdade. Só mais uma dúvida e já te libero.

— Não quero ser liberado por você. Pode perguntar — falou Hugo, com um sorriso provocador no rosto, quase me fazendo esquecer o que eu ia perguntar. – Qual a pergunta, Helena?

— Ah é... Nessa parte da fórmula basta eu fazer assim, certo?

— Isso mesmo! Você é muito inteligente. Não conta para o Ric que eu falei, mas ele demorou três horas para entender isso.

— Prometo que não vou contar. É nosso segredinho!

E caímos na gargalhada. Então ele olhou nos meus olhos, e ainda voltando do ataque de riso, perguntou:

— Então acabamos?

— Sim. Viu, não tomei nem uma hora do seu sábado! Acho que eu já vou indo.

— De jeito nenhum!

— Como assim?

— Você prometeu que ficaria até as 14h, lembra?

— Ah... Eu achei que quando a gente terminasse de estudar eu...

Ele me interrompeu, colocando os dedos em meus lábios novamente.

— Às 14h. Você trouxe o biquíni?

Olhei para ele séria e assustada. Não esperava mesmo usar o biquíni.

— Sim... Mas eu...

— Ótimo! Vou te mostrar onde você pode se trocar. Vamos para a piscina um pouco. Você precisa relaxar!

Relaxar? Como? Se ia estar de biquíni na casa do Hugo Bernardes! Mas já tinha aprendido que quando ele falava firme assim não havia discussão. Peguei minhas coisas e fui para o banheiro me trocar.

— Sério, será que tem como eu fugir agora? — falei em voz baixa, massageando minhas têmporas.

"Ok, Helena, é só uma piscina. Só isso". Coloquei o biquíni preto e olhei no enorme espelho. "Não ficou tão ruim!". Soltei o cabelo e saí com a toalha amarrada na cintura.

Hugo estava na porta e quando me viu, literalmente, fez um escaneamento da minha cabeça aos meus pés com os olhos.

— Então você estava se escondendo mesmo! Você fica ainda mais linda de biquíni, Helena!

Eu fiquei vermelha na hora. Não estava acostumada a ser observada, muito menos elogiada.

— Ob... Obrigada!

— Não precisa ficar tímida. Não vou te morder, eu juro! — ele disse sorrindo e me puxando pela mão para a área externa da casa.

A piscina era enorme e linda. Havia quatro cadeiras espreguiçadeiras, uma ducha e uma área gourmet com churrasqueira, mesa e cadeiras. O espaço era realmente lindo, amplo e bem decorado, como o restante da casa dos Bernardes.

Hugo puxou uma espreguiçadeira para mim, dizendo:

— Senta! Relaxa, Helena! O clima está ótimo! Eu vou pular nessa piscina agora mesmo. Venha quando se sentir à vontade!

Eu fiz que sim com a cabeça e fiquei observando-o tirar a camiseta e a bermuda, e pular na piscina. Meu Deus, ele era realmente lindo! Precisava manter meu equilíbrio, mas estava ficando bem difícil não olhar para ele.

Alguns minutos se passaram, Hugo estava feliz da vida na piscina e eu tentando tomar coragem para entrar, até que:

— Que isso? Você jogou água em mim? Sério?

Hugo havia saído da piscina, lindo como sempre, e tinha me molhado!

— Claro! Você não vai sair dessa espreguiçadeira se eu não te raptar, então, vamos, não é todo dia que se tem uma piscina à sua disposição!

Antes de eu processar qualquer coisa entre aqueles olhos e todo o resto daquele ser maravilhoso, eu senti um par de braços me carregando e me molhando.

— Que isso! Me solta! Ficou louco, é?

— Não tô te escutando! Oi? Quê?

E ele me jogou na piscina, pulando logo em seguida...

— Você precisa aprender a ouvir não e a respeitar a vontade das pessoas, Sr. Hugo Bernardes! — disse, com uma expressão séria no rosto, tentando esconder um sorriso que insistia em escapar.

— É, pode ser. Quem sabe você não vira minha professora nessa matéria? — ele me respondeu, aproximando-se ainda mais, até que suas mãos estavam na minha cintura.

Eu olhei para ele, assustada.

— Calma, linda. Só quero te mostrar uma coisa. Sabe boiar?

— Como assim? O quê?

— Posso? — ele me perguntou, olhando para as mãos ainda na minha cintura.

— Levante as pernas e encoste a cabeça na água. Relaxe o corpo e confie em mim, beleza?

— Tá bom! Eu confio.

Fiz o que ele me mandou. As mãos dele me seguraram pelas costas e eu realmente comecei a boiar.

— Hum... Isso é bom! Estou quase aprendendo! Você percebeu que não sei fazer nada na água, né?

— Percebi quando te joguei na piscina e você ficou batendo os pés desesperada — Hugo respondeu, rindo muito. Lógico, precisava me vingar disso, então saí da posição em que estava e joguei água nele.

— Justo! — ele disse, levantando as mãos em sinal de rendição.

Vi Ric e o pai se aproximando da piscina. Era impressão minha ou Ric estava com cara de bravo?

— A água deve estar boa. Começaram sem mim!

— Pula aí, irmão. A água está perfeita!

Ric tirou a camisa e a bermuda e pulou na piscina, aproximando-se de mim. O corpo dele era magro, ainda sem músculos, mas, sem dúvida, os irmãos Bernardes formavam uma bela dupla de exemplares da espécie.

— Gostando, Helena? Conseguiu entender a matéria?

— Sim. Aprendi rapidinho e seu irmão me trouxe aqui.

— Pois é, Ric, ela ganhou de você. Aprendeu em 30 minutos o que você levou dias!

Ric fez cara de surpreso e falou:

— Olha só! Então você é bem inteligente!

— Eu estava com dúvida apenas na parte final da fórmula, então...

— Ela está sendo modesta, irmão! Bom, já que chegou para fazer companhia para Helena, vou ver se o almoço está pronto. Estou faminto. Cuida dela, Ric! Ela não sabe nadar nadinha — falou Hugo, saindo da piscina e entrando na casa.

Ric olhou para mim e perguntou:

— Sério que não sabe nadar?

— Sério. Nunca tive como aprender.

— Posso te dar umas aulas rápidas.

— Seu irmão me ensinou a boiar.

— Ah, ele ensinou. Sei...

Ric pareceu chateado, mas logo recuperou o lindo sorriso.

— Vem cá. Vou te ensinar a bater os pés do jeito certo. Segura aqui.

Ele pegou na minha mão e me conduziu até a beira da piscina, mostrando-me para segurar na borda, e disse:

— Você vai fazer como eu. Olha meus pés.

Ele batia os pés igual a um peixe bate as suas nadadeiras! Me perdi por alguns instantes olhando aquele belo exemplar de ser humano ao meu lado apenas de sunga.

— Helena? Viu só? Entendeu?

— Oi? Ah, claro. Vou tentar.

Bem desajeitada, tentei bater os pés como ele me ensinou.

— Nossa, você pode ser boa em matemática, mas morreria em minutos na água! — ele disse dando risada e pegando em minha cintura, olhando dentro dos meus olhos. Seus olhos azuis estavam diferentes, pareciam ainda mais vivos.

— O almoço está pronto, crianças! — A mãe deles veio da cozinha, chamando a nossa atenção.

"Graças a Deus! Eu já estava sem saber o que fazer aqui com ele me olhando desse jeito".

— Bom, você terá que voltar mais vezes para aprender isso direito.

Ric me deu a mão para me ajudar a sair da piscina. Enfim, em terra firme, peguei minha toalha rapidamente, mas não deixei de ver Ric me observando enquanto pegava suas roupas jogadas no chão.

— É... Você vem, Helena?

— Claro. Eu posso me trocar antes?

— Tem certeza? Está linda assim!

Fiquei vermelha como uma pimenta, lógico, e a intensidade com que ele me olhou me deixou totalmente sem reação.

— Sim... É que preciso ir para o trabalho também — falei, olhando para o chão. Não sabia encarar aquele olhar.

— Vou te levar para o quarto de hóspedes. Aí você pode tomar banho e se trocar lá. Venha comigo!

Ric saiu na frente, mostrando-me o caminho.

— Aqui, as toalhas estão no armário à esquerda. Fique à vontade!

— Obrigada!

Eu entrei e fechei a porta o mais rápido que eu podia. Tudo tinha sido ainda mais estranho do que com o Hugo.

Tomei uma ducha rápida, vesti-me, arrumei o cabelo e saí. Demorei um pouco para encontrar a cozinha, mas finalmente, guiada pelo delicioso aroma de bife com batatas fritas, encontrei a família Bernardes reunida à mesa.

A mãe estava servindo a todos. Quando me viu, abriu um lindo sorriso e disse:

— Vem, Helena. Sente-se aqui. Deve estar faminta. Coma à vontade, viu?

— Muito obrigada. Parece mesmo delicioso!

Sentei-me na cadeira entre Hugo e Ric. Impressão minha ou existia uma leve tensão no ar? Bem, meus pensamentos foram interrompidos por um prato delicioso de comida quentinha!

Durante o almoço estavam todos alegres, comentando histórias de família. Ao acabar minha refeição, levantei-me para ajudar Rita.

— Obrigada, querida! Não precisa se preocupar!

— Helena, vem cá! Preciso te mostrar uma coisa antes de você ir — falou Hugo, pegando no meu ombro.

— Vai lá, querida. Eu termino aqui. Fique tranquila!

Fui com Hugo pelo corredor até chegar em uma porta fechada. Ele abriu e vi que era o quarto dele. Havia alguns troféus na escrivaninha, livros, vários discos e CDs. O quarto era bem arrumado e limpo.

— Vem, Helena. Eu disse que ia te provar que sou bom músico, não foi?

Ao dizer isso, ele me puxou para dentro do quarto e fechou a porta.

— Olha aqui! São troféus de vários festivais de rock que ganhamos como melhor banda! — Ele me mostrou, todo orgulhoso, apontando para os troféus. — Por isso estamos ensaiando. Temos outro festival mês que vem.

— Nossa, que incrível! Parabéns! Posso ouvir?

— Ouvir o quê?

— Você, lógico! Sua banda! Tem alguma gravação?

— Claro! Deixa eu pegar um fone para você.

Então ele colocou um CD e um fone em seu ouvido e outro no meu.

— Escuta e seja sincera comigo!

Fiz que sim com a cabeça, com um leve sorriso, demonstrando confiança.

Com ele eu me sentia tão à vontade. Diferente de como me sentia com Ric, mais inquieta.

— Uau! Vocês são muito bons! Essa voz é a sua?

— É sim. Gostou mesmo?

— Eu amei! Preciso dessa música para ir para o trabalho hoje! — respondi, e não sei porque senti meu rosto corar.

— Então perfeito, porque vou te deixar no trabalho e vamos ouvindo se quiser.

— Não, imagina! Já abusei demais de você hoje. E é aqui perto também.

— Helena, eu estou te comunicando apenas! Eu vou te levar. É caminho para o ensaio.

— É... Precisamos mesmo começar suas aulas de aprender a ouvir não!

Hugo olhou dentro dos meus olhos e deu um lindo sorriso. Senti minhas pernas amolecerem, mas fiquei firme! Imagina cair ali! Como seria?!

— Podemos providenciar isso. A ideia de passar mais tempo com você me agrada bastante! — ele disse, corando também e desviando o olhar, descendo-o para meus lábios. Ele se aproximou.

Toc... Toc...

— Hugo? Você vai perder a hora do ensaio!

A mãe do Hugo nos interrompeu. E eu não sei explicar o que estava sentindo. Ele se afastou, com olhar desapontado.

— Estou indo, mãe! Obrigado! Vamos? Não quero que você se atrase também.

— Claro, vamos!

Eu tentei me recompor o melhor possível depois de... bom... eu nem sei o que ia acontecer. Enfim, melhor nem pensar nisso.

Na sala, despedi-me dos Bernardes, inclusive de Ric.

— Tchau, Helena. Foi muito bom hoje. Te vejo na escola segunda-feira.

— Tchau, Ric. Obrigada por tudo! Obrigada, Rita e Rômulo. Adorei conhecer vocês e a comida estava simplesmente divina!

— Volte mais vezes, querida. Preciso de sangue feminino aqui. Olha só, estou cercada por testosterona! — Rita me disse, dando-me um abraço caloroso. Como gostei dela. Parecíamos mais próximas do que eu e a minha mãe.

— Claro, vou adorar! Obrigada mesmo por tudo!

E saí com Hugo pela rua.

— Eu vou ficar pertinho. Agora à tarde eu faço faxina na escolinha que o Bernardo estuda. É perto, dois quarteirões.

— Serviço pesado, hein! Precisa mesmo fazer isso?

— Sim, é uma boa grana. Sempre me pagam direitinho e me indicam clientes. Como eu disse, preciso do dinheiro para meus estudos e...

Não sabia se era uma boa contar para ele que pensava em me mudar. Mal o conhecia, não precisava que ele tivesse certeza de que eu era a menina complicada da escola.

— E?

— Nada, enfim. Onde você vai ficar?

— O ensaio é na casa do baterista. O prédio dele é um pouco depois da escola que você vai. Mas eu sei que ia dizer algo. Sabe que pode confiar em mim, não sabe? Às vezes é bom se abrir. Você não está mais sozinha.

Ele parou e disse essa última frase olhando dentro dos meus olhos.

— Obrigada, de verdade! Mas não quero te encher com minhas histórias deprimentes!

— Isso seria impossível, mas não vou te forçar a nada.

— Olha, gente... Ele começou a aprender sobre o não, hein?

— Viu só! Tenho a melhor professora!

Hugo sorriu, um sorriso um pouco triste. Será que devia ter contado? Quem sabe outra hora.

— Bom, eu fico aqui.

Quando ia entrar na escola, Hugo pegou no meu braço.

— Helena!

— Oi?

Ele estava ansioso, com olhar penetrante.

— Eu, eu... Ah... Só quero agradecer por ter ido hoje. Espero que possamos fazer isso mais vezes.

— Imagina, eu que agradeço. Você e sua família foram muito gentis. Obrigada mesmo.

Ele me deu um beijo no rosto.

— Que bom! Bom trabalho, linda. Se cuida, tá?

— Bom ensaio! Você também se cuida!

Entrei na escola e Hugo seguiu caminhando para o ensaio.

Na escola, ainda com rosto vermelho pelo beijo, dei de cara com minha chefe.

— Oi, Helena! Que carinha feliz é essa?

— Oi, Sra. Lourdes. O quê? Feliz?

Sra. Lourdes era a dona da escolinha para crianças onde Bernardo estudava. Era uma mulher por volta de 50 anos, muito bonita e elegante. Estava sempre bem-vestida, com um terninho de alfaiataria e salto alto. Cabelo liso até os ombros, negro como os olhos, pele clara, lábios carnudos com batom cor-de-rosa. Ela era muito alegre e caridosa, sempre me dava gorjetas e me ajudava com o material escolar.

— Eu conheço essa carinha. É a mesma que eu fiz quando conheci meu amado esposo. Quem é o sortudo?

Eu fiquei mais vermelha ainda.

— Imagina, Sra. Lourdes. Eu não tenho tempo para namorar.

— Todo mundo tem tempo para namorar, minha filha! Você é tão bonita e especial. Lembre-se disso — disse ela, saindo andando com um sorrisinho no rosto.

— Ah, Helena!

— Oi, Sra. Lourdes.

— Se for ir além de beijos, se previna, hein! Filho é coisa séria!

— Sra. Lourdes! Eu? Como?

E ela voltou a andar elegantemente, deixando-me parada, vermelha como um pimentão!

Peguei o carrinho com os itens para limpeza e tentei parar de pensar naquilo. Nunca tinha me imaginado com um garoto. Muito menos nesse nível de intimidade! Mas Hugo voltou à minha mente.

Por que me sentia assim com ele? O que eu sentia na verdade? E Ric? Por que tinha me olhado daquele jeito na piscina? Balancei a cabeça na tentativa de expulsar os pensamentos.

As horas passaram rápido. A limpeza era pesada, mas eu até gostava, me ajudava a esvaziar a mente e esquecer meus problemas. Quando acabei já eram 19h. A Sra. Lourdes já tinha ido, deixando a chave reserva comigo e meu pagamento adiantado.

— Pronto, acabei!

Olhei o pacote com meu pagamento e, claro, havia um bilhetinho e uma nota de R$ 50 a mais do valor combinado: "Compre um vestido bonito e vá se divertir com seu príncipe!".

— Ela não tem jeito mesmo! — falei.

Sorrindo, tranquei a escola e saí.

— Hugo?

— Oi, linda. Desculpe, tentei te ligar, mas como não atendeu, esperei aqui. Fiquei preocupado de você ir para casa sozinha a esta hora.

— Hugo, você não precisava, sério. Está esperando há muito tempo?

— Não, cheguei tem uns 15 minutos. Vi a luz acesa e achei melhor esperar. Você deve estar com fome e cansada, né?

Fome! Na mesma hora minha barriga roncou. Só tinha almoçado na casa dele, então estava realmente faminta.

— Como você sempre adivinha o que eu preciso? Sério, está me assustando. Tem um rastreador em mim ou algo assim?

Hugo sorriu, com aquele sorriso que só ele sabia dar.

— Vamos, tem um cachorro-quente aqui perto que é delicioso. Anima?

— Não tem como negar isso! Animo sim!

Como sempre, ele pegou minha mochila e me levou até o trailer de cachorro-quente mais famoso do bairro. Graças a Deus eu tinha trocado de roupa antes de sair do trabalho. Tinha colocado um short jeans e uma camiseta preta, amarrando o cabelo em um coque.

— Hum, vou querer o completo e Coca-cola. E você, Helena?

— Sem passas, por favor!

— Tá certo! Também não curto passas.

Hugo fez os pedidos e após alguns minutos me entregou meu lanche delicioso e quentinho.

— Nossa! Ou está realmente muito gostoso ou eu estou com tanta fome que tudo fica delicioso! — disse, dando uma mordida caprichada.

Hugo sorriu, como se tivesse ganhado o dia me vendo comer toda feliz.

— Eu sou um desastre para comer esses lanches de rua! — falou ele, apontando para a calça manchada de molho.

Dando um sorriso para ele, apontei para meu short, também sujo.

— Somos dois! Mas, afinal, essa é a graça, não é?

— Sabia que isso é uma das coisas que mais adoro em você?

— O quê? Eu ser tão desastrada que me sujo toda de molho?

— Não... Isso não! — Hugo respondeu sorrindo, calmo e lindo.

— Seu jeito leve de ver as coisas, sua simplicidade. As outras garotas são tão superficiais, com tanta maquiagem, roupas curtas. Tentam ser algo que não são. Você é você, simples assim. Você é 100% de verdade e eu adoro isso.

Meu rosto começou a ficar vermelho.

— Obrigada, eu acho...

— Acha?

— É... Sabe, não é tão fácil ser de verdade quando se é adolescente em um mundo de conveniências, minissaias e falsidade.

— Entendo, mas fingir ser algo que não é também não é fácil. Eu saí com uma garota há alguns meses, a gente estava, bom... ficando. E ela jamais comeria um lanche de rua assim.

— Por que não?

— Ela diria: "Jamais, quero prato e talher"! — Hugo disse, imitando uma voz feminina e fazendo biquinho.

Soltei uma boa gargalhada e comentei:

— Sério? E como você reagia a isso?

— Eu não reagia. Não tenho paciência para lidar com isso. Aí terminei e pronto. Ela é da sua sala. A Luísa, conhece?

— Você estava namorando a Luísa? — perguntei, pois tudo fez sentido.

— Ah, não! Namorando não. A gente saiu umas três vezes. Mas acho que ela sempre quis mesmo foi o Ric!

— Faz sentido! Agora faz sentido!

— O que faz sentido?

Ixi... Falei demais. Eu e minha boca grande.

— Nada, relaxa.

— Ah, não mesmo! Agora quero saber. Conte tudo ou pego seu lanche.

Hugo pegou o lanche da minha mão, como um desafio.

— Tá bom, eu conto. Mas promete que esse assunto morre aqui?

— Claro.

Ele devolveu meu lanche e me encarou, esperando-me falar.

— É que quando seu irmão começou a conversar comigo ela veio tirar satisfação. Perguntou se eu e ele estávamos, bem, juntos.

— Sério? O que você disse?

— Que não, lógico! Aí, depois, ela perguntou se eu estava namorando você.

— Gente, ela está mesmo investigando. Mas, como eu disse, ela gosta do Ric.

— Não sei, eu encerrei a conversa. Assim como você, não tenho paciência para isso.

— Entendo. Somos parecidos então — falou Hugo, dando a última mordida em seu cachorro-quente.

— E como foi?

— Como foi o quê, linda?

— Ficar com a Luísa? Digo, você gosta dela?

Não era para ter saído essa pergunta em voz alta, mas já era.

— Tá curiosa sobre minha vida amorosa? É isso mesmo que estou ouvindo, Helena?

Eu fiquei ainda mais vermelha que da última vez. Hugo observou e soltou um sorriso vitorioso.

— Olha só... Não tenho nada a esconder. Eu a acho bonita, mas é só isso. Não teve química nenhuma entre nós. E o jeitinho patricinha dela, eu não gosto, então...

— Então? Gosta dela ou não?

— Não, não gosto. Por isso acabamos há meses.

— E tem mais alguém? Que está saindo?

Helena, cala a boca! Por que estava perguntando essas coisas?

Hugo sorriu, claro, satisfeito com minha curiosidade sobre ele.

— Não, ninguém. E você?

— Eu o quê?

— Ah, nem vem! Eu respondi todas as suas perguntas. Minha vez. Está saindo com alguém?

— Não.

— E já saiu antes?

Olhei para ele assustada. Não sei se era uma boa ideia ele saber que era totalmente inexperiente e que nunca estive com um garoto antes.

— Bom, acabei. Vamos?

— Está tentando sair fora das minhas perguntas, senhorita?

— Eu? Imagina.

— Então, já saiu com alguém?

— Você é irritante, sabia?

— Só responde!

— Não, nunca. Pronto, está feliz?

— Na verdade, estou sim! — ele respondeu, levantando-se e dando-me a mão para me ajudar a levantar.

— Vamos jogar no lixo essas embalagens e caminhar um pouco na praça?

— Caminhar? Mas já está tarde e...

— Só um pouco! Quero aproveitar esta noite agradável. Vem comigo, por favor!

— Tudo bem, rapidinho.

Andando lado a lado, um breve silêncio agradável se fez entre nós dois. Era tão tranquilo estar com ele. Eu me sentia segura, protegida. Uma sensação que não sentia há muito tempo.

O vento quente da noite soltou o meu cabelo, que estava preso em um coque malfeito.

— Você sabe o quanto é linda, não sabe?

Olhei para ele. Hugo olhou para mim, dentro dos meus olhos. Seu olhar emitia tanta ternura que me senti completamente vulnerável. Desviei o olhar, voltando-o para frente.

— Obrigada, Hugo! Você é sempre muito gentil.

— Me admira nunca ter namorado. Nunca quis? Porque tenho certeza de que choveram pretendentes.

— Bom, eu não sou o modelo preferido dos garotos da minha idade e... sei lá...

— O quê?

— Nunca pensei nisso. Minha vida ficou tão tumultuada desde o falecimento do meu avô que não tive tempo para pensar nisso.

— Eu sinto muito por isso. Eu me lembro desse dia. Eu estava no velório com minha família e me surpreendi porque você não chorava. Seu olhar era vago, distante.

— Eu chorei muito enquanto ele estava no hospital. Aquele câncer o levou rápido demais. E, então, eu tive que assumir o papel de mãe, porque a minha nunca teve a cabeça muito no lugar. Você deve saber dos boatos.

— Sim, eu sinto muito por isso. Esses namorados dela... nunca fizeram nada com você?

— Nunca, isso não! Também, não fico em casa. Saio cedo e chego tarde da noite. Eles raramente me veem por lá.

— Você deve querer ir embora. Por isso está juntando dinheiro, não é?

O jeito como ele sempre adivinhava o que eu estava sentindo ou precisando era surpreendente.

— Sim, é isso. Minha prima me chamou para morar com ela na capital. Preciso do dinheiro das passagens e levar algum para ficar alguns meses até encontrar trabalho. Meu plano é me mudar no ano que vem — contei tudo para ele. Sentia que podia confiar nele.

— Se você for mesmo posso te ajudar. Vou me mudar também, se eu passar na faculdade do centro, claro.

— Você vai. É super inteligente e dedicado. Dá para ver.

Hugo sorriu e pegou na minha mão.

— Helena? Eu estou querendo fazer uma coisa há dias, mas estou com receio de assustar você.

— Já está me assustando! Que coisa?

Ele se aproximou, pegou meu rosto com uma mão e desceu a outra para minha cintura, levando-me para mais perto dele, sem tirar os olhos dos meus. Quase não havia distância entre nós. Minha mente ficou confusa, meu coração acelerado, batendo tão alto que acho que dava para escutar.

— Eu quero muito beijar você — Hugo disse, fechando os olhos e encostando seus lábios nos meus.

Eu nunca tinha beijado antes. Não sabia como reagir nem o que estava fazendo, mas quando nossos lábios finalmente se encontraram, era como se eu fosse dele e ele fosse meu.

O beijo começou leve, mas foi ficando intenso quando ele percebeu que eu estava correspondendo. Não sei por quanto tempo ficamos conectados assim, até que ele se afasta um pouco.

— Nossa! Você é incrível! Sério que sou o primeiro a fazer isso?

Eu abaixei a cabeça, envergonhada. Será que tinha beijado muito mal?

Ele levantou minha cabeça com a ponta do polegar, delicadamente e perguntou:

— Esse foi seu primeiro beijo?

— Foi... Desculpa... Deve ter sido horrível! Você é bem mais experiente e...

Ele me interrompeu, colando os lábios novamente nos meus, agora com mais intensidade e desejo.

Eu quase perdi a noção do chão embaixo dos meus pés.

— É delicioso! Eu preciso me segurar com você! Nossa! O que você me faz sentir não é normal! — falou ele, ainda me envolvendo em seus braços.

Fiquei sem graça, pois também nunca havia me sentido assim com ninguém, afinal, nunca havia estado com ninguém. Uma mistura de leveza, intensidade, alegria, desejo. Senti coisas que nunca tinha experimentado antes e não sabia explicar o que era.

Ele me soltou e ainda olhando em meus olhos, pegou minhas mãos e disse:

— Helena, você me fez muito feliz hoje! Obrigado!

Dei um sorriso tímido, ainda não sabia como olhar para ele depois de me desmanchar totalmente em seus braços.

— Hugo, eu realmente preciso ir. Está ficando tarde.

— Verdade. São quase 22h. Vou te levar. Contra a minha vontade, mas vou. Queria ficar aqui com você até amanhã! — ele disse, sorrindo.

Juntos, de mãos dadas, seguimos até minha casa. No portão, ele olhou em volta e me deu outro beijo intenso. Com os lábios ainda nos meus, ele falou:

— Vou sonhar com você esta noite, sem dúvida... Com seu gosto, sua pele, seu cheiro! Nossa! Preciso sair rápido antes que te sequestre.

Ainda ofegante, ele passou as mãos no cabelo, tentando se acalmar, mas percebi suas bochechas vermelhas.

— Eu também vou. Meu primeiro beijo foi perfeito. Obrigada por isso!

— É um prazer. Estou às ordens para tudo que quiser experimentar.

Um olhar malicioso surgiu em seu rosto, deixando-me corada também.

— Durma bem, linda!

— Tchau! Obrigada pelo dia!

E, finalmente, despedimo-nos.

Em meu quarto, após tomar um banho para me acalmar, tentei organizar meus pensamentos. "Que dia! Tanta coisa aconteceu que estou confusa. E agora? Sou o que do Hugo? Uma ficante? Uma amiga? O quê? E por que ele me deixa assim? E Ric? Aquele olhar, o que eu sinto por ele?".

Em meio a esses pensamentos turbulentos, adormeci.

CAPÍTULO 3

O inesperado pode ser bom!

Domingo, 7h, escutei som de coisas caindo.

— Você é um lixo! Saia da minha casa agora!

— Você que é uma vadia que dorme com qualquer um! Quero meu dinheiro! Eu quero, sua puta imunda!

Barulho de porta batendo. "Com certeza, era um dos namorados dela. Mãe, como você pode fazer isso de novo?".

Levantei, ainda tentando me acostumar com a claridade que entrava pela janela. Peguei o celular para ver as horas direito e tinha notificação. "Nossa! Três mensagens! De quem será?".

'Não consigo parar de pensar na noite passada! Preciso te ver de novo. Preciso te ter de novo! Vamos sair hoje? Cinema! Que tal?'.

Era do Hugo. Ele queria mesmo me ver? Então não tinha sido só um beijo para ele também. Escutei mais coisas caindo no chão. Respondi a mensagem:

'Oi, Hugo! Também não consegui parar de pensar em você. Eu topo sim! Que horas?'.

Queria sair dali, ficar longe. Ela devia estar bêbada já e eu não aguentava mais segurar essa barra. Pensei em ligar para vovó, ela saberia o que fazer. Meu celular vibrou:

'Que tal depois do almoço? Te encontro na porta da sua casa às 15h. Ansioso para te ver! Um beijo daquele jeito que eu sei que gosta!'.

Um sorriso escapou ao ler a última frase. Respondi:

'Combinado! Outro beijo'.

"É, Helena... Para quem tinha aversão a garotos, você está bem pra frente. Beijando, flertando". Mais barulho de coisas quebrando me trouxe à realidade.

— Mãe?! O que está acontecendo?!

Ela estava lá, no chão, caída com uma garrafa de algo fedorento na mão, toda suja e com sangue dos cacos de vidro dos pratos e copos que ela havia quebrado.

— Aquele idiota! Me trocou por uma vagabunda, acredita? Não confie nos homens, filha. São todos uns escrotos!

— Mãe, vem. Vamos tomar um banho e lavar essas feridas.

Peguei-a do chão e levei-a ao banheiro. Já tinha perdido as contas de quantas vezes precisei fazer isso. Minha mãe sempre foi impulsiva e explosiva. Após dar um banho nela e cuidar das feridas, coloquei-a na cama e liguei para minha vó.

— Vó?

— Oi, minha filha. Como você está?

— Vó, é a mamãe novamente.

Dava para sentir o som de frustração do outro lado da linha.

— Estou indo, minha filha. Ela se machucou? Machucou você?

— Ela se cortou, mas já cuidei dela. Eu estou bem. Estava longe quando ela surtou.

— Melhor assim. Estou indo, filha.

Minha vó era o amor e a paciência em pessoa. Ela me chamou para morar com ela novamente, algumas vezes, mas deixar minha mãe sozinha sempre me doeu, até o mês passado! Eu voltei a morar com minha mãe quando fiz 14 anos, na esperança de ajudá-la, o que, infelizmente, não adiantou.

Em um sábado à tarde, há cerca de quatro meses, ela chegou em casa transtornada, bêbada, nos braços de um homem escroto, sujo e fedorento. Esse homem me olhou da cabeça aos pés e disse:

— Nossa, sua filha é gostosa, hein! Vai liberar ela também?

Eu fiquei tão chocada que saí correndo e só voltei para casa depois de dois dias. Ela não falou nada, nem tinha como. Estava tão bêbada que não devia se lembrar. Ela devia me proteger e não o contrário! Depois disso, eu decidi ir embora.

Estava terminando o almoço quando minha vó chegou.

— Oi, filha. Mais uma vez isso! Até quando ela vai agir assim? Estou pensando em interná-la. Você não pode mais conviver com isso.

— Eu sei, vó, mas você sabe que ela não vai.

— Eu sei, mas vou falar com ela quando estiver sóbria. Pensa se esse homem... Nossa...

— Ele nem me viu, vó. Fique tranquila. Em breve terei o dinheiro para ir morar com a Ivana.

— Ela está bem lá. Arrumou trabalho. Disse que consegue para você no mesmo lugar.

— Isso. Só vou terminar a escola.

O relógio me lembrou de que havia marcado às 15h com o Hugo.

— Vó, marquei de sair com alguns amigos. Preciso me distrair. Você pode cuidar dela?

— Claro. Vai sim, minha filha. Você merece.

Comemos e eu fui me arrumar.

— O que se veste para uma situação dessa?

Olhando para minhas roupas surradas, realmente me vi sem muitas opções. Então vi um vestido floral, amarelo com flores vermelhas, que estava bem escondido.

— Este serve! Está um dia quente e sempre amei esse vestido.

Pronta, dei mais uma olhada no espelho.

— Não é que ficou bom?

Saí dando um beijo no rosto cansado da vovó.

— Devo voltar mais tarde, vó. Qualquer coisa me liga que eu volto.

— Vai sim, filha. Ela está apagada. Vai dormir até bem tarde.

Peguei minhas chaves e minha bolsa e saí. Hugo já estava esperando no portão.

Com uma camisa preta e uma calça jeans escura, ele estava ainda mais bonito.

— Oi, linda! Nossa! Isso tudo é para mim?

— Hoje é domingo e está tão quente!

— Você ficou ainda mais linda nesse vestido. Vai ser difícil ver o filme com tudo isso ao meu lado!

Ele me envolveu com o braço em minhas costas e disse:

— Chamei o táxi para nós. Vai ser mais rápido!

O táxi chegou e fomos para o shopping. Hugo comprou ingressos para um filme de terror.

— Eu morro de medo desses filmes.

— A ideia não é ver muito o filme...

— Ah é? Posso saber quais são suas intenções?

Ele deu um sorriso, aquele sorriso de quem tem um bom plano em mente.

— As melhores, linda! As melhores!

Entramos na sala de cinema e estava bem vazio. Hugo escolheu dois assentos mais no fundo. A luz se apagou e meu coração pulsava tão alto que acho que ele estava escutando.

— Eu morro de medo desses filmes, sério!

— Calma, linda! Eu estou aqui.

Hugo virou meu rosto para o dele com a ponta do polegar, olhando profundamente dentro dos meus olhos e acariciando meu rosto com os dedos. Seu olhar estava diferente, mais atrevido, eu diria. Sem demorar mais, ele encostou seus lábios nos meus; o beijo começou suave e delicado. Suas mãos foram descendo, primeiro no pescoço, depois braços, e pararam na minha cintura. Perdi-me nesse momento; não me lembrava onde estava, o que estava fazendo e o que estava acontecendo. Era como se o meu corpo estivesse flutuando.

— Hugo... E o filme?

— Acho que temos coisas bem mais interessantes para fazer, não acha? — ele respondeu sorrindo, com os lábios ainda juntos aos meus puxando-me para mais perto.

— Nossa, eu não canso de você, sabia, linda?

Não consegui responder. Minha mente estava em transe, só conseguia sentir seu cheiro, seu gosto, seu toque. Ele percebeu o efeito que tinha sobre mim e continuou. O beijo, antes suave e delicado, agora era ardente. Sua respiração estava ofegante e suas mãos desceram até as minhas coxas.

— Hugo! As pessoas aqui vão ver isso e...

— Calma, ninguém vai ver nada aqui. Olha... — ele disse, apontando para os outros três casais dentro do cinema, que faziam exatamente a mesma coisa.

— Acho que ninguém veio aqui para ver o filme, afinal!

— Pois é, linda. Eu só queria um momento sozinho com você, na verdade.

— Ah! Então eram essas suas verdadeiras intenções, Sr. Bernardes?

Hugo sorriu, fez sim com a cabeça e voltou a me beijar, de forma ainda mais intensa.

Ele começou a beijar meu pescoço. Ninguém nunca tinha feito isso antes comigo. Nem sabia que ia gostar tanto. Um calor começou a subir pelo meu corpo, principalmente entre as minhas pernas. Eu nunca havia sentido isso e o maior problema é que estava totalmente em transe novamente, perdida nas carícias dele. Eu juro que precisava de um manual de como agir nessas situações!

Senti algo subindo a saia do meu vestido. Eram as mãos do Hugo e estavam bem perto de...

— Hugo!

Minha voz saiu num sussurro, porque, na verdade, estava muito bom. Mas será que era certo? Eu nem o conhecia direito, era nosso segundo encontro e ele já queria ir tão longe?

— Hugo, por favor! Está rápido demais, rápido demais. Eu, não... Nossa! Por favor, devagar!

Ele parou de subir a mão, que, por sinal, estava a um triz da minha calcinha.

Olhando nos meus olhos vi que os dele estavam cheios de desejo. Senti que ele estava realmente se segurando.

— Desculpe, linda! Desculpe! Eu passei dos limites. Me perdoa?

— Claro. Eu também me deixei levar completamente pelo momento, mas eu acho que ainda não estou pronta para isso.

— Eu entendo, imagina! Nem tem que se explicar. Desculpe mesmo. Eu vou me esforçar para manter o controle com você. É bem difícil, porque você me domina completamente. Isso nunca aconteceu comigo antes!

Ele abaixou o olhar, como se tivesse acabado de confessar um segredo bem íntimo.

— Eu sinto o mesmo. É bem difícil raciocinar com você perto, Sr. Bernardes. Fique feliz, pois você conseguiu tirar esta garota racional aqui do sério.

— Bom saber disso!

— Ou não, porque agora você sabe meu ponto fraco!

— Hum... Pensa em tudo que eu posso fazer com essa informação, hein!

Ele voltou a me beijar, suavemente, segurando em minha cintura. Eu nem vi o filme acabar, paramos de namorar quando as luzes se acenderam.

— Até gostei desse filme de terror, viu! Foi bem divertido.

— Ah é, sapeca? Então você gostou do ator principal, foi?

Sorrindo, com as bochechas vermelhas, acenei que sim com a cabeça.

— Vamos! Quer comer algo? Um sanduíche?

— Como dizer não a essa proposta indecente?

Hugo sorriu, pegou a minha mão e me conduziu para fora do cinema. Lanchamos e conversamos. É incrível como era natural conversar com ele, ficar com ele, beijá-lo. Era como se fosse o certo a se fazer. Não sei explicar bem. Ele parecia sentir o mesmo, ficava relaxado quando conversávamos, sorria muito. "Será que isso que estou sentindo é a tal da paixão que todos falam? Se for, é bem gostoso, viu...", pensei.

Ao chegar na porta do meu prédio, ele conferiu se não tinha ninguém olhando e me deu um beijo longo, demorado e intenso.

— Hoje foi incrível, linda! Obrigado por esse dia maravilhoso!

— Eu que agradeço o convite. Eu amei cada segundo.

— Não quero te deixar entrar. Acho que estou ficando viciado em Helena — falou ele, sorrindo e me puxando para mais perto, roçando o nariz em meu pescoço como se quisesse guardar meu cheiro.

— Isso deve ser bom, né? Mas realmente preciso entrar. Ainda preciso terminar aquele exercício chato de matemática.

— Eu também tenho um trabalho para terminar. Posso te ligar mais tarde? Preciso ouvir sua voz antes de dormir. Minha última dose de você!

— Claro! Vou adorar.

Um último beijo e nos despedimos.

— Vovó?

— Oi, filha. Como foi com seus amigos? Se divertiu? Parece feliz!

— Sim, vovó. Foi ótimo! E a mamãe?

— Acordou, vomitou bastante e dormiu de novo.

— Entendo. Você jantou?

— Sim. Helena, precisamos conversar.

— O que foi, vó?

— Quero tirar você daqui e internar sua mãe. Essa situação está passando dos limites. Tenho medo por você, do que esses homens que ela traz para casa podem fazer. Olha para você. Já é uma mulher formada e muito bonita, minha filha. Homem não presta, podem querer... Bom, você sabe!

Olhei para minha vó com preocupação. Ela não estava errada. Eram homens escrotos e eu também não duvidava disso, mas ainda não tenho dinheiro suficiente para ir embora. E agora tinha o Hugo, mudar seria complicado.

— Eu sei, vovó, mas tem a escola e meu trabalho. Aqui fica perto de tudo.

— Verdade. Estou pensando em outra opção, temporária, é claro.

— Qual?

— Eu me mudar para cá. Comigo aqui sua mãe não vai ficar trazendo esses homens imundos para dentro de casa. Ao menos eu, ela ainda respeita.

— Faria isso, vovó? Porque seria maravilhoso! — disse, com os olhos cheios de lágrimas. Sei que vovó amava seu apartamento. Ela tinha demorado tanto para conseguir sua liberdade...

Depois que meu avô faleceu, vovó se envolveu e foi morar com outro homem. Ele era totalmente abusivo. Batia na vovó, na minha mãe e, às vezes, até em mim, e também abusava da minha vó fisicamente e emocionalmente. Ela demorou anos para, finalmente, conseguir uma medida de restrição. Foi difícil, passamos fome até ela conseguir um trabalho digno, mas conseguiu e comprou seu apartamento. Ela era meu exemplo de força e determinação, minha inspiração da mulher que um dia eu queria me tornar.

— Sim, minha filha! Não posso permitir que você passe pelo que eu já passei. Seu avô foi um bom homem, mas depois sofremos muito.

Não consegui evitar as lágrimas. Meu avô era meu porto seguro em casa. Foi ele quem me criou, na verdade. Minha mãe sumia por semanas e quando voltava estava bêbada ou drogada demais. Ele me ensinou tudo que sei. Eu e minha vó que cuidamos dele em seus momentos mais frágeis devido à doença. Éramos uma dupla inseparável, até que a morte o levou.

— Eu sei que sente falta dele, Helena! Mas ele está aqui, com você, sempre!

— Eu sei, vovó, eu sei. Posso sentir o amor dele em meu coração, mas a saudade dói muito às vezes.

Vovó e eu nos abraçamos e ficamos alguns minutos assim, apoiando-nos e nos fortalecendo para lidar com os problemas.

— Então está decidido. Amanhã mesmo já trago minhas coisas. Vou dormir aqui hoje. Estou cansada para ir para casa.

— Combinado, vovó! Obrigada! Pode ficar com meu quarto.

— Não, querida. Preciso ficar com sua mãe. Preciso convencê-la a se tratar e isso será difícil.

Ao dizer isso, vovó levantou-se e passou a mão em seu cabelo cacheado todo branco. Mesmo com a idade era possível perceber como ela tinha sido uma jovem muito bonita.

— Boa noite, vovó!

— Boa noite, querida! Durma com os anjos e descanse!

Fui para meu quarto e tomei um bom banho. "Que fim de semana louco, né? Eu e o Hugo... Quase que ele...". Corei ao me lembrar do cinema, das mãos dele tão quentes em minhas pernas, seu hálito em meu pescoço... Parecendo sentir que eu estava pensando nele, o telefone tocou, tirando-me dos meus pensamentos.

— Oi! Então você ligou mesmo, hein?

— Oi, linda. Claro! Já estou com muita saudade!

— Como estão as coisas aí? Conseguiu terminar o trabalho?

— Sim, terminei agora. Estão bem. Meus pais estão assistindo a um filme e Ric saiu com alguns amigos, ainda não chegou. E aí?

Só de lembrar da minha mãe, o olhar triste da vovó, as lágrimas voltaram a escorrer pelo meu rosto.

— Helena? O que aconteceu?

— Nada, o de sempre. Fique tranquilo. Está tudo bem agora.

— Sua mãe? O que ela fez agora?

— É tão óbvio? Todos do bairro comentam, não é mesmo?

— Infelizmente, sim, minha linda! Mas o mais importante é você. O que houve? Pode me contar tudo, você sabe.

— Ela bebeu muito outra vez, trouxe um homem estranho para casa e brigou com ele. Cortou-se com caco de vidro da garrafa que quebrou. Mas fica tranquilo. Eu liguei para minha vó e ela está aqui, já está resolvendo tudo.

— Fico mais tranquilo sabendo disso. Mas isso não pode continuar assim. Esses homens podem tentar algo com você. Nem quero imaginar isso!

— Eu sei, por isso minha vó vai se mudar para cá amanhã.

— Sério?

— Sim, ela é a única que minha mãe escuta e respeita. Minha vó vai tentar interná-la para se tratar. Vamos torcer!

— Que maravilha ouvir isso! Até relaxei aqui.

— Fique tranquilo. Estou bem!

— E a atividade de matemática? Conseguiu terminar?

— Nossa!

— O que foi?

— Me esqueci completamente. Faço amanhã na casa do B. Estou muito cansada agora, preciso dormir.

— Claro, faz isso. E se precisar de ajuda me manda mensagem. Amanhã estarei no estágio durante o dia, não consigo atender ligação, mas assim que vir sua mensagem, eu respondo.

— Ótimo! Obrigada por isso!

— Imagina. E agora... Você disse que está indo dormir?

— Sim, acabei de tomar um bom banho e vou me deitar.

— Banho, é?

Essa última pergunta saiu com um tom de voz bem sapeca.

— Sim, por que o interesse?

— Hum... Só de pensar nessa cena! Ô, Deus... Como queria ser um mosquitinho para ver isso!

— Hugo! Deixa de ser safado!

— A culpa é sua, com esse corpo aí, delicioso. Seu beijo... Nossa! Acho que quem precisa de um banho agora sou eu.

— Isso. Vai tomar um banho gelado para sossegar.

Ele sorriu gostosamente do outro lado da linha.

— Hugo?

— Oi, linda?

— Você sabe que eu sou, bem, digamos, totalmente inexperiente nessa coisa de relacionamento, né?

— Sim. Não parece. Mas o que quer perguntar exatamente?

— Eu... Hã... Então... É que... Enfim... Hã... Como posso dizer isso?

— Que você é virgem e pode não querer ir além de beijos comigo? É isso que quer dizer?

Fiquei completamente muda, minhas bochechas pegavam fogo nesse momento.

— Nossa! Você é sutil como um elefante!

Ele sorriu novamente, podia ver sua expressão divertida.

— Eu sei disso, fique tranquila! Vou respeitar você e esperar até que esteja totalmente pronta. Nunca vou te forçar a nada.

— Mas você é homem, mais velho, e com certeza já deve ter feito isso. E tem tantas outras garotas que até pagariam para sair com você e...

— E daí?

— Por que você vai me esperar, como disse?

Silêncio. "Será que o ofendi?".

— Porque eu estou me apaixonando por você, Helena!

— Você o quê? Repete?

— Você está bem feliz de arrancar uma confissão minha, não é?

— Não posso negar!

— Eu estou APAIXONADO por você, Helena! Pronto, é isso. Por isso vou esperar você.

"Ele disse isso mesmo? Estou sonhando, né?".

— Eu estou dormindo e sonhando, né?

Ele sorriu.

— Não, está bem acordada e eu estou sendo muito sincero.

— Bom então...

— Então?

— Eu também acho que estou me apaixonando por você!

Ele bateu palmas do outro lado da linha.

— Uau! Arranquei dela uma confissão de quase sentimento. Já é um progresso!

Sorrindo feito boba, imaginava como ele estava.

— Isso, conseguiu. Espero que o tenha deixado satisfeito, senhor!

— Muito! Faltou só um beijo, que amanhã resolvemos.
— Combinado. Agora preciso mesmo dormir.
— Tá bom. Vou deixar dessa vez, mas só porque disse que está quase se apaixonando por mim.
— Boa noite, Hugo!
— Boa noite, linda!

Bom, precisava deixar as coisas claras depois do que tinha acontecido no cinema. Essas investidas dele podiam me colocar em uma situação em que minha parte racional não tivesse tanta força.

Fechei os olhos e caí no sono, ainda me lembrando dos beijos de Hugo.

CAPÍTULO 4

Mas nem sempre o inesperado é tão bom assim

Segunda-feira chegou. Acordei com muita preguiça, com o alarme infernal disparando na minha cabeça.

— Já acordei! Pronto! Está feliz? — falei, olhando furiosa para o despertador, desligando-o com agressividade.

— Segunda-feira já... Nossa, como esse fim de semana passou rápido! Bom, tem trabalho, terminar lição de matemática...

Hugo voltou aos meus pensamentos.

Não tínhamos combinado como seria na escola. Pensei que seria melhor ninguém saber que havíamos ficado até ter certeza do que aquilo vai virar. Mandaria uma mensagem para ele quando chegasse no trabalho.

Corri para o banheiro, tomei meu banho e fui para cozinha.

— Oi, vovó. Bom dia! Conseguiu dormir?

— Sim, minha filha. Dormi bem. Sua mãe ainda não acordou. Vou esperar ela acordar para levá-la ao médico e ver se a convenço a se internar hoje mesmo. Te mando notícias. Venha tomar café. Acabei de fazer.

— Obrigada, vovó. Preciso comer rápido.

Tomei meu café rapidamente e saí para a casa da Lorena.

— Oi, Lorena. Oi, Bernardo. Como você passou o fim de semana, lindo?

Bernardo estava com os bracinhos esticados e um sorriso fofo no rosto.

— Helena! Graças a Deus! Ele está impossível esta manhã.

Lorena estava com a expressão cansada. O marido, como sempre, não estava.

— Vai descansar um pouco. Eu cuido do B. Fique tranquila.

— Vou mesmo. Não dormi nada esta noite. Obrigada, Helena.

Já eram 10h quando Bernardo, finalmente, cochilou. Peguei meu caderno e meu livro de matemática. Precisava terminar a lição antes da aula. Meu celular tocou e me lembrei de Hugo. Tinha me esquecido completamente de mandar a mensagem. Peguei o celular e, para minha surpresa:

— Oi, linda! Como você está hoje? Então, estava pensando, acho melhor ninguém saber na escola que ficamos, não acha? Vai gerar um tumulto desnecessário.

Eu pensar isso eu entendo, mas a frase "tumulto desnecessário" me deixou um pouco incomodada.

— Oi, Hugo. Sim, tudo bem. O Ric sabe?

"Deixe-me ver até onde isso já chegou. Melhor ter certeza".

— Não, ele não sabe de nada ainda. Achei melhor deixar só entre nós por enquanto.

— Ok, combinado.

— Ficou chateada?

— Não, por quê?

— Está enviando respostas curtas. Eu só quero evitar que as pessoas amolem você, afinal, as outras garotas podem, enfim... perturbar você. Só estou tentando te proteger.

— Tudo bem, eu entendo. Desculpa, preciso trabalhar agora. Até mais tarde!

— Um beijo, minha linda!

"Vai ficar sem resposta para deixar de ser convencido!". Com esse pensamento e uma expressão de raiva no rosto, joguei o celular de volta na mochila. "Por que estou com raiva disso? Eu mesma queria que fosse segredo. Mas estranho... Nem para o irmão ele contou? Se ele está mesmo apaixonado, não deveria ter contato para alguém, um amigo, sei lá?".

Meus pensamentos ficaram confusos, parecia que ele estava tentando evitar que alguém específico soubesse de algo, não sei. Aprendi a ser desconfiada depois de tanta coisa, tantas pessoas ruins que encontrei. "Chega de pensar no Hugo. Problema dele. Vou me concentrar nesse exercício e no trabalho".

O dia passou rápido. Bernardo não deu trabalho nenhum e eu consegui terminar a lição de matemática e adiantar a de geografia e a de história.

Cheguei na escola dentro do horário. Na sala, nada do Ric. Sentei-me na mesma mesa de sempre, do fundo. Caso eu cochilasse, ali era mais reservado.

Não demora cinco minutos, Ric entrou e sentou ao meu lado.

— Oi, Helena. Como você está?

— Oi, Ric. Está tudo bem. E com você?

Ele franziu a testa, parecia preocupado. Respondeu:

— Eu... Eu estou bem.

O professor entrou na sala e começou a aula:

— Hoje a atividade será em dupla. Cada um junte com o colega ao lado, por favor.

— Helena, vamos? — disse Ric, já trazendo sua mesa para perto da minha. Vi Luísa do outro lado da sala me fuzilando com os olhos.

— Helena, preciso te perguntar uma coisa — falou ele, quase sussurrando.

— Claro, pode perguntar.

— O que está acontecendo entre você e meu irmão? Por favor, me conta.

Fiquei sem cor, totalmente paralisada. Se nem Hugo havia contado, será que eu podia contar?

— Por que está me perguntando isso, Ric? Parece preocupado com alguma coisa.

— Eu... É... Então...

— Ric, me fala. O que foi?

— Eu não quero que você se machuque. Conhecendo você melhor, eu não quero que se machuque. E Hugo, ele é meu irmão, mas... Helena, tome cuidado com ele, tá?

— Como assim, "tomar cuidado"? O que você quer dizer? Fale claramente. Chega de joguinhos.

— Eu... Eu não posso falar mais nada. Só tome cuidado, não confie cegamente nele até ter certeza de que está tudo bem, ok?

— Como assim? Não estou entendendo nada agora!

— Desculpe! Eu sei que é confuso, mas se ele imaginar que eu conversei com você... Por favor, não conta para ele e evita ficar sozinha com ele em lugares muito reservados. Só me promete.

— Prometer?

— Sim, promete que não vai falar dessa conversa e vai se cuidar.

Passei as mãos nas têmporas. Que papo estranho.

— Tá bom, agradeço a preocupação. Mas se você se preocupa mesmo comigo, me fala a verdade, por favor.

— Não posso. Ainda não. Assunto encerrado. Vamos focar na atividade.

Revoltada, acenei que sim com a cabeça. Ele era como o irmão, encerrava as conversas e pronto. Focamos na atividade, um silêncio constrangedor se fez presente. Quando o sinal do intervalo bateu, Ric pegou minha mão e olhou nos meus olhos. Seu olhar era quase suplicante.

— Helena, por favor, me perdoa. Eu juro que assim que puder te conto tudo, mas agora só se cuida, tá bom? Lembra: não confiar.

E saiu antes que eu pudesse dizer algo.

Ainda atordoada com as palavras de Ric, optei por lanchar na sala mesmo e terminar a atividade de geografia, que era para o dia seguinte.

O restante das aulas correu tranquilo, tirando o fato de que Ric não conseguia olhar nos meus olhos. O sinal bateu. Rapidamente, juntei minhas coisas e saí antes que Ric pudesse dizer algo.

Não queria vê-lo, muito menos Hugo. O que ele estava escondendo? Por que Ric estava tão preocupado? Nada disso fazia sentido.

— Helena, espera!

A voz familiar de Hugo estava bem atrás de mim. Não adiantava, ele ia me alcançar mesmo, era melhor enfrentar logo.

— Oi, Hugo.

— Oi, Hugo? Como assim? Combinamos de levar você em casa, lembra?

— Não precisa disso. É desnecessário.

— Não, não é. O que deu em você?

— Nada. Então cadê o Ric?

— Ele foi com uma garota embora hoje. Acho que estão ficando.

— Tranquilo. Então vamos?

Ele me olhou desconfiado. Por que eu sempre sou tão transparente com as emoções? Meu avô sempre me dizia isto: "Você é cristalina. O que sente no coração, seu rosto demonstra. É como eu, feita de verdade, minha pretinha". Era assim que ele me chamava. Quanta saudade daquele olhar doce... Mas essa característica não estava ajudando em nada.

Começamos a caminhar e ele pegou minha mochila, como sempre. Mantive-me séria, sem olhar para ele, porque se eu olhasse ele veria a fúria nos meus olhos.

— Ok, já estamos longe da escola. Me conta, o que foi, Helena?

— Já disse que nada. Estou cansada, só isso.

— Eu sei que não é isso. Fala logo! O que eu fiz?

— Eu não faço ideia. Tem algo que possa ter feito que me magoaria?

Ele me olhou com o olhar confuso.

— Como assim?

— Eu sei que está me escondendo algo, Hugo!

— Escondendo? Alguém falou com você?

— Alguém teria algo para me falar?

Ele ficou visivelmente irritado, pois percebeu que não iria conseguir a verdade de mim tão facilmente.

— Você é muito teimosa! Não, não que eu saiba, sei lá. Esse povo da escola inventa cada coisa. Você sabe como eles são. E eu não comentei nada sobre nós para evitar isso mesmo.

— Isso o quê?

— Como assim? O que quer dizer?

— Que está evitando contar sobre nós porque quer me proteger? Ou será que quer evitar que alguém saiba algo que possa comprometer você?

Ele me olhou assustado, como se tivesse ficado sem as calças na minha frente.

— Como assim? Você... Mas como?

— Sim, eu sei.

— Sabe?

— Sim, eu sei.

Ele me olhou confuso, tentando descobrir se eu estava blefando. Na verdade, eu estava mesmo, mas estava funcionando.

— Espera, Helena. Eu posso explicar.

— Então estou pronta!

Ele entrou na minha frente, segurando-me nos braços. Seu olhar estava assustado, como o de uma criança que foi pega fazendo arte.

— Ele me forçou, Helena. Eu juro.

"Meu Deus! Ele está mesmo caindo? Preciso manter a postura como se já soubesse de tudo".

— Sei! Quer mesmo que eu acredite que você foi forçado por aquele idiota?

— Opa! O Paulo não é idiota. É, às vezes é... Mas tudo mudou.

— Ok. O que ele te forçou a fazer exatamente? Quero ouvir a sua versão. Vamos! É sua chance de me convencer a não surtar aqui, agora mesmo — falei firmemente, com grande frieza no olhar. Infelizmente, aprendi esse olhar após anos cuidando da minha mãe. Tantas mentiras, tantas situações constrangedoras, que o amor, enfim, quase morre.

— Ele me forçou a escolher uma garota e...

— E?

— Nossa, sério que isso está acontecendo?

— Hugo, ou você fala ou simplesmente fica aí com essa cara de otário e nunca mais escutarei você!

— Está bem! Escolher uma garota e tirar a virgindade dela até o fim do semestre! Pronto! Está feliz? Eu sou um imbecil!

Fiquei completamente chocada, mas precisava me manter firme.

— Nisso concordamos, você é um completo imbecil! Agora, olhe nos meus olhos.

— Helena, me perdoa, eu não te conhecia e...

Ele estava com os olhos nos pés, com a postura completa de um total derrotado.

— Olhe agora! Ou não é homem o suficiente para isso?

Ele olhou, seus olhos estavam cheios de lágrimas. Parecia mesmo arrependido, mas como confiar em um garoto que havia feito uma aposta de tirar minha virgindade? Isso era absurdo demais!

— Eu tenho nojo de você! Não interessa se me conhecia ou não, se sou eu ou não. Fazer isso com qualquer garota é uma violência, uma violação, um completo absurdo! E tudo isso por quê? Por uma aposta imbecil de um bando de garotos mimados que sempre tiveram tudo na vida! O que apostaram? O que ganharia?

— Helena, eu... Me perdoa, eu não ia fazer nada que você também não quisesse. Paulo me força a participar dessa brincadeira estúpida todo ano desde... — Hugo percebeu que falou demais.

— Ah, nossa! Como me sinto melhor. Me sinto ótima agora! Porque agora eu sei que fui totalmente enganada desde o início. Você nunca quis sair comigo, nunca. Isso tudo é nojento. E como assim, desde? Desde quando? Já fez isso antes?

— Desculpa, eu sei que parece horrível, mas eu quis sim sair com você.

— E isso importa? Já fez isso antes?

— Sim, droga! Foi uma única vez, no ano passado, com uma garota do primeiro ano, a Virgínia!

— Meu Deus! Ela saiu da escola. Os boatos que eu tinha escutado, de fotos dela nua. Foi você?

— Não! Eu nunca tirei fotos dela, eu, eu....

— Você é um covarde! Como pode?

— Eu saí com ela sim, e sim, ganhei a aposta do Paulo, mas quem tirou a foto dela foi o Paulo e não eu.

— Espera aí! Essa história fica cada vez pior. Como assim o Paulo?

Hugo passou as mãos no cabelo, ele estava visivelmente transtornado.

— A aposta... Precisávamos escolher uma garota e levá-la para cama antes do fim do semestre. A "grande noite", como Paulo chama, é em um local conhecido do nosso grupo. Eu não sabia que Paulo tinha colocado uma merda de uma câmera lá.

Eu fiquei de boca aberta. Dei uns dois passos para trás para ficar mais longe dele. Não imaginava que ele poderia ser um monstro nojento. Como minha mãe mesmo disse, os homens são sempre uns escrotos e só querem nos comer.

— Você é um monstro! Todos vocês são! Tem ideia do estrago que fizeram na vida dela e que quase fez na minha?

— Helena, eu nunca levaria você nesse lugar, sério! Tudo que eu disse é verdade, me apaixonei por você!

— Tá bom! E o Brad Pitt também. Fala sério, Hugo! Nunca mais ouse olhar para mim, falar comigo, pensar em mim. Você vai ficar longe de mim. Você e seu irmão, que tenho certeza de que sabia de tudo. E o que ganhou com toda essa merda de aposta?

— Ric sabia, me ajudou a chegar até você. O prêmio do ano passado foi um celular novo e este ano seria uma guitarra.

Fiquei ainda mais horrorizada. Claro que Ric sabia e tinha ajudado o irmão. E tudo isso por bens materiais que ele poderia muito bem pedir aos pais para comprar. Era simplesmente inacreditável.

— Vocês são... Meu Deus! Fiquem longe de mim! Como podem fazer isso? Tudo isso, toda essa sujeira por causa de uma droga de celular e de uma guitarra inútil que seus pais poderiam muito bem dar para você, sem esforço algum! É inacreditável como pode ser tão... tão... asqueroso. Tenho nojo de você! Nojo!

Saí puxando minha mochila. Corri em direção ao meu prédio que, graças a Deus, estava bem perto.

Já em meu quarto, desabei na cama.

— Como ele pôde? Ou melhor, como eles puderam fazer isso comigo? Eu nunca nem olhei para aqueles dois imbecis!

Meu telefone não parava de tocar. Eram Hugo e Ric, ligando e me mandando mensagens.

— Devem estar com medo de eu fazer um escândalo e acabar com a boa fama deles, ou chamar a polícia. Já chega, estou cansada desses dois me tratando como seu eu fosse um brinquedinho — falei para mim mesma.

O choro contido finalmente saiu. Adormeci entre lágrimas e muita raiva, que crescia como um câncer dentro de mim.

CAPÍTULO 5

Amadurecer dói, mas é preciso!

No dia seguinte, acordei com uma dor de cabeça insuportável. Levantei e me olhei no espelho. Meus olhos estavam inchados de tanto chorar. "Já chega. Não tenho tempo para isso", pensei.

Arrumei-me e saí para o trabalho, tomando um analgésico no caminho. Tinha aprendido a abafar meus sentimentos há anos. Simplesmente sigo em frente, quase como quem arranca uma página do caderno. É isso que eu faço com situações desagradáveis. Nem olhei para o telefone. "Não tenho tempo para isso! É hora de manter meu foco em sair daqui urgentemente".

— Oi, Helena. Nossa, que cara! Venha aqui.

— Oi, Lorena. Está tudo bem. É só uma enxaqueca.

— Entendo... Então Helena, quero te fazer uma proposta.

— Proposta?

— Sim. Eu me separei do traste do pai do Bernardo. Descobri que ele tem outra família e mais dois filhos, enfim.

— Nossa, eu sinto muito!

— Não sinta. Foi um alívio! Mas o que quero conversar com você é que recebi uma boa proposta de negócios na capital, mas preciso de alguém para me ajudar com o Bernardo, a casa e, claro, com os negócios. Seria como um estágio de tempo integral. Eu pagaria seus estudos na escola particular próxima. Vou te ensinar tudo que precisa para administrar uma empresa.

— Espera! Está falando sério?

— Sim. Confio demais em você e Bernardo morreria se eu afastasse você dele. Ele vai entrar na escolinha para liberar você durante o dia. Você moraria conosco e teria um bom aumento de salário. Ah! E sua carteira assinada como estagiária. O que me diz?

Eu fiquei de boca aberta por alguns instantes.

— É claro! Nossa, claro! Eu nem sei como agradecer. Eu... Nossa! É meu sonho me mudar para a capital!

Abracei Lorena apertado. Era minha chance de recomeçar longe de tudo. Longe da minha mãe e de seus homens, do Hugo e do Ric. "Deus, obrigada! Obrigada!".

— Quando vamos?

— Vamos no mês que vem. Preciso que sua mãe ou sua vó autorize porque você ainda é menor de idade. Este é o documento.

Lorena me entregou uma procuração que lhe dava autorização para ser minha tutora legal.

— Peça sua mãe ou sua avó para assinar. Vou providenciar sua transferência de escola. Então, se não quiser, nem precisa ir nos próximos dias. Lá você também terá um professor particular. Preciso que aprenda algumas matérias específicas para lidar com a empresa.

— Isso é um sonho!

Lorena sorriu, satisfeita.

— Imagina... Você é tão gentil comigo. Sua presença aqui me manteve forte. Eu tenho que te agradecer cada segundo. É o mínimo que posso fazer. Ah! E fique tranquila, sua mãe e sua avó podem nos visitar sempre. Eu envio as passagens.

— Obrigada! Obrigada! Nossa, muito obrigada!

— Pronto! Estamos resolvidas. Agora vai que o Bernardo está te esperando.

Ela sorriu e saiu. Feliz, exclamei para mim mesma:

— Meu Deus, o Senhor é perfeito! Depois da tempestade, o Sol volta a brilhar!

Aproveitei e fui direto para casa depois do trabalho. Não ia mesmo suportar ver aqueles dois idiotas mesmo

— Vovó? Vovó? Preciso te contar um milagre!

— Oi, minha filha.

Minha vó veio do quarto da minha mãe, com semblante cansado, mas parecia feliz. Contei todos os detalhes para ela da grande oportunidade.

— Helena, isso é um milagre e veio na hora certa!

— Não é, vó? Estou tão feliz!

— Sim, na hora certa. Internei sua mãe hoje. Estava preocupada com você, mas agora sei que estará bem. Preciso alugar este apartamento para pagar a internação da sua mãe.

— Claro. Eu posso ver com a Lorena se ela me deixa já ir para lá.

— Perfeito! Faça isso, minha filha. Amanhã mesmo o zelador virá passar uma demão de tinta nas paredes. Junte suas coisas e veja se Lorena deixa você ir para lá. Eu vou voltar para o meu apartamento.

— Vou ligar agora mesmo pra ela.

Peguei o telefone e liguei rapidamente para a Lorena.

— Oi, Helena. Algum problema? Você nunca me liga! Não desistiu, né?

— Não, imagina! Na verdade, preciso pedir um favor enorme...

Contei a situação para Lorena, que não hesitou:

— Helena, você nem precisava pedir. Vou falar para o motorista te buscar amanhã. Me mande seu endereço e o horário, tudo bem?

— Obrigada de coração, Lorena. Nem sei como agradecer por tanto!

— Imagina, é um prazer. Precisam de mais alguma ajuda?

— Não, é só isso mesmo. Obrigada!

— Descansa e te vejo amanhã.

— Vovó, ela deixou!

Eu e vovó nos abraçamos felizes. Finalmente, as coisas estavam dando certo!

Estava no meu quarto, arrumando as coisas, quando escutei o interfone. Meu coração gelou! "Será Hugo?".

— Helena, tem um amigo seu no portão. Disse que chama Ricardo. Você desce, filha?

"Ric? Por quê?".

— Claro, vovó!

Não tinha como fugir. Se eu tivesse sozinha, tudo bem, mas não queria preocupar a vovó com isso. Desci as escadas e abri o portão, permanecendo do lado de dentro. Ric estava sozinho. Então resolvi sair, mas mantive distância dele.

— Helena, graças a Deus!

— Diga logo. Estou muito ocupada.

— Helena, eu... O Hugo me disse que falou toda a verdade para você.

— Sim, eu arranquei toda a verdade dele, você quer dizer, já que não quis me contar.

— Me desculpe por isso. Eu tive medo da reação do Hugo e do Paulo. Precisava ter certeza de que era seguro.

— Bom, já foi. Mais alguma coisa? — falei, virando-me para entrar, mas Ric segurou meu braço.

— O que foi? Vocês já não causaram estragos suficientes?

— Helena... Eu...

Ele abaixou os olhos, envergonhado, mas voltou a me olhar e disse:

— Eu nunca concordei com esse absurdo. Hugo mentiu para mim no primeiro dia, disse que tinha visto você no intervalo, que tinha te achado atraente e que queria te conhecer. Eu disse para ele se virar, mas ele ameaçou contar para escola inteira que eu ainda era virgem e eu cedi.

— Ah, claro! Porque a escola inteira saber que você ainda é virgem era muito pior do que uma garota totalmente inocente ser enganada e violentada dessa forma! — Esta frase foi como um soco na boca do estômago de Ric.

— Eu sei que não. Por isso, assim que eu parei de ser um covarde, tentei convencer Hugo, mas ele não me ouviu, disse que era tarde demais.

— Ok, acabou?

— Não, Helena... Espera, tem mais uma coisa!

— Que inferno! O que você quer?

— Eu preciso que saiba que você tem opções.

— Eu sei que tenho opções. Pronto, acabou?

— Helena, você não entende, eu...

Ele começou a se aproximar de mim.

— Você o quê? Também quer entrar na aposta, é isso?

— Não! Não, mas... Eu quero você!

— O quê? Como assim?

Eu não percebi como ele estava perto. Quase não havia distância entre nós. Sem me esperar voltar ao meu estado normal, Ric me beijou. Um beijo desesperado, molhado e cheio de paixão desesperada.

— Seu... Me solta! Tire essas mãos imundas de mim ou eu grito!

— Calma, Helena. Eu só queria que soubesse!

— Que você é tão tarado como seu irmão?

— Nããããoooo! Queria que soubesse que eu te quero de verdade e que jamais faria isso com você!

— Ric, é sério! Saia agora daqui! Eu nunca mais quero ver vocês!

— Helena, me dê uma chance. E imploro. Me deixe corrigir isso!

— Não! Não confio em você. Por que não me contou tudo? Eu quase... Seu irmão quase...

— Ele o quê?

Ric fechou os punhos.

— Ele não encostou em você, não é?

— Ele tentou, eu não deixei que ele continuasse. Mas e se eu tivesse me entregado para ele? Percebe? Como posso acreditar em você? Depois de toda essa merda?

Ric se afastou, olhou para o chão novamente com raiva e vergonha.

— Droga!

— Droga mesmo! Agora, por favor, se realmente sente algo por mim, me deixe ficar longe de vocês e toda essa confusão.

— O que quer dizer com ficar longe?

— Estou indo embora desta cidade.

— O quê? Por nossa causa?

— Também. Mas apareceu uma oportunidade... Enfim, não importa. Só me deixe ir, não me procure mais, por favor. Pode fazer isso por mim?

Ric olhou em meus olhos, com lágrimas escorrendo por seu rosto. Seu olhar era de dor, confusão e arrependimento.

— Ok, vou respeitar sua decisão. Mas, Helena...

— O que é?

— Eu nunca quis magoar você. Eu sei que fui babaca e covarde, mas eu realmente gosto de você. Me perdoe por tudo isso.

— O que está feito, está feito. Adeus, Ric.

— Helena, espera.

— O que foi? Que inferno! Me deixe ir logo!

— Me permite te dar um abraço de despedida?

— Você quer um abraço? Sério?

— Por favor, nunca mais vou te ver por culpa minha. É minha forma de pedir desculpas.

— Tá bom...

Ric me abraçou apertado, enterrando seu rosto em meu pescoço, molhando minha blusa com suas lágrimas.

— Pronto, já deu. Adeus, Ric.

Saí do abraço e entrei no prédio, deixando Ric e toda essa loucura com os irmãos Bernardes para trás.

Eu até tentei dormir, mas era quase impossível porque minha mente estava inquieta demais pensando em tudo que havia e poderia ter acontecido. Mas depois de algumas horas, finalmente, o cansaço venceu e eu adormeci.

Acordei antes do relógio. "Droga. São 5h ainda. Estou totalmente sem sono. Vou levantar e fazer um café bem forte. Hoje me mudo para casa de Lorena, graças a Deus!". Já na cozinha, tomando meu delicioso café preto, escutei minha barriga roncar. "Hum... Já são 6h. A padaria abre agora. Pão quentinho... Eu mereço isso".

Deixei um bilhete avisando a vovó, vesti um conjunto de moletom cinza-claro e fui à padaria. "Esqueci que preciso passar na frente da casa dos dois trastes para ir até a padaria... Mas está cedo. Não terei problemas".

Passei pelo portão da casa dos Bernardes com o coração pulando. A última coisa que queria era trombar com um deles.

— Graças a Deus! Ninguém me viu! — falei baixinho.

— Helena?

Senhor, mas que merda! Olhei para trás e, claro, era Hugo!

— Fala sério! Mas que inferno!

— Calma, Helena. Vim em paz. Preciso mesmo falar com você. Tem um minuto?

Ele estava diferente, grandes olheiras e os olhos inchados. Estranho... Parecia que alguém tinha dado uma surra nele, um soco no rosto. Estava um pouco inchado e escuro. Ele estava péssimo, na verdade.

— Então alguém fez com você o que eu queria? Deu uns bons socos nessa carinha de playboy safado? Você está péssimo.

— Foi Ric. Ele... Enfim... Ele me contou que conversaram ontem.

— Ric bateu em você? E você simplesmente deixou?

— Sim, eu merecia. Ele estava defendendo você. Ele soube o que eu fiz, que quase... Você sabe!

— Sim, ok, isso eu já sei. Mais alguma coisa?

— Sim. Ric me disse que você está se mudando. Helena, não quero que mude sua vida por minha causa. Eu vou embora daqui se precisar. Você nunca mais vai me ver.

— Apesar de vocês acharem que o mundo gira em torno do umbiguinho de vocês, não, isso não tem nada a ver com essa merda toda que tentaram fazer comigo.

— E por que está indo embora? Nem foi na aula mais!

— O que eu faço ou deixo de fazer não te interessa, ok?

— Eu sei, Helena. Mas...

— Mas o cacete! Eu nem deveria estar conversando com você!

— Eu sei. Só quero dizer mais uma coisa.

— Que inferno! Me deixe em paz, droga!

— Por favor, me deixe falar!

— Fala logo!

Acho que nunca tinha estado tão irritada antes. Minha vontade era terminar o trabalho que Ric havia começado e voar no pescoço dele ali mesmo. Mas segurei meu ímpeto de agressão assassina e fechei os punhos para me conter.

— Helena, nada que eu disser pode apagar toda essa situação. Mas eu jamais, jamais forçaria você a nada. Eu realmente não sabia que o Ric gostava de você. Se eu soubesse, nunca teria me aproximado. Mas, sinceramente, não consigo me arrepender de tudo.

— Como é que é? Então está orgulhoso de ter agido como um imbecil, covarde e tentado me levar para cama em troca de uma guitarra idiota?

Devia estar vermelha de ódio. Sentia meu rosto ferver. Ainda mantinha meus punhos fechados.

— Não! Mas se isso tudo nunca tivesse acontecido, eu nunca teria ficado com você, e disso eu realmente não me arrependo. Eu sei que não quer ouvir isso, mas eu realmente me apaixonei por você e se eu pudesse recomeçar... eu...

— Mas você não pode, meu querido! Não comigo pelo menos. Espero que toda essa merda ambulante tenha servido para você amadurecer e aprender a agir como homem. Um homem digno jamais se deitaria com uma mulher em troca de qualquer coisa. Aprenda com seus erros e nunca mais permita que mulher alguma passe por essa atrocidade — disse e saí quase correndo rumo à padaria, deixando Hugo para trás.

Comprei meu delicioso pão de sal quentinho. "Vou pela outra rua. Não vou suportar olhar para aquele imbecil novamente". Peguei a rua lateral, que também saía no meu prédio, apesar de ser um pouco mais longe. "Graças a Deus! Cheguei em casa sem ver aquele rosto novamente".

— Oi, vovó! Trouxe pão quentinho!

— Que delícia! Vamos comer e arrumar tudo para nossa mudança!

Dei um grande sorriso para vovó e tomamos nosso café.

Já eram 10h. Nossa, o tempo voa quando estamos ocupadas. Arrumei minhas malas e ajudei a vovó a cobrir todos os móveis.

A campainha tocou.

— Deve ser o zelador! Eu abro, vovó.

— Deve mesmo, minha filha.

— Olá, Sr. João. Obrigada por ajudar!

— Oi, Helena. Está enorme, hein! Uma mulher feita! Cadê sua vó?

— Vovó, é o zelador.

Vovó mostrou para o zelador onde ele devia começar o trabalho e eu mandei uma mensagem para Lorena com o endereço.

— O motorista chega em 15 minutos. Te espero, amiga de casa!

— Lorena, você é a melhor chefe do mundo!

Abracei meu telefone de tanta felicidade por ir embora daquele lugar.

— Vovó, a Lorena já mandou o carro me buscar.

— Ai, minha filha, que benção! Vai sim! Me manda notícias. Me liga à noite! Pegou a declaração que eu assinei?

— Sim, está tudo aqui. Eu ligo, vovó. Vou esperar na portaria.

Dei um beijo na vovó e segui para minha nova vida.

Recomeçar era uma constante em minha breve existência.

CAPÍTULO 6

Amar é desnecessário

Enfim, 19 anos! Lorena fez questão de comemorar. Chamou vovó e minha mãe encrenca e íamos sair à noite.

Precisava disfarçar minha cara. Eu simplesmente detestava aniversários! Calma, não me julgue antes de entender o porquê.

Nessa data, pessoas que estão há meses sem falar com você, pessoas que sequer gostam de você e pessoas que você não gosta, te ligam, mandam mensagens, presentes, e você, por etiqueta, não pode mandar cada uma delas ir para um lugar adequado, se é que me entende. Acho uma imensa hipocrisia. É falso, um falso "gosto de você". Aí vem aquelas frases clichês: "Parabéns, desejo muito sucesso e longos anos de vida". Nossa, é quase sufocante!

Quer mesmo demonstrar que se importa comigo? Faça o simples todos os dias, o básico, o famoso "feijão com arroz": ligue para mim no meio da semana só para saber como eu estou! Me dê um presente sem precisar de uma data no calendário para isso! Me escute, esteja presente, esteja aqui, sem falsidade, sem ser forçado por uma data idiota.

Bom, após esse meu desabafo, vou contar como foram as coisas nos últimos anos para você.

Esses anos na capital foram incríveis!

Quando cheguei, Lorena rapidamente começou a me ensinar várias coisas sobre matemática empresarial, gestão de pessoas, de estoque... Nossa, como aprendi! Ouso dizer que praticamente sei administrar uma empresa sozinha.

Às vezes, encontro com minha prima Ivana. Ela se casou e está muito feliz.

Bernardo está lindo. Agora ele já fica o dia todo na escolinha, o que me permite passar mais tempo cuidando dos negócios junto a Lorena. Ela está namorando o Lorenzo, um homem alto, branco feito papel, de 40 anos, cabelo grisalho liso, olhos castanhos, dono de uma rede de clínicas odontológicas. Eles estão apaixonados e parecem estar muito felizes. Finalmente, ela encontrou alguém que sabe valorizar a mulher que ela é. Bernardo o adora! Ele me trata muito bem, sempre com muito respeito e cuidado, muito diferente dos homens com quem que minha mãe saía.

Lorena me pagou os melhores professores. Optamos por aulas em casa para que eu tivesse mais tempo livre para a empresa e para o Bernardo. Eu adorei ficar longe de adolescentes, principalmente depois de tudo que vivi com os irmãos Bernardes.

Este ano começo meu primeiro ano na faculdade. Passei com nota máxima, conseguindo a bolsa de estudos integral em uma faculdade federal para o curso de economia.

— Helena! Você ainda não está pronta? Cadê o vestido que te dei de presente? É sua grande noite! Aniversário, bolsa de estudos... Estou tão orgulhosa de você!

— Nada disso seria possível sem você, Lorena! Obrigada por confiar em mim. Fico pronta em cinco minutos.

— Certo! Lorenzo, sua mãe e sua vó já estão na sala. Esperamos você.

— Já desço.

Lorena fechou a porta do quarto.

— Esse vestido é mesmo lindo. Vamos lá, enfrentar mais essa!

Meu corpo hoje me agrada um pouco mais. E depois de tudo que passei amadureci muito. Não tenho mais aqueles medos que tinha antes, mas também não tenho vontade de ter relação com homem algum.

Coloquei o vestido, soltei meu cabelo, que está um pouco mais curto — hoje está um pouco abaixo dos ombros —, joguei-o para o lado, passei um batom claro, perfume...

— Pronto! Vamos lá.

Chegando ao restaurante elegante que Lorenzo havia reservado, observei que minha vó e minha mãe ficaram sem jeito.

— Fiquem tranquilas. A comida aqui é uma delícia!

— Acho que não posso pagar nada aqui!

— Vovó, jamais permitiria isso. Vocês são minhas convidadas.

— Isso mesmo! A noite é da Helena! E vocês são nossas convidadas. Venham!

Lorena foi puxando minha mãe e vovó para uma mesa redonda reservada para nós. Ela colocou o Bernardo na cadeirinha destinada para crianças. Ele adora.

— Então, minha filha. Me conta. Economia, hein? Que alegria!

— Obrigada, vovó! Lorena me ajudou a conquistar esse sonho!

— Eu não fiz nada. Helena é a mulher mais inteligente que conheço! — falou Lorena, com um sorriso lindo de orgulho no rosto.

— Bom, a segunda, amor. Sem desmerecer Helena, mas a Lorena é incrível!

— Eu concordo, Lorenzo! Um brinde a essa mulher maravilhosa!

Levantei minha taça com refrigerante e todos brindamos.

— A festa é para Helena!

Lorena deu um beijo em Lorenzo.

Quando olho para eles até volto a acreditar na possibilidade de um dia me apaixonar por alguém.

— Sabia que Hugo se casou?

Minha mãe, claro, sempre com notícias chatas.

— Ah, que bom, mãe! Fico feliz por ele.

— Sim. E Ricardo está namorando a irmã da moça. Inclusive Hugo será papai. Ela está grávida.

— Rápido ele.

— Ela se casou porque ficou grávida. Enfim...

Não me admira isso. Será que foi outra vítima dele? Bom, pouco importa. Há tempos os irmãos Bernardes já não me afetavam mais.

— E você, vovó? Como estão as coisas? E o bingo, tem ido?

— Sim. E continuo ganhando! — Vovó sorriu feliz.

Nosso jantar delicioso chegou e todos comeram felizes. Lorena havia encomendado um bolo, então depois do jantar nós cantamos parabéns com alegria. Eu realmente me sentia feliz!

— Sua vó está namorando, acredita?

— Sério, vovó? Que incrível!

Minha mãe faz uma cara... Nossa! Como ela consegue ser tão desagradável?

— Sim, minha filha. Ele é da igreja. Acho que ainda posso amar, não é?

— Sim, vovó. Você merece ser feliz.

— E você? Está tão linda! Como os homens desta cidade resistem? — Vovó disse isso pegando um cacho do meu cabelo.

— Para namorar Helena eu preciso autorizar, imagina! — Lorenzo falou em tom sério e paternal. Eu adoro esse cuidado que ele tem comigo.

— Fico mais tranquila assim! Sabendo que tem pessoas aqui cuidando de você — comentou vovó olhando com carinho para Lorenzo, que retribuiu.

O restante da noite correu tranquilo.

— Boa noite a todos. Preciso dormir!

— Boa noite, Helena!

Todos ficaram conversando na sala.

Segunda-feira chegou, vovó e minha mãe já tinham ido embora. Eu estava pronta, dando café para Bernardo.

— Oi, Helena. Bom dia! Pronta para seu primeiro dia de faculdade?

— Nasci pronta! — respondi sorrindo para Lorena.

Optamos por estudar no período da manhã, assim pegava a turma mais vazia que à noite e podia ficar com Bernardo enquanto ela resolvia suas coisas. Então esta passou a ser a minha nova rotina: faculdade pela manhã, à tarde estágio na empresa e à noite estudos e cuidar de Bernardo.

— Bom, preciso ir para não me atrasar.

— A van já chegou?

— Sim, acabou de chegar. Tchau! Até mais tarde!

Dei um beijo no Bernardo e em Lorena e saí.

A van era tranquila. O motorista, um senhor de aproximadamente 45 anos, era sereno e respeitoso, mesmo seu carro estando cheio de jovens.

— Oi! Sou Letícia. E você?

— Oi! Sou Helena. Muito prazer!

— Primeiro dia?

— Sim, primeiro dia.

— Qual curso?

— Economia. E o seu?

— Economia? Nossa, você deve ser muito inteligente. Psicologia. Primeiro ano também.

— Essa área é incrível, mas acho tão difícil entender as pessoas!

Letícia sorriu. Era uma jovem muito bonita. Cabelo cacheado curto e loiro. Seus olhos eram castanhos e sua pele bem clarinha. Aquele bela mistura de traços negros com europeus existente em nosso país. Já tinha um corpo lindo, estilo violão.

— Seres humanos são bem complicados mesmo, mas eu sempre amei essa área.

— Uma ótima escolha!

Seguimos conversando o restante do caminho. Já no campus, separamo-nos. Chegando na sala enorme, sentei-me em uma carteira no meio.

Um jovem, que devia ter uns 20 anos, moreno cor de jambo, cabelos um pouco ondulados nas pontas e castanhos, assim como seus olhos, corpo atlético, sentou-se ao meu lado com um sorriso perfeito no rosto.

— Posso sentar aqui?

— Claro. Fique à vontade!

— Obrigado! Sou Pedro. E você é...

— Helena. Prazer!

— Estou bem perdido neste primeiro dia! E você? Achou rápido a sala?

— Também, bem perdida!

Dei um sorriso tímido para ele. Ele não parecia estar flertando comigo. Inclusive, ele era bem tranquilo, seu olhar era quase convidativo.

— Então deve ser a única mulher desta turma. Você sabe disso, certo?

— Sim, fui avisada!

— Espera! Você é a tal garota que ganhou a bolsa por melhor nota?

— Ixi, fui descoberta!

— Nossa, que incrível! Eu admiro. Sei como é difícil ser, bom, a exceção.

Do que será que ele estava falando? Exceção de quê?

— Sinceramente, eu nem ligo muito para isso. Só quero aprender e me tornar uma excelente economista.

— É assim que se fala!

A sala foi enchendo aos poucos e Pedro estava errado, eu não era a única garota e lógico que o de sempre aconteceu... Garotas tentando impressionar garotos e vice-versa. Incrível como Pedro nem ligava para as jovens de shorts e minissaias que tentavam chamar sua atenção. ELE era uma exceção.

Depois desse dia, eu, Pedro e Letícia nos tornamos inseparáveis. Fazíamos tudo juntos. Nunca tinha tido amizade assim, tão sincera e tranquila.

E chegou ao fim o semestre, provas finais. Sábado, ia até a casa do Pedro para ajudá-lo com Cálculo I. Ele não estava indo muito bem.

— Lorena, vou sair um pouco. Combinei de estudar com Pedro. Devo voltar às 18h.

— Hum... Pedro, aquele gato da sua sala?

— Lorena, não viaja. Somos amigos e só.

— Sei... Vai tranquila e usa camisinha!

Saí vermelha. Lorena era tão indiscreta às vezes. "Camisinha? Para que isso? Pedro nem olha para mim assim! Ficar sozinha com ele é quase como ficar com a Letícia. Ele é super tranquilo e respeitoso. Inclusive, nesses seis meses nunca vi ele com garota alguma, mesmo algumas delas investindo pesado nele".

Teve uma que subiu no colo dele durante um intervalo. Ele ficou totalmente sem reação, coitado. Eu fingi que era namorada dele para ela se tocar.

Cheguei na casa do Pedro, um apartamento perto do campus; pequeno, mas bem arrumado. A família de Pedro não era rica, mas também não era pobre. Ele conseguia se manter muito bem na cidade.

— Pedro, é a Helena!

— Oi, Lena! Pode entrar. A porta está aberta.

Entrei e Pedro estava na cozinha.

— Huuuum... Que cheiro delicioso! É café?

— Sim. Sei que você ama e vamos precisar! Essa matéria está acabando com meus neurônios. Só você para me salvar!

— Vamos lá! Me conte tudo que tem dificuldade.

Começamos a estudar pesado.

— Nossa, com você fica simples essa droga de matéria. Você devia ser professora. Explica melhor que o Sr. Ramon!

Caímos na gargalhada ao lembrar do nosso professor, que era quase uma relíquia da faculdade. Ficar com Pedro era leve. Até me esquecia de que ele era homem!

— Acabamos!

— Ei, podemos ver um filme. Ainda está cedo. Topa, Lena?

— Claro! Qual você sugere?

— Tem uma comédia romântica divertida aqui.

— Adorooooo! Vamos ver! Tem pipoca nesta casa?

— Claro, senhora! Vou fazer.

Pedro colocou a pipoca no micro-ondas e logo o pequeno apartamento cheirou por completo a queijo.

O filme era mesmo hilário, mas no meio teve uma cena picante entre o casal. Pedro ficou vermelho.

— Está corando, meu amigo?

— Para de ser chata, Helena! Só fico meio sem graça de ver essas coisas.

— Por quê?

— Jura que nunca, nunca na sua vida vai contar para ninguém? Nem para a Lê?

— Juro, claro! Você sabe que pode confiar em mim. Mas o que foi?

— Sou virgem, é isso! Nunca, nunca fiz nada disso aí — ele falou apontando para a cena do filme ainda rolando na televisão.

— Aaaahhh... É isso! Nossa, você me assustou!

— Sério? Não vai falar nada?

— Eu também sou, então, super te entendo, meu amigo!

— Mas você é mulher. Apesar de já ter 19, né, Lena? Somos ambos aberrações para nossa geração — ele disse, dando risada. — Mas eu sou homem. Sabe como é difícil isso?

— É, posso imaginar.

— Pois é... Isso é ridículo. Eu nunca vou me forçar a isso só porque o "protocolo" manda.

— Você está certo. Quem me dera ter conhecido homens como você quando era mais jovem.

Lembrei-me de tudo que passei aos 16 anos com os irmãos Bernardes. Meu olhar ficou vazio e Pedro percebeu.

— O que aconteceu com você? Sabe que pode confiar em mim, não sabe?

— Bom, é uma longa e deprimente história.

— Sou seu amigo. Falar às vezes ajuda!

— Certo, pode ser... Nunca contei isso para ninguém.

Contei tudo que passei: a paixão, a aposta e como tudo acabou.

— Que canalha! Eu posso ir lá dar uma surra nele — Pedro falou, cerrando os dentes e fechando os punhos.

— Ah, bobagem. Isso tem anos e ele já teve o que mereceu. Pelo que soube, casou porque engravidou uma moça.

— Nossa, Lena! Nem imagino o que você passou. Ou imagino...

Olhei para Pedro com a sobrancelha levantada. Ele parecia já ter sofrido por amor também.

— Eu já tive minhas desilusões também.

— Sério? Um homem maravilhoso como você?

— Esse é o problema!

— Como assim?

— Sabe, Lena, eu... eu não sei se gosto mesmo de meninas, sabe?

— Então é isso! Você é gay?

— Eu não sei. Nunca fiquei com ninguém para saber. Mas me sinto mais à vontade com vocês do que com os garotos da minha idade.

— Isso não significa que você é gay. Só não pensa como um babaca.

Ele sorriu, um pouco triste.

— Sim, eu sei. Precisava experimentar. Vocês, mulheres, são brilhantes, mas...

— Mas?

— Me assustam!

Ele caiu na gargalhada.

— Sério? Por que assustamos você?

— São tão lindas e perfeitas. Eu não faço ideia do que fazer! Quando quase fiquei com uma, saí correndo no final das contas — respondeu ele, rindo tanto que ficou vermelho.

— Você é uma aberração mesmo! — comentei, rindo muito também.

— Eu sei, para um homem de 21 anos eu devia querer muito isso. Até penso às vezes, mas travo sempre que surge a oportunidade.

— Talvez só não tenha encontrado a garota ou o garoto certo. Que te deixe tranquilo e faça você se sentir seguro para se entregar.

Ele me olhou nos olhos. Um olhar calmo e sereno.

— Verdade, Lena. Talvez eu nem seja gay mesmo.

— Pois é, relaxa. Na hora certa tudo vai acontecer.

Ele me abraçou forte.

— O que seria de mim sem você?

— Eu não faço ideia. Talvez uma pobre alma abandonada na complexa imensidão da vida!

— Nossa! Que profundo!

Caímos novamente no riso.

Falar com ele sobre sexo foi tão tranquilo, tão diferente de quando falei com Hugo e Ric. Se ele era gay? Não sabia, mas com certeza era um exemplo para muitos homens de como tratar uma mulher.

Algumas semanas depois o semestre acabou e passamos em tudo com louvor. Férias, finalmente!

Lorena me deu uma semana de folga para que eu fosse viajar com Pedro e Letícia. Decidimos ir para a praia. Nunca tinha ido, então estava tão empolgada que nem sei explicar.

— Tudo pronto, Lena?

— Tudo, Lê. Comprei três biquínis, saída de praia, protetor... Ai, amiga, nunca estive tão feliz! Praia e vocês, meus melhores amigos!

— Nem fala! Podia ter uns gatinhos lá.

— Eu nem ligo para isso!

— Você e Pedro são iguaizinhos. Só querem saber de estudar e trabalhar. Credo!

— Boba! Bom... Vou dormir. Amanhã às 7h em ponto na rodoviária, hein!

— Beijo, feia!

— Beijo!!!

Acordei cedo, antes do despertador, ansiosa pela viagem. Conferi mais uma vez minha mala.

— Está tudo aqui. Nem acredito que vou para a praia!

— Helena?

— Oi, Lorena. Entre!

— Tudo pronto? Preparada?

— Tudo mais do que pronto! Obrigada por me dar a folga, viu?

— Imagina! É seu direito e você merece viajar com seus amigos. Se cuida, hein! Está levando tudo? Dinheiro, remédios...

— Sim, está tudo aqui.

— Ótimo! Lorenzo quer levar você na rodoviária. Sabe que não consigo fazer ele mudar de ideia.

Nós sorrimos juntas. Incrível como ficamos amigas. Era como se Lorena fosse minha irmã mais velha.

— Eu sei. Vamos, não quero fazê-lo esperar.

— Aí está minha pequena!

Lorenzo me abraçou.

— Ei, não sou mais tão pequena!

— Detesto assumir isso! Helena, se algum garoto se atrever a mexer com você, me liga que vou na hora, viu?

— Pode deixar! Vamos?

— Vamos. Eu levo a mala.

Dei um abraço forte em Lorena e Bernardo.

— Até a volta!

Lê e Pedro já estavam na rodoviária, sentados no banco.

— Olha ela! Partiu praia?

— Partiu!

— Acho que estão chamando nosso ônibus — Letícia falou, apontando para o painel da rodoviária.

Seguimos levando nossas malas. Eu e Letícia ficamos juntas e Pedro ficou logo atrás, sozinho, porque a poltrona do lado estava vaga.

— Isso é que é vida! — Pedro falou todo feliz, esticando as pernas na poltrona vazia ao lado.

— Aproveita, hein!

— Eu estou mesmo. Já vou avisando que eu ronco e alto!

— Fala sério, Pedro! Se controle! Eu e Lena não somos obrigadas!

Caímos na gargalhada.

A viagem foi tranquila, nós três dormimos calmamente. E Pedro mentiu, ele não roncava nadinha. Acordei com o Sol em meu rosto. Olhei pela janela e vi aquele mar lindo e imponente.

— Lê! Pedro! Acordem! Chegamos!

Eles acordaram e logo se animaram ao ver o mar. Pedro e Letícia já tinham ido à praia, mas é sempre incrível ver o mar. Arrumamos nossas coisas, pois a próxima parada já era a nossa.

Pegamos um táxi até a casa que alugamos. Era uma casa pequena, mas com três quartos. Letícia insistiu para cada um ter seu quarto caso alguém quisesse, enfim, namorar alguém, como ela disse.

— Eu vou para o banho! — disse, apontando para o banheiro.

— Eu vou fazer um café para gente. Pedro, me ajuda?

— Claro, Lê!

Tomei um banho, coloquei meu biquíni cor-de-rosa novo e fui para a cozinha.

— Hum... Que delícia! Café e ovos mexidos. Estou na presença de dois chefs de cozinha.

Pedro e Letícia sorriram orgulhosos.

— Beleza! Pedro, vou tomar banho, depois você vai, e daí vamos para a praia, combinado?

— Sim, senhora!

— Eu lavo as louças.

— Ótimo, Lena! Vou arrumar as coisas no quarto.

Lavei as louças enquanto os dois se arrumavam e logo fomos para a praia.

— É tão maravilhoso! A energia é sensacional! Nunca me senti tão viva!

Pedro e Letícia abriram um grande sorriso quando me viram igual a uma menininha admirando o mar e chutando as ondas.

— Vamos arrumar um lugar com cadeiras e guarda-sol, meninas?

— Sim, senhor!

— Eu sou o homem responsável aqui. É o mínimo!

Eu e Letícia rimos dele. Pedro esnobou-nos e continuou andando. Encontramos um lugar e já fomos arrancando as roupas, ficando somente com as de banho. Letícia saiu igual a uma gazela em direção a um grupo de jovens que jogava bola.

— Letícia sendo Letícia! — eu disse olhando para Pedro que sorriu.

— Ela está fazendo o que qualquer garota na idade dela deveria fazer, não?

— Eu discordo!

Ele sorriu, afinal ele sabia que eu jamais faria isso.

— Estou com sede.

— Vou comprar uma água de coco para nós. Espere aqui.

Pedro saiu e voltou com dois cocos gelados.

— Isso é bom?

— Toma, experimenta.

— Nossa, que delícia! Por que não temos isso lá na cidade?

— Porque lá não é a praia! — respondeu ele sorrindo, como se tivesse falado a coisa mais sensata do mundo.

— Ok, entendi seu raciocínio.

— Lena?

— Oi?

Ele estava com olhar longe, observando Letícia e os garotos.

— Devia ir lá, não?

— Nem morta!

— Então você veio até aqui, com esse corpo escultural, para ficar do meu lado? É isso mesmo?

— Obrigada pelo corpo escultural e, sim, prefiro ficar aqui com você.

— Sabe que eles podem pensar que nós estamos juntos, arruinando suas chances de um amor de férias intenso e pervertido? — Pedro falou, olhando em meus olhos.

— E você? Sabe que vale o mesmo para você, não é?

Ele assentiu com a cabeça.

— Estamos ferrados, não é mesmo?

— Por quê?

— Porque vamos sair da faculdade virgens como um bebê! — respondeu ele, caindo na gargalhada. E eu também, pois não resistia à risada gostosa dele, àquele sorriso que abraça nossa alma, quase como o entardecer.

— Pois é! Acho que sim.

— Só se...

Ele olhou novamente para mim, como se uma lâmpada tivesse acendido em sua cabeça.

— Está me assustando. Parece que teve uma ideia e parece ser bem ruim.

— É a solução dos nossos problemas!

— Que ideia é, afinal?

— Preciso que tenha a mente aberta agora!

— Fala logo, Pedro. Está me deixando nervosa.

Ele passou as mãos no cabelo, tentando tomar coragem para falar. Ajeitou-se na cadeira de praia, aproximando-se de mim.

— Só se eu e você resolvermos isso juntos.

— Oi?

— Sim, não consigo ver porque não!

— O que quer dizer exatamente com isso?

Ele pigarreou, pensando bem nas palavras que ia usar.

— Você sabe que eu te adoro e você é minha melhor amiga. Muito mais que a Lê, não sabe?

— Sei... Aonde quer chegar com isso?

— E que eu confio em você totalmente e você também pode confiar em mim.

— Sim... Mas o que isso significa?

— Nós... juntos! Fazemos... Enfim, perdemos a virgindade juntos!

Quase caí da cadeira em que estava sentada por me inclinar muito para trás, assustada com a proposta.

— Como é que é? Por que eu faria isso?

— Lena, pensa comigo! Nunca vamos nos machucar e eu vou saber se gosto de meninas. E em você eu sei que posso confiar. Eu me sinto à vontade com você. Acho que consigo fazer isso com você sem surtar.

— Nossa, Pedro! Que coisa para se pedir!

— Eu sei, desculpe... Esquece! Eu só acho que estou ficando meio desesperado com essa pressão.

— Eu sei, mas... Nossa! Posso pensar sobre essa proposta indecente sua?

— Claro. Não ficou com raiva de mim, ficou? Sabe que não quero abusar de você. Não é isso.

— Claro, eu sei. Por incrível que pareça eu entendo porque está me propondo isso.

— Obrigado, Lena. Sabia que você não me julgaria.

— Prometo que vou pensar.

O restante do dia passou tranquilo, entre banhos de mar, conversas, risos e Letícia agarrada a um garoto que conheceu na praia.

— Gente, o Lucas chamou a gente para vir no luau que vai ter hoje, aqui na praia. Vocês topam?

Olhei para Pedro, que assentiu com a cabeça.

— Claro! Por que não?

Voltamos para casa, tomamos um banho e nos arrumamos para o luau. Eu não conseguia parar de pensar na proposta do Pedro. Parecia uma boa ideia. Eu finalmente saberia como é e com uma pessoa totalmente confiável. As chances de dar errado eram pequenas. Fora que o estaria ajudando a descobrir sua sexualidade, afinal. Todo mundo ganharia.

— Helena? Oiiiiiii! Terra chamando Helena!

— Oi. Lê. Desculpe. Estava... Hã... Pensando no luau e se minha roupa está legal. O que acha?

Letícia me olhou dos pés à cabeça, como se estivesse me avaliando, e disse:

— Eu gostei bastante desse vestido regata. É leve e realça suas curvas. Está gata! Tenho certeza de que os gatinhos não vão resistir ao seu charme!

Virei os olhos e Letícia caiu na risada. Esperamos alguns instantes e Pedro logo se juntou a nós. Ele também me olhou da cabeça aos pés, com olhar interessado. Estranho, porque não me lembrava de ele ter feito isso nesses últimos meses em que convivemos.

Saímos os três em direção à praia, onde Lucas e seus amigos já estavam tocando violão e bebendo cerveja e energéticos. Era um grupo de 15 jovens aproximadamente, vários casais, e alguns tentando se dar bem nessa noite.

Um garoto não tirava os olhos de mim. Rapidamente, puxei Pedro para um canto reservado e disse:

— Ok, eu topo.

— Sério? Jura?

— Sim. Eu pensei e acho que nós dois sairemos ganhando.

— Nossa, Lena, nem sei como agradecer. Mas você sabe que eu não sei bem o que fazer, né?

— Nem eu. Descobriremos juntos. O principal é estabelecermos algumas regras para isso dar certo.

Pedro olhou assustado e pigarreou antes de dizer:

— Regras? Quais regras você sugere?

— Primeiro, se um dos dois quiser desistir na hora, está tudo bem!

— Ok, eu concordo. Jamais forçaria você a nada, Lena!

— Segundo, isso não pode afetar nossa amizade.

— Claro, jamais.

— Terceiro, ninguém vai saber. É nosso segredo.

— Ok, fica só entre nós.

— Quarto, vamos ser abertos um com o outro do que gostamos e não gostamos para que possamos aproveitar essa experiência ao máximo.

— Sim, eu concordo com isso também. E eu também tenho uma regra.

Agora quem ficou um pouco assustada fui eu. Que bendita regra ele queria colocar? Mas eu precisava ser justa.

— Claro, qual regra seria essa?

— Quinto, eu quero que seja especial para você. Me permite organizar tudo? — Pedro respondeu com brilho nos olhos. Ele parecia estar levando tudo muito a sério.

— Ok, mas precisa ser especial para os dois, não é?

— Eu sei, mas... Vai ser. Só de ser você e de estar se sacrificando assim por mim, eu nunca vou esquecer!

— Não é sacrifício algum. Já se olhou no espelho? Você é um pedaço de mau caminho, meu jovem gafanhoto! — disse sorrindo, com olhar atrevido, apertando seus bíceps.

Ele sorriu satisfeito.

— Lena?

— Oi... Mais regras?

— Não. Acho que essas são suficientes. Isso não é um contrato, afinal. E se eu descobrir que não gosto de menina? Não sei o que fazer!

— Teremos que encontrar um bom homem para você!

— Sério? Vai me ajudar com isso?

— Eu estou com você! Sempre! Não se esquece disso.

Ele me abraçou apertado.

— Não existe ninguém no mundo como você! Eu estava pensando... Que tal fazermos isso enquanto estamos aqui? Vai ser mais fácil ficarmos sozinhos e evitar comentários. A Letícia não desgruda do Lucas mesmo. Nem vai notar nossa ausência — ele disse, apontando para Letícia grudada nos lábios de Lucas. Dei um sorriso concordando.

— Pode ser. Me dá um frio na barriga de pensar, mas pode ser. Que dia está pensando em... Enfim... Tentar?

— Bom, hoje é sábado. Que tal segunda?

— Que conversa estranha, né? — Dei um tapinha na perna de Pedro.

— É verdade. Estamos marcando o dia em que vamos... É... Perder nossa pureza!

Sorri para ele.

— Ok, pode ser segunda.

— Combinado! Vou preparar tudo bem incrível. Preciso retribuir!

— Eu vou aceitar ser mimada, então, prossiga!

Ele riu feliz e me abraçou.

Domingo passou como um raio de tão rápido. Letícia ficava mais com Lucas do que com a gente. Em meu quarto, já de pijama, escutei uma batida na porta.

— Lena? Está acordada?

— Oi, Pedro. Sim, pode entrar.

Ele entrou. Estava de camisa branca e bermuda.

— Senta aqui — falei dando um tapinha do lado vazio da cama.

— Está nervosa?

— Imagina! Eu lá sou mulher de ficar nervosa? Só quase em pânico!

Ele deu risada, mas percebi que estava tão nervoso quanto eu.

— Eu estava pensando...

— O quê? Você, quando pensa demais, não dá boa coisa.

— Será que posso tentar uma coisa antes de amanhã? Só para aquecer?

— Aquecer? Quer me pôr no fogo, é isso? Que coisa? — respondi, com olhar desconfiado. Ele caiu na gargalhada e deitou-se na cama, com os braços para cima da cabeça. Olhando para o teto, pensativo, disse quase em um sussurro:

— Um beijo... Posso?

— Quer me beijar? Agora?

Pedro levantou-se e olhou no fundo dos meus olhos, um olhar doce e suplicante ao mesmo tempo.

— É... Preciso ver se vou mesmo ficar tranquilo com você. Estou surtando, Helena! É tanta pressão! Meu pai me pressionou a vida toda por ser o único filho "macho", me criou para ser um canalha, tipo aquele Hugo lá! Mas eu sempre fui assim, tímido e medroso, sem saber se gosto de menino ou menina.

Ele sentou-se na cama, nervoso. Passou as mãos no cabelo, bagunçando tudo, e abaixou a cabeça entre as pernas. Passei uma mão no cabelo dele, colocando os fios no lugar e fazendo carinho. Pedro levantou o tronco e me olhou um pouco envergonhado.

— Tudo bem! Podemos fazer isso. Quer conduzir ou eu...

— Deixa eu assumir o controle? Afinal, os homens fazem isso, né?

— Acho que sim — respondi, sorrindo para ele.

Precisava ajudá-lo a ficar calmo. Percebi como esse assunto o deixava confuso e nervoso. Devia ser mesmo angustiante não saber sua orientação, ainda mais sendo cobrado diariamente pelo pai e por toda uma sociedade.

Ele se aproximou, com uma mão pegou meu pescoço delicadamente, e com a outra tirou uma mecha de cabelo do meu rosto. Senti seu hálito quente e com cheiro de pasta de dente. Seu perfume era leve, sutil.

Meu coração estava calmo, diferente de quando beijei Hugo ou Ric. Ele me deixava calma, sabia que estava segura; era um amigo. Ele encostou os lábios nos meus suavemente e um pouco desajeitado. Correspondi ao beijo, que naturalmente se intensificou. Nossas línguas se encontraram e dançaram em harmonia. Não sei por quanto tempo ficamos assim, até que ele se afastou lentamente, respiração ofegante.

— Então? Aquecido o bastante?

Ele me olhou um pouco envergonhado, apontando para baixo. Vi o volume em sua bermuda.

— É, acho que funcionou! Desculpe por isso, Lena!

— Imagina! Era essa a intenção, não era? Bom, pode ser o primeiro sinal de que gosta de meninas.

— Pois é... Nunca foi tão tranquilo e gostoso beijar uma menina antes.

— Já tinha beijado uma garota antes de mim?

— Sim, no colégio. Mas foi esquisito. Não senti nada disso que senti agora com você.

— Que bom! Fico feliz que tenha sido bom para você.

— E como eu me saí? Seja sincera, não tente me proteger! — ele falou empolgado, cobrindo o volume entre as pernas com o travesseiro.

— Muito bem. Eu gostei bastante.

— Sério? Eu consegui fazer você ficar, enfim...

— Excitada?

— Isso! É... — ele respondeu olhando para baixo. Esse assunto mexia mesmo com ele.

— Sim, conseguiu. Parabéns!

Mentira... Mas como eu poderia arrasá-lo ainda mais?

— Uauuuu! Viu, falei que era você boa professora em tudo!

— Calma, aí! Não posso dar aula disso!

Demos risada e nos deitamos na cama, deixando o clima mais leve.

— Obrigado por isso, Lena. Vou ficar mais tranquilo amanhã. Ainda quer fazer isso?

— Se eu falar que não estou, hum... bem nervosa, seria mentira!

— Se quiser desistir, eu vou entender.

— Sou uma mulher de palavra! Vamos tentar pelo menos.

— Então, beleza. Amanhã, às 18h, esteja pronta.

— Aonde vai me levar?

— É surpresa! Mas você vai gostar. Eu conheço você.

— Conhece mesmo.

— Posso fazer de novo?

— O quê? O beijo?

— Isso! Eu gostei desse negócio! — ele disse, apontando para minha boca.

— Esse negócio? Sério? Não é assim que se conquista uma mulher, meu amigo.

Ele rapidamente se aproximou, deitando sobre mim e me beijando, com mais intensidade do que da outra vez. Pedro começou a descer as mãos pelo meu corpo, braços, seios. Senti o volume surgindo novamente.

— Pedro, não íamos fazer isso amanhã?

Ele abriu os olhos, encarou-me por alguns instantes, e se deitou ao meu lado novamente.

— Sim, sim... Nossa, não sei o que deu em mim. Eu quase continuei o processo!

Dando uma boa gargalhada, disse a ele:

— Processo? É assim que isso se chama agora?

Ele sorriu, relaxado.

— Você é magnetizante! Não dá vontade de te largar não. Agora entendi os irmãos Bernardes — ele me respondeu, sorrindo e feliz.

— Hum... Magnetizante. Tá bom, vou levar como um elogio.

— E é, nunca senti isso com nenhuma garota antes. Sério! Olha meu estado aqui — ele falou, cobrindo o rosto com o travesseiro, virando de costas para esconder como estava todo molhado da ereção que teve.

Abracei-o forte.

— Viu só? Isso sim se chama progresso!

Ele sorriu com a cabeça afundada no travesseiro de costas, então virou somente o rosto, encontrando os olhos nos meus.

— Lena, sério! Incrível tudo que fizemos agora! Acho que amanhã vai ser sucesso. Só não posso deixar isso acontecer nos primeiros três minutos. Você vai me matar!

— Imagina, está tudo bem!

Ele me abraçou.

— Você sabe como é maravilhosa?

— Eu sei sim, por isso me escolheu para retirar sua pureza!

Ele sorriu gostosamente, levantando-se, ajeitando as roupas.

— Ok, chega de testes. Se eu ficar aqui nem sei. Vou deixar você dormir e descansar.

— Boa noite, Don Juan!

— Boa noite, Lena! Obrigado! Foi maravilhoso! — disse ele ao sair, fechando a porta.

Sei que não devia sentir isso, mas fiquei bem feliz de saber que causei esse efeito nele. Desde o Hugo não tinha ficado com nenhum outro garoto. Fechei-me para essas experiências para evitar ser magoada novamente!

Sei que é uma relação arranjada, que combinamos isso, mas estava realmente me sentindo bem com tudo que estava acontecendo. Eu adorava o Pedro, sentia-me muito bem com ele e que seria leve, tranquilo e respeitoso. Por que não dar uma de jovem maluca às vezes, não é?

CAPÍTULO 7

Nem tudo é como dizem

Segunda-feira chegou, meu cérebro só pensava em uma coisa: "Hoje vou perder minha virgindade e do jeito mais louco que poderia imaginar".

Claro, assim como toda menina eu já tinha sonhado com esse momento, várias vezes. Seria com um homem lindo, estaríamos apaixonados e nos casaríamos. Mas, sinceramente, há anos esse sonho deixou de fazer sentido. Quando sentimos muita dor, quando sofremos, quando somos magoadas por quem devia nos proteger e que simplesmente nos abandona, a vida fica apática, sem graça.

Hoje, sinceramente, acho que nunca vou me apaixonar, sentir algo eletrizante como senti pelo Hugo um dia. Minhas relações eram quase todas comerciais: eu te dou isso e você me dá isso. Pronto, todo mundo sai feliz. E especialmente nesse caso, o destino estava sendo bem benevolente comigo. Pensa... Isso poderia acontecer com um idiota, que só me usaria e depois postaria minhas fotos nuas na internet, como quase aconteceu no passado.

Bom, Pedro disse que só às 18h, o que significava que tínhamos o dia todo para curtir a praia. Levantei-me, tomei meu banho, coloquei um biquíni amarelo que tinha comprado e um vestido leve por cima.

Pedro estava na cozinha com Letícia, tomando café.

— Bom dia! Acordaram cedo.

— Eu cheguei quase agora. Estava com Lucas! — Letícia disse, deixando claro que virgindade não era problema para ela, que tinha perdido no ano anterior. Pedro me olhou sorrindo com os olhos.

— Vamos para a praia?

— Eu estou morta. Preciso dormir. Vai com o Pedro!

— Partiu, Lena! Eu estou pronto. Vamos tomar café e ir.

Tomamos nosso café, Pedro e eu saímos, enquanto Letícia ia descansar da noite passada.

— Ela está se prevenindo?

— Oi?

Olhei para Pedro um pouco avoada. Estava pensando na nossa noite.

— Em que planeta você está? — ele falou, dando-me um beijo na bochecha.

— Desculpe, eu espero que sim. Vou conversar com ela depois.

— Bom, estaremos sozinhos hoje.

— Sim. Quer ir em algum lugar específico?

— Quero!

— Quero? Isso é resposta? Qual lugar?

— Vamos fazer um passeio de barco?

— Barco? Sério?

— Sim, vai ser divertido!

— Tá bom, vamos!

Procuramos o rapaz que vendia os passeios na praia. O próximo sairia em 20 minutos. Entramos na pequena embarcação. Pedro pegou minha mão como se fôssemos namorados.

— Você está levando isso a sério mesmo, hein?

— Hoje somos um casal de pombinhos apaixonados! — ele respondeu sorrindo, dando-me um selinho nos lábios.

Sentamos nos lugares indicados. Na pequena embarcação estavam cerca de nove casais, todos aparentemente apaixonados, o que deve ter inspirado Pedro, que colocou os braços na minha lombar, puxando-me para perto. O passeio começou e o guia foi anunciando as paisagens.

— É lindo, não é? — Pedro disse olhando para mim e não para a paisagem.

— Está falando da paisagem, certo?

— Também. Mas você é mais linda, Lena!

— Opa! Calma aí, Don Juan!

Ele me abraçou e beijou meus lábios novamente. Eu permiti porque sabia que ele estava tentando normalizar isso!

O passeio foi realmente fantástico, tiramos várias fotos lindas.

— Quase não uso minhas redes sociais, mas essa foto merece! — Mostrei para Pedro uma foto nossa abraçados com o mar ao fundo!

— Concordo! Também vou postar. Eu e minha amada Lena!

— Não! Pensa, ninguém vai entender nada.

Ele deu de ombros e postou assim mesmo. Para ajudar, ainda colocou três corações! Só virei os olhos.

— Aproveite seu dia, garanhão!

— Por hoje, eu sou seu homem, gata! — ele falou, ajudando-me a descer da barca.

— E agora? Praia?

— Sim, vamos escolher um lugar bom!

Seguimos para a praia, sentamo-nos e eu tirei meu vestido, ficando apenas de biquíni.

Pedro me devorou com o olhar.

— Oooouuu! O que deu em você? Que olhar de predador é esse em mim?

— Nossa, Lena... Ontem você ativou alguma coisa em mim, viu!

Ele falou levantando-se, vindo em minha direção com aquele abdômen definido dele. Relutante, dei uma empurradinha nele.

— Ativei foi? Está me assustando! Parece que vai me devorar aqui!

Ele sorriu e se sentou na areia, ajeitando o cabelo.

— Pensei que era essa a ideia do nosso trato!

Olhei para ele envergonhada. Pela primeira vez, me senti sem graça perto dele. Ele estava com olhar parecido com o dos homens em geral, mas ainda possuía uma ternura.

— Está me deixando ainda mais nervosa!

— Desculpe, Lena! Não era a intenção. Vou parar com essas brincadeiras.

Ele me abraçou e ficamos ali, sentados, curtindo a companhia um do outro por algum tempo.

— Deu fome, viu. E você, Lena?

— Morrendo.

— Tenho uma ideia. Confia em mim?

Olhei para ele desconfiada, pois ele estava diferente.

— Hum... Depende! O que está pensando?

Ele sorriu, atrevido.

— Vai precisar confiar em mim.

Olhei para ele séria. Ele dá de ombros, esperando minha resposta.

— Tá bom. Você me dando comida, eu vou sim!

— Isso! Boa resposta. Vamos!

Levantamos e Pedro pegou minha mão, conduzindo-me pelas ruas paralelas à praia.

Chegamos a um hotel e logo percebi sua real intenção.

— Espera aí! Não era só à noite?

— Sim, mas esse hotel tem um excelente restaurante e reservei uma suíte para nós aqui!

— Uma suíte? Onde arrumou dinheiro para tudo isso?

Ele sorriu, amando ter me pego de surpresa.

— Eu economizo quase toda a mesada que recebo dos meus pais, e ainda tem o estágio. Fique tranquila. Vamos almoçar, subir para a suíte, tomar um banho, ver TV e se der vontade avançamos, pode ser?

Devo ter ficada roxa de vergonha, porque sei que passou da cor vermelha. Ele percebeu meu nervosismo e me abraçou forte.

— Sabe que pode confiar em mim, não sabe? Eu jamais machucaria você ou faria algo que não quisesse. Podemos só curtir a suíte, sem fazer nada, se preferir.

Olhei para seus olhos, vi sinceridade, apesar de meu instinto de fuga estar falando alto. Mas era o Pedro, meu amigo... Podia confiar.

— Tá certo... Mas se eu quiser ir embora, está tudo bem?

— Claro. Na mesma hora.

Concordei com a cabeça e Pedro fez nosso check-in na recepção. Fomos diretamente para o restaurante, a reserva incluía alimentação.

Almoçamos satisfeitos.

— Nossa, que comida deliciosa! Preciso admitir, Pedro, você sabe agradar uma mulher!

Ele sorriu.

— Bom, ao menos com comida!

Ambos sorrimos, descontraídos.

— Vamos subir? Preciso mesmo tomar um banho e tirar essa areia do meu calção.

Congelei só de pensar no que faríamos na suíte.

— Calma, Lena! Já disse, nada que você não queira, beleza? Você que manda.

Ele pegou minhas mãos e juntos nos levantamos da mesa e seguimos para o elevador.

A suíte era linda, de casal, bem ampla.

— Nossa! É lindo aqui! Enorme!

— Verdade. Mas você merece o melhor. Vou tomar um banho!

— Tá bom. Eu vou em seguida!

Então ele parou, pensou e, virando-se para mim, um pouco sem graça, disse:

— Quer tomar comigo?

— Oi? Tomar o quê?

— Banho, quer... Hã... Tomar banho comigo?

— Eu e você? Banho? — respondi quase engasgando de nervoso.

— Isso! Pode ser uma boa. A gente... Enfim... Se conhecer melhor nesse sentido.

Ele bem que estava certo, não era de tudo uma má ideia. Sem raciocinar muito, caminhei com ele em direção ao banheiro. Dava pra ver como ele estava nervoso. Já eu estava em pânico. Não pensei que ficaria tão nervosa, afinal de contas, era Pedro, meu amigo, e tínhamos combinado isso. Alguém só precisava avisar isso para meu corpo, que teimava em quase ter um ataque.

Ele ligou a ducha e se despiu totalmente. Eu nunca tinha visto um homem nu tão de perto. Meus olhos, inconscientemente, passearam pelo corpo do Pedro. Ele realmente era muito bonito, viril e perfeito. Ele entrou na ducha e estendeu a mão para mim, que ainda estava totalmente vestida.

— Vem! A água está ótima! Não vou te machucar.

Eu olhei para aquele olhar meigo do meu amigo e me senti segura. Tirei o vestido e... parei aí.

Pedro percebeu minha hesitação:

— Entra assim. Você tira o biquíni se se sentir à vontade, ok?

Aliviada, entrei no boxe, tentando desviar o olhar daquele corpo esculpido na minha frente.

— Está com vergonha?

— Eu? Oi?

— Está vermelha feito uma pimenta!

— Desculpe... Eu realmente achei que seria mais fácil fazer isso.

— Calma... Só relaxa. Vem, deixa eu ensaboar você.

— Hein?

— Calma. Se incomodar, fala que eu paro imediatamente.

E ele começa a me ensaboar. Primeiro os braços, depois a barriga... Não era para me sentir tranquila? Eu estava sentindo coisas que nunca havia sentido antes, uma vontade de continuar e de parar ao mesmo tempo.

Então ele me virou de costas para ele e começou a ensaboar minhas costas. Eu comecei a ficar mais relaxada ao seu toque, fechei meus olhos curtindo essa sensação. Senti algo descendo. Era a parte de cima do meu biquíni que Pedro havia desamarrado. Ele parou, esperando minha aprovação.

— Acho que precisava mesmo desse banho. Também estou cheia de areia no biquíni.

Ele entende perfeitamente o sinal verde que dei e tirou meu biquíni com cuidado. Eu ainda estava de costas para ele. Senti a respiração dele ofegante.

— Você é linda, Lena! Simplesmente perfeita!

— Obrigada. Você também não é de se jogar fora!— falei, dando uma risada sutil.

Ele volta a me ensaboar, puxando-me para mais perto, colando meu corpo ao dele. Senti sua respiração mais ofegante e sua, digamos, empolgação. Ele continuou ensaboando todo o meu corpo, tocando-me onde ninguém nunca havia tocado.

Mesmo tentando me manter concentrada, acabei cedendo, minhas pernas ficaram bambas e eu me esqueci completamente de todos os meus medos por alguns instantes. Ele beijou meu pescoço, minhas orelhas, sempre ofegante.

— Nossa, Lena!

Virei-me para ele e nossos olhos se encontraram. Vi desejo e ternura nos dele.

— Bom, minha vez! Você também precisa de banho, certo?

Ele assentiu com a cabeça me passando o sabonete. Comecei ensaboando seus braços, seu peitoral, mas hesitei em sua pelve. Ele percebeu meu receio e colocou a mão direita sobre a minha, conduzindo-me para o restante de seu corpo.

Ele começou a respirar mais ofegante ainda. Eu nunca havia pegado no membro de homem algum e vendo assim, tão de perto, perguntei-me se não ia doer, porque parece grande e duro demais.

Percebendo minhas dúvidas, Pedro me puxou para um abraço e me beijou, assim como tínhamos feito no meu quarto no domingo. O beijo começou suave e foi se intensificando. Suas mãos passeavam por todo meu corpo, causando-me sensações deliciosas e únicas, algo que nunca imaginara sentir com ele.

Ele se afastou um pouco, olhou-me nos olhos e perguntou:

— Está pronta para tentar isso?

— Eu... Eu... Podemos ir com calma?

Ele concordou com a cabeça.

— Claro, Lena. Temos muito tempo. Vamos ver TV?

Sorrindo, aliviada por ter ganhado mais tempo, saí do chuveiro para me secar. Ele saiu logo atrás. Quando fui pegar meu vestido, ele gentilmente o pegou da minha mão.

— Vamos aproveitar a cama e deixar essas roupas molhadas secarem?

Olhei para ele, entendendo o que ele estava sugerindo. Deitar como estávamos e ver no que ia dar. Bem, era esse o plano, certo? Deitamos na cama enorme e Pedro ligou a TV, colocando em um filme de suspense.

— Esse filme parece bom!

— Verdade!

Começamos a ver o filme, eu me deitei um pouco longe dele, ainda com receio de ficar muito perto.

— Lena, vem cá. Deita a cabeça no meu peito. Vai ser mais confortável para você!

Só de pensar nele nu embaixo do lençol, eu já ficava nervosa. Aproximei-me com cautela e deitei a cabeça no peito dele, que me abraçou de forma carinhosa.

Pouco tempo depois, ele começa a acariciar meu cabelo.

— Vou dormir assim.

— Dorme. Eu te acordo.

— Viemos aqui para dormir?

— Bom... Não. Mas como eu disse, você é quem manda!

Olhei para ele e sorri. Ele me puxou um pouco para cima, olhou em meus olhos e começou a me beijar intensamente, cada vez mais ardente. Não sei onde estavam as mãos dele exatamente, só sei que o sentia em todo meu corpo.

Ele ficou em cima de mim. Beijou meus lábios e foi descendo pelo pescoço, seios, e voltou. Percebi que ele tinha colocado a camisinha.

— Lena, se te machucar, qualquer coisa, fale que eu paro imediatamente.

Fiz que sim com a cabeça e ele volta a me beijar, deixando-me um pouco mais calma, até que...

Senti uma dor forte entre minhas pernas e segurei forte os lençóis.

— Isso dói!

— Lena? Está machucando?

Respondi que sim com a cabeça e ele reduziu a intensidade. Pedro era muito gentil mesmo.

— Tenta mais devagar.

E, então, começou até a ficar gostosinho, a dor diminuiu bastante. Pedro voltou a ficar ofegante e sem perceber voltou a fazer movimentos com mais intensidade, que agora já não machucavam tanto. Eu só consegui sentir uma pressão. Olhei para ele, que estava visivelmente relaxado e tenso ao mesmo tempo. Ele olhou em meus olhos, segurou as minhas mãos e disse em um sussurro:

— Isso é delicioso mesmo...

Senti todo o corpo dele estremecer e um gemido forte saiu de sua boca. Ele moveu-se, saindo de cima de mim, deitou-se ao meu lado e acariciou meu cabelo com carinho.

— Você está bem?

— Sim, acho que estou sim.

— Eu machuquei você?

— Calma. Pelo que li é normal doer um pouco.

— Sério? Mas está doendo? Ai, Lena, nossa, desculpa!

— Relaxa. Faz parte do "processo"!

Ele se levantou, foi até o banheiro, limpou-se e voltou com uma toalha seca.

— Aqui, Lena. Coloca para ficar mais à vontade.

— Obrigada!

Deitei-me com a cabeça em seu ombro.

— Lena?

— Oi?

— Sentiu o que eu senti?

— Não sei. Não sei o que você sentiu.

Ele sorriu nervoso.

— No início, estava bem travado, mas depois foi tão... natural. É como se todo o meu corpo soubesse o que fazer. Um alívio... Não sei explicar.

Eu, definitivamente, não tinha sentido isso. Primeiro doeu pra caramba, depois ficou menos ruim, mas não senti nada demais. Sinceramente, não sei porque as meninas ficam doidas para fazer isso logo. Mas se eu falasse isso para ele, que já estava super preocupado, ia deixá-lo triste e ele ia achar que ele tinha errado em algo. E, às vezes, esse negócio só é bom para o homem mesmo, como minha mãe sempre disse.

— Claro! Senti parecido. Doeu um pouco no início, mas depois ficou bom.

Ele sorriu satisfeito.

— Obrigado, Lena. Nossa! Tirou uns 30 quilos das minhas costas, porque eu gostei muito, consegui e te fiz sentir algo bom também, ou seja, não sou um fracasso nisso!

— Não mesmo! Você foi ótimo!

Ele sorriu e me abraçou.

— Você quer fazer de novo?

— Oi? Não, não precisa. Já conseguimos o que queríamos, certo?

— Eu animo. Foi bom!

Sorri para ele, tentando pensar em uma boa desculpa.

— Eu adoraria, mas precisamos ir. Até que horas é sua reserva?

— Até às 20h.

Graças a Deus! Já eram 18h30!

— Melhor irmos. Vou ao banheiro e vamos.

Ele concordou e começou a se vestir. Levantei-me, ainda sentindo um pouco de dor. "Droga, ainda está doendo...". Tomei uma ducha rápida, coloquei a roupa e saí ao encontro de Pedro, que estava com semblante preocupado.

— Lena? Você está bem mesmo?

— Sim, só está um pouco dolorido.

— Quer ir ao médico?

— Já pensou? Doutor, eu acabei de perder a virgindade e está dolorido. Seria hilário! Não, não quero ir no médico.

Ele sorriu da minha piada sem graça.

— Tá bom. Mas se não melhorar, nós vamos.

— Sim, senhor. Vamos?

CAPÍTULO 8

A prática leva à perfeição... ou não!

No apartamento, corri para o meu quarto. Precisava ficar um pouco sozinha para digerir tudo o que havia acontecido.

— Pedro, eu estou um pouco cansada. Vou tomar um banho e me deitar um pouquinho, tá?

— Você está bem mesmo?

— Sim. Só preciso me acostumar com a ideia do que fizemos.

Ele assentiu com a cabeça e foi para seu quarto.

Após o banho a dor começou a diminuir. Pensei: "Será que toda garota passa por isso? Talvez a Letícia saiba me falar se é ruim mesmo esse negócio. Mas preciso perguntar sem contar que eu fiz isso com nosso melhor amigo". Vesti-me e fui até o quarto dela.

— Lê, você está sozinha?

— Oi, Lena. Estou sim. Lucas já foi. Entra!

Abri a porta devagar. Ela estava na cama e, com certeza, havia feito o mesmo que eu e Pedro. Ela abriu os braços para me abraçar e disse:

— Nossa, parece que não vejo você há dias!

— É mesmo! Perdi minha amiga para um gatinho bronzeado!

Sorrimos juntas por um tempo.

— Sabe, Lena, ele é muito gostoso e bom de cama.

Era isso que eu queria, que ela tocasse nesse assunto, assim poderia perguntar o que eu queria sem ser descoberta.

— Sério? Mas como ele é?

— Tá interessada? — Letícia disse, sorrindo e com ar sapeca.

— Claro que não. Só quero saber se ele está cuidando bem de você.

— E como está! Quase não sinto toda essa região aqui — ela falou, apontando para a pelve, rindo gostosamente.

— Lê, você sentiu muita dor?

Ela me olhou como seu eu fosse uma alienígena.

— Lena, esqueci que você não sabe nada sobre isso, né, amiga? Doeu mais na primeira vez. Transar é como andar de bicicleta: precisa treinar. Depois fica tão gostoso e fácil que você nunca vai querer parar. Mas por que esse interesse? Está pensando em dar esse passo, é?

— Bom, já tenho 19 anos e uma hora vou ter que dar esse passo. Fiquei curiosa só.

Ela me puxou para a cama, fazendo-me deitar ao lado dela.

— Fique tranquila. Na hora certa vai fluir. E não fique com medo. O medo trava e dói mais ainda. Lembra de relaxar e se prevenir. Filho na nossa idade é fria.

— Anotado, professora!

Ficamos ali mais algum tempo, conversando e rindo.

— Me deu fome. Pedro está em casa? Ele é bom na cozinha!

— Não sei onde ele está. Podemos ver no quarto dele.

— Isso. Vou só colocar uma roupa e vamos.

Ela se vestiu e saímos do quarto. Pedro já estava na cozinha preparando um delicioso macarrão com queijo.

— Imaginei que estariam com fome — ele disse olhando para mim, com um olhar do tipo: "Eu sei o que você fez no verão passado".

— Eu estou morta de fome, Pedro. Eu te amo!

— Sei... Você gosta da minha comida e ama o Lucas, não é? Sou explorado nessa casa! — falou Pedro, fazendo um beicinho para Letícia.

Ele ficava lindo cozinhando sem camisa! Ops! Estava vendo meu melhor amigo com olhos diferentes. Isso não era bom! Complica tudo. E ele pareceu ler meus pensamentos, pois disse:

— Lena, vem aqui me ajudar?

— Claro. O que precisa?

Aproximei-me dele no fogão, enquanto Letícia se sentou na sala e ligou a TV.

— Só quero saber se você está bem.

— Sim, Pedro, agora estou bem melhor!

— Que maravilha! Fiquei preocupado de ter machucado você.

— Não, está tudo certo. E o cheiro está maravilhoso! Já estou salivando!

Ele sorriu aliviado. Peguei os pratos para arrumar a mesa e logo estávamos nos deliciando com aquele macarrão. Depois, assistimos um pouco de TV e a Letícia já foi dormir.

— Estou morta. Vou dormir. Ai, não acredito que nosso tempo aqui está acabando. Vou morrer de saudades!

— Do Lucas?

— Credo, Pedro! Dele também, mas eu amei tudo! Bom, vou indo. Boa noite!

— Boa noite, Lê!

— Boa noite!

Estávamos sozinhos, Pedro e eu. Senti um clima estranho.

— Lena?

— Oi?

— Eu fiquei pensando...

— Que medo dessa frase!

— É... Podíamos tentar de novo. Estava lendo que só a prática leva à perfeição.

— Ah... Estava lendo? Onde viu isso? Em qual revista científica? — falei, cruzando os braços e olhando diretamente em seus olhos, com ar desafiador e divertido, que o fez corar e chegar mais perto.

— Na revista, Pedro está certo!

Dei uma risada.

— Eu estou começando a achar que você está abusando da minha amizade, sabia?

— Eu?! Imagina! Jamais!

— Tínhamos combinado de uma vez e pronto, lembra? Não misturar as coisas?

— Sim, mas não consigo parar de pensar em você!

Ele olhou no fundo dos meus olhos e acariciou meu rosto. Ele já havia feito isso várias vezes, mas dessa vez senti um calor subindo em mim, deixando meu rosto vermelho e quente.

— Pedro, a Letícia pode ver!

— Ela dorme feito uma pedra.

— Mas eu... Nossa... Não sei o que pensar...

— Tudo bem! Não vou mais falar disso. Eu prometi nunca forçar você a nada.

— Obrigada! Bom, acho que vou me deitar também.

Dei um beijo no rosto de Pedro e saí quase correndo da sala.

O que estava dando em mim? Nunca tinha sentido nada por Pedro além de carinho e respeito. Agora estava tudo misturado. Deitei-me na cama na esperança de afastar esses pensamentos e, então, uma batida na porta me assustou.

— Lena? Posso entrar?

— Pedro? Pode, claro!

Ele entrou um pouco receoso e trancou a porta.

— Lena, eu posso me deitar com você um pouco?

— Deitar? Tá bom, mas só deitar — respondi, batendo no espaço ao meu lado na cama. "Por que meu coração está pulando assim?", pensei.

Ele deitou-se e virou-se para mim.

— O que acha desse rolo da Lê?

— Ah, ela está só se divertindo pelo que parece.

— Sabe se ela está se cuidando? Pensa ficar grávida de um caso de férias!

— Está sim. Conversei hoje com ela sobre isso.

— Conversou? — Pedro me olhou desconfiado.

— Relaxa. Não contei sobre nós, mas...

— Mas?

— Ela é mais experiente nisso. Queria informações e consegui sem que ela desconfiasse de nada.

— Informações?

— Você é muito curioso. É assunto de mulher, ok? — falei isso empurrando-o levemente, em tom de brincadeira. Ele sorriu e subiu em cima de mim com aquele sorriso travesso de mais cedo.

Ele não tirava os olhos dos meus lábios. Antes que eu pudesse raciocinar, ele me beijou intensamente, passeando as mãos por todo meu corpo. Quando eu finalmente consegui recuperar meus sentidos, coloquei a mão no peito dele e exclamei:

— Pedro!

— Lena, relaxa! Eu sei que você também quer.

— Mas nós não devíamos mais fazer isso! Pode complicar tudo.

Ele saiu de cima de mim, ainda ofegante e visivelmente excitado.

— Eu sei, Lena, mas eu não consigo fingir que não quero mais ficar com você — ele falou, olhando para o teto. Ele também está tão confuso quanto eu. Entrelacei meus dedos aos dele, que olhou pra mim quando sentiu meu toque.

— Também pensei em você o dia todo, mas tenho medo.

— Medo de eu machucar você de novo?

— Não!

— Medo de quê?

— De perder você, de perder sua amizade por isso.

Ele se aproximou mais, quase não havia distância entre nós. Eu conseguia sentir seu calor, seu hálito, seu cheiro.

— Lena, você nunca irá me perder! Independentemente do que aconteça no futuro, seremos sempre melhores amigos.

Ele me beijou, mais amoroso, com carinho. Não resisti ao toque dele e me entreguei a esse momento. Percebendo que as barreiras que eu havia colocado tinham sido quebradas, Pedro avançou. Cauteloso, mas avançou.

Ele começou a beijar meu pescoço e um gemido leve saiu inconscientemente de meus lábios. Isso lhe deu ainda mais coragem. Ele continuou a sessão de tortura para mim. Enquanto ele beijava todas as partes do meu corpo, minha parte racional tentava entender todos os riscos dessa ação. Até que ele começa a beijá-la. Ele não tinha feito isso antes.

— Pedro... Nossa...

Ele continuou os movimentos deliciosos com a língua e qualquer pensamento racional que eu ainda tinha desapareceu, dando lugar ao desejo e à luxúria. Antes que eu percebesse, ele estava todo dentro de mim, agora sem muita dor. Só sentia a pressão e que estava mais gostoso. Não era como algo que te tira do chão como dizem, mas estava gostoso. Ele acelerou os movimentos, o que me levou a sentir sensações que eu nem sei explicar.

— Nossa, Lena... Que delícia!

Suados, deitamos lado a lado na cama, ofegantes e relaxados ao mesmo tempo.

— É, a revista científica estava certa.

— O quê?

— A prática leva mesmo à perfeição!

"Perfeito, perfeito, não, né? Mas deve ser assim mesmo esse negócio de sexo. O antes é mais gostoso que o durante, enfim...".

Ele sorriu satisfeito, levantou-se, dando-me um beijo e me puxando para um abraço.

— Eu falei! Não duvide mais de mim.

— Jamais, Dr. Pedro!

Ele sorriu. Nunca o tinha visto tão relaxado.

— Será que a Letícia ouviu? Eu acabei dando uns gemidos porque você estava muito ousado!

Ele riu gostosamente.

— Duvido. Ela dorme feito uma pedra. Lena?

— Tomara! Oi...

— Posso dormir com você?

— Bom, você vai ter que sair bem de fininho amanhã.

— Isso é um sim?!

E como uma criança, ele se ajeitou e dormiu em meus braços.

CAPÍTULO 9

O que é bom, infelizmente, dura pouco demais!

As aulas tinham voltado há algumas semanas e eu e Pedro continuávamos na mesma sala. E, bom, como posso dizer... Nossa amizade "colorida" fluía relativamente bem. E, de fato, a prática vinha nos auxiliando bastante, se é que posso dizer assim.

Quase toda semana nos encontrávamos escondidos no apartamento dele, e entre estudos, jogos e conversas, às vezes o sexo acabava rolando naturalmente. Era prazeroso, eu gostava de Pedro, mas parecia faltar alguma coisa. Talvez seja porque nunca nos apaixonamos um pelo outro, era uma amizade sincera com sexo casual e fim.

Tínhamos decidido manter tudo em segredo, só entre nós. A Letícia não desconfiava de absolutamente nada. Estava começando a achar que minha frieza para lidar com sentimentos era bastante benéfica. Ela ainda se correspondia com Lucas, e como ele morava em uma cidade vizinha, a cada 15 dias eles se encontravam.

Parecia estar tudo correndo muito bem — o estágio na empresa, a faculdade, minha amizade colorida. Tudo tranquilo até que, em uma terça-feira de um dia chuvoso típico do inverno, Lorena me chamou em sua sala.

— Oi, Helena. Temos novidades!

Um homem, de aproximadamente 35 anos, muito charmoso, por sinal, com cerca de 1,70 cm de altura, cabelo castanho-escuro liso, cortado em camadas acima das orelhas, olhos negros que pareciam duas jabuticabas maduras, sorriso branco como nuvem e um lindo terno azul marinho, estava do lado de Lorena.

— Esse é Marcus. Ele é nosso novo gerente financeiro.

Estendi a mão para ele, que retribuiu com um aperto forte, porém gentil. Seu toque me trouxe a mesma eletricidade que senti ao toque do Hugo na adolescência.

— Muito prazer, Helena! Lorena me falou muito bem sobre você.

— Obrigada, mas tudo que sei, aprendi com ela.

Nós três sorrimos.

— Helena, quem me dera ter seu cérebro inteligente! Bom, te chamei aqui porque quero que trabalhe diretamente com Marcus. Já o deixei ciente de alguns detalhes, mas você está conosco há mais tempo e a experiência dele irá auxiliar muito sua jornada. Marcus, ela está cursando economia na faculdade federal da cidade. É a melhor aluna da turma e a primeira mulher a receber tantos elogios nesse curso.

Marcus me olhou diretamente nos olhos, um olhar misterioso e penetrante, como se pudesse me ver por dentro.

— Incrível! Ficarei honrado se aceitar trabalhar comigo, Helena!

— Marcus já trabalhou como gerente financeiro em duas multinacionais de grande porte. Tenho certeza de que sua experiência irá agregar muito.

— Claro! Vou adorar a experiência. Quando começo?

— Amanhã, Helena. Hoje vou levar Marcus em algumas reuniões. Você vai se mudar para sala ao lado com ele.

— Perfeito! Agradeço a oportunidade.

— Helena, calma, tem mais! — Lorena disse, com um lindo sorriso no rosto.

— Você foi promovida a assistente financeira! Você foi aprovada com louvor em seu Programa de Estágio. E, claro, terá um bom aumento de salário e benefícios.

Eu fiquei em choque por alguns minutos. O que eu recebia já era muito mais do que eu sempre havia imaginado ganhar um dia. Eu mandava quase tudo para minha vó para ajudar nas despesas com a minha mãe. E então, finalmente, poderia economizar para tirar minha carteira de motorista e, quem sabe, alugar um lugar só para mim.

— Nossa, Lorena! Que... Nossa, que notícia maravilhosa!

Ela correu em minha direção e me abraçou forte. Marcus ia fazer o mesmo, mas recuou e somente estendeu a mão.

— Parabéns, Helena! Pelo que ouvi, foi mais que merecido.

Saí da sala pulando de alegria. Já fui organizar minhas coisas para a mudança de sala e para minha nova função.

— Cátia!

Cátia era minha colega estagiária. Eu a treinara e ela estava conosco há seis meses. Eu nem desconfiei que Lorena já estava preparando alguém para assumir minhas funções.

— Fui promovida! Vou ser assistente financeira. Não é incrível?!

— Você merece demais. Nunca vi ninguém tão inteligente e esforçada.

Ela me abraçou forte.

— Fiquei sabendo que você tem um novo chefe! Ele é gato?

— Cátia, segure-se, viu! Nada de namoro na empresa! Mas sim, ele é bem atraente.

Ela riu animada.

— Quem sabe ele não gosta de mim?

— Quem sabe?

O trabalho me consumiu o restante do dia. Ao final do dia, Lorenzo foi nos buscar.

— Oi, seu feio!

Ele sorriu e bagunçou meu cabelo, como sempre.

— Agora você também está feia. Pronto! Estamos quites.

— São duas crianças — disse Lorena.

Ele colocou um braço no ombro de cada uma e fomos para o carro.

Após o jantar, brinquei com Bernardo até ele dormir e depois fui para o meu quarto. Estava morta, mas precisava ler um artigo para a aula do dia seguinte. Tomei um banho para ajudar a despertar e comecei a ler e fazer anotações. Pronto! Agora podia dormir.

Fechando meu caderno e organizando as coisas, Marcus veio à minha mente. Ele, aquele sorriso, aquele corpo dentro do terno azul-marinho, e aquela sensação inebriante ao seu toque. "Até parece, Helena, que um homem desse, bonito e mais velho vai querer algo com uma pirralha feito você! Esquece e se contente com sua amizade colorida".

Como se tivesse adivinhado, Pedro mandou uma mensagem:

'Ei, Lena! Como foi seu dia?'.

'Oi! Foi corrido. E o seu? E o estágio?'.

'Hoje foi um dia daqueles, bem cansativo!'.

'Chegou um gerente novo hoje. E eu fui promovida a assistente!'.

'Parabéns! Você merece demais. Até demorou para Lorena fazer isso'.

'Ela me ajuda tanto!'.

'Eu sei, é verdade! E o chefe novo? É gente boa?'.

'Não sei ainda, mas parece ser sim'.

'É velho?'.

'Não, deve ter no máximo uns 35 anos'.

'Ixi! Cuidado, hein. Se ele abusar de você, me fala que vou lá'.

'Tá bom, papai!'.

'É sério! E a festa sábado? Você vai?'.

'Nossa, eu tinha me esquecido. Nessas festas só rola baixaria. Você sabe, né?'.

'Sei, mas estava pensando se não devíamos ir e tentar ficar com outras pessoas'.

Pedro vinha falando nisso. Ele continuava inseguro sobre a sexualidade dele. Achava que só tinha dado certo comigo porque éramos amigos e confiávamos um no outro. Ele queria tentar com outra mulher para ver se era isso mesmo que ele queria.

'Pedro, eu realmente não quero isso agora, mas você deveria ir e tentar!'.

'Você não vai ficar chateada?'.

'Por quê? Não somos namorados e já conversamos sobre isso'.

'Então acho que eu vou. Tem aquela garota loira lá da sala que vive dando em cima de mim'.

'A Carla?'.

'Essa! Ela me chamou para ir com ela'.

'Ela é linda. O que você sente quando a olha?'.

Ele demorou um pouco para responder.

'Eu não sei, Lena! Esse é o problema. Não é como você! Eu me sinto seguro com você'.

'Já disse que não pode ficar comparando as situações. Nosso caso é totalmente diferente'.

'Eu sei... Ela é linda e me dá vontade de tentar, mas tenho medo de na hora eu não conseguir'.

'Você só vai saber se tentar'.

'Eu sei, mas imagina que mico! Ela vai contar para a faculdade inteira que eu sou um frouxo'.

Coitado, isso era verdade.

'Faz assim: se na hora sentir que não consegue, finge que está passando mal'.

'Uma dor de estômago'.

'Pode funcionar!'.

'Vai funcionar. Faz isso! E ó, se previne. Lembra de mim!'.

'Claro. Jamais a colocaria em risco'.

'Isso! Vai sim e tira isso logo da sua cabeça'.

'Obrigado, Lena. Você é a melhor amiga do mundo!'.

'Eu sei. Agora vou dormir. Beijo!'.

'Beijo. Te amo!'.

"Ele sempre se despede assim nos últimos meses, mas eu não consigo dizer o mesmo todas as vezes. Nem sei o que é amor para escrever isso... Bom, vamos dormir que o dia amanhã será cheio".

No dia seguinte, tudo correu bem na faculdade.

— Lena, você vai na minha casa hoje?

— Hoje não. Preciso correr para empresa e terminar de organizar a sala. É o meu primeiro dia com o chefe novo.

— Verdade. Me conta depois como foi?

— Conto! Já confirmou com a Carla sobre a festa?

— Já. Ela amou a ideia. Quer sair hoje à noite.

— Ótimo! É bom ver como fica com ela antes da festa.

— Você acha?

— Sim. Leve-a para comer algo.

— Boa! Tem aquele restaurante perto do apê.

— Lá é bom e barato! Boa pedida.

Dei um beijo no rosto de Pedro e saí para encontrar a van.

Na empresa fui direto para minha nova sala. Marcus já estava lá.

— Oi, Helena! Boa tarde!

— Olá, boa tarde! Desculpe a hora. A Lorena disse que estudo de manhã?

— Sim, fique tranquila. Ela me disse que você trabalha em casa e aos fins de semana, então acho que precisa se preocupar é com sua folga!

Ele sorriu e me mostrou a cadeira a sua frente para me sentar. Seríamos somente eu e ele nessa sala. Ela era grande e aconchegante, delicadamente decorada. Havia uma mesa maior de madeira, a do Marcus; a minha era um pouco menor do que a dele. Cadeiras confortáveis e grandes janelas. Lorena havia levado uma planta linda para complementar a decoração, deixando o ambiente leve — ou deveria deixar, porque o que eu sentia eram várias borboletas em meu estômago por estar sozinha com esse homem tão charmoso e desconhecido.

— Sente aqui. Preciso te passar o que definimos como prioridade para este mês e as novas metas financeiras.

— Ok!

Sentei-me na cadeira em frente a ele.

— Não, Helena. Aqui do meu lado, por favor. Preciso que olhe minha tela.

— Ah, claro. Desculpe!

Levantei-me e sentei-me ao lado dele. Como todos os dias, estava com uma roupa escolhida por Lorena: uma saia um pouco acima dos joelhos, salto alto, camisa de botão e paletó. Eu detestava, mas fazia parte do trabalho.

Assim que me sentei, senti o olhar dele em mim, mas logo ele voltou a olhar para a tela do notebook.

— Aqui. Esses são os números que precisamos alcançar na empresa.

Ele continuou explicando as metas traçadas e como meu trabalho deveria ser realizado.

— Preciso desses relatórios todos os dias, antes das 16h, entendido?

— Perfeito, Sr. Marcus. Mais alguma coisa?

— Não, somente isso mesmo. Mas sem Sr. Marcus. Não sou tão idoso assim! — ele disse sorrindo.

Voltei quase correndo para minha mesa. Não podia falhar no meu primeiro dia com ele. Ficamos em silêncio por cerca de duas horas. Ele ficou concentrado, preparando uma apresentação para uma reunião com a diretoria.

— Helena?

— Pois não?

— Lorena está me chamando. Vou até a sala dela rapidinho. Como está o relatório? Conseguiu terminar?

Graças a Deus, eu tinha acabado de concluir minha última análise.

— Sim. Posso mandar para seu e-mail e o da Lorena?

— Pode, por favor.

Ele saiu da sala, deixando seu cheiro marcante. Tentando me concentrar, voltei para minhas atividades. A maioria delas eu já fazia, mesmo quando estagiária, então não tive nenhuma dificuldade.

Depois de cerca de 30 minutos ele voltou, com uma expressão séria no rosto. Parou em frente a minha mesa, colocando nela o notebook.

— Como chegou nesse resultado?

Ele apontou para uma análise técnica que eu havia feito do fluxo de caixa geral da empresa dos últimos 12 meses.

— Você pode dar a volta e olhar a minha tela? Vou te mostrar.

Ele veio e ficou ao meu lado, abaixando-se um pouco para ver meu monitor. Seu rosto ficou bem próximo ao meu e a sua presença, seu cheiro masculino, quase me fizeram esquecer o que ia dizer.

— Então? — falou ele, fazendo-me voltar ao planeta Terra.

— É... Hã... Bom, esses foram os cálculos. Percebe que a partir deste mês estão ocorrendo saídas estranhas? Centavos, quase imperceptível, mas a matemática não erra.

— Isso significa que...

— Sim. Como coloquei no relatório, ou estamos com problema no sistema ou alguém burlou o sistema para esses centavos irem para algum lugar.

— Era o que eu temia.

Ele olhou para mim e pareceu que ele havia esquecido o que ia dizer. Seus olhos ficaram ainda mais escuros por um instante. Mas ele logo se levantou e foi para a sua mesa.

— Então, é... — Ele pigarreia, tentando lembrar-se o que ia dizer.

"O que será que aconteceu quando ele me olhou nos olhos?".

— Eu já vi dados muito parecidos em uma das empresas em que atuei. Infelizmente era a segunda opção. Tinha um esquema entre o programador e uma analista do setor contábil. Eles jogam os centavos em uma conta bancária e dividiam tudo. Só com isso em 12 meses roubaram mais de 100 mil da empresa.

— Nossa! Como alguém pode fazer isso?

— Faz, Helena, infelizmente. E como líder de empresa, precisamos aprender a desconfiar. Preciso de uma análise mais detalhada disso. Não posso levar uma suposição para a diretoria. Você me ajuda?

— Claro! Vou descobrir o que está acontecendo.

— Ótimo!

Ele voltou a olhar para o notebook, mas tive a impressão de que ele olhava para mim às vezes. Pouco tempo depois ele saiu para a reunião com a diretoria.

Passei o restante da semana focada nesse caso. Sábado chegou e eu sequer percebi. Era o dia da festa, mas eu não ia, estava muito cansada. Fiquei no escritório até 18h, minha análise estava quase concluída e estava chegando bem perto de descobrir os culpados. Segunda-feira apresentaria os dados para Marcus.

— Helena? Em casa em pleno sábado à noite? Vai se divertir, menina! — disse Lorena assim que eu entrei em casa.

— Eu só quero a minha cama hoje.

— Ainda bem! — Lorenzo gritou da cozinha.

— Hum... Que cheiro delicioso! O que ele está aprontando lá?

— Macarronada com almôndegas! Janta com a gente? Estou abusando de você essa semana na empresa!

— Está mesmo! — falei sorrindo e me sentando ao lado de Lorena no sofá.

— Quase nem conversamos esses dias. Que loucura está aquele lugar.

— Nem fala. Essa questão do sistema está me deixando sem cabelo!

— Marcus está sendo gentil com você? Está te ajudando?

— Sim, muito! Estou bem perto de encerrar essa análise.

— Meninas! Está pronto!

— Obaaaaaa! Cadê B.?

— Dormindo. Hoje ele brincou tanto no parquinho que comeu e dormiu.

Jantamos, conversando alegremente.

— Lorenzo, você é o melhor cozinheiro do mundo!

— Sou mesmo!

— Helena, não fique elogiando. Ele já se acha o suficiente.

E a noite seguiu alegre.

Domingo acordei com o meu celular tocando desesperadamente. Olhei no visor, era o Pedro.

— Oi, Pedro. Nossa! São 7h! Vou te matar!

— Lena, eu consegui!

— Conseguiu me irritar mesmo!

— Não, isso não. Eu consegui ficar com a Carla!

— Ah, é? Sério? Como foi?

— Bom, eu tive que beber um pouco para tomar coragem.

— Ficou bêbado?

— Não, só alegre. Ajudou, eu relaxei um pouco.

— E?

— Ela fez quase tudo. Menina apressada. Mas foi bom, digamos.

— Bom? Só isso?

— Com você é bem melhor!

— Ridículo.

— É sério!

— Pedro, não se transa com uma garota e depois fala para outra que também faz isso, como foi.

— Affff... Você é minha amiga.

Dei uma gargalhada.

— Mas foi só bom? Sério? O que sentiu?

— Ai, Lena... Enfim, eu consegui. Pronto, sou homem macho!

— Pedro, posso ser sincera?

— Por favor!

— Você só vai ter certeza quando tentar fazer o mesmo com um homem.

— O quê?

— Porque não parece que você gostou de ficar com a Carla.

— Mas eu fiquei, consegui. E ela disse que foi bom!

— Mulher mente, Pedro! E essa não é a questão.

— O que é?

— Você ainda não parece satisfeito.

— Você me conhece mesmo. Realmente, ainda não sei o que quero. Não me vejo casando e tendo filhos com uma mulher, sabe?

— Eu sei.

— Que merda!

— Calma. Você tinha que tentar.

— E se eu ficar com outra?

— Vai virar um pegador agora?

— Ai, Lena, não sei. É o que os homens fazem!

— Mas você não precisa disso. Não tem problema ser gay, Pedro.

— Você não conhece meus pais, Lena! Nunca vão me aceitar se eu for.

— Se te amam, vão sim. Pode demorar, mas um dia vão.

— Nem sei se quero isso também.

— Calma. Você ainda é jovem demais para tanto estresse. Viva as experiências e deixe as coisas se acertarem com o tempo.

— Ok, você está certa. Desculpa te acordar tão cedo.

— Tudo bem. Beijo!

— Beijo, Lena. Obrigado por tudo!

Sentia tanto por Pedro. Devia ser exaustivo viver em conflito 24 horas por dia.

Antes que eu me levantasse, meu celular vibrou.

— Oi, vovó!

— Oi, filha! Saudades! Vem almoçar hoje?

Não tinha nenhum compromisso e já fazia algumas semanas que não via a vovó. Dava tempo de pegar o ônibus das 10h.

— Vou sim, vovó.

— Maravilha! Estou fazendo aquele frango que você gosta.

— Delícia! Já estou salivando aqui!

— Te espero!

Desliguei e corri para o banho.

— Lorena, vou almoçar na vovó hoje.

— Vai sim. O Lorenzo te leva.

— Não precisa, é longe demais. Pego o ônibus.

— Jamais que minha enteada vai andar de ônibus em pleno domingo. Eu levo e você volta de táxi. E sem reclamação.

Lorenzo era mesmo um cavalheiro. Saímos e ele me deixou no apartamento da vovó. O namorado dela estava lá. Um amor de pessoa. O nome dele era Jorge, um senhor que aparentava ter uns 58 anos, muito simpático e amoroso com a vovó. Almoçamos e conversamos bastante, foi um delicioso domingo em família.

— Minha filha, sua mãe está me dando um trabalho...

— Ela não sossega! — já falei irritada. Minha mãe sempre estraga tudo.

— Está bebendo novamente e agora não quer se internar. Graças a Deus você não está mais com ela.

— Verdade. Se precisar de algo me fala, viu.

— Imagina, filha! Você é meu anjo!

Ela me abraçou.

Às 18h eu voltei para casa. Estava um pouco ansiosa pela reunião do dia seguinte. Queria terminar a última parte da análise antes de Marcus chegar.

Acordei bem cedo. Às segundas-feiras normalmente eu tinha preguiça, mas levantei bastante animada. Tinha terminado a análise do caso à noite. "Marcus vai gostar!".

Na faculdade, Pedro, Letícia e eu conversamos na hora do intervalo.

— Estou mesmo apaixonada pelo Lucas.

— Sério? E aí? Ele também?

— Sim, me pediu em namoro ontem.

— Letícia, combinamos que ele tinha que pedir permissão para seu irmão aqui primeiro — Pedro falou sorrindo, tentando fazer tom sério.

— Tá bom! E você, hein? Pegando a Carla! Ela falou que você é um arraso na cama!

Pedro ficou vermelho feito um pimentão.

— Arraso, é?

— Pois é... Pare de enrolar e namore a menina. Achei que você e a Lena ficariam juntos, mas já que não...

Eu e Pedro nos olhamos, e depois para Letícia. Será que ela tinha descoberto?

— Como é? Eu e o Pedro? Somos só amigos.

— Eu sei, mas na praia achei que estava rolando um clima. Enfim, me enganei. Agora precisamos achar um love para você, Lena.

— Não tenho tempo para isso.

Letícia virou os olhos em repulsa ao que eu disse.

— Vai dar teia de aranha aí, viu — ela falou, apontando para minha... Enfim!

— Letícia, eu tomo banho.

Pedro riu, afinal ele era o responsável por não dar teias.

— Bom, vou indo. Beijo, seus nerds.

Ela saiu toda feliz.

— Achei que ela tinha descoberto.

— Eu também. E por falar nisso, nunca mais ficamos juntos, hein!

— Pedro, sinceramente, agora você pode se resolver com a Carla.

— Opa! Sinto ciúmes?

— Não, mas sei lá, acho estranho continuar isso.

— Está falando sério?

— Sim. Quero ficar um pouco sem fazer nada.

— Tá bom, você que sabe. Estou sempre aqui.

— Combinado!

Isso foi uma desculpa. Já queria parar de ficar com Pedro intimamente havia um tempo. Odeio fingir sentir algo e realmente não estava gostando muito.

A aula acabou e eu fui para o trabalho. Lorena me encontrou no corredor. Ela devia ter recebido a análise que havia mandado para o Marcus.

— Helena, venha.

Fomos para a sala dela, onde Marcus já estava. Quando me viu, deu um sorriso lindo.

— Helena, seus dados...

— Sim, acho que descobri para onde vai o dinheiro e, como podem ver, a conta está no nome do...

— Gerente da TI — Lorena disse, batendo na mesa brava. — Como ele foi capaz? Ele está conosco desde o começo.

— Por isso mesmo. Ele praticamente criou o sistema, sabe bem como manipular os dados.

— Sim, Marcus. Mas nossa! Bom, Helena, só quero agradecer.

— Por nada. É meu trabalho.

Saí da sala, indo para meu lugar. Pouco tempo depois, Marcus chegou e falou:

— Parabéns! Foi um excelente trabalho. A polícia vai resolver tudo junto ao RH.

— Ótimo.

Ele sentou-se sério e continuou o trabalho.

E assim ficamos por meses.

Marcus era um enigma para mim. Tinha dias que ele era super gentil e até parecia flertar comigo; em outros ele era sério e frio. Mais de uma vez senti ele olhando para o meu corpo, em todas as reuniões ele me elogiava muito. E quanto mais misterioso ele era, mais eu me sentia atraída por ele.

Em um sábado, 15 de novembro, Lorena fez um churrasco e me falou para convidar Letícia e Pedro. Estávamos na piscina, Pedro como sempre fazendo graça e me jogando na água. A campainha tocou. Lorenzo voltou com uma figura conhecida: Marcus.

Ele estava diferente, de bermuda clara, camisa polo preta, óculos escuros e sapatos esportivos. Como podia ser ainda mais lindo com trajes informais? Ele entrou e logo seus olhos se encontraram com os meus. Ele olhou para mim e para o Pedro, acenando.

— É ele, Pedro.

— Quem?

— Meu chefe.

— Ah, então vou te beijar agora!

— O quê? Não!

— Estou brincando. Mas ele é estranho. Cuidado com ele, Lena!

— Tá bom.

Ele ficou conversando com Lorena e Lorenzo, enquanto eu, Pedro, Letícia e Bernardo brincamos na piscina. Bernardo começou a ficar sonolento.

— Vou colocar ele para dormir e já volto.

Saí da piscina com Bernardo e tive aquela sensação de um par de olhos em mim. Peguei minha toalha e a de Bernardo.

— Oi, Helena!

Quase trombei nele, de tão silencioso que ele chegou por trás.

— Oi, Marcus. Desculpe, não te vi se aproximando. Que bom que veio!

— Lorena me convidou. Então esse é o famoso Bernardo! — ele disse, olhando no fundo dos meus olhos, e depois para Bernardo, sonolento em meu colo.

— Sim. Ele está com sono. Vou levá-lo para dormir e já volto.

— Quer ajuda?

— Oi?

— Ajuda com ele? Sou ótimo com crianças e ele parece pesado.

Ele pegou Bernardo, que não hesitava em ir para o colo do estranho. Lorena sorriu do outro lado e acenou para que eu fosse com Marcus.

Amarrei a toalha na minha cintura e fui para o interior da casa.

— Obrigada. Vou dar um banho nele só para tirar o cloro da piscina.

— Eu te ajudo. Onde é o banheiro?

— Ali.

Ele segurou Bernardo enquanto eu lhe dava o banho.

O olhar do Marcus estava gentil, doce e um pouco provocativo, eu diria, bem diferente do escritório. Terminamos de dar banho e trocar Bernardo, e ele dormiu rapidamente.

— É um bom garoto. E você leva jeito com ele.

— Cuido dele desde neném.

— Lorena comentou comigo.

Ficamos sentados um do lado do outro na cama, esperando um pouco para ver se Bernardo acordava, falando bem baixinho.

— Você quer ter filhos?

Sua pergunta me fez olhar para ele, que imediatamente olhou dentro dos meus olhos com tanta intensidade que me fez corar. Virei o rosto olhando para Bernardo para disfarçar.

— Não sei. Ainda não penso sobre isso.

— Melhor. Você é muito jovem.

— E você? Tem esposa?

Por que perguntei isso, senhor?! Ele sorriu, parecia satisfeito.

— Bom, vamos indo! Acho que ele dormiu.

Ele voltou a ficar misterioso. Ao sairmos do quarto, ele colocou a mão sobre minha lombar e falou bem baixinho.

— A propósito, está muito linda, Helena!

Então ele seguiu para a área externa da casa, deixando-me ali, sem entender nada. Depois de alguns minutos, eu também fui. Pedro e Letícia tinham saído da piscina e estavam comendo. O restante do dia fluiu tranquilo, apesar de perceber Marcus olhando para mim e Pedro. Não sei se era impressão minha, mas seu olhar parecia enfurecido.

CAPÍTULO 10

O prazer é real e a tristeza também

E chegou meu aniversário novamente. E como já disse, eu detesto essa data.

Continuava na faculdade. Eu e Pedro não ficávamos mais juntos como casal e ele continuava tentando se encontrar como heterossexual, sem sucesso.

Era quarta-feira e, resumindo, todos iriam me cumprimentar pelo meu aniversário, inclusive os que nem conversavam comigo o ano todo. Pelo menos dessa vez não teria festa, pois Lorena e Lorenzo estavam viajando com Bernardo em uma semana de férias.

Na empresa as coisas estavam... Bem, no mínimo esquisitas, desde o dia em que Marcus foi no churrasco na casa de Lorena. Ele me evitava e quando se dirigia a mim era frio e, por vezes, grosso feito uma mula. Parecia outra pessoa. E o pior disso tudo é que ainda me sentia muito atraída por ele, principalmente quando o pegava me observando. Inclusive, quando isso acontecia, ele agia mais estranho ainda. Quando ele percebia que eu tinha visto, normalmente ele levantava bravo e saía da sala.

Lorena nos deixou como responsáveis pela empresa enquanto ela estava de férias e esse clima estava deixando tudo insuportável. Eu gostava de ir para o trabalho, mas comecei a contar os minutos para ir para casa.

Bom, fui logo para a faculdade, não tinha como fugir de Pedro e Letícia mesmo.

— Aí vem ela! Como estão as rugas, amiga?

— Você é ridícula, Lê! Que rugas? Fiz 20 anos e não 60, sabia?

— Opa! Eu vi um cabelo branco aqui!

— O que seria de mim sem você para me irritar no meu aniversário, amiga?

— Não sei, mas te trouxe um presente! Abre logo. Quero ver sua cara! — respondeu ela, entregando-me um embrulho rosa de tamanho médio.

— Uma camisola sexy, sério?

— Claro! Hoje é uma noite especial. Precisa dar um jeito logo nisso. Você tem que arrumar um namorado ou vai ficar para titia, amiga! Eu e Lucas já estamos quase nos casando, Pedro pegando geral e você aí, solteirona.

Dei uma gargalhada e escondi a camisola vermelha para mais ninguém ver. O que fiz tarde demais, porque Pedro se aproximou sorridente demais.

— Olha, que presente interessante! Vai usar com quem, hein?

— Ai, Pedro, você também?

Ele sorriu e me deu um forte abraço.

— Parabéns, Lena! Vamos comemorar?

— Eu topo! Vamos no pub?

— Sério, Lê?

— Sério. E não aceito não como resposta. Pedro, você vai? Leva aquela menina que saiu. Como ela chama mesmo? São tantas que esqueci.

Ele deu de ombros.

— Eu vou é sozinho para curtir mais vocês. Te pego em casa, Lena.

— Tá bom! Às 20h.

Após a aula, troquei-me no vestiário mesmo e fui correndo para o trabalho. Queria evitar problemas com Marcus e chegar atrasada era um deles.

— Graças a Deus cheguei na hora!

Entrei na sala e Marcus me devorou com os olhos. "Será que tem alguma coisa errada na minha roupa? Ele está me olhando da cabeça aos pés. Não entendo esse cara", pensei.

— Boa tarde, Marcus!

Ele só acenou com a cabeça. Estava no telefone como sempre. Sentei-me na minha mesa e comecei a trabalhar. Ele desligou o telefone e se levantou, vindo em minha direção. Parou do meu lado.

— Helena, posso falar com você?

— Claro, Sr. Marcus. Como posso ajudar?

— É só Marcus. Bom, eu quero...

Ele entrelaçava os dedos das mãos, parecia nervoso e procurando as palavras certas. Então ele puxou uma cadeira e se sentou ao meu lado, perto demais. Nossos joelhos se esbarram e infelizmente eu senti aquela eletricidade invadir todo o meu corpo.

— Helena, eu preciso te pedir desculpas pelo meu comportamento dos últimos meses.

— Desculpas? O que quer dizer?

Ele se levantou e trancou a porta da sala, fechando também a cortina das janelas. Olhei para ele confusa. Eu não entendia as mudanças de humor dele.

— Eu tenho agido feito um cretino e você tem o direito de saber o porquê.

Continuei olhando para ele sem entender nada. Ele se sentou novamente e pegou a minha mão que estava em cima do meu joelho. Meu Deus, eu não devia sentir isso pelo meu chefe!

— Eu não devia, tento lutar contra esse sentimento há meses, em vão! Ele só cresce e a cada dia tem ficado mais difícil.

— Marcus, desculpe, eu não estou entendendo nada!

— Eu estou apaixonado por você! Completamente. Quero você!

— Oi? O quê? Quer? Como assim? O que isso quer dizer?

Quando percebi ele estava ainda mais perto, com o rosto perto demais, olhando dentro dos meus olhos. Seus olhos, misteriosos, negros, profundos. Quem era esse homem e por que ele mexia tanto comigo assim?

— Eu quero você! Quero ficar com você! Sei que é errado, você trabalha comigo, é mais jovem, mas nunca conheci nenhuma mulher como você e quero você.

Não tive tempo de processar nada porque ele me beijou, ali mesmo, na sala do escritório. Foi um beijo diferente, ardente, de um homem que sabe exatamente o que está fazendo e o que o beijo me fazia sentir.

Sem me dar tempo algum de raciocínio lógico, ele me sentou na mesa dele e intensificou o beijo. Suas mãos ásperas começaram a subir pelas minhas coxas e seus beijos foram para o meu pescoço. Por alguns instantes eu me esqueci completamente de onde estava e quem ele era; esqueci-me até quem eu era. O calor me consumiu, um desejo quase que incontrolável por mais. Mas graças a Deus meu lado racional deu um grito e eu o empurrei de leve.

— Marcus! Pare, por favor!

Ele me olhou confuso, mas aqueles olhos, quase insanos, ainda estão ali.

— Não podemos, aqui, não podemos!

Falei ainda ofegante fechando os botões da minha camisa e descendo da mesa.

— Sim... É verdade. Desculpe, eu me descontrolei totalmente. Estou me segurando aqui, todos os dias, por isso estava sendo rude. Evitando você! Queria que me desse algum motivo para não gostar tanto de você. Mas você continuou sendo simplesmente você, inteligente, linda, sedutora, eu... eu...

Ele fala se aproximando novamente e me beijando mais uma vez, segurando-me forte na cintura. Eu fiquei totalmente sem reação, não sabia o que fazer. Só cedi, foi como se ele dominasse minhas vontades. Então ele me soltou espontaneamente e foi até sua mesa, na qual pegou uma caixinha na gaveta.

— Feliz aniversário!

Era uma caixinha vermelha, fechada com um laço dourado lindo. Mas o maior presente era o olhar dele e o seu sorriso.

— Marcus! Não, não posso aceitar isso!

Era um colar, simplesmente maravilhoso, com um diamante de tamanho médio.

— Claro que pode. Comprei há algumas semanas. Quando vi na loja pensei em você na hora.

— Marcus, deve ter sido uma fortuna. Eu nem tenho onde usar isso!

— Agora vai ter. Que tal um jantar no meu apartamento hoje?

— Jantar? No seu apartamento?

— Sim, podemos conversar e decidir o que faremos.

— O que faremos?

— Helena, eu abri meu coração para você. Eu te quero e pronto.

Hesitante, fiquei calada por alguns instantes, e isso o deixou irritado.

— Helena? Você tem outra pessoa? É isso? Aquele moleque?

— Do que está falando?

— Aquele garoto que estava com você na piscina. Eu vi como ele olha para você.

— O Pedro?

— Esse aí. É por causa dele que não quer ficar comigo?

Ele cerrou os punhos e franziu a testa. Dei um passo para trás. Ele me deixava excitada e com receio ao mesmo tempo.

— Não tem nada a ver com ele. Marcus, não tem como isso dar certo! Você é bem mais experiente que eu. Você é meu chefe e de confiança da Lorena. Eu jamais faria isso com ela.

— Ela não precisa saber, por enquanto. Ninguém precisa!

— Quer ter um relacionamento escondido? É sério?

— Não, mas se for sua condição para começar, sim, eu faço isso.

— Marcus... Você! Nossa! Eu preciso pensar. Me deixe pensar. Há um dia você estava todo bruto comigo e agora isso. Não sei quem é você!

Ele me olhou, intenso, não sei dizer o que era aquele olhar. Parecia raiva e desejo ao mesmo tempo.

— Ok, pense então. Mas preciso de uma resposta ou terei que sair da cidade.

— Como assim?

— Não posso mais viver assim, desejando você em silêncio sem poder tocar em você, ter você.

— Tá bom, certo. Me deixe pensar até o fim da semana e nos encontramos sábado. Pode ser?

— Sábado? Longe demais. Hoje ainda é quarta — ele falou com uma carinha de cachorro que caiu da mudança.

— E hoje? Seu aniversário é hoje. Me deixe ao menos te dar uma comemoração digna.

— Eu marquei com meus amigos hoje.

— O Pedro? Sei...

— Ele também.

— Ok. Que horas você sai de lá?

— Como assim?

— Te pego às 22h.

— Marcus, como assim?

Mas ele saiu da sala me deixando lá, ainda mais confusa. E eu que pensei que esse aniversário seria mais tranquilo.

Vovó, Lorena e Lorenzo me ligaram dando os parabéns. Minha mãe não, é claro. Marcus observava cada ligação que eu atendia, vigiando-me. Quase às 18h, meu telefone tocou. Era Letícia.

— Oi, Lê!

— Lena, me perdoa. Estou com muita dor de cabeça. Podemos remarcar nossa comemoração para o fim de semana?

— Claro. Avisou o Pedro?

Vi pelo de canto de olho que Marcus quase parou de respirar para ouvir a conversa ao ouvir o nome Pedro.

— Sim, ele disse que entende. E achou até bom porque precisa estudar.

— Tranquilo, Lê. Melhoras.

— Então agora podemos ir direto para sua comemoração?

— Estava ouvindo tudo é, Marcus? Já ouviu a palavra privacidade?

— Agora não tem desculpa. Vamos?

— Agora?

— Sim, já trabalhamos muito hoje.

— E eu vou vestida assim? Aonde vai me levar?

— Não se preocupe com isso. Está linda como sempre.

— Vamos sair juntos do escritório?

— Um minuto.

Ele saiu da sala e voltou depois de alguns instantes.

— Pronto, resolvido. Estamos sozinhos aqui. Vamos?

— Você não aceita não como resposta... Então vamos.

Ele sorriu, satisfeito.

Seguimos lado a lado até o estacionamento.

Fomos para o carro dele, um modelo esportivo importado, preto, com bancos de couro. Ele abriu a porta para mim.

— Obrigada!

Uma música suave começou a tocar, deixando tudo ainda mais romântico e provocativo. A mão dele estava perto de mim. Ele olhava para mim às vezes, com um sorriso e um olhar indecifrável no rosto.

— Bom, aonde está me levando? Isso é um sequestro?

Ele riu gostosamente.

— Você vai gostar. E fique tranquila, ninguém vai nos ver.

— Ajudou muito. Estou ainda mais nervosa.

Ele sorriu e continuou dirigindo. Afastávamo-nos da cidade cada vez mais. Chegamos a um campo próximo a um lago. Tinha um chalé mais adiante. Eu nunca tinha ido para esses lados.

Paramos em frente ao chalé.

— Chegamos!

Ele abriu as portas. Eu olho em volta. Éramos só eu e ele ali, aparentemente. Marcus abriu a porta do chalé e eu, hesitante, fiquei do lado de fora.

— Marcus?

— Venha. Não vou fazer nada que você não permita. É uma surpresa. Você vai gostar. Confie em mim.

Ele pegou minhas mãos me conduzindo para o interior do chalé. Era uma linda acomodação, maior do lado de dentro do que parecia. Tinha uma lareira, uma cama, banheiro, TV. Era delicadamente decorada, com tecidos suaves em suas cortinas e roupas de cama.

— Vem. Seu presente mesmo está aqui fora.

Ele me levou até a área externa do chalé. Era como um pequeno quintal, onde havia um mesa e cadeiras de palha, uma rede e uma linda visão para o céu.

— É lindo aqui! É seu? Pensei que íamos ao seu apartamento.

— Sim, é meu. Adoro vir aqui. Me relaxa. Sente-se. Vou trazer nosso jantar.

— Jantar?

— Claro! Pensei em tudo. Fique aí, já volto.

Ele foi para o interior do chalé. Sentei-me em uma das cadeiras de palha, que era bem confortável. O céu estava cheio de estrelas, diferente da cidade. Quando ele voltou, consegui sentir o cheiro.

— Hum... O que é isso?

Ele começou a colocar vários pratinhos sobre a mesa. Pãezinhos, patê, salgadinhos e um minibolo de aniversário com uma vela acessa.

— Parabéns para você, nessa data querida...

— Sério isso?

— Claro! Aniversário pede bolo. Assopra a vela e faz um pedido!

Quem é esse homem? Ele vai do homem mais gentil do mundo ao mais grosso em segundos. Quem ele era e por que me sentia tão vulnerável perto dele?

— Como conseguiu preparar tudo isso?

— Me pegou!

— Acho que sim!

— Eu tinha preparado tudo cedinho, antes de ir para o trabalho. Estava na esperança de trazer você.

— Foi quase como jogar na loteria, hein?

— E eu ganhei! Valeu a pena — ele disse, colocando um pedaço de bolo na minha boca.

Nunca gostei de ser alimentada feito uma criança, mas com ele era quase como se eu estivesse enfeitiçada.

— Bom, preciso saber mais sobre você, Marcus.

— O que quer saber?

— Primeiro, o óbvio.

— O quê?

— É casado?

— Não, não sou casado.

— E?

— Nós vamos perder a noite com esse interrogatório? — Ele ficou bravo.

— Sua mudança de personalidade me deixa confusa.

— Desculpe, só não gosto de ser interrogado. Vou pegar uma coberta para que possamos ver as estrelas.

Ele se levantou, entrou e voltou com um cobertor e dois travesseiros, colocando tudo no chão.

— Vem cá. Essa é a melhor visão daqui.

Deitei-me ao lado dele no chão, olhando para aquele céu estrelado maravilhoso. Minha vida podia congelar nesse momento. Eu ali, com esse homem, experiente, nesse lugar encantador.

Ele olhou para mim e sem hesitar me beijou, agora docemente, mas, mesmo assim, ainda com tanta intensidade que quase me deixou sem respirar. O beijo dele era completamente diferente de Hugo, Ric ou Pedro. Ele sabia o que fazer, sabia como conduzir e como me deixar completamente em suas mãos.

Marcus continuou a me beijar, foi para o meu pescoço, beijando-me com vontade. Ninguém nunca me beijara assim antes. Ele puxou de leve meu cabelo para trás, deixando-me ainda com vontade dele. Ele era totalmente dominante.

Seus beijos continuaram, ardentes, por todo meu corpo. Ele beijou meus seios com muita intensidade e continuou descendo: barriga, coxa, virilha, até que fiquei completamente nua, entregue a um completo estranho.

Ele beijou minha região íntima com tanta intensidade que não sei explicar o que senti. Foi uma explosão de sentidos. De repente, ele me penetrou com seus dedos, o que me fez gemer alto. Ele sorriu.

— Quer que eu pare agora?

— Não... Não... Por favor, continue!

— E o que quer? Diga para mim!

— Você, agora!

Sem pensar duas vezes, ele já estava dentro de mim. Foi quase selvagem, ele me fez ficar em posições que eu nunca imaginei que existia, e me possuiu várias e várias vezes, forte, intenso, puro instinto. Até que ele deu um gemido forte.

— Nossa! Você é muito gostosa! Agora você é minha e só minha.

Ele me puxou um pouco possessivo para seus braços. Estava em transe, ainda sentindo todas as sensações daquele momento único. Nunca, nenhum homem havia me feito sentir tudo isso. Com Pedro tinha sido diferente, não senti tanto prazer. Marcus sabia exatamente o que cada movimento causava em meu corpo. Cada gesto, cada toque, gerava em mim sensações únicas, intensas, o que me deixou totalmente exposta e vulnerável a ele.

Ficamos ali por mais algumas horas.

— Helena, precisamos ir. Está bem tarde. Vou te levar em casa.

— Claro! Vamos.

— Você nunca mais estará sozinha. Eu vou cuidar de você a partir de agora.

"Por que não me sinto segura com ele? Por que o jeito como ele me olha me deixa com uma sensação estranha?".

Ele organizou as coisas e saímos em direção à casa de Lorena. Na porta ele me deu outro beijo.

— Amanhã passo aqui para te levar para a faculdade. Que horas você sai?

— Não precisa, Marcus. Eu vou de van.

— Van? Mulher minha não anda de van!

— Marcus, sério, para de bobeira. E não queremos que ninguém saiba por enquanto. Não acha que vai ficar estranho você me levando todo dia para a faculdade?

Ele franziu a testa, irritado.

— Ok, mas não quero você relando naquele Pedro.

— Marcus, já chega! Boa noite. E eu amei meu aniversário.

Saí do carro, irritada. "Quem ele pensa que é para me dar ordens?", pensei. Percebendo que havia perdido a briga, ele abriu o sorriso mais sedutor do mundo e me acompanhou até a porta.

— Claro, minha princesa. Foi tudo para você! Teremos muitos momentos como esse. Amanhã te ligo!

Entrei e fui direto para o quarto. Ao tomar banho, ainda sentindo minha região dolorida e inchada, percebi que nunca tinha feito algo assim antes — ficar com um desconhecido, mais velho, e no primeiro encontro me entregar dessa forma. Um medo percorreu meu corpo.

"Por que sinto isso? Por que ele me assusta e me faz o desejar ao mesmo tempo? Tanto mistério... Mas não posso negar que ele me deixa completamente fora de controle. E como ele transa bem, nossa! Agora sim, eu entendo as garotas da minha idade. Esse negócio é mesmo delicioso!". Com esses pensamentos confusos, acabei adormecendo.

"— Marcus, pare! Solte ele agora!

— Eu vou acabar com esse moleque. Quem ele pensa que é para encostar em você?

Marcus socava o rosto de Pedro, que não conseguia reagir. Sangue, muito sangue. Pedro estava desacordado...

— Pedro! Pedro! Pedro!".

Acordei assustada. Que sonho louco foi esse? Ainda eram 4h. Mas que merda! Sem conseguir dormir mais, levantei-me e tomei um banho na tentativa de tirar aquela cena sangrenta da minha mente. O olhar de Marcus era quase que de um animal feroz atacando sua presa e ele espancava o Pedro.

"Mas por que esse sonho? Será que Marcus é perigoso? Mas ele foi tão gentil comigo hoje. Preciso parar de ver as pessoas pelo fantasma do meu passado. Ele não é como os homens que minha mãe andava, né?".

Chego na faculdade e aproveitei o tempo antes da aula começar, para colocar minhas atividades em dia.

Mergulhei nos estudos, mas logo minha concentração foi interrompida pelo meu celular vibrando. Era uma mensagem de Marcus, um áudio:

'Oi, minha princesa. Bom dia! Estou com tanta saudade. Não vejo a hora de ver você. Como está? Dormiu bem? Já está na aula?'.

Fiquei paralisada com essa mensagem tão carinhosa. "Não, não, ele não é o monstro que vi no meu sonho. Como pode uma pessoa tão gentil e atenciosa fazer aquilo que sonhei? Devo dar uma chance a ele, sem pré-julgamentos, afinal, eu gostei de ficar com ele. Em uma noite ele já me ensinou tanta coisa". Respondi a mensagem:

'Oi, Marcus. Bom dia! Dormi bem sim e você? Estou na faculdade já'.

E logo ele respondeu em texto e trocamos algumas mensagens:

'Excelente. Aproveite mesmo. E mantenha o foco que logo você acaba essa faculdade. Estou indo para o escritório. Lorena volta amanhã e quero deixar tudo organizado'.

'Sim, ela comentou. Você fez um excelente trabalho esses dias'.

'Não teria conseguido sem você. Lembre-me de agradecer devidamente'.

(esta última frase veio com um ar desafiador).

'Ok, vou cobrar. Desculpe, mas, preciso ir para a aula agora. Te vejo logo'.

'Ótimo, minha princesa. Excelente aula!'.

'Excelente manhã pra você!'.

Joguei o telefone na bolsa, sorrindo feito uma adolescente. Como ele conseguia causar tanto efeito em mim com apenas algumas mensagens? Mas só de ouvir a voz grossa dele me senti quente e pronta para recebê-lo. Como isso era possível?

Coloquei minhas coisas na mochila e fui para a sala de aula.

— Oi, Lena! Bom dia! Pena que furamos ontem. Se quiser podemos estudar cálculo hoje.

— Oi, Pedro. Bom dia! Pois é, me deram um bolo de verdade! — respondi sorrindo. Ele se sentou ao meu lado como sempre.

— Topa ir lá em casa à noite estudar? Preciso de ajuda nessa matéria e eu sei que você sabe mais que esse professor.

— Posso ir sim. Às 19h?

— Está ótimo. Te espero lá.

E a aula começa. Letícia não foi por causa do mal-estar, ainda estava se recuperando. Após a aula, Pedro seguiu para seu estágio e eu para meu trabalho. Eu estaria mentindo se dissesse que não estava nervosa em ver Marcus novamente, afinal, estava tudo diferente entre nós.

Ao chegar no trabalho, meu coração batia tanto que estava quase saindo pela boca. Respirei três vezes devagar, tentando me acalmar, antes de entrar na sala, mas fui quase sequestrada no corredor pela Cátia.

— Helena de Deus, você precisa me ajudar!

— Oi, Cátia. O que aconteceu?

— Eu entreguei o relatório errado para o Sr. Marcus. Ele não viu ainda porque está em reunião com a diretoria, mas preciso deletar o e-mail da máquina dele.

— Cátia, você não pode fazer isso. O melhor a fazer é falar para ele que enviou o relatório errado e enviar o correto.

— Não! Você não entende. Ele não pode abrir o arquivo.

— Por quê?

— É um trabalho da faculdade! O que ele vai pensar?

Sem pensar, comecei a rir. Tadinha da Cátia!

— Para de rir e me ajuda, Helena!

— Calma, calma. Isso não é o fim do mundo. Ele é tranquilo. Vou com você conversar com ele e esclarecer tudo.

— O quê?

— Sim, você precisa aprender a lidar com isso, afinal, errar é humano. E como estagiária você pode fazer suas atividades da faculdade aqui nas horas vagas. Lorena mesmo liberou.

— Verdade!

— Venha comigo. Vamos esperá-lo na minha sala. Aproveito para te passar alguns documentos que preciso de ajuda.

Um pouco depois, Marcus entrou na sala. Cátia quase congelou na cadeira ao meu lado.

— Oi, Helena. Boa tarde. Olá, Cátia.

— Boa tarde, Sr. Marcus. Eu e Cátia precisamos esclarecer um ocorrido.

— Sim, claro! Sobre o relatório que veio errado? — ele falou tranquilamente, sentando-se em sua mesa.

Cátia quase chorou, precisava ajudá-la. Olhei para ela demonstrando confiança e fiz um sinal para ela se explicar.

— Bom, Sr. Marcus... Me desculpe. Na hora de enviar o e-mail eu confundi os arquivos. Helena está me ajudando a organizar as pastas para isso não acontecer mais. Por favor, me perdoa! Já enviamos o arquivo certo para seu e-mail.

— Relaxa, Cátia. Isso acontece. Só fique mais atenta, ok? Eu já recebi o relatório e está tudo certo. Obrigado, meninas. Preciso ir a mais uma reunião. Helena, cuida de tudo, por favor.

— Pode deixar.

Ele saiu e Cátia finalmente relaxou na cadeira.

— Nossa, foi bem mais tranquilo com você do meu lado. Obrigada, Helena.

— Imagina. Estou aqui para ajudar você a se tornar uma excelente profissional e bons profissionais assumem seus erros. A questão é aprender com eles, ok?

— Sim. Nunca mais farei isso. Agora entendi como organizar as pastas. Obrigada de verdade.

— Fique tranquila. Bom, você digitaliza esses documentos e salva na pasta do mês de maio, e pode arquivá-los.

— Perfeito! Obrigada mais uma vez, Helena!

Ela saiu sorrindo, deixando-me sorrindo também. Amava ver a evolução dela.

O restante do dia passou rápido — muito trabalho e Marcus ainda na sala de reunião. Quando vi já eram 18h. Como havia marcado de estudar com Pedro, precisava sair na hora. "Vou mandar uma mensagem para Marcus e pronto", pensei.

'Oi, sumido! Vou estudar para prova de amanhã. Deixei todos os relatórios prontos na sua mesa. O que precisar é só me ligar. Beijo e boa noite!'.

Pronto! Mensagem enviada, mochila, chave, tudo ok. E meu táxi já havia chegado. Em poucos minutos estava na casa de Pedro.

— Oi, Lena. Adivinha o que estou fazendo para nossa noite do pijama com cálculo?

— Hum... Pelo cheiro parece que está assando pizza congelada.

— Ah, você é muito esperta! Isso mesmo. Para estudar essa chatice só com a barriga cheia mesmo.

Ele sorriu e me levou para a sala do apartamento. Comemos e estudamos até umas 21h.

— Nossa, Helena, você precisa dar aula disso! Seu jeito de ensinar é muito mais simples. Estou pronto para a prova amanhã!

— Se tirar 10, quero presente.

— Eu poderia dar agora, mas você me evita há meses.

— Pedro, eu não quero voltar a falar disso. E você já está transando com metade das mulheres da faculdade.

— Eu entendo, mas nenhuma delas me faz sentir o que você me fez sentir um dia. Você sabe que ainda não sei se é isso que quero.

— Sei e eu já te disse o que devia fazer.

— Tenho medo disso, de ficar com outra cara, sei lá. Enfim, te contei sobre a inscrição que fiz no programa de intercâmbio?

— Não. Sério? Que incrível!

— Fiz. Será um ano na Inglaterra. Vamos ver se eu passo.

— Vai passar sim. Nossa! Está super tarde. Eu preciso ir.

— Quer que te leve em casa?

— Não precisa. Chamo um táxi e chego rapidinho.

Despedimo-nos com um abraço de urso que só Pedro sabia dar e fui para casa. Só então percebi que tinha ficado horas sem ver meu celular. Nossa, dez chamadas não atendidas. Do Marcus? Como assim? Quando comecei a ligar para ele, o táxi parou na porta da casa de Lorena, e logo reconheci um carro parado na esquina. Era Marcus.

Assim que me viu, ele saiu do carro. Pela cara, ele estava muito furioso.

— Afinal, onde você estava? Te liguei várias vezes!

— Oi para você também! Te mandei mensagem. Fui estudar para a prova de amanhã.

— Onde, posso saber?

— Que isso? Está me vigiando agora? Eu vou para onde eu quiser!

Os olhos dele se escureceram. Ele fechou os punhos e apertou a mandíbula, mantendo-se imóvel. Deu para perceber que ele estava pensando. E de repente, como se fosse mágica, ele abriu um sorriso doce e gentil.

— Desculpe minha explosão, minha princesa. Eu fiquei preocupado com você andando sozinha nessa cidade à noite. Quando for assim, me fale que eu te busco. É mais seguro. Tudo bem?

Ele me abraçou forte, ainda estava um pouco ofegante.

— Está tudo bem. Mas preciso entrar. Tenho prova no primeiro horário amanhã.

— Claro, isso é mais importante. Eu já vou. Posso só ter cinco minutos seus?

Ele me olhou com o olhar mais gentil do mundo e me convidou para entrar no carro. Como resistir a ele?

— Tá bom, rapidinho.

Ele sorriu e abriu a porta do carro para mim, entrando em seguida. Seguimos até um ponto mais afastado da rua, parando embaixo de uma árvore.

— Esperei o dia todo para ver você!

— Eu também. Só que hoje você ficou bem sobrecarregado.

— Foi mesmo. Mas agora estamos aqui.

Ele nem me esperou pensar e já começou a beijar meu pescoço forte, justo onde mais me deixa de pernas bambas. Percebendo o efeito que ele causou, ele avançou e continuou passando as mãos por todo meu corpo, desabotoando minha camisa e levantando minha saia.

— Marcus, estamos na rua!

— Eu sei. Isso deixa tudo mais excitante, não é?

— Você não está falando sério!

— Preciso te ensinar tanta coisa. Vem, vamos para o banco de trás.

Sem questionar mais, fiz o que ele mandou e em poucos instantes ele estava me possuindo por completo, ali mesmo, no banco de trás do seu carro. Novamente senti sensações incríveis por todo meu corpo. Então ele passou a ir mais rápido, mais intenso e mais forte. Não conseguia pensar, raciocinar, nada. A única coisa que conseguia fazer era sentir. Sentir ele dentro de mim, sentir seus beijos fortes e ardentes em meu corpo e suas mãos puxando meu cabelo.

— Você é minha! Toda minha. Repete para mim! — ele disse, olhando-me nos olhos, seus olhos escuros de desejo, luxúria e dominância.

— Eu... Eu... sou toda sua, toda!

— Isso, boa menina! Gostosa!

Ele continuou cada vez mais forte até chegar ao clímax. Fiquei ali parada por alguns instantes, tentando assimilar a sensação. Era forte, excitante, o que sentia por ele nessa hora era quase uma submissão. Ele fazia o que queria e como queria comigo, e isso me assustou.

Marcus me olhou satisfeito, mordendo o lábio inferior com desejo.

— Sua sorte é que preciso te levar de volta, senão ia fazer isso a noite toda com você.

— Nossa! A noite toda, é? Preciso aprender a dar conta de tudo isso por tanto tempo!

Ele sorri, feliz por perceber que ele era o único até então a me fazer sentir tanto prazer. Vestimo-nos e voltamos para a casa de Lorena. Ele se despediu com um beijo intenso.

— Te vejo amanhã!

No dia seguinte, dia de prova, fui cedo para a faculdade, ainda com os pensamentos da noite passada na cabeça. Eu e Pedro nos saímos bem na prova. As questões foram exatamente as que estudamos, então foi fácil.

— Nossa, caiu tudo o que você me ensinou ontem! Graças à Helena!

— Viu só? Repito, se sua nota for 10, quero um presente.

— Pode deixar!

Saindo no portão da faculdade, com Pedro abraçado a mim e Letícia, avisto de longe uma figura familiar. Marcus? Ele olhava fixo para mim e Pedro, e na mesma hora aquele pesadelo horrível voltou a minha mente: ele batendo forte em Pedro e muito sangue.

— Gente, esqueci... Hoje vamos buscar Lorena no aeroporto. Meu chefe está ali. Vou indo. Beijo e nos falamos mais tarde!

Sem dar tempo para que eles falassem algo, saí andando rápido em direção a Marcus, que estava lá, parado do outro lado da rua, com uma cara séria.

— Oi. Marcus. Não sabia que vinha aqui!

— Eu percebi. Estava relando naquele Pedro! Acha que eu sou idiota?

Percebendo que ele estava aumentando o tom de voz e seus olhos estavam dilatados e escuros de raiva, entendi que precisava afastá-lo dali antes que todos começassem a comentar ou algo pior acontecesse.

— Podemos conversar no carro? Estamos na porta da faculdade. Alguém pode nos ouvir.

Ele olhou ao redor e assentiu com a cabeça, saindo na frente, pisando forte. Marcus entrou no carro sem abrir a porta para mim dessa vez. Dava para sentir a tensão no ar. Assim que entrei no carro ele saiu cantando pneus, andando até ficarmos distantes de todos. Encostando o carro em uma rua vazia, Marcus pegou meu pulso, apertando-o forte.

— Eu vi, Helena. Eu vi. Esse moleque está comendo você? É isso?

— O quê? O que pensa que está fazendo? Me solta! Está me machucando.

Mas ele não soltou, e com a outra mão puxou meu rosto de forma rude, fazendo-me olhar para ele. Não o reconheci. Ele estava nervoso. Realmente nervoso.

— Olhe para mim! Estou falando com você. Está trepando com esse merdinha?

— Marcus, está me assustando!

Ele parou e me soltou. Percebendo que tinha passado dos limites, abaixou o olhar.

— Me perdoa, Helena! Eu... eu perdi o controle ao ver aquele, aquele, aquele... moleque abraçando você.

Ainda assustada e com o pulso doendo, falei quase gritando:

— Pedro é meu amigo e está na minha vida muito antes de você! Não, não estou "trepando" com ele, muito menos sou um pedaço de carne para ser "comida" por alguém! Isso é inadmissível! Não aceito ser tratada assim! Acabou, chega, não quero mais nada com você!

Tentei abrir a porta do carro e ele rapidamente a travou e me prendeu com seu corpo.

— Me desculpa, por favor, me perdoa! Eu fui um cretino! Não machucaria você nunca. Só perdi a cabeça. E se você percebe como isso me afeta, por que ainda faz?

— Porque o problema está em você e não em mim!

Ele me olhou atônito. Parece que ninguém nunca o havia enfrentado antes, muito menos uma mulher mais jovem. Esse homem devia ter tudo o que queria e quando queria, e não sabia perder.

— Me deixe ir agora, Marcus! Não quero ficar com você agora. Estou realmente irritada e não quero continuar essa conversa sem sentido.

— Por favor, me deixe explicar!

— Explicar o quê? Eu não sou seu brinquedinho, não sou sua propriedade e, afinal de contas, não temos nada definido ainda, ok?

— Helena! Eu... eu... sei Helena, você é única, diferente de todas as outras. Sei que só ficamos juntos duas vezes, mas para mim, você já é minha... minha...

— Minha o quê? Amante? Assistente? Você é todo cheio de segredos e mistérios, eu não conheço você! E depois dessa cena, percebo que não faço ideia de quem você é! Então me deixe ir agora!

— Não. Não antes de me ouvir.

Sem paciência, cruzei os braços e olhei diretamente nos olhos dele.

— Que merda! Você não sabe ouvir um não?

Inquieto, ele percebeu o que tinha feito e que eu não havia aceitado.

— Ok, eu tenho muita dificuldade em confiar! Isso é um desafio para mim e ver você ali, abraçada com outro homem... Nossa, sou humano, homem, não consegui me controlar.

— Por quê?

— Por que o quê?

— Por que tem dificuldade em confiar?

— Por muitos motivos. E eu fiquei com ciúmes, ok?

— Viu só! Eu que tenho motivos para desconfiar. Não sei nada sobre você, que não responde nenhuma das minhas perguntas e muda de humor a cada segundo. Eu não sei quem é você, muito menos se posso confiar em você. E agora, sinceramente, eu estou com medo, um medo que não sentia há muito tempo. Não quero isso na minha vida.

— Helena! Me perdoa! Eu vou te contar tudo sobre mim com o tempo e....

Sem dar espaço para ele continuar, destravei a porta e saí do carro. Para minha sorte, logo passou um táxi, no qual entrei sem raciocinar. Tentando me acalmar, respirei forte. "Por que minha vida é uma montanha-russa? Quando acho que as coisas vão ficar boas, tudo desmorona em segundos!".

— Para onde vamos, senhorita?

— Oi? Quê?

O motorista olhou para mim preocupado. Ele viu as lágrimas em meus olhos e a forma como massageava meu pulso dolorido. Era um homem com cerca de 50 anos, alto, com cabelo grisalho e um olhar doce e gentil.

— Você está bem?

— Sim... Estou. Desculpe. Pode ir direto. Aviso quando for para virar.

— Ok, senhorita.

Sem raciocinar, eu fui para a casa da minha avó. Quando chegamos, o motorista viu o valor, ficou meio sem graça, olhou-me e disse:

— Eu estou vendo que aconteceu alguma coisa, então não vou cobrar, está bem?

— Imagina. Eu tenho dinheiro. E faço questão, pois é seu trabalho. Eu nem percebi que estava vindo para cá.

Peguei o cartão e paguei. Antes de sair do carro, ele me chamou e falou:

— Senhorita?

— Oi...

— Eu não pude deixar de notar que estava com um homem antes de entrar no táxi e que ficou massageando seu pulso, que está bem vermelho. Sei que não devia me meter, mas quer um conselho? Se ele te assustou uma vez é porque é melhor ir embora. Homens assim sempre voltam a assustar mulheres como você. Pegue.

Ele me entregou um cartão com o telefone dele.

— Me ligue se precisar de qualquer coisa. Te busco a qualquer hora. Pode confiar em mim.

— Obrigada!

E entrei na casa da vovó ainda tentando assimilar o que o motorista do táxi dissera. "Homens assim sempre voltam a assustar mulheres como você". O que será que ele quis dizer com isso?". Sem pensar muito, guardei o cartão dele na minha carteira e subi para o apartamento da vovó. Ainda na escada, já senti cheiro de bolo com café. Que saudade desse cheiro! Bati na porta e assim que minha vó abriu, todas as lágrimas que eu estava segurando rolaram pelo meu rosto.

— Ô, minha filha... O que aconteceu?

— Vovó!

Ela me abraçou e me levou para dentro, sentando-se comigo no sofá.

— O que aconteceu? Por que está aqui a esta hora? Alguém te machucou, minha filha?

— Vovó, eu estou totalmente perdida.

Contei tudo que havia acontecido e ela, como sempre, escutou-me com amor. Ela me abraçou forte. Como me sentia segura em seus braços.

— Minha filha, olhe para mim.

Eu olhei, com os olhos cheios de lágrimas.

— Primeiro, Lorena não sabe que está aqui. Mande uma mensagem para ela. Fale que eu pedi que viesse para me acompanhar ao médico. Tranquilize-a.

Rapidamente, peguei o celular e enviei uma mensagem para Lorena.

— Pronto. Agora, minha filha... Pelo que me disse, esse Marcus gosta muito de você.

— Mas, vovó, ele é explosivo demais.

— Isso é medo, minha filha, insegurança. Muitos homens são assim. Você é mais nova, linda, inteligente. Ele está inseguro. Pensa, ele é um homem bem-sucedido, mais velho, pode te oferecer muito mais do que esse Pedro. E ele não foi além, ele viu que assustou você e parou. Homens maus nunca param, minha filha.

— Pedro é meu amigo, vó! Só isso.

— Eu sei. Você sabe, mas Marcus não. Vocês acabaram de se conhecer. Você precisa conquistar a confiança dele.

Pensando assim, minha vó estava certa. Mas por que algo em mim me mandava ficar longe dele? Será que devia seguir os conselhos da minha vó? Ou será que devia ouvir minha intuição?

— Vovó, não sei... Tenho medo de me machucar.

— Eu sei, filha. Você já conviveu com homens ruins, mas não permita que seu passado afete seu presente e seu futuro, ok? Agora vem tomar café!

E seguimos para cozinha. Vovó me serviu uma broa de fubá com queijo quentinha e uma xícara de café. E quando fui dar a primeira mordida no bolo, meu telefone vibrou. Era uma mensagem de Lorena.

> 'Oi, Lena. Fica tranquila. Dorme aí hoje, cuida da sua vó. Estou na empresa, e eu e Marcus vamos cuidar de tudo. Já avisei a ele onde você está'.

"Droga! Agora ele sabe que estou aqui".

— Vovó, posso dormir aqui hoje?

— Claro, minha filha! Seu quarto está sempre pronto para você.

Passei o restante da tarde ajudando a vovó com as tarefas da casa e conversando. Estava com saudades dela. Após o jantar, tomei um banho e me deitei na minha antiga cama. Peguei o telefone e vi que tinha uma mensagem de Marcus.

'Helena, eu estou arrasado. Não consegui parar de pensar um momento em você e em como te machuquei. Estou muito arrependido. Sei que não quer me ver. Só quero que saiba que vou respeitar sua vontade, não vou insistir. Se você não quiser mesmo ficar comigo, vou entender. Mas, por favor, volte para casa! Não quero ser o responsável por destruir seu futuro. Volte, por favor, e me perdoe. Estou aqui se quiser conversar'.

Li a mensagem mais uma vez e desliguei o telefone. Ainda não estava pronta para conversar com ele.

Acabei pegando no sono. Estava realmente cansada.

CAPÍTULO 11

Nunca subestime sua intuição!

Acordei com o cheirinho de café e de pão de queijo. Que saudade desse aroma da casa da vovó!

Infelizmente, precisava voltar, não podia fugir do problema para sempre. Levantei-me, coloquei uma roupa antiga e fui para a cozinha.

— Oi, vovó. Que aroma delicioso!

— Venha tomar café, minha querida!

Tomamos café e eu chamei um táxi.

— Preciso voltar, vovó.

— Sim, precisa. Dá uma chance para ele, minha filha. Quem sabe ele não é seu grande amor? Um homem mais velho e rico pode te dar muitas possibilidades na vida.

— Vou pensar. "Eu nem ligo para isso, hoje já ganho muito, o que me faz pensar é o que ele me faz sentir, mas minha vó ainda avalia muito essa questão financeira'.

Dei um beijo na testa dela e desci. Chegando à casa de Lorena, encontrei ela e Lorenzo tomando café na cozinha.

— Oi, Lena. Como sua vó está?

Ela me abraçou forte, quase chorei de novo, mas consegui segurar.

— Ela está melhor. Foi só um susto.

Odeio mentir, ainda mais para Lorena, mas como contar para ela o que havia acontecido? Lorenzo também se levantou e me abraçou forte.

— Vai descansar. Está de folga hoje.

— Imagina, Lorena. Eu vou para o trabalho sim. Já faltei ontem.

— Você está ficando igual a mim. Bom, tudo bem. Vai se trocar e vamos juntas.

Fui para o meu quarto, tomei banho e me troquei. Coloquei uma calça preta de tecido fino e cintura alta, salto alto e uma camisa de botão cor-de-rosa. Precisava me sentir elegante ao menos.

Seguimos juntas para empresa e a cada minuto mais perto dela, meu coração ia congelando de nervoso. Como seria ver Marcus?

— Pronto, chegamos. Helena, pede para Marcus ir até a minha sala. Preciso conversar com vocês dois.

Olhei para Lorena assustada. O que será que ela queria dizer? Será que ela tinha descoberto que eu e Marcus havíamos ficado juntos? Engolindo seco, fiz que sim com a cabeça. Antes de chegar até a sala, Cátia me encontrou no corredor e me parou.

— Helena, como você está? Senti sua falta ontem. O Sr. Marcus estava mudo e só disse que você precisou resolver um assunto particular. O que houve?

— Estou bem. Minha vó precisou de uma ajuda. Não foi nada sério.

— Ah, que bom! Se precisar de algo, me chama.

Ela me abraçou e, então, segui para meu grande desafio do dia: enfrentar o Marcus. Entrei devagar na sala. Ele estava no telefone e levantou os olhos em minha direção. "Estão inchados. Será que ele chorou?".

Sentei em minha mesa, liguei meu computador e esperei-o desligar o telefone para dar o recado de Lorena. Quando ele desligou, dei o recado de forma fria.

— Marcus, a Lorena pediu para irmos até a sala dela.

Ele assentiu com a cabeça e se levantou. Seguimos em um silêncio profundo até a sala de Lorena.

— Ótimo! Entrem, por favor.

Sentamos lado a lado, com certa distância. Ele estava distante, calado, e parecia triste, mas manteve a postura profissional. Estava de terno cinza-escuro, lindo como sempre. Por que ainda me sentia tão atraída por um homem que quase havia me machucado?

— Helena disse que você queria nos ver.

— Sim, preciso de vocês.

— Claro! Diga, Lorena!

— Então... Vamos abrir uma unidade em Maceió.

— Ótimo! Lá é uma cidade em grande expansão.

— Sim, Marcus. Só que, infelizmente, eu não posso ficar lá por causa do Bernardo. Preciso de pessoas de confiança durante todo o processo de implementação e de abertura.

Olhando para nós dois com entusiasmo, Lorena continua:

— Gostaria que vocês dois fizessem isso, que fossem os responsáveis pelo processo de implementação e de abertura da nossa nova filial. Sei que é um pedido delicado. Ficariam lá por aproximadamente um ano e, depois, precisam escolher os funcionários e os gerentes para tocar o lugar quando voltarem.

— Lorena, mas ainda faltam três anos para eu me formar.

— Eu sei, Helena, mas Marcus precisa de suporte e você é a pessoa em quem mais confio. Já olhei tudo. Você pode continuar o curso na modalidade virtual. Suas notas são excelentes, já fez o estágio e possui mais horas que precisam de módulos complementares. Segundo o reitor, consegue se formar antes dos três anos.

Não sei porque ainda me surpreendia com Lorena. Ela estava sempre à frente.

— Quando seria a mudança, Lorena?

Marcus perguntou, frio e impassível.

— O quanto antes.

— Mas, Lorena... E a minha família?

— Helena está certa, Lorena. Ela tem muito a perder se mudando. Eu vou e ela me dá o suporte daqui.

— Mas, Marcus, é muita coisa!

— Eu sei, Lorena. Mas eu consigo. Conta comigo.

Fiquei muda, Lorena me olha desapontada.

— Ok, Helena. Promete que vai pensar?

— Sim, eu prometo.

— Tudo bem. Pode ir. Marcus, você fica, por favor.

Saí da sala ainda tentando processar tudo. Eu me mudar para outra cidade com o Marcus? Sem chance! Ainda mais depois de tudo que havia acontecido entre nós.

Depois de algumas horas, ele voltou para nossa sala e trancou a porta.

— Helena, precisamos conversar!

— Não temos nada a dizer.

— Eu tenho.

Olhei para ele enfurecida. Estava realmente chateada com ele.

— Pedi a Lorena para ir já na próxima semana. Sei que está chateada e não quero atrapalhar mais sua vida.

Por essa eu não esperava. Estava chateada, mas ainda o desejava.

— Você não está atrapalhando nada.

— Sim, estou. Você nunca faltou ao trabalho e à faculdade. Fez isso porque eu a machuquei e me sinto péssimo por isso.

Suas pupilas dilataram um pouco e ele se manteve afastado.

— Eu sei que assustei você, sei que fui um cretino, mas quero que saiba que eu realmente estou apaixonado por você. Se decidir me dar uma chance, estarei esperando você.

Ele destrancou a porta e saiu da sala, deixando-me lá, imersa em meus pensamentos. "Será que devo mesmo dar uma chance a ele e me mudar para Maceió, como vovó orientou?".

O restante do dia passou sem que Marcus voltasse para a sala. Lorena bateu na porta.

— Vamos? Já são 19h.

— Sim, vamos.

— Liberei Marcus para ajeitar a mudança. Conseguimos um voo para segunda-feira cedo. Você não quer mesmo tentar ir?

— Lorena, eu não quero, mas se você insistir eu vou por você.

— Jamais faria isso com você. Se não quer ir, eu entendo.

— Mas vai atrapalhar a implantação da unidade.

— Hum... É... Que tal se você for lá a cada 15 dias para ajudar Marcus?

— A cada 15 dias?

— Ou uma vez por mês. Tenho certeza de que seus professores deixam você entregar as atividades antes se eu conversar lá.

— Uma vez por mês melhora.

— Então, combinado! Vou avisar o Marcus. Você vai mensalmente e fica lá durante uma semana. Vou alugar um apartamento para ele. Pego um com dois quartos para quando você for ficar devidamente instalada.

Ficar no mesmo apartamento que Marcus podia ser bom e ruim ao mesmo tempo. Porém, ao menos era só uma vez por mês.

O fim de semana passou tranquilo, apesar de não parar de pensar em Marcus. Ele cumpriu mesmo o que disse, não ligou e não mandou nenhuma mensagem. Minha mão coçava para escrever ou ligar para ele, meu corpo ansiava pelo toque dele.

Até que domingo, por volta das 21h, meu telefone tocou. Era Marcus.

— Oi, Marcus.

— Oi, Helena. Desculpe ligar. Sei que prometi, mas não consegui parar de pensar em você. E como vou embora amanhã queria me despedir.

— Lorena não te contou?

— O quê?

— Vou ir mensalmente para auxiliar na implantação.

— Sério?

— Sim.

— Mas você quer fazer isso? Porque eu posso falar com ela.

— Sim.

— Então...

— Então quer dizer que perdoei você.

— Nossa! Sério, minha princesa? Posso ir aí agora?

— Calma, eu perdoei, só isso. Ainda estou chateada.

Ele suspirou do outro lado da linha.

— Entendo. Então, ainda não posso ver você?

— Por mais que eu também queira, acho melhor nos vermos só quando eu for para Maceió.

— E quando vai?

— Lorena está resolvendo.

Dava para sentir a alegria dele em sua voz.

— Quando estiver indo, me avisa?

— Claro, aviso sim.

— Obrigado por essa chance. Nunca mais vou decepcionar você.

— Assim espero. Boa viagem, Marcus.

— Obrigado, meu anjo!

Meu coração se aqueceu ao ouvir a voz dele, no entanto, quase no mesmo momento, a cena de seus olhos enfurecidos e ele segurando meu pulso volta para a minha mente. "Preciso ser cautelosa com esse homem", pensei.

As três semanas seguintes passaram rápido. Lorena resolveu tudo com o reitor. Peguei todos os trabalhos, fiz antes do prazo e entreguei. Ficaria uma semana em Maceió com Marcus e assim seria todos os meses.

— Eu bem que queria ter um emprego desse que me mandasse para a praia todo mês!

— Lê, eu estou indo trabalhar e não para a praia.

— Ainda bem que você é uma nerd e nem precisa se preocupar com a faculdade. Já passou em tudo.

— Obrigada, Pedro, mas preciso manter o foco nos estudos sim. E o intercâmbio?

— Sai hoje a resposta. Já pensou! Vocês vão sobreviver um ano sem mim?

Eu e Letícia começamos a rir, dando de ombros para Pedro, que riu também.

— Vou sentir sua falta, confesso!

— Eu sei, Lena. Eu também. Mas temos a internet e vamos nos falar sempre. Isso se eu conseguir a bolsa.

— Você vai conseguir.

— E que dia você viaja, Lena?

— Amanhã, Lê. Meu voo é às 9h.

— Manda notícias, viu?

— Pode deixar.

Demos um abraço triplo. Ia sentir saudades disso.

Organizei tudo na empresa, dando as últimas orientações para Cátia. Já a caminho de casa com Lorena, que me passou todos os detalhes do trabalho que devia fazer em Maceió, meu telefone vibrou. Era uma mensagem de Marcus. Continuamos a trocar de mensagens durante essas semanas, ele estava carinhoso e arrependido.

'Oi, minha princesa. Amanhã te encontro no aeroporto. Não vejo a hora!'.

'Obrigada, Marcus. Devo chegar um pouco antes do almoço'.

'Perfeito! Estarei lá'.

Não conseguia dormir de ansiedade. Fazia poucas semanas que tudo havia acontecido e sentia saudade e receio dele ao mesmo tempo. Estava muito confusa, nunca tinha me sentido tão perdida.

Perto de 1h meu telefone vibrou. Era uma mensagem de Pedro. A essa hora?

'Lena, eu passei! Passei! Vou para Inglaterra no próximo semestre! Tenho que resolver tudo nesses meses que faltam, passaporte e tudo, mas passei! Precisava te contar. Você faz parte disso. Obrigado por tudo!'.

'Uau! Parabéns, amigo! Você merece tudo. Vou te visitar lá, hein!'.

'Claro que vai. Nossa, nem acredito!'.

'Você merece. É uma oportunidade incrível para você'.

'Obrigado mesmo. Bom, vou dormir. Boa noite, Lena. Boa viagem! Avisa quando chegar'.

'Boa noite'.

Ele merecia. E eu sentiria saudades dele.

O cansaço finalmente venceu e eu dormi.

Logo cedo, Lorenzo já estava pronto para me levar ao aeroporto. Chegando lá ele me abraçou forte, aquele abraço que me traz segurança e proteção.

Entrei no avião rumo a meu novo desafio: ficar uma semana sozinha com Marcus. O voo foi tranquilo, cheguei na hora marcada ao destino. Marcus já estava me esperando na área de desembarque. Quando me viu, abriu um sorriso encantador. Como ele podia estar ainda mais bonito? Estava bronzeado, vestia uma camisa social branca e calça preta; não estava de terno e gravata como sempre.

— Oi, minha princesa. Que saudade! Nossa!

Ele me abraçou forte e eu, sem pensar, retribuí. Estava com saudades dele também.

— Oi, Marcus. É bom ver você!

— Venha, o carro está esperando você. Deve estar cansada e com fome.

— Acertou! Estou com muita fome mesmo.

Seguimos até o carro. A energia era outra, ele estava feliz e leve. Seus olhos estavam doces e cheios de esperança. Nem parecia o mesmo Marcus que segurou o meu pulso com força.

Chegando ao apartamento, localizado no centro da cidade em um prédio luxuoso, subimos até a cobertura, Marcus abriu a porta para que eu pudesse entrar.

— Venha, vou mostrar seu quarto.

O apartamento era lindo. Lorena, como sempre, não mediu esforços para nos deixar confortáveis. Uma varanda espaçosa, um sofá enorme e convidativo, com TV na sala, uma grande mesa de jantar com arranjo de flores. Marcus, carregando minhas malas, levou-me até meu quarto.

— Eu estou no quarto de casal, mas se preferir eu troco com você.

— Imagina. Este está perfeito. É enorme!

— Lorena é sempre incrível, não é?

— Verdade.

— Bom, enquanto você se acomoda, vou preparar nosso almoço.

— Obrigada. Já vou ajudar você.

— Não precisa. Eu adoro cozinhar. Fique o tempo que precisar.

Ele saiu e foi para a cozinha. Eu nem sabia que ele cozinhava. O que mais eu não sabia sobre ele?

Tomei um banho demorado para relaxar e coloquei um vestido florido de alcinha. A cidade era realmente quente. O apartamento todo estava preenchido por um delicioso aroma.

— Hum... Que cheiro delicioso! O que é? — falei, aproximando-me da cozinha.

— Bife, batata frita, arroz, salada e suco de laranja. Gosta?

— E quem não gosta?

Ele sorriu satisfeito e me entregou um prato pronto. Comemos em silêncio, mas o silêncio era confortável. Ele me olhou às vezes, um olhar curioso e amoroso ao mesmo tempo.

— Estava gostoso?

— Sim, muito. Você é mesmo um excelente cozinheiro.

— Vou arrumar aqui e se quiser podemos trabalhar um pouco à tarde. Preciso te passar como está o projeto.

— Claro. Vamos arrumar aqui juntos? Em dois acabamos rapidinho.

Ele concordou. Ele lavou tudo e eu sequei e limpei o fogão. Então nos sentamos no sofá e Marcus pegou o notebook.

— Avisei a Lorena que você chegou bem.

— Nossa, esqueci completamente de avisar. Vou avisar a vovó também.

Aproveitei e mandei mensagem para Pedro e Letícia.

— Bom, esse é o projeto. Já contratei a equipe de obras para a reforma do galpão e já comecei a seleção das equipes administrativa e de limpeza.

— Perfeito. Como posso ajudar?

Ele olhou nos meus olhos e se aproximou de mim no sofá.

— Helena?

— Oi...

— Ainda está chateada comigo?

— Marcus, eu...

Ele me beijou, sem me dar tempo para responder, muito menos pensar. Como sempre é com ele, entreguei-me por completo. Era um beijo intenso, forte, cheio de desejo, saudade, paixão e dominância. Rapidamente, ele se deitou sobre mim no sofá, afastando o notebook. Uma mão acariciava minhas pernas e a outra meu seio direito. Um forte calor subiu pelas minhas pernas, e quando estava quase permitindo que ele continuasse, lembrei dele no carro gritando e segurando meu pulso.

Empurrei-o de cima de mim.

— Chega!

— Helena... Eu... Me desculpe. Achei que você também queria — ele falou, olhando-me desapontado. Eu via a ereção dele, ele estava pronto para continuar.

— Sim, mas ainda...

— Está chateada comigo?

— Não sei se posso confiar em você. Tenho medo, Marcus!

— Medo de mim? Eu nunca vou machucar você!

— Medo de me entregar para você e sofrer. Você me assustou mesmo aquele dia.

— Eu sei. Quero conquistar sua confiança novamente. Me deixa tentar?

Olhei para ele, aquele homem violento parecia não existir mais. Será que a vovó estava certa?

— Tudo bem. Vamos tentar.

— Isso! Obrigado, meu anjo!

— Mas é sua única chance.

— E eu não vou desperdiçá-la

— Perfeito! Bom, precisamos trabalhar.

Ele assentiu com a cabeça e pegou o notebook, mostrando-me tudo que ainda precisava ser feito. Trabalhamos até por volta de 18h.

— Helena, vamos encerrar por hoje? Deve estar cansada. E quero te levar a um lugar.

— Onde?

— Um restaurante. Sei que não pode comer frutos do mar, mas esse lugar tem ótimas opções de massas.

— Hum... Massa! Já quero!

— Ótimo! Vou tomar um banho. Faça o mesmo e saímos em 30 minutos.

— Claro.

Fui para meu quarto, tomei um banho e coloquei um vestido mais elegante, de tecido leve, na cor azul-marinho, que marcava cada curva do meu corpo. Coloquei o colar que ele me deu de presente no meu aniversário. Ele ia gostar de ver que eu o guardara e o estava usando.

Quando saí do quarto, Marcus me olhou da cabeça aos pés. Sinto-me quase despida com o olhar dele, tão intenso e provocativo.

— Nossa, Helena... Assim você me quebra!

— Por quê?

— Está muito gostosa com essa roupa. E está usando o presente que te dei. Ficou maravilhoso em você, exatamente como eu pensei.

Meu rosto corou e minha calcinha molhou imediatamente. Ele mexia muito comigo de uma forma que não era normal!

— Vou tentar me controlar por você. Vamos?

Ele pegou minha mão e saímos.

Marcus chamou um táxi e em poucos minutos entramos em um belo restaurante. Sentamo-nos e logo vi uma banda ao fundo, que tocava uma bossa nova deliciosa de ouvir, deixando o momento ainda mais romântico.

— Hoje quero te ensinar a tomar um bom vinho.

— Sério? Nunca bebi vinho. Nem sei como escolher.

— Eu imaginei isso. Como disse antes, vou te ensinar muitas coisas, minha princesa.

Ele pediu a cartela de vinhos e de massas e me ensinou como escolher o sabor do vinho de acordo com o prato e a carne.

Ele escolheu um vinho tinto mais suave.

— Como é sua primeira vez, melhor começar leve.

Quando o vinho chegou, ele me mostrou como sentir o aroma e beber apreciando aquela deliciosa bebida.

— Isso é muito gostoso.

— Demais, não é? Sabia que ia gostar!

— Muito. Adorei a textura, o sabor, o aroma!

Ele me devorou com os olhos enquanto eu bebia o vinho.

— Quer experimentar outra coisa? — ele me perguntou ainda mais provocativo.

— O que está tentando insinuar?

Marcus foi para baixo da mesa, aproximou-se de mim e começou a acariciar minhas pernas, subindo o meu vestido.

— Marcus! Você ficou maluco? Estamos num restaurante!

— Ninguém consegue me ver aqui — ele falou, apontando para a grande toalha de mesa que, realmente, tampava tudo, inclusive ele!

E continuou subindo as mãos pelas minhas pernas e começou a beijar minha virilha, e, então, entre as minhas pernas. Uma explosão de sensações começou a dominar meus sentidos por completo — medo de ser descoberta, prazer, tesão, tudo junto — enquanto ele beijava intensamente meus grandes lábios e toda minha região com intensidade, também sugando e lambendo, e tive que segurar o gemido quando cheguei ao clímax.

Satisfeito com o resultado, ele voltou para seu lugar como se nada tivesse acontecido, poucos minutos antes de o garçom chegar com os pratos. Ainda tentando me recompor do que tinha acabado de acontecer, olhei para ele, que estava com um sorriso indecente nos lábios.

— Você precisa aprender a viver intensamente, minha princesa. Serei seu professor nisso.

— Você é completamente maluco, sabia? Eu nem sei mais onde estou agora!

Ele sorriu gostosamente. Terminamos o jantar e fomos caminhar na orla da praia.

— Vamos sentar aqui um pouco? Adoro ver o céu à noite!

Sentamo-nos de frente para o mar, na areia.

— Nossa! Como eu amo o mar!

— Já tinha visto o mar antes?

Bom, se eu contar que minha primeira vez na praia foi com Pedro e Letícia e que foi lá que eu perdi minha virgindade com Pedro, ele provavelmente vai surtar.

— Faz muito tempo. Esse aqui é muito mais lindo. Quero vir de dia para entrar nessa água.

— Podemos vir amanhã. Uma fugida rápida.

— Eu topo!

Ele segurou minha mão, entrelaçando os dedos nos meus, e me beijou de modo suave, apaixonado e longo, que, para mim, queria dizer: "Eu quero ficar para sempre com você".

Depois de um tempo, ele chamou o táxi e voltamos para o apartamento. No elevador, ele me olhou como um predador. Era incrível como ele mudava rapidamente. Uma hora era o homem mais gentil do mundo, na outra o mais irritado e, depois, o homem mais dominante que já conheci.

Ele me puxou forte, colando meu corpo ao dele, e me beijou intensamente nos lábios, passeando suas mãos por todo meu corpo. Perdia completamente meus sentidos quando ele fazia isso. Mais uma vez, ele estava me dominando.

Enfim, o elevador parou no nosso andar. Com os nossos lábios ainda grudados, ele abriu a porta e, sem parar o que estávamos fazendo, entramos no apartamento.

Marcus me colocou em cima da mesa de jantar da sala, puxando ferozmente meu vestido para cima, tirando minha calcinha tão rápido que nem consegui ver. Em menos de dois minutos ele estava dentro de mim, de maneira forte e intensa, com movimentos rápidos, quase urgentes. Senti um pouco de dor, mas com ele não adiantava falar nada.

— Você me provocou demais hoje. Agora vai ter que pagar por isso! — ele falou entre os dentes, ofegante, olhando para meus olhos com um olhar feroz, forte e devorador, puxando meu cabelo para trás, mordendo meu pescoço.

Só conseguia gemer. Estava doloroso e delicioso ao mesmo tempo, tudo demais para eu conseguir formar alguma frase. Em pouquíssimo tempo cheguei ao clímax, enrijecendo todo o meu corpo e agarrando forte as costas musculosas dele.

— Sério? Já? Eu só comecei, minha princesa!

Ele me virou de costas, penetrando ainda mais fundo em mim, agarrando minhas nádegas com vontade, dando alguns tapas, que arderam e me deixaram na dúvida se gostava ou não disso.

— Nossa! Marcus!

— Eu disse que você ia pagar!

E ele não parava. Então puxou meu cabelo um pouco mais forte, que chegou até a doer um pouco, fazendo-me olhar para ele e beijando meus lábios ferozmente.

Eu nem sei quantas vezes cheguei ao clímax essa noite. Só sei que ele continuou por mais algum tempo até que, com um grito forte, ele também chegou em seu limite e me soltou.

Então ele me virou para ele, e sem me dar tempo para raciocinar, ele me carregou para o quarto dele, deitando-me na cama.

— Helena, você é a mulher mais deliciosa que eu já provei!

Não consegui pensar em uma resposta para isso. E gostava e não gostava quando ele falava assim. Sentia-me um pouco usada, não sei.

Marcus me olhou nos olhos e beijou meus lábios, deitando-se ao meu lado na cama.

— Estou tão feliz de ter você aqui.

— Eu também, Marcus.

E dormimos assim, com suor pelo corpo cansado após uma noite de completa ousadia e luxúria.

E seguimos com esse relacionamento intenso e indefinido por semanas, meses, até que se tornaram anos. Com ele me sentia totalmente perdida e salva ao mesmo tempo. Perdida de mim mesma, como se ele tivesse me roubado de mim, tornando-me cada vez mais quem ele queria que eu fosse, moldada à sua maneira e à sua vontade. Ele sabia que me dominava, que eu era dele e que eu faria o que ele quisesse para não o perder. Eu me sentia salva do mundo vazio em que sempre vivi, era como se toda a dor que eu sentia por ser quem eu era fosse calada com seu beijo, com seu toque. Como se o mundo que ele me deu fosse maior, diferente, cheio de novidades, prazer, luxúria, intensidade e perigo, tudo ao mesmo tempo. Nosso relacionamento era baseado no instinto, no desejo e na completa dominação dele sobre mim.

Passei a ir a cada 15 dias para Maceió. Eu e Marcus já estávamos juntos há dois anos e até então ninguém sabia de nada.

Assim como Lorena dissera, formei-me no início deste ano, antes do restante da turma, porque já tinha notas suficientes. Pedro acabou se mudando definitivamente para a Inglaterra. Há seis meses, em uma chamada de vídeo, ele me contou que finalmente tinha se encontrado.

— Lena, você estava certa!

— Eu sempre estou certa, Pedro. Mas sobre o que está falando agora? — falei, com uma expressão convencida e divertida, cruzando os braços. Ele riu, um pouco sem graça, e continuou:

— Eu fiquei com meu colega de quarto.

— Sérioooooo? Me conta tudo! Como foi?

— Eu me senti, como posso explicar, livre, muito livre!

— Uaaaauu! Nossa! Estou muito feliz por você!

— Ele é uma pessoa incrível, mais velho que eu dois anos, e já assumiu sua sexualidade há quatro anos, então está me ajudando muito.

— Ai, amigo, estou tão feliz por você!

— Você não está chateada?

— Por que estaria?

— Porque eu fiz, enfim, fiz você perder sua virgindade com um... gay!

— Ah! Fala sério!

— Lena, eu largo tudo aqui e me caso com você agora se me aceitar! Seria bem mais fácil, na verdade.

— Pedro, já chega! Você vai parar de fugir de quem você realmente é ou não?

Ele ficou em silêncio por alguns minutos e, então, falou:

— Você está certa, mas não faço ideia de como contar para meus pais.

— Não conte nada ainda. Aproveita que está longe e viva essa experiência.

— Acho que vou fazer isso, até porque ele... Enfim, ele mexe comigo, é diferente.

— Que lindo! Quero conhecê-lo.

— Claro! Quando vai nos visitar?

— Agora é impossível. Com a abertura da filial em Maceió, estou indo para lá direto.

— Vai acabar se mudando para lá.

— Não sei. Acho que não.

— Bom, sabe que será sempre bem-vinda aqui.

— Ebaaaa! Amigo gringo é bom, hein?

Ele sorriu.

— Lena?

— Oi?

— Eu realmente não sei como te agradecer. Tudo o que está acontecendo em minha vida foi porque você esteve comigo o tempo todo. Você me ensinou as matérias, me ajudou a passar nessa bolsa, me incentivou, se sacrificou tanto por mim. Quero que saiba que eu sempre estarei aqui e faço qualquer coisa por você. Eu nunca vou me esquecer de tudo que fez por mim.

— É isso que os amigos fazem e...

— Lena, eu quero te pedir uma coisa.

— Sabia que ia vir algo depois dessa declaração.

Ele sorriu, aquele sorriso que só ele sabe dar e que aquece meu coração.

— Lena, promete que vai começar a fazer as coisas por você?

— O que quer dizer?

— Você está sempre vivendo o que os outros querem. Sinto que me aproveitei disso, inclusive. Você é tão generosa, tão dedicada às pessoas que ama que você não faz o que realmente quer. Me promete que vai começar a viver para você?

Fiquei muda por alguns minutos e, depois, falei:

— Claro. Vou me esforçar para isso.

— Te amo, Lena!

— Eu também. Muito.

E ele desligou a chamada, deixando-me ali, pensativa.

Eu estava então com 22 anos, recém feitos, mas, na verdade, sentia-me com quase 50 anos. Será que minha vida realmente foi sempre em função de outras pessoas? Minha mãe com suas crises, minha vó, os irmãos Bernardes, Lorena, Pedro e agora Marcus? Será que, de fato, eu não sei sequer o que quero?

E o tempo foi passando, eu fui seguindo o fluxo da vida, sem agir muito, apenas reagindo. Lorena me colocou no antigo cargo de Marcus, gerente financeiro, a mais nova gerente da empresa, e Marcus assumiu a gerência geral da unidade de Maceió. E eu trabalho tanto que tem dias que me esqueço de comer.

Formei-me há dois meses, sem cerimônia ou festas. Sem Letícia, que se mudou para a cidade de Lucas, e Pedro, que estava na Inglaterra, sentia-me mais sozinha do que nunca. Os meses foram passando rápido demais. Bernardo estava enorme, lindo e esperto como sempre. Lorenzo e Lorena se casaram e continuamos a morar os quatro, em uma casa alegre e feliz. Então por que eu ainda me sentia vazia, como se algo faltasse, como se não pertencesse a tudo isso?

Observando Lorena e Lorenzo comecei a sentir vontade de ter algo assim, uma pessoa para me chamar de "minha mulher" um dia.

Marcus nunca mais tocou no assunto de assumir nosso compromisso. Ele evitava falar sobre isso e nossos encontros, antes apaixonados e excitantes, passaram a ser frios, e nosso relacionamento era, basicamente, sexo intenso e trabalho. Ele começou a ficar cada vez mais misterioso, frio e distante, sem falar da vida pessoal dele e sempre fugindo das minhas perguntas. Com meu novo cargo, minhas visitas a Maceió foram ficando mais espaçadas, às vezes ficava quase dois meses sem ir para lá e ele nunca mais veio.

E assim se passaram cinco anos sem que eu percebesse.

Meu aniversário de 27 anos estava próximo, e Pedro me convidou para ir visitá-lo novamente. Cheguei a Maceió e estava feliz, mas receosa de contar para Marcus. Ele já sabia que Pedro era gay, mas continuava possessivo. Ele não gostava que eu saísse sem ele, que usasse roupas muito curtas ou que usasse batom vermelho, nada que chamasse demais a atenção, como ele dizia.

Era ele quem comprava a maioria das minhas roupas, escolhia o quê e como eu devia usar. Durante os últimos anos ele me ensinou muitas coisas. Viajamos juntos nas raras semanas de férias que tivemos. Ele escolhia tudo: o que comer, onde ficar, o que fazer. No início eu me sentia uma princesa sendo paparicada por um homem, mas depois comecei a me sentir completamente anulada e cada vez mais vazia, quase presa.

Na cama fazíamos o que ele queria, como ele queria e quando ele queria. Já não sabia mais o que eu queria e, às vezes, era mais doloroso do que prazeroso. Acabei me afastando de todos por causa dele, porque as brigas eram desgastantes demais.

Ele nunca mais foi violento, mas quando fazia algo que ele não gosta, ele fazia eu me sentir péssima. Nossa última discussão foi quando fui ao happy hour com o pessoal do trabalho e a Cátia postou uma foto no Instagram e ele viu. Em minutos, ele me ligou.

— Então é assim? Eu aqui, sozinho, sentindo sua falta, e você se divertindo nesse bar com vários homens? É assim que quer que eu leve você a sério, Helena?

— Marcus, não é nada disso. É aniversário de Cátia e ela insistiu. Eu já estou indo embora.

— Estou decepcionado com você! Te ensinei tanto, te fiz ser a mulher e a profissional que você é hoje. Te dei estudo, amor, te fiz mulher de verdade, para isso? É assim que retribui tudo que eu faço por você?

Nossa! Essas palavras me machucaram mais do que um tapa. Na mesma hora eu peguei minhas coisas e fui embora, fazendo uma chamada de vídeo para ele em casa.

Mas como negar o pedido de Pedro? Ele e Ramon iam oficializar a relação e comemorar. Ele insistiu tanto para eu ir, não podia negar isso a ele.

Marcus me enviou uma mensagem avisando que não ia conseguir me buscar no aeroporto. Ultimamente vinha sendo assim, não parecia mais tão importante para ele. Chamei um Uber e fui para o apartamento.

Olhando pela janela, com o olhar vazio, vi um homem familiar abraçado a uma morena escultural na orla da praia. "Não pode ser! É Marcus?". Tentei ver melhor, mas o carro avançou, deixando-me na dúvida se era ele ou não.

Cheguei ao apartamento e ele não estava. Tomei meu banho e aquela velha intuição voltou, a mesma que senti anos atrás, antes de ele segurar meu pulso no carro. "Será que ele está me traindo? Por isso não me assume?". Parecendo adivinhar, ele ligou:

— Oi, minha princesa! Chegou bem?

— Oi, sim. Estou no apartamento.

— Ah! Ótimo! Logo saio do escritório. Vou levar pizza para nós.

Ele era assim. Nem me perguntava o que eu queria e com o tempo me acostumei a não dizer o que sentia.

— Marcus?

— Preciso desligar.

E ele desligou, fazendo-me perder a oportunidade de perguntar se era ele o homem que eu tinha visto na orla da praia com a morena. Tentando não pensar, o que vinha fazendo nos últimos tempos, peguei meu notebook e afundei no trabalho.

Por volta de 20h, Marcus chegou com a pizza.

— Oi, minha princesa. Que saudade! Vamos comer!

Ele me deu um beijo rápido e foi para a cozinha. "É impressão minha ou ele está evitando me olhar nos olhos?".

— Você não me vê há quase três meses, sabia?

— Claro. Estou com saudades, mas também com muita fome e cansado. Vamos comer e conversar.

Ele serviu nossos pratos e taças de vinho e nos sentamos à bancada da cozinha. Lembrei-me dos dias em que fazíamos amor na mesa da sala, intensamente e apaixonadamente. Já fazia algum tempo que ele não me olhava com o olhar carinhoso de antes. O que tinha acontecido? O que tinha feito de errado?

Ele não parava de mexer no celular, o que me incomodou bastante, mas, como sempre, para evitar uma briga cansativa, escolhi não falar nada. Depois que comemos, lavei os pratos e arrumei a cozinha.

Marcus estava na sala, com os olhos atentos no celular. Assim que me viu, escondeu o aparelho.

— Vem, senta comigo. Vamos ver um filme.

— Tudo bem?

— Sim, você está aqui, então estou ótimo.

— Marcus, eu...

— Helena, por favor, hoje não. Estou cansado. Vamos só ver o filme e conversamos amanhã.

Pronto, ele me colocou no colo, ligou a TV e acabei dormindo angustiada, mais uma vez, por não conseguir falar o que queria, nem sobre minhas dúvidas e muito menos sobre minha viagem para a Inglaterra.

No dia seguinte, fomos juntos para o escritório. Eu fiquei o dia todo em reuniões intermináveis e não vi Marcus.

Antes eu gostava do que fazia, mas nos últimos anos estava me sentindo muito vazia fazendo isso. Não via propósito em ficar lendo e-mails o dia todo, ir a essas reuniões cheias de ego e ficar atendendo ligações. Era como se eu estivesse sentada em um cinema vazio, assistindo minha vida pela tela, sem ter controle de qualquer coisa, sem tomar nenhuma decisão. Sentia-me frustrada.

Durante a última reunião do dia, sentindo-me completamente sem energia e exausta, lembro-me das palavras de Pedro de anos atrás, naquela chamada de vídeo que ele fez para me contar sobre a sua primeira vez com Ramon. Suas palavras ecoaram na minha mente:

"Você está sempre vivendo o que os outros querem. Você não faz o que realmente quer". Pedro estava certo. Eu passei anos vivendo em função do que os outros queriam, do que os outros enxergavam para mim. Eu me anulei, nem me reconhecia mais, não sabia mais o quê ou com quem queria, o que gostava ou não. Aos 27 anos, sentia-me muito vazia! Isso precisava acabar.

— Helena? O que acha desses dados?

— Oi? O quê?

Era Leonardo, assessor do Marcus, olhando-me com ansiedade. Eu tinha me desligado completamente da reunião.

— Me desculpe. Preciso avaliar melhor. Pode me enviar por e-mail?

Ele assentiu com a cabeça. Finalmente, aquela reunião sem fundamento acabou e eu podia ir embora. Marcus já não estava na sala, como sempre, e me veio uma voz na cabeça: "Olhe o Instagram do Leonardo!".

Há anos não utilizava minhas redes sociais direito. Sempre que eu postava algo, tinha briga com Marcus.

Ignorando minha intuição, peguei meu celular, joguei-o na bolsa e fui para a sala da secretária de Marcus, que também não estava lá. "Estranho... Ela normalmente está aqui esta hora". Chamei um Uber e mandei uma mensagem para Marcus para avisar que estava indo para o apartamento.

Ainda no Uber, a mesma voz na minha cabeça: "Olhe o Instagram do Leonardo!". Sem raciocinar, peguei meu celular, entrei no Instagram e busquei o perfil dele. Não demorei para achar e me surpreendi ao ver que o perfil dele era aberto. Tinha várias fotos em festas, praias, mulheres deslumbrantes.

Continuei descendo e na terceira linha de fotos vi um rosto familiar. Tiro os olhos da tela e vi que estava a um quarteirão do apartamento. Pedi ao motorista para descer e me sentei em um banco, na orla da praia, para acabar de ver.

Liguei o celular novamente e vi várias fotos e vídeos de Leonardo e Marcus em diversas baladas caras da cidade, rodeados por mulheres, bebidas e... "É a secretária dele, beijando Marcus na boca?".

Meu telefone caiu na areia, estava em completo estado de choque. Era como se todo meu mundo viesse ao chão. Aquele mundo idealizado em minha mente, do homem que me amava, desejava-me, que eu era dele e ele era meu, era pura fantasia, uma ilusão que me prendeu a esse relacionamento confuso e irracional por tantos anos.

Mas meu lado frio e racional voltou, aquele que sempre me ajudou a lidar com situações críticas. Peguei meu celular no chão, tirei prints de todas as fotos comprometedoras e entrei nos perfis das pessoas que estavam marcadas nas fotos, incluindo o da secretária.

Quando entrei no perfil dela fiquei ainda mais chocada. Várias fotos, ela com Marcus, passeios, abraços, beijando-se... Opa! Era a cama do nosso apartamento?

— Ele teve a coragem de levar ela lá? — disse para mim mesma em voz alta, para deixar isso ainda mais real.

Sim, ele tinha levado, havia várias fotos dos dois na cobertura. Tirei prints de todas as fotos e continuei pesquisando. Uma foto no perfil de Leonardo me chamou a atenção: outro rapaz do escritório, Marcus estava abraçado a ele na foto. Entrei no perfil dele e, para minha surpresa, tinha uma foto do Marcus com outras mulheres, fotos bem comprometedoras.

Em estado de choque e com todas as fotos salvas em meu celular, eu comecei a andar na orla da praia, tentando organizar meus pensamentos.

"Meu Deus! Ele nunca usou preservativo comigo! E se tiver me passado alguma doença? Preciso ver isso urgente!".

Pedro me veio à mente, meu amigo, meu irmão de alma. Sem hesitar, liguei para ele. "Atende, atende". Ele atendeu a chamada de voz. Graças a Deus existe internet.

— Oi, Lena! Que dia chega?

— Pedro, eu...

E comecei a chorar aos soluços.

— Lena? O que aconteceu? Foi o Marcus?

Eu tinha contado sobre o Marcus um pouco antes de ele me falar sobre o Ramon.

— Ele está me traindo há anos, Pedro. Eu descobri tudo e estou aqui na cidade... Eu... não sei o que fazer!

— Lena, você sabe sim o que fazer.

— Não... Não sei... Ele é tudo o que eu tenho. Eu o amo, meu Deus, eu...

— Lena, pare agora! Esse canalha manipulou você todo esse tempo, ele usou você. Você nem sabe mais quem é por causa dele! Olhe para você! Se reconhece?

Pedro estava certo, ele havia me manipulado o tempo todo. Como se eu tivesse usado um colírio que clareou minha visão, antes embaçada pela paixão doentia, comecei a ver todas as cenas com outros olhos.

— Acho que você está certo. Tenho refletido sobre minha vida e realmente não me vejo mais nesta que estou vivendo.

— Lena, por que não vem para cá?

— Não posso viver fugindo dos meus problemas!

— Como assim?

— Eu sempre fiz isso. Toda vez que as coisas ficaram difíceis, eu fugi na tentativa de resolver. Preciso enfrentar isso.

— E o que vai fazer?

— Vou acabar com isso. Vou começar a viver o que eu quero viver, como você me pediu há anos.

— Isso! É assim que se fala. Eu estarei sempre aqui.

— Obrigada, Pedro. Já me ajudou muito falar com você.

Com a coragem renovada, peguei meu celular e mandei todas as fotos que tinha salvado para Marcus.

Não demorou um minuto e ele me ligou.

— Helena, eu posso explicar!

— Ah, pode?

— Isso tudo é montagem, brincadeira do Leonardo.

"Devo ter I-D-I-O-T-A tatuado na minha testa. Só pode! Como ele acha que eu vou acreditar nesse absurdo?".

— Nossa! Que brincadeira, hein! — falei em tom de voz sarcástico, que ele ignorou como sempre.

— Pois é! Ele é um piadista. Eu pedi para apagar.

— Sinto informar que essas "montagens" estão em vários perfis. E sabe o que é mais engraçado? Que sua linda secretária, a Larissa, também fez várias montagens na cama da cobertura, na varanda, na cozinha... Que coisa estranha, não é mesmo, querido?

Ele ficou mudo do outro lado da linha e, de repente, aquele tom de voz mudou para o velho e bom Marcus, aquele que segurou meu pulso forte um dia.

— E você achou o quê? Que eu ia ficar aqui sozinho? Eu sou homem, tenho as minhas necessidades. E você, uma garota inexperiente, nem sempre conseguiu me satisfazer, então precisei buscar fora.

— Olha ele aí! O verdadeiro Marcus retorna! Seja bem-vindo de volta!

— Como assim?

— Agora vejo que o Marcus que agarrou meu pulso aquele dia era o verdadeiro. Que nojo de tudo isso. Nunca mais quero olhar na sua cara.

— Ah! Tá bom! E como pensa em fazer isso? Posso acabar com você em um minuto!

— Como é?

— Esqueceu que fui eu que fiz você crescer na empresa? Eu que te dei o cargo de gerente financeiro? Pensa que escândalo seria se todos descobrissem a puta que você é.

— O quê? Como pode dizer isso?! — falei gritando com ele ao telefone. Nunca imaginei ser tão humilhada! Estava tão nervosa que meu estômago doía e parecia que eu ia vomitar.

— Sim. E agora você vai me obedecer. Vai voltar para casa, tomar um bom banho e ficar pronta com aquela camisola vermelha que eu gosto.

— Você é inacreditável!

— Eu sei. É inacreditável eu perdoar você depois disso, mas vou te dar mais uma chance.

— O quê? Eu que mereço uma chance? Marcus, esta conversa está encerrada!

Desliguei o telefone com raiva. Pelo barulho, ele estava em algum bar. Corri para o apartamento para pegar minhas coisas. Comecei a jogar tudo dentro da mala, o mais rápido que eu conseguia. Quando estava fechando a mala, pronta para sair, escutei a porta da sala batendo. "É Marcus!".

Ele entrou enfurecido no meu quarto, com um olhar assustador e um forte cheiro de álcool. Marcus me puxou pelo cabelo, arrastando-me até próximo à cama e me jogou nela como se eu fosse uma boneca de pano. Possuído por uma fúria que o cegava, ele subiu em cima de mim, segurando meus braços para cima, prendendo minhas pernas com seu peso.

— O que pensa que está fazendo? Você é minha! Minha! Você não pode terminar comigo — ele gritou, possessivo, quase babando de raiva.

Aqueles olhos escurecidos em ira que um dia eu vi no carro, com ele segurando fortemente meu pulso, voltaram ainda mais sombrios. O medo e o pânico me dominaram e eu tentei em vão me libertar dele. "É forte demais. Ele é forte demais!".

Ele começou a me beijar, a me morder, como se estivesse marcando meu corpo como sinal de pertencimento. Ainda mantendo minhas mãos acima da cabeça e segurando meus pulsos com força, ele começou a levantar minha saia.

— Marcus! Não, por favor, não faça isso! Para! Para! Por favor! Marcus! Marcus! Está me ouvindo?

Ele não me escutava, ele estava cego e surdo de raiva, de ódio, de desejo. Tentei me soltar, fazendo força para sair dali, o que o deixou ainda mais nervoso. Ele tampou minha boca com a dele, então eu mordi os lábios dele com força. Ele sentiu dor e ficou ainda mais transtornado ao ver o sangue.

— Chega! Pare de resistir! Você é minha e nunca mais vai sair daqui!

Ele deu um tapa forte no meu rosto, que ardeu como brasa quente, e continuou tentando tirar minhas roupas com força e agressividade. Ouvi o som do tecido sendo rasgado. "O que está acontecendo? Vou mesmo ser violentada pelo homem por quem era apaixonada?".

Ele desabotoou a calça e abriu minhas pernas com seus joelhos, e seus olhos ficam ainda mais negros. Quando ele ia tirar as calças e concluir o que estava prestes a fazer, um flash veio à minha mente. Vi-me na mesma posição, pequena, parecia criança, não sei bem, com um homem em cima de mim. Minha mãe estava caída no chão, sangrando, e meu avô chegou e tirou esse homem estranho de cima de mim. "Quem era? Isso aconteceu? Já fui abusada dessa mesma forma?".

Com os olhos assustados e em pânico, inundados por essa visão e por Marcus em sua versão sombria, olhei fundo nos olhos dele, que então me olhou de volta. Ele parou, respirando de modo ofegante e profundo, encarou-me por alguns minutos e saiu de cima de mim. Sem dizer uma palavra, ele saiu do quarto, batendo a porta atrás dele.

Eu fiquei ali, deitada, em estado de choque, tremendo muito, com a roupa rasgada, ainda sem acreditar no que havia acontecido. Todo meu corpo doía pela força que ele fez para me segurar e eu fiz para tentar sair. Meu rosto ardia e meu coração sangrava de dor, medo e decepção. Meu cérebro ficou perdido, tentando compreender toda essa loucura.

Durante a confusão, ele jogou minha mala no chão e minhas roupas se espalharam. Eu me levantei e me vesti correndo, ainda assustada e chorando aos soluços. Agachei no chão para pegar minhas coisas e quando olhei para a porta, Marcus estava lá, parado, observando-me. Todo meu corpo gelou de medo.

Seu olhar estava diferente. Era o mesmo olhar arrependido de antes, mas eu estava em pânico e minha primeira reação foi levantar e ir o mais perto possível da janela, olhando para ele apavorada.

— Helena, me desculpe, eu não... Eu não queria assustar você!

Não consegui falar uma palavra sequer. Meu corpo todo estava preparado para me defender. Meus pulsos estavam fechados e eu só conseguia pensar em como podia fugir dele.

— Helena, me perdoa. Eu fiquei louco quando percebi que estava perdendo você. Eu sei que o que fiz foi errado, mas eu estava tentando...

— Tentando o quê? Fica longe de mim! — Foi só o que saiu da minha boca, quase como um grito.

— Tentando não ficar tão dependente de você. Não consigo viver sem você. Me perdoa! — ele disse, aproximando-se, e eu me encolhi ainda mais onde estava. Ele percebeu e parou, no meio do quarto.

— Por favor, Lena! Eu te amo. Você sabe disso. Vamos recomeçar? Tudo vai ser diferente. Eu me caso com você, podemos viver aqui e você nem precisa mais trabalhar. Cuida de mim, da casa e dos nossos filhos. Tudo vai ficar bem!

— Agora quer se casar comigo?

— Quero. Devia ter feito isso há anos. Sempre foi você. Você é a principal!

— Principal? Como assim? O que isso quer dizer? Que sou a matriz e as outras são suas filiais?

— Não! Eu quero dizer que quero você, que jamais aceitarei você viver longe de mim. Eu me mato, Helena. Se você me deixar, eu me mato.

Ele voltou a ficar nervoso e começou a andar de um lado para o outro, contraindo a mandíbula, fechando e abrindo as mãos, o que me deixa ainda mais assustada. Meu lado frio e racional voltou para me salvar. "Preciso acalmá-lo para conseguir sair dessa situação".

— Calma, Marcus! Não precisa disso.

Ele me olhou e se aproximou. Precisava fazê-lo acreditar que estava tudo bem, aí conseguiria fugir para bem longe quando ele estivesse distraído. Tentar enfrentá-lo podia acabar mal, ele podia ficar mais agressivo e me machucar ainda mais.

— Então você vai ficar? Me perdoa?

Aqueles olhos suplicantes, confusos e quase desesperados estavam ali, naquele homem que um dia me causou sensações bem diferentes das que sentia naquele momento.

— Sim, mas preciso ficar um pouco sozinha agora. Você realmente me assustou. Pode fazer isso por mim?

Ele me olhou, questionador e com desejo insano nos olhos novamente.

— Eu não vou fazer isso! Vou ficar com você para te provar que não precisa ter medo de mim. Sou eu, Helena, seu homem.

Ele me segurou pelos braços, não tão forte, mas ainda assim, agressivo e possessivo.

— Marcus, está me machucando!

Ele me soltou, afastou-se e pegou a minha mala com todas as minhas coisas.

—Tudo bem. Vou deixar você descansar, mas vou levar essa mala para o meu quarto. Assim você não pensa em fugir.

E saiu batendo a porta.

— Droga, todas as minhas coisas...

Mas, graças a Deus, lembrei-me de que meu celular estava na gaveta da escrivaninha. Apaguei a luz do quarto e tranquei a porta, pois não queria nenhuma visita inesperada enquanto pensava em como sair dessa situação. Desliguei o celular para economizar a bateria, já que o carregador estava na mala. Precisava de tudo funcionando pela manhã.

Escutei o Marcus andando pelo apartamento, quebrando alguns copos e socando as paredes. Ele foi até minha porta algumas vezes, mas voltou.

Pela manhã, sem dormir, levantei-me bem cedo, antes das 6h. "Talvez eu consiga sair sem ele ver". Porém me lembrei de que todos os meus documentos estavam na mala; eu precisava pegá-los. A única ideia que tive me causou repulsa: "Vou ter que o seduzir, fazê-lo achar que estamos bem, aí consigo voltar para casa".

Mas como conseguiria fazer isso? Sou a transparente das emoções, lembra? Então, como se estivesse me preparando para atuar em uma peça de teatro, estudei cautelosamente minhas falas e expressões e fui para a cozinha, preparando o café como ele gostava.

"Meu Deus, por favor, ajude-me! Esconda minhas emoções dele!". Eu tinha várias reuniões agendadas, ele precisava me levar ao escritório ou Lorena poderia desconfiar de algo.

Perto das 7h, ele saiu do quarto, já pronto, de banho tomado, terno impecável, lindo como um raio de sol. Quase me esqueci que aquele homem charmoso na minha frente era o mesmo que quase me violentou na noite passada.

— Bom dia, minha princesa! Que cheiro bom!

Ele me olhou, tentando decifrar se eu ainda era a idiota que ele dominava, e era o que eu precisava fingir, pelo menos naquele momento.

— Oi! Achei que seria bom um café com torradas — respondi, tentando dar o meu melhor sorriso, sem olhar nos olhos dele.

— Ainda chateada comigo?

— Um pouco, mas entendi você. Realmente, deve ter sido difícil ficar sozinho aqui.

— Viu! Por isso que amo você! Preciso providenciar sua mudança para cá hoje mesmo.

— O quê?

Eu não conseguia acreditar que ele estava falando sério. Precisava ir embora. O que falar para sair dessa?

— Sim, vou conversar com Lorena e Lorenzo e assumir nosso relacionamento.

Quase surtei quando escutei essa última frase. Precisava pensar com inteligência e frieza.

— Sério? Faria isso por mim? — falei, aproximando-me dele o mais doce e angelical que consegui ser. Isso me causou náusea, mas precisava me controlar. Então simplesmente deitei minha cabeça em seus ombros como uma boa menina.

— Tudo por você!

"Ele amoleceu! É minha chance!".

— Posso eu mesma contar para ela? Lorena é minha melhor amiga e gostaria de eu mesma dar a notícia por respeito a tudo que ela fez por mim.

Ele pensou um pouco, depois, abraçou-me pela cintura e disse:

— Tudo bem. Você está certa. Lorena merece isso. Então vamos para o escritório, assim você cumpre a agenda de hoje e liga para Lorena.

— Obrigada, Marcus. Isso é muito importante para mim. Posso pegar minhas coisas? Preciso me vestir adequadamente. Temos a reunião com os investidores hoje, lembra?

Marcus pegou meu rosto com os dedos, apertando um pouco. Ele o olhou atentamente para ver se tinha ficado alguma marca do tapa que me dera na noite passada.

— Verdade. Pode sim. Sua mala está no meu quarto. Coloca aquela saia preta e a blusa de gola alta branca de seda. Demonstra mais seriedade e tampam bem. Passa uma maquiagem no rosto — ele disse, dando-me um beijo agressivo e soltando meu rosto, sentando-se para comer as torradas, como se fosse a coisa mais natural do mundo ordenar uma mulher a tampar as marcas de sua agressão.

Fui para o quarto dele resgatando minha carteira e meu carregador. Conferi meus documentos, cartões e dinheiro. Tudo o que precisava para ir embora, inclusive o colar que ele me dera. O que antes era um sinal de amor, agora me dava ainda mais repulsa. Larguei o colar onde estava e deixei a mala no quarto dele. Precisava que ele acreditasse que eu ia voltar.

Tomei um banho e me arrumei. Só então vi as marcas arroxeadas em vários pontos do meu pescoço e braços. Segurei as lágrimas e me vesti exatamente do jeito que ele havia ordenado. Não podia contrariá-lo e colocar tudo a perder.

Seguimos para o escritório e ele estava tão amoroso e carinhoso como o antigo Marcus de quando começamos a nos encontrar. A única diferença era seu olhar tenso e a força com que segurava minha mão. No escritório, ele não me deixou sozinha nenhum instante sequer. E eu só conseguia pensar: "Preciso ficar sozinha para comprar a passagem".

Ao passar por Larissa, senti pena dela no lugar de raiva. Ela nem imaginava o monstro que ele era.

Já eram quase 11h e estávamos em uma reunião com a equipe financeira, revisando alguns dados e metas, quando o telefone de Marcus começou a tocar sem parar e ele saiu para atender. Tinha resolvido deixar o meu celular desligado até conseguir ficar sozinha.

— Helena, pode vir aqui, por favor? É Lorena. Ela quer falar com você.

Ele me chama e me passa o telefone, ficando ao meu lado, ouvindo toda a conversa.

— Helena do céu! Estou tentando te ligar há horas!

— Desculpe, Lorena. Meu telefone descarregou totalmente.

— Preciso que venha imediatamente para casa. Sua vó foi internada. Ainda não sei bem o que aconteceu. O namorado dela que ligou. Lorenzo foi para lá.

Senti meu sangue sair do meu corpo nessa hora e sem perceber fiquei um pouco tonta.

— Lorena... Meu Deus, eu... eu...

Olhei para Marcus, que assentiu com a cabeça.

— Helena, não pense. Já comprei a passagem e mandei para seu e-mail. Seu voo sai em duas horas. Venha agora.

Lorena desligou e eu entrego o celular para Marcus. O sangue voltou a circular, assim como o meu lado racional. "Não é a melhor forma, mas ele vai ter que me deixar ir".

— Helena, vamos! Vamos agora para o aeroporto.

— Não! — falei quase gritando.

Ele me olhou assustado e disse:

— Como assim, não?

Ele segurou meu braço com força novamente.

— Desculpe, Marcus. Estou apavorada. Você sabe como amo minha vó, não posso perdê-la. Mas não tenho como fazer isso com Lorena. Preciso que você cuide de tudo na empresa. Por favor, pode me ajudar fazendo isso?

Ele respirou fundo e se acalmou.

— Claro, você está certa! É tão linda e responsável. Vou chamar um Uber para te levar.

Em poucos minutos estava no apartamento. Peguei minha mala e dei mais uma olhada naquele lugar cheio de memórias, mas só pensava uma coisa: "Nunca mais quero colocar meus pés aqui". Só conseguia sentir raiva, nojo, mágoa e culpa por ter sido tão idiota com aquele homem. Desci e entrei novamente no carro. Chego no horário e peguei o voo.

Lorenzo veio me encontrar no aeroporto. Quando vi aquele rosto familiar que me transmitia tanta segurança, eu simplesmente desabei. Chorei tanto que até molhei a camisa dele.

— Calma, Helena. Ela está melhor. Está medicada. Vim do hospital.

Ele não sabia o que eu tinha acabado de passar — a violência, a humilhação, o medo. Mas preferi não contar, pois poderia gerar uma confusão maior ainda.

— Obrigada, Lorenzo. Fico mais tranquila.

Ele me entregou um lenço e me conduziu para o carro. Em pouco tempo, chegamos ao hospital em que minha vó estava internada.

— Vovó!

Ela abriu os olhos, ainda cansada. Seu namorado estava sentado ao lado da cama, segurando a mão dela com carinho. Nem sinal da minha mãe, porém isso não me surpreendia mais.

— Minha filha, eu estou bem. Foi só um susto. Graças a Deus, Jorge estava lá.

Olhei para ele com olhar de gratidão, e ele logo retribuiu.

— O médico disse que foi um leve infarto. Ela precisa repousar, Helena, mas quem consegue convencer sua vó a ficar quieta? — ele disse sorrindo para ela, acariciando os cabelos brancos de vovó.

"Será que um dia terei a oportunidade de viver um amor assim? Calmo e tranquilo?".

— Sua mãe, Helena. Me tira do sério.

— Vovó, não pensa nela. Eu vou ajudar você. Estou aqui. Só descansa.

Ela fechou os olhos e adormeceu. Lorenzo foi buscar um café. O médico chegou e me apresentei:

— Olá, doutor. Sou a neta dela. Me fale tudo que ela precisa para se recuperar.

— Descanso total, evitar estresse e de alguns remédios. Preciso vê-la pelos próximos meses. Esse infarto não foi tão prejudicial a ela, mas, pelos exames, sua vó ainda corre risco de ter outro, mais forte.

— Vou cuidar de tudo. Pode deixar.

Ele me olhou com carinho.

— Ótimo! Ainda bem que ela tem você. Vou deixá-la em observação até amanhã. Ela não pode ficar sozinha de jeito algum e terá que seguir uma dieta especial. Vou trazer tudo anotado para você.

— Obrigada, doutor.

Era o que eu precisava para fugir de Marcus e repensar minha vida. Um tempo longe da empresa e de toda aquela confusão.

Lorenzo voltou com o café e o chamei para conversar fora do quarto. Expliquei tudo a ele e disse:

— Não posso deixá-la, Lorenzo. Preciso me desligar da empresa e me mudar para cá.

Ele assentiu com a cabeça, com um olhar amoroso e calmo.

— Claro. Lorena jamais irá impedir isso. Fique aqui. Vou providenciar tudo. Depois você liga para ela, tudo bem?

— Obrigada. Nem sei como agradecer vocês por tudo.

— Imagina. Vou indo. Preciso trazer suas coisas e avisar Lorena — falou ele. Então me abraçou forte e saiu.

Liguei meu celular, que ainda estava desligado, conectando-o ao carregador. Jorge foi para casa, pois estava no hospital desde que vovó passou mal, e ele também precisava se cuidar devido à idade. Quando meu celular ligou, vi que havia várias chamadas e mensagens de Marcus. Respondi, afinal ainda não tinha pensado em como me livrar dele com segurança.

'Oi, Marcus. Ela está melhor, mas vai precisar de cuidados diários. Ficarei com ela por alguns meses'.

Em poucos minutos, ele respondeu:

'Meses? O que isso quer dizer?'.

'Que ficarei aqui com ela'.

'E a empresa?'.

'Já avisei Lorena e ela na mesma hora concordou'.

'Ok'.

'Obrigada por compreender'.

Ele não respondeu mais. Na hora certa terminaria tudo com ele. O tempo seria meu aliado nisso.

Mandei uma mensagem para Pedro, contando como tudo tinha terminado, omitindo a violência que havia sofrido. Nunca me abri por completo para ninguém, sempre escondi alguns detalhes, principalmente os que mais me machucavam. Não sei porque sempre fiz isso. Só parece ser mais fácil e me sinto menos, como posso dizer, exposta.

Graças a Deus, vovó ficou bem e assim como o médico disse, ela foi liberada. Lorenzo fez questão de nos levar para o apartamento dela e trouxe minhas coisas.

— Obrigada, Lorenzo. Nem sei como te agradecer!

— Essa frase está virando uma rotina, Lena!

Ele sorriu e me abraçou.

— Sabe que eu amo você e a vovó!

Ele olhou para ela com carinho, ajeitando o travesseiro nas costas dela.

— Melhore logo, porque na próxima visita quero aquela broa de fubá com queijo.

— Ô, meu filho, claro! Pode deixar — ela sorriu para Lorenzo, que foi embora.

Jorge não saía do lado da vovó. Eles estavam morando juntos havia alguns meses. Era lindo ver o carinho dos dois. Deixando os dois pombinhos sozinhos, fui para meu antigo quarto para ajeitar minhas coisas. Lorena me pediu apenas para concluir alguns trabalhos e repassar tudo para Marcus. Como tinha férias vencidas, ela me liberou por 30 dias, inicialmente.

Rapidamente organizei tudo. Abri o notebook e enviei os relatórios finais para Marcus, que respondeu com um: "Ok, obrigado!".

Ele voltou a ficar distante e frio, enviando uma mensagem de texto por dia, falando o de sempre, perguntando como estavam as coisas, e só. Eu respondia para evitar problemas, com um: "Está tudo seguindo. Obrigada!". Acreditava que logo ele sumiria e eu poderia terminar tudo de vez.

Os dias foram passando tranquilos. Como Jorge estava morando com a minha avó, não precisava me preocupar com os remédios, pois ele não perdia a hora de nenhum deles. E eu cuidava da casa, fazia as refeições e a mimava bastante.

CAPÍTULO 12

Onde tudo começa, tudo precisa terminar!

Já estava morando com vovó há quatro semanas. Ela fez um bolinho com refrigerante para meu aniversário e comemoramos eu, ela, Jorge, Lorena, Lorenzo e Bernardo, que fizeram questão de ir. Minha mãe continuava sem aparecer, o que deixava minha vó muito inquieta.

Marcus me ligou para me parabenizar. Foi difícil fingir que estava tudo bem quando, na verdade, o único sentimento que eu tinha por ele era mágoa. Ainda não tinha terminado tudo claramente e aproveitei essa ligação para dar um fim a nossa relação:

— Marcus, preciso mesmo de um tempo.

— Tempo para quê?

— Para pensar na minha vida, no que quero fazer, sobre nós. Nosso relacionamento não estava bom e você sabe disso.

— Sim. Eu te pedi em casamento e você fugiu para baixo da saia da sua vó.

Nessa hora eu cerrei meus dentes de raiva. O que antes era paixão agora estava quase virando ódio.

— Eu sei. Realmente preciso ficar sozinha agora e cuidar da minha vó. Não sei por quanto tempo terei que ficar aqui e não posso te prender a mim, então...

— Você me libera, é isso?

— Isso. Você entende que é o melhor?

— Entendo que você está tomando outra decisão estúpida na sua vida! Nunca encontrará homem como eu!

"Assim espero!", pensei.

— Eu sei. Mas só quero cuidar da minha vó agora.

— Você que sabe, Helena. Infelizmente, não tenho como garantir que estarei aqui quando você vier rastejando, querendo voltar. Você sabe bem, sou um homem bem disputado e tenho minhas necessidades.

"Como eu detesto esse homem!".

— Tudo bem, eu entendo. Obrigada por tudo e boa sorte!

Desliguei o telefone com lágrimas nos olhos. Não consigo acreditar em como tinha sido burra!

Leonardo e os demais amigos fecharam seus perfis e eu não conseguia mais ver o que estava acontecendo por lá, mas eu tinha certeza de que ele continuava saindo com outras mulheres.

Consegui marcar uma ginecologista, já que vovó estava se sentimento melhor. A ideia de ter contraído alguma doença sexualmente transmissível de Marcus não saía da minha mente.

— Vovó, como está se sentindo hoje? — perguntei assim que ela entrou na cozinha de braços dados com Jorge.

— Bem melhor. Só queria poder andar na rua e fazer minhas coisas sem tanta supervisão! — ela respondeu, sorrindo para Jorge.

— Só estamos cuidando de você, vovó!

Ela virou os olhos e se sentou com Jorge para tomar café. Tinha feito o bolo de milho que ela adorava, seguindo a dieta prescrita pelo médico. Servindo duas generosas fatias para ela e Jorge, lembrei-me da consulta.

— Vovó, preciso sair rapidinho. Jorge, qualquer coisa me liga que volto na hora.

— Claro, Helena! Vá tranquila. Eu cuido da sua vó.

— Minha filha, você pode tentar encontrar sua mãe? Estou ficando preocupada.

— Vou sim, vovó. Fique sossegada.

Peguei minha bolsa e chamei o Uber para ir até o consultório. Ficava em um prédio alto, na região mais central da cidade. A médica, Dr.ª Maria, uma senhora muito bem vestida e elegante em seu jaleco cor-de-rosa, recebeu-me com um sorriso acolhedor no rosto.

— Então me diga como posso ajudá-la?

— Não sei bem como dizer isso, mas preciso fazer um check-up completo para saber se, se... Enfim... está tudo bem comigo.

— Teve relações sem prevenção?

— Sim.

— Entendo. Toma algum anticoncepcional?

— Eu tomava aquele de injeção.

Marcus me obrigava, levava-me na farmácia sempre que eu ia a Maceió para tomar essa injeção. Eu detestava, passava muito mal, mas hoje agradecia. Já pensou ter um filho daquele monstro?

— Sua vida sexual é ativa?

— Não mais. Estou solteira agora.

— Entendo... Eu não recomendo essas injeções. Se sentia bem com elas?

— Não, passava muito mal.

— Vamos trocar. Vou te receitar um anticoncepcional com baixa dosagem de hormônios. Agora vá até o vestiário, coloque o roupão com a abertura para frente para que eu possa examiná-la.

Levantei-me, bem sem graça. Lógico que já tinha ido ao ginecologista antes, mas não nessa situação, em que podia ter contraído uma doença de um homem nojento como o Marcus.

Sempre detestei esses exames. A primeira vez que fiz foi quando voltei da praia, da viagem com Pedro e Letícia. Nossa! Que coisa dolorida e desconfortável. Enfim, precisava acabar logo com isso. Coloquei o roupão e me deitei na maca, naquela posição parecendo mais uma rã pronta para ser dessecada.

— Fique tranquila, querida. Quanto mais tensa você ficar, mais doloroso será.

Como se desse para ficar tranquila nessas horas...

Ela percebeu meu desconforto e começou fazendo o exame de mamas e conversando comigo para me distrair.

— Que lindas suas mamas. Me lembro quando tinha essa idade. Depois dos filhos, tudo muda no nosso corpo.

— Quantos filhos a senhora tem?

— Três lindas meninas. A mais velha se formou em pediatria, a do meio é atriz e a mais nova está fazendo psicologia.

Continuamos a conversa e eu realmente nem percebi quando ela começou o exame ginecológico. Ela era mesmo excelente, não senti dor alguma!

— Viu? Não doeu nada, certo?

— Impressionante! Sempre senti muita dor nesse exame.

— Seu canal é bem pequeno, quase de uma virgem. Provavelmente sente dor na penetração se o companheiro não for paciente.

Lembrei-me das vezes em que senti muita dor mesmo. Agora estava explicado.

Ela me mostrou como devia me movimentar para sentir menos dor, receitou um lubrificante e o anticoncepcional.

— Pedi alguns exames de sangue para descartar qualquer possível doença. Vi apenas uma leve irritação, mas pode ser estresse, nada demais. Tome este comprimido. É dose única. Se sentir qualquer desconforto, me ligue. — Ela me passou seu cartão, os pedidos de exames e o nosso próximo horário.

Saindo do consultório, já passei no laboratório para fazer os exames. Queria saber logo se tinha herdado alguma coisa de Marcus além da raiva, da mágoa e da certeza de que homem nenhum presta. Parei em uma lanchonete próxima ao laboratório para lanchar e um par de olhos azuis da cor do oceano logo me encarou.

— Ric?

— Helena? É você mesmo?

Ele estava sozinho e eu estava certa, ele realmente tinha ficado mais bonito mais velho: alto, magro, mas atlético, cabelo cortado mais curto do que na adolescência. Nossa! Ele tinha, de fato, ficado atraente com o tempo.

Ric levantou-se e veio em minha direção, e antes que eu pudesse assimilar tudo que estava acontecendo, ele me abraçou apertado.

— Nossa! Há quanto tempo! Você está mais linda ainda!

— Continua o mesmo Ric, então?

Ele sorriu. Tinha me esquecido do seu sorriso cativante.

— Vem, senta comigo. Estou esperando meu horário para um compromisso aqui perto. O que faz aqui? Não estava morando na capital?

— Sim, mas eu vim ajudar minha vó. Ela teve um infarto há algumas semanas.

— Sério? Não fiquei sabendo de nada! E como ela está?

— Reclamando que eu não a deixo fazer nada!

Ele deu risada e me olhou no fundo dos olhos. Seu olhar era saudoso.

Pedi um café e pão de queijo, e ele também.

— Você se formou, não foi? Sua vó comentou que estava muito orgulhosa.

— Sim, em economia. Estava trabalhando na empresa de Lorena como gerente financeiro.

— Parabéns! Você sempre foi dedicada. E se casou, tem filhos? Nunca mais vi você, desde... Enfim, aquele triste incidente.

— Não, não me casei e sem filhos também. E você?

— Eu estou namorando. E Hugo se casou, ficou sabendo?

— Sim, minha mãe comentou. Teve um filho, né?

— Bom, agora são dois. A mais velha é a Angélica e o mais novo é o Ian.

Ele falou, pegando o celular e me mostrando a foto dos sobrinhos.

— Que ótimo! E sua mãe? Seu pai?

— Estão ótimos, babando nos netos e me cobrando os meus. — Ele sorriu, mas esse sorriso pareceu triste.

— E você? Vai se casar quando?

— Está parecendo minha mãe!

— Desculpe, deve ser bem chato ouvir isso o tempo todo.

— Muito. A verdade é que... — ele disse, olhando para o relógio.

— Helena, preciso mesmo ir. Tenho uma reunião agora.

— Você ainda está trabalhando como modelo fotográfico?

— Sim. Estou indo ver um trabalho para uma loja de ternos do shopping.

— Parabéns! Vai lá.

— Estou tão feliz em te ver, Helena! Vamos sair qualquer dia desses?

— Claro! Vai ser ótimo.

Ele se despediu me dando um leve beijo na bochecha. Senti sensação estranha, mas gostosa.

Terminei meu lanche e fui para o apartamento da minha mãe. O cheiro era nojento, cigarro e álcool misturado com roupas sujas e comida podre. Arrumei tudo e esperei-a um pouco, que não demorou a aparecer.

— Olha se não é a patricinha da cidade em minha humilde casa!

Ela estava péssima — suja, bêbada e toda cheia de vômito.

— Nossa, mãe! Você está péssima!

— Eu não preciso de sua piedade. Cadê sua vó? Ela não vem aqui há semanas me ajudar com a casa. Ela tem que vir, porque minha única filha me abandonou! — falou ela enquanto cambaleava e se jogava no sofá imundo.

— Acho que você me abandonou primeiro. Bom, sua mãe teve um infarto e esteve internada.

— Sério, é?

— Sim, por isso estou aqui. Estou cuidando dela.

— A boa neta, claro!

Ela me tirava do sério. Como podia ser assim? Nessa idade, tão imatura, parecia uma adolescente rebelde.

— Mãe, eu vim porque a vovó está preocupada com você. Abasteci sua geladeira. Agora, por favor, tome um banho e vamos ver sua mãe. Consegue ser adulta uma vez na vida?

Ela me olhou com tristeza, porém há muito tempo deixei de ter pena dela e só conseguia sentir raiva. Mas ela me obedeceu e foi se arrumar. Terminei de arrumar a zona da casa dela, jogando as comidas estragadas fora, limpando o chão e lavando as louças, que deviam estar na pia há semanas.

Minha mãe saiu do quarto com uma aparência bem melhor. Ofereci uma xícara de café forte.

— Nossa! Isso está muito forte.

— Sim. É para espantar essa cara de ressaca.

Ela tomou. Não era a primeira vez que trocava de papel com ela e assumia o de mãe.

— Vamos. Vovó quer muito ver você.

Ela fez que sim com a cabeça e pegou sua bolsa. Chamei o Uber e logo estávamos no apartamento da vovó, que se alegrou muito em ver minha mãe. Ela a amava. Acontecesse o que fosse, ela estava sempre ali, de braços abertos e com um sorriso no rosto para minha mãe. Fui para o quarto para deixar as duas mais à vontade e evitar ficar no mesmo ambiente que minha mãe para não ter briga e estressar minha vó.

Jorge estava tirando seu cochilo da tarde e eu preocupada com meus exames. Meu celular tocou. Era Letícia. Nossa! Fazia meses que não conversávamos. Ela havia se casado com Lucas e tido um bebezinho lindo, o Luan.

Eles estavam morando em Fortaleza. Letícia tinha aberto seu consultório e Lucas um restaurante.

— Oi, Lê! Quanto tempo, amiga!

— Oi, sua feia. Você que sumiu. Precisa vir conhecer seu afilhado.

— Preciso mesmo. Saudades demais de você, do Pedro...

— Ele está ótimo. Conseguiu ir no casamento dele?

— Não... Eu tive um imprevisto. Minha vó teve um infarto. Estou aqui cuidando dela.

— Nossa, Lena! E como ela está?

— Ótima! Nem parece que teve algo! Mas o médico pediu para acompanhá-la durante os próximos meses e eu vim para cá.

— Ah! Está na casa dela!

— Isso.

— Que bom! E Marcus? Foi também?

Ela não sabia que eu tinha terminado com ele. Na verdade, ela sabia bem pouco sobre minha história com ele, só que estávamos saindo.

— Nós terminamos.

— Ô, Lena... E você está bem com isso? Eu posso ajudar. Sabe que sou a melhor psicóloga do mundo.

— Eu estou muito bem. Não estava dando certo e foi melhor assim, mas se precisar te ligo sim.

— Ótimo! Espero que possa vir nos visitar em breve.

— Um beijo, Lê. Manda um abraço para o Lucas!

— Pode deixar!

Como sentia saudade da época em que ficávamos sempre juntos.

Já à noite, por volta das 20h, o interfone tocou. Vovó e Jorge estavam na sala vendo TV.

— Pode deixar, eu atendo.

— Obrigada, minha filha.

— Oi?

— Helena?

Essa voz...

— Quem é?

— É o Ric. Pode vir aqui?

"Ric? O que ele faz aqui?".

— Vovó, é o Ricardo, filho do Sr. Rômulo. Vou falar com ele rapidinho.

— Ah! Claro! Vocês eram amigos na escola. Eu me lembro. Vai sim, minha filha. Leva uma blusa. Está frio esta noite.

Peguei um casaco preto de lã e desci. Estava realmente frio. Ric estava lindo, de calça jeans clara, cabelo bagunçado pelo vento, uma camisa branca e jaqueta de couro marrom-escuro. Ele abriu o sorriso mais lindo do mundo quando me viu.

— Oi, Helena. Desculpa vir sem avisar. Esqueci de pegar seu telefone novo e queria te ver.

— Oi, sem problemas.

— Anima dar uma volta? Tem uma excelente lanchonete noturna aqui perto. Podemos tomar um chocolate quente e conversar.

— Claro! Deixa só eu pegar minha bolsa e avisar a vovó?

— Sim. Te espero.

Subi as escadas pensando no que esse encontro com Ric podia significar, mas ele sempre foi gentil e me lembrei do olho roxo que ele deixou no irmão tentando me defender.

— Vovó, vou com ele tomar um chocolate quente. Não demoro. Sabem que podem me ligar a qualquer hora, né?

— Vai, minha filha. Eu estou ótima e Jorge está comigo.

Ele abraçou minha vó e ambos se despediram.

— Vamos a pé?

— Não, meu carro está ali. Vamos.

Ric me levou até seu carro. Um modelo sedan, muito bonito, cinza-escuro.

— E sua namorada? Vai também?

— Ah, não! Ela estava cansada demais hoje.

— E ela não acha ruim você sair sozinho? Ou melhor, comigo?

— Não, está tranquilo. Pronto. Chegamos.

Ele estacionou. Era uma lanchonete grande, muito bem arrumada, com cheiro convidativo e bancos estofados. Sentamo-nos um de frente para o outro e rapidamente chegou uma simpática atendente.

Ela quase perdeu a voz ao olhar para Ric. E ele estava muito atraente mesmo.

— Oi... É...

Ele percebeu e fez logo o pedido.

— Dois chocolates quentes com canela e o cardápio, por favor.

Ela anotou e saiu, toda feliz por ter recebido um sorriso daquele homem que deve ser o mais bonito da cidade.

— Arrasando corações, hein, Sr. Ricardo Bernardes!

— Pois é! É bom e ruim ao mesmo tempo ser um modelo vivendo em uma cidade pequena.

— Imagino.

Ela voltou com as xícaras de chocolate quente e o cardápio, dando mais uma boa olhada em Ric.

— A torta de chocolate deles é divina, mas a de frango também. Estou bem na dúvida — Ric falou, analisando o cardápio.

— Eu voto na de chocolate belga.

— Boa pedida.

Ele acenou, a atendente anotou os pedidos e saiu. Ric olhou em meus olhos, um olhar doce e confuso ao mesmo tempo.

— Lena, tenho tanta coisa para te dizer...

— Imagino. Foram anos, não é?

— Eu nunca esqueci você, sabia?

Quase engasgo com meu chocolate. O que ele estava tentando dizer com isso?

— Hum... Sério? Por quê?

— Porque... Nossa! Aquilo tudo foi tão absurdo! Eu fiquei meses sem olhar para meu irmão. Até hoje nossa relação é meio estranha — ele falou olhando para a xícara, mexendo com a colher com olhar vago e triste.

— Ric, eu sinto muito por isso. Nunca quis separar vocês!

— Você não tem que sentir por isso. Nós dois que agimos errado com você. Mas, enfim, isso é passado! Agora você está aqui e é isso que importa.

Ele voltou a olhar em meus olhos e pegou minha mão que estava em cima da mesa.

— Pois é, o que passou, passou.

— Hugo vai gostar de saber que voltou. Ele tentou encontrar você por meses! Foi até a capital para tentar te achar e te pedir desculpas.

— Ele foi para capital atrás de mim?

— Também. Ele foi prestar vestibular, lembra?

— Ah, é! E ele se formou?

— Sim, mas não em engenharia. As notas dele caíram muito depois de, enfim, você sabe. Aí ele aproveitou as notas que tinha e cursou contabilidade. Hoje ele tem um escritório no centro comercial e a esposa dele trabalha com ele.

Antes, só de pensar em Hugo, eu sentia raiva, agora só sentia indiferença.

— Ah, entendi! Bom, se tem seu próprio escritório e família, então deu tudo certo.

— É, pode se dizer que sim. Ele casou meio forçado porque ela engravidou, mas agora se dão bem.

Ele deu um gole na bebida e as nossas tortas chegaram. Soltando minha mão para comer, ele me olhou nos olhos novamente. Desviei o olhar e comecei a partir um pedaço da torta.

— Hum... Isso é realmente uma das maravilhas da Terra!

— Te falei que era uma delícia.

— Não me recordava desta lanchonete aqui.

— É nova. Deve ter um ano que inaugurou. Eu sempre venho aqui quando quero pensar e sair da minha dieta.

Ele sorriu alegre, como antes, quando éramos amigos de escola.

— E seu namorado?

— Oi? Quem?

— Ah, Helena! Não fique dando uma de santa! Estamos entre amigos aqui e você, linda assim, na capital, tenho certeza de que tem um namorado.

Na hora pensei em Marcus, aquele imbecil, idiota. Nunca fomos namorados na verdade. Ele roubou meus melhores anos e para quê?

— Não, não tenho!

Ele me olhou com olhar duvidoso.

— Sei...

— É sério. Eu até estava saindo com uma pessoa, mas, enfim... Digamos que não deu certo.

— Então ele foi tão idiota quanto eu e meu irmão!

— Por que diz isso?

— Porque perder uma mulher como você é só para idiotas como nós mesmo!

Ele abaixou os olhos e colocou um pedaço de torta na boca, acho que para não conseguir falar mais. Acabamos o lanche, rachamos a conta e voltamos para o carro.

— Quer ir ao mirante?

— O quê? Agora?

— Sim. A vista lá é linda a esta hora.

— Ric, está tarde, não? Já são quase 22h.

— Por favor! Eu imploro! — ele disse, com ar brincalhão e fazendo sinal de súplica com as mãos.

— Tá bom... Vamos!

Com a alegria de uma criança que acabou de ganhar um doce, ele abriu o carro. Em poucos minutos estávamos no mirante. Dava para ver toda a cidade dali. Alguns casais se abraçavam na escuridão, que só era quebrada pela luz da Lua cheia, que, aliás, estava linda. O céu estava estrelado, a brisa suave bagunçava meu cabelo, jogando algumas mechas para a frente do meu rosto. Sentamo-nos em um banco vazio um pouco afastado, mas com boa visão da cidade, que dormia lá embaixo. O silêncio só era interrompido pelo barulho dos grilos e das corujas.

Estava com olhar fixo na Lua quando senti as mãos de Ric em meu rosto. Ele delicadamente colocou uma mecha que estava em meus olhos atrás da minha orelha. Como reflexo, olhei para as mãos dele e para ele, nossos olhares se encontraram, e ele se aproximou e me beijou. "O que está acontecendo aqui?".

Coloquei uma mão no peito de Ric, afastando-o delicadamente.

— Ric, o que foi isso?

— Desculpe, Helena, mas quero fazer isso há anos! Pensei que nunca mais veria você!

— Você tem namorada. Isso não é certo!

Comecei a me levantar, mas ele segurou minha mão com delicadeza.

— Helena, me desculpe. Não vou mais fazer isso. Por favor, fique comigo um pouco. Preciso mesmo de uma amiga hoje.

O olhar dele me fez desabar e me sentei novamente.

— Ok! Mas só amiga preta e branca, beleza?

— Sim, entendi.

— O que está incomodando você? Por que precisa de uma amiga?

— É meu namoro. Estou bem cansado dela.

— Por que não termina?

— Eu tentei, mas assim que disse que queria terminar, ela me disse que está grávida.

— O quê?

— Pois é! Eu posso ser tudo, menos um irresponsável. Vou assumir meu filho e a mãe dele.

— Mas Ric... Espera aí!

— O quê?

— Ela só disse que está grávida depois que você falou em terminar?

— Foi sim, por quê?

— Você viu os exames que comprovam a gravidez?

— Não, eu nem pensei nisso.

— Então devia pedir que ela faça um exame de sangue. Para ter certeza.

— Acha que ela pode ter inventado essa história?

— Eu não a conheço, mas está suspeito. Por que ela não disse nada antes?

— É verdade! E ela tem insistido para fazer... Bem, você sabe. E ela é bem mimada e adora ser o centro das atenções nos eventos que vamos. Faz sentido.

— Pois é. Leva ela para fazer o exame. Mas faz isso sem avisar.

— Acha que ela pode tentar fraudar?

— Se ela mentiu sobre isso, sim, acho.

— Isso é a cara da Michelle! — ele comentou, colocando as duas mãos no rosto, quase que tentando se esconder nelas.

— Bom, só tem um jeito de saber.

— Vou fazer isso amanhã. Quero acabar logo com isso. Tenho um desfile mês que vem em São Paulo e não quero isso me perturbando lá.

— Está certo.

Ele me abraçou forte, afundou a cabeça no meu ombro, do mesmo jeito que havia feito no último dia em que me vira.

— Como senti sua falta, Helena!

Fiz um carinho no cabelo dele. Dava para ver que ele estava em conflito. Ric levantou os olhos, que se encontram com os meus novamente.

— É bem difícil ficar tão perto de você e não poder tê-la sabia?

Não consegui responder. Eu me lembro de que quando era adolescente eu desejava ter um manual para lidar com esse tipo de situação. Agora me ajudaria. Ric afastou-se um pouco, mas manteve o contato visual.

— Seus olhos mudaram, Lena!

— Bom, estou mais velha e passei por muita coisa.

— Sim... Dá para ver tristeza neles. Mas ainda vejo sua doçura também.

Abaixei o olhar, meu rosto começou a corar. Ele me olhava tão intensamente que me deixou sem chão!

— Obrigado por ter aceitado me ver hoje. Pode me dar seu telefone?

— Eu que agradeço. Claro!

Passei meu número para ele.

— Posso te ligar amanhã? Para te contar sobre o resultado do exame?

— Claro, Ric!

— Obrigado! Vamos. Vou te levar para a casa da sua vó.

Ele me ajudou a descer do mirante e seguimos em silêncio durante o trajeto.

— Chegamos! Obrigado mais uma vez, Helena. E me desculpe pelo beijo.

— Tudo bem! Boa noite, Ric!

Saí do carro e subi para o apartamento. Vovó e Jorge já estavam dormindo, então fui direto para o meu quarto. "Que foi isso que aconteceu hoje?", pensei.

Meu celular vibrou na bolsa. Duas mensagens não lidas. Uma era de Ric, mandando um "oi" para eu salvar o número dele, e a outra de um número desconhecido.

'Oi, Helena. Aqui é a Larissa, secretária de Marcus. Desculpe te mandar mensagem, mas precisava dizer que eu fiquei com ele. Só hoje fiquei sabendo que vocês saíam porque vi uma foto sua na gaveta dele. Me perdoe. Eu nunca quis magoar você!'.

"Coitada, preciso ajudá-la. E se ele for violento com ela também?". Respondi a mensagem com cautela, pois ele podia lê-la.

'Olá, Larissa. Imagina! Está tudo bem, eu e ele terminamos. O mais importante: você está bem?'.

Se ela estivesse em perigo, entenderia, e ele não poderia dizer que eu a induzi a falar algo.

Ela demorou um pouco para responder e enviou uma foto. Seu olho estava roxo. Percebi que ela estava no banheiro da cobertura. Ele tinha batido nela!

'Larissa, precisa sair daí! Vou mandar ajuda!'.

'Não, ele só fez isso porque eu o enfrentei. Achei sua foto e fui tirar satisfação com ele. Ele disse que quer se casar comigo, que agora que tudo foi esclarecido vai ficar tudo bem. Ele não pode sonhar que estou conversando com você!'.

'Larissa, ele vai machucar você mais. Você sabe disso'.

'Não! Ele se arrependeu. Até chorou! Foi um acidente'.

'Bater em alguém não é acidente! Me deixe ajudar?'.

'Não. Eu não devia ter procurado você, mas me senti culpada! Precisava pedir perdão. Agora preciso sair do banheiro antes que ele desconfie. Por favor, não me mande mensagem. Ele pode ver'.

'Me promete que vai se cuidar e se algo sair do controle vai me ligar ou ir até a polícia?'.

'Sim. Agora eu vou. Obrigada e me desculpe mais uma vez'.

Ela bloqueou meu número. Percebi porque a minha última mensagem não chegou para ela. "Coitada. Está cega, assim como eu fui um dia". Acabei adormecendo.

"— Sai de cima de mim, seu animal imundo!!!

Estava deitada, Marcus me segurando, com os olhos em chamas e babando feito um animal feroz.

— Você é minha e sempre será minha!

Dor. Muita dor. Sentia muita dor! Quando olho novamente não era mais o Marcus em cima de mim. Era outro homem, de barba, sujo, fedendo a álcool.

Uma mulher estava caída no chão, desacordada, sangrando muito pelo nariz! Mãe? O que está acontecendo? Muita dor novamente. Sinto o sangue descendo pelas minhas pernas...

— Nãooooooo!!!".

Acordei assustada, olhando para todos os lados. Foi um pesadelo, o mesmo que estava tendo quase todos os dias depois do episódio com Marcus. Aquele homem não saía da minha mente, e a cada dia a imagem dele ficava menos borrada e mais imagens apareciam.

Um terror consumia meu corpo. Sentia um medo incomum, medo de algo que já tinha vivido e revivi naquele dia com Marcus. Levantei-me e fui à cozinha para beber um copo de água. "Será que a vovó sabe? Será que devo perguntar a ela?". Bebi a água lentamente, tentando me acalmar, e deitei-me no sofá. Não conseguia voltar para a cama, tinha medo de ver aquela cena terrível novamente.

Acordei com Jorge me dando um leve tapinha nos ombros.

— Helena... Dormiu aí?

— Nossa! Acho que sim. Desculpe por isso.

— Imagina. Deve estar toda dolorida. Esse sofá não é muito confortável.

Levantei alongando minhas costas, realmente doloridas.

— Helena, quero levar sua vó no médico. Ela acordou com uma mancha vermelha nos olhos. Estou preocupado.

— Sim. Vamos agora.

Com vovó já no médico, chamei o doutor em um canto reservado.

— Como ela está?

— Isso não é um bom sinal, infelizmente.

— O que quer dizer, doutor?

— Que ela está frágil e a pressão subiu muito. Já está medicada, mas quero deixá-la aqui em observação.

— Certo. Vou falar com ela.

— Senhorita?

— Pois não, doutor?

— Sua vó já possui idade avançada e seu quadro é realmente delicado. Não tem um jeito melhor de dizer isso... Temo que ela tenha pouco tempo. Seu coração não está conseguindo bombear sangue suficiente e qualquer pequeno esforço que ela faça pode ser fatal.

Olhei para ele por alguns segundos. Entendi exatamente o que ele quis dizer. Minha vó estava morrendo. Há alguns anos eu entraria em pânico, mas tinha aprendido a desenvolver certa frieza em situações assim.

— Certo. Obrigada, doutor.

Saí andando em direção ao quarto da vovó. Nenhuma lágrima. Não podia demonstrar fraqueza perto dela.

— Vó, o médico disse que a senhora está bem, mas por precaução quer que fique aqui hoje.

— Ah não! Tem minha novela, filha!

Jorge me olhou e entendeu meu recado na hora. Ele também não estava tão bem de saúde e sabia que ambos podiam partir a qualquer momento.

— Fique tranquila. Já mandei trazer uma televisão para seu quarto.

Ela sorriu satisfeita.

— Jorge, vou em casa pegar umas roupas e itens pessoais dela. Você pode ficar um pouco mais?

— Claro! Vá sim, Helena. Não quero sair ainda.

Peguei minha bolsa para ir ao apartamento da vovó. Na saída do hospital, vi um homem moreno acenando para mim. Apertei os olhos para ver quem era, mas não o reconheci. Ele atravessou a rua e... Meu Deus! Era o Hugo?

— Helena! É você mesmo?

— Hugo?

Não parecia o mesmo jovem deslumbrante para quem um dia eu quase havia me entregado. Ele estava bem fora de forma; devia estar uns 15 quilos acima do peso, cabelo curto com fios grisalhos, óculos e barba grande e grossa.

— Nossa! É você mesmo! Ric comentou que está cuidando da sua vó.

— Sim. Ela passou mal de novo e a trouxe para o hospital.

— O que precisar sabe que pode contar conosco, certo?

— Ok! Obrigada!

— Aparece na casa dos meus pais domingo. Vamos fazer um churrasco na piscina. Quero te apresentar minha esposa e filhos.

— Se a vovó estiver bem, eu vou sim. Me desculpe, Hugo, mas meu Uber chegou. Nos vemos por aí.

Entrei no carro e segui para o apartamento da vovó. "Nunca imaginei que o casamento acabasse tanto com as pessoas assim!". No apartamento, fiz uma mala com alguns itens e roupas da vovó. Meu telefone começou a vibrar. Era o Ric. "Hoje é o dia dos Bernardes!".

— Oi, Ric!

— Helena, você devia virar detetive!

— Por quê?

— Era tudo mentira dela, acredita?

— Sério? Por que não estou surpresa?

— Pois é. Cheguei na casa dela e a convidei para sair sem falar aonde íamos. Quando parei na frente do laboratório e falei que queria o teste, ela surtou e confessou.

— E como você está?

— Puto da vida! Estava sendo enganado! Mas aliviado também. Agora acabou de vez!

— Bom, menos um problema, certo?

— Helena?

— Oi?

— Agora podemos ter um encontro de verdade?

Eu me engasgo ao telefone. Fiquei muda por alguns segundos. Como assim, um "encontro de verdade"?

— Helena? Está aí?

— Sim, eu... Como assim um "encontro de verdade"?

— Quero ter uma chance com você!

Temia que ele respondesse isso.

— Ric, eu sinceramente não estou em condições de pensar nisso agora.

— Eu sei, sua vó. Mas posso ao menos estar perto?

— Perto?

— Isso, por favor. Vou para São Paulo no mês que vem. Me deixe ao menos ficar um pouco com você, como amigo, que seja!

Acho que era possível escutar as engrenagens da minha cabeça pensando nessa hora.

— Tudo bem... Pode ser.

— Isso! Vamos jantar hoje?

— Infelizmente, não posso. A vovó foi internada novamente e vou dormir com ela.

— Nossa! Vou no hospital mais tarde ver vocês.

— Obrigada. Aproveita e leva café — brinquei, para quebrar o clima estranho.

— Claro! Um copo bem grande. Eu me lembro!

— Isso! Bom, preciso ir. Até mais tarde, Ric.

— Um beijo!

Desliguei o telefone sem mandar beijo. Coisa estranha... Parecia um flashback.

Passei na casa da minha mãe antes. Ela estava no quarto e, pelo barulho, com algum homem nojento. Deixei um bilhete avisando sobre a vovó e saí o mais rápido que pude.

No hospital, ajudei a vovó a comer a sopa. Jorge foi para casa para descansar. Liguei para a filha dele informando sobre a situação. Estava preocupada com ele também. Eu não a conhecia pessoalmente, mas parecia uma boa pessoa.

— Essa sopa é horrível, minha filha! Falta alho, sal e salsinha!

Dei uma risada gostosa. Adorava vê-la assim, viva!

— Eu sei, vó, mas precisa comer um pouco.

Quando a convenci a comer, vi um homem deslumbrante encostado na parede do quarto. Era Ric, com dois copos de café na mão.

— Olá, meninas!

Ele entrou e deu um beijo na testa da vovó, que ficou toda feliz.

— Sua sorte é que eu sou comprometida, Sr. Ricardo.

Ele sorriu e sentou ao meu lado, entregando-me meu copo de café.

— Como solicitado, senhorita!

— Obrigada. Estava mesmo precisando.

Vovó acabou pegando no sono.

— Como conseguiu entrar aqui? Não é hora liberada para visitas.

— Eu tenho meus meios!

— Matou ou subornou alguém?

— Quase isso. O porteiro é o Paulo. Lembra dele?

"Claro. Como poderia esquecer aquele babaca?".

— Claro, lembro sim.

— Pois é. Ele me deu este cartão aqui.

— Acompanhante, sei.

— Quer ir para casa descansar? Eu cuido dela para você.

— Imagina, Ric. Eu quero ficar com ela.

— Então vou te fazer companhia até você dormir.

— Hum... Tive uma ideia!

— Lanche?

— Isso. Vamos lá rapidinho? Ela dormiu e a enfermeira pode vir.

Ele concordou e fomos à lanchonete, que ficava no andar de baixo. Pedimos nossos lanches e nos sentamos nas mesinhas.

— Está até gostoso por ser lanche de hospital.

— Verdade! — ele falou, mordendo sua coxinha.

— Não é o encontro que queria, mas serve, certo? — disse, olhando para ele e apontando a mesinha em que estávamos sentados. Ele sorriu.

— Sim! Precisava te agradecer por me livrar de um casamento forçado.

— Que coisa, né? Foi por pouco.

— Mulher doida! Para que fazer isso?

— Também não sei porque nós, mulheres, agimos assim, aceitamos coisas, fazemos coisas que só nos machucam no fim das contas — respondi pensativa, lembrando de tudo que havia vivido com Marcus.

Ric percebeu, pega a minha mão e disse:

— Helena, sei que algo aconteceu. Quando se sentir confortável, sabe que pode me contar e confiar em mim, né?

— Obrigada, Ric!

Acabamos o lanche e voltamos para o quarto. Vovó dormia profundamente.

— Vou indo. Tenta dormir um pouco. Eu aluguei um apartamento aqui no centro da cidade, então estou bem perto daqui. O que precisar é só me ligar que venho na hora.

— Obrigada mesmo, Ric! Boa noite!

Antes de sair, ele me dá um beijo na bochecha.

Vovó recebeu alta após três dias de internação. Ric foi todos esses dias, conheci a filha de Jorge, a Priscila, que parecia ter a minha idade, cabelo castanho-claro, curto, na altura das orelhas, liso. Ela tinha dois filhos e trabalhava no centro também.

Estávamos descendo para encontrar Ric, que fez questão de nos levar em casa; eu e Jorge apoiando a vovó e Priscila segurando as bolsas.

— Hugo! Querido! Venha conhecer a Helena, neta da namorada do papai.

Priscila era a filha mais nova de Jorge, e esposa de Hugo. Ele chegou segurando os filhos. A mais velha era a cara do Hugo quando jovem: cabelo negro e liso e olhos verdes. Já o pequeno parecia mais com a mãe, mas tinha puxado os olhos de Ric.

— Que bom que se conheceram! Já conheço a Helena, querida!

Ric aparece e fica surpreso de ver todo mundo junto.

— Hugo? Priscila? — diz assustado, abraçando os sobrinhos, que correram para o colo do tio.

— Oi, Ric. Vim pegar a Priscila e o Jorge.

— Ah, eu não sabia! Bom que dividimos. Helena e as crianças vão no meu carro e vocês levam a vovó e Jorge.

Todos concordaram e saímos com destino ao apartamento da vovó. No carro, fiquei no banco de trás com os filhos do Hugo. Eles eram muito lindos e educados. Deu até saudade de Bernardo.

Ric me ajudou a subir com a vovó. Todos tomaram café e o dia terminou tranquilamente. Ou mais ou menos tranquilamente. No dia seguinte, saía os resultados dos exames e eu estava realmente preocupada com isso; tão preocupada que não consegui sequer pensar direito sobre esse reencontro com os irmãos Bernardes.

Deitada em minha cama, foi como se um filme passasse na minha mente. Tudo que passei com eles na adolescência, a forma como nos afastamos e, então, o reencontro. Ric lindo e encantador, e Hugo, casado e, bem, não tão lindo e encantador como antes.

Será que eu os havia perdoado? Será que conseguia ser amiga de homens que me fizeram tão mal no passado? E a pergunta que não se calava em meu coração: podia mesmo confiar neles? Apesar da mente turbulenta, acabei adormecendo.

Acordei cedo, como sempre. Meu corpo estava tão acostumado a levantar às 6h que eu nem precisava de despertador. Preparei o café e me sentei, dando uma olhada nas redes sociais. Tinha voltado a usá-las depois de terminar com Marcus, principalmente o Instagram. E estava sendo ótimo, sentia-me mais próxima de Pedro e Letícia. Estava morrendo de saudades deles! Prometi a eles que assim que a vovó melhorasse, eu iria visitá-los. Se ela melhorasse...

Quando vovó e Jorge acordaram, avisei que ia sair para comprar o remédio que a médica havia receitado, passar no laboratório para pegar os exames e já ir ao meu retorno com a ginecologista.

— Vocês já sabem. Se precisar, é só me ligar! Se cuida, vovó.

— Pode ir tranquila, minha filha! Estou bem.

Cheguei cedo ao laboratório. Minha consulta era às 9h e ainda eram 8h. Ia dar tudo certo. Peguei os resultados dos exames, e sem coragem para olhar, coloquei-os na bolsa. "Melhor a doutora ver isso".

Já no consultório, peguei uma revista para tentar conter minha ansiedade. Estava realmente com medo, mas, o pior, estava com raiva de Marcus, muita raiva, por ele não ter me respeitado.

— Helena?

— Olá, Dr.ª Maria. Bom dia!

— Entre, por gentileza.

Depois que entrei, ela fechou a porta da sala. Estava elegante, como sempre, com seu jaleco cor-de-rosa e seu sapato de salto branco. Entreguei os exames sem pensar muito. Ela abriu os envelopes e analisou cada resultado. Uma análise que pareceu que durou horas.

— Está tudo em perfeito estado!

— O quê?

— Não há nenhuma doença, você está ótima e pode ter filhos. Seu corpo está mais do que pronto para isso.

— Graças a Deus! — falei, quase gritando de alívio, e ela abriu um enorme sorriso.

— E o anticoncepcional. Deu alguma reação?

— Na verdade, eu esqueci completamente de tomar. Como estou solteira, então...

— Quer um conselho?

Disse que sim com a cabeça e ela continuou:

— Nunca se sabe quando nosso grande amor vai chegar. Faça o teste com o anticoncepcional e use preservativo.

— Ok! Obrigada, doutora.

— Você precisa voltar em seis meses para uma reavaliação. Agende com a secretária e se cuide!

Saí do consultório tão leve que parecia que estava 10 quilos mais magra! "Deus é bom! Aquele traste não conseguiu me humilhar ainda mais! Obrigada, papai do céu!". Fui andando sorrindo em direção à lanchonete. Estava faminta, pois não tinha comido direito de ansiedade.

— Helena?

Olhei para trás e, pela voz, eu já sabia quem era.

— Hugo! Esses encontros estão ficando recorrentes!

Ele se aproximou com um sorriso tímido no rosto. O sorriso continuava o mesmo, mas a barba espessa cobria a maior parte da beleza que seu rosto um dia teve.

— Está indo na lanchonete?

— Sim. Eu estava aqui perto e preciso de um café.

— Me permite te pagar um café?

— Imagina! Não precisa!

— Eu insisto. Quero mesmo conversar com você.

Quando tudo parecia ir bem, me vem essa! Fazer o quê? Ele não ia desistir, era melhor enfrentar isso logo.

— Claro.

Entramos na lanchonete, ele pediu nossos lanches e nos sentamos.

— Então, o que precisa falar comigo?

— Direta ao ponto!

— Sim, eu realmente não posso demorar. Deixei a vovó com Jorge apenas.

— Claro, claro.

A atendente entregou nossos lanches e ele me olhou, mas acabou desviando seu olhar.

— Então, Helena... Eu... Eu... Só queria saber se está tudo bem entre nós...

— Como assim? O que quer saber exatamente? Se ainda me lembro da palhaçada que fez comigo quando éramos adolescentes?

Ele ficou mais branco do que leite e abaixou a cabeça.

— Isso mesmo.

— Eu me lembro sim. Mas há anos eu simplesmente parei de dar importância a isso.

— Mas ainda está chateada?

— Chateada não é a melhor forma de definir o que sinto quando olho para você.

— E qual seria?

— Indiferença, talvez.

— Nossa! Acho que indiferença é pior do que mágoa! Quer dizer que não sente absolutamente nada?

— Isso. Mas por que isso importa?

— Tudo. Importa para tudo! Não percebe que eu só fiz escolhas erradas na minha vida, Helena?

Só então percebi como ele parecia ter 10 anos a mais que sua verdadeira idade. Estava com uma expressão cansada e seus olhos não possuíam mais aquele brilho do Hugo jovem que um dia conquistou meu coração.

— Só fiz merda, Helena! Só isso! Perdi a única mulher que um dia eu gostei de verdade, engravidei outra e fui forçado a casar. Não consegui me formar na profissão que queria. Minha vida não seguiu nada do que eu tinha pensado um dia. Nem tocar eu toco mais. Faz tantos anos!

— Hugo... — falei, pegando em sua mão que estava em cima da mesa. Ele olha nos meus olhos.

— Relaxa com isso. Você era jovem e imaturo, cometeu erros. E quem não comete? Não existe manual de instruções para a vida!

Ele continua me olhando, com certa admiração.

— Você sempre foi tão inteligente e bondosa. Eu nunca mereci você mesmo!

— O que vivemos ficou no passado, ok? Quem sabe agora não podemos recuperar nossa amizade?

— Sério? Seria minha amiga?

— Claro. Por que não? Sempre adorei conversar com você e amei conhecer sua família.

Ele me olhou, sem muito entusiasmo, e disse:

— Ótimo! Minha esposa também adorou você.

— Ela sabe?

— Sabe o quê?

— Sobre nós, no passado?

Ele engoliu seco.

— Eu nunca contei o que aconteceu para ninguém. Tenho vergonha do que eu fiz. Por favor, não fale para ela!

— Tudo bem. Não cabe a mim dizer a ela.

— Obrigado, Helena! Então, se você se animar, vá no churrasco domingo. Minha mãe vai adorar. Leve sua avó e Jorge.

— Claro! Se eles estiverem bem, vamos sim!

E, assim, acabamos o café e saímos. Peguei meu Uber e ele seguiu para seu escritório. Sinceramente, olhando para ele, não senti mais raiva nem mágoa. Acho que realmente consegui perdoar os irmãos Bernardes.

Mais tarde, nesse mesmo dia, Lorena me ligou.

— Oi, Helena. Me fala, como estão as coisas?

Contei para ela sobre a recaída da vovó e do alerta que o médico havia feito.

— Lorena, eu realmente não sei por mais quanto tempo terei que ficar aqui.

— Entendo. Temia que dissesse isso. Mas eu e o Lorenzo pensamos em uma solução temporária.

— Qual?

— Você trabalhar de forma remota, mas teria que mudar seu cargo para consultora, porque o gerente precisa acompanhar a equipe e Marcus aceitou voltar. "Marcus estará mais próximo". Esse pensamento me fez sentir medo e pânico novamente.

— Mas... E Maceió?

— Leonardo vai assumir e Larissa será promovida para o cargo de assessora.

— Lorena, eu... eu...

— Está tudo bem, Helena? Parece assustada.

— Está, claro.

"Ela não pode saber. Se souber que eu quebrei sua confiança ficando com Marcus, ela nunca vai me perdoar!".

— Tudo bem. Mas meus horários serão incertos, pois tenho que acompanhar a vovó.

— Claro, sem problemas. Vou te enviar tudo por e-mail.

— Obrigada, Lorena!

— O que precisar, me liga. Dá um abraço na vovó.

Meu Deus! Marcus estará a poucas horas de distância daqui! Preciso aprender a me defender dele. Com os punhos cerrados, comecei a pensar em várias formas de fugir e atacar caso ele aparecesse. Mas, cansada, acabei adormecendo. Porém por pouco tempo.

"— Sai de cima de mim, seu animal imundo!!!

Estava deitada, Marcus me segurando, com os olhos em chamas e babando feito um animal feroz.

— Você é minha e sempre será minha!

Dor. Muita dor. Sentia muita dor! Quando olho novamente não era mais o Marcus em cima de mim. Era outro homem, de barba, sujo, fedendo a álcool.

Uma mulher estava caída no chão, desacordada, sangrando muito pelo nariz! Mãe? O que está acontecendo? Muita dor novamente. Sinto o sangue descendo pelas minhas pernas...

— Nããããoooo!!!

Olhei novamente para o homem, que se levantou e vestiu sua calça, batendo-me forte no rosto. Não conseguia identificar quem era, pois seu rosto estava embaçado. Ele vai em direção a minha mãe, caída no chão, chuta-a algumas vezes e sai.

Sangue... Muito sangue desce pelas minhas pernas e nariz... Dor... Dor..."

Mais uma vez, acordei assustada, olhando para todos os lados. Era o mesmo pesadelo que estava tendo quase todos os dias depois do episódio com Marcus. Mas agora tinham surgido mais detalhes. E eu sentia que não era só um sonho.

Levantei-me, ainda assustada, mas tentando entender aquilo. Precisava entender porque essas imagens estavam em minha mente e, o pior, saber se eram memórias da minha infância. E só uma pessoa poderia me dar as respostas que eu queria. Mas era justo a pessoa para quem eu menos queria perguntar: minha mãe!

A semana seguiu tranquila. Minha vó ainda estava fraca, mas se recuperando. Domingo chegou e, como prometido, fui com a vovó e o Jorge ao churrasco na casa dos Bernardes.

— Helena, você veio! Quanta saudade! — falou a mãe de Hugo e Ric, recebendo-nos com abraços calorosos. O tempo parecia não ter passado para ela. Continuava elegante e simpática, exatamente como eu me lembrava.

Fomos até a área externa. A piscina, a churrasqueira, estavam exatamente do mesmo jeito. Não pude deixar de recordar daquele dia na piscina, quando Hugo e Ric causaram em mim sensações tão únicas.

Rômulo estava brincando com o filho mais novo de Hugo na piscina e a filha estava com a mãe. Não via o Ric.

— Ric já vai chegar. Ele teve uma sessão de fotos hoje pela manhã — a mãe dele disse. Deve ter percebido que eu o procurava com o olhar.

Sentamo-nos nas cadeiras perto da piscina. Vovó estava adorando.

— Finalmente, saí de casa. Obrigada, Rita, pelo convite!

Rita abraçou vovó e elas ficaram conversando. Jorge se juntou aos homens e eu fiquei próxima às crianças.

— Você é tão bonita. Amei seu cabelo. É de verdade? — disse a filha do Hugo, encantada com meus cachos soltos.

— São sim. Parecem um miojo, não é?

Ela sorriu, o sorriso igual ao do pai, lindo e perfeito. Brincando com as crianças, não vi a esposa do Hugo se aproximar.

— Fico feliz que veio, Helena! Eles adoraram você. Tem muito jeito com crianças.

— Eu adoro demais. São tão espertos e puros.

— Tem filhos? Não vi seu marido aqui — falou ela. Parecia querer informações.

— Eu sou solteira, sem filhos. Estava morando na capital, mas vim para auxiliar a vovó em sua recuperação.

— Ah, tá... E nunca quis se casar?

Sério? Essas perguntas me enchem a paciência!

— Eu, digamos, não encontrei o homem certo ainda.

— Ah, mas logo você encontra. Hugo me disse que estudaram juntos no ensino médio.

— Foi sim. Eu era da sala de Ric.

Graças a Deus, antes que ela continuasse com o interrogatório, Hugo se aproximou com semblante preocupado e tirou sua esposa dali, ou melhor, resgatou-me daquele inferno de entrevista. Meu bom humor quase acabou, mas, então, Ric chegou. Ele estava especialmente mais bonito do que na última vez que nos encontramos.

Seus cabelo loiro brilhava como nunca no sol. Estava de óculos escuros, bermuda caqui e uma camiseta branca que destacava ainda mais seu peitoral definido e seus braços fortes. "Ops! Preciso me controlar. Estou quase babando aqui". Mas a verdade precisa ser dita: ele se tornou um belíssimo homem.

Ele abriu o sorriso mais lindo quando me viu sentada ao lado de vovó.

— Lena, você veio! Que alegria!

Ric me abraçou e, em seguida, abraçou vovó, que ficou toda feliz.

— Hoje estou de folga, meu filho. Obrigada pelo convite!

Ele dá um beijo na testa da vovó, que sorri satisfeita.

Na hora do almoço, sentamos todos na enorme mesa de ardósia. Fiquei de olho na vovó por causa da dieta, mas ela se comportou. Jorge estava do lado dela, fiscalizando. Ric sentou-se do meu lado e eu sentia o olhar do Hugo em nós do outro lado da mesa.

— Está uma delícia!

— Que bom que gostou, Helena! — fala Rita, toda feliz com o elogio.

Após comermos e conversarmos, fui para a cozinha com as mulheres e não percebi Ric atrás de nós, trazendo algumas panelas.

— Mãe, deixa que eu e Helena cuidamos disso. Vai conversar com a vó dela um pouco.

— Então também vou colocar os meninos para cochilar um pouco — falou Priscila.

E, assim, a mãe e a esposa de Hugo saíram, ficando somente eu e Ric. A cozinha, antes enorme, parecia ter reduzido de tamanho.

— Eu lavo e você seca?

— Tudo bem, Sr. Ric!

Ele sorriu. Seu sorriso me causava uma sensação estranha, mas boa!

— Então, Sra. Helena...

— Então...

— Vai ficar mais um tempo por aqui?

— Sim. Até a vovó estar fora de perigo.

— Hum... Gosto disso!

Ele disse essa frase me olhando, ou melhor, devorando-me com os olhos. Virei-me para fugir da situação, pois ainda não sabia como reagir a ele.

Acabamos de lavar as louças e eu estava quase saindo da cozinha, quando Ric segurou meu pulso levemente. Olho para ele, que olha no fundo dos meus olhos e diz:

— Que tal um jantar?

— Ric, eu já disse que...

— Amigos, eu sei. É um jantar de amigos, na minha casa. Podemos jogar. Tenho ótimos jogos de videogame, topa?

— Videogame?

— Isso! Essa é a proposta. Pizza e videogame. Que tal?

Demorei um pouco para responder e ele ficou calmamente esperando, olhando-me com aqueles olhos azuis de tirar o fôlego.

— Tá bom... Mas oh... Como amigos, beleza?

— Claro, senhorita. Te pego às 20h.

— Espera! Hoje?

— Sim, claro. Por que não? Você não está de férias?

— Eu sim, mas e você? Não trabalha não?

Ele sorriu, chegando perto demais; tão perto que pude sentir o cheiro do seu protetor solar. Eu nunca achei esse cheiro tão gostoso antes.

— Sim, mas como tive a sessão de fotos hoje, estou de folga amanhã.

— Hum... Entendi.

— Então? Às 20h?

— Tudo bem, combinado.

— Perfeito! Fique tranquila, que eu te busco e te levo embora depois.

— Acho bom!

E saí sorrindo para ele, sorrindo demais, a propósito. Por que não conseguia parar de sorrir? O que estava acontecendo comigo?

Voltamos para casa por volta de 15h. Vovó e Jorge se deitaram para descansar um pouco e eu me peguei pensando em Ric. "Ele estava tão lindo e gostoso hoje que... Opa! Que isso? Que pensamento é esse agora? Helena, se controle! É Ric, lembra? Não pode confiar nele. E chega de confusão! Ainda preciso pensar em como vou me defender de Marcus!". Só de pensar nele, meu corpo arrepiou-se de medo. Precisava aprender a me proteger dele de verdade.

Às 20h em ponto, Ric me mandou mensagem. Ele estava na porta. Já tinha medicado a vovó e deixei o número do meu telefone e o do Ric, caso precisassem. Optei por uma calça de moletom preta, uma blusa mais larguinha cor-de-rosa e um tênis. Fazia tempo que não usava essas roupas.

Desci e Ric estava do lado de fora do carro. "Meu Deus, como ele fica lindo à luz do luar... Helena, chega! Para de pensar nele assim!". Balancei a cabeça, tentando espantar esses pensamentos.

O apartamento do Ric ficava no último andar, mas o prédio não tinha cobertura. O apartamento era pequeno, com poucos móveis e aquela típica bagunça de homem que mora sozinho. Tinha dois quartos, o de casal maior, uma sala, cozinha com copa conjugada e lavanderia.

— Entra, Helena. Vou fazer um chocolate quente para nós!

— Epa! Quero pizza! Essa foi a promessa!

Ele sorriu.

— Sim! Promessa é dívida. Eu pedi para entregarem. As pizzas desse lugar são deliciosas, mas demora uns 30 minutos ainda.

— Prefiro esperar. Se tomar leite, vou ficar satisfeita.

Ele sorriu e pegou um copo para ele de leite com chocolate.

— Então... Tenho vários jogos. Qual você gosta?

— Não faço ideia! Tem anos que não pego em um videogame.

— Que absurdo isso! Então vamos com este de luta clássico, Street Fighter.

— Esse eu me lembro um pouco.

E começamos a jogar.

— Ah! Não tem graça! Você ganha todas as lutas.

— Lena, é que eu pratico mais, só isso.

— Affff... Vou pegar essa aqui.

Troquei meu avatar no jogo e continuei apertando os botões do controle. Apertava todos ao mesmo tempo, nem sabia o que estava fazendo.

— Isso!

— Como conseguiu me derrubar?

— Viu! É assim que se joga!

Satisfeita por finalmente ter ganhado uma luta, dei uma empurradinha em Ric.

— Ah! Então é assim?

Ele pegou uma almofada e jogou em mim, e, lógico, revidei.

— Agora, você vai ver.

Ele começou a fazer cosquinhas em mim e eu fiquei ali, contorcendo-me de tanto rir. E no meio dessa sessão de tortura, nossos olhares se encontraram. Ele parou de fazer cócegas e começou a se aproximar, olhando diretamente para meus lábios. Quando ele estava a centímetros de mim, o interfone tocou. Era a pizza. Chegou bem na hora! Ric balançou a cabeça, parecia irritado e confuso.

— Que povo pontual!

Ele se levantou e desceu para pegar as pizzas.

"Ele ia mesmo me beijar? Sinceramente, se ele fizer isso novamente, eu não sei se consigo resistir!".

— Hum... Sente esse aroma!

— O cheiro está divino.

Ele colocou as duas pizzas na mesa e foi até a cozinha para pegar pratos e talheres.

— Prefere suco ou refrigerante?

— Suco.

Ele trouxe e nos sentamos para comer.

— Eu amo pizza de quatro queijos!

— Eu também! E a deles é sensacional.

Ele tinha pedido duas pizzas, uma de quatro queijos e uma à moda da casa. Ambas deliciosas.

— Você é fraquinha, hein! Só dois pedaços?

— Estou satisfeita! Eu sou mocinha e pequena demais para comer mais.

Ele sorriu e eu descobri que adorava esse sorriso. Quando ele terminou de comer seus quatro pedaços generosos de pizza, ajudei-o a levar os pratos para a cozinha.

— Para onde vai isso tudo, hein? — perguntei, apontando para a barriga tanquinho dele.

— Eu sigo dieta, na verdade, mas sempre tiro algumas refeições mais livres. Ossos do ofício da vida de modelo. Preciso ficar sempre lindo assim! — Ele brincou, apontando para aquele corpo escultural. E eu só conseguia sorrir. Comecei a lavar os pratos.

— Eu seco então.

Depois de organizar tudo, já eram quase 21h30.

— Melhor eu ir. Está ficando tarde!

— Lena, você já é grandinha para chegar em casa mais tarde. Relaxa! Sua vó está bem.

— Mas eu...

— Mas nada. Bora ver um filme?

— Filme?

— Sim. Vamos relaxar vendo uma boa comédia.

— Tá bom.

Ele escolheu um filme de comédia e eu me sentei ao lado dele no sofá.

— Espera aí! Tive uma ideia.

Ele levantou-se e foi no quarto menor, e voltou carregando um colchão de solteiro.

— Que isso?

— Vamos assistir a esse filme direito!

— Deitar? No colchão? Com você?

— O que tem?

— Ah, Ric! Não precisa. O sofá está ótimo.

Como é que eu ia dizer para ele que tinha receio de ficar muito perto e acabar cedendo às investidas dele?

— Não. Vai ficar toda dolorida. Vem cá.

Ele pegou dois travesseiros e um cobertor. Estava um pouco frio nessa noite.

— Agora sim!

Ficamos lado a lado, e como o colchão era pequeno, precisava ficar bem perto dele, tão perto que conseguia sentir o cheiro da colônia delicada que ele estava usando, e conseguia sentir o calor do seu corpo. Nossa! Estava difícil me concentrar no filme. Ele, aparentemente, estava tranquilo, assistindo ao filme e morrendo de rir nas cenas.

— Eu adoro esse ator.

— Ele é excelente mesmo.

Quase no meio do filme, nossos pés encostaram um no outro, o que, por reflexo, fez nossos olhos se encontrarem. Não sei por quanto tempo sustentamos esse olhar.

— Helena...

— Ric...

Ele começou a se aproximar, olhando dentro dos meus olhos, devagar, como se estivesse esperando eu o afastar, mas eu não fiz isso e ele me beijou. Eu não conseguia mais raciocinar e entreguei-me ao momento, esquecendo-me de onde estava. Só sentia os lábios dele nos meus. Percebendo que eu correspondia, ele continuou e, quando me dei conta, estávamos completamente nus.

Ric me olhou nos olhos mais uma vez e me penetrou. Começou delicadamente e foi intensificando. Ele continuou por mais alguns minutos, até que chegou ao seu limite.

E eu, ainda sem entender direito o que tinha acontecido, pensei: "Espera... Acabei de transar com Ric? Helena, mas que droga!". Voltando ao meu estado normal, levantei-me rápido procurando minhas roupas.

— Helena? Aonde vai?

— Eu preciso ir!

— Calma! Espere!

— Ric, isso... isso... Meu Deus! Foi um erro.

Ele, ainda nu, ficou me olhando, confuso.

— Eu sei! Eu disse amigos, mas Helena!

— Ric, eu... Nossa!

— Você pode se sentar aqui comigo? Vamos conversar sobre isso!

Ele me olhou, um olhar confuso e suplicante. Eu me sentei ao seu lado no colchão. Ric se cobriu com o cobertor e disse:

— Helena, eu sei que você ainda não confia em mim e que não quer nada sério comigo. E sei que tem algo que está incomodando você, mas somos adultos, sentimos uma forte atração um pelo outro e aconteceu. Para mim foi maravilhoso. Por favor, podemos ao menos tentar?

— Ric, eu...

— Tem medo?

— Muito. E, realmente, não estou pronta para um relacionamento agora.

— O que aconteceu, Helena?

— Nada. Só estou com a cabeça cheia demais.

— Eu entendo, mas, por favor, podemos continuar amigos? Não quero perder você de novo!

— Podemos. Agora me deixe ir, por favor!

— Só se me abraçar.

— Sério isso?

— Sim. Me abraça com um "Está tudo bem, Ric".

Eu o abracei e ele demorou um pouco para me soltar. Então ele colocou suas roupas e me levou para a casa da vovó.

Já na minha cama, tentei me lembrar de como tudo tinha acontecido.

— Eu transei com ele! Meu Deus, que grande merda, hein, Helena! Parabéns! Mais uma vez, você fazendo merda atrás de merda. Droga! Como sou burra! — falei para mim mesma.

Eu não senti nada especial. O sexo foi, digamos, razoável. Apesar de Ric ser lindo, é inevitável não comparar.

— Droga! Marcus estava certo! Nunca vou encontrar homem como ele, alguém que me faça sentir o que ele fazia, o prazer, o tesão... Affff... Droga! Droga! Mil vezes droga! Por que ainda penso naquele idiota? Por que não consigo simplesmente esquecer aquele monstro? Eu devia odiá-lo, devia querer ele morto, mas ainda sinto falta do seu toque! Que merda!

Falar isso em voz alta me deixava ainda mais irritada. Eu devia sentir ódio e nojo dele, mas as memórias dos momentos em que ele me levava ao clímax me faziam ficar realmente excitada.

— Droga! Droga! Droga! Será que nunca vou ter uma relação saudável nesta vida?

Esmurrando meu travesseiro, tentei aliviar toda dor e toda raiva que estava sentindo de mim mesma. Sentia-me completamente incapaz de tirar esse sentimento de dentro de mim.

Minha última semana de férias acabou. Evitei encontrar com Ric desde aquela noite no apartamento dele. Vovó não vinha se sentindo bem, o médico aumentou a dosagem de alguns remédios. Jorge também estava ficando cada vez mais cansado. Minha mãe aparecia de vez em quando para pegar dinheiro, claro. Como pode ser assim? Parecia sequer se preocupar que sua mãe estava morrendo.

Como voltei a trabalhar para Lorena, contratei uma assistente para auxiliar nas tarefas de casa e me ajudar com meus dois velhinhos. Foi o zelador que indicou. Ela era formada como cuidadora de idosos, tinha vindo do interior para cidade e precisava de um lugar para morar. Ela se chamava Viviane, era uma moça simples, muito dedicada e honesta. Morena, de cabelo crespo e olhos escuros. Muito amorosa com vovó e Jorge.

Em uma quarta-feira tinha uma reunião virtual com toda a equipe financeira. Eu sabia que Marcus ia voltar, mas não sabia se ele já estava na capital. Larissa nunca mais me procurou depois daquele dia.

Coloquei uma blusa social branca, mas fiquei de chinelo mesmo, pois a parte debaixo do meu corpo não seria vista. Joguei o cabelo para o lado, passei um batom leve de tom rosado e abri a câmera.

— Helena! Que bom vê-la!

Acho que nessa hora todo o sangue do meu corpo desceu para meus pés. Devo ter ficado branca, azul, amarela... Não faço ideia. Congelei na cadeira.

— Marcus?

— Sim, já voltei. Lorena pediu para começar a reunião. É muito bom ver você. Como estão as coisas? E sua vó?

Não conseguia pensar. Era ele, sorrindo lindamente, como se nada tivesse acontecido. Em minha mente, a única imagem que vinha era a daquele monstro agressivo e abusivo. Ele percebeu meu silêncio e quando foi dizer algo, Lorena entrou na sala, distraindo-o da câmera.

— Oi, Lena. Como você está? Como está sua vó?

— Oi... Oi... Lorena!

— Que bicho te mordeu? Está pálida feito um leite.

— É o vento frio aqui.

— Ah, bom!

— Me dão licença. Só vou pegar uma água.

Fechei a câmera e fui ao banheiro. "Aquele monstro! Ele está perto, perto demais!". O pânico voltou, quase me fazendo surtar, mas meu salvador, meu lado racional, voltou, e eu disse a mim mesma, olhando-me no espelho:

— Calma, Helena! Ele ainda está lá. Você precisa aprender a se defender.

Um estalo me veio à mente.

— Vou aprender a me defender. Tem a escola de lutas do centro. É isso! Vou lá logo após esse martírio de reunião.

Fechando os punhos, voltei para frente do notebook e abri minha câmera. Agora mais pessoas estavam na sala e a reunião começou. "Como detesto essas reuniões!". Percebi que o tempo longe do trabalho tinha sido pouco, precisava de uns 10 anos longe dessa tortura. A reunião terminou e antes de dar qualquer espaço, saí da sala.

Meu telefone tocou na sequência, era Marcus. Não atendi, ainda não estava pronta para falar com ele. Ele insiste mais duas vezes e manda uma mensagem:

'Helena, preciso do relatório referente ao orçamento anual ainda hoje'.

Era trabalho! Graças a Deus.

'Ok'.

Pronto! Está mais do que respondido.

Sem pensar em mais nada, coloquei uma calça e saí rumo à academia de lutas. Chegando lá, o professor, um homem mais velho, de cerca de 45 anos, grisalho e forte, recebeu-me.

— Olá, senhorita! Como posso ajudar?

— Eu quero aprender a me defender. O que me indica?

Ele me analisou por alguns minutos, parecendo entender o que estrava querendo dizer.

— No seu caso o melhor é a defesa pessoal. Vai te ensinar a sair de situações complicadas.

— Ótimo! Em quanto tempo consigo me proteger sozinha caso precise?

Ele ficou um tempinho me olhando, acho que percebeu o medo estampado em meu rosto.

— Bom, se é mais urgente, posso dar aulas particulares com carga horária maior. Em um mês, já terá uma boa base de autodefesa.

— Perfeito! Preciso começar urgentemente.

— Senhorita, quer me dizer o que aconteceu? Posso ver com meu amigo policial uma proteção maior para você.

— Não, é só... Estou só me prevenindo. Só quero me sentir segura.

Ele assentiu com a cabeça, passou-me os detalhes, os horários, e eu me matriculei. A primeira aula era no sábado. "Logo estarei pronta para me defender!".

Já em casa, terminei o relatório antes das 17h e enviei para o e-mail de Marcus e Lorena. Ele não respondeu.

Jantamos e fui para o meu quarto para ler um pouco, hábito que havia perdido. Há anos eu não lia. Assim que peguei o livro, meu celular tocou.

— Oi, Ric. Tudo bem?

— Oi, Helena. Está me evitando, certo?

— Não. É que voltei a trabalhar e com a vovó doente, então...

— Sério?

— Sim. Por que esse tom de dúvida?

— Então prove!

— Provar o quê?

— Que não está me evitando.

— E como faço isso?

— Vamos na lanchonete, tomar um chocolate quente e comer uma torta.

— Mas tenho que acordar cedo e...

— Viu! Está me evitando.

— Você é chato sabia, Sr. Bernardes?

— Vamos ou não?

— Tá bom! Que horas?

— Agora. Estou aqui embaixo te esperando.

"O quê? Ele está aqui?". Olhei pela janela e, realmente, aquele deus grego estava lá, encostado no carro, esperando-me.

— Cinco minutos. Vou só colocar uma roupa. Estava de pijama já.

— Tudo bem. Te espero.

Vesti uma calça de moletom e uma blusa de frio e desci, avisando Viviane que iria sair rápido.

— Olha! Ela está viva, afinal!

— Viu! Ainda estou! — falei, fazendo uma careta para ele.

Na lanchonete pedimos o mesmo da primeira vez: chocolate quente com canela e torta de chocolate belga.

— Eu precisava te ver.

— Hum... Saudades já?

Ele sorriu.

— Também. Fiquei com receio de novamente ter estragado tudo entre nós dois.

— Você tinha que falar daquela noite, né?

— Lena, qual o problema? Foi tão ruim assim? Não costumo ter um retorno tão negativo!

— Ric, eu sei que é clichê, mas não é você, sou eu! — disse, sorrindo.

— Queria tanto que se abrisse para mim, Lena!

— Eu não me abro com ninguém, Ric.

— E isso está te matando, sabia?

— Credo! Que papo estranho!

Terminamos o lanche e ele sugeriu uma caminhada na praça central, a mesma onde beijei Hugo pela primeira vez.

— Foi um homem, não foi?

— O quê?

Ele para de andar e me olha nos olhos.

— Que traumatizou você.

— Do que está falando?

— Lena, eu pude sentir.

— Sentir o quê?

— Quando eu a toquei, quando... Enfim, você sabe.

— O que tem isso?

— Você travou toda, ficou imóvel no começo. Eu até hesitei, mas depois você se soltou um pouco e rolou. Quando estava em cima de você, seus olhos estavam longe.

— Desculpe, Ric, eu...

— Foi seu ex-namorado? O que disse que terminou recentemente?

Marcus. Só de pensar, o mesmo pânico me tomou e eu quase desmaiei. Ric me segurou e me sentou no banco da praça.

— Lena? Lena? Você está bem?

Tudo escureceu, só conseguia sentir medo e pânico.

Dor... Dor... Não... Não!!!

— Lena?

— Oi. O que aconteceu?

— Você ficou branca igual uma folha de papel, desmaiou e começou a gritar "Não! Não!".

— Meu Deus! Que vergonha! Desculpe, Ric.

— Lena, se abre. Me conta o que ele fez com você.

Ele parecia estar muito preocupado. Ele realmente se importava comigo, mas não podia falar que era o Marcus, meu chefe.

— Eu estou tendo uns pesadelos meio estranhos, só isso!

— Procure um médico, ou melhor, um psicólogo! Você precisa se tratar, Lena. Essa síndrome do pânico é séria.

— Eu vou. Tenho uma amiga. Vou ver se ela me atende. Obrigada, Ric.

Ele me deixou em casa.

"Como vou lidar com isso? Não podia contar para Letícia nem para ninguém!". Acabei dormindo.

Ric continuou me visitando e nos tornamos amigos. A raiva e a mágoa que um dia havia sentido acabaram e passei a sentir um grande carinho por ele. Ele ia para São Paulo na semana seguinte.

Sábado chegou e era a minha primeira aula de defesa pessoal. Estava ansiosa, mas precisava mesmo me sentir mais segura e acreditava que aprendendo a me defender teria essa sensação.

A aula correu tranquilamente, o professor era respeitoso e muito simpático. Nessa primeira aula treinamos mais meu condicionamento físico e força nos braços e nas pernas. Cheguei em casa cansada, porém feliz, por ter conseguido dar uns bons socos e chutes.

— Oi, vov...

Congelei. Ao entrar em casa vi Lorena, Lorenzo e Marcus conversando com minha avó. Marcus? Ele estava ali! O pânico me consumiu novamente, mas consegui respirar e não desmaiar. Fecho os punhos sem perceber.

— Filha, olha quem veio me ver! — vovó falou toda feliz.

Marcus não tirava os olhos de mim. Aquele sorriso que antes me fazia perder os sentidos agora só me trazia uma sensação: PERIGO!

Lorena se levantou e me abraçou.

— Estávamos com saudade e queríamos ver como vovó estava. Marcus fez questão de vir ver como você está.

Ele se levantou e veio em minha direção, mas parou entre Lorena e minha vó.

— Bom te ver bem, Helena! — ele disse sorrindo e voltou a se sentar do lado da vovó. Lorenzo se levantou e me abraçou, levando-me para a cozinha.

— Está pálida. Vou pegar água para você.

— Oi? Quê?

— Tá branca feito papel. Essa cidade fria não está te fazendo bem — Lorenzo falou sorrindo, com seu olhar protetor no rosto, e me entregou um copo de água. Só então vi Viviane. Ela estava fazendo café e pão de queijo para eles.

— Que horas chegaram, Lorenzo?

— Tem uns 20 minutos. Sua vó disse que você tinha saído, mas que ia voltar logo. Pensamos em ficar aqui um pouco.

— Ah... E Bernardo?

— Caiu no sono. Ele está na sua cama. Não parava de perguntar sobre você.

— Saudades de vocês!

Abracei-o apertado. Lorenzo era um dos poucos exemplos de bom homem na minha vida.

— Vamos?

Só de pensar em ficar no mesmo ambiente que Marcus, sentia um calafrio.

— Estou toda suada. Vou tomar um banho rápido e vou me juntar a vocês.

Saí quase correndo para o meu quarto. Entrei e tranquei a porta por segurança. Bernardo estava lindo, dormindo igual a um anjo na minha cama.

— Helena, respira! Respira, fique calma. Ele não pode te machucar aqui. Lorenzo está aqui, ele nunca permitiria que alguém machucasse você!

Tomei um banho e coloquei um short e uma camiseta. Ainda tentando me manter calma fui para a sala. Estavam todos à mesa, aproveitando o lanche preparado por Viviane.

Assim que entrei na sala, senti Marcus me devorando com os olhos, aqueles olhos de anos atrás, que antes me deixavam com desejo, mas agora só me deixavam apavorada. Sentei-me e conversei com Lorena, Lorenzo, Viviane e vovó. Marcus ficou em silêncio, apenas sorrindo e me olhando. "O que ele quer, afinal?".

— Vou pegar aquele queijo frescal também. Só um minuto.

Levantei-me para pegar o queijo, pois sabia que Lorena adorava. Na cozinha, pegando o queijo, vi uma figura masculina se aproximando.

— Helena, posso falar com você um minuto?

Olhei para trás e uma onda de desespero e pânico subiu por todo meu corpo; deixei a faca que estava segurando cair no chão.

— M... Marcus?

— Calma! Vim em paz. Só quero conversar.

Fiquei assustada, estava sozinha com ele. "Mas estão todos na sala e qualquer barulho o Lorenzo vem correndo. Estou segura aqui". Esse pensamento me relaxou um pouco.

— Não temos nada para conversar. Está tudo resolvido.

— Eu... Eu...

Graças a Deus, Lorena entrou na cozinha interrompendo a conversa que eu realmente não queria ter. Santa Lorena!

— Cadê meu queijo?

— Está aqui. Vamos?

Saí com Lorena para sala e Marcus nos seguiu.

Bernardo acordou e pulou no meu colo, ficando agarrado a mim o resto da tarde. Graças a Deus! Santo Bernardo também, pois Marcus não pôde se aproximar muito. Por volta das 19h, eles foram embora. Enquanto todos se despediam, Marcus se aproximou e falou em um sussurro:

— Você está ainda mais linda, minha princesa.

"Mas que merda!".

Ele entrou no carro e foi embora, deixando-me ali, tensa, nervosa e completamente apavorada.

Não conseguia pregar o olho. Já eram 23h e eu rolava de um lado para o outro na cama.

— Droga! Aquele desgraçado tinha que voltar para a capital? — disse a mim mesma.

Sem pensar, peguei meu telefone. Saudades do Pedro nessas horas. Com certeza ele estaria acordado e ficaria conversando horas comigo até me dar sono, mas ele estava casado e eu não podia mais fazer isso.

Passando o dedo pelo meu Instagram vi uma foto de Ric. Acho que fiquei uns cinco minutos olhando para aquele corpo de jaqueta, sem camisa e de calça jeans. Era uma foto do catálogo da campanha do shopping que ele havia feito. Era um absurdo não sentir prazer algum com aquele homem. "O que será que aconteceu?".

Forcei minha mente tentando me lembrar daquela noite, mas só me lembrava de um apagão e pronto.

— Não é possível que estou mesmo traumatizada e nunca mais sentirei prazer novamente. Isso é inaceitável! — falei brava, ainda olhando para o celular. Não tinha percebido que Ric estava on-line até que ele me ligou.

— Acordada, é?

— Pois é. Sem sono algum.

— Eu também. Que tal uma volta?

— Agora?

— Por que não? Você não consegue dormir mesmo!

— É, pode ser uma boa ideia.

— Ótimo! Vinte minutos aí na sua porta.

— Combinado.

Eu aceitei mesmo sair com o Ric de novo? Bom, podia ser uma boa ideia conversar e me distrair um pouco, e ele vinha sendo um ótimo amigo, fazendo-me sentir menos solidão.

Coloquei uma calça de malha, uma blusa e um casaco simples de lã. Em 20 minutos em ponto ele chegou. Estava com um conjunto de blusa e calça de moletom preto, lindo como sempre.

— Oi, gata!

— Sério isso?

Ele sorriu e entramos no carro.

— Para onde vamos?

— Que tal meu apartamento?

— Pensei que íamos sair.

— É... Mas lá ficamos longe desse frio com uma boa xícara de chá e biscoitos. Que tal?

— Boa ideia! Vamos!

Ao entrar no apartamento de Ric, tentei forçar minha mente a se lembrar daquela noite, mas nada, não consegui me lembrar da nossa transa de jeito algum. Ele veio da cozinha com as xícaras de chá quente e um pote de biscoitos caseiros.

— Hum... Agora eu realmente te amo! — eu disse e ele retribuiu sorrindo.

— Fácil agradar você, hein!

— Só me dar comida boa!

Ele deu uma boa gargalhada.

— Filme? Topa?

Eu olhei para ele desconfiada.

— Relaxa! Amigos! Não vou agarrar você. Só se me pedir.

— Tá bom. Qual sugere?

— Que tal um suspense?

— Morro de medo!

— Ah! Fala sério! Vai ser bom.

— Ok. Mas nada de colchão.

— Tenho uma ideia melhor do que essa.

— Qual? Posso saber?

Ele apontou para uma porta aberta.

— Seu quarto?

— Sim. Acabei de comprar uma televisão incrível, bem maior do que essa da sala.

— Sei...

— Relaxa, Lena. Quando quiser ir embora, é só falar que eu te levo.

Sem ter mais argumentos fui com ele para o quarto. Era simples, mas bem decorado. Havia uma cama grande de casal no meio, guarda-roupas, um criado-mudo e a enorme televisão na parede.

— É grande mesmo!

— Pois é. A imagem é perfeita.

Ele colocou o filme, um suspense policial leve.

No meio do filme, percebi um par de olhos em mim.

— A televisão é ali, viu? — falei olhando para ele, que ficou um pouco vermelho e desviou o olhar.

— Lena?

— Oi, Ric.

Ele me olhou nos olhos e eu fiquei ainda mais curiosa sobre estar com ele, porque não fazia sentido eu não ter gostado de estar com aquele homem lindo e carinhoso. Eu mantive o olhar, e deve ter sido provocativo sem eu perceber. Será que ele escutava meus pensamentos?

— Eu vou ficar fora 15 dias e...

— E?

— Quero muito continuar com você na minha vida.

— Mas eu estou na sua vida!

— Não, não só desse jeito.

— O que quer dizer com "só desse jeito"?

Eu não tinha percebido que ele se aproximava enquanto falava. Ele estava tão perto que sentia sua respiração, seus olhos azuis brilhando, seu cheiro suave e masculino. Senti um calor subir pelas minhas pernas.

— Eu quero mesmo ter uma chance com você!

— Ric... Eu...

E ele me beijou. Mas dessa vez eu sentia o beijo, seu calor, mas... Marcus me veio à mente. Aqueles olhos sobre mim durante o café. Sem notar, afastei-me assustada de Ric, que não entendeu nada!

— Lena? Assustei você?

— Não... Desculpe, Ric. Eu preciso ir.

Ele segurou levemente a minha mão.

— Lena, por favor, me conte o que há de errado com você. Eu quero ajudar! — ele me disse, olhando para mim com um olhar de súplica e preocupação. Ele tinha o direito de saber, pois não era nada com ele, não podia magoá-lo.

— Eu sofri uma tentativa de estupro na capital.

— Lena! Meu Deus! Foi na polícia? Ele te machucou muito?

— Não, não machucou. Foi uma tentativa, mas sempre que tento ficar com alguém, aquele... Enfim, ele me vem à mente e eu fico assim, como você já percebeu. Me desculpe. É melhor eu ir.

— Você não tem que pedir desculpas, imagina! Esse monstro, quem é? Sabe quem é?

"Não posso contar quem é. Não posso!".

— Não... Não... Eu... hã... não vi o rosto dele.

— Meu Deus! Agora tudo faz sentido.

— Entende, Ric? Não posso ter nada com você, estou quebrada demais, e isso vai só te causar dor. Não posso fazer isso com você.

— Mas eu quero tentar. Quero pelo menos tentar te mostrar que nem todo homem é um monstro.

— Como isso pode dar certo, Ric?

— Me deixa tentar? Se não gostar, eu desapareço da sua vida. Prometo!

— Não quero que desapareça. Tem sido muito bom te ter por perto.

Ele sorriu e me abraçou forte, e eu precisava desse abraço. Ric levantou meu rosto levemente com a ponta do polegar, olhou para mim e disse:

— Me deixa amar você e te fazer esquecer esse monstro?

Eu não consegui negar esse pedido. Mesmo sem entender o que ele realmente queria dizer.

Ele beijou minha testa com carinho e cuidado, como se eu fosse de cristal. Beijou meus lábios com delicadeza e foi descendo para o pescoço, com beijos suaves e doces. Em cada lugar que ele beijava, sentia que uma chama se acendia e o muro que eu havia colocado entre nós ia se desmanchando.

Ele voltou para meus lábios, olhou nos meus olhos ainda com os lábios encostados nos meus, e disse baixinho:

— Eu paro quando você quiser. Confia em mim?

Eu fiz que sim com a cabeça e ele colocou a mão por baixo da minha blusa, delicado, como se estivesse mapeando cada detalhe da minha pele. Suas mãos passaram pela minha barriga, causando uma sensação de arrepio, mas um arrepio gostoso.

Tentei me manter concentrada no que estava acontecendo, não permitindo que qualquer lembrança voltasse à minha mente. Eu queria sentir aquele momento, precisava me libertar do trauma, e nada como fazer isso com um homem tão gentil. Sua mão encontrou meu seio e senti a respiração dele ficar ofegante.

Ele parou e com as duas mãos puxou minha blusa e casaco. Ele me olhou como seu eu fosse a mulher mais linda do mundo.

— Você é simplesmente perfeita, sabia?

Só consegui sorrir. Estava calma com ele, sentia-me segura ali.

Ric tirou a camisa, mostrando aquele abdômen lindo, definido e forte dele. E ficamos assim, beijando-nos e passeando nossas mãos pelos nossos corpos por algum tempo. Ele estava mesmo tentando me deixar tranquila ao seu toque, o que funcionou, porque fiquei mais relaxada.

— Você quer que eu continue?

— Sim, eu quero.

Ele sorriu, feliz.

— Vamos com calma, então.

Ele ficou em cima de mim e o pânico começou a aparecer. Ele percebeu, hesitou e disse:

— Tenho uma ideia melhor. Por que você não vem aqui?

Ele se deitou ao meu lado e me puxou para cima dele. E deu certo, pois o pânico pareceu desaparecer. Olhando nos meus olhos, ele me puxou um pouco mais forte e me beijou. Podia sentir a ereção dele.

A respiração dele voltou a ficar ofegante.

— Você não faz ideia de como estou me segurando aqui.

— Que tal te torturar só mais um pouquinho?

Olhei para ele com um sorriso sapeca no rosto e comecei a beijar aquele corpo escultural, o que o deixou ainda mais excitado.

Beijei o pescoço, o lóbulo da orelha e dei uma mordidinha, o que fez ele gemer.

— Nossa, Lena... Que delícia isso.

— Hum...

Continuei beijando... Seu peitoral, sua barriga, e tirei a calça dele.

Ele gemia, ofegante. Dava para ver que ele estava se segurando para não fazer nenhum movimento brusco que pudesse me causar desconforto. Ele estava me deixando totalmente no controle.

Tiro a roupa íntima dele fazendo carícias em todo seu membro. Ele gemeu ainda mais alto.

— Lena... Até quando vai durar essa tortura deliciosa? Eu quero você!

— Me quer?

Ele me puxou para cima e se encaixou em mim, movimentando seu quadril em sincronia com o meu.

Nessa posição o pânico não me dominava e conseguia aproveitar esse momento, que, preciso dizer, estava gostoso, mas nada se compara a como era com Marcus. Com ele era mais selvagem, mais prazeroso, tirava-me completamente os sentidos racionais, eu só conseguia sentir todo o desejo, a luxúria e a intensidade dele. Com Ric era doce, leve e gostoso. Lembrou-me do Pedro. Com ele eu me sentia assim no início, sentia-me segura, amada e cuidada.

Fiz vários movimentos circulares com o quadril, o que o deixou completamente sem reação.

— Isso é... Nossa! Eu não consigo segurar... Eu...

E ele chegou ao clímax. Como eu estava no controle, continuei por mais um tempo até que eu cheguei também. Deitei-me ao lado dele na cama, com olhar de gratidão por tanta paciência e carinho.

Ric passou a mão em meu cabelo, tirando do meu rosto uma mecha que ficou grudada pelo suor da minha testa.

— Você está bem?

— Sim, estou bem.

Ele sorriu e me deu um beijo na ponta do nariz.

— Então?

— Então o quê?

— Como me saí dessa vez?

Coitado... Acho que eu o traumatizei. Não podia dizer que tinha sido mediano se comparado ao meu ex.

— Você foi simplesmente perfeito! Obrigada por tanta paciência comigo.

Ele respirou aliviado e abriu o sorriso mais lindo do mundo, como se não houvesse mais nada, só aquele momento.

— Você merece o melhor, Helena!

E aconchegando-me ao lado dele, adormeci sem perceber.

Abri meus olhos tentando me situar onde estava. Senti um peso na minha barriga. Olhei e era o braço de Ric. "Meu Deus! Eu dormi aqui!".

Saí cuidadosamente do abraço de Ric sem acordá-lo e fui para a sala, onde tinha deixado minha bolsa com o celular. Eram 5h, não havia ligações ou mensagens. Bebí um copo de água e comecei a me vestir.

— Aonde você vai?

— Oi, Ric. Desculpe, não queria te acordar. Preciso ir. São 5h.

— Lena, hoje é domingo.

— Eu sei, mas vovó...

Ele se sentou na cama e me olhou com aquele olhar de cachorro pidão dele.

— Vai mesmo me deixar aqui sozinho? Em pleno domingo?

— Ric, não me olha desse jeito.

Ele levantou-se ainda nu, lindo, e me puxou para a cama.

— Relaxa. Se sua vó precisar, ela te liga. Curte hoje comigo. Vou viajar amanhã e ficar 15 dias longe de você!

Ele começou a me beijar.

— Ai, Ric... Você não tem jeito!

— Não mesmo. Vai ficar?

— Tá bom. Eu fico.

Ele me beijou intensamente e logo senti sua ereção encostando em minha perna.

— Olha o que você faz comigo. Não pode me abandonar neste estado.

Sorrindo, ele me puxou para mais perto, com a mão na minha bunda. Eu passei minha perna pela cintura dele e encaixei-me nele, que começou a gemer e a se movimentar, indo e vindo. Em poucos minutos, ele alcançou seu limite.

— Que delícia, Lena!

Ele me agarrou fortemente e eu senti seu corpo relaxando. Deitamo-nos de conchinha e adormecemos assim.

O restante do domingo passou entre carícias, carinho e cuidado. Ele era tão atencioso comigo que eu chegava a ficar sem reação.

A segunda-feira chegou. Ric viajou e ia ficar 15 dias fora. Seria bom para eu organizar minha mente. Ainda não sabia direito o que estávamos fazendo e muito menos porque estava ficando com ele. Eu gostava dele, mas será que era desse jeito? Enfim, dia normal, trabalho, cuidar da vovó.

As atividades diárias consumiram a minha semana. Ric me ligava todos os dias ou fazia chamada de vídeo. Ele mandava fotos do ensaio, dizia que me amava e que estava com saudades. Sinceramente, não sei se estava mesmo gostando de tudo isso, mas como podia desapontá-lo?

Sábado chegou, sequer percebi a semana passando. Desde que dormi com Ric, minhas noites foram sem pesadelos. "Ele me faz bem e é isso que importa. Preciso ficar com quem me faz bem!".

Fui para minha segunda aula de defesa pessoal.

— Helena, hoje vou te ensinar a sair de uma possível situação de conflito com o agressor.

— Tudo bem, professor!

Ele rapidamente me deu uma rasteira, jogou-me no chão, segurou minhas mãos acima da cabeça e com seu peso prendeu minhas pernas. Nesse momento, o arrepio, o calafrio, o pânico voltaram. "Droga! Agora não!".

— Helena, se concentra. Respira e olhe nos meus olhos.

— Não... Não...

— Helena! Você é mais forte, mais inteligente. Você consegue se defender. Olhe para mim.

Eu tinha fechado os olhos sem perceber. As palavras do professor me trouxeram à realidade. Olhei nos olhos dele em obediência.

— Agora, preste atenção. Você está presa. Nesta situação não adianta se contorcer, gritar, nada disso. Ele é mais pesado que você e tem mais força física.

— Sim, eu sei. Mas como saio dessa situação?

— Assim. Vou te mostrar.

Ele me mostra como sair daquela situação, a mesma que Marcus tinha feito no dia em que quase me violentou.

— Parece fácil. Então eu faço assim?

— Isso. Agora vou te segurar para valer. Preciso que consiga se soltar. Seu possível agressor estará com tudo em cima de você, ok?

— Ok!

Ele me segurou muito forte, como o Marcus naquele dia. Respirei e tentei me manter concentrada no que ele havia me ensinado, e após duas tentativas, consegui me soltar.

— Isso! Isso, Helena! Parabéns!

— Eu consegui! Ebaaaa! — falei sorrindo, e antes que eu percebesse, o professor me segurou na parede com uma mão no meu pescoço e a outra segurando meus braços atrás das costas.

— Mas o que está fazendo?

— Exatamente o que ele vai fazer. Você não pode se distrair. Quando soltar, precisa sair correndo ou estar pronta para o próximo golpe. Ele não vai te soltar, Helena. Eles nunca fazem isso.

"Mas Marcus me soltou! Me soltou quando olhou nos meus olhos. Por quê? O que ele viu?".

Ele me mostrou como me soltar dessa situação, chutando meu agressor. Ele me mostrou locais que eu podia chutar para deixá-lo sem reação por alguns minutos, tempo suficiente para minha fuga.

— Você foi muito bem, Helena.

— Obrigada! Até a próxima aula.

Fui andando para casa, bem suada e cansada de tanto me esforçar. Estava me sentindo mais segura, até que percebi que estava sendo seguida.

— Helena?

Eu congelei. Eu conhecia muito bem aquela voz.

— Marcus? O que faz aqui?

— Calma, eu só quero conversar com você.

Olhei para os lados e graças a Deus a rua estava relativamente movimentada. Ele parecia calmo, mas com ele eu nunca sabia o que esperar.

— Helena, eu prometo que não vou machucar você. Por favor, podemos ir para algum lugar para conversar?

— Marcus, eu não sei qual o sentido disso. Para quê? Não estamos resolvidos? Terminamos e pronto. Você está até namorando.

— Larissa? Nós terminamos. Ela não é como você. Por favor! Ali tem uma lanchonete. Podemos ir lá?

Olhei e realmente tinha uma lanchonete, com algumas pessoas sentadas. Ele não ia me bater em uma lanchonete cheia de pessoas. Aceitei. Quanto antes eu ficasse livre dele, melhor. Ele escolheu uma mesa mais no fundo, mais reservada. Pedimos dois cafés.

— O que você quer, Marcus? Eu não posso demorar.

— Eu... Eu...

Ele pegou na minha mão e olhou nos meus olhos por alguns segundos. Quase me esqueci de tudo que ele havia me feito de ruim e me perdi em seus olhos jabuticabas.

— Eu precisava te ver, sentir você. Eu ainda te amo, Helena!

— Marcus! Isso é loucura! Depois de tudo?

— Eu sei, fiz merda, estraguei tudo. Eu nunca imaginei que iria agir como ele, mas eu... eu...

— Ele? Ele quem? Como assim?

— Meu pai. Ele batia e violentava minha mãe. Quase a matou uma vez. Eu via tudo. Minha mãe fugiu comigo quando eu tinha 16 anos e não faço ideia do que aconteceu com ele depois disso. Ele era um monstro. Aquele dia, quando você olhou nos meus olhos, eu vi o mesmo olhar da minha mãe, aquele olhar de pânico e desespero, aí eu percebi que estava me tornando o mesmo monstro que ele. Eu não quero ser assim, Helena. Não quero!

E ele chorou. Aquele homem agressivo, viril e forte, aquele homem que quase tinha me violentado e que tinha me causado tanta dor, desabou na minha frente e eu não sabia como reagir a isso.

— Eu fiz exatamente igual a ele, Helena! Eu traí você, como ele fez. Eu impedi você de ser a mulher incrível que é, como ele fez com a minha mãe. E eu quase... Nossa!

Eu fiquei por alguns instantes sem reação, apenas o observando, mas por instinto, levantei-me e o abracei, e ele se acalmou um pouco, ainda com a cabeça entre as mãos na mesa.

— Marcus, calma. Você não é como ele. Você ainda pode consertar isso, tornar-se um homem melhor.

— Como? Eu bati na Larissa! Eu bati nela, Helena! E eu sequer sei porque fiz essa merda!

Eu já sabia disso, mas nunca imaginei que ele mesmo assumiria a violência que cometera.

— Marcus, como ela está?

— Eu explodi com ela! Foi um tapa, mas um tapa meu, é lógico que a machucou. Quando eu a vi com sua foto na mão, chamando você de nomes absurdos, eu explodi e bati nela. Quando vi ela sangrando, saí correndo do apartamento.

— Marcus, olha para mim.

Ele levantou o olhar, os olhos vermelhos. Ele parecia estar sendo sincero.

— Me perdoa, minha princesa! Eu nunca machucaria você. Eu amo você, de verdade! Você foi e é a única mulher que tocou meu coração assim.

— Marcus, você precisa se tratar. Precisa cuidar do seu temperamento.

— Eu sei. Ainda não sei como fazer isso. Essa coisa, essa revolta, essa raiva me domina e eu perco completamente o controle.

Lembrei-me de Letícia. Precisava pedir uma indicação de algum profissional que lidasse com isso. Ele parecia mesmo disposto a melhorar.

— Eu vou te ajudar.

— Vai voltar comigo?

— Não! Marcus, eu...

Ele chorou e afundou a cabeça nas mãos outra vez.

— O que vou fazer sem você? Eu não sei viver sem você! Eu tentei, só fiz merda, Helena. Estou bebendo quase todo dia, transando com toda puta que aparece, como se desse para substituir você! Estou perdido, totalmente sem rumo. Fico sem chão sem você! Você é a minha vida! Minha razão para existir é você!

— Marcus, eu não posso ser seu chão! Você precisa se curar. Isso não é normal, essa dependência.

— Eu sei! Meu pai era assim com a minha mãe. Devo ter herdado esses "genes de monstro" dele.

— Ei! Olha para mim!

Ele olhou, tímido e com os olhos ainda bem vermelhos.

— Isso não existe, "genes de mostro". Você só precisa se tratar com um profissional.

— Não gosto de médico, Helena! E eles vão querer me prender. Eu machuquei mulheres. Isso dá cadeia hoje em dia.

— Não é assim que funciona. Me deixe ajudar. Você confia em mim?

Ele me fitou por alguns minutos e disse:

— Você vai comigo?

— Onde?

— No tal profissional que vai me arrumar.

Não era esse o plano. Queria arrumar alguém para ele ir sozinho e sair de cena. Ainda não confiava nele e, o pior, ele ainda mexia comigo.

— Tá bom. Mas agora você precisa me deixar.

— Helena?

— O quê?

— Se eu ficar bom, você volta?

— Como assim?

— Se esse profissional aí me fizer ser o homem que você merece, você vai voltar a ser minha?

— Marcus, eu não sei! Eu... Nossa! Você tem ideia de como ainda estou machucada?

— Eu posso imaginar, por isso quero uma nova chance. Para te provar que posso ser o homem que você merece! O homem que minha mãe queria que eu fosse.

Os olhos dele só me transmitiam arrependimento e dor. Como responder a isso?

— Vamos pensar nisso depois? Agora, você precisa se cuidar e parar de fazer merda. Sem bebida e sem mulher hoje, ok?

— Mas sem você eu não consigo. Sem você eu me perco totalmente... Eu não consigo!

— Consegue sim. Por favor, se não consegue fazer por você, faça por mim e pela sua mãe.

Ele assentiu com a cabeça, enxugando as lágrimas, que insistiam em cair.

— Vou deixar você em casa. Estou de carro.

— Não precisa.

— Helena, por favor, eu não vou tentar nada. Confia em mim? Me dê esse voto de confiança...

Pensei por alguns minutos. Ainda tinha medo dele, mas ele parecia tão frágil.

— Tudo bem.

Fomos até o carro, o mesmo em que a primeira agressão aconteceu. No caminho foi tudo tranquilo, ambos em silêncio. Eu estava apreensiva, não sabia o que esperar dele. Chegando na porta da casa da minha vó, ele virou-se para mim e disse:

— Obrigado, Helena. Sei o tanto que machuquei você. Obrigado mesmo!

— Tudo bem. Assim que encontrar o profissional, eu te ligo, ok?

— Posso te pedir só mais uma coisa?

— O quê?

— Pode me dar um abraço?

— Um abraço? Marcus... Isso é... Meu Deus...

— Por favor, Helena! Significa um recomeço para mim. Não vou fazer nada com você. Eu prometo pela alma da minha mãe.

Eu permiti o abraço. Ele me abraçou forte, mas carinhoso, de um jeito que quase não me recordava mais. Senti aquela sensação gostosa com ele e meu cérebro entrou em pane novamente. Como podia sentir vontade de ficar com ele, de me entregar a ele, mesmo depois de tudo?

Após alguns minutos assim ele me soltou e me deu um beijo na testa.

— Obrigado, anjo. Obrigado por tudo! Você é a pessoa mais maravilhosa que eu já conheci.

Dei um sorriso e saí do carro o mais rápido que pude. No apartamento, dei um beijo na vovó e fui para meu quarto. Sem pensar muito, liguei para Letícia.

— Oi, Lena, sua feia sumida!

— Oi, Lê. Saudades demais. Preciso de sua ajuda.

— Claro! Quer uma consulta? Grana? Meu rim? O que foi?

Dei um sorriso. Ela era sempre incrível e divertida.

— Na verdade, é bem mais simples. Tem um amigo do trabalho que precisa se consultar para lidar com questões de comportamento agressivo.

Ela ficou muda por alguns instantes.

— Ele bate em mulheres?

— Mais ou menos. Pelo que sei, ele teve um pai abusivo. Viu o pai machucar a mãe na infância.

— E agora ele está repetindo o comportamento?

— Hã... Não sei detalhes, mas pelo que ele disse, parece que sim.

— Isso é muito comum, infelizmente. Ele não vai se abrir comigo. Tenho um amigo. Ele é terapeuta holístico e psicólogo, vai ajudar seu amigo. Posso te mandar o número por mensagem?

— Claro! E é daqui?

— Sim, ele mora na capital.

— Excelente! Obrigada.

— Lena?

— Oi?

— Esse cara machucou você?

"Como conto para ela isso? Não posso".

— Não. Como eu disse, ele se abriu comigo, só isso. Parece que teve problemas com a namorada.

— Ah... Sinto dizer que nem sempre esses traumas são curados.

— Sério?

— Sim. Depende muito da pessoa. Nós, como profissionais, auxiliamos o processo, mas se ele não permitir a morte do eu velho para o novo surgir, infelizmente os comportamentos podem voltar. Alguns gatilhos devem fazê-lo agir assim, entende? Por isso é bom manter distância dele, Lena.

— Claro. Vou me lembrar disso.

— E você? Quando vai consultar comigo?

— Eu? Imagina! Não preciso de terapia.

— Lena, todo mundo precisa de terapia.

— Bom, como minha mãe sempre dizia, "Eu não sou todo mundo!".

— Você é ridícula, sabia?

— Eu te amo, Lê! Obrigada!

— Beijo.

Em poucos minutos, ela me passou o telefone. Terapeuta Luís Borges — especialista em distúrbios de comportamentos masculinos. Espero que ele ajude Marcus.

Mandei uma mensagem para ele, apresentei-me e falei sobre o caso de Marcus. Agora era esperar ele responder.

Mais tarde, quando estava indo dormir, Marcus me enviou uma mensagem.

> 'Helena, mais uma vez obrigado por tudo. Já estou me sentindo melhor'.
>
> 'Que bom. Eu já encontrei o profissional. Estou esperando-o me responder para agendar sua primeira consulta'.
>
> 'Você, rápida e eficiente como sempre'.
>
> 'Te aviso. Boa noite, Marcus. Cuide-se!'.
>
> 'Eu te amo. Vou ficar bom para você, minha princesa!'.

"Que merda de mensagem é essa? Meu Deus...". Meu celular vibrou novamente. Chamada de voz de Ric, precisava atender.

— Oi, Ric!

— Oi, gata. Como está?

— Cansada, na verdade. Estava indo deitar.

— Hum... Queria estar aí para deitar com você!

"Eu não queria, na verdade. Hoje só quero dormir e esquecer esse dia louco!".

— E o desfile?

— Estou fazendo sucesso, lógico!

— Modesto, hein?

Ele riu. Só Ric para me distrair um pouco. Ele e Pedro me faziam sentir leve. Saudades do Pedro! Há meses não nos falamos.

— Estou brincando. Aqui está ótimo. Trabalhando muito, mas está sendo um sucesso. Acredito que depois desse desfile conseguirei vários trabalhos importantes para minha carreira como modelo fotográfico e de passarela.

— Você merece. É lindo e muito bom no que faz.

— Me acha lindo, é?

— Claro. Por que acha fiquei com você?

— Gente! Pensei que fosse por causa do chá e dos biscoitos!

Dei uma gargalhada gostosa e ele riu também.

— Saudades de você, seu chato!

— Eu também. Logo eu volto.

— Tá bom. Agora boa noite! Eu tô morta, preciso mesmo dormir.

— Tudo bem, eu também. Boa noite, linda! Te amo muito!

— Também! Beijo!

Vinha sendo assim desde a última noite no apartamento dele. E tem me feito bem, ajudando-me a lidar com Marcus.

"Enquanto eu estiver com Ric, eu não vou cair na tentação e ficar com Marcus. Jamais trairia o Ric". Com esse pensamento, adormeci.

Segunda-feira chegou novamente. Muito trabalho, sem tempo nem para raciocinar direito, o que era bom, porque me fazia esquecer os problemas um pouco.

A secretária do Sr. Luís, o terapeuta indicado por Letícia, respondeu minha mensagem logo cedo.

'Olá, Helena. Aqui é a secretária do Dr. Luís. Agendado para quarta-feira, às 15h'.

Na sequência, enviei uma mensagem para Marcus, que, lógico, não deixou de me irritar.

'Claro que eu vou, Lena. Mas se você for comigo, como combinamos. Te pego em casa ou você encontra comigo lá?'.

'Marcus, como vamos explicar para Lorena a ausência dos dois ao mesmo tempo?'.

'Eu dou meu jeito aqui. Você vai comigo? Preciso de você. Não consigo fazer isso sozinho'.

'Você me coloca em cada situação!'.

'Por favor, você prometeu'.

'Tudo bem. Mas avise a Lorena'.

'Pode deixar. Obrigado mais uma vez. Te encontro onde?'.

'Na clínica. Vou direto para lá'.

'Combinado. Saudades de você!'.

Com essa última mensagem dele, eu fiquei alguns minutos olhando para a tela do celular, porque, na verdade, eu também estava com saudades. Como podia isso? Devia ser alguma doença essa merda toda que sentia por ele. "Helena, como você é burra! Parece que gosta de sofrer!".

Imediatamente, liguei para Ric.

— Oi, minha gata! Que surpresa uma ligação sua logo cedo.

— Viu? Estava pensando em você.

— Olha... Vou fazer mais chá com biscoitos.

— Viu só? Funcionou. Que dia você volta mesmo?

— Acredito que na sexta-feira, por quê?

— Hum... Nada, só curiosidade.

— O que está aprontando, hein?

— Eu? Nada. Saudades, só isso. Te espero, então.

— Também estou. Logo estaremos juntos. Beijo, gata.

Não sei exatamente porque fiz essa ligação, muito menos porque me mostrei tão falsamente apaixonada por ele. Só sei que precisava ter alguém que me impedisse de me entregar para Marcus novamente e Ric me parecia a melhor opção.

Calma. Não me julgue. Estou apenas usando meu lado racional. Ele gostava de mim, tratava-me bem, era carinhoso, estável como pessoa, por que não? Por que não podia ter um relacionamento normal uma vez na vida? E amor se constrói, certo?

Após tomar essa decisão, fiquei mais tranquila em relação ao encontro com Marcus na quarta-feira, que, inclusive, chegou rápido demais.

Cheguei alguns minutos antes da consulta no consultório do terapeuta e fui recebida com um grande sorriso pela secretária, Jaqueline. Não percebi que Marcus já estava lá, sentado com a cabeça entre as mãos mexendo as pernas, nervoso. Aproximei-me dele devagar, colocando a mão em seu ombro.

— Marcus?

— Oi, Lena! Graças a Deus! Pensei que ia me deixar aqui sozinho. Eu não sei se vou conseguir fazer isso! Parece coisa de idiota essa coisa de terapia.

— Marcus, idiota é ficar como você está! Olha para você. Parece que não dorme há dias!

— E é verdade. Não consigo dormir sem você do meu lado.

Ele pegou minhas mãos e olhou nos meus olhos com um olhar apaixonado. Por que esse olhar ainda me deixava toda mole, com vontade de beijar ele ali mesmo? Isso é loucura. "Ele te machucou e te traiu, Helena. Recomponha-se". Repeti isso mentalmente e desviei o olhar. Na sequência, um homem alto, forte, de aproximadamente 40 anos, cabelo grisalho, olhos castanhos e um sorriso cativante, chamou o nome de Marcus. Era o terapeuta.

Marcus fez sinal para eu entrar com ele, mas foi interrompido pelo Dr. Luís.

— Sinto muito. Nessa primeira consulta preciso falar com você sozinho. Ela pode aguardar aqui, tudo bem?

Marcus fez cara de poucos amigos, mas seguiu o terapeuta, que fechou a porta da sala. Aproveitei esse tempo para mandar uma mensagem para o Pedro. Parecia que não conversámos há séculos.

'Ei, seu chato. Esqueceu as amigas pobres, é?'.

Ele respondeu rapidamente.

'Lena, que saudade! Jamais! Você é muito mais que uma amiga para mim. Estou te esperando aqui. Quando vai vir me ver, hein?'.

'Nossa! Como eu queria... Aqui está tão... tão... Enfim, tumultuado'.

'O que aconteceu?'.

"Não posso falar para ele que estou acompanhando Marcus no terapeuta. Pedro vai me achar a pessoa mais idiota do mundo. E devo ser mesmo, afinal, estou aqui com o homem que me machucou tanto".

'Tanta coisa que acho que não teríamos mensagens suficientes'.

'Sinto cheiro de confusão daqui'.

'Pois é, mas em breve te conto tudo'.

'Sua vó?'.

'Tá melhor. Um pouco debilitada pela idade, mas está bem'.

'Ótimo! Te contei a novidade?'.

'Qual delas?'.

'Que serei papai em breve?'.

'Como assim? Seduziu outra moça com seu corpo escultural?'.

Ele mandou vários emojis de sorriso.

'Claro que não. Vamos adotar. É uma garotinha linda, me lembrou você, cabelo cacheado. Foi abandonada pelos pais. O processo de adoção está quase pronto'.

'Parabéns, Pedro! Que atitude linda! Desejo muita felicidade a vocês!'.

'Obrigado! Você vai ser a madrinha, lógico'.

'Não aguento tanto amor assim! Vou amar ter uma afilhada!'.

'Ela se chama Susy. É linda demais. A Letícia me indicou um excelente terapeuta para ela'.

'Que saudade de vocês, viu...'.

'Eu também! E você? Como está esse coração?'.

Pedro parecia sentir quando estava em conflito. Nossa conexão era incrível, por mais que eu nunca tenha entendido bem.

'Um caos, na verdade. Mas estou meio que namorando, sei lá! Ainda é recente'.

'Sei. Quem é o sortudo?'.

'Lembra do Ric? Que estudou comigo?'.

'O irmão do cara que quase tirou sua virgindade naquela aposta sem noção?'.

'Esse mesmo'.

'Sério? Está namorando ele? Não foi ele que se declarou para você antes de ir embora para a capital?'.

'Isso. Agora ele é modelo e está ainda mais lindo'.

'Que história! Mas Lena...'.

'Oi?'.

'Você está gostando dele? Está feliz ou só está ficando com ele porque ele insistiu?'.

Demorei um pouco para responder. Eu realmente não sabia a resposta. Eu gostava da companhia de Ric, de ficar com ele, mas será que era suficiente para uma relação amorosa?

'Acho que sim. Como eu disse, é recente'.

'Sei... Lena, por favor, não fique com ele só para esquecer o traste do Marcus. O que ele fez foi horrível, mas você é uma mulher incrível e não precisa estar com um homem para provar isso'.

'Eu sei, pode deixar. Preciso voltar para o trabalho agora. Dá um beijo no Ramon e assim que eu conseguir, vou visitar vocês e minha afilhada'.

'Tá fugindo da conversa, é?'.

'Não! Estou trabalhando mesmo. Tenho uma reunião agora'.

'Então tá. Sabe que pode contar comigo sempre'.

'Você também. Beijo!'.

'Beijo, Lena. Saudades!'.

Nunca gostei de mentir para Pedro, mas não queria continuar a conversa.

Após cerca de uma hora, Marcus saiu do consultório com uma expressão que não consegui decifrar se era boa ou ruim.

— Obrigado, Sr. Luís!

— Marcus, lembre-se do que falamos e já marque seu retorno para a semana que vem. Sozinho, ok?

— Certo.

Marcus agendou o retorno com a secretária e foi calado até o carro.

— Como foi? Gostou dele?

Ele me olhou, parecia envergonhado.

— Posso te levar em casa ao menos?

— Claro, mas...

Ele entrou no carro e eu entrei na sequência.

— Marcus?

Ele me olhou, os olhos cheios de lágrimas. Ainda não tinha me acostumado a ver aquele homem altivo tão frágil.

— Ele foi ótimo, na verdade. Me fez ver coisas que eu não via.

— Como?

— O que sinto por você.

— Como assim?

— Ele me disse que preciso me afastar para entender melhor o que sinto por você. Ele acha que pode ser só possessividade e dependência emocional. Resumindo, com você eu sinto o único amor que tive na vida, o da minha mãe.

Ele me olhou nos olhos com profundidade, suas palavras pareciam sinceras.

— Por isso me soltou aquele dia?

— Sim. Quando olhei nos seus olhos vi os olhos da minha mãe. Jamais poderia machucá-la.

— Então?

— Vou me afastar de você, como ele orientou. Ao menos tentar. Ele disse que preciso me "encontrar". Eu não sou meu pai, mas ele está em mim, o que explica as agressões que cometi.

— Entendo. Se é o melhor para você, precisamos fazer isso.

Ele acariciou meu rosto e ligou o carro. Infelizmente, seu toque fez acender aquela chama, aquele desejo que eu tanto vinha lutando para não sentir mais. Por que eu o desejava tanto?

— Vou te levar em casa. Você veio de longe para me acompanhar. Nunca vou esquecer tudo que está fazendo por mim.

Na estrada, um silêncio desconfortável se fez. Devido ao trânsito, quando chegamos, já estava escuro. Marcus parou o carro.

— Por que paramos aqui?

— Você se lembra?

— Do quê?

— Foi aqui, debaixo desta árvore, que fizemos amor no banco do carro pela primeira vez.

Como se fosse um botão de ativar, assim que ele falou essa frase, toda a chama que eu estava tentando manter apagada se acendeu. Fiquei excitada no mesmo momento, mesmo não querendo. Senti todo meu corpo quente e, para piorar, ele me olhou nos olhos com o mesmo desejo no olhar.

Sem que eu pudesse pensar ou falar algo, ele me beijou, intensamente, ferozmente, como naquela vez em que me entreguei a ele, ali mesmo, no banco de trás daquele carro. Ele beijou meu pescoço do jeito que só ele sabia fazer. Suas mãos apertaram forte meu corpo todo e eu, mesmo tentando lutar contra o que eu sentia, não tive mais forças e me entreguei completamente àquele homem. Ele sabia exatamente o efeito que tinha sobre mim, o velho efeito de total submissão.

Percebendo que eu não tinha mais nenhuma reação, ele me jogou no banco de trás e me penetrou, rápido, intenso, forte, várias e várias vezes. Não conseguia pensar, só sentir o prazer que só ele conseguia me fazer sentir. Em poucos minutos, ambos chegam ao clímax.

Quando a excitação passou, dei-me conta do que tinha acabado de fazer. Mais uma vez, tinha o deixado assumir o controle e fazer o que queria comigo. "Como sou burra!".

Levantei rápido do banco e vesti minha roupa sem dizer uma palavra.

— Lena, me desculpe! Eu não planejei isso. Aconteceu!

— Eu sei. Eu sou uma completa burra!

— Lena, não! Eu sou o único culpado aqui. Mas você também gostou e sei que também sentiu minha falta.

"Droga! Pior que ele está certo. Quero morrer agora!".

— Marcus, isso foi um erro. Não podemos nos ver, pelo seu bem e pelo meu. Essa foi a última vez, pelo menos até acabar o tratamento com o terapeuta.

— Mas eu te amo! Preciso de você.

— Não! Não precisa.

— Lena! Não vou deixar você ir.

Ele pegou meu pulso e veio um flashback na minha cabeça.

— É isso? Vamos começar tudo novamente? Vai me bater agora?

Ele me soltou e me olhou assustado.

— Que merda! Eu sou um merda!

— Bom, essa é a resposta. Você precisa ficar longe de mim como o terapeuta disse. Seus sentimentos e reações são confusos demais. Você me assusta e me ama ao mesmo tempo. Isso é loucura.

— Eu não sei se consigo ficar longe de você. Meu corpo pede o seu, todo dia a todo instante. Isso está me deixando louco! — ele falou, aproximando-se. Assim que percebi, afastei-o com a mão em seu peito.

— Se me ama mesmo, você vai se afastar.

— Mas Helena, eu...

— É o nosso acordo. Você disse que ia se tratar, lembra?

— Eu sei.

— Então vai cumprir o que me prometeu?

— Eu vou, por você!

— Então pronto. Vamos? Está ficando tarde e essa situação toda já foi longe demais.

Ele assentiu com a cabeça e se vestiu. Voltamos para os bancos da frente e nos dirigimos para a casa da minha vó.

Chegando, rapidamente tirei o cinto de segurança e antes que eu abrisse a porta, Marcus me segurou, mas sem me machucar dessa vez.

— O que foi?

— Lena, eu prometo que vou ficar bom. Só acredite em mim.

— Eu acredito. Estarei aqui apoiando você.

Ele me deu um beijo na testa e me deixou sair.

Vovó, Jorge e Viviane estavam jantando quando eu entrei.

— Oi, minha filha. Vem comer. Viviane fez sopa.

— Hum... Que delícia! Vou só tomar um banho. Guarde para mim.

Ela sorriu e eu corri para o banho.

— Por que eu fiquei com ele? Por quê? Droga! Droga, mil vezes droga, Helena!

Deixando a água correr pela minha cabeça e pelo meu corpo, lavei-me como se desse para tirar as lembranças de Marcus. Enquanto isso, falava comigo mesma:

— Está decidido. Vou ficar com Ric e Marcus não terá mais nenhum espaço na minha vida. Não posso me entregar a esse homem nunca mais, mesmo que eu jamais sinta o que ele me faz sentir. Minha segurança é mais importante.

Saí do banho decidida a esquecer Marcus e focar em Ric.

Tomei um prato de sopa e já na cama fiz uma chamada de vídeo para Ric, que atendeu no terceiro toque.

— Está no hotel com alguma loira?

— O quê? Claro que não! Para que vou querer loira se tenho essa morena linda aí?

Dei um sorriso charmoso para ele. Eu precisava que ele ficasse comigo mais do que nunca.

— Esses 15 dias estão parecendo uma eternidade, sabia?

— Nem fala. Eu estou morto. Cheguei agora do trabalho.

— Nossa! Deve estar bem cansado mesmo.

Conseguia vê-lo arrumando as coisas no quarto de hotel pela câmera. Ele estava lindo como sempre, mas estava mesmo com a expressão cansada.

— Pois é. Mas está acabando. Sexta-feira chego aí por volta de 20h.

— Ebaaaa!

Ele sorriu. Mesmo cansado ele não deixava de me dar toda a atenção do mundo.

— Tenho uma surpresa para você.

— Bom, somos dois então.

— Ah! Eu sabia que estava aprontando alguma coisa.

Quando ele falou isso, meu encontro com Marcus no carro me veio à mente. "Que droga! Sai da minha cabeça, inferno!".

— Lena?

— Oi, desculpa. Acho que quase dormi aqui.

— Vai descansar. Está com a carinha bem cansada. Nos vemos em breve. Saudades!

— Eu também. Beijo e se cuida!

Desligamos e eu forcei a minha mente para não pensar em Marcus, o que foi totalmente em vão. No lugar do pesadelo de costume, sonhei a noite inteira com ele, com todas as vezes em que ele me fez sentir tanto prazer que eu esquecia até quem eu era, como no restaurante, na mesa da cobertura, nossa! Precisava parar de pensar nele.

Acordei por volta de 4h, toda molhada. Tomei uma ducha fria para me acalmar. Não imaginei que esse contato com Marcus traria todo meu desejo por ele à tona novamente. "Não posso vê-lo. Não posso!". A única certeza que eu tinha nesse momento é que eu era fraca demais para resistir ao homem que tinha me agredido, traído e me humilhado.

Graças ao terapeuta, Marcus não me procurou mais. No entanto ainda nos víamos nas reuniões virtuais do trabalho, o que não ajudava em nada.

Sexta-feira, Ric chegaria, e meu plano estava pronto. Estaria na porta do apartamento dele antes das 20h, com um vestido vermelho bem decotado, uma garrafa de vinho e uns petiscos. Essa era a surpresa que eu tinha preparado para ele.

Ele mandou mensagem assim que entrou no avião.

'Oi, gata. Estou chegando! Em cerca de duas horas estou aí. Vou só passar em casa, tomar um banho e vou te ver'.

'Perfeito! Estarei na casa da vovó te esperando'.

Menti, pois já estava me arrumando para ir para a casa dele.

O vestido ficou lindo, marcava cada curva do meu corpo, e o decote era bem revelador. Eu fazia coisas assim para Marcus e... Droga! Marcus na minha mente de novo. Enfim, coloquei um sobretudo por cima e chamei um Uber. Já tinha avisado a Viviane e a vovó que sairia com Ric. Vovó estava amando. Ela sempre quis que eu me cassasse com um dos Bernardes.

Cheguei às 19h30 e esperei na porta do apartamento de Ric. Em poucos minutos ele mandou uma mensagem.

> 'Cheguei, linda. Estou subindo as escadas do prédio. Vou tomar um banho rápido e já vou para aí'.

Era meu momento. Tirei o sobretudo, coloquei-o no chão e esperei com a garrafa de vinho e a cesta de petiscos nas mãos. Eu tinha que ter filmado a expressão de Ric. Ele ficou simplesmente de boca aberta quando me viu. Parecia que eu era a mulher mais maravilhosa do mundo.

— Meu Deus do céu! Eu morri? O avião caiu e eu cheguei no Céu?

— Acho que no Céu não tem mulheres quase nuas e vinho não!

Ele me abraçou forte e me deu um beijo ardente. Eu fiquei feliz de ver o efeito que causei nele, mas não conseguia deixar de pensar que ele não causava o mesmo em mim.

— Então essa era a surpresa? Uaaaauuu! Eu adorei. Vamos entrar porque preciso desembrulhar meu presente.

Dando um sorriso safado, ele abriu a porta.

— Estou sem fôlego aqui!

Um pouco sem jeito, joguei meu cabelo para trás e passei a mão no pescoço, descendo até o decote. Esse simples gesto o deixou sem fala. Ele se aproximou e me beijou forte, com desejo.

— O que tem aí nessa cesta?

— Trouxe uns petiscos para acompanhar o vinho.

— Você pensou em tudo. Estou faminto.

— Eu imaginei que estaria mesmo.

— Vou tomar um banho. Que tal meu presente vir comigo?

Eu concordei com a cabeça e fui para o banheiro com Ric.

Ele, como sempre delicado, o que me fez pensar em porque eu não tinha tido uma crise de pânico com Marcus, mas com Ric sim. Não fazia sentido algum isso.

Ric tirou meu vestido como seu eu fosse de porcelana, e seguiu beijando toda a extensão das minhas costas, o que causou uma sensação muito boa. Entramos no chuveiro, ele maravilhoso, com aquele corpo perfeito.

Beijamo-nos e transamos ali, mas com ele era tranquilo, eu não sentia tanta euforia. Sentia prazer, mas era mais, como posso dizer, simples. Parecia que minha vida seria assim, sem emoção demais, só o básico. Talvez amor seja isso, o simples e seguro. Enxugamo-nos e eu vesti uma camisa de Ric.

— Não sei como você fica mais linda, assim ou com aquele vestido.

Sorrindo para ele, não conseguia parar de pensar em porque com ele eu não me sentia como com Marcus. Sentia-me bem, segura, amada, mas aquela velha sensação de que algo estava faltando não me deixava.

Ele serviu o vinho e ficamos conversando.

— Eu também tenho uma surpresa para você. Não tão inovadora, mas...

— O que é?

Ele pegou uma caixinha no bolso de fora da mala.

— Eu estava na dúvida se fazia isso agora, mas acho que você também quer isso.

Ele abriu a caixinha e me mostrou. Era um par de alianças de compromisso, muito bonitas, arredondadas e finas, com uma pedra no centro muito brilhante.

— Você aceita ser minha namorada, Lena?

Sem hesitar, eu disse que sim e ele colocou a aliança em meu dedo, que, apesar de fina, parecia pesar uns 30 quilos.

"Será que estou fazendo a escolha certa?".

CAPÍTULO 13

Um novo começo nem sempre é novo

Eu e Ric já estávamos namorando há quase um ano. Não vi mais Marcus pessoalmente, mas ele enviava mensagens dizendo que estava com saudades, o que ainda mexia comigo.

Vovó estava bem melhor e estava ficando sem desculpas para não voltar para capital.

— Helena, quando vai voltar para casa? Eu e Lorenzo estamos com saudades e Bernardo está enorme. Sua vó não está melhor? O que te prende aí?

"Na verdade, a única coisa que me prende aqui hoje é Marcus aí na capital! Mas Lorena até hoje não sabe do nosso relacionamento, muito menos como terminou".

— Ainda tenho receio de sair de perto dela. Lembra que o médico disse que não sabia quanto tempo ela teria de vida?

— Relaxa. Ela está melhor que eu e você juntas.

Lorena sorriu na tela do celular, Lorenzo e Bernardo estavam atrás, brincando de carrinho, no chão.

Sentia saudades deles, mas os tempos tinham mudado e eu precisava ficar longe de Marcus ou podia ceder novamente a ele.

— Pensa com calma, Helena. Mas eu quero que volte. A empresa também precisa de você.

— Ok. Me dê só mais um tempo.

— Tudo bem. Um beijo!

E assim foi a minha última conversa com Lorena. A cada dia eu me sentia mais pressionada.

No dia seguinte, sábado, faria 29 anos. Parecia que tinha feito 18 anos ontem. A sensação que eu tinha era a de que o tempo passou rápido demais e que minha vida passou pelos meus olhos. Como pode? Eu, com 29 anos, sequer saber o que queria?

Ric sabia que eu detestava aniversário e preparou uma viagem para Monte Verde, uma cidade bem romântica de Minas. Só não sabia por qual razão eu não conseguia me sentir feliz e realizada com ele.

Ele era o homem dos sonhos de muitas mulheres, tentava me agradar, respeitava-me, era carinhoso, fiel, mas eu não sentia aquela chama que dizem que sentimos quando realmente encontramos alguém. Bom, talvez seja só o velho e bom marketing para vender filmes de romance, não é?

Trabalhei até tarde e não vi Marcus nas reuniões, o que facilitava. Sempre que o via meu estômago parecia pular para minha boca e eu me lembrava do grande erro que havia cometido, entregando-me a ele naquele dia no carro.

Tomei meu banho, minha mala para o fim de semana estava pronta. Apenas roupas quentes e itens de higiene, afinal, era só um fim de semana. Quando já estava na cama, meu telefone vibrou. Mensagem de Ric.

'Oi, gata. Tudo pronto para amanhã?'.

'Oi! Tudo sim!'.

'Não vejo a hora de passar o fim de semana agarradinho com você!'.

'Eu também. Que horas vamos sair mesmo?'.

'Te pego às 8h. Leva roupa de frio. Falaram que lá é frio nesta época'.

'Tudo bem. Te espero. Boa noite, Ric!'.

'Boa noite. Te amo!'.

Ele vinha falando muito "te amo". Afinal, o que é esse tal amor? Alguém sabe me explicar? Às vezes eu respondia o mesmo, pois não queria machucá-lo. Uma pessoa tão gentil merece o melhor, mas será que podia dar a ele o que ele realmente queria?

Tentei dormir. O pesadelo do homem em cima de mim estava cada vez menos frequente, tanto que achei melhor não remexer nesse passado. Minha mãe estava cada dia mais instável e eu a evitava ao máximo.

Nos últimos tempos estava dormindo igual a uma pedra de tão cansada. Sem energia e sem alegria, não sabia o porquê de estar me sentindo assim.

Acordei às 6h e já me arrumei. Fiquei pronta antes das 8h. Saímos às 8h em ponto rumo à minha comemoração de aniversário. Ric estava feliz e animado. Ele me distraiu mostrando a paisagem do caminho.

Após algumas horas na estrada chegamos em uma linda pousada, com decoração rústica e móveis antigos de madeira, que deixavam o ambiente ainda mais acolhedor. Ric tinha reservado uma suíte master, linda e romântica. Ele sempre tentando me agradar.

— É lindo aqui, Ric. Obrigada!

— Você merece, minha gata. Hoje é dia de gastar.

Ele me beijou demoradamente e pulou na cama como uma criança.

— Essa cama é enorme!

— Pois é. Mesmo com você nela ainda temos muito espaço.

Ele sorriu e se levantou.

— Vamos dar uma volta e conhecer a cidade?

— Claro!

Saíamos caminhando para conhecer os arredores. A cidade era realmente linda e com o clima bem romântico. Paramos em uma cafeteria para comer um lanche e conversar. Ric pegou na minha mão e me olhou nos olhos com ansiedade.

— Lena, eu preciso te contar uma novidade incrível.

— Sério? O que é?

— Fui chamado para ser modelo masculino oficial da agência.

— Que incrível! Parabéns!

— Obrigado. Mas isso vem com outra questão.

— Qual?

— Terei que me mudar para São Paulo, pois a maior parte das campanhas é feita lá e não vale a pena para eles arcarem com minha locomoção.

— Entendi. E quando iria?

— No próximo mês.

— Ric, eu não sei o que dizer! Você queria tanto essa oportunidade. Deve aproveitar.

— Sim, mas tem você. Eu não quero te perder.

— Podemos nos ver sempre. São Paulo não é tão longe.

— Eu pensei em outra alternativa — ele falou fazendo suspense, levantando a sobrancelha.

— Hum... Sinto um ar de notícia bombástica. Qual alternativa?

— Você ir morar comigo em São Paulo.

Quase engasguei com meu café. Por essa eu não esperava.

— Como?

— Estamos juntos há quase um ano, nosso relacionamento está ótimo. Eu te amo, você me ama, somos adultos, não vejo porque não podemos fazer isso.

— Mas tem minha vó e meu trabalho.

— Amor, sua avó está melhor. E seu trabalho é em casa e, mesmo que não fosse, com a sua experiência, tenho certeza de que consegue outra coisa facilmente em São Paulo.

— Ric, eu não sei! Eu e você morando juntos lá?

— O que tem? Qual o problema?

— Eu... Hã... Não sei se estou pronta para casar, sabe?

— Entendo. Mas podemos só morar juntos e fazer um teste drive. Que tal?

— Você me coloca em cada situação, hein?

— Não precisa responder agora. Mas eu precisava compartilhar isso com você. Quero muito que vá comigo. Já ficamos tanto tempo separados.

— Sim, eu sei. Posso pensar?

— Claro. Mas preciso de uma resposta para olhar um apartamento para gente, essas coisas.

— Tá bom.

— E tem mais isto.

Ric me entregou um pacote pequeno, um presente de aniversário. Era um colar com pingente de coração, lindo e delicado, mas que me fez lembrar do colar que Marcus tinha me dado um dia.

— Obrigada, Ric. É lindo.

— Como assim? Não vai colocar?

— Ah! Claro. Me ajuda?

Ele colocou em mim e minha mente só lembrava do dia em que Marcus tinha feito o mesmo. Como odiava sentir isso por um homem que só tinha me feito mal.

Já na pousada, após Ric adormecer, minha mente não parava de pensar na proposta dele. Seria uma excelente oportunidade de recomeçar longe de Marcus. Poderia arrumar outro trabalho. Há tempos vinha pensando em sair da empresa de Lorena, só não sabia como fazer isso. Essa podia ser a oportunidade perfeita, mas morar com Ric, será que era isso mesmo que eu queria? Eu nem sabia o que sentia por ele direito. Acabei dormindo com esses pensamentos.

O domingo passou tranquilo, voltamos para casa, chegando perto das 10h. Vovó, Jorge e Viviane me abraçaram assim que eu entrei.

— Parabéns, minha filha! Esse seu namorado te sequestrou em pleno aniversário!

Deu um sorriso para vovó. Talvez ela pudesse me aconselhar sobre a proposta de Ric.

— Vovó, posso falar com a senhora um minutinho?

— Claro, minha filha. Vamos para seu quarto e você me conta tudo da viagem com seu príncipe!

Já no meu quarto, falei para a vovó a proposta de Ric.

— Estou confusa, vovó. Estamos juntos há pouco tempo e a senhora ainda está se recuperando.

— Minha filha, eu estou ótima, e tenho Jorge e Viviane aqui.

— Mas não sei se é o melhor a fazer.

— Helena, você já está com 29 anos, minha filha! Daqui a pouco não poderá mais ter filhos. Ricardo é um bom rapaz e gosta muito de você, é trabalhador, dedicado, um excelente homem para ser seu marido e pai dos seus filhos.

— Vovó, eu nem sei se quero ter filhos!

— Minha filha, você não disse que vão morar juntos primeiro?

— Sim, mas...

— Então você deve ir. Se gostar de morar com ele, vocês se casam e resolvem isso. O tempo não vai esperar você se decidir, ele vai continuar passando.

Nesse ponto a vovó estava certa. Letícia, Pedro, Lorena, Hugo, todos já tinham se resolvido na vida e eu continuava nessa indecisão.

— É, você está certa, vovó.

— Pronto! Está decidido. Fique tranquila. Eu vou ficar bem.

Ela saiu me dando um beijo na testa. No mesmo instante, sem pensar, liguei para Ric.

— Oi, minha gata!

— Oi, Ric. Eu pensei sobre a sua proposta.

— E?

— Eu aceito, vou com você para São Paulo.

— Isso! Por isso que eu te amo. Vou ser um excelente namorido.

— Eu sei que vai.

— Bom, agora vou começar a pesquisar um lugar para nós. Podemos ir lá algum dia desses ver algumas opções pessoalmente se quiser.

— Não precisa. Eu confio em você. E não conheço nada em São Paulo mesmo.

— Tudo bem. Encontrando algo, te mostro para ver se gosta. Tenho um amigo lá que é corretor de imóveis.

— Perfeito. Amanhã vou me desligar da empresa.

— Isso! Fica tranquila. Tudo vai dar certo.

— Tá bom. Vou dormir. Beijo!

— Beijo. Te amo!

— Eu também.

"Pronto! Está decidido". Senti um aperto em meu coração. "Será que tomei a decisão certa?".

Segunda-feira chegou e eu liguei para Lorena logo no primeiro horário. Queria ficar livre de tudo isso logo.

— Oi, Helena! O que aconteceu?

— Lorena, eu preciso conversar com você. É sobre meu cargo na empresa.

— Diga.

— Meu namorado me chamou para morar com ele em São Paulo e estou com grande vontade de ir. Será uma boa oportunidade para minha carreira.

— Entendo. Mas esse tal Ricardo é isso tudo mesmo para te convencer a largar tudo e ir morar com ele? Gosta mesmo dele, Helena? Estão juntos há tão pouco tempo. Não está grávida, está?

— Não, imagina! É que eu sempre quis conhecer São Paulo e será uma oportunidade incrível de crescimento profissional e pessoal.

— Isso é verdade. Bom, você sabe que só quero o seu melhor, não é?

— Claro, por isso acho melhor eu me desligar da empresa. Sei que precisa de alguém presencialmente.

Ela respirou pesadamente do outro lado da linha e disse:

— Isso é verdade. Está ficando difícil convencer o conselho a manter seu cargo a distância.

— Então pronto. Eu ainda tenho algumas semanas. Vou entregar tudo que está pendente e se precisar posso treinar a nova pessoa, mas Cátia sabe bastante e pode auxiliar também.

— É... Estava mesmo pensando em promovê-la. Marcus vai ficar chateado.

— Lorena?

— Oi?

— Pode não contar para ninguém por enquanto? Só Lorenzo, claro, mas não quero que mais ninguém da empresa saiba.

— Por que isso?

— Ah… Porque pode gerar atritos e fofocas desnecessárias. Quero me mudar sem essas preocupações. E não quero que saibam para onde estou indo nesse momento.

— Bom, você pode estar certa. Ok, não vou contar nada, mas vai vir aqui se despedir de nós?

— Claro, vou sim. Só organizar tudo e te ligo avisando quando vou.

— Ótimo! E Helena, você é sempre bem-vinda na nossa casa e na empresa. Se lá não for o que quer, é só me ligar que buscamos você.

— Obrigada, Lorena!

Eu sabia que ela não seria problema, mas Marcus não podia saber de nada. Ele podia aparecer e colocar tudo a perder.

As semanas seguintes passaram voando. Estava tudo pronto para minha nova vida em São Paulo. Ric alugou um apartamento na região central, vovó estava bem melhor, já tinha repassado todo o trabalho da empresa para Cátia, que ficou super feliz com a promoção.

Lorena falou para as pessoas que eu estava saindo de férias para evitar fofocas e, principalmente, que Marcus soubesse que eu estava indo embora. Era por pouco tempo, mas já me garantia alguns dias de tranquilidade, sem precisar lidar com ele ou com o que eu sentia por ele.

Íamos para São Paulo no dia seguinte. Ric decidiu ir de carro para levar algumas coisas e íamos passar na casa da Lorena no caminho para nos despedir. Hoje era minha última noite em minha cidade.

Almoçamos na casa dos pais de Ric e nunca vi a mãe dele tão feliz.

— Estou tão feliz! Você é a nora que pedi a Deus, cá entre nós! — Ela me abraçou falando bem baixinho no meu ouvido. Sempre tivemos um grande carinho uma pela outra, algo sem explicação.

Minha mãe apareceu na casa da vovó para se despedir, com seu deboche de sempre.

— Vai embora de novo, é? Você nunca sossega esse rabo aí, sempre atrás de dinheiro fácil! Primeiro aquela tonta da Lorena e agora esse bonitão.

— Mãe, sinceramente!

Saí irritada. Só a presença dela me irritava. Precisava ser tão desagradável? Por que ela não podia ficar feliz com a minha felicidade?

Já na minha cama, virei de um lado para outro sem sono algum. Não conseguia parar de pensar que a partir de então tudo seria diferente, eu teria Ric. Essa certeza me deixava calma e nervosa ao mesmo tempo, ainda não conseguia entender bem o que sentia por ele.

O tempo passa rápido, rápido demais para nos darmos conta do quanto nos perdemos no caminho.

Morando com Ric há três anos, acabamos nos casando no papel por insistência dele. Nossa vida era relativamente confortável. Fazia um ano que estava trabalhando em uma grande multinacional do ramo de tecidos, como gerente financeiro, e recebia um excelente salário. Ric continuava como modelo oficial da agência; ele tinha muito tempo livre e passava a maior parte dos dias em casa. Eu não o conhecia muito bem e algumas coisas realmente me incomodavam.

Por vezes, quando chegava em casa do trabalho, ele estava jogado no sofá, jogando videogame e a casa completamente de pernas para o ar. Um dia, fiquei presa no trânsito, o que é bem comum na capital de São Paulo, e cheguei em casa às 21h. Ele não tinha sequer tomado banho, lavado as louças do almoço, e estava só de cueca no sofá.

— Ric, poxa! Você não pode largar um pouco essa droga de jogo e me ajudar com a casa? Olha essa zona!

— Você não é minha mãe, Lena. E a casa não está uma zona.

— Que cheiro é esse? Você nem tomou banho ainda? Sério isso?

Fui direto para a cozinha para arrumar as coisas. Essas situações eram constantes e sempre que tentava conversar com ele, percebia o quanto ele era infantil. Toda vez ele explodia, saía batendo o pé e se trancava no quarto por horas. Eu realmente estava cansada desse comportamento, parecia que estava sempre cuidando de alguém. Primeiro foi minha mãe, depois Bernardo, minha vó, Marcus, e agora de Ric. Quando será que finalmente poderia cuidar de mim?

Meu trabalho era extremamente cansativo ou eu estava muito cansada. Não tive mais notícias de Marcus. Assim que cheguei em São Paulo, troquei meu número de celular e e-mail. A última informação que eu tive dele tinha sido seis meses antes, quando Lorena foi me visitar.

— Sabia que Marcus se mudou para Florianópolis? Ele se casou lá, parece que tem até uma filhinha!

— Sério? Que bom para ele!

— É, foi mesmo. Ele saiu da empresa no ano passado, como te disse, e voltou para a cidade dele.

Eu nem sabia que ele era de lá, mas, de alguma forma, essa notícia me deixou triste. Todos estavam seguindo suas vidas, menos eu, que continuava tão ou mais confusa do que antes. Literalmente, passava pelos meus dias como um robô programado para não pensar muito. Acordava, arrumava-me, ia para o trabalho, voltava, arrumava a casa e dormia. Essa era minha vida naquele tempo.

Ric queria ter filhos. Essa conversa sempre acabava em discussão porque eu nunca me vi como mãe. Já tinha que cuidar dele, pensa mais uma criança ali.

Chegou nosso aniversário de casamento e com certeza teria que estar "disponível" para ele. O sexo tinha virado quase uma "obrigação", o que me fazia sentir péssima, mas preferia ceder a ter outra discussão e vê-lo se trancar no quarto de novo.

Estava no trabalho, enfiada no meio de vários papéis, reuniões e pessoas que eu realmente não gostava. Meu telefone não parava de vibrar, melhor ver o que era logo.

— Oi, amor. Hoje vai chegar cedo? É nosso dia! Você não liga mais para mim.

— Oi, Ric. Eu farei o possível. Sabe como é o trânsito.

— Pega a bolsa e sai. O que te impede?

Fechei meu pulso sem perceber. Andava sem nenhuma paciência com ele, mas, pelo bem da minha saúde mental, evitava discussões. Eu ganhava duas vezes mais que ele e boa parte das contas da casa era eu quem pagava, mas parecia que ele se esquecia disso.

— Vou dar meu jeito aqui. Vamos a algum lugar?

— Pensei em fazer um jantar para nós!

Sinceramente, eu queria poder dizer "Por favor, não", afinal, eu que teria que arrumar a zona, mas...

— Ótimo, querido!

— Perfeito! Chegue às 20h. Te amo!

— Também.

Eu gostava de Ric, mas amor era algo que eu nem sabia o que era na verdade. Minha vó disse que era arrumar um homem que gostasse de mim e me respeitasse. Esperava estar fazendo o certo, mas por que eu não me sentia feliz e a cada dia a tristeza crescia mais em meu peito?

Para quem olhava de fora, eu tinha a vida perfeita. Morava em um excelente apartamento na região central de São Paulo, trabalhava em uma grande empresa, tinha excelentes cargo e salário, um marido muito bonito e carinhoso, mas, por dentro, eu me sentia completamente vazia, como se nada disso fosse suficiente. Cheguei a pensar que eu era o problema, que eu não merecia essa vida. Quantas pessoas matariam para ter o que eu tinha?

"Bom, chega de pensar!". Inclusive, vinha evitando ao máximo pensar. Sempre me fazia questionar coisas para as quais eu não sabia a resposta. Acabei os relatórios que precisava entregar e saí pontualmente às 18h.

— Oi, querido. Consegui chegar! Que cheiro bom!

Ric me recebeu na porta, com uma rosa e uma caixa de bombons. Ele sempre fazia isso.

— Oi, minha gata! O jantar está quase pronto. Lasanha à bolonhesa e salada. Sei que ama massa. Também comprei aquele vinho que você gosta.

— Você é maravilhoso! Vou só tomar um banho.

Ele era mesmo um excelente homem, mas... Bom, fui tomar meu banho e demorei um pouco mais no chuveiro. Colocando minha cabeça embaixo da água, tentei sentir como se todos meus pensamentos fossem retirados com a água. Coloquei uma roupa mais sexy, um vestido leve preto. Fazia isso por ele, afinal, como esposa preciso cumprir esse papel, certo?

Jantamos e ele correu para o videogame. Lavei as louças e quando estava indo para o quarto, senti seu olhar em mim.

— Hum... Minha esposa está linda nesse vestido.

— Obrigada, querido. É tudo para você.

Claro que não. Eu só queria dormir, mas não tenho como negar isso a ele. Já faz semanas que dormia mais cedo e acordava antes dele para evitar essa abordagem. Eu sentia zero vontade de transar. Não me tocava, não me olhava, não sentia vontade de fazer nada.

Ele me abraçou e começou a me beijar, rapidamente me colocou na cama e concluiu todo o processo. Ele me machucou, porque eu não estava totalmente pronta, mas quanto antes acabasse, antes ficava livre disso. Então fazia como tinha aprendido: agir como se estivesse vendo estrelas quando, na verdade, estava tentando me lembrar o que tinha para fazer no dia seguinte. Em poucos minutos, ele ficava satisfeito e voltava para seu videogame, e eu, finalmente, podia dormir.

Na semana seguinte, exatamente às 10h de uma segunda-feira, quando meu trabalho estava uma loucura, meu telefone tocou.

— Mãe? O que houve? Você nunca me liga.

— Helena, é a sua vó!

Meu coração gelou.

— O que tem ela?

— Ela desmaiou. Corremos com ela para o hospital e ela está desacordada. Os médicos avisaram que o estado dela é muito grave. Ela teve um derrame sério. Helena, eu...

E ela começou a chorar desesperadamente do outro lado da linha. Eu e minha mãe nunca nos demos bem e nunca a vi chorar assim.

— Eu vou para aí agora mesmo.

— Obrigada. Vem logo!

Ainda atordoada, fui na sala do meu chefe, um senhor de 50 anos, sério e com cara de poucos amigos.

— Sr. João, minha vó passou mal e eu preciso ir para Minas Gerais agora mesmo.

— Não. Temos várias reuniões marcadas para esta semana.

— Como assim? É minha família!

— E este é seu emprego. Se quer mesmo ser como eu um dia, precisa escolher, Helena.

Ser como ele? Eu jamais queria me tornar uma pessoa assim. Ele não tinha vida, tudo era a empresa. Quase não comia, não dormia, estava sempre em reuniões. Eu não queria essa vida, apesar de todo o dinheiro, pois me parecia ser uma vida extremamente vazia.

— Pois eu escolho ir. Pode me demitir se quiser.

E saí batendo forte os pés. Peguei minha bolsa e corri para o aeroporto. Nem pensei em ver se tinha passagens antes, mas, para minha sorte, tinha. Um voo saía em 30 minutos. Mandei uma mensagem para o Ric, que estava em um ensaio nessa semana.

— Ric, minha vó passou muito mal. Saí correndo e peguei o primeiro voo para Minas.

— Nossa, amor! Eu posso largar tudo aqui e ir com você.

— Não, por favor. Não precisa. Eu aviso assim que chegar lá.

Cheguei rápido, graças a Deus. Corri para o hospital e encontrei minha mãe, Jorge e Viviane arrasados na sala de espera.

— Helena! Minha filha!

Minha mãe se jogou nos meus braços chorando compulsivamente. Eu nunca a tinha visto assim.

— Como ela está?

— Nada bem. O doutor disse que ela continua inconsciente e o quadro continua se agravando.

— Ok, Viviane. Tem quanto tempo isso?

— Ele não nos deixa entrar, Helena! Resolva isso! Agora! — minha mãe falou gritando, andando de um lado para o outro.

— Mãe, se acalme. Precisamos deixar a equipe médica trabalhar.

Ficamos mais um tempo aguardando e após cerca de uma hora o médico nos chamou.

— O estado dela é realmente grave. Infelizmente, não há o que fazer. Estamos dando medicamentos para reduzir a dor. Agora é aguardar.

— Entendo. Podemos vê-la?

— Você é?

— A neta dela, Helena.

— Parece a mais calma aqui. Como é um caso grave, vamos permitir que entrem, mas dois por vez e sem estressar a paciente — ele falou olhando para minha mãe que, com certeza, deve ter dado um show no hospital.

Entrei com ela no quarto, minha vó estava cheia de tubos e aparelhos ligados. Uma expressão tranquila, apesar de triste.

— Vovó, é a Helena. Estamos aqui, viu? Descanse.

— Mãe, me perdoa, mãe! Meu Deus, o que vou fazer sem você!

Minha mãe se jogou em cima do peito da minha vó.

— Mãe, acalme-se. Não podemos estressá-la.

Ela se recompôs como uma criança mimada recebendo bronca. Segurei a mão da vovó, que deu um leve aperto de volta, e começou a abrir os olhos.

— Vó?

Ela abriu os olhos e me olhou com carinho. Um olhar que parecia ser de despedida.

— Vó, não se force. Esses tubos são necessários.

Ela olhou para minha mãe, que segurava a outra mão dela. O tempo pareceu congelar por alguns instantes e ela voltou a dormir. Estava tentando ser forte, como aprendi, mas, sinceramente, também não sabia o que faria sem ela. Vovó era meu porto seguro. Sempre foi!

Decidi dormir com ela. Jorge estava muito cansado e a filha dele o buscou para dormir na casa deles. Minha mãe deve ter ido a algum bar para afogar a tristeza, como sempre.

Sem conseguir dormir na cadeira dura do hospital, decidi ler as mensagens recebidas durante o dia — Ric, Lorena e o RH da empresa.

'Olá, Helena. Passando apenas para informar que precisamos que assine sua demissão o mais rápido possível'.

Ele estava mesmo falando sério! Nunca conheci alguém tão frio e sem sentimentos assim. Não posso dizer que fiquei triste, pois detestava aquele trabalho e tinha uma boa reserva, mas Ric não ia gostar nada disso. Ele se acomodara com o tempo, pegava apenas as campanhas mais fáceis e escolhia bastante para trabalhar o mínimo possível.

O dia logo amanheceu e minha vó permanecia na mesma, desacordada, respirando e se alimentando com a ajuda de aparelhos. Era triste vê-la assim. Ela era tão cheia de vida e alegria.

Minha mãe e Jorge chegaram cedo e eu aproveitei para ir à casa da vovó para tomar um banho. Por sorte tinha deixado algumas roupas lá, pois tinha saído correndo e não havia levado nada.

Voltando para o hospital, passei no supermercado e comprei alguns itens essenciais. Assim que peguei a carteira para pagar, meu celular vibrou.

— Helena, ela se foi! Ela se foi, me abandonou aqui! Meu Deus!

— Mãe? Como assim?

— Ela acabou de morrer. O médico veio dar a notícia.

— Estou indo agora para aí!

Saí sem raciocinar. Chamo um Uber na porta do supermercado e cheguei em poucos minutos ao hospital. A cena era devastadora. Minha mãe jogada no colo da Viviane, Jorge tinha passado mal e sido internado. Hugo e sua esposa, filha de Jorge, já estavam lá.

— Helena, eu sinto muito!

— Obrigada, Hugo.

Meu lado racional assumiu o controle, como sempre acontece em situações extremas. Saí de perto de todos e fui à procura do médico. Logo que me viu, ele veio em minha direção.

— Eu sinto muito pela sua perda. Estávamos esperando para resolver quanto ao corpo.

— Sim. O que preciso fazer?

— Ela tem algum plano funerário?

Eu estava pagando um para ela desde que me mudara para São Paulo.

— Sim. Vou acioná-los.

— Ok. Quando concluir é só ir até aquela recepção que eles vão te orientar sobre o restante do procedimento. Mais uma vez, sinto muito pela sua perda.

E ele saiu. Não o culpo pela frieza. Em momentos assim ser racional é muito mais importante.

Liguei para o serviço funerário, que providenciou tudo. O velório seria realizado no dia seguinte, às 7h. Envio mensagens para Ric e Lorena. O restante do dia passou entre choros e crises da minha mãe. Não conseguia sequer chorar, porque ela, para variar, estava fazendo uma cena.

— Mãe, você precisa se acalmar. Não adianta beber tanto e quebrar todos os copos da sua casa.

— Ela me abandonou! Como ela pôde fazer isso? Nem você a fez voltar.

— Isso é absurdo! Ela estava doente há muito tempo. Finalmente, ela descansou. E você já é adulta o suficiente para lidar com sua vida sozinha, não acha?

— Você se acha melhor que eu, não é? Só porque todos sempre quiseram você!

— Como assim? Está competindo com sua filha agora? É isso?

— Até aquele nojento do seu pai preferiu ter você, uma criança, do que a mim, uma mulher formada.

O pesadelo volta à minha mente imediatamente: eu, na cama de um quarto imundo, com um homem em cima de mim. Dor... Dor... Minha mãe no chão. "Meu Deus! Não pode ser real isso!".

Sem perceber, agarrei-a pelo pulso com força.

— Que história é essa? Fale agora! O que aconteceu?

Ela se assustou e estava bêbada demais.

— Me solta, sua vadiazinha. Eu sou sua mãe e você me deve respeito!

— Respeito? Você nunca se deu ao respeito. Me conte o que houve com meu pai agora!

— Ele... Ele... Eu não tive culpa... — ela começou a falar e a chorar ainda mais.

— Culpa de quê?

— Ele me batia, me batia, e eu não conseguia tirar ele de você. E ele...

Ela abaixou os olhos com vergonha e dor ao mesmo tempo, mas eu só queria saber a verdade. A verdade que me assombrava desde aquele dia com Marcus.

— Ele o quê? Fala logo!

— Ele violentava eu e você.

Eu a soltei e me afastei, desolada. Aquela mulher... Ela devia me proteger! Como ela tinha deixado aquele monstro fazer isso? Eu era uma criança! Como uma onda forte, várias memórias começaram a aparecer na minha mente. Memórias que eu tinha esquecido para me poupar.

— Quantos anos eu tinha?

Ela hesitou e se sentou no sofá.

— Me responde agora! Quantos anos eu tinha?

— Eu...eu não sei bem quando começou... Ele vivia drogado, era muito forte. Eu não conseguia fazer nada, você entende?

— Mas como? Ele não foi embora quando eu tinha 7 anos?

— Ele nunca foi embora de verdade. Até o dia em que seu avô chegou e o pegou nos machucando. Eu o enfrentei, disse que não ia mais aceitar ele fazer isso com você. Ele me bateu muito forte, um soco no rosto, e eu caí, apagada. Acordei no hospital.

— Quantas vezes ele fez isso comigo?

Ela me olhou. Seu olhar era devastador de tanta tristeza, o que não me comoveu naquele momento.

— Algumas. Todas as vezes que ele chegava bêbado ou drogado. Ele me...

— O quê? Fala!

— Ele me dava drogas em troca de poder ficar com você.

Perdi completamente o jogo das pernas nesse momento. Minha mãe, a mulher que deveria me proteger de tudo neste mundo, literalmente me entregava para um monstro em troca de drogas?

— Você! O quê? Meu Deus!

— Minha filha, me perdoa. Eu estava completamente fora de mim nessa época. Eu me arrependo tanto. Por isso que seus avós começaram a te criar. Foi depois desse dia, quando seu avô matou aquele desgraçado.

— O quê? Meu avô matou meu pai?

— Foi. Ele chegou e viu aquela cena, e enfiou a faca no seu pai, que morreu no hospital. Para proteger seu vô, eu assumi, falando que tinha sido legítima defesa.

— Eu... Eu... não quero mais ouvir.

Sem conseguir pensar direito, saí do apartamento da minha mãe e andei sem rumo pelas ruas da cidade. Estava quase no centro comercial e quando percebi, tinha andado cerca de 30 minutos e meu telefone não parava de tocar. Era Ric.

— Amor, onde você está? Cheguei na casa da sua vó.

— Ric, eu... eu...

Não consegui dizer mais nada. Eu não queria que ninguém soubesse por enquanto. Precisava voltar e cuidar do velório da minha vó.

— Eu... Desculpe. Estou voltando agora.

— Amor, posso te buscar.

— Não precisa. Já chamei um Uber.

Chamei um Uber e cheguei na casa da vovó. Ric logo me abraçou e sem perceber as lágrimas contidas caíram dos meus olhos.

— Calma. Vai ficar tudo bem. Eu estou aqui.

O abraço dele ajudou, mas não me fez parar de pensar em tudo que tinha descoberto, em como meu passado foi sujo e minha mãe uma completa irresponsável comigo.

— Obrigada. Eu avisei os amigos dela. Jorge não está muito bem e vai ficar no hospital. Amanhã preciso estar cedo no velório.

— Claro. Vou estar lá do seu lado.

Passei mais uma noite em claro. Ric dormiu aqui na casa da vovó comigo. Ele, como sempre, dormiu com uma pedra. Terminei de organizar as coisas da vovó em caixas para doação.

— Quanto antes eu deixá-la ir, melhor será! — disse para mim mesma, tentando aceitar que a única pessoa que realmente me amou e que ainda estava viva também tinha partido.

"Helena, você é forte! Você vai dar conta disso! Engole o choro".

E, assim, o dia amanheceu e fomos para o velório.

O serviço funerário foi excelente. O local estava cheio de flores e vovó estava linda com seu vestido azul bordado, o que ela mais amava e só usava em grandes eventos. Seu cabelo estava penteado e, no rosto, um leve sorriso.

— Eu te amo, vovó. Obrigada por tanto! — falei, pegando em suas mãos frias e duras. Esperava mesmo que ela sentisse a minha gratidão onde quer que estivesse. Nunca parei para pensar na morte, mas meu coração sempre sentiu que a vida não acaba nesse momento.

Minha mãe não apareceu no velório. Como pode não ir ao velório da própria mãe?

Enfim, após o enterro, voltei para a casa da vovó com Ric, Hugo e sua esposa, filha de Jorge.

— Helena, vamos levar o papai para nossa casa. Ele está muito debilitado e abalado com tudo isso.

— Claro, eu concordo.

Viviane olhou-me, atenta.

— Estou demitida, dona Helena?

— Claro que não. Vai trabalhar conosco.

Priscila se adiantou e tranquilizou Viviane. Dei um sorriso para ela e Hugo.

— Ótimo. Vou colocar o apartamento à venda.

— Vamos pegar as coisas do papai. Viviane, você me ajuda?

Priscila, Hugo e Viviane foram para o quarto de casal que era de vovó e Jorge.

— Você está bem, amor?

— Sim, Ric. Só preciso organizar as coisas aqui.

— Vamos para casa?

— Eu ainda não posso. Vou resolver as questões da herança da vovó. Mas pode ir. Eu fico aqui mais uns dias.

— Não quero deixar você sozinha, mas peguei aquela campanha do shopping e me querem lá amanhã.

— Tudo bem, inclusive...

Lembrei-me de que não tinha contado a ele sobre minha demissão.

— O quê?

— Fui mandada embora, acredita?

A expressão de Ric saiu de carinhosa para espantada.

— O que você fez?

— Eu fiz? Como assim? Eu pedi educadamente para vir ver minha vó e o insensível do meu chefe não me liberou e me demitiu.

— Que absurdo! É seu direito.

— Enfim... Quando eu voltar, dou um jeito.

— É... Precisa arrumar outro trabalho. As contas não param.

Essa última frase veio como um soco no meu estômago. Queria que uma vez na vida Ric assumisse o papel de homem da relação, que provesse nossa família. Como posso pensar em ter filhos com um cara como ele? Eu só queria que ele me abraçasse e falasse "Eu vou cuidar de você. Não precisa se preocupar com isso".

— Não precisa se preocupar. Eu sempre me virei, agora não será diferente.

Ele sorriu e foi para o quarto, jogar, claro.

Os demais dias seguiram. Ric e Lorena já tinham ido embora e eu não vi mais minha mãe desde o dia em que ela me contou todo o absurdo que vivi na minha infância.

Organizando as coisas da vovó, achei seu testamento. Ela deixou o apartamento para mim e minha mãe. Entreguei tudo para um advogado, amigo de Hugo e Priscila.

Minhas noites vinham sendo em claro. A cada dia, mais flashes voltavam, causando-me cada vez mais pânico.

Parecendo adivinhar, Letícia me enviou uma mensagem.

'Oi, feia! Você sumiu! Como você está?'.

'Oi, Lê. Na verdade, está tudo muito confuso agora'.

Ela me ligou na sequência.

— Lena, o que houve?

— Minha vó faleceu.

— Nossa, Lena! Meus sentimentos. Como você está?

— Triste, mas foi o melhor para ela.

— E?

— O quê?

— Tem mais coisa. Eu te conheço. Pode confiar em mim!

— Ah...

Eu hesitei. Não estava pronta para falar sobre meu passado, mesmo para Letícia, que além de minha amiga era uma profissional.

— Só não estou conseguindo dormir.

— Pode ser estresse, trauma ou só o luto. Por que não fazemos uma consulta?

— Sabe que não curto isso, Lê. E estou resolvendo tudo aqui... A herança, minha mãe...

— Bom, você precisa começar a olhar para você, sabia?

Pedro me dizia isso e, parando para pensar, fazia anos que não dava atenção ao que eu realmente queria. Na verdade, eu nem sabia o que era.

— É, eu sei.

— Olha, sei que não acredita nessas coisas, mas tem uma grande amiga dando um curso maravilhoso que pode ser transformador para você.

— Curso, é?

— Lena, só pense a respeito, ok? Esse curso me ajudou muito. Vou te mandar o link por mensagem para que possa ver. Eu ganhei uma bolsa de estudos e posso te dar de presente.

— De graça, né? Que mal faz?

— É assim que se fala. Vou te mandar. É só se cadastrar. As aulas começam sexta-feira e terminam domingo.

— Tipo, amanhã?

— Isso.

— Tá bom, manda aí.

— Me conta depois o que achou.

— Obrigada, Lê.

Poucos minutos depois, ela me enviou a mensagem. Quando cliquei na página de inscrição apareceu uma mulher com cerca de 40 anos, negra, de cabelo branco e um lindo sorriso no rosto. Sua expressão era muito leve, parecia estar muito feliz.

A página dizia: "ThetaHealing, essa técnica vai transformar sua vida!". A seguir, vários depoimentos de mulheres que diziam ter saído do fundo do poço com esse curso.

— Bom, eu ganhei, né? Não custa tentar.

Confirmei minha inscrição, tirei um print da tela e mandei para a Lê.

'Você vai amar. Essa técnica é incrível!'.

'Tomara. Te conto depois'.

Bom, estava feito. Só ia voltar para casa na segunda-feira, então tinha como fazer o curso, que seria durante o fim de semana.

Já tinha organizado quase tudo na casa da vovó; doei as roupas para a igreja que ela gostava de ir. Tentava não pensar muito, porque sempre que pensava sentia muita raiva. Esse sentimento estava crescendo dentro de mim: raiva da minha mãe, do Ric, do meu chefe, do Marcus... Raiva, era só o que consigo sentir.

— Por que minha vida é essa merda? Fala, Deus, por quê? O que eu fiz?

Minha relação com Deus andava assim, falta de compreensão total. Por que eu precisava sofrer tanto aqui? Por quê? Qual o sentido de tudo isso?

E o dia do curso chegou. Eu havia pedido a Ric para pegar meu notebook quando ele viesse para o velório. As aulas serão virtuais. Quando entrei na sala virtual, uma música suave estava tocando. A bela senhora que tinha visto na página estava lá, com os olhos fechados e cantando algo que parecia ser um hino. Mais de 40 mulheres estavam presentes.

— Eu agradeço ao Universo por ter nos unido hoje! — a mulher falou, com um sorriso convidativo.

Ela vestia uma camiseta branca, brincos de conchas de praia e cabelo solto. Ela estava sem maquiagem, mas ela era bonita naturalmente. Tinha algo no olhar dela que magnetizava, que confortava.

— Eu sou Marta, a instrutora de vocês nessa jornada para dentro de si mesmas. Essa experiência exige que renunciem ao controle, que deixem o racional de lado por alguns momentos. Vocês vão entrar em contato com dores, medos, e tudo isso é necessário para o renascimento de cada uma de vocês. Eu só peço uma coisa: que se permitam viver essa experiência em sua total potência.

Como assim? O que será que ela queria dizer? Eu estava ali para ficar bem, não queria sentir dor e muito menos medo. A vontade de fechar o notebook cresceu, mas algo dentro de mim me mandou ficar ali, apenas escutando.

— Agora, vou conduzir vocês em um exercício para que possamos entrar na mesma sintonia e a vontade de desligar o computador não vença.

Opa! Como ela sabia que eu queria desligar meu computador? Uma música suave começou a tocar e Marta voltou a falar suavemente.

— Feche os olhos e se permita ser conduzida pela minha voz. É permitido, é seguro, nada de ruim acontecerá. Apenas se entregue agora.

Eu a obedeci, quase por instinto. Fechei meus olhos e me concentrei na voz suave daquela mulher.

— Puxe o ar devagar e segure-o nos pulmões. Agora solte devagar. Repita: puxe o ar, segure e solte devagar. Mais uma vez.

A voz dela era tão suave que realmente me relaxou, senti todo meu corpo relaxar, uma sensação que não sentia há algum tempo.

— Isso, agora você se vê caminhando em uma linda floresta. A grama verdinha, o cheiro das flores, o som dos pássaros…

Conforme ela foi falando, eu comecei a me ver pisando descalça em uma grama verdinha e úmida, escutando o som dos pássaros, vendo borboletas. Eu realmente me sentia bem ali.

— Agora, você olha para cima, contemplando o céu azul, e repete: "Criador de tudo que é, eu me permito viver esse momento, eu me permito sentir sua presença, eu me entrego a essa experiência com amor e dedicação. Está feito, está feito, está feito!".

Eu repeti mentalmente e voltei com a orientação de Marta, sentindo-me mais leve. "Ela é boa mesmo".

Então Marta começou a nos contar um pouco sobre sua experiência.

— Eu era como algumas de vocês. Vivia uma vida relativamente "perfeita". Casada há 10 anos, dois filhos, uma boa casa, carro, um bom emprego. Enfim, a famosa vida padrão. Mas algo faltava, eu me sentia vazia. Olhava para meu marido e só via um menino, sem capacidade de tomar decisões. Eu quase não tinha tempo para meus filhos, que cresciam praticamente sendo educados pela escola e pela babá. Vivia cansada, sem paciência. Tomava vários medicamentos, não dormia, não me alimentava bem. Eu estava apenas passando por essa vida, até o sexo era por obrigação. Nada me fazia sentir prazer e amor de verdade.

"Nossa! Essa sou eu! Como a história dela se parece com a minha. Eu me sinto exatamente assim!".

— Até que eu cheguei em casa mais cedo um dia e peguei meu marido transando com a babá na nossa cama. Meu mundo caiu nessa hora. Eles sequer se desgrudaram quando eu cheguei e ainda tive que ouvir dela: "A senhora não cuida dele, eu precisei cuidar!", e ele sorrindo. Eu pedi o divórcio e aquele velho ditado que diz "Você só conhece alguém de verdade quando se separa" é a realidade. Ele me tirou tudo, incluindo a guarda dos nossos filhos. Eu me afundei na depressão, no alcoolismo e perdi cada centavo que tinha. Até o dia em que uma grande amiga, que me deu um teto para morar, apresentou-me a mesma técnica que vocês vão aprender. O ThetaHealing mudou minha forma de ver o mundo, minha forma de ver a mim mesma. A primeira coisa que vamos aprender é entender porque sua vida está como está. Quais comportamentos, pensamentos e sentimentos te trouxeram até aqui. Não há vilões nessa vida. Essa foi a lição mais difícil que aprendi, porque era muito mais fácil culpar a todos pela minha desgraça.

"Como assim? A culpa é minha dessa merda toda?". Meus pensamentos ficaram confusos e ela percebeu pelo meu olhar na tela.

— Calma, você também não é culpada. Vamos entender primeiro como as leis naturais funcionam. A primeira delas é a Lei de Atração. Nós atraímos para nossa vida tudo o que pensamos, sentimos e fazemos. Ou seja, por mais que eu faça coisas boas, se eu sentir ódio, raiva, dor, culpa, ressentimento, o que eu atraio é diferente do que aquilo que eu faço. Precisamos estar em sintonia nos três pontos para atrair o que desejamos. Também temos a Lei da Ação e Reação. Essas são as principais por hoje. E o mais importante, o porquê você as usa incorretamente e como mudar isso.

Ela continuou a aula e conforme ela foi explicando foi ficando tudo muito claro. Comecei a perceber que a raiva e a revolta que eu sentia só atraía mais disso para minha vida, que reclamar não resolve absolutamente nada e que as pessoas nos entregam o que têm dentro de si. Quem tem amor, entrega amor; quem tem dor, entrega dor.

— Percebe agora que todas as pessoas que passaram pela sua vida foram "atores"? Cada um representando seu papel e fazendo somente o que lhes foi permitido. Quantas vezes, como mulheres, não assumimos o papel de homem da relação? Ou o de mãe do nosso companheiro? Quantas vezes você não se anulou para viver a vida dos outros, o que os outros queriam, e sequer olhou para si mesma, para dentro de você?

Eu me sentia exatamente assim, parecia que ela falava para mim. A aula foi concluída com uma meditação guiada que nos conduziu até nossa infância. Eu me vi pequena, com olhar triste e assustado.

— Pegue sua criança no colo e fale para ela: "Agora você está segura. Eu estou sempre com você!".

Eu consegui fazer a prática e me senti muito mais leve. E ela também passou um exercício para fazer pela manhã:

— Você vai ficar cinco minutos se olhando no espelho, não desvie o olhar. Olhe-se nos olhos e diga para você: "Eu me amo, eu me perdoo, eu me aceito, eu sou grata!".

E assim a aula terminou. Quando dei por mim, percebi que meus olhos estavam cheios de água. Adormeci rápido, em um sono tranquilo e profundo, como há muito tempo não tinha.

No dia seguinte acordei com meu telefone tocando. Era o Ric.

— Oi, amor! Bom dia! Como você está? Estou com saudades. Que dia você volta para casa?

Eu, sinceramente, não estava com saudade alguma. Queria mesmo ficar longe por mais uns seis meses, mas não queria magoá-lo.

— Oi, Ric. Estou bem. Acredito que volte na terça-feira. Te aviso.

— Não está com saudades?

Essa carência dele me irritava.

— Claro que estou. Logo estarei aí.

— Te amo, amor. Estou indo para o ensaio.

— Eu também. Bom trabalho.

Essa conversa me deixou muito estressada. Lembrei que precisava fazer o exercício do curso. Fui para o espelho do banheiro.

— Ok, Helena! Se olhe nos olhos.

Não pensei que seria tão difícil olhar-me nos olhos. Eu não me reconheci naquele olhar cansado, triste, vazio. Quem eu era? O que eu queria?

— Que merda! Por que não consigo fazer isso? — falei para mim mesma.

Sem que eu pudesse controlar, lágrimas e mais lágrimas desceram sem pedir permissão.

— O que eu fiz da minha vida? O que eu fiz? Estou me sentindo tão sozinha! Perdida! Por que não me sinto feliz? O que eu quero realmente?

Decidi tomar um banho para me recompor. Não esperava essa reação em um exercício bobo como esse. Não tinha nem conseguido dizer a frase. Saí do banho decidida.

— Eu vou fazer isso!

Voltei a olhar dentro dos meus olhos e comecei:

— Eu me amo... Eu...

Mais lágrimas e a pergunta "Se ama mesmo?" não saía da minha mente. "Se você se ama, como pode aceitar essa vida de tristeza? Se você se ama, como pode aceitar essa vida que não te satisfaz? Se você se ama, porque não se olha com prazer? Por que não se olha com amor? Por que aceita que façam o que querem com você? Por que se anula?".

— Droga! É verdade! Que merda de amor é esse, Helena? Você sequer tem cuidado de você!

Saí irritada do banheiro, decidida a largar aquele curso idiota e seguir minha vida "plena e feliz". Mas a quem eu queria enganar? Eu não me sentia plena, muito menos feliz e, o pior, sentia-me culpada por não me sentir realizada nessa vida de "conto de fadas".

O restante do dia passou rapidamente. Resolvi as questões com o advogado para colocar o apartamento à venda.

Meu celular despertou, lembrando-me do horário da aula. A vontade de largar para lá era grande, mas a vontade de aprender como sair do abismo em que eu me encontrava era maior e eu entrei na sala virtual.

Marta me recebeu com um lindo sorriso. As outras alunas foram chegando.

— Quero saber quem conseguiu fazer a prática do espelho.

Uma moça, Adriana, abriu o microfone:

— Eu só consegui chorar e sentir raiva. Não me via no meu reflexo e quando tentei dizer "Eu me amo" veio uma voz dizendo: "Ah tá, sei".

— Isso é muito comum. Vocês estão perdidas de si mesmas. Quero que façam esse exercício durante sete dias. E vamos conversando no grupo. Hoje vamos falar sobre perdão. Agora vocês já sabem que cada pessoa entrega somente o que possui e que pessoas feridas normalmente ferem outras pessoas. A mágoa, o ódio, o ressentimento colocam você em uma situação de prisão. Você fica presa ao seu agressor e à agressão 24 horas do seu dia, e a única coisa que consegue com isso é reviver a cada segundo a dor e a tristeza que aquela situação causou. Você se torna refém, vítima de si mesma, e quem é vítima não constrói nada nesta vida além de mais dor e sofrimento.

Sem perceber, eu marquei a opção de levantar a mão para falar e ela liberou meu microfone.

— Diga, Helena!

— Eu... Eu... Ah... Então... Não entendo isso! Como pode? A pessoa me machuca, acaba com minha vida e eu ainda fico presa a ela? Como pode isso? Como perdoar quem deveria ter te protegido e te machucou tanto?

Ela me olhou com amor e com a voz mais calma do mundo respondeu:

— Helena, eu sei que sua mãe e seu pai falharam muito com você, mas eles não estavam prontos para essa experiência. Você desconhece tudo que eles passaram, toda dor e sofrimento. Como eu disse, nós entregamos o que temos e foi isso que eles fizeram. E como filha seu papel é honrar e ser grata pela oportunidade da vida que eles te deram.

Fiquei muda. Como ela sabia dos meus pais?

— Helena, vou ensinar agora uma prática com a qual vocês poderão receber a intuição de onde está o problema da pessoa com quem vocês conversarão e o de vocês também.

Ela nos ensinou a prática e nos colocou em salas diferentes, em duplas, para que pudéssemos praticar. Chamava-se Leitura Intuitiva, o que me fez, literalmente, sentir-me uma palhaça. "Agora leio mentes. Ok! Isso é ridículo, Helena!".

Quando entrei na sala havia uma moça, jovem, que aparentava ter uns 27 anos, cabelo escuro e curto e pele clara.

— Oi, Helena, Sou a Kamila. Prefere fazer primeiro?

— Oi. Muito prazer. Por favor, pode fazer primeiro?

— Claro. Feche os olhos e respire fundo.

Eu obedeci e após alguns minutos ela começou a falar.

— Eu vejo uma criança, com sangue entre as pernas e chorando muito. Tem uma moça, uma jovem, tentando acalmá-la, e ela também sangra muito. Tem sangue nas roupas, no nariz, na boca. Essa jovem diz: "Me perdoa. Me perdoa!".

Eu fiquei completamente paralisada. Como ela podia estar vendo isso?

— Agora vejo um homem chorando, compulsivamente. Ele está sujo, parece em um lugar com muita lama. Ele quer falar, mas não consegue. Parece que tem uma barreira. Você quer ouvi-lo?

Eu só consegui dizer um "sim" sussurrado. Isso era uma loucura.

— Ok. Deixe eu ver se consigo ouvir. Hum... Ele tem olhos escuros e uma barba espessa.

"Meu Deus... É meu pai? É a imagem que vejo nas lembranças".

— Ele chora e diz: "Sinto muito. Sinto muito". Ele chora muito.

— O que mais ele diz?

— Ele só chora, e muito... Espere!

— O quê?

— Vejo outro homem, um senhor. Ele tem uma luz e diz: "Eu vou cuidar dele, minha filha! Só fique bem. Nós te amamos, minha pretinha!".

— Vô? Como pode? Ele me chamava assim!

Ela sorri.

— Ele está sorrindo e abraçado ao outro homem. Ele só diz: "Agora cuide de você!".

Lágrimas escorreram pelo meu rosto. Não duvidava mais de que ela realmente estava vendo tudo isso.

Quando eu fiz a prática com ela, vi uma senhora abraçando-a muito forte.

— Vovó! Como eu te amo! Eu posso sentir ela aqui!

Foi lindo, foi maravilhoso sentir a emoção. E descobri como amo fazer isto: auxiliar!

A aula acabou e a professora Marta nos passou um exercício.

— Hoje, quero que você pense em todos que já te fizeram mal nesta vida. Pense neles como pessoas que vieram para te ensinar algo e tente perdoar. Diga: "Eu te liberto do papel de meu professor porque eu já sei o que é amor, eu já sei que eu sou amada, eu já sei que eu posso amar!".

Ela enviou um áudio com o exercício para fazermos antes de dormir. Na hora de me deitar, coloquei o fone e adormeci ouvindo essa prática.

Acordei como se tivesse rejuvenescido uns cinco anos. Uma disposição que não sentia há muito tempo. E um pensamento se fez presente: "Mãe... Preciso conversar com ela. Resolver as coisas".

Sem hesitar, peguei o telefone e disquei o número dela, que demorou um pouco para atender.

— Helena?

— Oi, mãe. Podemos conversar?

— Quer falar comigo?

— Sim. Onde você está?

— Em casa, mas aqui não é um bom lugar agora.

Escutei a voz de um homem ao fundo, provavelmente, mais um de seus casos. Antes isso me deixaria com raiva, mas nesse dia, um novo sentimento surgiu.

— Ok. Vamos tomar café na padaria?

— Tudo bem. Em 30 minutos?

— Ótimo!

Arrumei-me e fiz o exercício do espelho. Dessa vez, consegui olhar com menos hesitação e repetir a frase, ainda sem convicção, mas ao menos consegui fazer.

Cheguei na padaria e logo avistei minha mãe.

— Oi, mãe!

Ao me aproximar, percebi seu olho roxo e inchado. Ela desviou o olhar.

— O que quer?

— Mãe! — falei puxando seu rosto levemente para olhar seus olhos.

E ao olhar dentro dos olhos dela, senti compaixão. Ela estava acabada para a idade dela, o cabelo despenteado, dentes quebrados, rugas, manchas na pele e um olhar de tristeza. Somente isso.

— Mãe, eu quero te pedir desculpas pela forma como a tratei aquele dia.

Ela se assustou e ficou me olhando.

— Como assim? Desculpas?

— Sim, eu fiquei tão sem chão que despejei tudo em você e não te dei a chance de se explicar.

— Mas... Mas...

Ela começou a chorar e me abraçou forte, como eu não me lembrava de já ter sido abraçada por ela um dia. Ela, de fato, só precisa de amor, assim como a Marta disse. Todos sempre a usaram, machucaram-na. Ela sempre buscou ser amada e só encontrou tristeza.

— Mãe, eu te amo. Quero que saiba disso. E tudo que sempre fiz foi porque você não merece essa vida que leva. Olha seu olho. Esses homens sempre te machucam.

— Eu sei, filha. Mas eu não sei o que tenho de errado.

— Mãe, você não tem nada de errado. Só precisa se tratar. Por que não vamos para a clínica?

— Tenho pensado nisso. Sua vó queria me ver bem. Ela merece.

Foi a primeira vez que vi minha mãe desarmada assim. Enxuguei suas lágrimas.

— Você me ajuda, filha? A ir para lá? Tem um traste na minha casa agora. Ele me bateu porque eu devo dinheiro a ele. Tive que fazer coisas, enfim.

— Claro, mãe. Não vou abandoná-la.

Ela me abraçou forte novamente e fomos juntas para a casa da vovó. Lá, ela tomou um banho e dormiu até a hora do almoço. O clima era leve e eu me sentia bem perto dela.

Almoçamos e conversamos.

— Consegui agendar para ir à clínica amanhã. Se você quiser, eles já vão aceitá-la.

Ela me olhou, senti sua hesitação.

— Mãe, eu vou sempre vir te visitar. E quando você sair, pode morar comigo.

— Tudo bem. Vou fazer isso por você e pela sua vó. Quero dar orgulho para vocês uma vez na vida. Estou muito cansada dessa situação.

— É assim que se fala!

CAPÍTULO 14

Se é para recomeçar, então recomece

Já fazia três meses que a vovó havia falecido. Mamãe estava internada na clínica para dependentes químicos há dois meses e estava se adaptando bem.

Após o curso, comecei a estudar muito sobre leis universais e emoções humanas para tentar entender o que acontecia comigo. Dentro de mim, uma vontade enorme de mudança começou a surgir.

Todos os dias, quando olhava para Ric, sentia-me a quilômetros de distância dele. Não tínhamos absolutamente nada em comum mais e a cada dia eu me perguntava se devia permanecer ali. Eu continuava desempregada, o que gerava brigas constantes.

— Até quando vai ficar aí lendo esses livros inúteis? Preciso de ajuda para pagar as contas. Você sabe disso, Lena!

Para evitar discussões, eu continuei pagando boa parte das contas com o dinheiro da minha reserva, o que vinha fazendo-a diminuir rapidamente. O problema era que eu não queria mais trabalhar com algo de que eu não gostava. Eu precisava me encontrar e estava realmente decidida a dar esse passo, mas Ric não me apoiava ou, quando falava que ia apoiar, uma semana depois já voltava a me cobrar.

Eu só queria que ele me abraçasse. Como diz a música do Legião Urbana: "Então me abraça forte e diz mais uma vez que já estamos distantes de tudo!". Eu precisava me sentir segura e protegida e, definitivamente, eu não me sentia assim; pelo contrário, sentia-me vigiada e cobrada 24 horas por dia. Ou ele me cobrava sobre o trabalho ou de lhe dar um filho. A sensação que eu tinha era que nada do que eu fazia era bom o suficiente e ele sempre tinha críticas afiadas na ponta da língua. Coisas que eu não reparava antes, comentários desnecessários, que só serviam para diminuir. Quando ele me viu lendo um livro de física quântica, disse:

— E desde quando você consegue entender isso? Acho que é muita informação para sua cabecinha, amor.

Sabe coisas assim? Eu nunca tinha reparado em como ele tentava me diminuir a todo instante.

Minha amizade com a Lê voltou ainda mais forte e ela estava me auxiliando bastante nesse processo. Ainda não me sentia à vontade para fazer terapia com ela, nem tinha dinheiro disponível para isso, mas sempre conversávamos.

Em uma de nossas conversas eu consegui me abrir sobre meu relacionamento.

— Sabe, Lê, eu me sinto completamente sozinha nesse relacionamento. Ele não entende nada do que eu quero.

— E o que você quer, Lena?

— Quero que ele seja o homem da relação, droga! Por anos eu assumi esse papel. Custa ele me ajudar agora?

— Ele sabe o que você quer?

— Como assim?

— Já falou para ele?

— Eu... não, mas tá na cara!

— Lena, entenda uma coisa. Homens são diferentes de nós. Ao contrário do que você pensa, ele não entende seus sinais. Eu te aconselho a ter uma conversa franca com ele. Fale o que sente, o que deseja e espera dele. Fale o que quer em um relacionamento.

— O que eu quero em um relacionamento?

— Isso. Você sabe?

— Sinceramente, acho que nunca parei para pensar de verdade sobre isso. Sempre segui o que os outros queriam para mim, colocando a vontade do outro acima da minha.

— Vamos olhar para dentro? Faça o seguinte. Quero que feche seus olhos.

Eu fechei e segui as orientações.

— Agora, quero que esvazie sua mente e se veja vivendo o relacionamento dos seus sonhos.

No início tive um pouco de dificuldade em pensar sobre isso. Nunca me perguntaram isso antes e acho que eu nunca tinha parado para pensar no que eu realmente desejava em uma relação.

— Lena, não tenha filtros agora. Comece pelo simples. Como quer que esse homem seja fisicamente. Depois, pense em como quer que ele te trate, quais os valores dele, do que ele gosta, seu gênio e seu temperamento. Como ele é afetivamente. Quero que pense sobre isso.

— Lê, eu realmente não sei responder essas perguntas.

— Tudo bem. Seu exercício será refletir sobre isso e fazer a descrição do "homem dos seus sonhos". Quero que escreva cada detalhe, ok?

— Vou tentar.

— Não. Quando diz "vou tentar" já está dizendo que não vai fazer. Diga "está feito".

— Tá bom, senhora! Está feito.

Ela sorriu e nos despedimos da chamada de vídeo.

Por alguns dias tentei fazer a atividade, mas nada. Não conseguia imaginar algo sem pensar nos homens que já tinha tido ou tinha, e não sei se era o que eu queria. "Helena, pare de besteira. Você é casada, devia descrever o Ric!". Peguei uma caneta e um papel e escrevi a descrição do Ric. Após concluir, li e uma grande tristeza surgiu em meu coração.

— Não. Infelizmente, não é isso que eu quero de verdade! Por que sou tão confusa? Por que não posso simplesmente ficar satisfeita com o que tenho e pronto? Mulheres matariam para ter um homem como ele. O que tem de errado comigo?

Fui para o banheiro. Faltava cerca de uma hora para o Ric chegar. Como eu vinha tentando evitar discussões, tomei um banho demorado e preparei uma comida que ele gostava.

— Oi, amor. Que cheiro ótimo!

— Oi. Fiz aquele macarrão com almôndegas que você adora.

— Tenho uma excelente notícia para você.

— Sério, Ric?

— Arrumei um emprego para você.

Pois a notícia me deixou em estado de choque. Que merda era essa? Eu não tinha pedido para ele me arrumar um emprego.

— Como?

— Sim. É lá na agência. Estão precisando de um gerente financeiro. Falei sobre você e meu chefe adorou a ideia. Bom salário, vai cobrir boa parte das contas.

Sem pensar em nada, levantei-me e saí da mesa. Ric veio logo atrás, bem irritado.

— O que você quer que eu faça, Helena? Não posso ficar bancando você o resto da vida!

— Me bancando? Você nunca me bancou! Eu sempre paguei muito mais que você! Mesmo sem trabalho continuei pagando as contas da casa, quase acabando com minha reserva.

— Por isso mesmo! Vai esperar ficar sem dinheiro nenhum para procurar alguma coisa? Você ficou estranha demais depois dessas coisas de Universo, Deus e tal. Já te disse para largar essa besteira e vir para o mundo real!

— Mundo real? Meu Deus!

— O que quer dizer?

— Quero dizer que estou cansada, farta, sem paciência para este relacionamento!

— Como assim? Quer separar é isso?

— Sim!

O semblante irritado dele mudou para preocupado. Eu nunca tinha falado assim antes, mas, realmente, tinha chegado ao meu limite.

— Lena, como assim? Eu te amo!

— Ric, eu preciso de um homem, droga!

— Eu não sou homem para você? Tem outro cara, é isso?

— Não! Mas olha isso. Eu pedi para você segurar as finanças da casa por um tempo, que eu sei que você tem condições, e você não aceitou. Fica tentando me arrumar trabalho ao invés de me apoiar nessa fase de reconstrução. Eu te disse que não quero mais trabalhar com financeiro, que quero algo que faça sentido para mim.

— Amor, mas tem as contas e...

— E merda nenhuma! Eu só queria que você me abraçasse e dissesse "Eu protejo você!", só isso, mas você não sabe fazer isso, o que prova que este relacionamento não tem futuro algum. Como posso ter filhos com um homem que não me traz segurança alguma?

— Lena, eu não sabia disso. Eu posso ser esse homem. Me dê uma chance. Eu te imploro.

Ele pegou minhas mãos e com lágrimas nos olhos me implorou outra chance, mas meu coração estava frio, gelado.

— Lena, por favor!

— Ok. Mas eu não vou pegar essa merda de emprego. E você precisa me dar um tempo.

— Quanto tempo precisa?

— Eu não sei!

Ele pensou, seu semblante continuou preocupado.

— Ok. Vou pegar mais alguns ensaios para cobrir as contas. Pode se dedicar aos seus estudos. Conte comigo.

Ele me abraçou, mas algo dentro de mim me disse que eu não podia confiar nele.

E assim se passaram mais seis meses. Eu concluí minha formação como terapeuta holística, em algumas áreas como Reiki, ThetaHealing® e aromaterapia, e continuei meus estudos nas Leis Universais e Reprogramação Mental.

Lê estava me ajudando a conseguir alguns clientes. Ainda eram poucos, três, para ser mais exata, mas nossa... Como eu amo auxiliar outras pessoas a se sentirem melhores.

Ah! Você deve estar se perguntando se hoje eu estou melhor, né? Bom, digamos que em partes. Eu aprendi que os processos de autoconhecimento e de cura não têm fim.

Consegui perdoar minha mãe e meu pai por tudo que fizeram e compreendi que eles só descarregaram em mim suas frustrações. Mamãe saiu da clínica e foi morar com uma amiga. Ela está melhor, está trabalhando e continua frequentando as reuniões semanais para lidar com o vício.

Marcus já não me assombra tanto quanto antes, apesar de ainda sentir que a história ficou mal resolvida, sabe? Enfim, o que me incomodava bastante era meu casamento.

Mesmo atendendo como terapeuta, minha renda ainda era pequena e, claro, a reserva financeira que eu tinha acabou. Ric vivia estressado e o assunto dinheiro vinha gerando brigas constantes em casa. Com o dinheiro que recebia nas sessões, conseguia pagar minhas despesas pessoais e ajudar com o mercado, mas as demais contas ele ainda estava pagando, a contragosto, preciso dizer.

Fui ao Parque Ibirapuera, caminhar um pouco. Ah! Esqueci de comentar que parte da minha mudança foi começar a fazer atividade física, algo que eu nunca tinha gostado, mas passei até a sentir falta das minhas caminhadas quando eu não consigo fazer. Andando pelo parque, olhando a beleza daquele lugar, não conseguia deixar de pensar se estava mesmo fazendo a coisa certa.

Ric estava me pressionando muito para ter filhos e já fazia quatro meses que eu não tomava meu anticoncepcional. Com isso, ter relações sexuais com ele ficou mais frequente e, claro, tornou-se uma grande obrigação para mim.

Eu nunca quis ser mãe. Sinceramente, esse desejo nunca despertou em meu coração, mesmo quando cuidava de Bernardo ou depois que me casei. Olhando bem para minha vida, percebi que havia feito poucas escolhas por realmente desejá-las. Minha menstruação estava atrasada há duas semanas e eu ainda não tinha tido coragem de contar para Ric.

Não me julgue, mas eu estava torcendo para ela vir. Com esse atraso eu percebi que eu não queria mesmo ter um filho.

"Agora é tarde, Helena. É melhor ter certeza!". No caminho para casa, passei em uma farmácia e comprei um teste. Cheguei em casa com o coração pulando na garganta, pois se desse positivo, eu não sabia o que faria. Fiz o teste e os minutos pareceram uma eternidade.

— Amor? Cheguei mais cedo hoje!

Era Ric! Ele não podia me ver fazendo o teste. Fechei a porta do banheiro e falei:

— Oi! Ótimo. Já vou sair.

Graças a Deus, quando olhei para o teste o resultado era um lindo negativo. "Graças a Deus! Obrigada, Pai!". Precisava conversar com Ric. Estava decidido, ia voltar a tomar as pílulas, não dava mais para correr esse risco.

Saí do banheiro após descartar o teste. Ric já estava jogando seu jogo preferido e, claro, sua roupa estava jogada na sala.

— Oi, amor. Estava pensando em uma noite romântica. Que tal sair? Um cinema talvez?

— Eu estou bem cansada hoje. Podemos fazer isso outro dia?

Ele explodiu, como sempre nessa época.

— Poxa, Helena! Não sei mais o que fazer para te agradar. Pago as contas, faço tudo por você e mesmo assim você me trata com essa frieza.

Ele não estava errado. Eu estava cada vez mais fria e distante com ele. Sabe quando pegamos uma estrada e não sabemos mais como voltar? Eu olhava para Ric e sentia que um abismo nos separava. Éramos totalmente diferentes. Eu estava cada vez mais conectada com a possibilidade de construir uma vida diferente, uma vida leve, uma vida de sentido, e ele continuava do mesmo jeito de sempre. Ele amava jornais, notícias ruins, jogos e filmes violentos e vivia como a maioria das pessoas, com total pessimismo perante a vida. Eu me sentia completamente sem energia perto dele e a cada dia eu me afastava mais, pois, no meu mundo de possibilidades, de alegria e de amor que o autoconhecimento vinha me mostrando, tudo é mais leve e prazeroso.

— Ok. Vamos então — falei para evitar uma briga, e fui me arrumar.

No shopping me senti ainda mais desconectada dessa vida. Andar de mãos dadas com ele, ouvir as conversas dele, tudo era cansativo demais para mim. Quando voltamos para casa, consegui fugir de uma transa que eu realmente não queria. Ele ficou irritado, mas concordou e dormiu logo.

Perto das 3h, sem conseguir dormir, levantei-me e comecei a caminhar pelo apartamento, olhando cada detalhe, cada foto minha e de Ric. E quando olhei para as fotos, senti que era outra pessoa ali, aquela não era mais eu.

Eu tinha participado em partes da construção dessa vida. Quando digo "em partes" é porque passei a ter total consciência de que eu segui um padrão emocional, o padrão de precisar estar com alguém. O problema é que nesse processo eu acabei não ficando com quem realmente importava: EU.

Uma foto chamou mais a minha atenção. Era da nossa lua de mel. Meu olhar... Era vazio, eu efetivamente não estava vivendo aquele momento com intensidade.

Lágrimas correram pelo meu rosto, a certeza que eu temia surgiu em meu coração: eu não queria mais estar casada, eu não queria mais estar ali, eu não queria mais o Ric em minha vida. Enxugo as lágrimas e, graças a Deus, meu lado racional assumiu o controle. "Helena, se acalme. Você não tem dinheiro algum, precisa se planejar para um divórcio".

Nesse momento, lembrei-me que uma pessoa já havia entrado com os papéis para comprar o apartamento da vovó. Se essa venda realmente desse certo, teria dinheiro para segurar as minhas despesas por um ano, no mínimo, e daria tempo do meu trabalho como terapeuta decolar.

Pedro me veio à mente. Ele vivia me mandando mensagens me pedindo para ir vê-lo. E com a alegria renovada, comecei a planejar meu ano pós-divórcio: "Posso ficar um mês na Inglaterra, na casa do Pedro. Depois posso visitar Lê e se eu gostar da cidade, posso me mudar para lá e podemos trabalhar juntas. Sempre quis morar na praia. Só preciso aguentar mais alguns meses". E esta era a pergunta: será que vou aguentar? E o pior, era justo com Ric eu fazer isso?

Na semana seguinte, no sábado, atendi uma nova cliente. Agora eram quatro clientes fixas, não consigo descrever o tamanho da minha felicidade. Mas, infelizmente, ela durou pouco.

Quando saí do quarto, Ric estava com uma carranca na cara.

— Helena, já chega! Precisa arrumar um emprego. Pode até continuar com essa tal terapia aí como uma renda extra, mas está virando abuso essa situação. Eu consegui com meu chefe um cargo de assistente financeiro para você. Vai trabalhar em casa, quatro horas por dia.

— Ric, eu não vou fazer isso. Acabei de fechar mais uma cliente, meu negócio está começando a dar certo.

— Ah, tá bom! Isso não dá dinheiro, Helena. Sonho não paga conta.

Nossa! Fazia alguns anos que eu não escutava essa frase.

— Ric, não podemos mais continuar com isso.

— Eu também acho. Por isso vai começar na segunda-feira.

— O que quero dizer é que quero o divórcio, Ric.

Ele ficou branco. Mesmo eu estando cada vez mais distante, ele realmente não esperava.

— Lena, eu te amo! Você é minha esposa e eu não me casei para separar. Estamos tentando ter um filho. E se você estiver grávida?

— Eu voltei a tomar remédio. Eu ia te contar, mas enfim...

— Você mentiu para mim? O que aconteceu?

Eu me aproximei dele. Não queria magoá-lo, mas ficar do jeito que estávamos o fazia sofrer ainda mais. Peguei suas mãos, olhei dentro dos seus olhos azuis e disse:

— Ric, eu amo você. E porque amo você eu preciso deixar você ir. Eu não quero mais estar casada, eu não quero mais a vida que pensamos quando nos casamos. Eu mudei e continuo mudando, e eu sei que hoje eu não sou mais a mulher que você quer.

Ele me abraçou forte, com lágrimas nos olhos, e falou entre choro e súplicas:

— Lena, isso não é verdade. Eu só quero você. Podemos dar um jeito. Eu sei que sou largado, bagunceiro e realmente quero que me ajude nas despesas, mas posso mudar!

— Ric, você não deve mudar por mim. Isso é sacrifício e amor não é isso. Eu quero muito que você seja feliz, que encontre uma mulher disposta a te dar a família com a qual você sempre sonhou. Quero que você encontre a felicidade, mas ela não está comigo.

— Eu posso viver sem filhos, Lena!

— Mas não é justo! Ric, o amor é liberdade e não prisão. Não posso te manter preso a mim se não me sinto mais conectada a você para isso. Eu quero coisas completamente diferentes e uma delas é a minha liberdade.

Ele me olhou, pareceu compreender o que eu estava dizendo.

— O que aconteceu? Eu achei que você me amava. Eu sei que a cada dia você está mais longe de mim e sempre que eu tento me aproximar, você se distancia mais. Sinceramente, Lena, eu não sei o que fiz de errado.

— Ric, você não fez nada de errado. Eu que mudei, eu que quero me dar a oportunidade de viver coisas novas, e não posso impedir você de encontrar a sua felicidade.

Ele me abraçou forte, um abraço caloroso que durou alguns minutos. Quando ele me soltou, olhou nos meus olhos com sinceridade.

— Não consigo mesmo te convencer a ficar?

— Ric, eu realmente preciso encerrar nosso relacionamento, porque não faz mais sentido ficarmos casados. Não há paixão, cumplicidade, afeto e harmonia, coisas que são essenciais para mim hoje.

Ele assentiu com a cabeça, a tristeza em seu olhar cortou meu coração, mas eu sentia que estava fazendo a coisa certa.

— E como vamos fazer? O certo é eu ficar com a casa e com os móveis já que é você que quer me largar.

"Deus! É sério que ele está falando isso?".

— Eu saio e você pode ficar com cada colher dessa casa. Só preciso de uns dias para me organizar.

— Você vai para onde?

— Estou pensando ainda, mas vai ficar tudo bem. Posso ficar aqui mais alguns dias? Eu fico no quarto de solteiro.

— Tudo bem. Vou procurar um advogado para ver os papéis.

— Obrigada, Ric. Eu nunca quis magoar você, sério!

— Ok. Mas já me machucou muito.

Ele saiu, triste. E eu liguei para Pedro, sem pensar muito.

— Lena, que saudade! Como você está?

— Bem. E vocês? Como está Suzy?

— Linda demais. Quando vai vir conhecer sua afilhada?

— Então, é bem sobre isso que quero conversar.

— Claro!

— Eu estou pensando em ficar um mês na Inglaterra.

— Sério? Vai amar este país. Seu marido vem com você?

— Nos separamos.

— Nossa, Lena! Eu não sabia. Como você está?

— Estou bem. Foi o melhor.

— Por que não fica aqui em casa? Suzy e Ramon vão amar a ideia.

— Sério? Não vou incomodar?

— Claro que não! Só me avisa quando chegar, que busco você no aeroporto. Sabe falar alguma coisa em inglês pelo menos?

— Bom, sei pedir hambúrguer.

Ele riu. Que saudade dessa risada!

— Usa o tradutor do celular e vai sobreviver até chegar aqui. Rapidinho aprende o idioma.

— Pode deixar.

— Já sabe quando vem?

Eu não tinha pensado nisso. A venda do apartamento da vovó ainda estava em andamento e eu não tinha muito dinheiro.

— Eu te confirmo, mas espero que ainda este mês.

— Perfeito! Me avisa que te ajudo a ver as passagens.

— Obrigada, Pedro. De verdade!

— Imagina! Você sabe o quanto é importante para mim.

Falar com Pedro sempre me trouxe paz e calma. Sem pensar muito, fechei meus olhos e fiz uma meditação agradecendo por ter conseguido ser sincera com Ric e mentalizei a viagem para a Inglaterra. Com o coração cheio de gratidão, adormeci e não vi Ric chegar.

Quando acordei, ele já tinha saído. Continuei a pesquisar as passagens para ver quanto de dinheiro eu precisava para ir viajar. Vi que faltava, mas eu tinha aprendido a confiar, a fazer a minha parte e deixar Deus fazer a dEle, então só soltei meu desejo e mantive a fé de que as coisas iam se encaixar.

Ric só voltou para casa perto das 23h. Preferi não perguntar nada e continuei no quarto de solteiro, fingido que estava dormindo.

Na segunda-feira ele saiu cedo e eu não o vi. Perto das 10h, meu telefone tocou.

— Alô!

— Helena?

— Isso. Quem fala?

— Helena, aqui é o Antônio, responsável pela imobiliária. Apenas para avisar que o processo de venda do apartamento da sua vó foi concluído. O dinheiro será disponibilizado em alguns dias e você e sua mãe precisam vir na imobiliária para assinar os documentos.

Meu coração parou por alguns segundos. Era tudo que eu precisava!

— Sério?

— Sim, claro. Pode vir amanhã às 15h?

— Claro! Vou sim.

— Ótimo. Só me procurar na imobiliária.

Desliguei o telefone ainda sem acreditar e liguei para minha mãe.

— Oi, filha. Como você está?

— Oi, mãe. Tudo ótimo! Conseguimos vender o apartamento da vovó!

— Que benção, filha!

— Precisamos ir amanhã às 15h na imobiliária para assinar os papéis.

— Claro. Você passa aqui em casa? Amanhã é minha folga do mercado.

— Sim.

— Combinado, filha. Te espero. Te amo!

— Eu também te amo, mãe.

Desliguei o telefone e as lágrimas corriam pelo meu rosto, mas eram lágrimas de pura felicidade e realização!

— Gratidão, Pai! Gratidão! Gratidão! Eu só posso agradecer por tanto!

Enviei uma mensagem para Ric para avisar que ia viajar para minha cidade. Ele não respondeu. Precisava dar espaço a ele.

Consegui comprar a passagem para ir de ônibus à noite. Chegaria logo pela manhã na casa da mamãe. E chegando lá, outra alegria. O cenário do apartamento dela era outro. Estava tudo muito limpo e organizado, e a amiga com quem ela dividia o apartamento e o aluguel era super simpática e alegre.

Rosângela estava com 45 anos, era viúva e tinha um passado cheio de relacionamentos abusivos como minha mãe. Envolveu-se com um traficante que a introduziu no mundo das drogas, quase levando sua vida embora, assim como sua dignidade.

— Oi, garotas! — falei abraçando ambas, que estavam preparando o café quando eu cheguei.

— Filha, que saudade!

Minha mãe parecia outra mulher. Estava com a pele mais corada, tinha cortado o cabelo e arrumado os dentes, estava cheirosa e arrumada. Era maravilhoso vê-la assim.

— Que saudade, mãe!

— Deixa ela me abraçar também. Pare de ser egoísta — Rosângela disse me abraçando.

Tomamos café conversando e rindo bastante. Eu não me lembrava de momentos tão alegres com minha mãe. Realmente, o perdão liberta!

O dia passou rápido. Resolvemos tudo referente à venda do apartamento da vovó. Resolvi dormir na casa da minha mãe e contei sobre minha separação.

— Como ele reagiu?

— Ele não queria separar, mãe, mas sabemos que é o melhor a ser feito.

— Eu te entendo, filha. Sabe, sempre admirei você.

— Por quê?

— Porque você pelo menos tenta, você pelo menos se arrisca. E eu que sempre tive medo e fugia da vida através das drogas?

Minha mãe nunca tinha me elogiado antes. De fato, isso significou muito para mim. Dei um abraço apertado nela, que retribuiu na hora.

— Eu te amo, mãe! Obrigada por tudo.

— Filha, eu estava pensando. Preciso que me ajude a administrar esse dinheiro da sua vó, porque se ficar na minha mão, tenho receio de... bem, você sabe.

— Sim, pensei nisso. Podemos investir em lugares que você não consegue sacar antes do prazo.

— Ótimo! Você resolve para mim? Não sou boa com essas coisas.

— Claro! Pode deixar.

— E vai fazer o que agora? Separada, desempregada. Esse dinheiro não é tanto para te segurar por muito tempo. Se quiser, pode voltar a morar comigo.

— Obrigada, mãe, mas já pensei em tudo. Vou ficar um mês na Inglaterra. Tenho um amigo lá e farei alguns cursos que me darão ainda mais credibilidade como terapeuta. Já tenho algumas clientes, logo poderei abrir meu consultório.

— Ah! Perfeito! Fico mais tranquila.

Ela me deu um beijo na testa e foi para o quarto. Era reconfortante ter resolvido as coisas com ela.

Fiquei duas semanas na casa da minha mãe até resolver tudo. Foi o melhor, estava bem difícil conviver com Ric.

O dinheiro do apartamento da vovó saiu e conforme planejado fui para a Inglaterra em três semanas. Precisava ir ao apartamento de Ric para pegar minhas roupas e tirar minhas coisas de lá. Ainda bem que já tinha tirado meu passaporte.

— Mamãe, posso trazer minhas coisas para cá?

— Claro, filha!

— Vou ver se Ric deixa eu ir lá buscar amanhã. Aí ficarei aqui mais algumas semanas até a viagem, tudo bem?

Ela e Rosângela me abraçaram forte.

— A casa é sempre sua, Lena!
— Obrigada, Rô!

Fui para o quarto e liguei para Ric. Ele atendeu após alguns toques.

— Oi.
— Oi, Ric. É Helena. Posso falar com você rapidinho?
— Claro.

Sua voz estava fria. Também, eu tinha pedido o divórcio. Queria o quê?

— Ric, quero saber se posso pegar minhas coisas amanhã.
— Amanhã?
— Isso.
— Que horas?
— Eu saindo daqui hoje à noite, chego cedo aí, se não for incomodar.
— Vai vir de ônibus?
— É, vou à noite. Tenho poucas coisas aí e já arrumei um carreto para volta.
— Um carreto?
— É. Um amigo da minha mãe que tem uma caminhonete.
— Tá bom. Você quem sabe.
— Então posso ir?
— Pode. Está com a chave?
— Sim. Já deixo ela aí também.

Ele ficou em silêncio por um instante.

— Você vai mesmo embora?
— Ric, já conversamos. É o melhor.

Ele respirou fundo do outro lado da linha.

— Ok. Meu advogado deixou os papéis do divórcio aqui. Vou deixar na mesa da sala para você ler e assinar.
— Você não vai estar em casa?
— Não, mas fique à vontade aqui. Leve o que quiser.
— Ric, eu...
— Ainda dói, Helena! Muito. E não quero ver você indo embora com suas malas. Vou dormir na casa de uns amigos do trabalho.
— Tudo bem, se te faz melhor.
— Melhor seria você desistir disso e ficar, mas eu sei que perdi você.
— Perdoe, Ric!

— Helena, você está sendo a pessoa mais fria e individualista que eu conheço. Me abandonando assim. Eu realmente não sei se algum dia vou conseguir perdoar tudo que está fazendo comigo. Tanta frieza! Eu banquei você por meses, fui fiel, cuidei de você, fiz tudo que você queria e, mesmo assim, não fui homem suficiente para você! Dói muito e sinto que nosso casamento foi um grande erro.

"É sério isso? Ele está mesmo se colocando nesse papel de vítima novamente? Desde quando fazer o básico é muita coisa? Ele não se lembra de tudo que eu fiz também nessa relação? Que eu também banquei a maior parte das despesas da casa por anos, ajudei ele com várias dívidas, auxiliei ele no trabalho e ainda auxiliei a família dele várias vezes?... Enfim...".

— Sinto muito por isso.

E ele desligou sem me dar tempo de dizer mais nenhuma palavra.

— Mãe?

Ela apareceu na porta do quarto.

— Oi, filha!

— Vou na casa do Ric pegar minhas coisas. Ainda são 18h. O último ônibus sai às 20h. Seu amigo da caminhonete que mora lá em São Paulo confirmou mesmo?

— Sim, mas na dúvida, vamos ligar para ele.

Tudo certo. Era só encerrar essa etapa da minha vida chamada casamento.

No dia seguinte, cheguei cedo na minha antiga casa. Rapidamente, coloquei minhas roupas, que não eram muitas, na mala. Ric tinha tirado nossas fotos, parecia que ele não ia para casa há dias, pois ela estava imunda. Os documentos do divórcio estavam na mesa, já assinados por ele. Li atentamente.

— É, está tudo certo.

Assinei os papéis e liguei para o Sr. João, que chegou em alguns minutos.

Antes de sair dei mais uma boa olhada para aquele lugar. Tive momentos felizes ali, mas nunca me senti realmente em casa. Com o coração leve, saí e deixei a chave embaixo do tapete, como sempre fiz.

— Etapa concluída. Um novo começo se inicia agora!

Desapego, esse tem sido meu maior aprendizado nos últimos meses. Aprender a soltar as coisas e pessoas.

As semanas seguintes passaram tão rápido que quase não notei. Como eu já havia tirado meu passaporte, resolvi tudo com rapidez e, claro, com a ajuda de Pedro e Ramon. No dia seguinte, decolaria para meu novo destino, por um mês ao menos. Meu coração estava leve, realmente me sentia bem. Já tinha sete clientes fixas na terapia, o que estava me dando uma boa renda mensal. Matriculei-me em um curso sobre reprogramação mental, uma imersão de dois dias com grandes nomes dessa área.

Essa temporada com minha mãe e Rosângela nos uniu muito. Tentei dormir, mas a ansiedade da viagem não deixou. Acordei cedo e preparei tudo para ir para o aeroporto.

— Vou morrer de saudades, filha!

— Eu também, Lena! Dê notícias.

— Dou sim. Vou ligar todas as semanas para ver se estão se comportando.

Nunca tinha feito uma viagem internacional. Sabia algumas palavras em inglês, mas não era muita coisa. Pedro foi me buscar no aeroporto. Ele estava tão animado quanto eu, afinal, fazia anos que não nos víamos.

A viagem foi tranquila, cheguei dentro do horário e Pedro já estava me esperando. Ele estava diferente, com alguns fios de cabelo brancos, uma barba muito bem-feita, mas continuava com aquele sorriso que sempre aqueceu meu coração.

— Lena! Nossa! Que saudade!

Ele me apertou forte em um daqueles abraços que dizem tudo — um abraço que fala pelo coração. Eu retribuí. Como senti falta desse conforto em vários momentos nos últimos anos.

— Pedro! Eu também! Você nem imagina!

— Deixa eu olhar para você. Está ainda mais linda, parece até mais jovem.

— Obrigada! E Ramon?

— Ele foi buscar a Suzy na escola. Vamos encontrá-los em casa. Suzy fala português também. Quis ensinar a ela por causa dos meus pais, então seu maior desafio será conversar com Ramon.

— Ele será meu professor então?

Pedro sorriu e me ajudou com as malas. Entramos no carro e seguimos para casa de Pedro e sua nova família.

O clima era bem frio. Ainda bem que tinha comprado alguns agasalhos reforçados. A cidade de Londres é muito bonita. O bairro de Pedro era limpo, organizado e ficava em uma excelente região. A casa dele era linda, grande com um jardim cheio de flores e brinquedos da Suzy espalhados.

— Nossa! É lindo aqui!

— Eu amo este país. Bom, esta é nossa casa e sua também, viu?

Entramos e logo veio um cachorro lindo e peludo em minha direção, abanando o rabo de alegria.

— Oi, garoto! Que lindo! Como ele chama?

— Esse é o Spake. Adotamos há um mês de tanto Suzy implorar. Amamos ele demais.

Brinquei com ele, que me segue até dentro da casa.

A casa de Pedro e Ramon era simplesmente linda, como um verdadeiro lar. Móveis estrategicamente colocados combinando em tudo, vários brinquedos da Suzy pelo caminho e um delicioso cheiro de biscoito caseiro.

— Love? — Pedro fala chamando Ramon, que logo apareceu com Suzy no colo, uma menininha linda de cabelo cacheado como o meu. Ramon é um homem muito simpático, típico inglês, com pele clara, olhos azuis e um sorriso.

Ele me cumprimentou em inglês e, lógico, não entendi nada.

— Ele disse que está muito feliz em conhecer você, porque eu disse que você é uma das pessoas mais importantes da minha vida e me ajudou muito a assumir nosso relacionamento.

Antes que eu respondesse, Ramon me abraçou. Ainda bem que esses gestos são universais. Suzy ficou me olhando com expectativa e falou em um português embolado, pegando meu cabelo:

— Somos irmãs.

— Isso mesmo! E somos lindas, não é?

Ela sorriu e pegou minha mão, levando-me até seu quarto. Pedro e Ramon ficaram com cara de pais babões, só olhando.

O quarto dela era como das princesas dos filmes, todo rosa e amarelo, com uma cama no centro e vários brinquedos, que ela fez questão de pegar um a um e me mostrar.

— Você ganhou uma fã pelo visto.

Pedro apareceu na porta, todo sorridente.

— Ela é linda demais. Quantos anos tem?

— Fez 7 este ano, não é princesa?

Ela confirmou com a cabeça e se sentou na cama, puxando-me para brincar com ela.

— Filha, deixa o papai levar a tia Helena para ver o quarto dela? Enquanto isso você faz o dever, tudo bem?

— Okay, papa!

— Vamos, Helena. Deve estar cansada. Vou te mostrar seu quarto e o restante da casa.

Pedro me levou, mostrando a casa, com Spake nos seguindo todo feliz.

— Este é seu quarto, Lena. Esvaziei o armário do banheiro para você. Fique à vontade.

— Pedro, é perfeito. Obrigada mesmo por me deixar ficar aqui.

— Imagina! Estamos amando ter você aqui. Suzy precisa de uma presença feminina.

Ele sorriu e saiu deixando minhas malas. O quarto era confortável, com uma cama de solteiro, escrivaninha, armário e o banheiro. Tudo organizado e limpo. Organizei minhas coisas, poucas na verdade, pois minha ideia era comprar algumas roupas que me fizessem sentir do lado de fora a alegria que sentia por dentro. Meu antigo guarda-roupa só tinha preto, branco e algumas blusas coloridas, tudo muito social, o que não me representava mais. Tomei um banho e desci para a sala.

Pedro e Ramon estavam ensinando o dever de casa para Suzy e fazendo o jantar.

— Senta, Lena. Vou ajudar você e Ramon a se comunicarem. Suzy vai me ajudar, né, filha?

— Yes.

Ela sorriu e voltou para a lição de casa.

Jantamos alegres, conversando, com Pedro traduzindo. Era maravilhoso ver o carinho que existia. Ramon e Pedro se davam muito bem e Suzy era realmente filha deles. Era muito amor e alegria. Quando acabamos, ajudei Pedro a lavar a louça enquanto Ramon brincou com Suzy.

— Seu curso é semana que vem, não é?

— Sim. Ainda bem que terá tradutores lá — respondi rindo, e ele riu de volta.

— Estando aqui, você aprende rápido o idioma. Vamos treinar.

Arrumamos tudo, Pedro e Ramon levaram Suzy para a cama e eu fui para meu quarto. Dei uma olhada nas redes sociais e algumas fotos de Ric apareceram no meu Instagram. Ele estava abraçado com uma mulher, muito bonita por sinal. Um sentimento de alívio surgiu em meu coração.

— Ao menos assim ele não fica sozinho. Ele merece ser feliz.

Algumas batidas na porta me tiraram a atenção do celular.

— Acordada, Lena?

— Pode entrar.

— Cansada?

— Um pouco, mas nada que uma boa noite de sono não resolva.

— E seu coração? Como está?

— Pedro, eu acho que nunca me senti tão leve como agora.

— Uau! Coitado do cara!

— Eu realmente gosto dele. Ric é um homem excelente, mas não é o que quero, sabe?

— Acho que posso entender.

Ele se sentou na cama ao meu lado e me abraçou.

— Senti muito sua falta, Pedro!

— Eu também. Vivemos tanta coisa juntos.

— Foi mesmo.

— Sabe que eu sempre amei você? A única mulher que realmente amei um dia.

Olho nos olhos dele e seu olhar amoroso estava ali. Amor é isso, leve, seguro, protetor.

— Eu também!

Ficamos unidos por alguns minutos em um abraço forte, como se o tempo pausasse por alguns instantes.

— Bom, preciso ir. Ramon deve estar cansado e com certeza está me esperando para dormir.

— Vocês ficam lindos juntos. Estou tão feliz de ver você assim.

— Assim como? Gay?

— Não, seu bobo. Completamente realizado. Antes você vivia tenso por causa disso.

— Você não faz ideia de como você me ajudou.

— Eu? Não fiz nada.

— Você sempre esteve do meu lado, Lena! Sempre me apoiando, me incentivando. Sem você eu nunca teria tomado coragem de dar uma chance para o Ramon e viver esse amor incrível. Obrigado mesmo, de coração.

— Tá bom! Com essa estadia grátis, estamos quites.

Ele sorriu, segurou minhas mãos e disse:

— Quero fazer muito mais. Sabe que sempre estarei aqui.

— Eu sei.

Ele deu um beijo na minha testa e saiu. Mandei uma mensagem para minha mãe e dormi.

Os dias passaram rápido e eu aprendi muito sobre a língua e a cultura. Suzy e eu ficamos grandes amigas e já conseguia conversar algumas coisas com Ramon, meio desajeitada, mas ele entendia.

O dia do curso estava chegando e ele seria muito importante em minha carreira como terapeuta. E graças a Deus que existe internet! Graças a ela consegui atender todas as minhas clientes, que continuam progredindo muito. Como eu também aprendo com elas, a cada dia me sentia mais renovada, pronta para essa nova vida que estava construindo.

Não tive mais notícias de Ric. Achei melhor não o procurar, pois términos podem ser traumáticos. Minha mãe começou a namorar o dono do mercado, Estevão, uma pessoa maravilhosa. Eu me lembrava dele; viúvo, trabalhador e muito honesto. Fiz uma chamada de vídeo para falar com ela.

— Ele me trata tão bem, filha, que é até estranho.

— Estou tão feliz, mãe!

— Vamos ver no que dá, né? A Rô está namorando o irmão dele. Estamos em família!

Ela sorriu, um sorriso que não via há muito tempo no rosto da minha mãe.

— Ricardo esteve aqui semana passada, na casa da mãe. Está namorando. Parece estar feliz com a moça.

— Sério?

— Ficou triste?

— Pelo contrário! Estou aliviada! Desejo que ele seja imensamente feliz.

— Parece que estava sim. É uma moça muito bonita e educada.

— Graças a Deus!

Continuamos conversando mais um pouco sobre as novidades. Mamãe estava linda, com um sorriso constante no rosto e muita alegria em seu olhar. Era muito bom vê-la assim! Peço a Deus que vovó possa ver isso.

— Lena?

— Pedro?

— Posso entrar?

— Claro, né. A casa é sua.

Ele sorriu.

— Melhor perguntar. Vai que você está nua. Posso não resistir.

— Ah tá! Sei... — falei, dando um leve soco no ombro dele, que riu com cara de sapeca.

— Amanhã posso te levar no curso. É um pouco longe daqui.

— Não precisa. Eu vou de táxi. Já sei pedir um táxi e falar o endereço.

— Eu sei, mas eu posso levar.

— Imagina, não precisa mesmo. Amanhã é sábado, vai namorar com Ramon um pouco. Suzy não vai ficar na casa da mãe do Ramon esse fim de semana?

— Vai sim. Ela está quase implorando para ir para a casa da avó.

— Então pronto! Se quiser a casa livre, posso dormir em um hotel.

— Imagina! Não precisa. E você deve chegar bem tarde. O curso acaba às 21h.

— Então beleza! Só não fiquem nus na sala, por gentileza.

Ele fez uma cara de espanto, colocando a mão no coração.

— Pode deixar, senhora. Estava mesmo pensando em fazer um jantarzinho para nós dois. Ele ama quando eu faço isso.

— Hum... Que romântico!

— Eu sou mesmo e você sabe disso.

— Affff... Você tem que ficar lembrando desse passado, né?

Ele sorriu e saiu do quarto cantarolando.

Finalmente chegou o dia do curso sobre reprogramação mental. Estava muito animada. Apesar de já estar estudando esse assunto, sabia que o curso seria incrível. Vários profissionais do mundo inteiro participariam. Como meu inglês ainda era bem básico, torcia para ter brasileiros lá para poder conversar com alguém.

Arrumei-me, tomei café com Pedro e Ramon, que estavam se preparando para deixar Susy na casa da vó.

Cheguei ao hotel onde o evento seria realizado na hora marcada. Foi bem fácil pedir o táxi, pois tinha ensaiado como falar com o motorista.

Como o evento teria pessoas do mundo inteiro, havia tradutores. A sala de convenções era enorme, devia caber mais de mil pessoas ali. Sentei-me mais próximo do corredor para ter melhor visibilidade do palco. Ao meu lado, um homem loiro de olhos azuis que me lembrou Ric, mas ele era um pouco mais baixo, tinha barba e uma aliança do tamanho do dedo. Quando me sentei, ele sorriu e me cumprimentou com a cabeça, e eu fiz o mesmo gesto. Do lado dele, uma mulher negra, muito bonita, com cabelo trançado, repetiu o gesto amigável. Ela também usava aliança e eu deduzi que devia ser esposa dele.

— Brasileira?

Eu olhei para ela com alegria e disse:

— Sim. Você também?

— Isso. Deduzi pelo seu cabelo cacheado. Eu morava no Rio de Janeiro antes de me casar com Jonh — ela falou abraçando o braço do marido com afeto. Eles formavam um belo casal.

— Que maravilha conhecer vocês. Estava com receio de ficar perdida aqui. Ainda não falo o idioma muito bem.

Ela sorriu e traduziu o que eu disse para o marido, que também sorriu em sinal de gentileza.

— Sei bem como é. Quando eu vim para cá, há três anos, não falava bem o idioma, mas logo você aprende. Vai ficar quanto tempo aqui?

— Só mais algumas semanas. Vim visitar um amigo e aproveitei a oportunidade para fazer esse curso. Atuo como terapeuta holística.

— Que maravilha! Nós também! Quer dizer, eu sou. Atendo na técnica do Reiki. Jonh é psiquiatra e está me auxiliando nesse mundo da reprogramação mental. Estou amando aprender. Muda nossa forma de ver o mundo, não é?

— Pois é. Tenho lido vários livros e estudos sobre isso. Está me auxiliando muito também, mudando minha vida por completo.

E o curso começou. Rapidamente, coloco meu tradutor no ouvido para entender. E que evento sensacional! Sem palavras para descrever como minha mente se expandiu já no primeiro dia. Foi como se várias lâmpadas se acendessem. Ah! Eu e Mariana, a esposa do Jonh, tornamo-nos grandes amigas. Ela me apresentou para algumas pessoas, mas a comunicação era quase que resumida em "ok" e "yes". Mas estava praticando esse idioma embolado. Não ria de mim!

Eu aprendi tanta coisa que me apaixonei ainda mais pela capacidade que temos de mudar nossas vidas. Em uma das palestras, compreendi a raiz da maioria dos nossos problemas. Fazemos as mesmas coisas sempre; sem notar, repetimos pensamentos, ações e hábitos nocivos o tempo todo. Só então percebi que todos os meus relacionamentos seguiram um padrão e que, na realidade, eu nunca me entreguei totalmente ao amor. E sabe por quê? Primeiro, eu não me amava, como poderia amar alguém? Segundo, porque eu sempre tive medo de amar de verdade um homem, e a causa disso estava no meu passado, que precisava ser curado. Meu primeiro contato com um homem foi ruim, foi doloroso, foi de sofrimento, e meu subconsciente entendeu isso e registrou, fazendo com que eu me fechasse por completo para novas possibilidades.

Tudo estava ficando cada vez mais claro. Não adiantava trocar de parceiro em busca de algo que eu precisava me dar primeiro: aceitação, perdão, amor, carinho e acolhimento. Eu precisava olhar para dentro antes de olhar para fora. Fiquei ainda mais decidida a mergulhar profundamente dentro de mim mesma, conhecer-me, saber quem é a Helena, do que ela gosta, quem ela quer ser de verdade, sem opiniões externas, só eu comigo mesma.

Essa jornada de descobertas é sempre um pouco desconfortável. Enxergar que todos nós temos luz e sombra dentro de nós e que não somos vítimas, afinal, tudo que passamos tem o único objetivo de nos ensinar algo, é frustrante às vezes.

Eu passei minha vida culpando minha mãe, meu pai, minha situação financeira, os homens que passaram pela minha vida, mas comecei a perceber claramente que eu era a única responsável por tudo, porque eu escolhi não olhar para dentro e vivia buscando externamente o amor que eu mesma nunca me dei.

Saímos do evento com um exercício: escrever uma carta para meu "eu" do passado e para meu "eu" do futuro. Na carta para minha versão do passado precisava colocar tudo que eu senti, todas as dores, as alegrias e as frustações, e agradecer. Sim, agradecer por eu não ter desistido, por ter continuado, pelas lições aprendidas. E para carta do futuro eu precisava colocar como se já fossem verdade todas as conquistas que queria alcançar.

Bom, não era uma lição muito fácil, pois eu vivi tentando não pensar no passado e estava tentando não pensar no futuro. Mas se o objetivo era recomeçar, que fosse com sonhos!

Cheguei na casa de Pedro por volta das 23h. Ele estava na sala, assistindo a um filme, com a cabeça de Ramon no colo.

— Oi, Lena! Como foi o evento?

Ramon sorriu, mas continuou curtindo o colo do marido. Era uma cena linda de se ver e pensei que um dia eu teria uma relação assim, de cumplicidade e de amor.

— Nossa! Foi simplesmente sensacional!

— Sério? Me conta tudo!

Contei para Pedro meus aprendizados e ele traduziu para Ramon, que se sentou e ficou admirado. Então ele falou e Pedro traduziu:

— Ramon disse que precisamos ir no próximo. Parece ser um divisor de águas!

— É mesmo.

— Conheceu algum gringo lá?

— Affff, Pedro! Eu não quero nem quero pensar nisso agora!

Ele sorriu e Ramon levantou-se dizendo que estava com sono e ia dormir, dando um beijo em Pedro.

Quando ficamos sozinhos, aproveitei para conversar com Pedro sobre o exercício.

— Pedro, lembra uma vez que me disse que eu nunca fazia o que queria? Que não olhava para mim?

— Hum... Foi quando descobriu a traição de Marcus, não foi?

— Isso mesmo. Então, hoje vejo como você estava certo.

— Bem, eu sempre estou certo!

Ele sorriu cruzando os braços, convencido.

— Ninguém merece! Mas, enfim, eu só quero te agradecer de coração. Foi naquela época que eu comecei a refletir sobre minha vida, e se estou aqui hoje, é porque um dia você me disse essas palavras.

Os olhos dele brilharam e ele me abraçou forte.

— Eu te amo tanto, Lena! Sabe que você merece toda felicidade do mundo, não é?

— Você também!

— Eu sinto que você ainda me esconde alguns detalhes da história com Marcus.

Ele estava certo. Eu nunca tinha contado a ninguém o que realmente havia acontecido, mas senti que estava pronta para falar disso.

— Sim, não mesmo.

E sem pensar muito, contei tudo em detalhes para Pedro, que ficou atento e em silêncio. Quando terminei de contar, ele me abraçou forte mais uma vez e deu um beijo doce na minha testa.

— Helena! Meu Deus! Você nunca devia ter passado por isso. Eu devia ter ficado lá para protegê-la.

— Imagina, Pedro. Você não tinha como imaginar isso. Ninguém tinha.

Ele me soltou e olhando em meus olhos profundamente disse:

— Lena, nada justifica um homem agir assim. Primeiro seu pai, depois Hugo e Marcus, é de se esperar que esteja confusa e querendo ficar sozinha agora. Olhe, nem todos os homens são assim. Você ainda pode e vai encontrar o amor de verdade. E lembre-se, eu sempre estarei aqui por você.

— Obrigada! De verdade. E hoje percebo que eu preciso aprender a me amar primeiro. Eu ainda estou em fase de descoberta de quem eu sou de verdade. Sempre segui o que os outros queriam para mim. Agora quero tentar, quero arriscar a vida que a Helena deseja, sabe?

— Parabéns por isso. Eu, mais do que ninguém, sei como é difícil decidir viver por você primeiro. Ramon me ajudou muito nisso, mas eu só consegui me abrir para isso porque uma amiga me apoiou, uma tal de Helena.

Nós nos abraçamos novamente, por mais alguns minutos, sem dizer uma palavra, porque em alguns momentos da vida elas são totalmente desnecessárias.

Já no meu quarto, foquei em fazer a atividade para levar no dia seguinte, no último dia do evento.

— Vamos lá, Helena! Primeiro para você do passado.

Fechei meus olhos, coloquei uma música suave para me ajudar a me concentrar e comecei a mergulhar nas minhas lembranças. Primeiro surgiram as mais antigas e tristes: meu pai me machucando, gritos, brigas, violência. Meu coração se fechou e lágrimas formaram-se em meus olhos. Com esse sentimento, comecei a escrever:

"*Helena,*

eu quero agradecer por você ter sido tão forte mesmo quando estava sofrendo pela dor causada por quem mais devia te proteger. Eu sei que você ficou assustada, com medo, com dúvida, com insegurança, e sentimentos de ódio, de revolta, de raiva começaram a surgir em seu coração. Mas seu pai e sua mãe não são culpados, pois eles também sofreram muito e não aprenderam o que é amor para um dia poderem amar você de modo diferente. Eles só entregaram aquilo que tinham e, acredite, eles fizeram o melhor que podiam naquela época. Então perdoa.

Eu os libero do papel de professores da nossa vida. Eu libero meu pai do papel de professor, do papel de homem, pois eu já sei que o amor pode ser leve, pode ser seguro, pode ser alegre, pode ser respeitoso e gentil. Eu libero minha mãe do papel de minha professora, porque eu já sei amar como mulher, eu já sei amar como filha, eu já sei me amar, eu já sei me valorizar e me respeitar.

Lena, eu sei que você sofreu muito quando descobriu que estava sendo usada pelos irmãos Bernardes, mas eles também sofreram e aprenderam a lição.

Eu agradeço, Lena, por ter se permitido aprender a trabalhar em grandes empresas, por ter se permitido se entregar à paixão por Marcus — ele nos ensinou muito. Tudo que passamos nos fez chegar onde chegamos.

Agradeço a você, Lena, por tudo: pela coragem de recomeçar, pela coragem de se permitir viver uma vida diferente. Gratidão por tudo mesmo".

Li a carta e me orgulhei pela primeira vez da minha jornada, do quanto eu aprendi, de como eu evolui como pessoa, como mulher. Com o coração feliz e grato, peguei outra folha e me preparei para escrever para minha versão do futuro.

"Helena,

parabéns! Você merece! E sabe por quê? Porque você conseguiu. Hoje você já é uma terapeuta reconhecida, que auxilia mulheres e homens a lidarem com problemas que um dia você própria não soube lidar.

Parabéns por ter aprendido a se amar, a se priorizar.

Eu agradeço você por ter chegado aí, nesse lugar de calma, de tranquilidade, de felicidade, de plenitude!

Parabéns, Lena, por ter se mudado para a praia e ter se permitido mais esse recomeço em um novo lugar. Eu agradeço por ajudar tantas pessoas, eu agradeço por ter aprendido a ser a mulher incrível que você é!".

Feliz com o resultado das cartas, arrumei as coisas para amanhã e peguei em um sono profundo e revigorante.

Agora vou pular alguns detalhes do dia para te contar como foi o final do evento. Estou ansiosa para que saiba como foi incrível.

O último dia foi o dia da LIBERTAÇÃO do nosso EU velho e do NASCIMENTO do nosso novo EU.

Nós rasgamos a carta para a nossa versão antiga em pequenos pedaços e a carta para nossa nova versão deve ficar guardada até o ano seguinte, para só então a lermos.

O evento foi simplesmente TRANSFORMADOR, não existe outra palavra para expressar. Eu realmente saí dessa experiência outra pessoa e com outros pensamentos. Toda aquela raiva que eu sentia, aquela sensação de vazio, foi substituída por esperança e gratidão. Não sei explicar a vontade de viver que passei a sentir.

Também fizemos um cronograma para o ano, criando novos hábitos. Inclui meditação ao acordar e dormir, cuidar da saúde física, ler um livro por mês e fazer uma lista detalhada dos meus objetivos de vida, com imagens de tudo que gostaria de ter um dia.

No final do evento todos nos abraçamos e foi um momento lindo — muitas lágrimas, muitos sorrisos e, principalmente, esperança de que a vida pode ser muito mais do que vinha sendo.

As semanas restantes da minha estadia na Inglaterra voaram. Aproveitei para turistar bastante com Pedro, pois ele tirou alguns dias de folga.

— Não quero que você vá, Lena. Por que não renova o visto e fica aqui? Posso arrumar um trabalho para você se quiser.

— Ô, amigo... Eu tenho mesmo que voltar, mas eu só tenho a agradecer. Primeiro, eu amei ver você! Segundo, eu aprendi muito no curso e com sua família.

— Com minha família?

— Sim. Você e Ramon me ensinaram como o amor é leve.

— Que bom! Ao menos isso. Vai mesmo ver a Lê?

— Vou sim. Já vou desembarcar lá.

— Nossa! Faz muito tempo que eu não vejo a Lê. Preciso ir ao Brasil. Quem sabe não nos encontramos lá para recordar os velhos tempos?

— Será a realização de um sonho. Estaremos em Fortaleza te esperando.

— Vai ser como na nossa viagem para a praia de Cabo Frio, lembra?

— Claro que lembro.

— Está decidido. Vou resolver tudo e vamos para lá em breve. Eu aviso vocês.

E curtimos nosso último dia juntos. No dia seguinte, meu novo destino, e talvez o definitivo. A ideia era: se eu gostasse da cidade, iria me instalar definitivamente e trabalhar com a Lê. Estava animada e receosa ao mesmo tempo, mas o que é a vida sem riscos, não é?

Pedro me deixou no aeroporto com um abraço delicioso. O voo seguiu tranquilo e desembarquei em Fortaleza. Lucas e Lê estavam me esperando com Luan. Como ele é fofo e a cara do pai.

— Lena! Meu Deus! Que saudade que eu estava de você, sua feia!

— Eu também! Ele está enorme demais!

— Oi, Helena. Estamos muito felizes. Lê não parava de falar sobre sua vinda.

Todos sorrimos e entramos no carro.

— Lê, pode me deixar no hotel.

— Não mesmo! Você é família. Vai ficar na nossa casa enquanto olha a cidade.

— Não precisa mesmo. Já abusei tanto de Pedro e agora você?

— Lena, relaxa. Precisamos de uma babá — Lucas disse sorrindo ao ver Luan brincando com meu cabelo.

— Vai ser por pouco tempo, viu? E eu faço questão de ajudar com as despesas.

— Continua chata.

— Lê, é sério.

— Que seja, enfim. Eu reservei minha agenda amanhã para te apresentar a cidade, para ver se você gosta, porque eu estou bem animada com a ideia de ter uma sócia.

— Está mesmo. Ela já olhou até sala para alugar.

— Lucas! Você tem que controlar ela! — falei sorrindo, e nesse clima descontraído seguimos até a casa deles.

Que lugar lindo! Eu sempre soube que amava o mar, mas o mar aqui parece ainda mais azul.

Chegamos em um prédio muito bonito, a alguns quarteirões da praia. Lucas era proprietário de um dos restaurantes mais famosos da região e Letícia era uma das psicólogas mais requisitadas. A vida financeira deles estava excelente e ambos eram muito organizados e sábios para lidar com dinheiro.

Eles moravam em um apartamento que, preciso dizer, era enorme e encantador. Quando entramos, Luan correu para brincar na varanda.

— Vem, Lena. Vou te mostrar seu quarto.

Segui Lê pelo corredor. O apartamento era, de fato, muito bonito: lustre de cristal na sala, uma mesa de jantar com seis cadeiras acolchoadas, um sofá reclinável que parecia ser bem maior que minha antiga cama de casal, tapete felpudo cinza e por aí vai.

Meu quarto era bem maior que na casa de Ric. Parecia até aqueles quartos de novela, sabe?

— Que lindo, Lê! Obrigada mesmo por me deixar ficar aqui.

— Imagina, sócia!

Ela sorriu e se sentou na cama.

— Então, como você está, Lena?

— Eu estou muito bem, na verdade. Às vezes me sinto até culpada por estar tão feliz longe do Ric.

— Imagina! Não tem que se sentir culpada. A paixão acabou e vocês seguiram caminhos opostos.

— Sim, eu sei disso.

— Você merece ser feliz. Lembre-se disso.

— Está certa. Então qual a programação de hoje, minha guia?

Ela sorriu. Quanta saudade eu estava dos meus amigos. Foi maravilhoso vê-los tão bem.

— Você deve estar cansada da viagem longa. Hoje vamos descansar e amanhã começamos o tour. Me conta sobre o Pedro. Como ele está?

Contei tudo para a Lê, que ficou muito empolgada com a ideia de Pedro vir passar férias no Brasil.

— Vai ser como no passado, quando viajamos, lembra? Quando conheci o Lucas.

— Vai mesmo. Ele disse que vem.

— Lena, você vai ter que me contar. O que rolou entre vocês naquela época?

Verdade! Lê não sabia que eu e Pedro éramos amigos "coloridos" na época. Pedro tinha me falado que eu podia contar, então não vi porque esconder isso.

— Nós perdemos a virgindade juntos.

— Sério?! Tô chocada! Ele não é gay?

— Na época ele ainda estava tentando se encontrar.

— Aí ele te pediu para perder a virgindade com ele?

— Foi tipo isso. Combinamos, na verdade, e ficamos meio "coloridos" até um pouco antes de ele ir para a Inglaterra.

— Gente, eu desconfiava disso. Ele sempre te olhou diferente.

— Como assim?

— Ah, Lena! Fala sério! Ele sempre te olhou como mulher e não como amiga dele.

— Você está viajando, Lê. Pedro é gay e ama o Ramon.

— Ok, mas se você quisesse, eu tenho certeza de que ele ficaria com você.

— Esquece isso. Bom, vamos para nosso roteiro, sócia?

E ficamos conversando mais um tempo.

No dia seguinte, Lê me levou nos principais pontos da cidade. E eu me apaixonei por tudo aquilo. Eu me vi morando ali, caminhando na praia, sorrindo, vivendo.

— Eu amei esse lugar!

— Eu também. Quando viemos de férias para cá, não conseguimos mais ir embora.

— E você. Está feliz?

— Lena, eu nem sabia que era possível ser tão feliz na Terra! Mas quase nos separamos.

— Sério?

— Sim. Depois que tive o Luan, eu tive depressão pós-parto e Lucas não soube lidar com isso muito bem. Só depois que ele também começou a fazer terapia que conseguimos recuperar nosso casamento.

— Lê, você nunca me contou isso!

— Eu sei. Na época eu me fechei para todos.

— Eu sinto muito não estar aqui para apoiar você.

— Eu sei, Lena. Eu também perdi muitos momentos importantes da sua vida, mas agora estamos juntas novamente e se decidir ficar, eu simplesmente vou amar.

— Estou pensando muito nisso. Amei a cidade. Consigo me ver recomeçando aqui.

E abraçadas seguimos.

Chegando em casa após buscar o Luan na escolinha eu liguei para minha mãe.

— Oi, mãe. Como você está?

— Ótima, filha. Tenho uma novidade!

— Sério? É boa?

— Eu vou me casar!

— Uau! Que incrível! E rápido, hein? Está certa disso?

— Demais. Estou velha, minha filha. Quero viver essa experiência. E o Estevão fez um pedido tão lindo.

Ela me mostrou o anel pela câmera e consegui ver o buquê de flores vermelhas que ele lhe deu ao fundo. Ela estava mesmo muito feliz.

— Mãe, estou tão feliz! Quando será o casamento?

— Estamos pensando. Mas eu quero você entrando comigo, filha. Quando vai voltar?

— Então, mãe... Eu estou gostando daqui.

— Vai mesmo se mudar definitivamente?

— Estou pensando nisso. O que você acha?

— Está me pedindo conselho?

— Claro! Você é minha mãe!

Ela sorriu e percebi que seus olhos estavam cheios de lágrimas.

— Ai, filha, quem sou eu para te dar conselhos? Você é muito mais madura e inteligente do que eu. Se tem uma coisa que posso dizer é que você deve seguir seu coração.

— Obrigada, mãe. Mas fique tranquila que eu vou no casamento. Marque para quando quiser que eu dou um jeito. E posso ajudar a organizar também.

— A Rô já está olhando tudo. Faremos um casamento duplo.

— Que ideia incrível! Parabéns, mãe!

— Vamos decidir a data e eu te falo.

— Combinado.

Após um bom banho, fui para a cozinha para ajudar a Lê com o jantar.

— E o Lucas?

— Hoje o restaurante fica lotado. Sexta-feira... Já viu! Ele deve chegar bem tarde.

— Entendo. Deixa eu te ajudar com isso.

E cozinhamos juntas enquanto Luan assistia a seu desenho preferido.

— Minha mãe vai se casar, acredita?

— Sério, Lena? Não dá nem para acreditar em como ela se recuperou e como você conseguiu ressignificar essa relação.

— Verdade. Como é bom!

— E o Ric?

— O que tem ele?

— Não se falaram mais?

— Não. Eu preferi não o procurar.

— Melhor. Mas sabe que precisa sanar as histórias mal resolvidas para recomeçar de fato.

Nessa hora me lembrei de Marcus. Ele era a história que ainda me assombrava.

— É, eu sei.

Fiquei a noite toda pensando em Marcus. "Como será que ele está? Será que está casado ainda?". Com esses pensamentos, eu começo a procurar por ele nas redes sociais e nada. Era como se ele não existisse. Frustrada, adormeci.

Na semana seguinte, olhei algumas casas para alugar. Queria uma casa, porque depois de conviver com Spake, eu queria muito ter um cachorro. Fez-me tão bem brincar com ele.

Achei uma casa um pouco longe do apartamento de Letícia e Lucas, em um bairro vizinho, um pouco mais barata, mas próximo à praia. Era uma casa pequena, com dois quartos, sala, cozinha e um quintal enorme com pés de laranja, de amora e de limão. Consegui ver um cachorrinho pulando ali.

Fiz uma chamada de vídeo para a Lê para contar e lhe mostrar a casa.

— Lê, acho que encontrei a casa dos meus sonhos!

— É pequena. Lena. Fica lá em casa.

— Imagina! Sou só eu. Está perfeita e o valor cabe no meu orçamento. Consigo pagar com as clientes que tenho hoje e ainda dividir a sala com você.

— Tá bom... Você sempre foi cabeça dura. Vai precisar de um carro para vir até o consultório.

— Eu vou de ônibus por enquanto. Relaxa.

Fiz a proposta de locação na imobiliária e era só aguardar.

CAPÍTULO 15

O amor está aí, bem dentro de você

Já estava morando em Fortaleza há quase dois anos. Mamãe se casou um pouco antes do meu aniversário. É... Estava com 35 anos, mas o mais engraçado é que nunca havia me sentido tão jovem e cheia de vida.

O casamento da mamãe foi lindo. Ela vestiu um vestido branco simples, porém muito elegante, fez um rabo de cavalo e uma maquiagem delicada. Estevão chorou feito um bebê. É gostoso ver o carinho que existe entre eles.

Rosângela e Eduardo, irmão de Estevão, também se casaram. Foi o casamento duplo mais charmoso que eu já vi.

Você deve estar se perguntando se eu estou com alguém, certo? A resposta é não. Optei por me conhecer em todos os sentidos, inclusive intimamente, mas logo falarei mais sobre isso.

Bom, voltando ao casamento da mamãe... Foi em um lindo sábado de maio. Ela escolheu a igreja local, simples, mas, muito bonita. Eu cheguei na quarta-feira para ajudá-la com os preparativos finais.

— Filha, eu estou tão nervosa que acho que vou vomitar no vestido.

— Por favor, não faça isso!

— Você ficou assim quando se casou?

— Bem... Um pouco.

Nessa hora, Ric me veio à cabeça. Eu sabia que ele estava noivo e a noiva dele estava grávida de quatro meses. Saber que eu não o atrapalhei em ter a tão sonhada família me deixava muito feliz, mas eu não o via desde o nosso rompimento.

— Você convidou a família dele, mãe?

— Convidei, filha. Eles sempre foram tão bons para você.

— Tudo bem. Queria mesmo vê-los.

— Tem certeza, filha? Posso cancelar o convite.

— Imagina, mãe! Está tudo bem!

— E quanto a você, hein? Algum gatinho nas praias de Fortaleza?

— Nem penso nisso, mãe, estou focada no trabalho.

— Eu sei. A terapeuta mais reconhecida da cidade! Estou tão orgulhosa, filha!

— A mais reconhecida é um pouco demais, mas agradeço.

Sorrindo, ela me abraçou forte, um abraço cheio do amor que surgiu entre nós duas.

— Filha, é sério, se eu mudei, devo isso a você. Olha como você está linda, parece até mais jovem. Você teve coragem para mudar totalmente a sua vida. Eu admiro tanto você. Tenho certeza de que sua vó está orgulhosa de nós duas onde quer que ela esteja!

Não consegui evitar as lágrimas. Tenho muita saudade da vovó e em dias assim eu só queria poder abraçá-la e agradecer por tudo.

No dia do casamento, eu coloquei um vestido florido em um tecido fino que acentuava minhas curvas. Os exercícios me faziam muito bem, por sinal, e eu nunca me senti tão linda como agora. Eu comprei esse vestido em Fortaleza, no primeiro dia em que fui fazer compras na minha nova cidade. Eu só queria que minha aparência demonstrasse como eu me sentia por dentro, leve e feliz. O vestido é de um tecido fino, parece uma seda, em tom rosa-claro e com flores brancas, perfeito para a ocasião.

Amarrei meu cabelo em um rabo lateral — ele estava um pouco acima dos ombros. Passei um batom vermelho, brincos e pronto, sentia-me maravilhosa.

— Uau! Assim vai me ofuscar!

— Imagina, mãe! Você está a noiva mais linda que eu já vi.

— E eu?

— Ah, Rô! Você está a mais elegante.

E ficamos ali por alguns segundos, abraçando-nos.

Ao chegar na igreja, vi vários rostos conhecidos: Hugo e a esposa, seus pais e Ric com sua noiva. Jorge faleceu no ano passado. Estava bem velhinho e doente, foi um descanso.

Assim que os irmãos Bernardes colocaram os olhos em mim, um olhar de surpresa surgiu. "Será que fiz algo errado? Por que estão me olhando assim?". Sem ter tempo para muita coisa, entrei com mamãe na igreja e a deixei com Estevão para o tão esperado "Eu aceito".

A cerimônia foi linda. O Padre Miguel falou muito bem e mamãe e Rô choraram e beijaram seus respectivos maridos nesse momento de felicidade e amor. Na festa que eu e Lorena planejamos, o encontro é inevitável.

— Helena!

Um toque suave em meu braço esquerdo me tirou do meu transe. Eu estava observando mamãe e Estevão dançando, apaixonados e cheios de amor.

— Ric? É você!

Ele sorriu, aquele sorriso lindo que eu aprendi a amar um dia.

— Posso me sentar aqui?

— Claro. Mas cadê sua noiva?

— Ela está com meus pais. Só quero conversar um pouco. Faz muito tempo.

Ele estava lindo, como sempre. Um belo terno azul-marinho, gravata azul-claro, que combinava perfeitamente com seus olhos, e uma camisa branca. Algumas linhas de expressão, mas, sem dúvida, continuava um belo homem.

— Ok! Me conta, como vão as coisas?

— Estão muito bem, na verdade! Como você já deve saber, vou me casar e ser pai.

— Parabéns mesmo! Sei como era seu desejo ter um filho.

Ele me olhou fixamente. Não soube decifrar esse olhar, muito intenso.

— É... Nossa!

— O quê?

— Eu não te fazia bem mesmo!

— Por que diz isso?

— Olha para você! Está simplesmente deslumbrante. Quase perdi o ar quando te vi entrando na igreja. Tem algo diferente em você.

Devo ter ficado bem vermelha nessa hora. Não esperava um elogio do homem que eu, literalmente, abandonei um dia.

— Ric, imagina! Eu agradeço o elogio, mas você nunca me fez mal. Eu só estou em uma fase muito boa.

— Está com alguém?

Preciso fazer uma pausa aqui. Fale-me uma coisa: por que sempre quando estamos bem as pessoas acham que alguém tem algo a ver com isso? Por que não podemos simplesmente estar felizes sozinhas? Eu não disse isso para ele, claro. Foi só um desabafo. Vamos continuar.

— Não. Estou focada no trabalho agora.

— Sério?

— Sim. Qual a surpresa?

— É difícil imaginar você sozinha, só isso.

Fiquei sem palavras com essa fala dele, afinal, vou falar o quê?

— Então virou uma terapeuta famosa mesmo. Eu estava errado sobre isso também.

— Você não tinha como saber isso. E Letícia me ajudou muito.

— Está morando onde mesmo?

— Fortaleza.

— Deve ser um paraíso morar pertinho da praia.

— É mesmo, viu. Eu amo aquele lugar.

Ele colocou a mão sobre a minha em cima da mesa, o que me faz sentir um olhar na mesma hora. A noiva dele, que estava na mesa com os pais de Ric, estava me fuzilando com o olhar. Eu não tiro a razão dela, afinal, eu sou a ex.

— Ric, sua noiva está te esperando.

— Lena, eu sei, mas eu preciso te dizer.

— Dizer o quê?

— Eu sei porque você foi embora. Eu não fui homem suficiente para você. Eu fui muito egoísta e infantil. Eu só queria te pedir perdão. Eu sei que estraguei tudo. E você sabe que eu ainda amo muito você, não sabe?

Eu volto a implorar pelo manual que ensina a lidar com essas situações. Como sair dessa saia justa?

— Ric, você não tem culpa de nada. Ambos erramos e acertamos e está tudo bem. Agora estamos felizes, recomeçamos, e é isso que importa, certo?

— Mas eu só queria...

— Ric, Helena... Está linda. Ric, sua noiva está um pouco enjoada e pediu para te chamar.

Graças a Deus, Hugo apareceu.

— Oi, Hugo. Obrigada! Como você está? Esposa, filhos?

— Todos ótimos. Depois venha na nossa mesa um pouco.

— Claro!

— Vamos, Ric!

E ele levou o irmão antes que acontecesse um escândalo. O restante da festa foi tranquilo.

No dia seguinte, fui cedo comprar pão na minha padaria favorita. Que saudade desse cheiro de pão quentinho de Minas! Tomei meu café sozinha, pois mamãe e Rô estavam em lua de mel. Eles foram para Monte Verde, em uma pousada. Voltaria para Fortaleza só no dia seguinte.

Foi muito bom rever Lorena, Bernardo e Lorenzo. Bernardo estava imenso e ainda se lembrava de mim. Ficamos horas na festa colocando o papo em dia. Lorena teve um lindo bebê, que na época estava com 1 aninho, e Lorenzo estava todo orgulhoso. Bernardo estava amando o irmão e ajudava a cuidar dele.

Meu celular, o número antigo que mantive no WhatsApp por causa de mamãe, vibrou, tirando-me de meus pensamentos sobre a noite passada.

— Alô.

— Lena?

— Ric?

— Eu preciso ver você. Posso subir? Estou aqui na portaria.

"O quê? Mas que merda! O que ele está fazendo aqui?".

— Claro. Vou abrir.

Bom, meu coração estava na boca. Depois do que quase aconteceu na festa do casamento da mamãe, não sabia o que esperar desse encontro. Abri a porta e lá estava ele. Reparei que alguns fios de cabelo branco estavam aparecendo.

— Oi, Ric. Aconteceu alguma coisa?

— Lena, quero só pedir desculpa por ontem.

— Imagina, está tudo bem. Sua noiva melhorou?

— Sim. Ela está com os enjoos, normais nessa fase da gravidez.

— Certo. É só isso?

— Calma. Posso me sentar e conversar com você? Prometo que é bem rápido.

Como dizer não para ele? Eu o magoei tanto no passado, senti que precisava resolver isso.

— Tudo bem. Venha.

Sentamo-nos no sofá. Ele pegou minhas duas mãos e me olhou profundamente nos olhos.

— Lena, eu só preciso dizer que eu realmente amo você. Eu te amo tanto que sei que você está muito melhor sem mim na sua vida. Eu quero ser seu amigo, quero muito ter você em minha vida.

Eita! Por essa eu não esperava.

— Eu também amo você, Ric, e claro que podemos ser amigos, mas sua noiva não vai gostar muito dessa ideia.

— Eu conversei com ela ontem. Ela quer te conhecer.

— Sério?

— Sim. Você aceita ir na casa dos meus pais para conhecê-la?

— Bom, se isso não for gerar problemas...

— Claro que não! Você é muito importante para nós. Não queremos perder você.

Um pouco relutante, acabei cedendo à ideia de conhecer a atual mulher do meu ex-marido. Fomos, então, até a casa dos Bernardes, a mesma casa que entrei na adolescência.

Rita me recebeu com o sorriso mais doce do mundo.

— Lena, que saudade! Que bom que veio nos ver.

Ela me abraçou apertado e vi a noiva de Ric observando pela janela.

Suellem era uma mulher muito bonita, pele morena clara, cabelo curto na altura das orelhas, lisos e negros. Seus olhos verdes lembravam as folhas secas que caem no outono. Ela também era modelo, trabalhava com Ric.

Quando entramos, ela logo veio me cumprimentar.

— Helena, é tão bom finalmente conhecer você!

— Obrigada pelo convite!

Entramos e fomos para sala de estar, onde uma bela mesa de café estava posta.

Conversamos alegremente. Ric e Suellem falaram sobre o bebê e os detalhes do casamento. Eu pensei que esse encontro seria ruim, mais constrangedor, mas, por incrível que pareça, foi bem divertido.

— Bom, Helena, nós queremos te fazer um convite.

Eu olhei para todos com espanto. Que convite poderiam me fazer? E para minha surpresa, foi Suellem quem disse:

— Você aceita ser a madrinha do nosso bebê?

— Oi? Eu?

— Isso.

— Mas... Tem certeza?

— Claro. Eu sei o quanto você é importante para Ric e toda a família e agora, conhecendo você, eu quero muito isso.

"Isso deve ser pegadinha, certo?".

— Claro! Me sinto honrada! Obrigada!

Ela me abraçou e, para minha surpresa, pareceu verdadeiro. Então é isto: virei madrinha do filho do meu ex-marido, por mais estranho que pareça.

Na saída, Ric me acompanhou até a casa da minha mãe devido ao horário; já estava escuro.

— Lembra quando escoltávamos você na época da escola?

— Claro que lembro.

— Nossa história começou nessa época e nossos caminhos sempre se cruzam de novo, não é?

— Verdade, Ric.

— Obrigado por aceitar ser a madrinha do bebê. Realmente significa muito para mim.

— Imagina. Eu que agradeço o convite.

Na porta do prédio, quando estava pegando a chave para subir, ele segurou meu braço.

— Lena, espere.

— O que foi, Ric?

— Eu posso te dar um abraço?

Sem responder, apenas o abracei. Esse homem foi muito importante em tantos momentos da minha vida. O amor que nos une agora é parecido com o amor que sinto por Pedro: leve, tranquilo, seguro, fraternal.

— Eu senti muito sua falta. Promete que vai nos visitar em São Paulo?

— Claro! E minha casa está aberta para vocês.

— Quem recusaria o convite de ir para praia?

— Isso aí! Ric, obrigada por tudo. Você é muito importante para mim também e nosso amor vai ser ainda mais forte agora.

— Eu sei.

Ele me deu um beijo na bochecha e foi embora.

Como é maravilhoso resolver as coisas!

No dia seguinte, após algumas horas de viagem, ao chegar em casa sou recebida por lambidas e pulos dos meus dois bebês. Calma, vou explicar... Há seis meses eu adotei dois filhotes de cachorro que sofriam maus-tratos. Lilica e Luís foram os nomes que eu escolhi para eles. Estavam em uma casa onde os donos batiam muito neles. Os vizinhos denunciaram e eles ficaram disponíveis para adoção conjunta. Quando os vi na feira de adoção da ONG local, não resisti a aqueles olhinhos de puro amor.

São os cães sem raça definida mais lindos que eu já vi, super educados e amorosos. Lilica é pequena, pelo longo na cor caramelo; Luís, maior que Lilica, é pretinho, de pelo curto, e tem uma barbicha branca que é seu charme. Já foram castrados e amam brincar.

Juliana é a babá deles. Sim, meus cães têm babá. Sempre que eu preciso me ausentar, ela vem olhar eles para mim. É uma jovem muito responsável e simpática, que me faz lembrar dos meus 16 anos, quando trabalhava para pagar meus estudos e ajudar em casa.

— Dona Helena, como foi de viagem?

— Gente, eu envelheci tão rápido assim? Para me chamar de dona, mulher!

Ela sorriu timidamente.

— Foi perfeita. Mamãe estava linda. E aqui? Foi tudo tranquilo? Como meus bebês se comportaram?

— Eles são uns anjos. Luís fez xixi no tapete da sala. Aí eu fiz os comandos que o adestrador mandou e coloquei aquele líquido fedido.

— Seu sapeca! — falei, dando um beijinho em Luís, que não parava de abanar o rabinho.

— Conseguiu estudar para a prova?

— Demais. A casa silenciosa ajudou muito. Obrigada por me deixar dormir aqui.

— Imagina! Venha sempre que precisar. Aqui, seu pagamento.

— Nossa, dona... quer dizer... Helena. Tem muito dinheiro aqui!

— Está certo. Você cuidou tão bem de tudo. Só use bem.

— Claro. Estou investindo como a senhora me ensinou. Está indo tudo para minha faculdade. Tiro só uma parte para ajudar minha mãe.

— Isso. Agora vai descansar. Precisando me liga, viu?

— Tchau! Obrigada mesmo por tudo.

Ela saiu toda feliz com seu pagamento.

Tomei um bom banho e já voltei para a rotina. Eu estava atendendo alguns dias no consultório, com a Letícia, e outros em casa. Minha rotina me agradava bastante.

Todos os dias pela manhã dava uma volta no calçadão, fazia alguns exercícios físicos, meditava e entrava no mar. Começo a trabalhar às 10h. Uma das vantagens de ser sua própria chefe é ter liberdade de horário.

Eu e Letícia nos damos muito bem e estávamos muito empolgadas, porque Pedro nos informou que chegaria com a família na semana seguinte.

— Ele vem mesmo, Lena! Me mandou a foto das passagens.

— Olha só! Vai ser como nos velhos tempos!

— Saudade demais desse chato.

— Nem fala.

Nosso consultório se tornou um dos mais procurados da cidade. Letícia atendia como psicóloga e eu como terapeuta holística, uma complementando o trabalho da outra.

Recentemente, uma amiga de Letícia começou a trabalhar conosco. Ela se chamava Cláudia, na época tinha 45 anos e era casada há 20 anos com o Carlos. Ela era terapeuta de casal e sexual, com longa experiência na cura do feminino e em casos de abuso, como o meu. Comecei a me consultar com ela há quatro meses e posso dizer que minha vida está mudando ainda mais.

Depois que me separei, comecei a trabalhar com o que amo eu já senti uma enorme diferença. Fiquei muito mais feliz e leve, sabe? Mas ainda me sentia um pouco travada e incomodada com meu passado, a violência que sofri na infância e Marcus. Eu simplesmente não conseguia esquecê-lo e isso estava me deixando bem irritada, porque eu só queria esquecer tudo e recomeçar.

Conheci Cláudia em um almoço na casa de Letícia. Ela estava morando fora do país e tinha voltado para o Brasil. Pelo que entendi, ela e Letícia fizeram a pós-graduação em Relações Humanas e Sociais juntas e aí foi um passo para ela se juntar a nós no consultório.

Nós três formamos, sem dúvida, um poderoso time, uma ajudando a outra, e foi assim que ela viu que eu precisava de ajuda para lidar com meus traumas.

Há cinco meses eu estava fazendo uma sessão de ThetaHealing com uma cliente de 38 anos que não conseguia ter relações sexuais depois de ter sofrido um estupro aos 25 anos, voltando do trabalho. Durante a sessão, eu realmente senti toda a dor dela, porque era uma dor comum; eu sabia o que era se sentir violada, sentir-se quase que "suja".

Eu não consegui concluir a sessão com ela, as emoções vieram fortes demais. Toda a dor de reviver as memórias que eu estava tentando esquecer voltou com muita força. Eu encerrei a sessão nesse dia e a encaminhei para Cláudia.

— Eu não consigo lidar com esse tipo de trauma, Cláudia.

— Helena, me conte o que aconteceu com você. Me deixe ajudá-la.

E eu contei tudo para Cláudia, que me ouviu atentamente.

— Sei bem como se sente. Eu também sofri abusos do meu tio na infância e demorei muito para conseguir lidar com esse trauma. Você já entende bem sobre as leis universais e sabe a importância do perdão.

— Sim, eu sinto que já perdoei meu pai e Marcus, mas ainda me sinto bloqueada nessa área da minha vida, como se nunca fosse conseguir sentir prazer de verdade. Sexo para mim ou é obrigação ou é algo impuro, sei lá.

— Vamos trabalhar isso? Se me permitir conduzir você nessa jornada de cura, eu sei que fará uma enorme diferença em sua vida.

— Tem mesmo como eu me libertar disso? Sinto que ainda estou presa a esse passado.

— Sim, você está presa, mas tem como se conectar com seu feminino e encerrar esse ciclo. Sexo é vida, é criação, e a energia do sexo é muito potente. Usada do jeito certo faz com que sua vida flua em todas as aéreas.

— Como assim? Terei que namorar alguém para ter isso? Porque agora não me sinto pronta para me envolver com ninguém.

— Não, não é isso. Nosso maior erro é colocar o peso do que cabe a nós nos outros. Primeiro, você precisa aprender a lidar com o trauma, perdoar e curar a criança ferida que ainda está chorando dentro de você. Depois, precisa aprender a se dar prazer, a se conhecer, saber exatamente como seu corpo funciona, o que ele gosta e não gosta. E o principal, aprender a se amar e se respeitar em todos os sentidos.

— E como faço isso?

— Com terapia e muita dedicação, porque essa jornada de autoconhecimento dói e é incômoda.

— Eu já percebi isso, mas eu quero muito. Me ajuda?

— Claro! Começamos amanhã?

E foi assim que comecei a mergulhar ainda mais profundo na minha essência e no meu feminino.

O primeiro ponto e um dos mais desafiadores para mim foi a aceitação. Aceitar o que eu passei, sem ódio, sem mágoa, sem ressentimento, sem culpar ninguém. Só aceitar, perdoar e deixar o passado no lugar dele. Demorei algumas sessões para conseguir isso. E só então começamos a lidar com minha conexão com o feminino.

— Helena, pelo que eu entendi, você assumiu o papel de homem em quase todas as suas relações. A única em que você não estava nesse papel 100% foi a com Marcus, mas você foi para o extremo, a submissão, e ser mulher não é nada disso.

— Como assim? Eu era macho?

Ela sorriu e pegou um caderno para desenhar.

— Podemos dizer que sim. Homens e mulheres são diferentes em várias coisas e a natureza nos fez assim por um motivo. Nossos ancestrais masculinos precisavam caçar, proteger a prole, então eles precisavam ser mais agressivos, maiores, mais fortes.

— Entendi.

— O que aconteceu com o processo de evolução? Nós, mulheres, nos tornamos o "homem" da casa, mas continuamos anuladas em nosso maior poder.

— Como assim? Qual poder?

— Vamos lá... As mulheres foram criadas para serem força, conexão, sabedoria. Nós, mulheres, temos uma força muito maior e mais eficiente do que a bruta. Nós temos a sabedoria, a força da criação. Por exemplo, a agricultura. Fomos nós que criamos o cultivo e como dominar a arte do plantio. O problema é que fomos castradas há anos. Viemos de uma geração de mulheres que não podiam falar, se expressar, que precisavam fazer isso ou aquilo para serem aceitas.

— Verdade. Há pouco tempo apenas ganhamos direitos simples, como votar, e algumas leis que nos protegem.

— Isso. O problema aqui é que para conquistar o que queríamos, fomos para a energia masculina. Começamos a brigar, a "caçar". O que foi necessário e está tudo bem. Por vezes precisamos usar essa energia, como no trabalho, por exemplo, para nos manter focadas e produtivas.

— E qual o problema, então, se posso usar a energia masculina?

— Os problemas são o excesso e as ocasiões. Por exemplo, no seu casamento, você assumiu o papel de homem da casa, inclusive o de provedora. Houve um desequilíbrio, o que fez com que seu ex-marido fosse para uma energia mais feminina.

— Então deixa eu ver se entendi... O homem tem que bancar a mulher, é isso?

— Não é isso que eu quis dizer. Resumindo, os homens, para se sentirem valorizados em sua masculinidade, precisam basicamente de três coisas em uma mulher: 1º) uma mulher sábia, que saiba usar as palavras certas, que saiba apoiá-lo e incentivá-lo; 2º) uma mulher que o respeite como homem da relação; 3º) de sexo e afeto. E uma mulher precisa de três coisas em um homem: 1º) que ele seja provedor, ou seja, que ela saiba que pode contar com ele, fazendo-a se sentir segura, pois ela sabe que nada vai faltar porque aquele homem vai provê-la em todas as suas necessidades; 2º) que ele seja protetor, pois toda mulher gosta de se sentir protegida, amada e cuidada; 3º) que ele seja presente e atencioso, que ele a apoie e faça parte de todos os momentos importantes para ela.

— Hum... Faz sentido. Eram bem dessas coisas que eu sentia falta no Ric.

— Pois é. Cada mulher reconhece essas coisas de uma forma, assim como o homem. Para alguns, ser provedor é pagar todas as contas, mas para outros é apoiar a companheira.

— Sim. Eu senti muita falta disso quando decidi investir na minha carreira como terapeuta.

— Isso. E tem mais uma coisa que é fundamental em todas as relações.

— O quê?

— Admiração. Um relacionamento pode viver sem várias coisas, mas sem admiração é muito pouco provável que dê certo. Nós, mulheres, principalmente, temos a libido bem afetada nesse ponto. Se você olha para o homem e não sente nenhuma pitada de admiração por ele, certamente não terá vontade de fazer sexo com ele.

— Nossa! É uma grande verdade isso.

— Quando olhava para seu ex-marido, o que sentia?

— Que ele era uma criança.

— Percebe por que o sexo entre vocês era só um protocolo de casal e não tinha intensidade?

— Nossa! Agora percebo demais isso.

— E com Marcus? O que sentia?

— No começo eu me sentia muito atraída por ele. Ele era muito charmoso, viril.

— E depois?

— Depois virou quase que uma obrigação também.

— Quando olhava para ele, o que sentia?

— Que eu estava sozinha e que ele não me entendia, basicamente.

— Percebe o padrão aí? Você seguia um padrão bem comum em suas relações.

— Como assim, Cláudia?

— Seu primeiro relacionamento com Hugo foi como com o Marcus. Uma pitada de ousadia, novidade e perigo. Depois veio Pedro; com ele você buscou uma coisa, segurança. Você estava em busca do protetor. Aí veio Marcus, trazendo a mesma intensidade de Hugo em sua vida, mas era perigoso demais e você sentiu falta da proteção, e então foi para Ric, que assim como Pedro te ofereceu isso.

Coloquei a mão na boca. Fiquei chocada ao perceber que foi exatamente isso que eu fiz sem ter nenhuma consciência.

— Meu Deus! É verdade!

— Sabe por que nenhum deles atendeu você e no fim você sempre se sentia frustrada e sozinha?

— Por quê?

— Primeiro, porque você não se conhecia e não se amava ainda. Ouso dizer que é impossível ter uma relação realmente saudável sem isso.

— Faz sentido.

— E como você estava totalmente desconectada do que realmente queria, acabou atraindo pessoas como você, confusas e com o amor-próprio bem enfraquecido. Aí, fato é, eles colocaram em você uma expectativa enorme e você a colocou neles também.

— Affff... Agora percebo isso bem claramente. O que devo fazer para sair desse padrão?

— O primeiro passo é se conhecer e isso você já está fazendo. Vamos lá! Agora que já curamos a criança e você está lidando melhor com o trauma do abuso, quero começar a introduzir você no mundo da conexão com seu feminino.

— Perfeito! Como faço isso?

— Você vai começar a dançar.

— Dançar? Sério?

— Sim. A dança do ventre é ótima, mas qualquer uma serve. O que quero aqui é que você se conecte com seu corpo.

— Entendido. O que mais?

— Você vai começar a se olhar.

— Eu já faço aquela prática de olhar nos olhos e dizer palavras de afirmação.

— Quero que se olhe nua em frente ao espelho cinco minutos por dia.

— Oi? Como?

— Isso mesmo. Quero que se olhe. Apenas se olhe e repare em cada detalhe do seu corpo.

— Morro de vergonha disso. Para quê?

— Porque você precisa amar seu corpo do jeito que ele é. Você precisa se olhar com amor e não com vergonha. Você é uma obra de arte feita pelo Criador de Tudo. Que você se olhe até se sentir simplesmente maravilhosa.

— Ai, Cláudia...

— Tem que fazer. É seu dever para casa e eu vou cobrar. Quero que anote como se sentiu antes e depois da prática todos os dias até nossa próxima sessão.

— Tá bom. E eu achando que a dança já era muito.

E com um abraço nos despedimos.

Fui para casa pensando em como tirar a roupa e ficar me encarando. Sei lá, isso me parecia errado. Mas com o tempo, eu aprendi a fazer as práticas e elas têm me ajudado muito, e eu sei o quanto Cláudia é boa no que faz.

Chegando em casa, pesquisei algumas escolas de dança do ventre próximas e agendei uma aula experimental no fim de semana.

— Ok. Primeira atividade feita. Agora é a segunda... Vou precisar de um bom vinho nessa.

Tomei um banho, peguei minha taça de vinho e fui para o espelho ainda de toalha. Acho que fiquei uns 10 minutos tomando a coragem de me ver nua no espelho.

— Para, Lena. O que pode acontecer de pior aqui? Algum vizinho ver?

Por precaução, fechei as cortinas. Coloquei a taça no criado-mudo e tirei a toalha. Olhei-me por cerca de dois minutos.

— Tá bom para primeira vez. Agora vou escrever como estava antes e depois: "Antes eu estava insegura, com medo de fazer isso e nem sei por quê. Depois me senti envergonhada, como se fosse errado me olhar". Estranho... Bom, vamos ver amanhã como será.

E foi assim que comecei a ter mais intimidade comigo mesma. Com o passar do tempo, olhar-me começou a ser muito agradável e minha autoconfiança aumentou muito. Aprendi a conhecer meu corpo, a saber quais partes mais me despertam prazer. Eu jamais havia me permitido tocar meu corpo assim antes, sempre esperava algum homem fazer isso para mim e, por vezes, era dolorido. Agora eu me permito descobrir do que gosto. Até fazer compras no sex shop ficou divertido. Antes eu morria de vergonha, mas passei a me sentir muito à vontade com meu corpo e minha sexualidade.

A cada dia me conecto mais com a mulher que sou e uma vontade imensa de aproveitar cada segundo dessa experiência me faz viver com alegria e gratidão. Eu estou amando as aulas de dança do ventre, quando estou dançando, esqueço de tudo e sou só eu e meu corpo ali, em movimento. É realmente libertador.

Bom, vamos voltar... Pedro e sua família chegariam no sábado e se hospedariam no hotel próximo à casa de Letícia. Eu e ela insistimos para ficarem em uma das casas, Pedro disse que Ramon preferia o hotel.

— Nem acredito que estaremos todos juntos novamente, Lena! Parece um flashback.

— Nem me fale! Você vai amar Ramon e Suzy é muito linda e educada.

— Lucas vai preparar o jantar especial de boas-vindas para eles. Você o ajuda enquanto eu busco Pedro no hotel?

— Claro, Lê. Nem precisa pedir.

— Combinado, vou avisar Lucas. Pedro disse que devem chegar por volta das 18h e vão só tomar um banho. Então acho que o jantar será por volta das 20h.

— Perfeito.

Quando Pedro, Ramon e Susy chegaram com Lê, a casa se encheu de alegria e nostalgia. Eu e Lucas preparamos uma massa deliciosa, acompanhada por salada e um vinho tinto que todos amaram. Susy e Luan se deram super bem e não pararam de brincar.

Durante o jantar, atualizamo-nos com as novidades da vida de cada um. Lucas fala inglês fluentemente, o que ajudou na conversa com Ramon. Quando terminamos o jantar, Lucas e Ramon ficaram conversando enquanto eu, Pedro e Lê fomos para a varanda.

— Nossa! Como eu estava com saudades das minhas meninas!

Pedro nos abraçou forte e posso dizer que esse momento era esperado por todos.

— Eu também, seu chato! Fazia tanto tempo. Casou com gringo e sumiu! — Lê falou dando um soquinho no ombro de Pedro, que a abraçou e bagunçou seu cabelo.

— Parem, crianças!

Nós três caímos na gargalhada.

— E você, Lena. Está ainda mais linda. Preciso saber que creme é esse que te deixa cada vez mais sexy!

— É só felicidade, eu acho! Estou mesmo muito feliz.

— Tem alguém na jogada? Preciso ver se aprovo. Sabe que como seu irmão de coração, você só pode namorar se eu aprovar.

— Ela não quer saber dos gatos de Fortaleza, acredita?

— Ai, parem vocês dois. Estou namorando eu mesma por enquanto. Na hora certa a pessoa certa vai aparecer.

— Eu já te falei, Lena. Ficar sem sexo por muito tempo não é bom.

— Se eu não fosse casado, podia te ajudar com isso.

— Affff, Pedro!!!

E ficamos assim por mais algum tempo, rindo e brincando, até que Lê levou o Pedro e sua família para o hotel e eu fui para casa. No dia seguinte, teria praia e eu queria dormir cedo.

Passamos o domingo inteiro na praia. Lucas e Lê, Pedro e Ramon e eu e as crianças, nessa ordem mesmo. Só então percebi que estava solteira há algum tempo e quando via meus amigos tão felizes, namorando no mar, sentia em meu coração o desejo de viver outra relação um dia. "Será que amar ainda é para mim? Será que um dia terei um relacionamento sincero, saudável, leal e companheiro como eles?".

Eu não sabia responder a essas perguntas. A vontade de encontrar alguém estava presente, mas eu estava tão feliz e realizada que não podia me permitir cair no velho padrão de relacionamentos falidos.

Estava fazendo um castelo de areia com Susy e Luan quando escutei meu nome, em uma voz que arrepiou todos os pelos do meu corpo.

— Helena? É você mesmo?

Quando olhei para frente, vi a última pessoa que eu queria ver.

— Marcus?

— Nossa! Nunca imaginei que veria você novamente!

Ele estava mais velho, grisalho, com algumas rugas, uma barba muito bem-feita e alguns quilos a mais. Estava de camisa branca, com alguns botões abertos e uma bermuda. Estava lindo, com aquele charme que sempre desnorteou todos os meus sentidos.

— São seus filhos?

— Oi?

Ele falou, apontando para Luan e Susy.

— Ah, não! São filhos dos meus amigos que estão no mar. Estou olhando eles.

Ele me olha da cabeça aos pés, com aquele olhar devorador que fazia minhas pernas bambearem.

— Como você conseguiu ficar ainda mais linda?

Fiquei vermelha na hora. Ele ainda me deixava sem rumo quando me elogiava, mas na mesma hora as lembranças da dor que ele me causou voltaram a minha mente e eu me recompus.

— Obrigada. E sua esposa?

— Ela está ali. Foi comprar uma água de coco com nossos filhos. Tenho três filhos agora — ele falou apontando para uma mulher loira, muito bonita, com dois garotinhos e uma menina.

— Estão de férias?

— Isso. Estamos morando no Rio Grande do Sul e queríamos um lugar quente para passar as férias. E você? Seu marido veio com você?

Eu não queria falar que me separei, muito menos que morava ali. Infelizmente, não sabia se podia confiar nele.

— Sim. Foi bom te ver.

Comecei a sair, pegando Susy e Luan, mas ele deu um passo para frente e pegou na minha mão.

— Lena, podemos conversar? Parece um milagre ter encontrado você. Preciso muito conversar com você em particular. Pode me encontrar amanhã?

— Como assim?

— Por favor, eu prometo que não vou encostar em você. Só quero conversar.

— Marcus, para que isso? Passado é passado.

— Não, eu preciso. Por favor? Me passa seu telefone? Sei que mudou o número.

— Eu não vejo necessidade nenhuma nisso e...

— Helena, eu imploro por esse momento! Preciso disso. Por favor, não me negue isso, pela nossa história juntos!

Os olhos negros dele suplicavam. Ele parecia mesmo precisar dessa conversa. E eu precisava colocar um ponto final nessa história.

— Me passa o seu e eu te ligo.

Ele me passou o telefone e saiu para encontrar a esposa.

— Quem era, Lena?

— Era Marcus, Pedro.

— O quê? Esse desgraçado teve a coragem de vir falar com você? Vou lá agora acabar com a raça dele.

— Calma. Ele está com a esposa e os filhos. Ele parecia diferente.

— Diferente como?

— Calmo, centrado... diferente.

— Não cai nesse papo, Lena! Cuidado.

— Pode deixar.

Não sei porque, preferi não contar para Pedro e Lê que ia me encontrar com Marcus.

O restante do dia foi tranquilo, ou relativamente tranquilo, já que não consegui tirar Marcus da cabeça.

Marquei com ele no shopping, lugar movimentado, então me senti mais segura. E às 14h do dia seguinte em ponto ele chegou, vestindo uma calça jeans e uma camisa polo azul-marinho.

— Helena, agradeço muito por ter aceitado me ver.

— Claro. Diga. O que precisava falar de tão importante?

— Vamos nos sentar? Tem uma cafeteria aqui muito boa.

Fomos para a cafeteria, que estava vazia por ser uma segunda-feira.

— Então, Marcus?

Ele se inclinou um pouco para frente e olhou dentro dos meus olhos. Era o olhar que um dia me trouxe tantas sensações diferentes: desejo, luxúria, amor, raiva, ódio, medo e mágoa.

— Primeiro, eu preciso te pedir desculpas.

— Já perdoei você. Era só isso? — falei, um pouco impaciente. Eu não queria reviver o passado.

— Não, não é só isso. Depois do nosso último encontro, eu comecei a me tratar e se hoje sou quem sou eu devo a você, Helena. Você me ajudou tanto. Eu nem sei como agradecer por tudo que fez por mim. Eu era violento, era infiel, estava completamente perdido. Eu machuquei você de todas as formas e mesmo assim você me amou, você olhou para mim com esses olhos doces e me salvou da escuridão.

— Marcus, eu não fiz nada disso. Imagina, eu...

Ele pegou minhas mãos.

— Lena, fez sim. Se não fosse você me ouvir aquele dia, se não fosse você me dar esperança de que eu podia me tornar uma pessoa melhor, eu não estaria aqui. No último dia em que nos vimos eu estava pensando em me matar. Seu amor me salvou. Eu quero, eu preciso agradecer você, meu anjo.

Para tudo agora! Ele ia se matar? Como assim? Eu nunca imaginei que um homem como ele poderia estar tão fragilizado. Ele realmente parecia outra pessoa. Seu olhar estava mais calmo.

— Marcus, está tudo bem! Fico feliz em ter ajudado mesmo sem saber.

Ele sorriu timidamente.

— Eu só quero que saiba que eu amo você. Sempre vou amar, você sempre será a minha princesa. Você é a mulher que me ensinou o que significa esse sentimento. Então, o que você precisar, quero que saiba que pode contar comigo para o resto da minha vida.

— Nossa, Marcus... Eu nem sei o que dizer, eu...

— Não precisa dizer nada. Só quero que me deixe recompensá-la.

— Não precisa disso.

— Eu quero. Por isso quero te dar isso.

Ele me entregou um envelope.

— Que isso?

— É uma carta.

— Uma carta?

— Sim. Só peço que leia depois. Eu escrevi essa carta um dia depois do nosso último encontro. Eu não tive coragem de enviar naquela época, mas agora quero que saiba tudo que fez por mim.

— Tudo bem.

— Posso te pedir mais uma coisa?

— Claro.

— Quero que conheça minha família. Minha esposa sabe sobre você e ela quer muito te conhecer.

— Sério isso?

— Sim. Podemos jantar hoje.

— Jantar? Não sei, Marcus...

— Por favor.

— Tá bom. Mas quero pizza.

Ele sorriu e terminamos de tomar nosso café. Quando terminei, levantei-me para ir.

— Bom, nos vemos à noite, então.

— Espere.

— O quê?

— Você ainda me ama?

— O quê? Que pergunta é essa, Marcus? O que isso importa?

— Ver você, ficar aqui sem poder te tocar é quase uma tortura.

— Marcus, você é casado e tem três filhos.

— Eu sei, mas eu ainda te desejo muito. Você foi e ainda é a única mulher que me faz sentir isso, desse jeito, eu nem sei explicar — ele falou, nervoso, passando as mãos pelo cabelo e pela barba com ansiedade. Essa declaração dele me deixou vermelha, assustada e aflita ao mesmo tempo. Tudo estava indo bem, até o homem que um dia me despertou tanto desejo, prazer, luxúria, dor, frustação e pânico começar a falar que ainda me desejava.

— Isso é um absurdo! Se você vai começar com isso, é melhor encerrarmos aqui.

— Helena, calma! Desculpe. Eu prometo que vou me controlar.

— Ok. Por favor, eu espero que sim.

— Tudo bem. Mas me promete que irá hoje?

— Eu vou.

E nos despedimos. No caminho para casa, comecei a rever todos os acontecimentos desse encontro estranho. A carta! Ele me disse para ler quando estivesse sozinha. Cheguei em casa com o coração apertado. Luís e Lilica fizeram uma grande festa quando entrei pelo portão. Eu normalmente não atendo às segundas-feiras, é meu dia de folga.

Pedro ligou cedo avisando que iam passar o dia em Salvador e provavelmente dormiriam por lá. Após fazer um café, sentei-me com minha xícara e uns biscoitos na varanda. Ver Luís e Lilica brincando no jardim era uma das minhas principais terapias. Peguei a carta de Marcus, ansiosa para saber o que ele queria tanto me dizer.

"Minha princesa,

eu nunca fui bom com as palavras, nunca fui bom em quase nada, na verdade, e um dos meus maiores arrependimentos foi não ter sido bom para você.

Eu estava no escuro, estava perdido e desesperado por ter perdido a única coisa boa que eu já tive nesta vida, você!

Sem pensar, comprei um coquetel de remédios. Eu ia dar um fim a isso ontem, porque eu jurava que você me abandonaria e não iria na consulta do terapeuta comigo, afinal, por que ajudaria o homem que te machucou tanto? Não fazia sentido algum me ajudar, mas você apareceu. Como um anjo em minha vida, você estava lá, linda, com seu cabelo cacheado e seu sorriso que acalma minha alma confusa e turbulenta.

E ainda, se não fosse o bastante olhar em meus olhos com ternura e amor, você me permitiu tocá-la e possuí-la mais uma vez, e com tanta intensidade. Eu me senti na obrigação de fazer o mínimo, dar-me a oportunidade de me curar. Não por mim, mas por você. Porque você, Lena, você me merece por inteiro, mesmo que seja apenas como um grande amigo um dia.

Eu decidi continuar o tratamento para vencer os fantasmas do meu passado por você. E hoje escrevo esta carta não para te pedir para voltar, mas para te pedir para ser feliz, porque você merece ser imensamente feliz.

Eu te amo, minha princesa, de todas as formas possíveis. Obrigado por não desistir de mim. Eu nunca vou me esquecer da mulher que me trouxe à vida novamente, da mulher mais maravilhosa, única e incrível que eu já conheci!".

Lágrimas escorreram dos meus olhos, não consegui evitar. Eu não sabia que Marcus estava tão fragilizado naquela época a ponto de quase se matar, muito menos sabia que ir com ele ao terapeuta tinha sido tão importante.

Lendo essas palavras eu entendi o que ele sentiu por todos esses anos e porque esse sentimento que nos une precisa ser ressignificado em um amor puro e leve. A questão era: como fazer isso? A atração entre nós continuava intensa e ele ainda me fazia sentir coisas difíceis de ignorar, o que eu teria que fazer no jantar com a família dele mais tarde.

Por falar em jantar, precisava me arrumar e encarar isso logo de uma vez.

Coloquei uma calça jeans e uma camisa de linho azul. Não queria ficar muito provocante e nem dar a ele nenhuma abertura. Prendi o cabelo em um rabo de cavalo, passei um batom rosa-claro e pronto, segui em direção ao endereço que Marcus havia enviado.

Quando o Uber chegou, vi que era um hotel. "Ele deve estar hospedado aqui com a família". Enviei uma mensagem para ele quando cheguei, o que foi desnecessário, porque ele já estava me esperando na recepção do hotel. Só de ver aquele homem meu coração já pulava na boca e eu sentia um calor forte entre as pernas. Ele estava lindo, com uma camisa branca de botão, uma calça jeans e mesmo olhar intenso.

— Oi, Lena! Que bom que veio. Vamos subir.

— Oi? Não íamos jantar?

— Sim, encomendei para nós. Venha.

Segui-o para o elevador. Ficamos em silêncio até chegar no último andar do hotel.

— Sua esposa está aqui?

— Venha.

Nunca gostei de quando ele fica tão misterioso. Meu coração começou a ficar apertado, sentia cheiro de coisa errada.

Ele me conduziu até a suíte 1505, um quarto enorme e, para minha surpresa...

— Cadê sua família, Marcus?

— Lena, me desculpe, mas eu precisava ficar sozinho com você.

— O quê? Vou embora agora mesmo.

— Espere! Eu não vou encostar em você, eu juro!

— Não é o que parece. Está parecendo uma armadilha e eu caí feito um patinho.

— Você leu a carta?

— Como é? Marcus, eu vou embora agora.

— Você leu? — ele perguntou, fechando e bloqueando a porta com o corpo para eu não conseguir sair. Uma sensação de pânico e de expectativa me dominou. "Que merda ele quer comigo?".

— Eu li.

— Então?

— O que quer que eu diga, Marcus?

— Quero resolver as coisas entre nós, Lena! — ele respondeu, aproximando-se cada vez mais. Aquele corpo forte e musculoso estava tão perto que podia sentir seu calor e seu cheiro delicioso, que ainda me enfraqueciam os sentidos.

— Marcus, está tudo resolvido.

— Não, não está!

E ele me pegou nos braços, carregando-me até a cama. Antes que eu pudesse raciocinar, ele me jogou na cama e começou a me beijar insanamente, passando as mãos pelo meu corpo, que ficava cada vez mais em chamas a cada toque. Que ódio de o meu corpo ainda responder a ele. "Isso está errado, Helena!".

— Minha princesa, eu não sei como consegui ficar todos esses anos sem seu corpo, sem você!

Ele começou a tirar minha roupa, o que, graças a Deus, fez meu lado racional assumir o controle.

— Marcus, pare!

Mas ele não parava, como já era de se esperar, e ficava mais feroz a cada segundo, pegando-me com força.

— Eu sei que você me quer, Lena! Está toda molhada, olha.

Ele colocou a mão dentro da minha calça e, lógico, ele não estava errado, eu estava mesmo muito excitada. Ele continuou fazendo movimentos deliciosos com os dedos, que me fizeram gemer alto, o que o deixou ainda mais insaciável e incontrolável, e eu totalmente sem controle sobre o meu corpo.

Marcus tirou minha calça e me beijou forte no pescoço, nos seios, e foi descendo até chegar na minha virilha, e continuou. Ele beijava intensamente e me penetrava com os dedos ao mesmo tempo, como só ele sabe fazer. Meu cérebro não conseguia mais raciocinar. Apertei forte o lençol, erguendo um pouco as costas, e senti uma forte onda de prazer, até que eu gozei.

— Isso, agora você é minha!

Sem que eu pudesse me recuperar, ele subiu e meteu com força, várias e várias vezes, até me fazer chegar ao meu limite, o que o fez gemer e meter ainda mais forte, e eu ficar completamente entregue. Senti o corpo dele enrijecer, e com os olhos negros e latentes de desejo, ele também gozou, olhando-me fundo nos olhos.

— Princesa, você é minha! Toda minha!

Essa frase e aqueles olhos negros me fizeram voltar à realidade e um misto de decepção, raiva e culpa me dominou. Eu o empurrei para o lado e me levantei nervosa.

— Mas que merda, Marcus! Não, não e não!

— Lena, o que foi?

— Você é casado, tem filhos e nós nunca devíamos ter feito isso. Mas que droga! Que merda! — falei pegando minhas roupas no chão com tanta raiva que nem vi ele se aproximar.

Ele me segurou pelos braços, de forma gentil, nem de longe lembrando o Marcus de poucos minutos antes.

— Lena, a culpa é minha!

Eu olhei para ele e só então percebi seu olhar de aflição e algumas lágrimas.

— Eu cedi a você. Sempre deixo isso acontecer. Somos duplamente culpados aqui.

— Não, só eu tenho culpa. Te trouxe aqui para que pudéssemos conversar. Eu realmente queria que você entendesse como foi importante para mim, queria resolver as coisas. Mas eu não resisti e me entreguei ao desejo e à paixão que sinto por você. Por favor, não quero que isso atrapalhe você me perdoar!

Ele estava aflito, andando de um lado para o outro do quarto totalmente nu, passando as mãos pelo cabelo.

Não pude deixar de sentir compaixão por ele. Marcus parecia mesmo estar lutando contra esse sentimento.

— Marcus, venha. Sente aqui comigo — chamei-o para se sentar na cama comigo, cobrindo-me com o lençol.

— Lena, eu sou um cretino. Sempre estrago tudo com você. Me perdoa, por favor! — ele falou, olhando para baixo, envergonhado.

— Marcus, olhe para mim. Vamos conversar, tudo bem?

Ele me olhou, com os olhos cheios de lágrimas e desespero.

— Eu também me deixei levar pelo desejo, ok? Mas isso não pode mais acontecer.

— Eu sei.

— Marcus? — disse, olhando dentro dos olhos dele. Eu precisava deixar claro o que sentia e colocar um ponto final nessa história que me consumiu por anos.

— Eu não sabia o que estava acontecendo com você naquela época. Eu quis apoiar você por um único motivo.

— Qual?

— Eu amo você, um amor meio doido, mas amo muito! E mesmo depois de toda dor eu continuei te amando. Você foi e ainda é muito importante para mim. Você me ensinou tantas coisas: como escolher um bom vinho, ser uma excelente profissional, a me permitir viver intensamente, a conhecer lugares dentro e fora do meu corpo que eu sequer imaginava, o que é paixão, entrega...

Ele sorriu e eu peguei suas mãos, ainda fitando dentro de seus olhos.

— Você faz parte da mulher que sou hoje e eu agradeço você por tudo. Eu amo você e jamais o esquecerei.

— Então eu me separo hoje mesmo.

— Não!

— Como assim, Lena? Você me ama e eu te amo. Você também se separa e vamos viver juntos.

— Marcus, é justamente por eu te amar tanto assim que eu preciso deixar você ir. E se você também me ama, também precisa me deixar livre.

Ele se afastou, confuso.

— Mas eu não entendo!

— Marcus, temos uma história, um passado. Você fica possessivo comigo e isso desperta o seu lado ruim.

— Eu nunca vou machucar você de novo. Eu prometo.

— Você sabe que não é assim que funciona. Hoje mesmo eu pedi para você parar e você não parou. Você parece que fica cego e surdo comigo.

Ele se calou e parecia pensar no que eu disse.

— Você está certa. Eu fico mesmo assim quando estou perto de você.

— Pois é. Esse sentimento ativa seu pior lado. Você fica agressivo.

— Mas, minha princesa! Eu te amo demais. Sou completamente louco por você.

— Marcus, nosso momento passou. Precisamos seguir nossas vidas. Já parou para pensar nos seus filhos e na sua esposa?

Ele afundou a cabeça nas mãos e, angustiado, deu um soco na cama que me assustou.

— Droga! Eu sou um merda mesmo.

Ele me olhou profundamente e me pegou pelos braços, apertando-os com força, o que chegou a me machucar.

— Eu não consigo ficar sem você e você vai ser minha.

Ele me jogou na cama e voltou a me beijar, mas agora aquela velha sensação de pânico voltou, pois ele estava agressivo e desesperado. "Preciso trazê-lo a si, mas como?".

— Marcus, você está me machucando. Eu não quero!

— Você quer sim e eu não vou te soltar!

"Droga, tudo de novo não! Parece que sempre voltamos a esse ponto". Com toda a minha força, usando os golpes que aprendi na aula de defesa pessoal, empurrei-o para longe e pulei da cama.

— Eu mandei você me soltar!

Ele se aproximou, mas parou antes de chegar em mim.

— Lena... Nossa! O que acontece comigo quando estou com você?

— É o que eu estou falando. Você precisa me deixar ir.

Ele me olhou assustado e procurou suas roupas no chão.

— Isso! Chega! Não vou mais procurar você. Isso acaba aqui. Não vou virar aquele monstro de novo. E se o único jeito de te amar e te proteger é ficando longe, que assim seja.

Ele se vestiu e me entregou minhas roupas. Vesti-as rápido, antes que ele voltasse a ficar agressivo. Quando estava com a mão na maçaneta da porta, ele me puxou e me abraçou forte.

— Minha princesa, eu nunca mais vou machucar você. Eu te amo demais e você é a única razão para eu continuar tentando ser uma boa pessoa. Eu não posso ver você, mas, por favor, deixe-me estar aqui por você.

Ele estava aos prantos, eu nunca o tinha visto chorar assim, e parecia ser sincero.

— Tudo bem. Agora me deixe ir.

Ele me soltou e eu rapidamente chamei o Uber e saí o mais rápido possível dali.

Em casa, no banho, eu me lavei, tentando tirar não só o suor e o cheiro do Marcus, mas tentando me livrar de todo sentimento de desejo que ainda sentia por ele. Dessa vez, eu me sentia mais leve. Dizer o que eu sentia, assumir para mim mesma e para ele me tirou um peso das costas. Acho que, finalmente, essa história foi encerrada.

No dia seguinte me preparei para ir ao consultório. Graças a Deus tinha sessão com a Cláudia. Precisava contar o que tinha acontecido com Marcus para alguém que ia me entender.

Pedro e a família decidiram ficar mais um dia em Salvador. Marcus não ligou nem mandou mensagem. Mesmo que a nossa história tenha acabado, ainda me preocupava com ele. Só queria que ele ficasse bem, que encontrasse a felicidade e a paz.

Com esses pensamentos cheguei ao consultório. Minha primeira cliente era às 9h, então cheguei às 8h30h.

— Oi, Lena! Como foi seu dia de folga?

— Oi, Lê. Foi ótimo. Resolvi algumas coisas na rua. E você?

— Eu atendi normalmente ontem. Deixei a agenda livre amanhã para levar Luan e Susy no parque. Pedro pediu para ter um dia no paraíso com Ramon. Não é fofo?

— Aqueles dois pombinhos... Quem diria que Pedro ia se realizar tanto no casamento, né?

— Verdade. Ele corria de namoros na faculdade.

— Mas era diferente naquela época. Ele estava confuso com a sexualidade, como você sabe.

— Pois é... Vocês me esconderam isso muito bem — Lê falou fazendo beicinho de brava.

— Cláudia já chegou?

— Lena, eu acho que ela já está atendendo, viu.

— Beleza. Depois vou lá. Bom dia, Lê. Vou me preparar para a primeira cliente do dia.

— Vamos almoçar juntas? Só as garotas?

— Claro! Às 13h?

— Fechado!

O dia foi tranquilo e o trabalho me fez esquecer o encontro com Marcus.

— Lena! Tô com fome!!!

— Já?

— São 13h. Vamos? Minha barriga tá roncando — Lê falou aparecendo na minha porta logo após a cliente das 11h sair.

— Vamos! Chamou a Cláudia?

— Ela já está pronta. Só foi no banheiro.

Todas prontas, saímos as três em direção ao shopping que ficava bem perto do consultório.

— Eu vou de mexicana hoje. E vocês? — disse Lê, indo para o restaurante mexicano famoso do shopping.

— Eu quero uma boa massa!

— Vou te acompanhar, Cláudia. A gente se encontra na praça de alimentação, Lê.

Precisava ficar um tempo sozinha com a Cláudia.

— Eu sei que quer me falar algo, Lena. Está ansiosa.

— Estou mesmo. Eu vi o Marcus ontem.

— Marcus? Aquele Marcus?

— Esse mesmo.

— E?

— Ele me chamou para jantar com a família, mas era uma grande cilada e...

— Transou com ele?

— Credo. Você me conhece bem demais.

— A atração física entre vocês é algo quase impossível de resistir pelo que me disse. Depois de tudo que ele fez, você ainda se entregou para ele no dia do terapeuta, lembra?

— Fiz merda... Como sempre faço com ele, Cláudia.

— Hoje temos nossa sessão às 17h. Vamos falar mais sobre isso, combinado? Lê não sabe nada, certo?

— Certo. Eu não quero ser julgada, sabe?

— Sei bem. Vamos conversar bastante sobre isso hoje, mas me parece, pela sua expressão, que as coisas foram um pouco diferentes agora.

— É, foram mesmo.

Nossos pratos chegaram e nos sentamos para almoçar.

O resto do dia passou rápido e logo chegou 17h, horário da minha sessão com Cláudia, na qual, finalmente, vou entender o que aconteceu.

— Vamos lá, Lena. Me conta tudo.

Eu contei todos os detalhes para Cláudia: o encontro na praia, no shopping e à noite, na suíte.

— Ok, vamos lá. Pelo que eu entendi, ele realmente não armou tudo isso.

— Você acha?

— Bom, parece que ele achou que ia conseguir ter uma conversa com você, mas, como eu disse no shopping, a atração física de vocês é forte demais e quando ficam juntos isso acaba acontecendo. A questão aqui é, por que você sempre o aceita?

— Fiquei me perguntando isso. Eu deveria odiar, ter nojo, raiva, qualquer coisa, menos desejo por uma pessoa assim, né?

— E o que você sente?

— Quando ele me toca?

— Antes disso. O que você sente quando pensa nele?

Parei alguns minutos para pensar e em meu coração só havia um sentimento em relação a ele.

— Eu quero que ele seja feliz, que ele se torne uma boa pessoa. Eu me preocupo com ele, sabe? Quero muito que ele encontre a paz e a felicidade.

— Isso é amor, Lena! Você sente amor por ele. Um pouco distorcido talvez e misturado pela energia sexual dominante dele, mas é isso que você sente.

— Acho que você está certa. Eu o amo, mas é diferente do amor que sinto por Pedro e Ric. Com eles eu não me sinto, como posso dizer, excitada assim.

— Sim, eu sei. Porque Pedro e Ric são amores fraternais para você e Marcus ainda é um amor, digamos, sexual.

— Como mudo isso?

— Talvez nem mude, Lena. Ele é um homem dominante. O ruim é que ele não sabe muito usar essa dominância e tende para a agressividade e para a possessividade, o que Pedro e Ric não tinham.

— Não mesmo.

— Só que de alguma forma essa dominância te atrai, o que é comum, pois a maioria das mulheres gosta de um homem dominante porque eles passam a ideia de provedor e protetor. Mas como eu disse, a dominância dele vira agressividade e possessividade.

— E o que eu faço?

— Vou ser muito sincera, falando até mais como sua amiga do que como sua terapeuta. Você precisa se afastar dele. Não é seguro. Enquanto esse sentimento não for ressignificado, você pode ceder a ele novamente.

— Você fala ressignificar essa atração?

— Falo mais sobre esse domínio que ele tem sobre você. Eu sei que você já conseguiu um pouco, mas enquanto ainda se sentir excitada por ele e deixá-lo te dominar, precisa manter distância. Até agora você não conheceu nenhum homem dominante na medida certa. Isso também dificulta você entender o que é bom e o que não é, entende?

— Como assim?

— Todo homem dominante na sua vida foi agressivo com você, por isso acaba sendo "comum, natural". Infelizmente, seu primeiro contato com a sexualidade foi agressivo, por isso essa memória te remete a isso, inconscientemente.

— Nossa! Meu Deus! Não quero isso, Cláudia!

— Vou te sugerir uma coisa, mas você precisa ter mente aberta. Já fez uma massagem tântrica?

— Uma o quê?

— É uma massagem que vai te mostrar como o toque pode ser sutil, suave. E tem vários outros benefícios, como melhora do sono, do orgasmo, e também nesse destrave emocional. Tem uma amiga que possui um espaço especializado nessa técnica. Tenho certeza de que será maravilhoso para você.

— Eles vão pegar lá? — perguntei, apontando para minha região pélvica — esse assunto ainda é um pouco delicado para mim.

— Sim, mas relaxa, são profissionais nisso. E eu indico você começar com uma terapeuta mulher, mas depois seria bom um homem. Quero que você sinta que o toque masculino pode ser sutil e te dar muito prazer ao mesmo tempo.

Acho que fiquei bem vermelha nessa hora. Ok... Olhar-me nua, usar vibrador, tocar-me, até aí tudo bem, agora ter outra pessoa que não é nada minha me tocando, sei lá...

— Lena, só tenha mente aberta e marque uma sessão experimental com ela. Fale que fui eu que indiquei e de todos os seus medos e travas, tudo bem?

— Tá bom... Se você está mandando, eu vou.

— Isso, gosto assim. Depois me conta — ela falou, entregando-me o cartão da amiga terapeuta tântrica, Cida.

Joguei o cartão na bolsa e fui para casa. Ao chegar, meus bebês pularam e me encheram de alegria, distraindo-me um pouco dos últimos acontecimentos.

Preparei um jantar leve: bife de frango grelhado e salada. Peguei minha taça de vinho tinto e me preparei para ver um bom filme, mas meu telefone tocou. Meu coração gelou só de olhar a tela. Era Marcus. Fiquei um tempo olhando o nome dele no visor do celular sem saber o que fazer. "Helena, pare com isso e atenda logo esse telefone. Ele pode te achar, te perseguir, melhor atender!".

— Marcus?

— Lena, oi! Que bom que atendeu!

— Como você está?

— Melhor, graças a você. Estou voltando hoje para casa.

— Que ótimo! Boa viagem de volta.

— Obrigado. Mas não foi só por isso que liguei.

— E por que ligou?

— Eu segui seu conselho, contei para minha esposa sobre nossa história, agora de verdade.

— Contou tudo?

— Sim, inclusive nosso último encontro.

— Meu Deus!

— Calma. Ela entendeu e disse que vai me ajudar a continuar meu tratamento. Eu nunca fui agressivo com ela. É estranho demais eu ainda ser assim com você mesmo depois de tantas sessões. Preciso me curar disso, Lena, porque você me merece bem. Quando te ver de novo, quero respeitar você e ser o melhor amigo que poderia ter.

Uau! Que reviravolta! Tem hora que acho que vivo em uma novela mexicana, sério. Essa mulher é um anjo! Lembre-me de agradecê-la pessoalmente.

— Ela te ama muito mesmo. Fico feliz por isso.

— Quero ser um homem diferente por você, Lena. E quero ser um bom exemplo para meus filhos. Eu não vou ser como meu pai.

— Parabéns por isso, Marcus! Eu fico muito feliz em ouvir isso, de verdade! Eu quero que você seja feliz.

— Me promete só uma coisa?

— Claro. O quê?

— Não deixe nenhum homem machucar você como eu fiz um dia? Se isso acontecer, me liga que eu vou de onde estiver acabar com o desgraçado.

— Tá bom, senhor!

Ele sorriu do outro lado da linha.

— Obrigado por tudo mesmo, Lena. Eu não sei se algum dia vou conseguir compensar você por tudo que fez por mim, mas saiba que você é muito importante para mim e é uma das pessoas mais maravilhosas que já conheci.

— Obrigada, Marcus. E você não me deve nada, é sério.

— Devo sim, mas... Enfim! Preciso ir. Minha família acabou de voltar do lanche para seguirmos viagem.

— Tá ótimo. Agradeça sua esposa e, por favor, fala que eu peço perdão por tudo.

— Você não tem que pedir perdão nenhum. Um beijo, minha eterna princesa. E ainda vamos nos ver quando eu estiver bem. Prometo!

— Sucesso e seja feliz, viu!

— Você também!

Ele desligou e eu fiquei ali, sorrindo de felicidade. Sem pensar, enviei uma mensagem de áudio para Cláudia contando tudo. Ela não demorou a responder.

'Que incrível isso, Lena! Viu? Você ter se posicionado mudou tudo'.

'Não estou acreditando que essa história acabou!'.

'Ou, pelo menos está mais perto disso. Ele disse que ainda vai te ver quando estiver bem'.

'É, mas ele está feliz com a família. Sério, se eu ver essa mulher dou um beijo nela'.

'Ela é uma santa mesmo. Deve amá-lo muito ou está fazendo isso pela família'.

'É, pode ser'.

'Bom, aproveita e marca sua massagem amanhã e se livra disso logo'.

'Affff... Tinha que me lembrar disso?'.

'Claro! Quero seu bem. E você vai me agradecer depois'.

'Tá bom, Boa noite!'.

'Tchau, Lena. Descansa!'.

A semana acabou rápido demais e Pedro foi embora na segunda-feira. Passamos o fim de semana inteiro juntos para matar bastante a saudade. Terça-feira chegou, dia da minha massagem tântrica, e eu estava muito aflita. Eu não sabia como agir nesse negócio. Pensei em desistir várias vezes, mas tudo que Cláudia me passou trouxe resultado e me ajudou muito, então precisava ao menos tentar.

Chegando lá, às 14h em ponto, eu já me surpreendi com o lugar. Era uma casa, com um enorme quintal, cheio de flores e uma grama muito bem cuidada. Fui recebida por uma senhora, de cabelo branco liso e olhos amorosos.

— Oi! Sou Lauriana. Seja muito bem-vinda!

— Obrigada. Eu tenho uma sessão de massagem.

Ela pegou meu nome e consultou no computador.

— Perfeito! É sua primeira vez?

— Sim. E preciso ser sincera. Estou bem nervosa e cheia de dúvidas.

Ela sorriu, compreensiva.

— Claro. É algo novo para você. Você será atendida pela nossa terapeuta Mônica. Pode ir direto no corredor, é a última sala à esquerda.

Segui as orientações, não deixando de observar o local. Era uma casa muito bem decorada, com as paredes pintadas cada uma com uma flor mais linda do que a outra. No corredor, várias portas fechadas, e não escutei nenhum som atrás das portas.

Cheguei à sala indicada pela recepcionista e fui recebida pela Mônica, uma mulher muito simpática, de estatura baixa como eu, cabelo castanho curto na altura das orelhas e um belo olhar caramelo.

— Oi, Helena. Estava te esperando. Venha comigo.

Ela me recebeu na porta com um lindo e convidativo sorriso e me levou para dentro do cômodo. Havia uma mesa pequena com um computador e, mais ao fundo, uma maca, mas não como as de hospital; era mais viva. Era tudo bem colorido, a maca era na cor laranja e a decoração mesclava as cores laranja, verde e branco de forma tão leve e sútil que dava vontade de ficar ali.

— Sente-se. Vou te explicar todo o processo já que é a sua primeira vez.

— Ai, que bom. Estou mesmo bem nervosa e com um pouco de vergonha — falei, sorrindo timidamente para Mônica, que assentiu com a cabeça.

— Primeiro, quero que saiba que está em um ambiente totalmente seguro e limpo. Eu sou apenas o canal das energias. Não há penetração, não há sexo propriamente tido. O que fazemos é ativar certos pontos em seu corpo (canais sensoriais) para que você possa sentir. O objetivo é realmente excitar o sensorial do seu corpo inteiro e isso promove uma nova compreensão do que é prazer.

— Acho que entendi. Então é uma forma de eu, digamos, "ressignificar" o sexo? É isso?

— Sim e não. Tudo depende de você se permitir viver essa experiência. O mais importante aqui é se entregar e se permitir conhecer todo o seu corpo como a máquina perfeita que ele é.

— Perfeito. E se eu travar? É que eu já sofri abuso e tenho medo dessa "experiência" ativar alguma lembrança.

— É pouco provável ativar alguma memória dolorosa, porque um dos objetivos da massagem é trabalhar o trauma, mas se sentir qualquer desconforto, você me fala e eu paro na hora. Na primeira sessão não há toque na sua região genital, assim você vai se acostumando aos poucos com o processo.

— Melhor. Fico mais calma.

— Ótimo! Vamos lá? No banheiro, tire toda a sua roupa. Pode ficar com as roupas íntimas hoje se te deixar mais calma. Tem um roupão limpo no cesto rosa.

Fui ao banheiro indicado por Mônica e me despi, ficando com minhas roupas íntimas. Senti-me mais segura assim. Coloquei o roupão e saí do banheiro.

— Deite-se aqui, Helena, de barriga para cima — ela falou, mostrando a maca. Eu me deitei bem ansiosa.

— Vou começar com você ainda de roupão. Quando se sentir pronta, você o tira, tudo bem?

— Tudo bem.

E ela começou massageando meu pescoço. Eu não sei dizer em palavras as sensações que tive durante todo o processo.

A massagem durou cerca de 30 minutos e foi simplesmente transformadora. Eu senti muito prazer em regiões que eu sequer imaginava, como braços, coxas e pés. Foi sensacional. Tive orgasmos intensos só com o toque, e, detalhe, ela nem tocou minha região pélvica. Foi deliciosamente incrível.

Eu saí tão leve da sessão que, lógico, virei cliente fixa e comecei a ir uma vez por mês, sempre avançando mais um pouco, até que consegui, finalmente, trabalhar ainda mais minha relação com a sexualidade.

Passei a enxergar a potência dessa energia e sei o quanto é possível vivê-la sem vulgarização, dor e exageros. A energia sexual, quando bem canalizada, pode te auxiliar a criar. Isso mesmo, afinal, é uma energia criadora, que gera vida.

Nem preciso dizer como minhas vidas profissional e financeira melhoraram depois de todo esse processo de transformação e autoconhecimento.

Já se passaram seis meses desde que comecei a trabalhar mais profundamente essa questão. Marcus já não me causa mais aquele frenesi, tesão ou sei lá o nome que tinha aquilo. Lembro-me dele com carinho e gratidão, e não tive mais notícias dele desde aquele último dia em que nos despedimos.

Aprendi muita coisa nesse tempo em que vivi sozinha, principalmente que o amor precisa nascer primeiro em nós, caso contrário, aceitamos qualquer coisa que nos remeta a ele, o que só causa mais dor. E aprendi, também, que enquanto não nos amarmos por completo, enquanto não ficarmos bem com nós mesmos, qualquer relação será sempre insuficiente.

CAPÍTULO 16

Quando você é a pessoa que deseja ter, tudo flui

Sexta-feira chegou e era meu aniversário de 36 anos. Sim, isso mesmo, a vida passa e os anos também. Decidi fazer uma noite das garotas. Eu, Letícia e Cláudia fomos ao pub local, muito aconchegante e charmoso. Ia ter as bandas cover do Queen e do Legião Urbana, que eu amo de paixão. Eu nunca me senti tão feliz, tão livre. Finalmente, descobri o verdadeiro significado de paz.

Paz, para mim, é quando você está tão bem consigo mesma, é estar tão satisfeita e feliz com sua própria companhia, que uma tarde na varanda, um dia na praia, ou apenas um café da manhã, se tornam momentos únicos e especiais. A paz, na verdade, nasce dentro de nós, na conexão com nossa verdade e essência.

Fui para o consultório cedo, pois tinha algumas clientes lá. Coloquei meu vestido amarelo com flores brancas longo que amo, soltei meus cachos, brincos e pronto.

— Uau! Que mulher mais radiante, gente! Me conta a fórmula de envelhecer como vinho, Lena, e ficar cada vez mais gostosa! — a Lê falou, abraçando-me e dando aquela risada sapeca que só ela tem.

— Hoje consegui o vale night com o Lucas, hein! Quero tequila e muita dança!

— É isso aí, garota! E o Luan?

— Lucas vai cuidar dele. Vão fazer a noite dos garotos.

— Que divertido! Meu marido vai sair com os amigos também — disse Cláudia, aproximando-se alegremente.

— É isso aí! Vamos nos divertir. Nos encontramos lá às 21h.

O dia foi tranquilo. Eu realmente amo meu trabalho, nem sinto que estou trabalhando. Cheguei em casa por volta das 17h e aproveitei para cuidar e curtir os cães. Comecei a me arrumar por volta das 19h. Um bom banho sempre renova as minhas energias. Decidi usar meu vestido azul-marinho com detalhes rosa-claro, um pouco acima dos joelhos e justo na cintura, com a saia um pouco rodada. Amo esse vestido, ele me faz me sentir ainda mais feminina e linda. Para completar, brincos, batom, bolsa e pronto. Chamei um Uber e fui para o pub.

Chegando, logo vi Lê e Cláudia.

— Demorou, hein, aniversariante! Já pedi seu mojito.

— Boa, Lê! O que vamos comer? Tô faminta.

— Que tal costela com mandioca na manteiga?

— Hum... Boa pedida! Eu já quero!

E fazemos nossos pedidos para o garçom.

A noite seguia divertida, a primeira banda, cover do Legião Urbana, começou a tocar.

— Vamos lá perto do palco?

— Partiu!

Fomos as três para a pista de dança perto do palco. Estavam tocando *Tempo Perdido* e eu amo essa música. Estávamos as três dançando e cantando quando senti aquela velha sensação de estar sendo observada. Olhei para o balcão do bar próximo ao palco e vi um homem alto, de cabelo liso castanho, calça jeans e uma camisa preta. Estava escuro e eu não consegui ver bem seu rosto, mas algo me chamava para ele.

Enquanto eu tentava decifrar o "homem misterioso", três homens se aproximaram de nós e começaram a dançar próximo.

— Vocês são bem animadas, hein?

— Sim. E bem comprometidas também. Menos a Lena, aqui — Letícia falou, quase me jogando no colo do rapaz, que aparentava ter uns 29 anos no máximo.

Fiz uma cara séria para Letícia, que me ignorou por completo.

— Tudo bem. Só queremos curtir a música — falou o outro rapaz para Letícia.

— Lena é seu nome, certo?

— É Helena, na verdade.

— Muito prazer. Sou Michael — ele disse, dando-me a mão em cumprimento e me devorando com os olhos, praticamente me enxergando apenas como um pedaço de carne. De canto de olho vi que o homem misterioso do bar observava com atenção. "Por que estou tão interessada em alguém que mal consigo enxergar?".

Michael era um jovem bonito. Moreno, de cabeça raspada e corpo atlético. Talvez no passado eu até me interessaria, mas no momento estava correndo disso.

— Então está solteira? Você é muito gata.

Acho que revirei os olhos nessa hora, detesto essas cantadas idiotas. Não estava em busca de uma transa ou um relacionamento vazio e superficial. Preferia ficar sozinha a isso.

— Michael, preciso ser sincera. Eu não quero nada com você, então aproveite que tem várias garotas de olho em você bem ali — falei, apontando para um grupo de jovens que não tiravam os olhos dos rapazes. Eu não tinha nem percebido que Letícia e Cláudia tinham voltado para a mesa, deixando-me sozinha com ele. "Obrigada, amigas!".

— Calma, gata! Você nem me conhece. Que tal a gente conversar um pouco?

— Olha, eu realmente não estou interessada.

— Hum... Quer ir direto ao ponto, é?

Eu me virei para sair de perto e ele segurou meu braço com força.

— Você não vai me deixar aqui assim, sem nada. Eu sei que quer foder comigo e ficar se fazendo de difícil só me deixa mais excitado ainda. Sem joguinhos, beleza?

— O quê? Está maluco mesmo. Eu disse que NÃO QUERO NADA COM VOCÊ! Me larga agora!

Antes que eu pudesse dar um bom soco na cara dele, um homem surgiu do nada e o segurou no ombro.

— Solta ela agora!

— Fica na sua, cara. Ela é minha gata.

— Eu não sou nada sua.

O homem, alto, com uma presença dominante, entrou na minha frente, bloqueando com seu corpo forte qualquer contato que Michael tentasse ter.

— Eu mandei sair agora.

Michael olhou assustado e saiu, não faço ideia do porquê.

— Obrigada.

Ele se virou e eu vi que era o homem misterioso do bar. Ele era simplesmente um espetáculo de perto: pele bronzeada, olhos castanhos e cabelo um pouco ondulado da mesma cor, com alguns fios brancos. Seus lábios eram convidativos e davam muita vontade de beijar, tinha queixo largo e um olhar eletrizante e intenso. Era o mesmo homem de calça jeans e blusa preta do bar, que só então percebi que marcava cada detalhe do seu corpo. Ele devia ser muito gostoso por baixo daquela roupa.

— Imagina. Esses abestalhados precisam aprender a respeitar uma mulher. Peço desculpas por ele. Você está bem?

Eu não consegui escutar muito bem. Fiquei perdida em seu olhar, em sua voz grossa e rouca que arrepiou cada fio do meu corpo, em seus lábios e em seu cheiro almiscarado. Senti todo meu corpo desejar aquele homem que eu sequer conhecia.

— Moça?

— Oi, Hã... Claro! Estou bem, obrigada!

— Lena, o que houve?

— Aquele palhaço tentou me agarrar, mas ele...

Quando me virei para apresentar meu salvador para minhas amigas, ele tinha sumido.

— Uai! Ele estava aqui agora!

— Ele quem?

— O homem que tirou Michael daqui.

— Um gato alto de blusa preta?

— Esse mesmo, Cláudia! Você o viu, né? Não estou ficando doida!

Ela deu uma boa risada.

— Vi sim. Ele saiu assim que chegamos aqui.

— Uma pena, porque era um pedaço de homem. Dava para você, Lena! Tenho a sensação de que eu já vi aquele rosto.

— Affff, Lê! Por favor, nunca mais tente me arranjar alguém.

— Não faz bem ficar tanto tempo solteira. Vai dar teia aí embaixo, viu?

— Deixa ela, Lê. Lena está super bem e feliz. Vai aparecer a pessoa certa na hora certa.

— Isso. Mas é uma pena. Nem perguntei o nome dele — falei, ainda procurando o "homem misterioso" com os olhos.

— Coisa estranha... Enfim. Estou cansada. Vamos encerrar por hoje, meninas?

— Vamos. Estou ficando velha para baladas.

— Cláudia e sua velhice precoce! — falei sorrindo e abraçando minhas amigas. Pagamos a conta e fomos embora, e nenhum sinal do homem que me salvou nessa noite.

E essa foi a primeira noite em que tive um sonho erótico com um completo desconhecido. Ele estava sobre mim, beijando cada centímetro do meu corpo com desejo quase insaciável. Aquelas mãos grandes me acariciavam, levando-me ao máximo do meu prazer. Ele tocava meu corpo do jeito certo, com delicadeza e intensidade, e eu estava totalmente delirando de prazer e entregue a ele.

Acordei assustada e toda molhada, com muito tesão, e fiquei bem decepcionada quando vi que era só um sonho e que aquele homem não estava ali.

— Droga! Eu nunca mais vou vê-lo de novo.

Levantei e tomei um banho para me acalmar.

Sábado chegou cedo demais, quase não consegui dormir pensando no "homem misterioso". Como podia desejar tanto alguém que sequer sabia quem era? Isso é loucura. Bem, coloquei meu biquíni azul com flores brancas, peguei minha bolsa de praia, meu livro e fui para a praia.

A praia estava um pouco cheia, mas consegui um bom lugar na minha barraca favorita.

— Oi, Sr. João! Como está o movimento hoje?

O Sr. João era um amor de pessoa. Recebeu-me muito bem quando cheguei em Fortaleza. Tinha cerca de 60 anos e já trabalhava há 20 anos nas praias de Fortaleza.

— Está muito bom, minha filha. Quer uma água de coco geladinha? Está doce como você gosta.

— Hum... Você sabe como me agradar.

Já sentada, comecei minha leitura. Adoro ir para a praia e só ficar ali, ouvindo o mar, lendo um bom livro, banhando-me de sol! Nossa! Como isso me faz bem!

— Aqui, minha filha. Seu coco geladinho!

— Você é um anjo, Sr. João.

Ele saiu todo feliz com o elogio.

A manhã passou, eu tentei me concentrar no meu livro, mas toda hora o "homem misterioso" vinha à minha mente. Mas era apenas um sonho, afinal, quais eram as probabilidades de eu esbarrar com ele novamente?

O restante do fim de semana foi tranquilo e passou bem rápido. E a semana começou agitada, com vários clientes e eu quase sem conseguir pensar, o que era bom.

Na quarta-feira acordei cedo como sempre e arrumei Lilica e Luís para nosso passeio na orla da praia. Eles amam passear e ficam super alegres quando pego a guia.

— Vamos, bebês! Hora do passeio!

Caminhamos um pouco e me sentei na areia, enquanto Luís e Lilica brincavam no mar. Nesse momento minha mente ficou vazia de pensamentos, fiquei só observando a alegria desses seres que aprendi a amar. Eles brincavam, corriam um atrás do outro, uma delícia ver.

Luís e Lilica se sentam ao meu lado, pedindo carinho e água fresca.

— Cansaram de correr, né? Aqui, bebam água, amores.

— Eles são lindos!

Uma voz masculina, grossa, rouca e forte, que eu reconheço, só não sabia de onde, surgiu atrás de mim. Virei-me para olhar quem era e lá estava ele, o "homem misterioso".

— Oi, moça do bar!

— O-oiii!

Dei uma gaguejada. Mas, sério, quais eram as chances de eu esbarrar com ele novamente? É preciso dizer que ele estava ainda mais irresistível, parado na minha frente, sem camisa, o que me mostrava com detalhes cada gomo daquele tanquinho delicioso e daqueles braços tatuados e fortes, com uma bermuda, óculos escuros e um sorriso que me fez derreter por completo. Lembrei-me do sonho na hora, ele me pegando, beijando-me... Nossa! "Lena, volta para o planeta Terra, minha filha!".

— Por falar nisso, não nos apresentamos devidamente. Sou Gustavo. É muito bom te ver novamente! — ele falou, sentando-se ao meu lado, tirando os óculos escuros. Então vi que seus olhos ficaram da cor de folha seca à luz do sol, olhos que me transportaram para algum lugar que ainda não sabia onde era.

— Eles gostam de você!

— Sou bom com cães! E a dona deles tem um nome ou vou continuar te chamando de moça do bar?

Esperando a minha resposta, ele me olhou curioso, um olhar divertido e intenso, mesmo com Luís e Lilica pulando nele.

— Ah, desculpe! Me chamo Helena.

Ele me estendeu a mão e nos cumprimentamos, formalizando as apresentações. Quando ele me tocou, todo meu corpo respondeu a ele. Como era possível isso? Tentei me recompor, mantendo-me o mais séria possível. Ainda bem que nós, mulheres, escondemos bem nossa excitação, não é mesmo?

— Desculpe ter saído sem me despedir aquele dia, mas não queria atrapalhar sua diversão com suas amigas.

— Imagina. Não atrapalhou nada. Ainda bem que estava lá.

Ele sorriu, fazendo carinho nos cães, que retribuíam com lambidas e rabinhos abanando.

— Você tem cães?

— Não, infelizmente. Trabalho muito e passo muito tempo fora de casa, mas adoro!

— Entendo. Eles demandam nossa atenção mesmo.

Ele me olhou novamente, mas não consegui decifrar o que seu olhar significou, só sei que me deu calor dentro do peito, algo que eu nunca tinha sentido antes. Era como se eu já o conhecesse.

— Você é daqui? Tem um sotaque diferente.

— Sou mineirinha, mas estou morando aqui há um tempo.

— Adoro Minas Gerais. Eu vim de Recife para cá há alguns anos.

É uma boa hora para tentar arrancar algumas informações do "homem misterioso".

— Ah! Eu vim visitar uma amiga e me apaixonei pela cidade. Veio com a família para cá?

Os olhos dele ficaram diferentes, quase que tristes.

— Vim sozinho na época. Bom, preciso ir. Tenho uma reunião às 10h — ele falou, levantando-se.

— Também preciso ir. Obrigada mais uma vez pelo salvamento no bar.

— Não precisa agradecer. Era o mínimo que eu podia fazer.

— Mesmo assim, obrigada!

Ele deu um sorriso e me olhou diretamente nos olhos.

— Foi muito bom ver você e conhecer vocês!

Ele fez um carinho nos cães e me olhou intensamente antes de seguir seu caminho. É, eu devia ter pegado o telefone dele. Provavelmente, era a última vez que nos víamos.

Algumas semanas se passaram desde a última vez em que vi Gustavo. Os sonhos com ele reduziram e minha vida voltou ao normal. Meu vibrador foi muito útil nos dias dos sonhos mais intensos. Era impressionante como me sentia tão excitada por alguém que mal conhecia. Era diferente da excitação que sentia com Marcus. Não era aquele frenesi louco e insano, era como se meu corpo soubesse que era seguro, forte e que ele... sei lá! Bom, estava há muito tempo solteira e os hormônios da idade não deviam estar ajudando também. É, com certeza era isso.

Eu não tomava anticoncepcional há algum tempo, quando tive aquele encontro com o Marcus e fiquei com receio de uma gravidez, mas graças ao bom Deus nada aconteceu. Resumindo, meu corpo estava limpo de hormônios sintéticos, então acredito que esse fogo podia ser os hormônios. A famosa idade da loba!

Resolvi fazer um jantar romântico para mim: uma massa, um vinho tinto e um bom filme. Adorava fazer isso nas noites de sexta-feira.

Ainda eram 15h quando acabei de atender minha última cliente do dia.

— Ótimo! Agora vou fazer minha aula de yoga.

Antes que eu terminasse de me preparar para a aula, meu telefone tocou. Era um número desconhecido. Normalmente eu não atendo, mas algo me disse que eu devia atender essa ligação.

— Alô!

— Sra. Helena? Terapeuta?

— Isso mesmo.

— Sra. Helena, sou Georgia, responsável pelo RH do Grupo Capanemma, tudo bem?

— Tudo bem e com você, Georgia? Como posso te ajudar?

— Recebemos recomendação do seu trabalho por uma funcionária, Maria de Lourdes Silva. Ela é sua cliente e falou muito bem sobre você.

— Fico muito feliz em saber disso!

— Então, vamos realizar um evento para nossas colaboradoras na próxima semana. O tema é sobre Saúde da Mulher e queremos contratar uma palestra sua sobre inteligência emocional e cuidados com a saúde mental. A Maria de Lourdes contou como você a ajudou com a depressão.

Uau! Quem diria que um dia eu seria convidada para fazer uma palestra em um dos grupos de empresa mais famosos da cidade!

— Claro! Será um enorme prazer contribuir com esse projeto.

— Perfeito! Pode vir ao nosso escritório amanhã, às 8h? Sei que está um pouco em cima da hora, mas gostaríamos de conhecê-la pessoalmente e explicar os detalhes da proposta.

— Posso sim. Qual o endereço?

Anoto os dados e pronto! Estava tudo certo para nosso encontro.

Eu não contei, mas vinha sonhando com essa oportunidade. Eu, em um palco, falando para milhares de mulheres, ajudando-as em seu resgate e cura, assim como eu fiz em minha vida! Nem sei explicar a felicidade que senti em ver outro sonho se tornando realidade.

Mandei uma mensagem de agradecimento para Maria de Lourdes. Ela foi minha cliente por oito meses consecutivos. Quando chegou estava em um quadro depressivo forte, em uma relação abusiva e se afundando em dor e mágoa. Agora ela está sensacional, conseguiu terminar a relação abusiva e está namorando com um homem que a valoriza muito.

Acordei cedo no sábado, como de costume. Sempre gostei de começar meu dia cedo. Fiz minha meditação e meus exercícios matinais, tomei café da manhã e fui me arrumar para a reunião no Grupo Capanemma.

Pelo que sei, o Grupo Capanemma surgiu há cinco anos, com um homem que começou com uma imobiliária local. Com uma ideia inovadora, ele mudou a forma de vender imóveis na região, vendendo sonhos e não apenas casas, atendendo aos clientes de forma personalizada e única. A empresa foi crescendo e tinha, então, vários ramos — alimentício, hotéis, pousadas e lazer. Eu iria ao escritório geral do Grupo, pois é lá que toda a rede era comandada.

— Bom, é uma reunião de negócios, melhor ir mais arrumada, né?

Coloquei uma calça rosa-clara, uma blusa branca e minhas sandálias favoritas de saltos baixos. Abandonei o salto alto há muito tempo. Nunca soube usar aquele troço direito. Meus cachos estavam bem definidos, então só os joguei para o lado. Coloquei meus brincos de tecido do mesmo tom da calça; eles são leves e dão um ar despojado ao visual.

Chamei um Uber e em menos de 15 minutos cheguei ao grande prédio do Grupo Capanemma. É um prédio com cerca de 20 andares, localizado próximo ao centro da cidade. Muito bonito e arborizado na entrada. O piso de mármore destaca ainda mais a elegância do lugar.

Na recepção fui recebida por uma jovem muito simpática.

— Olá! Bom dia! Sou Helena e tenho uma reunião com Georgia dos Recursos Humanos.

— Claro. Vou avisá-la. Aguarde só um instante, por favor.

— Obrigada.

Aguardei alguns instantes e aproveitei para observar os detalhes daquele prédio lindo.

— Sra. Helena, pode entrar. Basta pegar o elevador à esquerda e ir até o 16º andar.

— Obrigada!

Segui conforme orientado pela recepcionista. Como era sábado, o prédio estava meio vazio.

Chegando ao andar, fui recebida por Georgia, uma mulher muito agradável, de pele negra, cabelo cacheado curto, acima das orelhas, e um olhar amoroso. Aparentava ter cerca de 45 anos e logo estendeu a mão para me cumprimentar.

— Helena, é um prazer conhecê-la.

— Obrigada!

— Vamos para minha sala.

Caminhamos até uma sala mais à frente.

— Sente-se. Vamos conversar sobre a proposta.

— Obrigada, Georgia. Eu adorei a ideia.

— Fazemos esse evento há dois anos e nossas colaboradoras amam. O dono da empresa valoriza muito o bem-estar dos nossos profissionais. Atualmente colocamos alguns benefícios como aulas de alongamento, yoga, creche gratuita, entre outras ações.

— Nossa! Que incrível! Todas as empresas deveriam se preocupar com isso. O funcionário satisfeito produz muito melhor.

— Sim, é isso que estamos observando mesmo. Bom, deixa eu te explicar sobre nossa proposta para você.

— Perfeito!

— Esse evento dura uma semana. Intercalamos os horários das atividades para que todos possam participar. Então queremos contratar três palestras suas. Seriam na quarta, na quinta e na sexta-feira. Você irá encerrar o evento.

— Ótimo! E quais os horários?

— Na quarta-feira seria às 8h, na quinta-feira às 14h e na sexta-feira às 15h.

— Deixa só eu confirmar aqui na agenda.

Conferi minha agenda e não tinha clientes nesses horários. Só na quinta-feira, que tinha uma cliente às 15h, mas conseguiria remarcar com facilidade.

— Consigo sim nesses dias. Já tem o tema definido?

— Sim. Os três dias serão o mesmo tema, porque nossas colaboradoras trabalham por turnos e, assim, todas poderão assistir. O tema é "Como ter equilíbrio emocional na vida pessoal e no trabalho".

— Excelente!

— Oferecemos o valor de R$ 1.000 por palestra e a divulgação da sua marca em nossas redes. O evento será filmado e divulgado.

"R$ 1.000 por palestra? São R$ 3.000 para falar sobre algo que eu amo? Meu Deus, manda mais disso!".

— Está perfeito! Fechado!

— Excelente, Helena. Antes de fecharmos o contrato, o dono do grupo quer conversar com você e conhecê-la. Tudo bem?

— Claro.

Georgia me levou até o 19º andar do prédio, em uma sala no final do corredor. Ela bateu na grande porta de madeira maciça antes de abri-la.

— Senhor, trouxe a terapeuta para que possa conhecer como solicitado.

— Podem entrar, por favor. Só um instante.

Entramos na sala. Um homem de terno cinza-escuro estava de costas, falando ao telefone. Ele encerrou a ligação e, para minha surpresa, era ele.

— Helena, esse é o Sr. Gustavo Capanemma, o dono do Grupo.

Ele se levantou e veio em minha direção. Aquele homem misterioso que me salvou no bar é o dono de um dos maiores grupos empresariais da cidade. É inacreditável! Eu te falei que minha vida parece uma novela! É sério, estou chocada!

— Helena, é um prazer enorme revê-la!

— Vocês se conhecem? — Georgia perguntou, percebendo o climão que estava no ambiente.

— Um pouco. Nos conhecemos no Pub Bar há algumas semanas.

— Ah! O Pub faz parte do grupo. Estava por lá, então? — Georgia falou como se fosse a coisa mais óbvia do mundo.

Agora tudo fazia sentido na minha cabeça. Ele é dono do pub e estava lá, trabalhando, provavelmente. Viu aquele idiota criando atrito e o tirou de lá, ou seja, ele não estava me observando e, sim, como empresário de seu estabelecimento.

— Obrigado, Georgia. Vou conversar com ela a sós. Fecha a porta, por favor.

— Ok. Helena, depois que encerrar, passa na minha sala para acertarmos os detalhes.

— Certo. Obrigada, Georgia.

E ela saiu, deixando-me ali sozinha com aquele homem que eu mal conhecia e que já me causava um sentimento que eu não sabia explicar. De verdade, tem hora que minha vida parece uma roda gigante. Quando eu estava quase me esquecendo dele, ele estava ali, lindo, de terno cinza-escuro e camisa preta, bem na minha frente.

— Helena, que mundo pequeno, não?

— Pois é! Então você é dono do pub?

— Sim. Costumo ir lá às vezes para ver como estão as coisas.

— Eu nunca vi você lá antes. Vou lá às vezes. Gosto muito do lugar.

Ele me olhou diretamente nos olhos, com aqueles olhos castanhos penetrantes. Que olhar intenso!

— Bem, é muito bom saber disso. Então você é nossa terapeuta super recomendada. Algumas clientes suas trabalham aqui e nos falaram tão bem de você que decidimos entrar em contato.

— Sério? Pensei que tinha sido apenas a Maria de Lourdes.

— Não, foram várias. A Maria escreveu um texto enorme quando pedimos as indicações de profissionais para o evento, mas recebemos de mais mulheres. Todas falaram a mesma coisa: "A Helena mudou a minha vida!", aí eu fiquei bem curioso em saber quem era essa mulher que estava transformando vidas por aí.

Ele falou sorrindo, com aquela presença forte, ainda em pé, perto da mesa dele. Sua presença era quase intimidante e tirava completamente meu fôlego. Estava fazendo um esforço enorme para me manter focada e profissional nessa conversa.

— Sério? Fico muito feliz em saber disso — falei, desviando os olhos daquele homem que me desconcentrava tanto. Gustavo sentou-se, convidando-me a fazer o mesmo na cadeira em frente à sua mesa.

— Pois é. Está fazendo um bom trabalho. Parabéns! Eu admiro muito o trabalho que executa. Eu mesmo tive minha vida transformada após fazer terapia.

— É maravilhoso o processo de autodescoberta.

— Sim, muito.

Ele parou de falar e me olhou. Parecia que, com o seu olhar, ele conseguia realmente me enxergar. Sabe quando alguém te olha nos olhos e você olha de volta e isso é o suficiente?

Ele pigarreou, como se estivesse tentando se concentrar e voltar ao assunto profissional.

— Bom, a Georgia te explicou a proposta, certo?

— Sim, explicou certinho.

— Esse evento é muito importante para mim. Eu quero que as mulheres que trabalham aqui se sintam acolhidas e especiais. Quero que se sintam valorizadas, então, por favor, preciso que essa palestra seja principalmente acolhedora e que as deixe com a sensação de capacidade, que elas podem mudar a vida delas.

— Perfeito. Pode deixar. Esse é mesmo meu estilo de trabalho.

Ele se calou por alguns instantes e eu quase conseguia ouvir seus pensamentos.

— Posso sentir que é a pessoa certa. Pode ir à sala da Georgia alinhar sobre o pagamento e os demais detalhes.

— Obrigada pela confiança, Sr. Gustavo!

— Por favor, apenas Gustavo.

Dei um sorriso e me levantei. Ainda sem entender bem o que estava acontecendo, fui à sala da Georgia. Percebi o olhar dele em mim quando saí da sala dele. "Como pode isso ser real?"

— Você o impressionou, hein? Confesso que isso não é fácil — ela falou, olhando para mim com aquele olhar tipo "eu sei o que vocês fizeram no verão passado".

— Como?

— Ele acabou de me ligar. Gostou bastante de você. E olha que é bem difícil impressionar o Sr. Gustavo.

Senti minhas bochechas queimando.

— Ah! Que bom que consegui, então!

Acertei os detalhes com Georgia e fui para o elevador.

"Ele é DONO da porra toda. É isso, Helena! O homem que te fez ter sonhos super eróticos é o DONO do pub que você adora e de um dos maiores grupos empresariais locais! Isso é muito surreal".

Imersa em meus pensamentos, não percebi que o elevador subiu ao invés de descer. Quando ele parou no 19º que eu percebi que tinha apertado o botão errado.

— Helena, você precisa de um banho frio!

Apertei o botão certo, mas as portas do elevador se abriram, e lá estava ele novamente.

— Helena! Que bom que a encontrei aqui.

— Pois é, apertei o botão errado, acredita? Acabei subindo ao invés de descer.

Ele sorriu e apertou o botão para a garagem.

— Então, animada para o evento?

— Muito. Eu realmente adorei a proposta.

— Ótimo!

Ele me olhou e não pude deixar de reparar que seus olhos brilharam. Ou será que foi coisa da minha cabeça?

— Ainda vai trabalhar mais hoje? — perguntei para quebrar um pouco o clima, pois ainda estávamos no 9º andar.

— Sim. Como sabe, temos uma rede de hotéis na cidade. Agora vou passar em alguns. Gosto de acompanhar de perto, sabe?

— Compreendo. É preciso garantir a qualidade.

— Isso mesmo.

E chegamos na portaria.

— Agora sim. Obrigada, Sr. Gustavo, pela oportunidade.

— Por favor, só Gustavo. Nos vemos em breve.

E ele se foi novamente, mas dessa vez eu sabia quem ele era. Bom, pelo menos o nome dele e o que ele faz. E sabia também que o veria novamente.

Já em casa, após atender duas clientes, tomei meu banho e consegui pensar um pouco no que tinha acontecido.

— Ele não me pareceu interessado. Sequer pediu meu telefone. Será que ele é casado?

Peguei o notebook e comecei a pesquisar sobre o Grupo Capanemma.

— É ele! Tem pouco conteúdo sobre a vida pessoal dele aqui.

Encontrei algumas matérias sobre a empresa e como ela tinha crescido nos últimos anos. "Gustavo Capanemma, 40 anos, casado, sem filhos, esse é o perfil desse empresário que transformou o mercado imobiliário de Fortaleza (CE)". Era uma matéria de dois anos atrás.

— Ah! Está explicado. Ele é casado. Bom, melhor parar de ter sonhos eróticos com homem comprometido, Helena!

E meu telefone tocou, chamando-me para a realidade. "Número estranho. Bom, é daqui, melhor atender!".

— Alô.

— Helena?

— Sim. Quem fala?

— Helena, aqui é o Gustavo.

Para tudo. O Gustavo? O mesmo que eu estava stalkeando?

— Gustavo?

— É, do Grupo Capanemma. Desculpe te ligar essa hora.

— Sem problemas. Como posso te ajudar?

Pela respiração dele, ele parecia ansioso.

— Então... Eu quero pedir desculpas pela ousadia. Peguei seu telefone na empresa. É que... Eu quero saber se gostaria de ir jantar comigo hoje. Quero discutir uns pontos do evento com você.

— Um jantar?

— Sim. Se você puder, claro!

— Posso sim. Onde seria?

— Conhece o restaurante italiano Gusto Mamma?

— Claro.

— Ótimo! Podemos nos encontrar às 20h?

— Perfeito. Podemos sim.

— Eu busco você.

— Não precisa. Te encontro lá.

— Tem certeza? É bem tranquilo para mim.

— Sim, é perto de onde moro.

— Então tá. Marcado para as 20h. Obrigado por aceitar.

— Imagina. Eu que agradeço o convite.

"Bom, eu sei quem ele é, mas dar meu endereço achei um pouco cedo demais. São 18h agora. Tenho tempo para me arrumar com tranquilidade".

Pelo que sabia, esse restaurante é muito elegante e com preços bem elevados. Ainda bem que minha renda como terapeuta me permite certos luxos. Agora, a pergunta que não saía da minha cabeça: "O que será que ele quer tanto discutir comigo que não podia esperar até segunda-feira?". Bem, logo saberia. Como ele é casado, pode até ser que leve a esposa nesse jantar.

Coloquei um vestido longo, de tecido fino, verde-claro, justo nos lugares certos, com decote pequeno, que trazia elegância. Cabelo solto jogado para o lado, um batom vermelho que eu amo, brincos, sandálias, minha bolsa, chave... Tudo certo. Dei uma olhada no espelho e me senti linda. "Preciso ir arrumada para mim, claro, e porque o lugar pede um pouco mais de requinte".

O Uber chegou rápido. Demoramos apenas 16 minutos para chegar ao Gusto Mamma. Quando cheguei avistei Gustavo na porta. Ele estava de blusa de malha de manga comprida azul-marinho, uma calça clara, sapato social, aqueles olhos e aqueles lábios. "Opa! Helena, ele é casado!".

— Helena!

Ele me olhou dos pés à cabeça e parou nos meus olhos.

— Obrigado por vir. Está muito bonita!

Senti minhas bochechas esquentarem.

— Obrigada.

— Vamos, reservei uma mesa para nós.

Assim que entramos, um homem de terno veio até nós.

— Sr. Capanemma, que honra. Sua mesa está pronta. Venha, por gentileza.

E ele nos levou até uma mesa, próximo às grandes janelas.

É simplesmente lindo. Grandes lustres de cristal, mesas redondas com lindas toalhas brancas. A banda tocava um jazz suave. Tudo incrível e aconchegante. Mesmo morando em Fortaleza há alguns anos, ainda não tinha ido até aquele restaurante.

Ele puxou a cadeira para eu me sentar. Sinceramente, não me lembro se algum homem já havia feito isso para mim. Um gesto simples, mas infelizmente esquecido pela maioria dos homens.

— Obrigada!

Ele deu um sorriso e se sentou do outro lado da mesa. Discretamente, olhei para suas mãos e não vi nenhum sinal de aliança. "Será que eles não usam?".

— Eles têm uma coleção de vinhos divina aqui.

— Eu adoro vinho.

Ele sorriu satisfeito e chamou o garçom.

— Você traz uma garrafa desse, por favor?

Ele apontou para um na cartela de vinhos.

— Quero que experimente esse. É uma safra única.

— Hum... Já deu água na boca.

— Aqui eles fazem a massa de forma 100% artesanal. Eu gosto de todas. Dê uma olhada em qual mais te agrada.

Ele me passou o cardápio e era bem difícil escolher entre tantas delícias.

— Nossa! É tanta opção! Qual recomenda? Que combina com o vinho que pediu?

— Eu recomendo esse aqui.

Ele apontou para uma massa com nome italiano no cardápio. Só entendi os ingredientes: bacon, cebola, queijo, presunto, ervas e filé. Não tinha como ser ruim isso.

— Perfeito.

Quando o garçom trouxe o vinho, ele pediu os pratos.

— Espere que goste. Eu adoro esse restaurante.

— É seu também?

Ele riu. E que risada gostosa.

— Não, esse não.

Dando um gole no meu vinho, dei um sorriso para ele, que retribuiu. Sério, se ele não fosse casado, eu poderia jurar que estava rolando um clima.

— Então, Gustavo, disse que queria discutir sobre o evento.

Ele me olhou, levantando a sobrancelha e colocando a taça de vinho na mesa.

— Sim, também.

— Também?

Ele apenas sorriu. O que será que esse sorriso significava?

— Primeiro, eu queria te conhecer um pouco. Acabei não... digamos, entrevistando você direito. Foi uma surpresa quando vi que era você a "famosa" terapeuta.

— Ah! Então isso é uma entrevista?

Sorrindo e passando as mãos pelo cabelo para tirar uma mecha do rosto, ele disse com um olhar quase irresistível:

— Podemos dizer que sim.

— Olha, posso ser sincera?

— Claro, por favor.

— Queria que todas as entrevistas de trabalho fossem em lugares assim, viu?

Ele sorriu, ainda mais gostoso e mais à vontade.

— Não é?

— O que quer saber, Gustavo?

— Bom, primeiro, como se tornou terapeuta? O que motivou você?

— É uma longa história. Resumindo, eu tinha me perdido completamente de mim mesma. Tinha um bom emprego, ganhava bem, era casada com o homem dos sonhos de muitas mulheres e mesmo assim me sentia vazia. Aí comecei a buscar uma saída para tudo isso e o processo de autoconhecimento me fez renascer.

Ele escutou atento.

— Então começou por você.

— Isso.

— Ótimo! E qual seu maior propósito? Assim, o que quero dizer é, o que quer deixar, qual legado, entende?

— Entendi sim. Bom, eu quero auxiliar mais e mais pessoas a transformarem suas vidas, a vencerem dores de abusos, rejeição, dependência emocional e depressão. Quero ajudar muitas pessoas a se amarem e a terem uma vida com mais sentido, sabe? É isso que me move todos os dias.

Ele sorriu mais uma vez, parecendo satisfeito com minha resposta.

— Gosto de pessoas que se movem por algo maior que dinheiro.

— Dinheiro, na minha visão, é consequência.

Gustavo levantou a sobrancelha, aproximou um pouco mais o corpo da mesa, apoiando o queixo na mão.

— Como assim?

— Você deve saber disso muito bem. Me fala, qual o seu propósito?

— O meu? Essa entrevista está mudando de foco, não? — ele disse, rindo e tomando um gole do vinho.

— Bom, preciso saber se nossos objetivos estão alinhados profissionalmente.

— Boa! Bem, quando eu comecei meu único objetivo era não ter a mesma vida dos meus pais. Eu queria ser rico e pronto.

— Sério? Seus pais passaram muita dificuldade financeira?

— Sim. E eu não queria isso para mim.

— E?

— Eu me perdi no caminho, buscando riqueza sem ter um propósito maior. Resultado de tudo isso: eu adoeci, meu casamento acabou e quase perdi tudo.

"Espera! Meu casamento acabou? Então ele é divorciado?".

— Foi aí que comecei a fazer terapia e, finalmente, entendi que minha empresa precisava ter um sentido maior que apenas me trazer dinheiro. Reestruturei todo o grupo, alguns sócios saíram, outros entraram, e comecei essa nova era no Grupo Capanemma, mais humanizada, com mais ações de melhoria na comunidade e para os colaboradores e suas famílias.

— Uau! Que incrível! Eu não sabia disso.

— É verdade. Por isso admiro muito o trabalho de vocês, profissionais da mente e emoções.

Antes que pudéssemos continuar, o garçom trouxe nossos pratos e o aroma preencheu o ambiente a nossa volta.

— Nossa! Isso é divino! Acho que estou tendo um caso de amor com minha massa.

Ele sorriu satisfeito em me ver devorando meu prato.

— Fico feliz que tenha gostado do jantar.

— É sério. Eu posso me casar com essa massa!

— Então, Helena, falando em casamento... Você é casada ou tem alguém?

"Que papo é esse, gente?".

— Não. Como eu disse, sou divorciada e sem ninguém no momento.

— Há muito tempo?

— Algum. E você?

— Eu me divorciei e não estou com ninguém há alguns meses.

"Hum... Informação interessante, Helena!".

Ele me olhou bem nos olhos nessa hora, o que me deixou intrigada e eu acabei perguntando.

— Por que está me olhando assim?

— Posso fazer mais uma pergunta?

— Claro, Sr. Gustavo!

Ele riu e falou, acomodando-se na cadeira.

— Você se casou bem jovem, não foi?

— Por que acha isso?

— Bom, não parece ter mais de 25 anos.

Dei uma boa risada. Mal sabia ele que eram alguns anos a mais do que isso.

— Vou levar isso como um elogio, mas eu tenho 36 anos.

— O quê?! Não parece mesmo.

— Sim. Sei que tenho "rosto de menina". Todo mundo fala isso. Mas eu, sinceramente, amo estar nessa fase da vida.

— Ama? Posso perguntar por quê? É raro ver mulheres assumirem a idade com tanto gosto assim.

— Claro que pode. Quando somos mais jovens, não temos ideia do que devemos fazer aqui. Às vezes somos arrogantes, achando que sabemos algo da vida. Aí os desafios aparecem e nos fazem amadurecer. Eu nunca me senti tão livre e feliz como agora, então eu amo ter 36 anos.

— Que resposta! Gostei bastante de saber disso.

E com essa frase ele me lançou outro olhar e outro sorriso, e eu sinceramente não sabia se estava entendendo os sinais corretamente.

Terminamos o jantar e, nossa, isso sim é ficar satisfeita após uma refeição!

O garçom trouxe a conta e ele rapidamente pegou e pagou. Vendo-me com a carteira na mão, ele disse com tranquilidade:

— Helena, imagina! Você é minha convidada. Faço questão.

Colocando minha carteira na bolsa com um sorriso de agradecimento, levantei-me da mesa e caminhamos juntos até a saída do restaurante.

— Helena, tem uma sorveteria muito boa aqui perto. Quer ir até lá? Podemos ir conversando.

— Claro! Está uma noite linda. E ninguém com sanidade recusa um sorvete.

Gustavo riu e seguimos caminhando. Era noite de Lua cheia e ela preenchia o céu.

— Eu adoro noites de Lua cheia. Fica até mais claro.

— Verdade, fica mesmo.

— Helena, posso te perguntar mais uma coisa?

— Claro. Ainda estamos na entrevista, certo?

Sorrindo, ele colocou as mãos nos bolsos da calça, caminhando ao meu lado.

— Você ainda ama seu ex-marido?

— Amo sim.

O sorriso sumiu do rosto dele.

— Mas não é um amor romântico.

— Como assim?

— Eu aprendi a amá-lo fraternalmente. É como um irmão hoje. Inclusive, sou madrinha do filho dele com sua atual esposa.

— Sério? Que nível de evolução! Precisa me ensinar essa fórmula.

— Perdoar e ressignificar as relações é libertador.

— E muito difícil também.

— E você?

— Você gosta dessa pergunta, hein?

Ele sorriu, um pouco tímido, retirando as mãos dos bolsos.

— Tudo bem se não quiser falar sobre isso.

Nossos olhares se encontraram por um instante.

— É uma história meio deprimente. Não quero te incomodar com isso.

— Gustavo, eu amo ouvir. Não é incômodo algum, sério. Se quiser compartilhar, estou aqui.

Ele me olhou em silêncio por alguns instantes e após um suspiro falou:

— Bom, vou tentar resumir. Quando eu vim para Fortaleza não tinha muita coisa. Vim com algumas economias e comecei a trabalhar em uma imobiliária local. Lá conheci minha ex-mulher, ela era a recepcionista, muito bonita e alegre. Eu buscava uma mulher para me casar nessa época, estava cansado de ficar namorando por aí, sem objetivo de construção de algo mais sólido.

— Entendo. E o que aconteceu?

— Namoramos, casamos, tudo isso em um ano. Hoje vejo que não nos conhecíamos. Eu comecei a crescer na carreira. Em dois anos já estava com minha própria imobiliária. Comecei a trabalhar muito, ficava muito fora de casa. Ela, como toda mulher que eu conhecia, queria uma família, resumindo, filhos.

— E você? Não queria?

— Não, pelo menos naquele momento não. E ela, enfim, quando nos conhecemos, parecia ter sonhos grandes como os meus, mas depois ela estacionou. Não trabalhava, não estudava, não me apoiava, ficava apenas fazendo compras e mudando as coisas na casa.

— Isso te frustrava?

— Muito. Sempre quis uma companheira. Minha mãe é uma mulher incrível. Ela estudou depois dos 50 anos, fez faculdade e mudou a vida dela. Eu admiro muito isso, essa força. Mas minha ex-mulher não tinha isso. Ela só queria festas, eventos e compras. Eu me sentia um item em exibição e não um homem, entende?

— E o que aconteceu?

— Bom, brigas e mais brigas. Eu sei que errei muito também. Meu foco era meu trabalho e pronto. Juro que nunca fiquei com outras mulheres, mas a cobrança por filhos estava tanta que ela chegou a tentar engravidar várias vezes.

— O que ela fazia?

— Coisas como não tomar pílula, furar o preservativo, essas coisas.

— E o que você fazia?

— Praticamente não tínhamos relações, não queria gerar mais atrito. Aí comecei a terapia por indicação da minha irmã. Ela teve alguns problemas e isso mudou a vida dela. Comecei a mudar. Um dia, já nesse pensamento de mudança, de reaproximação, tentando mesmo resgatar meu casamento, decidi encerrar uma viagem de trabalho dois dias antes sem avisá-la. Queria fazer uma surpresa. Eu fui para casa sem avisar e tive que lidar com uma coisa muito inesperada.

— O quê?

— Ela estava na cama com meu sócio e melhor amigo na época.

— Meu Deus!

Nessa hora eu peguei a mão de Gustavo instintivamente. Imaginei a dor que ele sentiu, afinal, eu sabia bem o que era ser traída. Ele olhou para mim e consegui ver a tristeza em seu olhar, a mágoa e o rancor.

— Pois é... Eu não sei como consegui sair dali, como não acabei com os dois ali mesmo. Na hora eu só me lembrei do porquê estava indo na terapia, do que queria para minha vida, e saí. Queria mudar minha vida e talvez aquele fosse o choque do qual eu precisava. Eu realmente não esperava aquilo.

Ele olhou para mim novamente e em seguida para a minha mão na dele. Mas não a tirou. Chegamos na sorveteria e após pegarmos os sorvetes, sentamo-nos em um banco próximo à praia. Ele estava olhando para o mar e tomando o sorvete, pensativo, imerso em seu próprio mundo. Falei, olhando para o mar também.

— Gustavo, eu sei que parece clichê, mas eu sei como se sentiu. Sei como é ser traída. Eu vivi traições e sei bem como é doloroso.

Ele me olhou, um olhar significativo.

— Dói muito. Eu me senti um lixo naquela época. Eu pedi o divórcio, mas o pior ainda estava por vir.

— Pior? Como assim?

— Sim, ela não aceitou o divórcio. Tive que fazer litigioso, que é mais desgastante ainda.

— Imagino como deve ter sido exaustivo.

— Três meses depois recebi uma ligação do meu advogado dizendo que ela estava grávida e que eu não havia falado com ele. Mas eu sequer sabia dessa gravidez e, detalhe, não tínhamos relações há mais de seis meses, então precisei esperar o resultado do exame dela para ver de quanto tempo ela estava.

— E era de quanto tempo?

— Dois meses. Ou seja, o filho era do amante dela e não meu.

— E o que você fez?

— Fiz um acordo. Só queria ficar livre daquilo. Tirei o sócio, meu falso amigo, da empresa, e ela recebeu uma boa indenização e ficou com a primeira imobiliária que abri.

— Nossa paz não tem preço, não é?

— Sim, foi isso que pensei.

— Sabe, Gustavo. Eu sei como dói tudo isso que você passou e sinto que ainda tem mágoa e ressentimento em você. É muito desafiador, mas você precisa se libertar desse peso e perdoá-los. Eu não concordo com a atitude deles, mas penso que na época eles achavam que tinham um motivo para fazer tudo isso e perder seu amor e sua amizade já deve ter sido muito doloroso para eles.

— É bem difícil isso, viu! Mas vou tentar. Tenho tentado, na verdade.

— Eu sei, mas enquanto você não perdoar, vai ficar preso a esse passado e a essa dor e nada flui na sua vida assim.

— Verdade... Nossa!

Ele olhou para mim com um brilho especial no olhar.

— O quê?

— Eu nunca me abri assim antes para ninguém, além do meu terapeuta. E você é a única pessoa que não julgou, nada, nenhum julgamento de nenhum lado da história.

— Fico feliz de ter confiado em mim para compartilhar um pouco da sua história, Gustavo. Bom, eu tento não me colocar nesse papel de juíza, sabe? Afinal, se eu julgar, significa que não posso errar, certo? E somos seres que erram, não temos manual de instruções para seguir nesta vida, e todos nós possuímos luz e sombra. Infelizmente, uma hora somos magoados e, em outra, nós que magoamos alguém. Faz parte do processo chamado VIVER, não é?

— Sim, verdade. Você é uma mulher completamente diferente de todas que já conheci.

— Eu agradeço por compartilhar. E se eu puder auxiliar em algo, conte comigo!

Ele sorriu e se aproximou um pouco mais, olhando-me com uma chama intensa em seu olhar.

— Eu estou me sentindo muito mais tranquilo agora. Você é boa mesmo!

Rindo, coloquei mais um pouco de sorvete na boca e ele observou cada movimento meu. E, então, voltou a olhar para o mar.

— Bom, eu preciso ir. Amanhã tenho um grupo de mulheres com minhas parceiras do consultório bem cedinho.

— Grupo de mulheres?

— Sim. Nos reunimos para conversar, desabafar, trocar experiências. Eu e mais duas terapeutas ficamos como mediadoras e sempre levamos técnicas para auxiliar as mulheres. É lindo. Fazemos quinzenalmente, em alguma praia ou parque.

— Que ideia incrível! Devia ter um desse de homens.

— Concordo. Mas vocês até que fazem no futebol essas coisas.

— É verdade. Vou te levar em casa.

"Será que deixo ele me levar? Não parece ser um psicopata. E ele se abriu tanto para mim...".

— Tudo bem. Obrigada!

— Como bebi um pouco de vinho, vou chamar meu parceiro de volante.

— Parceiro de volante? Essa é nova!

— Ele é Uber, mas eu pago a ele um valor extra para me esperar quando saio assim.

Ele pegou o celular e ligou:

— Oi. Tiago. Pode me buscar aqui? Estou em frente à Sorveteria Central.

Ele desligou e disse:

— Pronto. Em alguns minutos ele chega aqui.

— Perfeito. Agradeço a carona.

E ele voltou a me olhar nos olhos com tanta intensidade que me deixou sem saber o que fazer.

— Por que está me olhando assim?

— Desculpe. É que esta noite foi... digamos, inesperada.

— Inesperado bom ou ruim?

— Excelente, na verdade. Gostei muito de conversar com você e te conhecer melhor.

— Hum... Então passei na entrevista?

— Claro. Com nota máxima.

Provavelmente com as bochechas bem vermelhas, olhei para o mar novamente, na tentativa de me distrair e não sentir tanto desejo por ele.

— Eu amo noites assim. Céu aberto, essa Lua incrível, o barulho do mar... Nossa! É sensacional a beleza disto aqui.

— Verdade. Olha, ele chegou — ele falou, apontando para um carro preto que encostou a nossa frente.

— Oi, Tiago. Esta é a Helena. Vamos deixá-la em casa, tudo bem?

— Claro! Fiquem à vontade.

Ele abriu a porta para mim e se sentou ao meu lado, no banco de trás.

— Qual seu endereço, moça?

Falei meu endereço para ele, que colocou no GPS.

— Então a Georgia te passou todos os detalhes do evento, certo?

— Sim, passou sim. Precisa validar a apresentação antes?

— Não. Eu confio em você. Fique à vontade para fazer o que sentir que será bom para elas.

— Ok, combinado. Obrigada pela confiança.

E ele me olhou de modo profundo de novo. Mas que olhar é esse que me domina, meu Deus?!

Graças ao Pai, chegamos rapidamente em casa. Queria sair logo do clima constrangedor que havia se formado porque eu não sabia como agir, afinal, nem sabia direito o que estava acontecendo.

— Chegamos. É aquela casa ali. Obrigada!

Ele saiu do carro junto comigo antes que eu pudesse ver.

— Vou te acompanhar até a porta. Pode ser perigoso essa hora.

— Obrigada, mas aqui é bem tranquilo.

Chegamos à minha porta e eu já estava com a chave na mão.

— Obrigada pelo jantar. Foi muito bom mesmo. Acho que vou sonhar com aquela massa!

Ele sorriu satisfeito.

— Eu que agradeço. Espero que possamos repetir em breve.

E eu abri a porta e entrei, vermelha feito um tomate maduro. Lilica e Luís vieram correndo me receber.

— Oi, meus bebês. Vem, vamos para a cama!

Ainda sem conseguir assimilar tudo o que tinha acontecido, arrumei-me para dormir. Lilica e Luís já estavam em suas caminhas, quase pegando no sono.

— Nossa, já são 23h! Preciso dormir. Bom, eu saí com ele, jantei e falamos de vida e de negócios. Ele não investiu em hora nenhuma, não tentou me beijar, nada. Deve ser só amizade mesmo. Talvez até tenha namorada, mesmo ele falando que não. Vai saber, né? Porque, sendo sincera, um homem desse não deve estar dando sopa por aí, Helena. Pare de pensar nele e foca em fazer um excelente trabalho.

Pronto. Após ter essa conversa séria comigo mesma, fiz minha meditação noturna e dormi profundamente.

Na manhã seguinte acordei às 6h, como sempre, e me preparei para ir ao Grupo de Mulheres com as meninas.

Chegando ao parque, vi que algumas mulheres já estavam lá. Muitos casos são tratados nesses eventos: abusos físicos e emocionais, traumas, violência, depressão. A ideia é uma apoiar e acolher a outra e, assim, crescer juntas.

Aos poucos, Letícia, Cláudia e mais 40 mulheres chegam.

— Fico tão feliz de ver esse grupo crescendo. Lembra quando começamos, Lena? Era só eu e você! — Lê falou sorrindo, olhando para as mulheres sentadas em círculo.

— Verdade. Estamos ajudando-as e elas a nós. É uma troca incrível.

Começamos a ouvir as histórias e assim passou a manhã: em contato com a natureza, práticas, amor e acolhimento. Eu saio renovada desses encontros.

Quando já estava juntando minhas coisas para ir embora, uma mulher ruiva se aproximou.

— Oi. É Helena, não é?

— Sim. E você?

— Olivia.

— Como posso te auxiliar, Olivia?

— Gostei muito do que disse sobre o autoperdão. Eu tenho me culpado tanto por tantos erros que cometi. Tive depressão pós-parto, quase doei meu filho. Encontrar esse grupo foi um milagre. Estou em um momento muito difícil em minha vida. Estamos passando por algumas dificuldades financeiras e meu casamento está por um fio. Eu estou me sentindo tão cansada. Suas palavras me trouxeram esperança.

— Fico muito feliz em saber disso, Olivia. Olha, meu cartão. Todas as sextas-feiras, na parte da manhã, atendo alguns horários sociais. Entre em contato com nossa secretária e diz a ela que eu te entreguei. Vamos começar sua terapia. É possível sair dessa situação.

— Sério? Meu Deus! Posso te abraçar?

— Claro!

Ela me abraçou, e parecia mesmo muita cansada. Estava magra, magra demais na minha opinião. Pele cansada, olheiras profundas. Seu cabelo ruivo cacheado, seus olhos verdes e sua pele clara mostravam que ela era uma mulher muito bonita, só estava cansada e tinha passado por muita dor.

— Obrigada, de verdade. Eu vou ligar sim e vou aplicar as técnicas que ensinaram hoje.

— Isso. Vai te trazer conforto.

E ela saiu, sorrindo. Um sorriso ainda triste, mas com uma pitada de esperança.

Cláudia me deu carona para casa e eu aproveitei para contar a ela sobre o jantar com Gustavo.

— Menina, parece que ele está interessado sim.

— Você acha? Porque ele não fez nada para eu achar isso. Acho que eu estou me iludindo, Cláudia.

— Não sei não... Tem algo mais nessa história.

— Quem sabe? Bom, eu não estou procurando nada. Se vier e for o que eu quero, eu penso.

— Que mulher decidida. Gosto assim. Só cuidado para não se fechar para o amor do outro, hein?

— Pode deixar!

Em casa, o restante do domingo seguiu entre organização da casa, brincar com os cães e descansar. E eu realmente esqueci que tenho um celular, lembrei dele só quando o dia escureceu.

— Vou ligar para mamãe. Tem dias que não nos falamos.

Quando peguei o celular para fazer a ligação, vi que tinham chegado algumas mensagens e notificações no meu Instagram. Comecei a olhar meu Instagram e um novo seguidor me chamou a atenção. "Esse é o Gustavo?". Cliquei no perfil e sim, era ele mesmo. Gustavo Capanemma, o próprio, de terno azul-marinho e blusa branca na foto. Lindo como sempre.

— Meu Deus! Ele começou a me seguir? Será que a Cláudia estava certa?

Como não sou de ferro, dei uma olhada no perfil dele, que tinha algumas fotos das empresas, eventos de trabalho... "Opa! Tem uma foto com uma moça aqui". Cliquei na foto e era ele mesmo com uma moça loira ao lado dele, bem bonita por sinal. Estavam sentados lado a lado, em uma mesa de restaurante. A foto tinha sido tirada há seis meses.

— Sabia que ele tinha namorada ou algum rolo. Pronto! Tirar da cabeça programado, Helena!

Ainda olhando as notificações do meu Instagram, vi que ele tinha curtido várias fotos e vídeos meus.

— A namorada dele não vai gostar disso. Tomara que não me arrume confusão. Bom, deixa eu ver as mensagens do WhatsApp agora.

Quando comecei a ler as mensagens, a mesma foto do Instagram estava lá, no meu WhatsApp. Curiosa, cliquei na mensagem.

'Oi, Helena. Desculpa te mandar essa mensagem. Eu só queria dizer mais uma vez que gostei mesmo de conversar com você. Nos vemos em breve'.

"Tá bom. Ele escreveu que gostou de conversar e pronto. Nada de chamar para sair, nada de beijo. Enfim, ele deve ter ficado sem graça de me contar sobre seu divórcio, né? É isso, Helena".

Liguei para mamãe sem pensar mais.

— Oi, mamãe. Como você está? E todo mundo aí?

— Estamos ótimos, filha. Estevão está vendo TV e eu estava costurando.

— Uai, você costura?

— Sim. Estou fazendo aulas e estava treinando. Olha que lindo!

Ela me mostrou na câmera um tapete feito de retalhos.

— Que chique! Já sei quem vai arrumar minhas roupas agora.

— Claro! Manda para cá que eu arrumo.

— E quando vão vir me visitar, hein?

— Estevão está vendo uma data para tirar férias do mercado. Ele está doido para conhecer a praia.

— Ótimo! Venham mesmo. É lindo aqui.

— Saudades, filha. Está se cuidando? E meus netos?

— Lilica e Luís estão dois sapecas. Estão lá fora brincando com a bolinha.

— Fofos. Eu e o Estevão adotamos um gatinho. Ele ainda está se adaptando, fica escondido.

— Ah! Me manda foto depois.

— Mando sim.

— Bom, mãe, vou comer alguma coisa e dormir. Te amo, viu!

— Também te amo, filha!

Saudades dela, mas não podia sair da cidade no momento. Muitos projetos incríveis, palestra, clientes... Ah! Estou muito feliz e realizada.

Após comer um sanduíche, deite-me para dormir. Já na cama, perto de das 22h, lembrei-me que não tinha respondido a mensagem do Gustavo. Não que eu achasse que ele estivesse esperando minha resposta, mas é falta de educação não responder, certo? Peguei o celular e digitei uma mensagem simples, mas educada:

'Olá, Gustavo! Desculpe a demora em responder. Eu que agradeço a confiança. E adorei conversar com você. Nos vemos no evento. Um abraço!'.

Pronto. Acho que não terá problema se a namorada dele ver, né? Desliguei a internet e adormeci rapidamente.

O dia amanheceu e eu estava de folga na parte da manhã. Após fazer meu ritual matinal, comecei a trabalhar na apresentação para o evento. "Precisa estar perfeita!".

Fiquei tão entretida montando a apresentação que a hora passou e quando eu percebi já eram 11h e meu celular tocava sem parar. Quando olhei para tela, o nome que eu estava tentando esquecer. "Gustavo. O que será que ele quer?".

— Alô. Oi, Gustavo!

— Oi, Helena. Está ocupada?

— Estava trabalhando na apresentação do evento.

— Ah! Excelente. Bom, na verdade é por isso que te liguei.

— Claro. Algum problema?

— Nenhum. Quero saber se está disponível para um almoço hoje...

— Almoço? Para falar sobre a apresentação?

— Isso.

— Que horas?

— Eu estou bem perto da sua casa. Você pode agora?

— Preciso só de uns minutos para colocar uma roupa.

— Ótimo! Chego em 10 minutos aí. Fique tranquila que eu espero você se arrumar. Sei que avisei em cima da hora.

— Imagina! Sem problemas. Já te encontro.

Ele desligou e eu, sem pensar muito, corri para o quarto.

"Almoço para falar da apresentação? Estranho, porque no jantar ele disse que confiava em mim. Será que ele desistiu?". Bom, sem tempo para esses pensamentos. Coloquei o primeiro vestido que vi. Ele era longo, branco com flores azuis e rosa, bem leve, afinal, estava um dia bem quente. Arrumei o cabelo, que graças a Deus eu lavei bem cedinho e estava comportado, e passei um batom rosa suave. Quando estava terminando de calçar as sandálias, minha campainha tocou.

Fui até o portão e lá estava ele. De terno cinza-claro, uma camisa branca de botões, sem gravata. Lindo e elegante como sempre. É... Resistir a esse homem não será tarefa fácil.

— Oi, Helena. Desculpe aparecer assim. Eu espero, se não estiver pronta.

— Imagina. Estou quase. Entre.

Ele entra com Luís e Lilica pulando nele.

— Oi! Vocês estão ainda mais danadinhos, hein? — ele falou enquanto fazia carinho neles.

— Eles vão te encher de pelo, viu?

— Não tem problema algum.

Sorrindo, ele continuou brincando com os cães, que pegaram a bolinha para ele jogar.

— Venha. Me espere aqui só um minuto. Só preciso pegar minhas coisas.

— Tranquilo. Sua casa é muito bonita. Tem um bom espaço para eles.

— Sim, eu adoro esta casa. Mas ainda quero ter uma com piscina e um jardim maior.

— É uma boa mesmo. Inclui uma churrasqueira nesse sonho.

Rindo, ele observa os detalhes da decoração.

— Você pinta também? — ele perguntou, olhando a tela que eu estava pintando.

— Ah, isso? Bom, na verdade só me "expresso". Comecei recentemente. Estava estudando e dizem que ajuda na criatividade e na conexão com a essência feminina.

— Está ficando bem bonito.

— Obrigada. Aceita alguma coisa? Água ou café?

— Não, obrigado! Vou te esperar aqui.

— Ok! Já volto.

E fui para o quarto para acabar de me arrumar. Voltei em menos de cinco minutos.

— Você é rápida!

— Estava quase pronta. Aonde vamos?

— Pensei em irmos no restaurante do meu hotel da orla. Pode ser?

— Claro! Ouvi dizer que a comida lá é ótima.

— Ótimo! Vamos descobrir.

Ele seguiu na frente, eu fechei a casa e após nos despedirmos dos cães saímos pelo portão.

— Hoje serei seu motorista.

— Que honra a minha ter o Sr. Gustavo Capanemma como motorista!

Ele sorriu e apertou o alarme de um Mercedes prata, muito bonito, que estava estacionado em frente à minha casa. Ele abriu a porta do carro e me convidou para entrar.

— Obrigada!

Ele assentiu com a cabeça e entrou no carro também. Eu senti certa tensão no ar. Pensei que pudesse ser só eu por estar tentando evitar pensar nele nu, como no meu sonho. "Helena, se concentra!", fiquei repetindo para mim o tempo todo.

Ele dirigiu tranquilamente e logo chegamos ao grande Hotel Palace, do Grupo Capanemma. Esse hotel fica localizado na região nobre da cidade. É muito elegante, bem decorado e enorme.

Chegando no hall do hotel, a recepcionista rapidamente reconheceu o chefe.

— Olá, Sr. Gustavo. Boa tarde!

— Olá, Renata! Tudo bom com você? Como estão as coisas por aqui?

— Está tudo ótimo. Adoramos o novo espaço para almoço. Obrigada!

— Imagina! Não precisa agradecer. Será que consigo uma mesa para almoçar?

— Claro! Vou pedir para Rômulo acompanhá-lo.

— Obrigado.

Ela me olhou da cabeça aos pés. Deu para perceber que ela também o achava um homem muito bonito. E quem não acharia?

Um senhor, com cerca de 50 anos, aproximou-se e cumprimentou Gustavo.

— Sr. Gustavo! Que alegria em vê-lo! Conseguimos uma mesa mais reservada para que possam almoçar com tranquilidade.

— Ótimo! Obrigado, Rômulo.

E seguimos rumo ao restaurante. Chegando lá, nossa... Além de ser lindo e com ambiente muito bem decorado e espaçoso, o restaurante tinha um aroma sensacional.

Rômulo nos levou até uma mesa localizada na área externa. Era maravilhoso ali, conseguíamos ver o mar enquanto comíamos.

— Vou trazer o cardápio, senhor.

— Obrigado, Rômulo.

Acomodando-me na cadeira que Rômulo puxou para mim, falei ainda admirando a paisagem.

— É de tirar o fôlego aqui. Lindo demais!

— Eu adoro almoçar ouvindo esse mar.

— Vem sempre almoçar aqui?

— Quem dera! Minha agenda raramente me permite sair assim. Normalmente como algo na mesa do escritório, entre uma reunião e outra.

— Isso não faz bem.

— Não mesmo.

— Talvez possa te ajudar com isso. Trabalhei anos em grandes empresas e sou muito boa em reorganizar processos e agendas para ter mais tempo livre.

— Verdade?

— Sim, eu inclusive auxilio algumas clientes com esse mesmo problema a reorganizar a rotina, readequar trabalhos e otimizar atividades.

— Isso não é possível!

Rômulo veio com os cardápios, interrompendo nossa conversa.

— Parecem todos deliciosos. Vou querer esse com filé e fritas, mas, por favor, traz a carne bem passada?

Rômulo anotou e vi que Gustavo sorriu.

— Quero o mesmo.

— Alguma bebida, senhora?

— Suco de abacaxi sem açúcar, por favor!

— Para mim pode ser uma água com gás. Obrigado, Rômulo.

Ele anotou os pedidos e saiu.

— O que não é possível?

Ele me olhou, levantando a sobrancelha.

— É impossível alguém ser bom em tantas coisas assim.

Dei uma boa risada e olhei bem nos olhos dele, colocando minhas mãos calmamente sobre a mesa.

— Está duvidando das minhas habilidades, Sr. Capanemma?

Ele riu, aproximou o corpo colocando os braços na mesa também, mas sem encostar em mim. Ele exalava confiança, seu perfume me preencheu por completo e quase me esqueci de que não podia me deixar envolver.

— Fala sério, Helena! Eu já sei que você é uma excelente terapeuta, gosta de ouvir, pinta, ama cães, é divertida, engraçada, linda e agora está me dizendo que, além disso tudo, ainda é boa em gestão de negócios? Tem mais alguma surpresa que eu não saiba?

— Várias, na verdade.

Ele sorriu com um olhar malicioso, quase desafiador.

— Fiquei curioso agora.

— Bem, eu entendo muito bem de negócios, finanças, danço e cozinho muito bem também.

— Tá bom! Sei... — ele disse, sorrindo com incredulidade, o que me desafiou, lógico.

— Está duvidando? É isso?

— Bom, eu teria que ter uma prova, não acha?

— Ok, deixa eu pensar. Sobre sua agenda, podemos agendar uma reunião em que me mostre um pouco da sua rotina e eu possa planejar algo para você.

— Ok, aceito. Agora, sobre dançar e cozinhar, preciso ver isso.

Peguei meu celular e mostrei para ele o vídeo da apresentação de dança do ventre que tinha feito no mês anterior em um restaurante árabe. Ele olhou com uma expressão que não sei explicar bem, parecia impressionado e com certo olhar de malícia. Após ver tudo, ele me devolveu o celular.

— Você dança muito bem e, se me permite dizer, estava maravilhosa com essa roupa. Seu quadril parece nem ter ossos aí.

Sorrindo, peguei meu celular. Senti meu rosto esquentar com esse comentário.

Rômulo voltou, agora com os pratos, que estavam de dar água na boca.

— Espero que goste. Não é o Gusto Mamma, mas é de qualidade.

Colocando a comida na boca, senti o filé derreter de tão macio.

— Está delicioso. Parabenize o pessoal da cozinha. Está divino!

Ele sorriu, satisfeito com o comentário.

— Então dançar está ok. Agora falta cozinhar.

— Bom, posso não fazer nada tão delicioso como esta comida, mas todo mundo para quem eu cozinhei gostou.

— Preciso de provas — ele falou, desafiando-me, com a sobrancelha levantada e aquele olhar que me derretia.

— Ok! Que tal eu cozinhar para você e te provar?

— Boa! Gostei disso!

E voltamos para nossa refeição.

— Estava delicioso. Estou me acostumando a comer nesses lugares, hein?

Ele sorriu e me olhou nos olhos intensamente, e disse:

— Você merece muito mais do que isso!

"Para tudo! o que será que ele quis dizer com isso?". Bem vermelha e meio sem graça, desviei o olhar daquele homem e só consegui responder:

— Obrigada! Ah! Você quer falar sobre a apresentação, certo?

Ele pigarreou, como se tentasse se recompor e focar no profissional.

— Na verdade quero apenas te passar alguns detalhes.

"Passar detalhes? Precisa de um almoço para isso? E por que a Georgia não me passou? Está estranho mesmo!".

— Quais são?

— É que vou entregar um presente para elas e gostaria de pedir a você para, se puder, ficar alguns minutos após o encerramento para fotos e coisas do tipo.

— Ok! Sem problemas. Só isso?

Ele me olhou e percebeu que eu estava achando estranho esse almoço só para falar isso.

— Do evento sim. Bom, eu tenho uma reunião às 14h. Vou pedir para minha secretária reunir as informações e marcar a reunião com você para ver sobre os processos. Será muito bom se conseguir mesmo me ajudar a reduzir essa quantidade de reuniões.

— Claro. Vamos?

— Sim. Te deixo em casa, é caminho.

— Obrigada!

E seguimos para o carro dele. Ele abriu a porta para eu entrar e quando ele entrou aproveitei a oportunidade, claro.

— Sua namorada não vai achar ruim eu ficar andando com você no banco da frente? Posso ir atrás. Não quero criar problemas.

Ele me olhou e se inclinou, seus olhos dentro dos meus, seus lábios pertos demais. "Ele vai mesmo me beijar assim? Tipo, agora?". Ainda olhando diretamente para meus olhos e lábios, ele pegou o cinto de segurança e colocou em mim, voltando para seu lugar com um sorriso maroto no rosto. "Acho que ele percebeu o efeito que tem sobre mim, droga!".

Ele ligou o carro e saímos. Alguns minutos depois paramos em um sinal e ele me perguntou:

— Por que acha que eu tenho uma namorada?

— E não tem?

— Não. Estou solteiro há alguns meses já. Eu te falei isso.

"Eu ouvi a palavra SOLTEIRO?".

— Ah... Entendi — falei, tentando não parecer muito interessada nessa informação.

— Por que achou que eu tivesse? — perguntou, voltando a dirigir, concentrando seu olhar na estrada, mas ainda com o sorriso maroto nos lábios.

— Ah... Porque... Enfim, nada!

— Fala, andou pesquisando sobre mim, é?

— Você quer mesmo saber, né?

— Claro. Me deixou curioso.

Ele continuava a sorrir, com um sorriso confiante, de quem conseguiu o que queria.

— Tá bom... Bem, eu pensei, um homem bonito, bem-sucedido, inteligente, simpático, educado, deve ter uma mulher com certeza.

Ele sorriu, olhou-me de canto de olho e falou:

— Então acha isso de mim?

— Pelo pouco que conheci, sim.

Ele apenas sorriu contente.

Chegamos na porta da minha casa e ele estava se preparando para sair do carro.

— Não precisa. É dia e você está quase ficando atrasado para sua reunião.

Ele olhou no relógio e realmente faltavam somente 20 minutos.

— Droga! É verdade! Bom, nos vemos em breve, certo?

— Certo. Obrigada pelo almoço.

Saí do carro e ele com aquele sorriso e aquele olhar que eu nem sei porque me faziam sentir tão aquecida.

"Já estava difícil tirá-lo da cabeça antes, quando achava que ele era comprometido. Agora que sei que ele é solteiro então!". Balancei a cabeça, como se desse para tirar esse pensamento.

Preparei-me para minha primeira cliente do dia. Abri a agenda à tarde devido ao evento na empresa de Gustavo.

— Bom, ainda falta uma hora.

Meu telefone tocou e eu atendi sem ver o número.

— Sra. Helena?

— Sim. Pois não?

— Aqui é Paula, secretária do Sr. Gustavo Capanemma. Tudo bem?

"Gente, esse nome está me perseguindo, só pode!".

— Oi, Paula. Tudo e você?

— Tudo ótimo, senhora! O Sr. Gustavo pediu para perguntar se pode vir ao escritório amanhã às 18h para uma reunião.

— Deixa eu confirmar aqui. Só um instante, por favor.

Ele é rápido, hein! Olhei na agenda e vi que minha última cliente era às 19h.

— Nossa, infelizmente não consigo. Na quarta-feira estarei aí para o evento. Ele tem alguma brecha na agenda?

— Pior que não. Ele está quase sem nenhum horário disponível este mês. Vou fazer assim: vou avisá-lo que esse horário a senhora não pode e ver se ele deseja remanejar algum compromisso. Esse seu telefone é WhatsApp?

— Sim, é sim.

— Ótimo. Eu ligo ou envio mensagem.

— Obrigada, Paula.

"Bom, ele vai ter que esperar um pouco".

Mais tarde, próximo às 21h, quando me sentei para ler um pouco, recebi uma mensagem no celular:

> 'Olá, Sra. Helena. É a Paula, secretária do Sr. Gustavo. Ele me disse que ligará para senhora para agendarem a reunião. Poderia me passar todas as informações que precisa para que eu possa organizar?'.

Respondi para ela:

> 'Obrigada, Paula. Preciso saber a agenda dele completa dos próximos seis meses'.

Pronto, assunto resolvido.

Adormeci sem perceber lendo meu livro.

Quarta-feira chegou rápido e era a minha primeira palestra no Grupo Capanemma. Não tive nenhuma notícia de Gustavo no dia anterior. Estava focada em fazer uma palestra sensacional. Precisava estar linda, mas profissional. Peguei um vestido longo da cor laranja, coloquei um cinto e um sapato na cor creme, arrumei meu cabelo, fiz uma maquiagem e chamei o Uber.

Cheguei na empresa 30 minutos antes do horário da palestra para deixar tudo organizado. Georgia veio me receber com um grande sorriso no rosto.

— Oi, Helena. Bom dia! Que bom que chegou cedo.

— Queria organizar tudo com calma.

— Vou te levar para o auditório.

E seguimos para o grande auditório. Já deixei a apresentação no jeito e testei o microfone. Georgia ficou me olhando, como se quisesse me perguntar alguma coisa.

— Quer dizer algo? O meu vestido rasgou?

Ela sorriu.

— Eu só estou curiosa.

— Curiosa?

— Sim, trabalho com Gustavo há anos e acho que nunca o vi tão animado com uma palestra antes.

Minhas bochechas ficaram vermelhas na hora.

— Acho que ele gosta muito do tema. Só isso.

— Do tema ou da palestrante?

Antes que eu respondesse, as colaboradoras começaram a chegar. Em poucos minutos o auditório estava lotado de mulheres, cerca de 200 pessoas estavam ali.

Quase não percebi quando ele chegou. Gustavo estava lindo em um terno azul marinho-escuro, gravata azul-claro e blusa preta, marcando cada detalhe daquele corpo esculpido... "Opa! Estou desejando-o de novo! Para, Helena!".

Ele sorriu para mim, ainda na entrada do auditório, cumprimentando as colaboradoras que faziam questão de se aproximar dele. Estava mais perto da coxia quando ele e Georgia subiram no palco. Ele começou a falar no microfone.

— Bom dia! É com muita alegria que damos início à Semana da Mulher! Todas vocês já sabem do nosso compromisso em trazer cada vez mais conforto, saúde e qualidade de vida para nossos colaboradores. O Grupo Capanemma não seria nada sem vocês e eu agradeço a cada uma pelo empenho e pela dedicação que colocam em suas atividades todos os dias. Esse evento é uma forma singela de agradecer ao trabalho de cada uma de vocês.

E o auditório foi preenchido por aplausos.

— Eu agradeço por me ajudarem a construir esse sonho. Hoje temos a honra de trazer uma profissional para falar sobre Saúde Mental e Emocional, a terapeuta Helena Soares.

Todos aplaudiram e eu entrei no palco. Ele desceu e sentou-se na primeira fila do auditório, olhando-me com intensidade e atenção. "Concentre-se, Helena!".

— Bom dia! Eu estou muito feliz em participar deste momento com vocês. Sou Helena Soares, terapeuta especializada em dependência emocional, mente e emoções humanas, mas, antes disso, eu sou mulher como vocês. Eu passei por dores, as mesmas que muitas de vocês passam. A dor do abuso físico, mental e emocional. A dor da solidão, a dor do cansaço e da exaustão. Eu sei como se sentem, eu sei o que é se olhar nos olhos e não se reconhecer mais. E é por isso que eu estou aqui hoje, para mostrar para vocês o caminho da LIBERTAÇÃO. A liberdade de ser imperfeita, de ser menina, de ser mulher; a liberdade de ser mãe, de ser filha, de ser esposa, ou simplesmente, de ficar de pijama descabelada o dia todo.

Elas riram, olhando-me com atenção.

— Eu estou aqui para dizer que está tudo bem sentir raiva, mágoa, ódio, revolta, tristeza. Está tudo bem se sentir feia, se sentir menor do que você é. Está tudo bem. Você não é a Mulher Maravilha, você não precisa dar conta de tudo, você não precisa estar feliz o tempo todo, aceitar tudo o tempo todo. O que precisamos é aprender a lidar com as nossas emoções para saber sair dos vales quando eles chegarem.

E o evento continuou. Muitas lágrimas nos olhos, sorrisos e aquele olhar de cumplicidade, que eu entendo como: "Que bom que alguém me entende!".

Ao final da palestra, fiz uma prática.

— Bom, mulheres lindas! Agora quero propor um exercício. Fechem os olhos.

Coloquei uma música suave de fundo e observei que Gustavo estava atento a tudo que eu fazia.

— Agora, eu quero que você se imagine em um lugar seguro. Pode ser sua casa, uma praia, um parque, onde você quiser. Caminhe por esse lugar. Então você vê um espelho na sua frente. Olhe-se nesse espelho. O que você vê? Repare em você, permita se ver, de verdade. Isso... Agora, você observa que seu reflexo se transformou em você criança, aquela menininha linda. Olhe nos olhos dela. Como ela está? O que ela está sentindo?

Vi, então, que muitas delas choravam e pedi que passassem o lenço para elas.

— Isso... Fale para você: "Criança, eu te peço perdão por todas as vezes em que você sofreu, por todas as vezes que não foi ouvida. Mas, agora, EU estou aqui. Você está segura, porque eu sou a adulta da nossa vida e eu nos protejo, eu cuido de nós". Isso... Agora olhe-se novamente e veja você adolescente. Olhe para você e repita. "Você é linda, maravilhosa! Eu te agradeço por ter sido forte e corajosa e por ter nos trazido até aqui. Eu assumo agora o controle da nossa vida. Estamos seguras agora".

Muitas continuavam chorando, o que é bem normal nessa prática.

— Agora, quero que se olhe nos olhos mais uma vez e repita: "Eu me amo, eu me perdoo, eu me aceito e eu sou grata por tudo que vivi, por quem eu sou e por quem estou me tornando". Isso... Continue caminhando por esse lugar. Você ouve o barulho de água corrente e vê que mais à frente tem uma linda cachoeira. Você caminha até ela. Você entra na cachoeira e coloca sua cabeça embaixo da queda d'água e repete para você mesma: "Criador, limpa em mim toda raiva, toda mágoa, toda angústia. Limpa, Criador, todo medo, toda escassez, toda falta de amor. Limpa, Criador, todo ressentimento, todo ódio, toda sujeira dos meus olhos que não me permite ter empatia com o outro. Limpa, Criador, todo sentimento que bloqueia minha prosperidade, todo sentimento de inferioridade e de incapacidade, porque eu sei que sou PODER, eu sou PODER, eu sou PODER agora. Eu sou SUCESSO, eu sou SUCESSO, eu sou SUCESSO em todas as áreas da minha vida agora. Eu me amo, eu me perdoo, eu sou grata! Eu sou, eu sou. Eu sou amor em potência divina e todo o sucesso, a prosperidade e a abundância que eu mereço se manifestam em minha vida. Está feito, está feito, está feito. Sinta a água limpar você e retirar todo sentimento que trava a sua vida. Sinta-se livre. Isso...

Deixei a música em um momento mais forte e intenso e observei vários sorrisos e lágrimas, e encerrei a prática e a palestra. Meu olhar se encontrou aos de Gustavo e Georgia na plateia. Eles estavam sorrindo e com lágrimas nos olhos. "Espero que tenha me saído bem!".

Após o encerramento, várias mulheres vieram até mim agradecendo, pedindo fotos, abraços e contando suas experiências. Gustavo e Georgia ficaram na porta se despedindo de todas e entregando os presentes. Comecei a organizar minhas coisas para ir embora e não percebi quando Gustavo e Georgia se aproximaram.

— Foi realmente emocionante — disse Gustavo, com Georgia ao seu lado.

— Eu chorei rios. Estou até desidratada — falou ela sorrindo, enxugando os olhos com um lenço.

— Que bom que gostaram. Espero que as tenha auxiliado de alguma forma.

— Certeza que sim. Eu estou me sentindo uma nova mulher. Preciso marcar uma sessão com você. Que potência, mulher! — Georgia falou me abraçando.

Ela olhou para ele, como se estivessem se comunicando.

— Bom, vou indo. Amanhã esperamos você, Helena! Obrigada por tudo.

— Eu que agradeço a confiança.

E ela saiu do auditório, deixando-me ali sozinha com Gustavo.

— Tem compromisso para o almoço?

— Não. Tenho algumas clientes somente à tarde. Agora quero comer porque estou faminta — respondi, passando a mão na barriga.

Ele sorriu e perguntou:

— Aceita almoçar comigo?

— Hum... Seus convites são sempre para comida boa. Estou ficando mal-acostumada.

— Ou bem-acostumada, certo? Vamos? Sei de um lugar que vai gostar.

— Claro! Só guardar esse notebook. Pronto.

Ele colocou a mão delicadamente na minha lombar e só esse simples toque foi o suficiente para fazer todo meu corpo se aquecer. Saímos do auditório e seguimos em direção à saída.

— Esse restaurante é bem perto. Um pouco diferente dos últimos, mas a comida é excelente.

— É seu também?

— Não, esse não. É de um grande amigo. Acho que vai gostar. Aceita andar um pouco? Posso pegar o carro se preferir.

— Vamos a pé. Eu amo andar.

— Ok. Então eu levo isso — ele falou pegando minha mochila.

— Obrigada!

E seguimos caminhando.

— As colaboradoras amaram você.

— Sério? O que falaram?

— Que você é um anjo, que foi incrível, que foi transformador. É... Acho que esses foram os principais comentários.

Sorrindo e com as bochechas bem vermelhas, olhei para o chão desviando o olhar.

— Fico tão feliz em saber disso. Agradeço a oportunidade.

— O mérito é todo seu. É aqui. Chegamos.

— Bem perto mesmo.

Era um trailer, super charmoso, chamado "Comida da Dona Anna". Várias mesas de plástico com enfeites floridos estavam espalhadas pela rua sem saída. Vi que Gustavo me olhava, como se estivesse me examinando e observando minha reação.

— Que cheiro delicioso é esse? Amei o lugar!

— Sério?

— Sim. Por quê?

— Nada, por nada — ele respondeu, puxando a cadeira para eu me sentar, colocando minha mochila em outra.

— Confia em mim?

— Ixi... De uma hora para outra essa pergunta? O que está tramando, Sr. Gustavo?

Ele sorriu, bem sapeca, e com um olhar de quem estava aprontando.

— Confia ou não?

— Sim, confio.

— Ótimo. Espere aqui.

Então ele foi até o trailer e conversou alguns minutos com um homem, que me olhou e sorriu. Retribuí o sorriso e Gustavo voltou.

— Pronto! Prepare-se para comer o melhor tropeiro da sua vida.

— Eu amo tropeiro. Esse prato é típico de Minas.

— Sim. Eles vieram de lá. Dona Anna tem uma mão abençoada. Você vai ver.

— Já estou salivando aqui.

Ele sorriu alegremente e em poucos minutos o homem que estava no trailer trouxe nossos pratos caprichados de tropeiro, ovo frito, arroz, couve e linguiça.

— Pronto! Dois pratos da casa caprichados para meu parceiro e sua linda dama!

Gustavo sorriu.

— Você que é o amigo de Gustavo? — perguntei ao homem moreno, que aparentava ter uns 45 anos.

— Sim. Esse cara é o melhor que já conheci. Sem ele eu não estaria aqui hoje com a minha mãe.

— Imagina! Para com isso, José. Você e sua mãe que são muito talentosos. Eu só facilitei.

— Ele é sempre assim, nunca aceita agradecimento. Querem beber alguma coisa? Tenho cerveja, refri e suco.

Ele me olhou, como se dissesse para eu escolher.

— Esse prato pede um guaraná. Tem?

— Claro, linda dama. Dois, chefe?

— Isso, por favor. Obrigado, José.

Rapidamente, ele trouxe os refrigerantes.

— Gente, eu preciso aumentar minha quantidade de exercícios. Essas nossas reuniões de negócios estão muito deliciosas e calóricas — disse sorrindo e colocando mais um pouco de tropeiro na boca.

Gustavo riu, com um olhar calmo que parecia querer dizer algo.

Comemos com uma boca bem boa aquela delícia e enquanto terminávamos nossas bebidas, Gustavo disse:

— Helena, quero te fazer uma proposta.

— Proposta?

— Eu quero oferecer para meus funcionários o serviço de terapia alternativa. Infelizmente, os planos de saúde não cobrem isso. Eu vi o que você fez hoje em pouco tempo. Imagina o que pode fazer em sessões. Mas quero oferecer para todos, inclusive homens. Você atende o público masculino também?

— Sim, eu atendo sim. Inclusive, eu e minhas parceiras de consultório reservamos horários só para eles.

— Ótimo! Você aceita atuar como terapeuta dentro do Grupo Capanemma? Acredito que podemos estender o contrato para suas parceiras de consultório, porque temos mais de 600 colaboradores hoje. Assinamos um contrato e vocês determinam os horários que podem atender.

— Adorei a proposta, mas como as envolve, eu preciso confirmar antes de te dar certeza.

— Sim, sem problemas. Aí podemos acordar um valor por sessão. Veja com elas a proposta e me envia, por favor.

— Perfeito! Combinado. Agradeço a confiança.

— Eu é quem agradeço por nossos caminhos terem se esbarrado.

E saímos do trailer, com esse "dito não dito", a caminho do escritório. Gustavo estava calado com uma expressão de felicidade no rosto.

— Você não para mesmo de me surpreender, sabia, Helena?

— Sério? O que eu fiz dessa vez?

— Eu realmente não imaginei que ia ficar à vontade no trailer.

— Ah, é? Pensou que eu fosse essas pessoas que só comem em pratos de louça cara?

— Eu pensei que talvez você não ficasse tão à vontade em um lugar simples.

— Eu vim de um lugar bem simples. Passei muita dificuldade financeira e cresci com meu trabalho, assim como você.

— Incrível. Somos bem parecidos em muitas coisas.

— É, parece que sim. Bom, chegamos. Vou chamar um Uber.

— Não precisa. O Tiago está aqui e leva você. Só um minuto, vou chamá-lo.

Ele ligou para Tiago, que chegou em poucos minutos.

— Tiago, deixe-a onde ela quiser, por favor.

— Pode deixar!

— Obrigada, Gustavo, por tudo!

Ele sorriu e eu fui para o consultório.

O dia passou rápido entre um atendimento e outro, nem consegui conversar com as meninas.

Pedro mandou uma mensagem. Quanta saudade! Ele e a família estavam muito bem. Compraram uma casa maior e Susy já estava enorme.

— Nossa! Que dia cheio! Lena, preciso que me ajude a organizar minha agenda.

— Pode deixar. Amanhã vemos isso, Cláudia.

— Você arrasa!

— Falando nisso, vou ajudar Gustavo com a agenda dele.

— Sério? Que interessante!

— Para, boba. Eu me ofereci para ajudar.

— Coloca uns horários para sexo selvagem lá, amiga!

— Letícia!

Ela surgiu do nada, toda sapeca!

— Lena, se você não o pegar, outra vai. Se eu não fosse casada, um homem daquele... Nem sei!

— Deixa Lucas ouvir isso.

— Silêncio. Eu amo meu marido. Hoje vamos sair para jantar! Até comprei uma lingerie nova super sexy!

— Que romântico! A noite promete, então!

— Aproveita, Lê. Hoje eu só quero cama. Vou para casa. Estou bem cansada. Quer carona, Lena?

— Quero sim, Cláudia.

— Bom que me conta mais do evento.

Voltamos para casa e conversamos.

— É, Lena, parece que ele está tentando decifrar você antes de tomar uma atitude. Na verdade, ele já está tomando. Ele sofreu muito. Deve ter receio de cair de cabeça, de confiar novamente.

— É, pode ser. O problema que eu estou ficando envolvida por ele.

— Isso é bom. Tem quanto tempo que não se permite viver uma paixão?

— Anos. Desde Marcus.

— Então! Quer um conselho? Permita-se viver isso, pare de negar a atração que sente e se joga, mulher! O que de pior pode acontecer?

— Ele arrasar meu coração ou ele não querer nada comigo e eu fazer papel de trouxa.

— E o que fará se isso acontecer?

— Chorar, mandá-lo à merda, curar-me e seguir em frente.

— Viu? Acho que já venceu coisa mais difícil.

— Verdade. É isso! Vou me soltar e viver isso, seja lá o que for.

— Essa é minha garota!

— Obrigada, Cláudia.

Após ser recebida com muito amor pelos cães, cuidei deles e tomei um bom banho para alinhar meus pensamentos. "Ok, Helena! Agora você vai se entregar a essa experiência.

Rindo sozinha, saí do banheiro cantarolando. Meu telefone tocou, trazendo-me de volta à realidade.

— Deve ser a Cláudia.

Atendo sem olhar para o nome que aparece na tela.

— Helena?

— Oi, quem é?

— Sou eu, Gustavo!

— Tudo bom?

— Tudo. Minha secretária disse que os horários não bateram?

— É, infelizmente.

— Uma pena... Estou precisando mesmo disso. Estou chegando em casa agora e ainda vou trabalhar, acredita?

— Bom, tive uma ideia.

— Qual?

— Que tal um jantar aqui na minha casa depois do evento de sexta-feira? Assim eu te provo que sou boa cozinheira e boa em gestão de negócios, tudo no mesmo dia.

Escuto ele rindo do outro lado da linha.

— Gostei dessa proposta.

— Então resolvido?

— Sim, mas se não passar no teste, posso pensar em algo para se redimir?

— Eu sei que vou passar.

— Sua autoconfiança me inspira, sabia?

Dei uma risada no telefone. Como eu queria ele ali naquele momento. Eu de toalha e ele... Nossa! Não quero nem imaginar o que eu faria.

— Foi muito bom falar com você. Estava precisando ouvir sua risada. É um relaxante natural.

— Fico feliz em ajudar, Sr. Capanemma!

— Que saco! Estão chamando para a reunião aqui. Não queria desligar.

— Vamos nos ver amanhã no evento, certo?

— Isso! Não vejo a hora. Boa noite, Helena!

— Boa noite e bom trabalho!

Que ligação mais doida, né? Enfim, sexta-feira talvez acontecesse algo ou não. Pelo menos, tirava qualquer dúvida da cabeça.

Na quinta-feira o evento foi incrível, as mulheres adoraram. Só não vi Gustavo depois que a palestra começou.

— Georgia, devo esperar o Gustavo voltar?

— Não precisa. Tivemos um problema no hotel da zona leste e ele foi correndo para lá.

— Ah, entendi. Bom, vou indo. Até amanhã!

— Obrigada, Helena. Até amanhã.

Voltei para o consultório e falei com Letícia e Cláudia sobre a proposta de Gustavo.

— Achei incrível! Teremos que revezar e organizar nossas agendas, mas nossa... Quantas pessoas poderíamos auxiliar!

— Pois é, pensei isso.

— Esse seu crush é muito bom patrão, hein?

Fiquei vermelha com a observação da Lê. Tossi e desviei desse assunto:

— Fechado! Vou falar com ele.

Mandei uma mensagem para Gustavo avisando que tínhamos avaliado a proposta. Ele me ligou na hora.

— Oi, Gustavo. Desculpe, sei que está ocupado.

— Helena, eu que peço desculpas. Saí correndo devido ao problema aqui no hotel. Um vazamento enorme, mas já foi controlado.

— Imagino. Eu só quis avisar mesmo.

— Podemos conversar sobre isso na nossa reunião de negócios amanhã. O que acha?

— Boa ideia!

Nisso, ouvi alguém chamando o nome dele ao fundo.

— Preciso ir. Infelizmente, acho que hoje não sairei tão cedo do trabalho.

— Compreendo, vai lá. Bom trabalho.

— Até amanhã, Helena! Já estou ansioso.

— Vou te surpreender.

— Eu acredito!

Ele desligou. Como podia me sentir tão feliz em ouvir a voz de alguém?

O dia passou e cheguei em casa por volta das 19h. Organizei as coisas e caí na cama, exausta. O dia foi cansativo.

E, finalmente, a sexta-feira chegou. Estava um pouco ansiosa com o jantar, como uma colegial que vai ficar em casa sozinha com o namorado pela primeira vez. Como de costume, minha agenda na parte da manhã estava organizada para atendimentos a cunho social.

— Oi, Mirella. Bom dia! Como está minha agenda?

— Oi, Sra. Helena. Hoje marquei a Sra. Olivia às 8h e ela já chegou. E depois tem o Sr. Robson. Marquei apenas esses dois devido ao evento.

— Perfeito, Mirella! Você é a melhor secretária deste mundo!

Ela sorriu e eu fui para minha sala, onde a Olivia, do evento do Grupo de Mulheres, já estava esperando.

— Oi, Olivia. Que bom ver você aqui.

— Sim, agendei na segunda-feira. Obrigada, mesmo!

Sentamo-nos e ela parecia um pouco nervosa.

— Olivia, você está em um ambiente seguro. Quer me contar o que está acontecendo?

— Eu errei tanto, Sra. Helena! — ela respondeu, com os olhos cheios de lágrimas. Conseguia sentir a dor em suas palavras.

— Pode me chamar de Helena. O que aconteceu?

— Bom, eu errei em algumas decisões. Era casada com um bom homem, mas por me sentir muito só acabei me envolvendo com outro homem e engravidei dele.

— Entendo. E o que houve depois?

— Separei-me e fiquei com o homem com quem estava tendo um caso, pois acabei me apaixonando por ele, mesmo sabendo que era errado. No divórcio fiquei com um dos empreendimentos do meu ex-marido. Meu atual marido tentou administrá-lo, mas perdeu tudo. Agora ele só fica em casa bebendo. Estou vivendo com ajuda dos meus pais e não sei mais o que fazer.

— Entendo. Vamos por partes. Esse seu primeiro casamento, como você se sentia quando começaram a namorar?

— Ele era um cavalheiro, sempre preocupado comigo. Trabalhava muito para me dar uma vida confortável e eu gostava muito dele.

— Você gostava? Só isso?

— É... Quando me casei eu só queria sair da casa dos meus pais. Estava com 26 anos e queria minha liberdade. Acho que eu não o amava, esse foi um dos meus erros, mas eu o admirava. A força que ele tinha, a vontade de construir uma vida diferente.

— E por que o traiu?

— Eu estava sempre sozinha. Ele trabalhava demais, passava vários dias fora de casa. Eu tentei ter filhos e ele nunca quis. Eram muitas brigas e ele me cobrava muito.

— Cobrava o quê?

— Que eu estudasse, que o ajudasse nos negócios. Mas eu detestava aquilo, queria ter filhos, uma família grande, e isso ele me negava.

— Entendi. E esse homem, seu atual marido, como aconteceu?

— Ele era sócio do meu ex-marido. Lindo, simpático, cheio de vida, ousadia... Ele tinha minha idade. Toda vez que meu ex-marido viajava, ele ficava para cuidar das coisas aqui. Ele conversava horas comigo, me elogiava, e acabou acontecendo.

— Ele atendeu as necessidades que você tinha como mulher nessa época.

— Mas eu menti para meu ex-marido durante meses. Eu não queria perder a tranquilidade financeira e a vida que ele me proporcionava. Eu juro que achei que seria só uma transa casual, mas o caso foi ficando sério e eu fui me apaixonando de verdade pelo Júlio, meu atual marido.

— E?

— Eu ia pedir o divórcio. Estávamos esperando o Júlio conseguir uma cota maior na sociedade.

— O que houve?

— Meu ex-marido nos pegou e veio tudo por água abaixo. Descobri que estava grávida e tudo desabou.

— Imagino... O que você sentiu quando descobriu que estava grávida?

— Desespero, medo, raiva de mim mesma.

— O filho é do ex ou do atual?

— Do atual. Eu até pensei que pudesse ser do meu ex-marido, mas há meses não tínhamos relações.

"Essa história está idêntica à que Gustavo me contou. Não pode ser a ex-mulher dele. É coincidência demais!".

— E Júlio? Como ele reagiu?

— Ele me apoiou muito. No começo foi uma fase muito feliz, apesar da depressão que eu tive. Mas depois que o bebê fez um ano, os negócios começaram a ficar ruins. A empresa do meu ex-marido se fortaleceu e não tinha como competir e acabamos falindo. Júlio ficou arrasado e começou a beber.

— Entendo. Hoje ele não trabalha?

— Ainda temos a imobiliária, mas vende muito pouco e as contas não param de chegar.

— Olivia, sinto muita culpa em sua fala. Essa culpa bloqueia toda a sua vida. É bem complicado construir uma nova vida sem se despedir corretamente da anterior.

Ela desabou em lágrimas.

— Ele foi um homem tão bom para mim e eu o traí. Aquele olhar, me vendo nua com seu melhor amigo na cama... Eu nunca me esqueci disso. Ele nunca vai me perdoar.

— Olivia, antes de buscar o perdão dele, precisamos olhar para você.

— Como assim?

— Você precisa se perdoar. Você estava se sentindo sozinha, triste, sem poder ter seu sonho de ser mãe realizado. Estava frágil e cedeu aos impulsos e à carência. Está tudo bem! Você é humana, cometer riscos, cometer erros, faz parte.

— Mas eu o traí.

— Sim, você errou, mas pelo que percebi, o casamento estava abalado antes disso.

— Sim, é verdade.

— Olha, vamos fazer uma prática de autoperdão?

— Vamos.

Fizemos a prática e ela chorou muito.

— Agora, Olivia, você vai fazer outra prática durante a semana, antes de dormir, todos os dias.

— Ok. Vou fazer. Estou me sentindo muito mais tranquila.

— E quero que coloque na sua rotina momentos para você. Se arrume, se olhe nos olhos, curta uma música que você gosta. Faça algo por você.

— Tá bom. E quanto ao Júlio?

— Nada por enquanto. Vamos ver se sua mudança reflete nele.

— Tá bom. Obrigada de verdade!

Ela foi embora e eu não conseguia parar de pensar no Gustavo. Era muita coincidência. "Conto ou não conto para ele? Eu nem sei se é verdade. E não posso falar nada que trabalhei na sessão com ela". Bom, encerrei as sessões e logo após o almoço fui para o encerramento do evento.

Cheguei 30 minutos antes e já arrumei o auditório.

— Que mulher pontual e linda!

Olhei para trás e lá estava ele, lindo, com uma blusa social branca e calça social preta. Ele estava mais despojado, sem gravata, sem paletó e com o cabelo um pouco mais bagunçado do que o normal.

— Oi! Como você está? Deu tudo certo ontem?

— Sim. Foi cansativo, mas deu tudo certo.

— Faz parte de ser dono de empresa, certo?

Ele continuou se aproximando e ficou a centímetros de mim. Todo meu corpo reagiu a essa aproximação. Ele percebeu e sorriu.

— Pois é, faz parte. Estou curioso para saber o que me aguarda hoje à noite. Preciso levar um sal de frutas ou algo assim?

— Sua falta de credibilidade nas minhas habilidades culinárias me desaponta — falei sorrindo e ele me olhou com intensidade.

— Bom, hoje é seu dia de me provar que é boa nisso também.

— Você nem imagina a quantidade de coisas em que eu sou boa.

Ele sorriu, malicioso, mas fomos interrompidos por Georgia, que percebeu o clima.

— Olá! Interrompo?

Gustavo pigarreou e olhou para Georgia com um olhar de quem estava aprontando.

— Não. Estava apenas alinhando com a Helena o fim do evento.

— Sei... Bom, as meninas estão chegando.

Ele se afastou, mas não antes de me dar um olhar expressivo como se dissesse: "Até mais tarde".

O evento se encerrou e foi lindo. As colaboradoras amaram e a repercussão na mídia foi excelente. Ganhei vários seguidores no meu Instagram.

Então fui para casa me preparar para o jantar, afinal, era o grande dia. Olivia voltou à mente, mas antes de falar qualquer coisa, precisava ter certeza.

Marquei com Gustavo às 20h, e graças a Deus cheguei com duas horas de antecedência em casa. Ia fazer uma massa gratinada no forno, servindo também uma salada. "Quero ver ele duvidar dos meus dotes culinários depois desta noite!".

Depois de cuidar dos cães, adiantei o jantar e fui me preparar. Tomei banho, coloquei um vestido amarelo de tecido leve, simples, mas muito bonito, de amarrar, que valorizava bem meu corpo. "Hoje vou ousar um pouquinho!".

Exatamente às 20h, a campainha tocou. O cheiro da massa gratinando no forno preenchia o ambiente. Fui até o portão e ao abrir, nossa! Que visão! Ele estava lindo, de cabelo molhado, uma camisa verde, calça jeans e tênis.

— Você está muito bonita. E consigo sentir o cheiro daqui. O que está aprontando lá dentro?

— Eu disse que ia te provar que sou boa cozinheira.

Ele entrou e logo Luís e Lilica foram cumprimentá-lo.

— Oi! Como vocês estão? — ele falou, entregando-me uma sacola e abaixando-se para acariciar os cães, que adoraram e o encheram de lambidas.

— O que é?

— Trouxe um vinho para acompanhar e uma sobremesa.

— Maravilha! Mas não precisava.

— Imagina! Minha mãe me ensinou a nunca ir comer na casa das pessoas de mãos vazias.

Ele se levantou, com os cães correndo em volta dele querendo brincar.

— Se deixar eles vão ficar pulando em você até amanhã.

— Eu adoro cães!

Ele jogou a bolinha para os dois, que correram felizes para pegá-la, trazendo-a de volta.

— Entre. Fique à vontade. Está quase pronto.

— Hum... Que aroma delicioso. O que é?

— Curioso, hein?

Ele riu. Estava bem mais à vontade do que nas últimas vezes em que nos vimos. Fomos para a cozinha. Só então vi que ele tinha levado a mochila com o notebook. Tirando-a do ombro, colocou-a sobre o sofá.

— Precisa de ajuda? Sou um bom auxiliar de cozinha!

— Não, está tudo sob controle. Mas pode me ajudar a arrumar a mesa.

Ele se aproximou e pegou os pratos, olhando para mim com um olhar diferente, mais malicioso, eu diria, analisando os detalhes do meu corpo.

— Acho que já está pronto. Espero que esteja com fome.

— Estou mesmo. Fiquei no escritório até as 19h. Só passei em casa e tomei um banho rápido.

— Deve estar cansado. Coloca a salada na mesa, por favor.

Ele pegou a salada e o vinho e os colocou na mesa.

— Bom, com você parece que o cansaço some.

Nossos olhares se encontraram e eu tive a impressão de que ele estava flertando comigo. Tirei a massa do forno e ele fez uma expressão tão fofa que deu vontade de agarrá-lo.

— É... Acho que perdi essa, viu! Olha essa massa!

— Espero que esteja bom.

Sentamo-nos à mesa e nos servimos. Ele colocou uma boa garfada na boca e fechou os olhos.

— Então? Passei no teste?

Ele bateu palmas e logo pegou outra garfada.

— Isso está simplesmente divino! Acho que encontrei a criadora das receitas do Gusto Mamma!

Sorrindo satisfeita, dei um tapinha no peito e disse:

— Viu! Eu sou multipotencial. Faço várias coisas. E bem-feitas!

— E como!

— Está me devendo um bom pedido de desculpas por ter duvidado das minhas capacidades, Sr. Capanemma.

Ele me olhou levantando a sobrancelha, com aquele olhar que era tão profundo, mas que eu não sabia o que significava.

— Ainda falta uma coisa, esqueceu?

— Negócios? Vou te provar como sou boa nisso também. Praticamente, sou eu quem gerencio o consultório. Lê e Cláudia detestam a parte administrativa.

— Sério?

— Sim. Eu sou formada em economia e, como já te disse, trabalhei muitos anos em administração e finanças em grandes empresas.

Ele ficou quieto por alguns instantes, como se estivesse escolhendo as palavras certas, ainda comendo a massa. Pegando o vinho e dando um gole, ele disse:

— Você é um pouco intimidante, sabia?

Olhei bem para ele. Precisava que ele se abrisse comigo, precisava saber o que ele estava pensando antes de avançar mais.

— Eu? Por quê?

Ele olhou bem dentro dos meus olhos, depois para meus lábios e voltou para meus olhos.

— Você é completamente diferente das mulheres que já conheci.

— Diferente como? — perguntei dando um gole no meu vinho e jogando meu cabelo para trás.

— Você é uma mulher livre, dona de si. Sabe quem é, sabe que consegue vencer qualquer coisa e...

— E?

— Não precisa de um homem. Definitivamente, você é totalmente muito bem resolvida sozinha.

— E isso é ruim?

— Não. Na verdade é tranquilizante, mas intimidante ao mesmo tempo.

— Você também é um homem intimidante, Sr. Capanemma.

— Eu já escutei isso. Mas imagino que sua visão seja diferente da maioria, então por que me acha intimidante?

— Ouso dizer que pelos mesmos motivos que me descreveu como "intimidante".

Ele riu, satisfeito.

— Viu! Você é simplesmente única!

Meu rosto esquentou e eu desviei o olhar, concentrando-me na comida.

— Estou muito satisfeito. Ah... Que saudade de uma comida caseira assim! Obrigado mesmo por isso!

— Bom, você me desafiou, lembra-se?

— Acho que vou te desafiar mais vezes — ele respondeu, pegando os pratos na mesa e levando até a pia.

— Eu vou lavar a louça. Mas não vou saber guardar no lugar certo.

— Tudo bem, mas não precisa, Gustavo.

— Eu gosto. E assim acabamos mais rápido.

— Ok!

Acabamos de organizar a cozinha e nos sentamos no sofá com as taças de vinho e o doce que ele havia levado.

— Esse doce é muito gostoso.

— Sim. Trouxe de uma viagem a São Paulo. Castanha com chocolate amargo.

— Delicioso! Bom, vamos ver sua agenda e como podemos melhorar sua vida.

— Helena, não precisa se estiver cansada.

— Imagina! Adoro organizar as coisas. Vamos lá!

Ele pegou o notebook.

— Bom, olhe você mesma. Essa é minha vida.

A agenda dele era, literalmente, desumana. Quinze minutos de intervalo para almoço e uma reunião em cima da outra.

— Por que se reúne semanalmente com todas as equipes?

— Para repassar as prioridades da semana.

— Mas essas áreas não possuem gestores ou gerentes?

— Sim, todas possuem. Gerente, coordenador e, algumas, supervisor.

— Certo. E essas reuniões aqui?

— Ah! Esse dia eu organizo as compras de materiais, como toalhas, alimentos... Essas coisas.

— Ok! Sua empresa tem um setor de suprimentos ou compras, certo?

— Tem sim. Eles fazem a operação depois que eu libero as listas de compras.

— Tá... Vamos lá! Vou ser sincera. Eu começaria delegando as atividades.

— Delegar?

— Sim. Posso? — pergunto, apontando para o notebook que está no colo dele. Ele me entrega, concordando com a cabeça.

— Primeiro, colocaria a reunião com os gerentes responsáveis pelos setores quinzenalmente e eles ficariam responsáveis pelas reuniões semanais com a equipe, passando para você apenas os casos mais críticos, afinal, eles são gerentes e devem ter qualificação para liderar. Se não tiverem, você nunca vai saber no atual formato.

— Certo. Continue.

— Compras. Isso não deve ser feito pelo dono de uma empresa do porte da sua. Delegue essa tarefa para o setor de compras e determine alçadas de aprovação.

— Como isso funcionaria?

— Por exemplo, o analista de compras precisa fazer no mínimo três orçamentos e passá-los para a aprovação do coordenador e do gerente. Poderia ser determinado algo como: compras até R$ 5.000, aprovação apenas do coordenador; compras acima de R$ 5.000 até R$ 30.000, aprovação do coordenador e gerente; e acima disso, aí sim, a sua. Mas antes é bom ver o histórico dos valores das compras dos últimos seis meses para verificar os valores mais recorrentes e a que se referem.

— Entendi.

— Olha só... Se você fizer já liberará quase toda sua agenda e poderá focar no gerenciamento e no crescimento de sua empresa — falei, mostrando para ele o esboço da agenda alterada.

Ele me olhou, seu olhar brilhava de forma intensa.

— É... Você é muito melhor que meu consultor de negócios. Ele nunca me disse algo tão simples, que faz tanto sentido.

Sorrindo, devolvi o notebook para ele. Nossas mãos se tocaram, o que fez com que todos os pelos do meu corpo se arrepiassem imediatamente.

Ele me olhou. Suas pupilas estavam dilatadas e só então percebi o quanto ele estava perto. Podia sentir sua respiração, seu perfume amadeirado. Tudo nele me atraía. Fiquei presa no olhar dele, era como se todo meu corpo falasse: "Sim, é isso!".

Ele se aproximou mais e olhou para meus lábios, passando a língua nos dele com desejo. Seu olhar voltou para meus olhos, pedindo permissão, e eu só consegui olhar de volta.

— Eu não consigo mais ficar longe de você, Helena...

— Não fique.

Ele se aproximou ainda mais e me beijou intensamente. Nossos lábios se tornaram um só e todo meu corpo respondeu ao toque dele. Eu me abri para ele, pronta para recebê-lo. Ele colocou uma mão em minha cintura e a outra em meu pescoço, apertando minha cintura com carinho, controlando sua força, como se estivesse se segurando. Eu coloquei uma mão em seu pescoço e a outra em seu cabelo, rendendo-me completamente ao momento.

Não parecia existir mais nada além de Gustavo e eu. Só o via, só o sentia, todo meu corpo o desejava tanto que não sei nem explicar. Ficamos assim, beijando-nos intensamente por um tempo, nossas línguas em harmonia, apreciando cada centímetro da boca um do outro. Era como se estivéssemos com sede um do outro. Essa conexão durou mais alguns minutos, até que ele se afastou ofegante e me olhou nos olhos, seu olhar cheio de desejo, com uma chama que eu não tinha visto antes.

— Helena... Eu... Nossa!

Ele desviou o olhar e pegou uma almofada, colocando no colo para esconder a ereção enorme que parecia que ia rasgar sua calça. E eu não estava diferente, estava muito excitada. Se ele não tivesse parado, teria ido até o final com ele, ali mesmo, no sofá.

Passei a língua nos meus lábios, ajeitando uma mecha de cabelo atrás da orelha. Esse movimento trouxe o olhar dele direto para mim.

— Você é muito sedutora. Está difícil ser um cavalheiro agora.

Satisfeita com o efeito que causei, aproximei-me dele e perguntei:

— Sério?

— Sim. Acho que nunca fiquei tão, hã... digamos, interessado assim em alguém.

— Hum... Interessante! Então me diga... Se você não fosse um cavalheiro, o que faria agora?

Ele me olhou com muito desejo e em um só movimento deitou-me no sofá, ficando sobre mim com aquele corpo forte.

— Quer mesmo saber?

Sua respiração estava ofegante, seus olhos estavam dilatados e totalmente dentro dos meus, profundos e ansiosos.

— Quero muito.

Como se eu tivesse colocado um sinal verde de permitido na testa, ele se soltou e liberou o desejo que estava segurando. Ele me beijou de modo ainda mais intenso do que antes. Suas mãos grandes passeavam pelo meu corpo com ansiedade, seus lábios deliciosos encontraram o lóbulo da minha orelha direita e... nossa! Como pode um beijo na orelha ter esse efeito?

Então ele desceu, parando em meu pescoço, beijando-o com intensidade. Senti sua mão subindo pela minha coxa e... meu Deus! Era ainda melhor que em meus sonhos. Quando ele estava quase chegando em seu alvo, meu celular tocou e ele parou e disse:

— Precisa mesmo atender?

Tentando voltar ao meu corpo, olhei para ele e percebi o que quase tinha acontecido. "Foi por pouco! Salva pelo celular!".

— Deixa só eu ver se é alguma urgência.

Ele se levantou, eu ajeitei meu vestido e fui até a mesa onde meu celular estava. Era a Letícia. "A esta hora?", pensei.

— Oi, Lê. Está tudo bem?

— Lena, me perdoa a hora, mas preciso da sua ajuda.

— Claro. O que houve?

— Lucas está passando muito mal. Acho que é intoxicação alimentar. Ele está com vômito, diarreia e agora deu febre alta. Preciso levá-lo ao hospital, mas Luan está dormindo. Você pode vir para cá e ficar com ele até voltarmos?

— Claro! Chego em alguns minutos.

Gustavo observava a conversa e perguntou:

— Problemas?

— Sim... Minha amiga precisa que eu olhe o filho enquanto leva o marido ao hospital.

— O que houve?

— Parece que está com intoxicação alimentar. Gustavo, me desculpe, mas preciso mesmo ajudá-la.

— Imagina! Sem problemas. Eu levo você lá. Bebi pouco.

— Ok. Vou só pegar uma blusa.

Saímos e no caminho estava um silêncio constrangedor dentro do carro.

— Desculpa a noite acabar assim.

— Helena, a noite foi incrível.

Ele sorri e me olha.

Chegamos à casa da Letícia.

— Obrigada pela carona.

— Eu que agradeço a noite maravilhosa. Agora vai. Eu te ligo.

— Obrigada.

Entrei na casa de Letícia e ela já estava na porta com Lucas, segurando uma sacola.

— Obrigado, Lena. Acho que foi o peixe frito que comi.

— Eu já falei para ele não comer essas coisas na rua. Lena, estou indo. Qualquer coisa me liga. Nem sei como te agradecer.

— Imagina. Agora vão e me deem notícias.

"Acho que eu que preciso agradecer a Letícia. Eu quase transei com Gustavo no sofá, sem ter planejado nada, sem saber se ele quer algo mais sério. Isso poderia complicar tudo.

Subi as escadas e vi Luan dormindo profundamente agarrado ao seu ursinho de pelúcia. Desci na ponta dos pés e fui até a cozinha para preparar um chá. Meu corpo ainda estava quente com os acontecimentos da noite. Quando coloquei a água para aquecer, meu celular vibrou. Era Gustavo.

— Oi! Como estão as coisas aí?

— Tudo bem. Eles já foram para o hospital.

— Acabei de chegar em casa.

— Que ótimo! Deve estar cansado.

— Na verdade, eu queria mesmo era estar com você, mas...

— Mas?

Ele respirou fundo.

— Eu não quero estragar tudo com você indo rápido demais, então me desculpe se quase perdi o controle hoje.

"Espera, ele está pedindo desculpas por quase termos transado?".

— Não precisa pedir desculpas. Sei que contribuí para isso.

Ele sorriu do outro lado da linha e suspirou.

— E como contribuiu.

— Também me empolguei, digamos. Vamos com calma, então!

— Vou tentar. Prometo!

— Eu também.

— O que vai fazer amanhã? É sábado.

— Amanhã vou apenas organizar as coisas para a semana. Não sei que horas eles voltarão do hospital.

— Entendo. Bom, vou tomar um banho e me deitar. Vai me dando notícias?

— Dou sim. Vai lá.

— Helena?

— Oi?

— Eu estou realmente gostando muito de você.

"Uau, não esperava por essa!".

— Eu também, Sr. Capanemma!

Ele riu e se despediu com um beijo.

Terminei de preparar o chá e subi para o quarto de Luan, sentando-me na cadeira de balanço ao lado da cama dele. Letícia enviou mensagem avisando que já estavam no hospital e que Lucas seria atendido logo.

Tomei meu chá enquanto observava Luan dormindo tranquilamente. "Será que algum dia vou querer filhos? Olhando-o assim, tão tranquilo, dá até vontade. Mas, enfim, meu relógio biológico estava avançando e o desejo ainda não tinha despertado".

Pensar em filhos me fez lembrar de uma coisa. "Meu Deus! Não tomo anticoncepcional há tempos! Uma transa sem cuidado poderia resultar em gravidez!". Um alívio me preencheu. Graças a Deus e à Santa Letícia, a noite com Gustavo foi interrompida. Não sei se ele anda prevenido por aí. E pensei: "Na dúvida, vou marcar uma consulta com minha ginecologista e comprar uns preservativos. Vai que, né?".

Letícia e Lucas voltaram perto das 2h.

— Lena, obrigada! Luan acordou?

— Não. Ele está dormindo feito um anjo. Como Lucas está?

— Melhor. Foi medicado e tomou soro. Agora é descansar.

— Quer que eu fique para ajudar?

— Não precisa. Deve estar cansada. Vou te levar em casa.

— Não, Lê. Chamo um Uber. Fique aqui com seus meninos.

Ela sorriu, com expressão cansada.

Já em casa, deitei-me e dormi rapidamente. Estava muito cansada. Acordei com meu celular tocando. Ainda sonolenta, esfreguei os olhos e tentei me lembrar de onde tinha deixado o celular. Ele estava no criado-mudo ao meu lado.

— Alô...

— Helena? Te acordei?

— Gustavo?

— Isso. Como você está?

— Bem. Nossa! Que horas são?

— Oito. Desculpa te acordar.

— Meu Deus! Está tarde! Obrigada por me acordar — falei rindo e levantando.

— Quero te fazer um convite.

— Seus convites geralmente são bons. O que é dessa vez?

Ele riu.

— Que tal um dia de praia? Conheço uma praia um pouco mais distante que é simplesmente linda. Topa?

— Praia distante? Vai vender meus órgãos ou algo assim?

Ele riu novamente e disse:

— Talvez. Devem valer alguma coisa.

— Seu espertinho. Eu topo sim.

— Que bom! Porque estou saindo daqui e chego aí em 20 minutos.

— Já?

— Sim. É bom ir cedo para aproveitar o Sol da manhã. Estou levando o café, então é só se arrumar.

— Certo! Vou lá então.

— Logo nos vemos.

Levantei, cuidei dos cães e organizei as coisas para levar. Daí tomei um banho rápido e coloquei meu biquíni de crochê branco, meu short jeans e uma camiseta branca. Amarrei meu cabelo em um rabo de cavalo e estava pronta. Pontualmente, em 20 minutos, ele ligou.

— Oi! Estou aqui fora. Se precisar de mais tempo, eu espero.

Eu já estava na porta quando ele ligou e saí. Ele me olhou da cabeça aos pés, como se pudesse armazenar minha imagem.

— Oi! Bom dia! Como consegue ficar ainda mais bonita, Sra. Helena Soares?

Sorrindo, entrei no carro.

— Bom dia!

Ele me deu um selinho e me entregou um copo de café e um pacote de pães de queijo quentinhos.

— Desculpe, mas seu café terá que ser em movimento hoje.

— Sem problema algum. Aonde vamos?

Ele ligou o carro e começou a dirigir. Estava lindo, com uma camiseta branca que mostrava seus braços fortes tatuados e uma bermuda azul-claro.

— É uma praia a uma hora daqui. É linda, um pouco deserta. Acho que você vai gostar.

— Tenho certeza de que vou.

E seguimos rumo ao nosso destino, ouvindo um rock suave. Ele cantarolava algumas canções e vi que ele falava inglês muito bem. Gustavo possui uma voz linda e gostosa de ouvir, e é algo que me fez desejá-lo ainda mais.

— Tá aí uma coisa em que sou péssima.

Ele olhou para mim com um sorriso divertido no rosto.

— Você? Péssima em alguma coisa? Difícil de acreditar depois de ontem.

Meu rosto queimou. Ele tinha que se lembrar da nossa quase transa? Tentando me recompor, endireitei-me no banco do carro e respondi:

— Não sei falar inglês e sou uma péssima cantora.

— Sério? Sua voz é tão bonita.

— Falando, né? Porque cantando é igual a uma taquara rachada.

Ele riu gostosamente. E que risada mais agradável!

— Bom, tinha que haver algo em que não fosse excelente. Mas tenho certeza de que se treinar, ficará.

— Quem sabe! Mesmo ficando na Inglaterra um mês, aprendi pouco da língua.

— Inglaterra, é?

— Sim. Um grande amigo mora lá com a família. Fiquei com eles antes de me mudar para Fortaleza.

— Não conheço lá. Dizem que é muito bonito.

— É mesmo. Eu adorei.

E continuamos a viagem, até que eu avistei um mar azul-esverdeado de tirar o fôlego de tão lindo.

— É ali. Mas não dá para ir com o carro. Vamos andar uns cinco minutinhos, ok?

— Tudo bem.

Ele pegou um cooler e duas cadeiras de praia.

— Veio preparado, hein!

Ele sorriu.

— Sim. Aqui não tem barracas e trailers. Trouxe bebidas e lanches para nós.

Seguimos pela trilha e a visão do lugar era simplesmente mágica. O mar era calmo e as ondas pareciam dançar quando encontravam a areia. O azul do céu se misturava ao do oceano, combinando-se em uma harmonia invejável, dando uma atmosfera ainda mais especial ao local. Alguns casais estavam ali. Poucos, na verdade.

— Como o mar aqui é calmo, alguns casais com filhos gostam de vir. Mas é profundo em alguns pontos. É preciso tomar bastante cuidado.

— Você sabe nadar, né?

— Sei sim. Fique tranquila. Vou cuidar de você.

Andamos mais um pouco e encontramos um lugar perfeito, perto a um conjunto de pedras e árvores, que faziam sombra.

— Está perfeito aqui — ele disse, colocando as cadeiras e me convidando para sentar. Esse jeito dele, de sempre antecipar minhas necessidades, de cuidar de mim, deixava-me ainda mais atraída por ele.

Gustavo tirou a camiseta e meu corpo reagiu na hora. Sem que eu notasse, meus olhos percorreram aquele corpo e, lógico, ele percebeu e sorriu, feliz com o efeito que causava em mim. "Precisa ser tão gostoso? Como vou conseguir 'ir com calma' com tudo isso?".

Sentando-se em uma das cadeiras, ele pegou uma garrafa de água no cooler, sorrindo para mim e com aquele olhar satisfeito dele.

— O dia está lindo demais! Obrigada por me trazer.

Desviei o olhar dele e tirei a blusa, sem ver que o olhar dele acompanhava cada movimento que eu fazia, até que comecei a tirar meu short. Os olhos dele entraram em chamas na hora. Ele mordeu o lábio inferior.

— Nossa!

— O que foi?

Ele pegou a camisa e colocou-a em seu colo para tentar esconder o grande volume que começava a surgir entre suas pernas.

— Acho que não estava preparado psicologicamente para isso — ele falou, movendo seu olhar por todo meu corpo, um olhar que praticamente me despiu de tanto desejo. Vindo dele, esse olhar me causava a mesma excitação e meu deu uma vontade quase incontrolável de tirar o resto e fazer amor com ele ali mesmo.

— Preparado para o quê? — perguntei, provocando-o, aproximando-me ainda mais dele.

— De ver você assim, de biquíni. Nossa! Estou começando a ter certeza de que vai ser muito difícil "ir com calma" com você — ele respondeu, um pouco sem jeito, e eu me sentei ao lado dele, na cadeira.

Então ele disse, ainda um pouco sem graça por ter se excitado e tentando desviar o assunto:

— Você não sabe nadar?

— Sei um pouco, mas tenho muito respeito pelo mar. Sei que a força dele supera a minha.

— Você está certa. Não é prudente se arriscar muito em mar aberto. Mas conheço bem aqui. Se quiser podemos entrar um pouco na água. Sei exatamente onde ele fica mais profundo.

— Vem muito aqui?

— Sim, adoro essa praia. É mais vazia, consigo relaxar e descansar aqui.

— Quero entrar sim. Só passar protetor e é bom você passar também.

— Está certo.

Ele passou o protetor no peito, no pescoço, nas pernas, mas não conseguiu passar nas costas.

— Posso passar para você nas costas, se quiser.

— Claro! Obrigado!

Comecei a passar o protetor nele e vi que o corpo dele reagiu ao meu toque, arrepiando-se a cada toque meu.

Aproveitei para massagear um pouco os ombros e as costas dele.

— Isso é muito bom! Quanto vai me custar essa sessão de massagem?

— Hum... Posso pensar em um bom preço.

Ele riu e me olhou nos olhos. Sem pensar, entreguei o protetor para ele.

— Sua vez! Pode passar nas minhas costas?

— Claro!

Eu me virei e consegui sentir seus olhos em meu corpo, o que me aqueceu por inteiro. Aquelas mãos grandes no meu pescoço, costas, lombar... Ainda bem que minha excitação não é visível aos olhos, porque eu estava muito excitada.

Tentando não se entregar ao momento, ele pigarreou e disse:

— Vamos?

— Sim. Onde é mais seguro entrar?

— Vem comigo — ele respondeu, pegando minha mão e me guiando para o mar.

A água estava fria, mas ajudou a aliviar o calor que eu sentia, não sei se pelo clima ou pelo contato com Gustavo.

— Aqui. Se formos mais para dentro, fica fundo demais.

Ele se aproximou e me abraçou pela cintura, olhando com uma força que me atraiu por completo.

— Parece um sonho estar aqui com você.

— Estava sonhando comigo, Sr. Capanemma?

Ele sorriu, grudando o corpo no meu, e pude sentir sua ereção, o que me gerou calafrios de desejo por todo o corpo.

— Você nem imagina quantas noites de sono roubou, Sra. Helena!

— E posso saber como eram esses sonhos?

— Posso fazer melhor do que isso.

— Hum... O que quer dizer?

— Posso te mostrar.

E ele me beijou, um beijo que pausou o tempo e me transportou completamente. Eu me entreguei a esse momento de paixão e desejo. Com ele me sentia segura, respeitada. Era como se minha alma o reconhecesse e soubesse que estava tudo bem.

Nossos corpos roçaram um no outro e as mãos dele começaram a passear pelo meu corpo, deixando um lastro de calor onde tocavam. Sem raciocinar, envolvi minhas pernas na cintura dele, que apertou minha bunda com força. Esquecemos completamente de onde estávamos.

Após alguns minutos nessa conexão intensa, separei-me dele e olhei em volta. Graças a Deus, o mar a nossa volta estava vazio.

Ele percebeu minha hesitação e disse:

— Acho que ninguém viu. Fique tranquila.

Vermelha de vergonha, enterrei minha cabeça em seu pescoço, ainda com a respiração ofegante.

— Que vergonha! Pensa se as crianças veem isso?

— Sabe que a culpa é sua, certo?

Levantei minha cabeça, esticando meu pescoço para olhar para ele.

— Como é? Minha culpa? Quem foi que agarrou quem primeiro?

Ele sorriu e levantou as mãos em sinal de rendição.

— Ok! Culpado! Eu confesso.

E rindo e nos divertindo, entre beijos, carícias e brincadeiras, ficamos ali até perto de meio-dia.

— Estou ficando com fome. O que acha de almoçar na minha casa hoje?

— Não sabia que era um bom cozinheiro.

— Não sou mesmo, mas Tereza deve ter feito um almoço delicioso lá.

— Tereza?

— Sim, é minha assistente do lar. Quase da família, na verdade. Está comigo há anos.

— Aceito sim. Também estou ficando com fome.

E voltamos para a cidade.

Chegamos em um prédio enorme, pertinho da principal praia da cidade, com muitos andares. O prédio era muito elegante, janelas de vidro enormes. Ele estacionou na garagem no subsolo do prédio.

— Chegamos.

Ele saiu do carro e abriu a porta para que eu saísse.

— É lindo aqui.

— É mesmo. Pena que eu quase não fico em casa. Perdi a conta de quantas vezes dormi no escritório. É por isso que ainda não tenho cachorro. Tereza que fica em casa e me ajuda a cuidar de tudo.

Entramos no elevador e ele apertou o último andar.

"É claro que ele mora na cobertura, né, Helena?".

Chegamos na cobertura. Gustavo abriu a porta e... Uau! A visão da sala de estar era simplesmente de tirar o fôlego. O sofá era do tamanho da minha sala, eu acho. Quadros com pinturas lindas pendurados nas paredes. Uma cortina cinza-escuro combinava com o tapete. O piso de mármore em tom claro dava um ar ainda mais elegante ao ambiente. Antes que eu pudesse comentar algo, uma senhora que aparentava ter uns 50 anos apareceu e me olhou espantada.

— Sr. Gustavo, não sabia que teríamos visita.

— Oi, Tereza. Esta é a Helena.

Ela me analisou com o olhar e deu um sorriso convidativo.

— Seja bem-vinda. É bom ver outra mulher por aqui.

Gustavo tossiu, como se pedisse para Tereza se calar.

— Estamos famintos e posso sentir o cheiro da sua comida daqui. O que fez de gostoso?

Ele falou colocando as coisas no canto da sala:

— Arroz, bife e batata frita, que você adora.

— Perfeito! Vamos, Helena.

Ele me levou até a cozinha, linda e muito bem decorada com uma bancada de mármore e banquetas altas com bancos de tecido fino. Alguns armários e móveis planejados, plantas, tudo devidamente organizado e combinando.

Uma mesa de quatro lugares estava mais no canto. Ele puxou a cadeira para eu me sentar. Tereza logo veio com a comida.

— Venha, Tereza. Almoce conosco.

— Não, Sr. Gustavo. Temos visita hoje.

— Imagina! Vou adorar que nos faça companhia — falei sorrindo, para ela ficar à vontade. Mesmo porque, a estranha era eu.

— Tudo bem. Acabei de passar os bifes.

— Helena, você vai ver como a comida dela é maravilhosa. Tereza me salva!

Sorrindo, coloquei a comida no prato. Almoçamos tranquilamente, com uma conversa bem animada.

— Vou arrumar aqui. Vão descansar um pouco.

— Eu te ajudo.

Antes que ela pudesse negar, comecei a recolher as coisas da mesa e as levar para a pia. Tereza sorriu satisfeita.

— Você é uma boa moça.

— Obrigada. E não custa nada mesmo.

— Também posso ajudar.

— Não precisa, Sr. Gustavo. Estamos quase terminando.

— Tudo bem. Vou tomar um banho rápido.

Ele saiu e fiquei com Tereza na cozinha.

— Fico feliz de conhecer a mulher que tem deixado o Sr. Gustavo tão feliz!

Olhei para Tereza, que lavava a louça enquanto eu enxugava.

— Como assim?

— Ele tem andado muito feliz nos últimos dias e eu nunca vi nenhuma mulher aqui antes, então deduzi que é por sua causa essa felicidade toda.

— Ele nunca trouxe nenhuma mulher aqui?

— Não. Você é a primeira que vejo. Desde que ele se separou, estava sempre preso no trabalho. Estou muito feliz de vê-lo saindo, aproveitando um pouco a vida. O Sr. Gustavo é um homem bom, merece ser feliz.

— Sim, ele merece mesmo.

— Me promete que vai cuidar dele?

— Claro. Eu gosto muito dele.

— Sinto que é uma boa pessoa, senhorita Helena! — ela disse, com um sorriso de quem realmente estava apenas averiguando a situação, por amor.

Gustavo voltou com o cabelo molhado.

— Sr. Gustavo, posso ir? Hoje é a festa de aniversário da minha sobrinha e os ônibus demoram muito.

— Pode, claro! Mas eu a levo. Não gosto que você fique andando de ônibus por aí.

— Não precisa, Sr. Gustavo!

— Eu insisto, Tereza.

— Posso aproveitar a carona? — perguntei, olhando para Gustavo, que fez uma cara triste.

— Tão cedo?

— Tenho uma cliente hoje, às 17h. E também preciso cuidar dos cães.

— Certo. Também preciso trabalhar um pouco. Tereza mora no bairro logo após o seu, Helena. Se importa se eu a deixar primeiro?

— Não, de maneira alguma.

E saímos juntos da cobertura.

Em casa, tomei um banho, ainda me lembrando do corpo de Gustavo junto ao meu no mar. "Nossa, como eu quero senti-lo!". Sacudindo a cabeça, terminei meu banho e me arrumei para minha cliente das 17h.

Gustavo enviou mensagem avisando que já estava em casa e que iria trabalhar um pouco.

Após a sessão com a cliente, fui para a área externa e brinquei com os cães um pouco, que se divertiram. Entrei perto das 20h e meu celular estava tocando.

— Oi, linda!

— Oi, Gustavo! Como está? Conseguiu terminar o trabalho?

— Adiantei bastante coisa e analisei as informações que me passou sobre as atividades. Segunda-feira mesmo vou conversar com os líderes.

— Ah, que ótimo! Espero que funcione.

— Eu também. Preciso ter vida!

— Precisa mesmo.

— Falando nisso, que tal passar o dia aqui em casa amanhã?

— O dia?

— Sim, acabei nem te mostrando. Tem uma área gourmet com piscina no andar de cima. Pensei em fazer um churrasco para nós dois. Eu sou conhecido como o melhor churrasqueiro de Fortaleza.

— Sério, é?

— Sim. E como o espaço é grande, pensei em trazer Lilica e Luís, assim você fica mais tranquila por eles estarem junto.

Esse simples gesto encheu meu coração de felicidade. A preocupação dele em como eu me sentia foi importante para mim.

— Eles vão bagunçar tudo aí, você sabe, né?

— Eu os adoro. Será muito bom aproveitar esse espaço com vocês. Quase nunca uso.

— Tudo bem. Não tem como resistir a um convite desses.

— Isso! Posso te pegar umas 10h?

— Combinado!

— Vou comprar a carne e uns drinques para nós.

— Delícia!

— Falando em delícia...

— Hum... Sinto cheiro de confusão no ar.

Ele riu do outro lado da linha.

— O que está fazendo agora?

— Acabei de brincar e cuidar dos dois. Estava indo tomar banho e dormir.

— Banho?

— Você está muito sapeca, Sr. Gustavo Capanemma!

— Eu tenho culpa? Estou saindo com a mulher mais irresistível que já vi.

Meu rosto ficou vermelho nessa hora. Ele sabia me deixar vulnerável a ele.

— Você está ficando bem soltinho, né?

Sorrindo do outro lado da linha, ele continuou:

— Queria te ver. Me chama em vídeo quando estiver na cama?

— Chamo sim. Vou só ajeitar as coisas aqui e te chamo.

— Tá bom. Te espero.

Tomei um banho e perto das 22h fiz a chamada de vídeo para ele, que atendeu no primeiro toque.

— Que bom ver seu rosto. Não é normal a saudade que estou sentindo de você, Helena!

Sorri para ele.

— Também estou com saudades.

— Está na cama?

— Sim. E você?

— No sofá. Estava trabalhando até agora — ele falou, mostrando o notebook e uma taça de vinho do lado.

— Cuidado com o que digita bêbado.

Rindo alegremente, ele volta a tela do celular para seu rosto.

— Já imaginou se mando sem querer para um sócio que estou com saudades e queria vê-lo com seu biquíni branco de crochê?

— Seria divertido ver a reação dele!

Ele deitou-se no sofá.

— Acho que nunca vou esquecer essa cena.

— Qual?

— Uma deusa linda de biquíni branco de crochê, cabelo cacheado, olhando para mim em uma praia paradisíaca.

— Uma deusa, é?

— Pois é... Estou aqui agora sem conseguir parar de pensar nela.

— Bom saber disso. Ah! Falando em coisas interessantes...

— O quê?

— Tereza me disse que você nunca levou nenhuma mulher aí. É verdade?

Ele olhou incrédulo.

— Essa Tereza e sua boca grande!

— Isso não responde minha pergunta.

— É verdade sim.

— Bom, mas você namorou depois que se separou, não foi?

— Sim.

— Por que não levou elas aí?

— Posso ser bem sincero?

— Claro.

— Infelizmente, quando se tem dinheiro, a maioria das pessoas se aproxima apenas por isso. Eu evitava trazê-las aqui até ter certeza da índole e do real interesse delas. Lógico, também analisava se os valores correspondiam aos meus. Como imaginava, todas estavam interessadas apenas no status de namorar um cara rico, então terminava antes disso. Confiar depois da minha ex-mulher ficou um pouco difícil.

— Entendi. Triste realidade.

— Sim, faz parte.

— Mas por que eu, então? Confia em mim?

Ele me olhou pela câmera, colocou um braço para cima da cabeça e falou:

— Helena, com você está sendo tudo completamente diferente!

Olhei para ele, encorajando-o a continuar falando.

— Desde o primeiro momento em que vi você no pub, me senti fortemente atraído por você.

— Posso confessar uma coisa?

— Claro.

— Eu também. Pensei que nunca mais fosse te ver depois daquele dia na praia.

Ele sorriu alegremente.

— Eu hesitei um pouco no começo, sei disso. Devia ter falado com você naquele dia, pegado seu telefone, feito alguma coisa. Mas ainda estava com receio de me envolver antes de conhecer a pessoa melhor. Eu percebi que você não fazia ideia de quem eu era aquele dia na praia e mesmo assim você foi você. Me tratou com simplicidade e verdade.

— E?

— Quando te vi no meu escritório aquele dia, minha vontade foi pegar você e beijá-la, mas me contive. Eu jurava que você tinha uma pessoa. Fiquei pensando: "Como uma mulher dessa pode estar sozinha? Que homem ousaria perdê-la?", por isso me mantive afastado até ter certeza de que você estava livre.

— Entendi. Eu pensei a mesma coisa de você, acredita?

Ele sorriu, um sorriso cúmplice por sermos parecidos em tantas coisas.

— Bom, vou deixar você descansar. Amanhã passo aí às 10h.

— Combinado. Boa noite!

— Não vejo a hora de ver você.

— Eu também.

Desliguei o celular e caí em um sono delicioso, sonhando a noite toda com Gustavo.

No dia seguinte, acordei cedo e comecei a organizar tudo que precisava levar de Lilica e Luís para a casa dele.

— Oi, amores. Hoje vamos passear na casa do tio Gustavo. Animados?

Eles abanaram o rabinho satisfeitos. Antes que eu terminasse, Gustavo enviou uma mensagem.

> 'Oi, linda. Não precisa se preocupar em trazer vasilhas ou lugar para eles dormirem. Aqui tem tudo'.

— Ótimo! Vamos pegar só os brinquedos, a ração e as coleiras.

Às 10h em ponto Gustavo chegou. Abri a porta e ele entrou com um grande sorriso no rosto, de bermuda jeans e camiseta preta. Eu adoro vê-lo assim, tão solto e animado.

Luís e Lilica pularam nele, alegres.

— Hoje vamos conhecer minha casa, meninos!

Ele se abaixou e brincou com os dois enquanto me olhava feliz.

— Estamos prontos. Tem mesmo certeza de que não será incômodo levá-los?

— De jeito nenhum! Eu os adoro. Eu resgatei um cão há uns dois meses. Ia ficar com ele, então tenho vasilhas, caminha...

— E por que não ficou?

— Minha irmã se apaixonou por ele e ele por ela. Acabou adotando. Como ela tem uma casa com quintal e trabalha em casa, achei melhor ela ficar com ele. Ah! Tenho até cinto de segurança para cães. Vamos colocá-los no banco de trás com os cintos.

— Entendi. Está ótimo!

E levamos os dois para o carro, que já estava preparado para levá-los.

Chegando no apartamento de Gustavo, subimos até o terraço da cobertura, muito lindo, por sinal. Tinha uma piscina, ducha de banho, área gourmet, algumas plantas em vasos enormes e um bom espaço para os cães, que correram e exploraram o lugar. Gustavo colocou água e ração para eles, que aproveitaram para se hidratar.

— Venham! Vou mostrar onde podem dormir e fazer as necessidades.

Ele levou os dois para conhecer todo o espaço, conversando com eles como se fossem crianças. Muito fofo de ver.

— Você já veio de biquíni?

— Sim, vim pronta!

Ele sorriu e foi para a área gourmet.

— Deixei tudo adiantado. Vou preparar uma caipirinha para você.

— Adoro!

Os cães se divertiram pulando na piscina e brincando até que, cansados, dormiram.

Gustavo preparou um delicioso churrasco e uma caipirinha divina. Ele não tirava os olhos de mim, quase como se pudesse fazer amor com os olhos.

A manhã passou rapidamente. Nossa conversa acontecia de forma tão fácil! Com ele sempre fui eu, nada mais, nada menos, e tudo era simples, tranquilo, fluindo normalmente, como a água em uma nascente.

Após almoçar e pelo sol estar forte demais, decidimos descer para uma sessão de filmes. Os cães se acomodaram no tapete ao lado do enorme sofá-cama da sala de televisão.

— Vou só tomar uma ducha para tirar o cloro da piscina. Quer tomar também?

— Quero sim.

Ele me levou até o quarto de hóspedes e me entregou uma toalha limpa.

— Vou tomar uma ducha rápida e já vamos para nossa sessão cinema.

Ele sorriu e fechou a porta do quarto para me dar privacidade. Combinamos de ir devagar certo?

Tomei uma ducha e fui para sala de televisão. Lilica e Luís estavam até roncando.

— Eles são muito lindos dormindo.

Gustavo chegou secando o cabelo com a toalha.

— Eu amo demais esses pequenos.

Então ele se aproximou, olhando-me nos olhos, reduzindo a distância entre nós.

— Você não sabe como estou feliz de ter você e eles aqui. Parece um sonho de tão perfeito.

Dei um grande sorriso para ele e me deitei no grande sofá-cama. Ele vai para o outro lado e se deitou também.

— Bom, o que vamos assistir?

— Nada de terror, por favor — respondi dando risada.

— Também não curto muito filmes de terror. Suspense eu até gosto. Que tal esse de aventura aqui — ele falou, escolhendo um filme de ação e aventura.

Deitei-me em seu ombro e seu corpo quente logo me aquece. Antes que eu me desse conta, minhas pálpebras ficaram pesadas e acabei adormecendo naqueles braços fortes.

Algumas horas depois, acordei com Luís lambendo meus pés.

— Oi, amor. Nossa! Mamãe pegou no sono.

Olhei para o lado e Gustavo não estava. Levantei-me para procurá-lo e um aroma delicioso de café me levou até a cozinha.

Ele estava no balcão, lindo, sem camisa e com uma calça de moletom preta.

— Oi. Te acordei?

— Não. Luís me acordou. Desculpe, acabei pegando no sono e nem vi o filme.

— Eu dormi também. Fazia tempo que não descansava assim — falou, fechando a garrafa de café.

— Acabei de fazer. E Tereza deixou um bolo de laranja.

— Hum... Concordo, ela é mesmo um anjo.

Sentamo-nos para tomar café. Lilica e Luís foram para o terraço.

— Está ficando tarde. Melhor eu ir para casa.

— Não, Helena! Fica mais um pouco. Eu levo vocês. Ainda nem anoiteceu.

Ele me olhou ansioso, parecia mesmo querer que eu ficasse.

— Não quero abusar. E tem os dois.

— Eles estão adorando brincar no terraço. Cobri a piscina para não ter risco. Fique tranquila.

— Tudo bem... Me convenceu.

— Isso! Ainda está me devendo um filme.

Acabamos de tomar café e voltamos para a sala de televisão. Luís e Lilica comeram e se aninharam na caminha que Gustavo deu a eles.

— Você está mimando muito esses dois.

— Deixa eu mimar eles só um pouquinho? — ele falou juntando as mãos, brincando, como se estivesse implorando.

— Ok! Só hoje!

Então ele me puxou para mais perto e disse:

— Você tem ideia de como me fez feliz este fim de semana?

— Hum... Acho que vai precisar me mostrar...

Ele me beijou. Toda vez que nossos lábios se encontravam, eu me perdia e me encontrava ao mesmo tempo. Ele me beijou com tanta vontade, como quem me queria para sempre. Ainda um pouco ofegante, ele encerrou o beijo e me abraçou, dando-me um beijo na testa, como se dissesse a si mesmo para ir com calma. Aninhei-me em seu corpo quente e o filme começou.

Notei que ele estava um pouco tenso, seus olhos por vezes pousavam em mim e depois voltavam para a tela. "O que será que ele está pensando?".

Quando o filme acabou, levantei-me e comecei arrumar as coisas para ir para casa. Chegando, ele me ajudou a entrar com os dois, que correram pelo quintal felizes pelo passeio.

— Chegamos! Obrigada pelo dia, Gustavo!

Ele me olhou, mais uma vez com um olhar que parecia dizer algo que eu ainda não compreendia. Entramos em casa, eu na frente e ele logo atrás.

— Quer uma água, um vinho, um café?

Ele não responde, o que me faz olhar para trás. Eu estava bem perto do sofá da sala. Seus olhos passearam pelo meu corpo e pararam em meus olhos. Um olhar forte, quase ardente e urgente. Gustavo caminhou até mim em passos lentos, passando as mãos pelo cabelo, como se estivesse tentando lutar contra si mesmo.

— Helena, eu não consigo mais!

Ele continuou caminhando em minha direção, ficando cada vez mais perto. Seu olhar alternando entre meus olhos, meus lábios e meu corpo, o que me causou muita ansiedade e excitação.

— O que você não consegue?

A centímetros de mim, aquele corpo alto e forte estava tão perto que conseguia sentir seu calor, seu cheiro... inebriante para mim.

— Não consigo mais resistir a você!

Olhando nos meus olhos com uma profundidade que me devorava, meu corpo ficou em chamas em segundos.

— O que está tentando dizer, Gustavo?

Ele colou o corpo no meu e me olhou com seus olhos castanhos dilatados de tanto desejo.

— Todo meu corpo pede por você, eu... eu...

E antes que eu percebesse, ele me tomou nos braços e me deu um beijo muito intenso, querendo dizer: "Eu não consigo mais me segurar!".

Gustavo me carregou até meu quarto e me colocou na cama, sem tirar os olhos de mim nem um minuto sequer.

— Helena, eu preciso beijar você! Sentir você! — ele disse, entre beijos e carícias pelo meu corpo.

Ele apalpou meus seios com aquelas mãos enormes e eu não consegui mais segurar, um gemido de prazer me fugiu dos lábios, o que o deixou ainda mais excitado.

— Gustavo, nós... não... Nossa! Que delícia!

Ele beijou meu pescoço nos pontos certos, deixando-me completamente exposta e pronta para ele. Com os lábios quentes ainda em meu pescoço, ele começou a tirar minha blusa, jogando-a para o lado e me olhando, como se pudesse antecipar o que estava por vir. Senti todo meu corpo desejá-lo.

Gustavo beijou meus seios com desejo, tirando de mim gemidos de prazer em cada beijo. Enquanto seus lábios se deleitavam em meus seios, senti sua mão enorme subir pela minha perna. Pegando fogo, não conseguia mais raciocinar. Só conseguia pensar em uma coisa, que acabou saindo em voz alta:

— Quero você, agora!

Ele escutou e foi o suficiente. Gustavo rapidamente tirou sua calça de moletom e a cueca em um só movimento, seu membro estava pronto e rígido. Com a respiração ofegante, ele tirou minha saia, sem desviar o olhar dos meus olhos, e lambeu seus lábios com desejo.

— Quer mesmo isso?

Ofegante, só puxei-o, fazendo que sim com a cabeça. Com os dedos ele acariciou por cima da minha calcinha.

— Nossa! Você está toda molhadinha.

Beijando-me, ele tirou minha calcinha, arrancando outro gemido de meus lábios.

— Quero você... Ah... Agora! Eu quero!

Sorrindo, com chamas nos olhos, ele me penetrou, começando devagar, fazendo movimentos circulares, causando o encaixe perfeito entre nossos corpos. Levantei um pouco as pernas para senti-lo ainda mais e o puxei para dentro de mim. Ele gemeu de prazer.

— Quero você completamente em mim.

Ele começou a fazer movimentos mais intensos, que me causaram uma onda de prazer que eu nunca tinha sentido antes, com homem nenhum. Era totalmente diferente, eu sequer tenho palavras para descrever. Hoje eu sei como ativar meu corpo e, o melhor, parecia que ele também tinha o mapa de todos lugares que causam prazer em mim.

— Você é deliciosa!

Mordi o lábio inferior e senti que ele estava quase chegando no orgasmo. Antes que ele chegasse, virei-me e fiquei em cima dele, assumindo o controle. Ele me olhou me admirando, o que fez meu corpo arder ainda mais por ele. Movimentando o quadril em movimentos de sobe e desce e circulares, arranquei alguns gemidos de prazer dele.

— Helena... Nossa, que delícia isso! Não para! Que delíciaaaa! Aaahh, chega!

Ele me agarrou forte com aquelas mãos enormes e ficou novamente sobre mim.

— Você provocou isso!

Seus movimentos ficaram ainda mais intensos, ele gemia com aquela voz grave e rouca, olhando nos meus olhos. Senti todo meu corpo estremecer de tanto prazer, apertando forte o lençol da cama, o que o deixa ainda mais excitado. Sem nenhuma dor, sentia somente prazer nesse momento.

— Isso, goze para mim.

Ele continuou com os movimentos fortes e intensos, sentia-o por completo dentro de mim, como se ele estivesse no meu estômago de tão profundo, e era simplesmente delicioso. Alternando entre estocadas e movimentos circulares, ele me fez gozar mais duas vezes, até que ele chegou em seu limite também.

Gustavo se deitou ao meu lado, ofegante, sorrindo, suado, olhando-me nos olhos com um olhar calmo e satisfeito ao mesmo tempo. Então me puxou delicadamente para mais perto e me abraçou pela cintura.

— Uau! Acho que morri e estou no Céu agora.

— Está, é?

Ele sorriu, beijando-me nos lábios com suavidade e carinho. Ficamos ali, com nossos corpos suados, exalando paixão, em uma conexão tão forte que, sinceramente, não conseguia compreender.

Estar com ele me causava sensações diferentes. Ele sabia onde me tocar, como me excitar e como me acalmar, como se ele me decifrasse. E parecia que eu causava o mesmo efeito sobre ele. Diferente do que sentia com Marcus. Intenso também, mas totalmente diferente.

E, assim, caímos em um sono profundo e relaxante.

Acordei sentindo beijos em meu pescoço. "Será que era tudo um sonho e eu continuo nele?". Abri meus olhos com preguiça e vi que era Gustavo. Estávamos de conchinha, e com seu corpo colado em mim pude sentir sua ereção matinal encostando em minha bunda.

— Bom dia, linda!

— Que delícia acordar assim!

Ele sorriu, dando beijos e mordidinhas em meu pescoço, começando a ativar todo meu corpo. Suas mãos grandes começaram a dançar sobre minha pele, que reconheceu seu toque imediatamente, ficando quente.

— Ai, Gustavo... Que delícia...

Ele continuou, com mais desejo e ousadia. Seus dedos dedilhavam sobre meu corpo, o que me fez pegar fogo, fazendo-me gemer de tanto prazer.

— Ah... Nossa...

Então ele me penetrou. Empinei-me toda para ele, o que o fez gemer e ficar ainda mais insaciável.

— Deliciosa! Isso! Rebola vai!

Rebolei ainda mais e ele continuou me penetrando fortemente, e cheguei ao clímax, enrijecendo todo meu corpo e relaxando de uma só vez com um gemido que o deixou louco de prazer.

— Ainda não terminei com você!

Ele ficou por cima e estocou de modo intenso, eu podia sentir cada pedaço de seu membro enorme me invadindo, preenchendo-me com uma sensação de prazer indescritível.

— Ah... Eu... Eu...

E eu gozei, nem sei quantas vezes mais.

— Você é tão apertadinha, tão deliciosa... Eu vou...

E ele também chegou ao clímax. Sem sair de dentro de mim, ele me olhou nos olhos, um olhar diferente dos que eu já tinha visto, que queria dizer algo que ainda não tinha sido verbalizado. Ele me beijou intensamente, ainda dentro de mim.

Deitando-se ao meu lado, novamente ele me olhou dentro dos olhos. Seu olhar era penetrante, desconcertante, não sei explicar com palavras. Parecia um reencontro, como se tudo tivesse me levado a esse momento, a ele.

— Helena?

— Oi?

— Eu... Eu... Nem sei dizer como estou me sentindo agora...

— Nem eu, na verdade.

Ele sorriu, ainda ofegante por todo esforço físico que fizemos. Após alguns minutos, ele deu um pulo da cama.

— Meu Deus! Hoje é segunda-feira, não é?

Olhei para ele com o mesmo espanto. Esqueci-me completamente que dia da semana era. Ele olhou no relógio da parede, eram 7h.

— Você me fez perder completamente a noção do tempo, mulher! Tenho uma reunião às 8h.

— Me desculpe por isso!

Ainda nua na cama, levantei as mãos em sinal de rendição, o que o fez sorrir alegremente. Ele analisou todo meu corpo, como se estivesse escaneando-o e guardando na memória.

— Você está tornando ainda mais difícil eu ir embora para minhas responsabilidades diárias.

— Estou? Mesmo ficando parada aqui?

Seu olhar se inflamou de desejo e ele voltou para cama, beijando-me com intensidade e desejo, penetrando-me novamente, viril e ousado.

— Helena, você é incrível! Eu... Ah... Nossa! Que delícia...

— Não para! Isso... Mete forte, mete forte.

Ele ficou louco quando falei assim em seu ouvido e me agarrou ainda mais forte, possuindo-me por completo. Com outro gemido alto, Gustavo chegou ao seu limite; eu ainda não. Parecendo ler minha mente, ele desceu e me beijou intensamente, como se estivesse com fome de mim. Em poucos instantes eu gozei, o que o fez intensificar o beijo.

— Seu gosto é delicioso!

Ele beijou-me, fazendo-me gozar mais uma vez, e voltou a se deitar ao meu lado, respirando profundamente.

— Eu realmente preciso ir, infelizmente!

Ainda ofegante depois dessa última transa intensa, fiz que sim com a cabeça, o que o fez sorrir totalmente satisfeito.

— Vou preparar um café.

— Não precisa, minha linda! Já estou bem atrasado. Vou só passar em casa para tomar um banho e me trocar. Não posso ir de moletom, certo?

Dando risada, ele vestiu suas roupas, que estavam espalhadas pelo chão. Também me levantei e vesti meu roupão, que estava pendurado na porta. Gustavo me abraçou por trás, falando bem próximo do meu ouvido:

— Eu realmente queria ficar nessa cama com você o dia todo.

— Eu também.

— Bom, teremos muitas outras noites e manhãs assim, certo? Vou ligar para Paula e avisar que vou me atrasar.

— Me desculpe te fazer atrasar. Na próxima coloco o despertador.

Ele me beijou.

— Você não tem culpa de nada. E, afinal, tem que ter alguma vantagem em ser o dono. Eles podem me esperar um pouco.

Gustavo foi embora, deixando-me com meus pensamentos, com meu corpo dolorido pela noite e pela manhã intensas de sexo, e uma enorme saudade. "Será que estou me apaixonando de verdade por ele? Nunca senti isso antes!". Balancei a cabeça, tentando afastar esse pensamento, e foquei em minhas atividades diárias.

Cuidei dos cachorros, tomei um bom banho e aquele café da manhã caprichado. Tinha três clientes no consultório à tarde, mas sempre gostei de consultar as fichas antes. Peguei minha agenda no celular para validar os nomes e as atividades do dia e meu coração gelou quando vi um lembrete: "Ligar ginecologista".

— Meus Deus! Eu transei com Gustavo várias vezes e não usei nenhum método contraceptivo!

Só então me dei conta disso. Não tinha pensado em ter relações com ele e tudo aconteceu tão rapidamente que sequer me lembrei.

— Posso estar grávida ou ter pego alguma doença! Vai saber.

Sem pensar duas vezes, liguei para o consultório.

— Consultório médico da Dr.ª Andrea Martins, pois não.

— Alô. Quero agendar uma consulta.

— Claro. Já é paciente?

— Sim. Meu nome é Helena Soares. Por favor, é urgente.

— Ok, Sra. Helena. Tenho horário amanhã, às 16h. Pode vir?

— Sim, sim, por favor.

Com a consulta agendada, pensei: "Aviso ele ou não?". Chequei meu calendário menstrual no aplicativo do celular e estava escrito: "Baixa probabilidade de gravidez".

— Graças a Deus! Mesmo assim é melhor ver com a Dr.ª Andrea. E preciso conversar com ele sobre isso. Não pensamos em nada, apenas nos entregamos ao sentimento, e isso é errado. Não somos mais adolescentes.

Mais aliviada por ter tomado algumas decisões, voltei para a rotina. Comecei a fazer o almoço perto das 11h30. Estava faminta, acho que gastei energia demais. Fiz uma carne cozida com batatas, arroz, feijão e uma salada.

A campainha tocou. Atendi pelo interfone para não tirar o olho das panelas.

— Oi? Quem é?

— Oi, linda. É o Gustavo!

"Gustavo? O que ele está fazendo aqui a esta hora?".

— Oi, vou abrir para você. Pode entrar? Estou na cozinha.

— Claro.

Ele entrou e escutei sua voz brincando com Luís e Lilica.

— Oi, linda. Desculpe aparecer sem avisar.

— Tudo bem. Entre. Estou só vigiando o arroz.

— Ia te convidar para almoçar, mas pelo aroma delicioso, acho que eu vou me autoconvidar para almoçar aqui.

Ele me abraçou por trás e me beijou no pescoço. Esse simples gesto fez todo meu corpo acender.

— Chegou na hora certa. Está quase pronto.

— Hum... O que está fazendo que cheira tão bem?

— Carne cozida com batatas, arroz, feijão e salada. E acabei fazendo um angu também.

— Estou salivando já — ele falou, de olho nas panelas.

— Pode colocar os pratos na mesa para mim, por favor?

Ele assentiu com a cabeça e organizou a mesa.

Ao colocar a comida na mesa, ele olhou com aquele olhar de expectativa, como uma criança à espera do chocolate. Colocando uma boa garfada na boca, ele fechou os olhos, inclinou-se um pouco para trás e disse:

— Huuuuum... Isso está simplesmente divino. Fazia anos que não comia carne cozida com batatas caseira.

Sorrindo, feliz, também me deliciei com minha comida novinha. Após o almoço, enquanto organizávamos a cozinha, ele disse animado.

— Eu vim aqui para te contar uma coisa.

— O quê?

— Sua sugestão para reorganização da minha agenda, coloquei em prática.

— Sério? E como foi?

— Os gerentes adoraram a ideia, sentiram-se ainda mais confiantes. Bem que você disse.

— Que maravilha!

— Sim. Vamos testar por três meses esse novo formato e comparar os resultados.

— Uau! Espero que dê certo. O que precisar, conte comigo!

— Então...

Ele se virou para mim, enxugando as mãos no pano de prato após concluir a lavagem das louças.

— Quero sua ajuda em mais uma coisa.

— Claro. O que é?

— Queria ver se pode ir ao escritório para acompanhar a reunião de marketing.

— De marketing?

— Sim. Vamos fazer uma nova campanha para aumentar as vendas dos imóveis na região, mas, sinceramente, não gostei nada do que me mostraram hoje. Queria ouvir sua opinião, se não se importar, lógico.

— Vou sim. Só me mande depois o dia e o horário.

— Perfeito! Essa é a minha consultora particular.

— Isso vai sair caro, viu?

— Ah, é? — ele falou, beijando o lóbulo da minha orelha, o que me deixou louca de desejo.

— Sim, muito caro!

— Hum... Posso pagar parcelado?

— Depende de como será esse pagamento.

Ele me abraçou pela cintura, beijando-me com desejo.

— Gustavo, preciso te falar uma coisa.

Meu lado racional assumiu o controle e me salvou de me entregar a ele outra vez totalmente desprevenida.

— Pode falar.

— Nós fomos muito descuidados ontem e hoje.

Ele levantou uma sobrancelha sem entender o que estava tentando dizer.

— Como?

— Eu estava solteira há muito tempo e não tomo pílulas.

A expressão dele saiu de dúvida para uma expressão de alívio.

— Ah... Entendi. Está falando sobre não termos usado nenhum método contraceptivo?

— Isso.

Meu rosto ficou vermelho e abaixei o olhar. Ele levantou meu rosto com o polegar com delicadeza e me fez olhar para ele.

— Peço desculpas por isso. A culpa é toda minha. Mas realmente não tinha planejado nada do que aconteceu e nem pensei nisso na hora. Te asseguro que, com relação à saúde, você não precisa se preocupar.

— Sim... Mas não é minha única preocupação.

— Seu medo é ter engravidado?

Fiquei roxa de vergonha nessa hora. Precisava ser tão direto?

— Isso.

— Helena, sei que começamos agora...

— Pois é! Começamos agora e ainda não nos conhecemos e eu...

Ele me cala, colando seus lábios nos meus, e, então, diz:

— Eu sinto que te conheço minha vida toda! E se existe alguma mulher neste mundo com quem eu queira ter um filho, essa mulher é você! Então vamos esperar e, se tiver acontecido, você pode ter certeza de que serei o homem mais feliz deste mundo por ter a honra de ser pai de um filho seu!

Meus olhos se encheram de lágrimas e meu coração se aqueceu com essas palavras. Todo medo foi retirado do meu peito! Pela primeira vez na vida senti que podia realmente contar 100% com o homem que estava ao meu lado.

— Obrigada por isso. É muito importante para mim saber que posso contar com você.

— Sempre! Mas vou andar prevenido de agora para frente. Assim você se sentirá mais segura?

Fiz que sim com a cabeça e ele me abraçou forte.

— Preciso voltar para o escritório. Tenho a reunião com a equipe de suprimentos agora à tarde.

— Também preciso ir para o consultório.

— Eu te levo. Ah! Falando nisso, a Georgia vai te ligar para acertar os detalhes da parceria para as sessões.

— Perfeito. Combinado. Vou só colocar uma roupa. Me dá cinco minutos.

— Claro.

Arrumei-me e seguimos para nossos destinos.

CAPÍTULO 17

O amor é construído diariamente

Eu e Gustavo estávamos juntos há algumas semanas e a cada dia eu me sentia mais envolvida por ele, o que me alegrava e me assustava ao mesmo tempo.

O desejo, a saudade, a vontade de estar ao lado dele aumentava a cada dia e estava completamente apaixonada por esse homem que me tratava de forma totalmente diferente de todos os outros homens que já tive em minha vida.

Só tinha um problema, ou melhor, dois. O primeiro, estava extremamente ansiosa, esperando minha menstruação descer, o que, segundo meu calendário, deveria ocorrer até amanhã. Desde nossa conversa sobre ter mais cuidado, Gustavo estava sempre com preservativos na carteira, o que, sim, deixou-me mais tranquila. Também fui à consulta com a Dr.ª Andrea e ela me receitou um anticoncepcional, mas precisava esperar o primeiro dia de menstruação para começar a tomar.

O segundo problema era que ainda não sabia bem o que eu e Gustavo tínhamos. Estávamos saindo, transando, divertindo-nos, mas ele nunca falou nada sobre me assumir como sua namorada, e pela primeira vez na vida eu queria muito isso. Sei que ainda era cedo e ele tinha problemas em confiar devido a tudo que viveu, mas eu realmente queria ter a certeza de que era algo importante para ele, que estávamos construindo algo, antes de falar com ele sobre meus sentimentos.

Enfim, era quinta-feira, dia da reunião com a equipe de marketing do Grupo Capanemma. Gustavo me pediu para acompanhar essa reunião, pois não estava gostando muito do que estavam propondo e queria a minha opinião. Eu realmente adoro a atenção que ele sempre deu a todas as minhas opiniões sobre os negócios. Ele me escutava, ponderava e, muitas vezes, seguia a minha sugestão.

A reunião começava às 14h e tínhamos combinado de almoçar juntos antes.

— Ele vai te buscar aqui, Lena? — Letícia perguntou toda empolgada, entrando na minha sala enquanto me organizava para atender à cliente das 10h.

— Você está amando isso, né, Lê?

— Até que enfim! Pensei que fosse virar freira!

— E se eu virasse?

— Affff, Lena! Ainda bem que desistiu e pegou aquele deus! Se eu não fosse muito bem casada, você estava correndo sérios riscos, amiga! — ela falou brincando, com aquela cara sapeca que só ela tem.

— Tá bom. Ainda bem, então! Bom, vou chamar minha cliente. Vai trabalhar, sua chata.

Ela saiu toda saltitante.

Perto de meio-dia, Gustavo ligou:

— Oi, linda. Está pronta?

— Estou sim.

— Ótimo! Chego em 10 minutos. Acha ruim me esperar na porta? É complicado estacionar aí a esta hora.

— Imagina! Sem problemas. Estarei na porta.

— Excelente! Já te vejo.

Terminei de organizar as coisas para a reunião no escritório do Grupo Capanemma e desci para encontrar Gustavo na portaria. Logo avistei seu Mercedes prata. Ele estacionou o carro, abrindo o vidro e me mostrando aquele sorriso encantador. "Por que não me acostumo com esse sorriso? Sempre me deixa de pernas bambas!".

Entrei no carro e assim que me acomodei, ele se aproximou e me beijou nos lábios.

— Quanta saudade do seu gosto!

Sorrindo ainda em seus lábios, olhei em seus olhos e ele retribuiu. Ele voltou para o banco, com o rosto um pouco corado.

— Então, onde vamos almoçar hoje?

— Que tal no hotel da orla? Sei que gostou de lá.

— Eu gostei mesmo.

Em poucos minutos chegamos ao hotel. Rômulo nos acompanhou e pedimos os pratos.

— Então essa reunião é muito importante. Já pedi a eles para refazerem essa campanha três vezes e nada de ficar boa, entende?

— Entendo. Pelo que me disse, essa é a campanha da rede de imobiliárias, certo?

— Isso. Ampliamos a rede mês passado e preciso impulsionar as vendas, que caíram um pouco.

— Ok. Espero poder contribuir.

Ele fitou-me, admirando meu rosto.

— Eu sei que vai. Você tem uma visão para negócios melhor do que a minha, ouso dizer.

— É mesmo? Então acho que ganhou o pacote completo comigo, hein? — respondi dando risada. Ele colocou a mão sobre a minha e disse:

— Sem dúvida alguma, eu ganhei mesmo!

E nesse clima alegre terminamos nosso almoço e seguimos para o escritório de Gustavo.

Desde o evento da Semana da Mulher eu não tinha voltado lá. Ainda não tínhamos começado os atendimentos aos funcionários. Íamos iniciá-los no mês seguinte, após a reforma das salas.

Entramos no enorme prédio luxuoso e subimos até o 19º andar. Dessa vez, uma jovem muito bonita nos aguardava na recepção do andar. Era Paula, a secretária de Gustavo. Eu ainda não a conhecia pessoalmente. Ela devia ter uns 25 anos, tinha pele clara, olhos negros, cabelo liso e loiro abaixo dos ombros, lábios grossos, e estava com terninho preto elegante que acentuava suas curvas. Uma jovem muito bonita mesmo.

— Olá, Paula. Boa tarde! O pessoal da reunião das 14h já chegou?

Gustavo perguntou e notei que ela estava me "analisando".

— Não, Sr. Gustavo. Quer que eu prepare a sala de reuniões ou irá fazer em sua sala mesmo?

— Pode preparar a sala. Vou discutir uns pontos com Helena antes.

— Ah! Essa é a Sra. Helena. Muito prazer!

Ela me estendeu a mão com um sorriso no rosto. Peguei sua mão, formalizando a apresentação, e segui Gustavo até sua sala.

Assim que entramos, ele fechou a porta e me encara com um olhar malicioso.

— Por que está me olhando assim?

— Ainda temos meia hora antes da reunião.

— E?

Ele se aproximou, e com uma mão em minha cintura colou seu corpo no meu, olhando dentro dos meus olhos. Eu reconheci o olhar, sabia muito bem o que ele queria.

— Podemos aproveitar para, digamos, "revisar" algumas coisas — ele disse, já beijando meu pescoço, daquele jeito que ele sabia que eu não consigo resistir por muito tempo.

— Você não está querendo fazer "isso" aqui, está?

Ele pegou minha mão e colocou em cima da ereção dele, que estava quase rasgando a calça social. É... A resposta ficou bem clara: "SIM, ESTOU!".

Passando as mãos em meus seios, ele foi me levando, entre beijos ardentes e carícias, para a mesa de reuniões no centro da sala.

— Gustavo, alguém vai nos ver aqui!

Ele tirou os lábios do meu pescoço e mostrou a persiana fechada.

— Ninguém vai ver nada, mas não pode gritar, tá bom?

— Deve ter câmeras aqui. Imagina virar atriz de filme pornô?

Ele riu e me colocou em cima da mesa, começando a tirar as alças do meu vestido, beijando meus ombros, meu colo, o que me deixa completamente excitada e sem raciocínio.

Um gemido quase saiu dos meus lábios, mas consigo me segurar, e ele sorriu quando vê o efeito que estava causando em mim.

— Não tem câmeras na minha sala. Eu preciso sentir você agora!

Beijando meus seios, senti a mão dele subir pela minha coxa, virilha e acariciar por cima da minha calcinha.

— Meu Deus... Que delícia... Gustavo, não... Ahhh...

Ele voltou para meus lábios e me beijou.

— Precisa ficar quietinha. Você consegue?

Fiz que sim com a cabeça e ele tirou minha calcinha e pegou um preservativo no bolso da calça. Meu corpo todo clamava por ele, o calor entre minhas pernas estava quase latejante. Ele me penetrou com os dedos, olhando dentro dos meus olhos e colando os lábios nos meus.

— Não geme alto, tá bom?

Foi um aviso, porque logo depois ele me penetrou de uma só vez, o que me fez arquear todo meu corpo para trás. Coloquei meu dedo polegar na boca e o mordi para evitar que um gemido de prazer bem alto saísse e nos entregasse. Ele me olhou com mais desejo ainda e meteu ainda mais rápido e mais forte.

Em sussurro, falei bem pertinho do ouvido dele:

— Você mete muito gostoso...

Ele inflamou na hora e apertou minha bunda com desejo.

— Deliciosa... Nossa!

Eu olhei para ele passando a língua nos lábios e ele me beijou, continuando a estocar forte, até que ele chegou ao clímax, mordendo de leve meu ombro para não gemer alto. Ainda ofegante, ele me puxou para a beirada da mesa, abrindo minhas pernas. Ele se agachou e me beijou intensamente, trabalhando com a língua de forma tão deliciosa que me fez chegar no orgasmo rapidamente. Coloquei minhas mãos na boca para evitar o grito de prazer que quase saiu e ele se levantou sorrindo, ajudando-me a me levantar da mesa.

Olhei para ele e vi aquele olhar e aquele sorriso sapeca no rosto, de quem tinha conseguido fazer exatamente o que queria.

— Você é completamente sem juízo, sabia?

Ele riu, bem satisfeito.

— Vou rapidinho no banheiro.

Ele foi ao banheiro com as calças na mão, ainda me olhando com desejo nos olhos. Ofegante, arrumei meu vestido sem acreditar no que tínhamos acabado de fazer.

— Meu Deus! Será que alguém ouviu? Você aprontou para mim!

— Você parecia estar gostando bastante há poucos minutos! — ele falou, saindo do banheiro já com as calças vestidas, mas ainda um pouco bagunçado.

Fiz uma cara de brava, colocando minhas mãos na cintura. Ele começou a se aproximar, com aquele cheiro e aquela presença que me dominam por completo. Abraçando-me pela cintura, ele me deu um beijo na testa e olhou dentro dos meus olhos.

— Desde o primeiro dia que você entrou nesta sala eu sonhava com isso, sabia? Em ter você por completo, aqui, no meu escritório!

— Ah! Então foi tudo planejado?

Ele sorriu, arteiro, e passou as mãos pelo cabelo dando um passo para trás, terminando de abotoar a camisa limpa que pegara no banheiro.

— Mais ou menos!

— Seu safado! Me enganou direitinho.

— Bom, eu não te trouxe aqui apenas para isso, linda! Preciso mesmo da sua ajuda nessa reunião. Isso foi um "bônus", digamos assim!

E com o rosto ainda vermelho e suado pelo esforço físico, ele olhou no relógio. Antes que falasse algo, o telefone tocou.

— Perfeito. Estamos indo. Acomode-os na sala, por favor, Paula.

— O pessoal da reunião chegou?

— Sim. Estamos um pouquinho atrasados.

— Viu só? Preciso usar seu banheiro para me recompor. Você vai me pagar por isso — falei para ele com ar de zangada, que ele sabia ser puro fingimento.

No banheiro, ajeitei minha roupa e meu cabelo, lavei o rosto e passei um pouco de perfume e batom. Quando voltei ele já estava pronto, com a blusa dentro da calça e o paletó.

— Vamos, minha consultora?

— Vamos, seu sapeca!

Ele abriu a porta para mim e saiu logo atrás.

— Paula, poderia nos acompanhar para fazer a ata, por favor?

— Claro, Sr. Gustavo.

Ela veio com o notebook, olhando-me. Bom, ela devia estar curiosa em saber o que nós ficamos fazendo trancados dentro da sala com as persianas fechadas. Quando chegamos na sala, cerca de cinco homens engravatados nos aguardavam.

— Desculpe o atraso. Esta é Helena, minha consultora de negócios. Ela vai acompanhar a reunião hoje.

Todos me cumprimentam e eu me sentei ao lado de Gustavo e Paula.

— Sr. Gustavo, fizemos as alterações que solicitou. Podemos passar o vídeo?

— Sim, por favor.

O mais jovem deles colocou o vídeo da campanha de vendas. Era um vídeo bem produzido, mas percebi, no semblante de Gustavo, que ele não gostou.

— Então, Sr. Gustavo? Gostou?

Gustavo me olhou.

— Helena, o que achou?

— Sinceramente? Não acho que representa o que querem vender.

Todos me olharam assustados, mas um homem em especial, moreno, um pouco mais baixo que Gustavo, com a barba muito bem-feita e de terno azul-marinho e gravata vermelha, encarou-me com um olhar diferente e falou:

— O que quer dizer?

Olhei para Gustavo e ele sorriu, querendo dizer: "Vá em frente".

— Bom, segundo análise do perfil dos clientes do Grupo, a maioria das vendas de imóveis do último ano foi para casais jovens e pessoas solteiras na faixa de 25 a 35 anos, todos com renda inferior a R$ 5.000 por mês.

— E?

O homem moreno falou, desafiando-me. Olhei dentro dos olhos dele e continuei a explicação.

— Nesse vídeo vocês colocaram hospitais, escolas e casais mais maduros, de roupas sociais. O público-alvo da rede de imobiliárias não está representado e, provavelmente, não vai se identificar com a campanha. E a frase de impacto — "Compre seu novo imóvel aqui!" — não comunica um sonho, não gera desejo, entende?

Gustavo me olhou, admirado. Paula também me olhou, com um olhar que não entendi o que significava.

— Então Sra. Helena, qual a sua sugestão? — outro homem, mais velho, de cabelo branco me perguntou.

— Eu fiz uma demonstração da minha ideia. Posso mostrar para vocês?

Todos se entreolharam. Nem Gustavo sabia disso, pois o tinha preparado de última hora, com uma ideia minha.

— Pode sim, Helena, por favor — Gustavo falou.

Compartilhei a tela do meu celular, mostrando o vídeo que havia feito. Nele, coloquei pessoas comuns, brasileiros, como eu e você, de etnias diferentes, conquistando o sonho da casa própria. Primeiro, aparecia uma mulher com cerca de 30 anos, comprando seu primeiro imóvel. Coloquei-a assinando o contrato e, depois, aproveitando uma bom vinho em sua sala nova. Logo em seguida veio um casal, ele entrando com a esposa nos braços. Depois, um casal de mulheres e outro de homens, o que gerou estranhamento nos homens engravatados. E, por fim, após passar pelo sorriso de todos os atores, a frase: "Não é apenas uma casa, é seu LAR!".

Quando o vídeo acabou, vi que o homem moreno me olhava e sua expressão, antes desafiadora, tinha mudado.

— Você é muito boa, Sra. Helena! O que acharam, senhores?

Gustavo analisou o homem e voltou o olhar para mim.

— É isso que quero. Consegui ver meus clientes representados nesse vídeo. Trabalhem nessa ideia e me tragam na próxima semana, ok?

Todos anotaram o prazo e Gustavo me olha bastante satisfeito. Ele levantou-se e acompanhou os homens até a porta da sala. Eu me levantei também para sair, mas fui parada pelo homem moreno.

— Gostei muito de conhecer você, Helena. Sou Junior, gerente de marketing do Grupo.

Cumprimentei o homem moreno e alto que estava na minha frente com a mão entendida e senti o olhar de Gustavo, que estava na porta despedindo-se dos demais engravatados.

— Muito prazer, Junior! Espero ter auxiliado. Conte comigo no processo.

Ele sorri e seu olhar passeou pelo meu corpo, o que me deixou um pouco desconfortável.

— Podemos marcar um almoço para discussão dos detalhes. O que acha?

Nessa hora, Gustavo aproximou-se, com o semblante não muito satisfeito.

— Junior, se for necessário eu mesmo agendo um horário com a Sra. Helena. Qualquer novidade sobre a campanha, pode enviar diretamente para mim, ok?

Junior assentiu, percebendo que o chefe não tinha gostado da investida.

— Certo, Sr. Gustavo. Bom, vou para a próxima reunião. Foi um prazer, Helena!

E ele saiu, olhando-me com um olhar devorador, que fez Gustavo ficar vermelho e me olhar zangado.

— O que ele queria com você?

— Nada, eu acho. Ele veio me cumprimentar.

— Sei! Esses homens não podem ver uma mulher bonita e inteligente que já investem.

Sorrindo, falei bem perto do ouvido dele, já que a sala ainda não estava vazia:

— Está com ciúmes?

Ele me olhou irritado e com uma mão na minha lombar me conduziu para fora da sala. Seguimos até a sala dele, e após eu entrar ele fechou a porta e foi até o frigobar, pegando uma garrafa de água. Seu semblante ainda era de irritado. Acho que nunca o vi assim antes.

— Quer? — Gustavo falou, oferecendo-me água sem me olhar nos olhos.

— Está irritado comigo? Eu fiz algo errado na reunião? — perguntei, aproximando-me dele com tom de voz suave. Ele relaxou um pouco, mas seus ombros e sua testa ainda estavam tensos.

— Não, com você não. Você foi perfeita e incrível como sempre.

— O que foi então? Parece irritado.

— E estou invocado mesmo. Quem esse Junior pensa que é para dar em cima de você na minha frente? Você viu como ele olhou para você? Faltou te devorar com os olhos, aquele abestalhado. Tenho certeza de que estava te imaginando por baixo do vestido — ele falou irritado, andando de um lado para o outro na sala.

— Gustavo, ele não faz ideia de que estamos juntos. Deve ter pensado que eu estou livre para me relacionar ou algo assim.

Ele parou e me olhou.

— É... Mas mesmo assim!

— Calma, tá? Você sabe que pode confiar em mim, não sabe? — falei, abraçando-o pela cintura. Ele abaixou a cabeça e a colocou em meu ombro, beijando meu pescoço.

— Eu confio sim.

— Então pronto. Preciso voltar para o consultório. Ainda tenho clientes hoje.

— Eu te levo.

— Não precisa. Se estou bem lembrada, você tem uma reunião em 30 minutos.

Ele olhou para o relógio de teto e passou as mãos no cabelo.

— Verdade. Vou chamar o Tiago para te levar.

— Não precisa. Chamo um Uber. O consultório é bem pertinho daqui.

Gustavo se aproximou novamente e me abraçou forte, forte demais, como se não quisesse que eu saísse dali. Quando ele se afastou, beijou-me nos lábios e olhou dentro dos meus olhos, um olhar que significava alguma coisa, parecia aflito e confuso.

— Eu não consigo sequer imaginar outro homem tocando você!

— Ei, você pode confiar em mim. Estou com você e somente com você!

— Helena?

Ele falou com a voz baixa, olhando-me profundamente nos olhos.

— Você tem ideia do quanto eu gosto de você?

Não esperava por isso, e com a força dessas palavras em meu coração, eu o beijei demoradamente e intensamente, um beijo que disse o que eu ainda não tinha conseguido verbalizar: "E eu estou apaixonada por você, Gustavo!".

Mais tranquilo, ele me acompanhou até a porta.

Após concluir meus atendimentos no consultório, cheguei em casa às 19h, bastante cansada. A quantidade de clientes aumentara bastante depois da divulgação no evento da empresa de Gustavo. Após brincar e cuidar de Luís e Lilica, fui tomar um banho relaxante.

"E nada dessa menstruação ainda! Não posso estar grávida! O que vou fazer se estiver, Senhor?", pensei enquanto tomava meu banho, ficando cada vez mais nervosa com essa possibilidade. Meu corpo estava apresentando os sintomas da menstruação: meus seios estavam inchados e sensíveis, minha barriga estava dura feito pedra, mas, pelo que sei, são os mesmos sinais de uma possível gravidez, o que não ajudava em nada.

Gustavo não falou mais sobre isso desde o dia em que conversamos. Ele parecia não estar nem um pouco preocupado com as chances de ser pai. Eu, ao contrário, estava aflita.

— Se até amanhã essa merda não descer, vou fazer um teste e pronto.

Com essa decisão tomada, enxuguei-me e fui para o quarto para me trocar. Meu telefone começou a tocar na mesa da sala.

— Oi, linda. Está em casa?

— Oi, Gustavo. Estou sim. E você?

— Nada, acabei agarrando aqui hoje. Sabe o restaurante da pousada da prainha?

— Sei. O que houve?

— Tivemos uma reclamação de roedor e você sabe como sou cuidadoso com isso. Não fazia sentido.

— E o que aconteceu?

— Você nem imagina!

— Não mesmo — respondi dando risada, voltando para o quarto. Como ainda estava terminando de me enxugar, coloquei o telefone no viva-voz.

— O cliente trouxe o rato para não pagar a conta, acredita?

— Sério? Gente! Estou chocada com a criatividade das pessoas!

— Pois é! Está no viva-voz? Estou ouvindo os cães latindo no fundo.

— Sim, desculpe. Estava trocando de roupa.

— Poxa, Helena! Assim você me quebra!

— Por quê?

— Agora vou ficar aqui, imaginando essa cena, sem poder fazer absolutamente nada.

Dei uma boa risada.

— Quem sabe não resolvemos isso amanhã?

— Então, foi por isso que te liguei.

— O que houve?

— Amanhã você aceita ir ao cinema e jantar comigo?

— Hum... Deixa eu pensar...

— Ah! Não me deixe ansioso aqui!

— Claro que aceito, seu bobo! Que horas?

— Te pego às 19h, pode ser?

— Pode sim.

Escuto chamarem-no no fundo.

— Preciso ir. A polícia chegou aqui. Amanhã nos vemos.

— Tá bom. Um beijo.

— Outro, meu amor.

"Ops! Ele me chamou de 'meu amor'? Ele nunca me chamou assim antes! Pare de inventar coisas, Helena, é só um nome fofo que casais usam. Ele disse que está 'gostando de você', mas não falou mais nada e ainda não me assumiu como nada dele, então é melhor relaxar e apenas curtir tudo, certo?".

Bebi uma taça de vinho, comendo minha salada com frango grelhado, e logo me bateu o sono.

No dia seguinte, sexta-feira, aconteceriam duas coisas importantes. A primeira, se Deus assim permitisse, minha menstruação chegaria. E a segunda, era dia de ver Olivia novamente.

Gustavo nunca mais falou sobre seu passado e não perguntou do meu, o que não me deu abertura para coletar mais informações. Ainda não tenho certeza de que Olivia é a ex-esposa dele e não posso simplesmente abrir a ficha da minha cliente para ele.

Cheguei ao consultório às 8h.

— Oi, Sra. Helena. A cliente Olivia já está aguardando. Ela estava muito nervosa, então dei a ela um chá de camomila e a deixei aguardando na sala de espera.

— Obrigada, Mirella. E me chame de Helena. Você já é de casa!

Ela sorriu e eu fui para minha sala, preocupada com Olivia. Assim que me viu, ela se levanta, realmente não estava nada bem, com olheiras ainda mais profundas e olhos vermelhos e inchados de tanto chorar.

— Graças a Deus! Obrigada, Helena! Preciso tanto conversar com alguém!

— Venha. Vamos entrar.

Falei abrindo a porta para ela entrar. Meu coração doeu em vê-la assim.

— Eu não aguento mais! Vou pedir o divórcio, entregar meu filho para minha mãe e sumir deste mundo!

Ela fala caindo em choro, colocando as mãos no rosto. Sem racionalizar muito, eu a abracei forte.

— Olivia, me conta o que aconteceu para que eu possa auxiliar. Você não está sozinha.

Ela me olhou com lágrimas nos olhos e se sentou. Puxei uma cadeira e me sentei na frente dela, ainda segurando suas mãos para transmitir confiança.

— Recebemos uma carta do banco. Terei que entregar a casa. Júlio está ficando nervoso.

— Ele agrediu você ou o bebê?

— Não, não. Ele nunca faria isso, mas vive jogado nos bares e chega em casa e quebra as coisas. Meu filho está ficando assustado. Estou comendo com doações dos meus familiares. Nossa... Não era essa vida que eu tinha sonhado.

— Claro. Mas você ainda está se culpando pelas escolhas que fez. Isso só faz você se sentir pior.

— Se eu não tivesse traído meu ex-marido, ainda teria uma vida boa. Mas eu amo o Júlio, quando ele está sóbrio é maravilhoso. As dívidas o fizeram ficar totalmente desesperado. Eu falei para ele que ia procurar o Gustavo.

— Quem é Gustavo?

— Meu ex-marido é o Gustavo Capanemma, o dono de um dos maiores grupos de empresas aqui da região.

"Meu Deus! É ela! Essa mulher desesperada é a ex-esposa de Gustavo!".

— E você ligou?

— Não. Quando falei para o Júlio, ele ficou furioso, falou coisas horríveis. Disse que eu queria dar para ele e recuperar a vida boa que eu tinha. Ele disse: "Vai e transa com ele, já que eu sou um bosta que não serve para nada!".

— O que houve depois disso?

— Júlio sumiu, há dois dias não volta para casa. A mãe dele me ligou hoje cedo avisando que o pai o achou caído na rua bêbado e o levaram para a casa deles.

"Eu preciso ajudar Olivia, mas como fazer isso? Pensa, Helena!".

— Acha que se ligar para ele, o que vai acontecer?

— Nunca mais nos falamos depois do divórcio. Ele me odeia. Acho que nem vai atender.

— Olivia, vamos lá. Você tem onde ficar nesse momento com seu filho?

— Eu fui para a casa da minha mãe até as coisas se acalmarem. Só não desisto por causa do meu filho!

— Isso, vamos manter esse foco inicialmente. Quero que pense em como seu filho quer ver a mãe dele.

— Feliz, claro. Só choro sem parar.

— Vou fazer uma prática com você agora que vai te deixar um pouco mais calma.

Faço a prática para ajudá-la a se libertar da culpa e ela chora bastante.

— Nossa! Estou me sentindo muito melhor!

— Ótimo! Você vai ler este livro e manter a prática do áudio antes de dormir.

— Obrigada, Helena! Eu não sei o que faria sem você.

E ela foi embora, deixando-me ali sem saber exatamente o que fazer. Abordar esse assunto com Gustavo pode complicar toda nossa situação, mas ele realmente é o único que pode ajudar Olivia a se libertar da culpa e dos problemas financeiros.

O dia passou e não consegui parar de pensar em Olivia. Eu não posso abrir a vida dos clientes para terceiros, mas essa situação fugia completamente ao padrão e eu sentia que não havia acaso nisso tudo.

Cheguei em casa perto das 17h, Gustavo já tinha mandado mensagem avisando que ia chegar logo para irmos ao cinema. "Vou falar com ele. Preciso ajudá-los nisso! Tomara que não estrague tudo".

Coloquei minha saia longa de flores cor-de-rosa preferida, uma camiseta branca, colar e brinco. "Estou pronta!".

Ele chegou exatamente 15 minutos antes do horário.

— Nossa! Que mulher mais linda! — Gustavo disse assim que entrou, olhando-me da cabeça aos pés.

— Obrigada! Quer entrar um pouco?

— Claro!

Lilica e Luís fizeram a maior festa com ele, que se diverte com os dois.

— Está tudo bem?

Ele falou, analisando minha expressão, que devia estar transparente e gritando: "Problema à vista".

— Na verdade, preciso conversar com você.

— Está querendo terminar comigo?

— Não! Por que acha que é isso?

Ele respirou aliviado e se sentou no sofá.

— Vai que apareceu alguém, não sei.

— Ainda com ciúmes do seu gerente de marketing?

Ele olhou para cima, tentando não entregar a irritação.

— Gustavo, sei que é difícil confiar, mas eu já disse que estou com você e só você.

Ele sorriu e me abraçou no sofá.

— Então o que está acontecendo? Nunca te vi com essa expressão de preocupação antes.

— Aconteceu algo, digamos, inesperado.

— O quê?

— Ai... Não tem como contar de forma mais leve, então serei direta. Sua ex-mulher começou a se consultar comigo.

Ele me olhou com uma expressão indecifrável.

— Como é que é? A Olivia?

— Ela mesmo.

— Como tem certeza de que é minha ex-mulher?

— Ela me contou hoje que seu ex-marido é o Gustavo Capanemma, dono do Grupo Capanemma. Imagino que não existam dois.

Ele se levantou, passando as mãos no cabelo e andando pela sala, tentando organizar os pensamentos.

— Isso não é possível! Será que ela descobriu que estamos saindo e foi perturbar você?

— Não, não. Ela não sabe sobre nós dois. Eu a conheci no último círculo de mulheres, lembra-se?

Ele se sentou novamente, olhando-me ainda com a expressão indecifrável no rosto. Como eu queria ler a mente dele.

— Lembro. E por que está me contando isso?

— Por dois motivos. O primeiro é que eu não quero segredos entre nós e como se refere a seu passado, achei justo que soubesse.

— Não pode passá-la para outra terapeuta?

— Não posso fazer isso.

Ele passou mais uma vez as mãos no cabelo com irritação.

— E qual o segundo motivo dessa revelação?

— Ela está passando por graves problemas.

— O que eu tenho a ver com isso, Helena? — ele me perguntou rispidamente. Esse era meu medo, estragar o que tínhamos por causa do passado dele.

Aproximei-me, colocando a mão em sua coxa, o que o faz olhar dentro dos meus olhos.

— Gustavo, eu sei que ainda tem mágoa e não os perdoou por tudo que fizeram, mas eles estão falidos, vivendo com a ajuda dos familiares. Tem uma criança envolvida. Não acha que podemos ajudá-los?

Ele levantou-se, irritado.

— Helena, olha, meu passado é meu passado e eu não quero saber dele. Então fique fora disso ou, infelizmente, não poderemos continuar nosso relacionamento.

Fiquei chocada com essa explosão. Eu sabia que a conversa não seria fácil, mas nunca imaginei que ele terminaria comigo por isso. Abri e fechei a boca sem dizer nenhuma palavra. Ele me olhou com olhar irritado, ainda de pé na minha frente.

Levantei-me, ficando cara a cara com ele, ou quase, afinal ele é bem mais alto do que eu.

— Bom, eu não vou ficar de braços cruzados vendo uma família que precisa de ajuda, com uma criança pequena, sem fazer nada. Eu vou ajudá-la, vou fazer tudo que puder. E se para você viver com essa mágoa, viver no passado, é mais importante do que nós, realmente não temos futuro juntos.

Ele me olha dentro dos olhos, o olhar irritado estava em fúria nesse momento.

— Ok, se é assim que quer.

E ele saiu da minha casa pisando, deixando-me ali, totalmente arrasada.

— Não acredito que ele simplesmente foi embora! Então, realmente, eu não sou nada para ele, apenas alguém que ele estava "gostando" — falei em voz alta, tentando assimilar tudo que tinha acabado de acontecer.

— Bom, Helena, chega! Você já venceu coisa pior. E você vai ajudar a Olivia.

Ainda chocada com a atitude de Gustavo, peguei meu telefone e liguei para a Olivia, que atendeu de imediato.

— Helena?

— Oi, Olivia. Desculpe pelo horário.

— Imagina! Estava colocando Pedrinho para dormir.

— Que ótimo. Como você está?

— Bem melhor. A sessão me ajudou muito.

— Excelente! Olivia, acho que posso ajudar a recuperar a imobiliária ou ao menos tentar.

— Sério? Como?

— Sou boa em administração de negócios, mas antes preciso entender como estão as coisas. Podemos nos encontrar amanhã para que me mostre os documentos que demonstram o cenário atual? Assim, consigo compreender a situação e identificar as possíveis ações.

— Helena, é sério isso? Eu não tenho como pagar a senhora!

— Olivia, eu não estou cobrando nada. Quero ajudar!

— Nem sei como agradecer! Claro, amanhã às 10h?

— Ótimo! Me passa o endereço da imobiliária.

Eu anotei, determinada a fazer o que estivesse ao meu alcance para ajudá-la.

Olivia cometeu muitos erros, mas acredito que o perdão e o amor são as melhores formas de se mudar de vida. Se ela conseguisse sentir um pouco disso, tenho certeza de que reagiria e tomaria as rédeas da própria vida. Se Gustavo não estava disposto a seguir em frente, eu ia fazer isso.

Demorei bastante a dormir, pois ainda estava irritada com a atitude de Gustavo. Ele não ligou, nem enviou nenhuma mensagem. Acabei pegando no sono sem perceber.

Acordei perto das 5h com uma pontada na barriga.

— Que dor!

Levantei-me e fui no banheiro e, graças a Deus, minha menstruação tinha chegado.

— Glória! Gratidão, Criador! Gratidão!

Já pensou estar grávida de Gustavo agora que tínhamos terminado daquele jeito estranho?

Tomei um banho e fiz um café bem forte para me manter acordada. Perto das 9h saí de casa rumo ao encontro com Olivia. Cheguei à imobiliária com 15 minutos de antecedência. Olivia estava sentada em frente ao computador com Pedrinho em seu colo.

— Oi, Helena. Nem acredito que está aqui.

Ela levantou-se e me abraçou.

— E quem é esse menino lindo?

Pedrinho se esconde no pescoço da mãe, envergonhado.

— Fala com a tia, amor.

Ele se parecia um pouco com ela, mas tinha traços que deviam ser do pai.

— Pedinho! — ele disse sorrindo para mim, com suas bochechas rosadas.

— Lindo demais! Vai ajudar mamãe e a tia Helena no trabalho hoje?

Ele fez que sim com a cabeça e Olivia sorriu.

— Eu separei tudo que pediu: o último fluxo de caixa e todas as contas pendentes.

— Ótimo! Posso dar uma olhada?

— Sim, venha.

Ela me levou até o computador, mostrando-me as informações no sistema. Analisando por alguns minutos, tirei meus óculos de leitura. Olivia aguardava ansiosa do meu lado.

— Bom, as coisas não estão tão complicadas como eu pensei.

— Sério?

— O que eu sugiro é o seguinte: eliminação de despesas, renegociação das dívidas, divulgação em massa para vender rápido e fazer caixa.

— Como faremos isso?

— Ainda tem dois funcionários?

— Isso. Todo o dinheiro que ganhei nos bicos que fiz eu os paguei.

— Excelente! Vamos pagar apenas as despesas mais críticas, como os salários. O restante vamos renegociar. O gerente de seu banco é meu cliente, tenho certeza de que ele pode nos ajudar.

— Sério? Faria isso?

— Já estou fazendo — respondi, pegando o celular para ligar para Lincoln, meu cliente e gerente do banco onde as maiores dívidas da imobiliária estavam concentradas.

— Oi, Lincoln!

— Helena, que prazer falar com você! Me diga que finalmente poderei retribuir tudo que fez por mim e minha família!

— Acho que sim. Preciso muito de sua ajuda!

— É só falar. Faço tudo que me pedir.

Expliquei toda a situação da Olivia.

— Bem, pelo que eu vi aqui, é melhor ela não pagar os cartões mesmo. A dívida vai ir para renegociação e eles vão ofertar um bom desconto. Retirando juros e multa, ela poderá pagar o valor de 40 mil.

— E parcelam esse valor?

— Infelizmente não, mas posso tentar adiar o máximo possível para ela ganhar tempo.

"Eu tenho esse valor na minha reserva. Posso pagar a dívida e Olivia me repassa quando as coisas normalizarem".

— Eu acerto isso. E conseguem liberar o crédito dela depois disso, sem esse tanto de taxa que ela paga?

— Sim. Coloco-a em um plano especial aqui.

— Perfeito! Pode processar esse acordo e me mandar o boleto?

— Claro, Helena. Em que mais posso ajudar?

— Bom, se puder ajudar a divulgar a imobiliária dela, será ótimo. Sei que tem amigos bem influentes.

— Ah, isso é muito fácil. Estou fazendo agora.

— Muito obrigada, Lincoln!

— Imagina! Não foi nada. O que precisar me ligue, ok?

Olivia estava escutando a conversa e me falou espantada assim que desliguei o telefone.

— Você vai pagar 40 mil? Não posso aceitar isso!

— Olivia, é um empréstimo. Vendendo um imóvel você me paga esse valor à vista.

— Não, Helena. Não posso aceitar mesmo.

— Para com isso! Lembra de absorver o merecimento? Eu posso e quero ajudar, ok?

Ela sorriu, com lágrimas nos olhos, e um olhar de esperança surgiu em seu rosto cansado.

— Tá bom. Mas eu vou te pagar, viu?

— Eu sei. Eles vão liberar seu crédito e seu nome, o que vai te ajudar a comprar as coisas para você e Pedrinho.

Ela olhou para ele em seu colo.

— Nem sei como te agradecer. Você é um anjo.

— Longe disso. Mas vamos lá! Ainda temos muita coisa para fazer. Precisamos ligar para os demais fornecedores e renegociar essas outras dívidas, e fazer as campanhas de marketing.

Trabalhamos por mais algumas horas na estratégia de recuperação da imobiliária. Quando acabamos, ajudei Olivia a fechar a imobiliária.

— Helena, você é mesmo muito boa com negócios. Nem acredito que resolvemos tanta coisa! — ela me disse sorrindo, com os olhos brilhando de alegria. Era isso que eu queria ver.

Pedrinho estava no meu colo, brincando com meus cachos enquanto ela fechava a porta da loja. Nessa hora, senti-me observada. Olhei para os lados, mas não vi ninguém. "Deve ser impressão minha!", pensei.

— Aceita almoçar na minha casa? Ou melhor, na casa da minha mãe? É simples, mas ela cozinha muito bem!

— Aceito sim.

E seguimos até a casa da mãe de Olivia, perto da imobiliária. Era uma casa simples, mas aconchegante. A mãe de Olivia, uma senhora com cerca de 60 anos, de cabelo curto, ruivo, como o da filha, era muito simpática me recebeu com um grande sorriso assim que entramos.

— A senhora é tão linda! É o anjo que veio ajudar minha filha!

— Imagina. Não estou fazendo nada que uma amiga não faria.

Olivia sorriu e Pedrinho pulou no colo da avó. Almoçamos e nos sentamos na sala. Pedrinho estava brincando no chão com seus carrinhos.

— Olivia, quero te perguntar uma coisa. Seja sincera, ok?

— Claro, o que quiser.

— Você se importa se eu tentar falar com o Júlio?

Ela me olhou com curiosidade.

— O que quer falar com ele?

— Acho que posso ajudá-lo. Pelo que percebo, ainda há amor entre vocês e ele só está perdido.

— Não sei se ele vai te ouvir. Ele está tão distante. Nem parece mais meu Júlio.

— Eu sei, mas queria tentar, se me permitir.

— Tudo bem. Vou te dar o telefone da mãe dele.

Ela me passou o número.

— Ligo para ele quando chegar em casa. Vou indo para finalizar nossa campanha de marketing e começar a divulgar nas redes os descontos especiais que planejamos.

— Helena, eu agradeço muito mesmo.

Dei um abraço nela e chamei um Uber para ir para casa. Gustavo me veio à mente. Ele não deu mais nenhum sinal de vida. "O que eu queria? Ele terminou comigo".

Assim que cheguei em casa, cuidei dos cachorros e liguei para Cláudia.

— Oi, amiga. Como estão as coisas?

— Ai, Cláudia, bem complicadas, mas preciso de sua ajuda nesse momento.

— O que aconteceu?

— Bom, é uma longa história, que depois te conto. Estou auxiliando um casal. O homem, após ter problemas financeiros, começou a beber e a ficar agressivo. Queria ver se seu irmão aceita pegar o caso comigo.

— Claro! Vícios são a especialidade dele. Vou ligar para ele e adiantar o assunto.

— Perfeito! Você me fala? Estou esperando isso para ligar para a mãe dele e agendar uma visita.

— Me dê alguns minutos.

Em poucos minutos meu telefone tocou, número desconhecido.

— Alô.

— Helena? Aqui é Cláudio, irmão da Cláudia.

— Oi! Que bom que ligou.

— Minha irmã me contou do caso. Estou disposto a ajudar sim.

— Ótimo! Ela te disse que é um caso social?

— Sim, fique tranquila. Esse é meu número. Agendando com a família dele, me avise que vou com você.

— Obrigada de verdade!

Na mesma hora liguei para a casa da mãe de Júlio.

— Pois não?

— Sra. Neuza? Aqui é Helena, a terapeuta da Olivia. Tudo bom?

— Tudo bem. Olivia me disse que ligaria.

— Então, posso ir amanhã, com um amigo psicólogo, ver seu filho?

— Pode sim. Ele está arrasado. Não para de chorar e de falar que não serve para nada. Nunca vi meu filho assim, ele está sofrendo tanto... Faço o que precisar para ajudá-lo.

— Ótimo! Vamos amanhã cedo. Tudo bem?

— Obrigada!

Mandei uma mensagem para Cláudio e acertei tudo para irmos conversar com Júlio e tentar convencê-lo a se tratar.

Minha cólica estava me matando e minha cabeça também estava doendo muito. Fiz um chá, tomei um comprimido para dor e me deitei, tentando, em vão, tirar Gustavo da cabeça. Todos os momentos que vivemos, seu toque, seu cheiro, tudo tinha virado apenas uma lembrança. "Ele não tinha sentimentos fortes, por isso foi tão fácil ir embora. É hora de seguir, Helena".

Ainda cansada e com um pouco de dor de cabeça, acordei e levantei-me. Cláudio passaria em casa às 9h. Ele é o irmão mais velho de Cláudia, formado em psicologia. Ele tem um centro de reabilitação para homens viciados em álcool e drogas. É casado com uma psiquiatra e tem três filhos lindos. Conheci toda a família em uma festa de aniversário de Cláudia e ele foi muito atencioso e simpático.

Pontualmente às 9h seguimos para a casa da mãe de Júlio.

— Eu espero que eles nos escutem. A esposa o ama muito e eles têm um filhinho lindo.

— Vamos torcer. Não temos como saber a reação dele. Mas, pelo que me contou, ele deve se sentir bem culpado por ter traído o amigo e não conseguir prover o lar como queria.

Chegamos ao apartamento da mãe de Júlio, que nos recebeu sorrindo.

— Que bom que chegaram. Ele acabou de sair do banho e está sóbrio. Consegui mantê-lo em casa ontem.

— Ótimo! Obrigada.

— Vou chamá-lo.

Após alguns minutos, Júlio entrou na sala. É um homem alto, estava magro, mas dava para ver que tinha sido um jovem muito bonito. Cabelo e barba por fazer, olheiras enormes.

— Olivia mandou vocês?

— Não, eu pedi a ela para vir conhecer você.

Ele se sentou no sofá, analisando a mim e ao Cláudio.

— Mãe, pode ir. Vou conversar com eles.

A mãe dele assentiu e saiu.

— Eu não consigo pagar vocês.

— Júlio, não precisa se preocupar com isso. Estamos aqui como amigos de sua esposa e queremos ajudar.

— Olivia me contou o que a senhora fez. É difícil acreditar que ainda existem pessoas assim — ele disse, e eu consegui sentir toda dor dele.

— Acredito que podemos salvar a imobiliária.

— E como posso ajudar vocês?

Cláudio olhou para ele e falou:

— Júlio, primeiro precisamos saber o que está disposto a fazer por você e sua família.

Ele olhou para Cláudio e lágrimas começaram a descer pelo seu rosto.

— Me desculpem. Homem não deve chorar assim.

— Eu choro feito um bebê, relaxa, cara!

Ele sorriu sem graça para Cláudio, enxugando as lágrimas.

— Eu amo minha família. Eu realmente amo minha mulher e meu filho, mas errei muito com eles. Acho que sequer mereço o que ela está fazendo por mim trazendo vocês aqui.

— Amor é isso, Júlio, e ela te ama de verdade e quer recuperar o casamento de vocês. Não acha que Pedro merece ter um exemplo de pai que decidiu vencer na vida?

Apesar de seu olhar triste, percebi que ele estava escutando.

— É o que eu mais quero. Nunca fui de beber, comecei quando vi que estava sem saída. Meu relacionamento com Olivia começou na dor de outra pessoa e esse peso nunca saiu dos meus ombros. Eu nunca devia ter traído meu melhor amigo, ele era como um irmão para mim.

E ele chorou mais, colocando as duas mãos nos olhos.

— Júlio, sei que cometeu erros. Mas quem nunca o fez? Agora é seguir em frente e construir uma nova vida para vocês.

— É o que eu mais quero, mas não faço ideia do que fazer.

— Por isso estamos aqui. Tenho uma vaga na minha clínica de recuperação. Lá você vai se tratar para se libertar do vício do álcool, mas principalmente, se libertar da culpa que carrega.

Ele olhou para Cláudio, ponderando a proposta.

— E Olivia?

— Ela pode ir visitá-lo sempre que quiser e levar seu filho. É uma clínica, não uma prisão.

— E quanto tempo vou ficar lá?

— Depende da sua determinação em mudar sua vida. Se estiver realmente disposto, acredito que em seis meses já consegue voltar para casa.

— Entendo. Mas preciso de dinheiro para pagar isso e preciso ajudar Olivia com as despesas.

— Fique tranquilo. Durante a sua estadia é necessário realizar alguns trabalhos, como marcenaria, mecânica, essas coisas. Toda renda do seu trabalho será enviada para sua esposa.

— Então eu vou trabalhar e ter um salário?

— Exatamente.

— E o que você ganha com isso?

— Ficamos com uma porcentagem do trabalho realizado.

— Júlio, o que acha? É uma boa proposta e ajudará Olivia financeiramente.

Ele passou a mão pelo cabelo e sua mãe, que vinha da cozinha trazendo café, disse:

— Meu filho, eu acho uma excelente ideia.

— Estava ouvindo, né, mãe?

— Claro. Aceita e muda logo sua vida, filho.

Ele ficou quieto, bebendo um pouco do café.

— Está certo. Vou fazer isso. Posso ir que dia?

— Agora mesmo. Não é seguro você ficar aqui ainda fragilizado e com risco de voltar a beber. Quanto antes, melhor.

Ele olhou para mãe, que faz que sim com a cabeça.

— Tá certo. Vou arrumar minhas coisas.

— Te esperamos aqui.

— Posso contar para Olivia?

— Claro. Ela vai receber o endereço e tudo certinho.

Ele pegou o celular e ligou para Olivia. Conseguimos escutá-lo rindo antes de entrar no quarto.

— Nem sei como agradecer ao senhor e a senhora por isso! — falou a mãe de Júlio nos abraçando.

— Faremos o possível, mas depende muito mais dele esse processo de cura.

— Sim, eu sei, mas tenho certeza de que ele vai voltar a ser meu menino! Queria tanto que Gustavo o perdoasse...

— Quem sabe um dia! — falei, pensando nele.

Cláudio me deixou em casa e foi com Júlio para a clínica de tratamento. Olivia me ligou agradecendo e isso foi o suficiente para me alegrar. Domingo acabou e eu estava exausta. Deitei-me e não demorei a dormir.

A semana passou rápido. Hoje faz exatamente uma semana que estou solteira novamente e sem nenhuma notícia de Gustavo. Como pode alguém tão importante em um dia simplesmente desaparecer assim no outro?

Chegando em casa, vi a Mercedes prata de Gustavo estacionado em frente ao meu portão. Assim que ele me viu, saiu do carro. Estava abatido e com expressão cansada.

— Gustavo?

— Helena, podemos conversar?

"O que será que ele quer?".

— Ok, entre.

Entramos em casa e Luís e Lilica correram para brincar comigo e com ele, que retribuiu sorrindo.

— Senti saudades de vocês!

Ainda sem entender o que ele queria, entrei em casa sem conseguir olhar direito para ele.

— Só vou dar comida para eles. Pode aguardar um instante?

— Claro. Eu ajudo.

— Não precisa — falei secamente, e ele me olhou triste.

Terminei de cuidar dos dois e nos sentamos no sofá da sala.

— Então o que quer aqui?

Ele me olhou, era perceptível que ele não dormia há dias.

— Helena, eu vim te pedir desculpas.

— Ok. Só isso?

— Por favor, não seja tão fria. Eu sei que errei e te magoei.

— Sim, não esperava aquela atitude vinda de você, mas isso não importa mais. Nós terminamos e eu não tenho tempo para ter raiva, então, desculpas aceitas.

Ele me olhou com súplica nos olhos e se aproximou, colocando uma mão em cima de uma minha. Esse simples gesto faz meu corpo todo arrepiar. "Pare de desejá-lo, Helena!".

— Helena, eu fui idiota e imaturo.

— Que bom que estamos de acordo em alguma coisa.

Ele se aproximou mais.

— O que está fazendo pela Olivia é... Eu nem tenho palavras para dizer.

— Gustavo, fala de uma vez. O que você quer?

— Eu quero você!

— Você que terminou comigo, lembra?

— Eu sei, e estes últimos dias foram um inferno. Não consigo parar de pensar em você, desejar você. Eu pensei em tudo que disse e você está certa sobre tudo. Eu estava vivendo no passado, não estava conseguindo seguir em frente por causa dessa raiva que sinto, mas ver você ajudando uma completa desconhecida... Nossa! Que lição você me deu. Percebi que nunca vou sair do lugar enquanto não perdoar Olivia e Júlio, e eu vi como eles estão.

— Você viu?

— Me arrependi no momento em que saí da sua casa e tentei tomar coragem para falar com você algumas vezes. Vi você saindo da imobiliária e da casa da mãe do Júlio. Eu precisava ver com meus olhos como eles estavam e quando vi você os ajudando sem querer nada em troca, eu me senti uma criança mimada fazendo pirraça.

— Gustavo, eu...

Ele me silenciou colocando os lábios nos meus. Meu corpo entrou em chamas, mas meu lado racional assumiu o controle e eu me afastei.

— Você pode me dar outra chance? Prometo nunca mais falhar com você! — ele disse, olhando em meus olhos.

— Gustavo, eu não sei como isso pode funcionar. Eu não vou parar de ajudá-los. Sei que não gosta e seu passado e sua insegurança vão ficar sempre no nosso caminho.

— Não vão. E eu quero ajudar também. Já é hora de enfrentar isso.

Olhei para ele sem entender direito o que ele queria dizer.

— Quer ajudar?

— Sim. Na verdade já fiz isso. Eu comprei cinco imóveis da imobiliária deles hoje. Vai dar uma boa renda para que Olivia possa acertar as despesas e recomeçar.

— Você fez o quê?

— Ela ainda não sabe que fui eu. Quero encontrar com ela pessoalmente para dizer que está tudo esquecido e ver em que mais posso ajudar.

— É sério isso?

— Sim. Também quero me acertar com Júlio. Éramos como irmãos antes. Liguei para a mãe dele, mas ela me disse que ele está em uma clínica que você conseguiu.

— Ele está sim. É a clínica do irmão da Cláudia, que trabalha comigo.

— Acha que posso ir lá?

— Claro que pode. Consigo para você. Mas você tem certeza de que está pronto para isso?

— Sim. Se você estiver do meu lado, eu estou pronto para tudo.

Ele se aproximou novamente, olhando-me nos olhos, para observar minha reação.

— Eu... Eu...

— Helena, você ainda gosta de mim?

— Gustavo, eu...

Percebendo que eu estava em conflito, ele se aproximou mais e me beijou nos lábios, intensamente, ardentemente, e eu me esqueci de tudo e me entreguei àquele momento por completo. Percebendo que tinha baixado a guarda, ele se deitou sobre mim e acariciou todo meu corpo, que respondeu imediatamente ao toque dele, como se recordasse cada momento vivido.

— Eu estava com tanta saudade.

— Gustavo... Não devíamos...

Mas ele me olhou nos olhos, com aquele olhar ansioso, quase implorando para eu dizer "continue". E eu não consigo dizer mais nada, só olhei dentro dos olhos dele, o que foi suficiente para ele voltar a me beijar insaciavelmente.

Sua mão direita subiu pela minha coxa, enquanto a outra estava no meu pescoço. Seus lábios deliciosos e sua língua exploraram cada pedaço da minha boca. Ele tirou minha calcinha e sem que eu percebesse, penetrou-me com intensidade, quase com urgência.

— Que saudade! Você está ainda mais deliciosa e apertadinha!

Não conseguia mais raciocinar, todo meu corpo sentia o corpo forte e quente dele. A cada estocada um gemido escapava dos meus lábios. Só conseguia sentir o prazer me dominar, a saudade que eu estava desse homem e essa confusão de emoções.

Olhando-me nos olhos, ele me penetrou ainda mais profundamente e mais forte e eu não consegui mais segurar. Todo meu corpo endureceu e em um só grito eu gozei deliciosamente, com ele ainda dentro de mim. Gustavo sorriu e meteu mais algumas vezes até gozar também. Ofegantes, olhamos um para o outro e sentimos que a nossa relação estava ainda mais forte do que antes.

— Posso passar a noite com você? — ele perguntou, com expectativa, levantando-se e colocando a calça.

— Eu não sei se é uma boa ideia, Gustavo.

— Ainda está chateada?

— Sim. Não se apaga da mente as coisas com uma transa.

Ele me olhou triste.

— Tudo bem, eu entendo. Vai me dar outra chance? — ele me perguntou, e a dúvida preenchia meus pensamentos.

"Devo ou não confiar nele? E se no próximo desafio que aparecer, ele der para trás novamente? Eu ia me declarar para ele! Mas que droga!".

— Helena?

— Como vou confiar em você?

— Deixe-me te provar que pode? Deixe-me te provar que sou homem digno de ter você?

Hesitante, ainda olhando naqueles olhos, decidi ouvir meu coração.

— Tá bom, mais uma chance!

Ele deu um grande sorriso e me abraçou forte, girando-me no ar.

— Obrigado, meu amor! Eu vou ser o melhor homem do mundo para você!

— Tá bom. Me coloca no chão, vai.

— Ainda preciso ir embora? — ele me perguntou, com olhar pidão, juntando as mãos em súplica.

— Que drama, hein! Pode virar ator se tudo der errado.

— Diz que sim! Peço pizza e te faço uma massagem se me deixar ficar.

— Golpe baixo.

Sorrindo, fiz cara de quem estava pensando.

— Tudo bem! Pode ficar!

— Isso!

Ele me deu um beijo e pegou o celular para pedir a pizza, indo para o quintal para brincar com Luís e Lilica.

— Viu? Mamãe me aceitou de volta!

— É um bobo mesmo.

Ele sorriu, carregando Luís no colo e jogando a bolinha para Lilica.

— Pronto, pedi a pizza. Deve chegar em 20 minutinhos.

— Que bom! Estou faminta.

— Helena, posso perguntar uma coisa?

— Claro.

— Sua menstruação desceu?

Só então me lembrei de que não tinha falado para ele, pois tínhamos terminado.

— Sim, acabou há dois dias. Sem riscos de bebê.

— Entendi.

Ele fez uma expressão desanimada e olhou para o chão.

— Ficou decepcionado ou é impressão minha?

— Eu realmente estava me animando com a ideia. Fica para próxima, que pode ser logo, porque esqueci completamente de usar preservativo hoje.

— Eu estou tomando anticoncepcional agora.

— Ah... Entendi.

— Está falando sério?

— Sobre o quê?

— Que estava querendo que eu estivesse grávida?

— Bom...

Ele passa as mãos no cabelo, olhando para os pés.

— Tenho pensado nisso desde que conheci você.

— Em ser pai?

— É. Você me dá uma força, sei lá...

— O que quer dizer?

Ele me olhou nos olhos, aproximando-se, e me abraçou pela cintura.

— Sinto que com você posso fazer isso e muito mais. Você me inspira a ser uma pessoa cada vez melhor e isso é uma das coisas que mais adoro em você!

Sorrindo, ele me beijou carinhosamente.

Depois de comer a pizza, deitamo-nos no sofá para ver um filme. Meus olhos se fecharam e caí em um sono pesado, embalada pelo calor e pela respiração de Gustavo. Como senti falta de estar nos braços dele.

Acordei na minha cama, tentando lembrar como tinha ido parar ali. Um aroma delicioso preencheu meu olfato. Levantei e coloquei meu roupão, indo até a cozinha.

Gustavo estava fazendo um café, sem camisa e com sua calça social.

— Bom dia, meu amor!

— Bom dia. Que cheiro bom é esse?

— Comprei umas coisas na padaria. Ah! Já cuidei dos cães.

— Obrigada. Estou faminta.

— Você apagou ontem. Estava mesmo cansada!

— Estava mesmo. Você que me levou para cama?

— Sim. Queria que dormisse bem.

— Obrigada! — falei, sentando-me na mesa e mordendo um pão de queijo quentinho.

— Vai atender hoje?

— Vou. Tenho clientes até as 17h hoje.

— Tudo bem. Também preciso passar no escritório.

— E a campanha? Deu certo?

— Sim. Ficou perfeita com a sua ideia. Vamos começar a rodar na semana que vem.

— Ótimo.

— Helena, aceita jantar comigo hoje?

Ele se sentou na mesa com uma xícara de café na mão, olhando-me com expectativa.

— Jantar? Onde?

— Surpresa. Aceita?

— Hum...

Mordendo os lábios, olhei para ele, que não tira os olhos de mim.

— Tudo bem. Que horas?

— Às 20h fica bom?

— Marcado.

Ele sorriu, bebendo o café.

— Quero te pedir mais uma coisa.

— Você não está com pontos sobrando ainda, meu rapaz!

— Eu sei. Estou com uma dívida enorme que espero quitar logo.

— O que precisa?

— Que me ajude a conversar com Olivia e Júlio.

— Ajudar?

— Sim. Pode ir comigo?

— Ir com você? Não sei se é uma boa ideia. Ainda não falei para a Olivia que conheço você.

— Eu te espero, mas quero que façamos isso juntos. Pelo menos ir comigo. Ainda não sei como vou reagir quando olhar para eles, entende?

"Ele parece estar inseguro!".

— Tudo bem. Vou conversar com Olivia.

— Obrigado, meu amor!

Terminamos nosso café e ele foi para o escritório e eu para meus atendimentos do dia.

Juro que queria ficar mais tempo brava com ele, mas a felicidade por ele estar tentando vencer seus medos e traumas me preencheu, eliminando qualquer sentimento ruim.

Liguei para Juliana, pois não sabia que horas chegaria e não queria deixar os cães sozinhos. Ela chegou perto das 19h.

— Obrigada por me chamar, dona Helena!

— Sem dona, Ju.

— Certo. Eu precisava mesmo de tranquilidade para estudar para o simulado amanhã.

— Está chegando a prova da faculdade, hein! Está pronta?

— Sim, ansiosa, mas pronta.

— Medicina é um curso concorrido, mas sei que vai se dar bem!

— Obrigada!

— Bom, não sei que horas chego, então não me espere para dormir. Deixei comida pronta na geladeira e roupa de cama limpa no quarto para você.

— Obrigada, don… Helena!

Sorrindo, ela foi brincar com os dois e eu voltei para o quarto para terminar de me arrumar. Não fazia ideia do que vestir, já que ele não me disse aonde íamos. Decidi colocar um vestido longo de malha fina, vermelho, com detalhes em amarelo, simples e elegante ao mesmo tempo.

Às 20h em ponto Gustavo me ligou avisando que tinha chegado. Saí antes que ele apertasse a campainha.

— Nossa! Está simplesmente deslumbrante, meu amor!

— Obrigada.

Ele me deu a mão e abriu a porta do carro, entrando em seguida.

— Não vai mesmo me contar aonde vai me levar?

— Não. É surpresa.

— Tá bom… Tá bom.

Ele riu e começou a dirigir. Após alguns minutos, paramos em frente a um prédio próximo à orla.

— Vamos jantar nesse prédio?

— Vem. Vamos subir.

— Você gosta de um suspense!

Ele sorriu, pegou minha mão, e entramos no grande edifício, que parecia estar vazio.

— Esse prédio ainda está sendo construído?

— Sim, estão concluindo a reforma.

— Ok. Estou começando a achar que a venda dos meus órgãos é uma possibilidade bem real agora.

Rindo, ele apertou o último andar.

Assim que o elevador abriu, subimos um lance de escada e paramos em frente a uma porta fechada.

— Está chegando?

— Sim, feche os olhos.

— Sério isso?

— Enquanto não fechar, eu não vou mostrar.

— Ai, tá bom! Você venceu.

Fechei meus olhos e escutei ele abrir a porta. Com ele me conduzindo, caminhamos lentamente.

— Pronto! Pode abrir os olhos.

Quando abri os olhos, vi uma cena que jamais esquecerei. Na cobertura do edifício havia um ambiente totalmente apaixonante: uma mesa redonda com duas cadeiras, com um arranjo de flores na mesa. Um homem tocando uma linda melodia em um violino se aproximou e um garçom nos esperava com um sorriso próximo à mesa. A Lua cheia iluminava todo o ambiente, dando um ar ainda mais romântico ao momento.

— Meu Deus! Você fez tudo isso?

— Sim. Venha. Pedi para fazerem seu prato preferido.

— Filé com fritas?

— Isso mesmo.

Feliz, caminhei como uma criança que ganhou o melhor presente de Natal para a mesa. Ninguém nunca fizera algo assim para mim antes!

— Estou admirada. Como conseguiu fazer isso?

— O dono desse prédio é um amigo. Falei que precisava impressionar uma mulher muito especial e pronto!

— Nada como ter contatos, certo?

Ele sorriu alegremente por ver minha reação e o garçom colocou os pratos na mesa. Comemos um filé com fritas divino e depois a sobremesa, torta holandesa.

— Estou muito satisfeita!

— Essa era a ideia, meu amor. Vamos nos sentar ali?

Só então vi que do outro lado da cobertura tinha um sofá de palha redondo grande, com dois travesseiros e um cobertor.

— Você pensou em tudo mesmo!

Sorrindo, ele colocou a garrafa de vinho com as taças na mesa ao lado do sofá.

— Me dê só um minuto.

Ele foi até o garçom e o músico, pagou-os e despediu-se, fechando a porta que dava acesso à cobertura.

— Pronto! Agora podemos ficar à vontade!

— Eu amei. Obrigada por isso.

Sentando-se ao meu lado no sofá, Gustavo pegou minhas mãos e disse:

— Helena, esses dias que ficamos separados me mostrou muitas coisas, mas a principal delas é como eu tenho sorte por uma mulher incrível como você ter aparecido em minha vida. Eu devia ter feito isso no dia e que nos conhecemos, mas o medo de ser traído novamente me dominava e eu fraquejei.

— Feito isso? O que quer dizer?

— Eu quero que seja minha namorada, oficialmente.

Ainda tentando processar o que ele disse, fiquei sem palavras.

— Eu estou completamente apaixonado por você! Não quero mais viver longe de você. Quer ser minha namorada e construir um relacionamento comigo?

— Eu... Eu... É sério?

— Sim, é sério — ele respondeu, aproximando-me mais, com os olhos brilhando.

— Claro que aceito ser sua namorada, Sr. Capanemma!

Sorrindo, ele me beijou e tirou uma caixinha do bolso da calça.

— Eu ia te dar uma aliança, mas como você não gosta muito de anéis...

— O que é?

— Abre.

Abri a caixinha e era um conjunto de pulseira, colar e brincos, que brilhou imediatamente.

— Uau! É lindo! Isso é safira azul?

— Sim. Deixe-me colocar em você.

Virei-me, era realmente lindo e delicado.

— Eu amei. Obrigada!

Então ele me beijou com paixão. Nossos corpos rapidamente responderam ao toque um do outro e banhados pelo luar nos entregamos completamente. Ele estava ainda mais carinhoso e beijava cada pedaço do meu corpo com desejo, acariciando toda minha pele com aquelas mãos fortes e ásperas.

— Ninguém pode nos ver aqui, né?

— Não. Eu preparei tudo, pode ficar tranquila.

Ele continuou me beijando, tirando meu vestido, deixando-me apenas com o colar, a pulseira e os brincos, o que me deixou completamente excitada. Ele parou, ficou em pé e me olhou por alguns instantes, passando a língua em seus lábios. Seus olhos ardiam de desejo e paixão.

— Você é simplesmente perfeita, sabia?

Sorrindo para ele, mordi meu lábio inferior e perguntei:

— Vai ficar aí parado só olhando, é?

— Hoje, minha namorada, vou te fazer implorar por mim!

— O que está tramando?

Ele tira do outro bolso da calça um bullet e começou a passar por todo meu corpo, unindo aos beijos. O que... "Nossa! Se ele queria que eu ficasse perdida de tanto prazer, está funcionando".

— Gustavo... Nossa! É maldade isso!

— Eu ainda nem comecei.

Umedecendo os lábios, ele beijou meus seios e colocou o pequeno vibrador bem em cima do meu clitóris. Sem conseguir mais resistir, tirei a camisa dele e olhei para aquele corpo forte, o que meu deu ainda mais tesão.

— Quero você, sentir você, agora!

— Ainda não.

— Mas o quê? Por que não? — perguntei, entre gemidos de prazer.

E antes que eu pudesse entender, ele penetrou outro vibrador em mim, maior, quase do tamanho do membro dele, virando-me de lado, beijando cada centímetro das minhas costas e apertando forte minha bunda, roçando seu corpo quente no meu.

— Meu Deus... Isso é delicioso. Eu... Eu... Nossa...

Puxando um pouco meu cabelo para trás, ele falou bem próximo à minha orelha.

— Aguenta mais?

Ofegante, falei quase entre os dentes de tanto prazer:

— Eu quero você, agora! Mete em mim, vai, por favor! Estou implorando isso!

Comecei a rebolar nele, deixando-o louco. Ele finalmente tirou a calça e me penetrou ainda de ladinho, de modo forte, intenso, ousado. Mordiscando meu ombro e apertando minha bunda com força, ele disse:

— Nossa... Vem... Fica de quatro para mim?

Virando de uma vez, fiquei de quatro para ele, que o faz gemer alto. Essa posição é deliciosa e ele meteu forte, acariciando meus seios. Sem conseguir me segurar mais, cheguei ao clímax. Mais alguns movimentos, ele também gemeu alto e meteu forte mais uma vez.

— Você é maravilhosa, mas ainda não acabei!

Antes que me recuperasse, respirasse ou pensasse, ele se abaixou, e levantando um pouco minha pélvis, beijou intensamente entre minhas pernas.

— Gustavo, meu Deus... Que del... Ahhhh...

E eu gozei de novo, perdendo todas as forças que ainda me restavam.

— Vou te deixar descansar um pouco.

— O quê? Quer me matar, é? — falei, ainda de bruços, sem força até para virar.

Ele pegou o cobertor e me cobriu, deitando-se ao meu lado. Virei-me de lado para olhar para esse homem que me deu tanto prazer.

— Matar não, mas queria te dar muito prazer hoje.

— E você conseguiu!

Ainda ofegante e todo suado, ele falou:

— Vem, deita aqui, linda!

Deitei-me em seu ombro, naquele corpo quente que me faz sentir segurança e amor. Olhando para o céu, com a respiração ainda ofegante, ele falou:

— Vou te dar muitas noites dessas, meu amor! Você merece todo meu amor, todo meu melhor.

Aninhei-me mais ainda nele, abraçando-o pela cintura e beijando seu peito.

— Estou gostando disso.

Sorrindo, ele beijou minha testa e ficamos ali, olhando as estrelas por mais algum tempo.

— Dorme lá em casa? A babá está com os cães, não está?

— Sim, está sim.

— Quero dormir abraçadinho com você. Aceita?

— Que proposta irresistível, hein?

Então nos vestimos e seguimos para o apartamento dele.

— Que tal um banho?

— Banho, é? Por que sinto segundas intenções no ar?

— Prometo me comportar e fazer somente o que desejar, namorada! — ele respondeu, e seguimos para o banheiro do quarto dele.

— Vou preparar a água.

Ele ligou os botões daquele chuveiro que eu nem sabia como funcionava e aproveitei para provocar um pouquinho. Comecei a descer as alças do meu vestido. Ele ainda estava distraído olhando para o chuveiro. Fiquei completamente nua, ainda usando o presente que ele me deu.

— A água parece quente agora.

Ele se virou e seu olhar passeia por todo meu corpo, excitando-o de imediato.

— Você me provoca demais!

— Eu? Imagina!

Ele tirou a roupa e me carregou até o chuveiro, onde nos amamos mais uma vez, entrelaçando nossos corpos em perfeita sintonia.

Após o banho, deitamo-nos na cama enorme dele e adormeci ao seu lado, no embalo de sua respiração calma. No dia seguinte, acordei assustada, tentando me lembrar de onde estava. "Ah! Verdade... Dormi no apartamento do Gustavo".

Olhando para o lado da cama vazio, mas ainda quente, recordei-me dos acontecimentos da noite e uma onda de calor subiu pelo meu corpo, causando rubor em minhas bochechas. "Que loucura!", pensei.

Quando eu ia me levantar, Gustavo entrou no quarto com uma bandeja de café da manhã. "Ele está mais lindo ou eu estou ainda mais apaixonada por ele? Não sei responder essa pergunta, só sei que só de vê-lo, meu coração se alegra".

— Bom dia, meu amor! Trouxe seu café.

Sentei-me na cama, jogando o cabelo para o lado e puxando o lençol para cobrir meu corpo totalmente nu. Ele não tirava os olhos de mim e mordia seu lábio inferior.

— Que delícia! Obrigada, amor!

— Arranquei um "amor" dos seus lábios! Devo ter feito a coisa certa ao menos uma vez!

Sorrindo, ele colocou a bandeja na cama e sentou-se ao meu lado.

— Nossa! Que tanto de coisa! Vai comer comigo?

— Imaginei que iria acordar com fome depois de tanto esforço físico da noite passada.

Meu rosto ficou vermelho na hora em que ele falou, só de lembrar de como tinha me entregado a ele.

— Está ficando tímida?

— Você pode parar de ficar se gabando que me deixa totalmente sem jeito?

Ele sorriu e me beijou no rosto, pegando uma torrada da bandeja.

— Come, linda. Vai esfriar.

Tomamos o café na cama, conversando alegres e despreocupados, aquele tipo de conversa rara, que flui facilmente e que aquece a alma da gente.

— Vou arrumar isso.

Ele falou pegando a bandeja já vazia, saindo do quarto. Aproveitei para me vestir. Só precisava achar o vestido. Encontrei-o pendurado na cadeira. Arrumei-me e saí do quarto, encontrando o Gustavo na mesa da sala já em frente ao notebook. Assim que me viu, ele me olhou e parecia querer algo.

— Quer me falar alguma coisa?

— Você consegue me ler bem demais. Sim, vem cá, senta aqui do meu lado.

Sentei-me na cadeira ao lado dele e aguardei-o falar, curiosa. Ele passou as mãos pelo cabelo, parecia tenso.

— Ok. O que aconteceu agora? Está visivelmente nervoso.

— Bom, hoje é domingo.

— E?

— Estou pensando em chamar Olivia para um café e resolver tudo.

— Sério?

— Sim. Eu acho que será melhor eu conversar com ela primeiro antes de falar sobre nosso envolvimento. Não quero prejudicar a relação entre vocês.

"É, pode ser uma boa opção", pensei.

— Pode ser.

— Primeiro, preciso saber se isso te incomoda de alguma forma.

— Por que me incomodaria?

— Ela é minha ex-mulher, por isso.

— Não me causa incômodo algum. Confio em você.

— Ótimo! E segundo, quero saber se pode me acompanhar.

— Mas aí ela vai nos ver juntos e sua ideia inicial de conversar primeiro já era, não?

— Bom, pensei nisso. Se ela aceitar, pensei em marcar na cafeteria. Aí você poderia me aguardar no shopping que fica ao lado. Só para me acompanhar para... Enfim, me apoiar, nesse momento.

— Entendi. Posso. Só preciso passar em casa antes.

Ele sorriu, agradecido e mais calmo.

— Vai ligar para ela agora?

— Sim. Fica aqui comigo?

— Fico.

Segurei a mão dele e com a outra ele pegou o celular e discou o número de Olivia, colocando a ligação no viva-voz para que eu pudesse ouvir também.

— Gustavo? É você mesmo?

— Oi, Olivia. Bom dia! Sim, sou eu. Pode falar um minuto?

— Claro.

— Olivia, eu preciso conversar com você. Pode me encontrar na cafeteria ao lado do shopping hoje?

— Me encontrar? Agora? Depois de tanto tempo? Pra quê?

— Quero conversar.

Ela hesitou.

— Helena te ligou?

Ele me olhou.

— Sim, nós conversamos.

— Olha, Gustavo. Eu não quero nenhuma esmola, tá? Muito menos preciso ser mais humilhada.

— Olivia, não é isso que quero conversar com você. Por favor, por tudo que vivemos juntos, pode me encontrar? É importante para mim.

Ela respirou fundo do outro lado da linha. Apertei a mão de Gustavo para transmitir confiança.

— Tudo bem, mas já aviso que se tentar me humilhar, eu vou embora.

— Claro. Às 15h fica bom para você?

— Fica. Te vejo lá.

Ela desligou e ele me olhou, com olhar tenso.

— Pronto! Está feito.

— Estou orgulhosa. Já sabe o que vai falar com ela?

— Sei. Vamos. Vou te levar em casa.

E seguimos para minha casa.

A hora passou rápido e logo eram 14h. Gustavo estava ansioso.

— Tem certeza mesmo disso?

— Tenho. Preciso fazer isso, por mim e por nós! Quero encerrar esse capítulo da minha vida para começar o nosso, sem as manchas do passado.

— Eu estou com você!

Ele sorriu e me abraçou forte.

— Vamos? Vou te deixar no shopping antes.

— Tudo bem.

E fomos para o encontro de Gustavo e Olivia. Eu também estava ansiosa. Não sabia no que ia dar, mas esperava, de coração, que eles conseguissem resolver a raiva e a mágoa alimentadas por anos.

Chegamos ao shopping.

— Vai ficar bem aqui?

— Claro! Vou aproveitar e dar uma olhada nas lojas.

— Certo. Pegue.

Ele me entregou um cartão de crédito preto.

— Não precisa, eu tenho dinheiro aqui.

— Por favor, eu insisto. Vou me sentir melhor.

— Tá bom, tá bom. Agora vai. Está quase na hora.

Ele me olhou, dava para ver que estava aflito. Eu o abracei forte e dei um beijo em seus lábios, o que fez seu corpo relaxar um pouco.

— Eu não sei como agradecer por tudo que está fazendo por mim, meu amor!

— Estamos juntos nessa! Se precisar de mim, me ligue e eu vou correndo.

— Tá bom. Me deseje sorte!

E ele foi ao seu destino. Andando pelos corredores do shopping, decidi entrar em uma loja de moda feminina. "Estou mesmo precisando de roupa. Um vestido talvez!". Meu celular vibrou e era Gustavo, avisando que ela tinha acabado de chegar e que ele me avisaria quando terminassem a conversa. "Tomara que dê tudo certo!".

Comprei um vestido lilás de alcinha e continuei caminhando no shopping, esperando a hora passar. Vi uma loja de moda íntima e artigos sensuais. "Hum... Podia comprar algo especial! A noite de ontem foi tão boa. Que tal minha vez agora?". Avistei uma camisola linda, branca, quase transparente. Compro também gel de massagem de sabor e alguns brinquedos eróticos. Comprei com meu cartão mesmo, espero que ele não fique chateado, mas realmente não preciso usar o cartão dele e nem me sinto confortável.

Fui para a praça de alimentação, já ficando preocupada. "Eles estão conversando há quase uma hora e nem sinal de Gustavo. Será que eu devia ir lá?". Parecendo adivinhar, Gustavo me ligou.

— Onde você está, amor?

— Na praça de alimentação.

— Ok. Estou te vendo.

Ele se aproximou com um sorriso no rosto e se sentou na mesa.

— Pelo amor de Deus, conta logo!

— Calma, está muito ansiosa.

— Como foi? Cadê ela?

— O início foi difícil. Ela estava muito arredia e desconfiada, o que é compreensível depois de tudo que falamos um para o outro na última vez em que nos vimos.

— Então vocês brigaram?

— Quase.

— Quase? Como assim?

— Ela chegou falando que não ia aceitar nada de mim, que não precisava de esmola e tudo mais. Eu quase me irritei, mas na hora seu rosto me veio à mente e eu respirei fundo, fui me acalmando e me lembrando de porque estava ali.

— E?

— Olhei bem nos olhos dela e pedi para ela me ouvir primeiro. Ela aceitou e se sentou. Realmente, ela está tão diferente, tão magra... Parece ter envelhecido anos. Meu coração doeu ao vê-la assim.

— Pois é... Triste mesmo.

— Aí eu falei para ela que eu também tinha errado em nosso casamento, que apesar de tudo eu ainda a respeitava muito e que não queria que as coisas ficassem assim. Pedi a ela para me perdoar e disse que a perdoava também.

— E ela?

— Chorou muito, me contou como tudo aconteceu e eu entendi melhor as coisas.

— Ela aceitou sua ajuda?

— Mais ou menos.

— Como assim?

— Eu falei para ela que você tinha me contado sobre as dificuldades que eles estavam passando e que eu estava disposto a ajudar.

— Falou que comprou os imóveis?

— Não. Parece que ela ainda não recebeu a informação do corretor dela. Ele deve avisar amanhã.

— Entendi.

— Ela disse que aceitaria ajuda, desde que fosse um empréstimo, como você fez. — Então ele me olhou, levantando a sobrancelha. — É verdade que você emprestou 40 mil reais para ela conseguir ter o crédito no banco restabelecido?

Eu olhei para ele, muda. Não que fosse segredo, mas não imaginei que Olivia contaria.

— Sim. Ela precisava. E consegui um bom acordo com o gerente do banco, que é meu cliente. O crédito vai ajudá-la a pagar as despesas mais urgentes.

Ele balançou a cabeça para os lados, passando as mãos pelo cabelo.

— Você é surpreendente. Por que não me contou isso?

— Eu nem lembrei, na verdade. Foi tudo tão tumultuado estes dias.

— Eu faço questão de te devolver esse dinheiro.

— Não precisa. A Olivia e eu já acertamos tudo.

— Helena, não estou pedindo isso. Vou te devolver, ok?

— Autoritário agora?

— Não sou, mas tudo isso só aconteceu porque eu fui um infantil e não escutei você quando me pediu para ajudar Olivia.

— A gente resolve isso depois. Agora me fala. O que ela aceitou?

— Vou comprar metade das cotas da imobiliária e liquidar todas as despesas. Ela só aceitou assim, para eu receber os lucros. Não consegui convencê-la do contrário.

— Entendi. Ao menos ela aceitou ajuda.

— Mas eu pensei em uma forma de ajudá-los mais.

— Qual?

— Eu não preciso mesmo desse dinheiro, então vou fazer um investimento para o filho dela. Assim, o valor da minha parte fica para o futuro dele.

— Uau! Essa ideia é ótima!

— Sim. Aí, depois que as coisas acalmarem eu falo com ela.

— Excelente! Perfeito!

Ele sorriu, segurando minhas mãos.

— Amanhã mesmo vou acertar a parte burocrática. Ela comentou que você fez um plano de ação para recuperação da imobiliária que está rodando e já trazendo alguns resultados, como clientes interessados.

— Sim, ajudei-a na parte de organização e estratégia, mas, com certeza, você sabe muito mais que eu desse ramo.

— Bom, podemos fazer isso juntos. Ela precisa aprender a gerenciar e Júlio também. Acredito que vão ficar mais à vontade com você.

— Claro. Posso continuar o trabalho e ensinar ela.

— Ótimo! Você é maravilhosa.

— Gustavo?

— Oi?

— Falou para ela sobre nós?

— Não achei prudente falar sem você.

— Ok. Acho que eu mesma vou conversar com ela sobre isso, se você concordar, claro.

— Sim. Você sabe o que é melhor.

— Então, quer comer alguma coisa?

— Sim. Estou com fome mesmo. Que tal um sanduíche hoje?

— Fechado. Ah! Seu cartão — falei, pegando o cartão.

— Fique com ele.

— O quê? Não precisa.

— Helena, você me ajuda tanto na empresa. O certo mesmo era eu te pagar uma boa quantia. E tenho outros cartões.

— Gustavo, sério, eu trabalho, e não precisa mesmo.

Ele não pegou o cartão e ficou me olhando nos olhos, sério.

— Sabe que eu não vou pegar, certo? Então, qual sanduíche quer? Vou lá pegar para nós.

Suspirei, derrotada. Quando ele colocava uma coisa na cabeça, não tinha jeito. Guardei o cartão dele de volta na carteira.

— Hum... Pode ser o de picanha grelhada.

— Boa escolha! Vou lá pegar para nós.

Ele se levantou, ficando ao meu lado, e abaixou-se para falar no meu ouvido.

— Não fique zangada. Eu só quero cuidar de você. Sei que não precisa do meu dinheiro e eu admiro isso em você, mas me deixe cuidar de você? Isso me faz bem, tá bom?

Virei e dei um selinho em seus lábios. Ele se afastou sorrindo e foi pegar os sanduíches.

Era a primeira vez que ficava com um homem assim, que quisesse me prover em todos os sentidos. Cláudia já tinha me falado sobre isso, que precisava abaixar a guarda e deixar o homem se sentir provedor para evitar problemas de desequilíbrio de energias, como ocorreu com Ric.

Comemos o sanduíche e fomos para minha casa. Resolvemos assistir a uma comédia, mas Gustavo estava alheio em seus pensamentos.

— Amor?

Ele me olhou, assustado.

— Oi?

— Tá bom, fala.

— Falar o quê?

— O que está pensando? Em qual lugar você está? Porque aqui não é.

Ele me olhou, com um semblante chateado.

— Desculpe, amor! Eu só estou pensando em tudo e que ainda preciso ver Júlio.

— Entendo, mas...

Ele suspirou fundo e abraçou-me.

— Helena...

Ele continuou me abraçando forte, seu coração estava disparado.

— Se abre. Sabe que pode confiar em mim.

Ele me soltou do abraço e me olhou nos olhos por alguns instantes.

— Eu só fico pensando em como vai ser com Júlio.

— Receia que ele não o receba bem?

— Sim, também.

— E o que mais?

— A traição de Olivia doeu, mas ver ele com ela... Aquela cena não me sai da cabeça. Ele era como um irmão para mim, coloquei-o como sócio da empresa e me senti duplamente traído, você me entende? Eu comentava com ele sobre meu casamento, ele sabia todos os detalhes da crise que estávamos vivendo e usou isso para se aproximar de Olivia.

Coloquei minhas mãos sobre as dele e disse:

— Eu imagino como isso deve doer, mas será que se tentar escutar o lado dele não facilita as coisas?

— Talvez... Nunca o deixei falar nada.

— Então! O que de pior pode acontecer?

— Eu socar a cara dele e ele a minha — ele respondeu, sorrindo um pouco sem graça, olhando para baixo.

— Ei! Olhe para mim.

Ele me olha nos olhos.

— Você consegue fazer isso e eu estarei com você o tempo todo.

Ele se inclinou e me beijou, um beijo doce e agradecido.

Mais tarde, Gustavo foi embora e me deitei para descansar.

Segunda-feira chegou cedo demais. Meu corpo ainda pedia cama e olha que sempre me levantei cedo!

Já eram 7h e eu me preparava para a rotina matinal quando meu telefone toca.

— Helena?

— Olivia?

— Sim. Me desculpe ligar tão cedo. Ia ligar ontem, mas não quis incomodar você. Gustavo me procurou, acredita?

"Claro que acredito!".

— Sim, eu falei com ele.

— Ele me disse. Acredita que já vendemos oito imóveis? E só agora fiquei sabendo que cinco foi o Gustavo que comprou?

— Então a nova campanha de marketing já trouxe três vendas?

— Sim! Eu só posso te agradecer muito por tanta benção.

Escutei Pedrinho ao fundo, chamando a mãe.

— Obrigada mesmo por tudo. Acredito que vou conseguir pagar o empréstimo que me fez ainda este mês se as vendas continuarem assim, graças a você!

— Imagina! Fizemos um bom trabalho em equipe.

— Certo! Um abraço, Helena!

— Outro. Dá um beijo no Pedrinho por mim.

Encerrei a ligação e aproveitei para enviar uma mensagem para Cláudio falando sobre a visita de Gustavo a Júlio. Ele responde após alguns minutos.

'Helena, claro! Veja se ele pode vir amanhã às 18h e me avise. Vou conversar com Júlio antes para ver como ele reage'.

Ok, hora de ligar para... Antes que eu terminasse de pensar, apareceu na tela do meu celular o nome da pessoa que eu queria.

— Oi! Bom dia! Como dormiu, meu amor?

— Nossa! Já ia te ligar!

— Saudades?

— Também. Mas preciso ver um assunto com você.

— Problemas?

— Não. Duas coisas. Primeiro, Olivia me ligou.

— Eu imaginei que ela ligaria.

— Sim, ela já sabe que comprou os imóveis.

— E como ela reagiu?

— Surpreendentemente bem, ouso dizer.

— Que alívio! E a outra coisa?

— Consegue ver Júlio amanhã às 18h?

Gustavo ficou em silêncio por alguns segundos.

— Você é rápida mesmo.

— Se não quiser, eu cancelo.

— Não, pode manter. Vou avisar Paula para liberar minha agenda.

— Ok! Vou avisar a clínica.

— Tá bom. Melhor encarar isso logo.

— Também acho.

— Como será seu dia hoje? Muitos clientes?

— Hoje vou atender só na parte da tarde. Preciso organizar algumas coisas aqui.

— Eu tenho algumas reuniões, mas vou ver se consigo passar aí para te ver mais tarde. Te ligo antes.

— Tudo bem, não se preocupe.

— Helena, estou com saudades de você já.

Sorrindo ao telefone, falei para ele em tom de brincadeira:

— Já, é?

— Está ficando difícil dormir sozinho aqui.

— Bom, isso pode ser facilmente resolvido.

— Ah... E o que tem em mente?

— Se vier aqui hoje à noite poderá descobrir.

Ele riu sapeca do outro lado da linha.

— Tá bom. Me convenceu. Te ligo mais tarde. Um beijo, meu amor!

— Outro!

Mais tarde, próximo ao meio-dia, Cláudio me ligou.

— Oi, Helena. Falei com o Júlio.

— E como ele reagiu?

— Ele está aqui, quer falar com você.

— Claro, pode passar.

— Oi, Sra. Helena. O que o Gustavo quer comigo?

— Oi, Júlio. Como você está?

— Muito bem, na verdade. Estou gostando muito de trabalhar com a marcenaria. Cláudio disse que levo jeito. A senhora não me respondeu.

— Então, Júlio, pelo que sei ele quer acertar as coisas entre vocês.

Ele ficou em silêncio, respirando profundamente do outro lado da linha.

— Olivia me contou sobre o encontro deles e de tudo que ele fez. Comprou cinco imóveis e disse que vai se tornar sócio, assumindo todas as dívidas.

— Sim.

— A senhora o convenceu a fazer isso?

— Não. Eu só disse que ele precisava resolver isso. Ódio e mágoa não levam ninguém a lugar nenhum.

— Eu... — Júlio suspirou. — Eu realmente não sei se consigo encará-lo, senhora Helena!

— Júlio, você ainda o ama como um irmão, não é?

— Sim, mas eu o trai de todas as formas possíveis e mesmo assim ele quer me ajudar. Não faz sentido.

— Por que não permite que ele te explique pessoalmente?

— Tudo bem. Acho que devo isso a ele e à senhora, que está nos ajudando tanto.

— Isso.

— Sra. Helena?

— Oi, Júlio. Pode me chamar de Helena.

— Tudo bem. Você pode vir junto com ele?

— Ir junto? Não prefere conversar com ele sozinho?

— Não, prefiro que venha, assim terei mais coragem para conversar com ele. Por favor, é o último favor que te peço.

— Tudo bem, vou sim.

— Obrigado. Então aguardo vocês amanhã.

— Eu agradeço por isso, Júlio.

Ele devolveu o telefone para Cláudio.

— Helena, qualquer dúvida me ligue, ok?

— Obrigada por tudo, Cláudio.

— Imagina! O que precisar.

"Pronto! Tudo certo para o encontro de Gustavo e Júlio. Espero que eles resolvam isso sem socos".

Já no consultório, após atender minha segunda cliente, Cláudia apareceu na porta da minha sala, com olhar curioso.

— Lena?

— Oi, Cláudia. Entre, por favor. Tenho 15 minutos antes da próxima cliente.

— Sua agenda ficou uma loucura depois do evento na empresa do Gustavo, né?

— Nem fala! Mas estou me organizando. E você? Como está?

— Bem, fiquei preocupada com você. Cláudio comentou comigo sobre seu amigo.

— Bom, ele não é meu amigo. A história é longa. Vou resumir os últimos acontecimentos.

E contei para Cláudia a loucura que minha vida se tornara nas últimas semanas.

— Lena de Deus, sério? Olha, você devia escrever um livro sobre sua vida um dia.

Sorrindo, bati palmas.

— É uma boa, viu, porque nunca vi! Quando acho que vai ficar tudo calmo, vem uma avalanche de coisas. Mas, enfim, o desafio só aparece quando estamos prontas, certo?

— Esse Gustavo está me surpreendendo. Acha mesmo que ele vai vencer o passado?

— Eu espero que sim. Porque estou realmente gostando muito dele. É algo que nunca senti, Cláudia. Chega a me assustar.

— Imagino. Você nunca permitiu se envolver emocionalmente após o Marcus.

— Pois é... Espero não estar cometendo um erro dando essa chance a ele.

— Bom, ele sabe que você é especial. Agora é aguardar as cenas dos próximos capítulos da vida de Helena Soares.

— Nem fala!

— Bom, vou indo. Minha cliente deve ter chegado. Vamos marcar de sair depois para colocarmos o papo em dia.

— Pode deixar.

"Um livro. É, quem sabe um dia!".

Acabei meus atendimentos às 19h. Quando estava acabando de arrumar a bolsa para sair, meu telefone tocou.

— Oi, amor. Como você está?

— Oi! Estou bem cansada! E você? Como foi seu dia?

— Exaustivo, na verdade. Tivemos alguns problemas de entrega de fornecedores hoje e estou aqui resolvendo. Acredita que o supervisor do setor de compras esqueceu de aprovar a ordem de compras e acabaram os sabonetes?

— Nossa! Já no novo processo isso?

— Sim. Eu entendo que é o primeiro mês que ele faz isso, mas é um erro grotesco. Enfim, dei a ele outra oportunidade. Estou aqui no atacadista comprando algumas caixas para suprir de imediato a rede. Infelizmente, vou agarrar aqui.

— Tudo bem. Estou bem cansada hoje.

— Queria tanto ver você.

— Eu também, Gustavo, mas teremos outras oportunidades.

— Eu te ligo assim que chegar em casa.

— Combinado. Um beijo!

— Outro, linda!

Já em casa, após brincar com os cães e comer, tomei um banho e praticamente desmaiei na cama. As últimas semanas foram mesmo cansativas.

Acordo com o Sol batendo em meu rosto.

— Meu Deus! Que horas são?

Levantei confusa e peguei meu celular no criado-mudo.

— Graças a Deus, ainda são 6h. Nossa! Eu apaguei mesmo. E tem várias chamadas de Gustavo.

Enviei uma mensagem para ele:

'Oi, amor. Bom dia! Desculpe-me. Cai no sono e não vi mais nada. Tudo certo para hoje?'.

Levantei e me arrumei para minha caminhada na praia com os cães. Antes que eu saísse de casa, minha campainha tocou. "Uai, quem será a essa hora?".

— Oi?

— Helena! Graças a Deus! Sou eu, Gustavo!

Abri a porta e ele estava com um olhar assustado.

— Quase me matou de susto! Te liguei várias vezes!

— Desculpe, amor. Eu literalmente apaguei.

Olhando-me pronta para sair e com os cães na guia, ele levanta a sobrancelha, curioso.

— Ia sair?

— Sim. Vou caminhar na orla com os cães.

— Posso ir junto?

— Claro! Toma.

Entreguei a guia de Luís para ele e segui com Lilica, caminhando até a orla da praia.

— Eu costumo correr pela manhã, nos dias que consigo, claro.

— Se quiser correr, Luís vai adorar.

— Hoje prefiro te acompanhar.

Ele passou o braço em volta de minha cintura e me deu um beijo no rosto.

— Está tranquilo para ver Júlio hoje?

— Não tem como ficar "tranquilo" com isso, amor!

— É, eu imagino.

— Mas eu vou.

— Espero que resolvam as coisas.

— Eu também. Você vai comigo, certo?

— Sim. Vai me pegar lá em casa?

— Isso, às 17h, porque a clínica fica um pouco longe e o trânsito a essa hora não é bom.

— Perfeito. Combinado.

Sentamo-nos um pouco na areia e por alguns instantes ficamos ali, em silêncio, apreciando a companhia um do outro e observando Luís e Lilica brincando no mar.

— É uma paz estar aqui, com você e os dois. É tão calmo ficar com você, Helena!

E ele me olhou, aproximando seu rosto do meu.

— Espero que isso seja uma coisa boa!

— Muito.

Ele me beijou nos lábios, um beijo carregado de sentimento.

Concluindo a caminhada, voltamos para minha casa.

— Amor, preciso ir em casa me arrumar. Tenho uma reunião às 9h.

— Tudo bem. Hoje irei atender on-line pela manhã.

Gustavo se aproximou, colocando uma mão na minha cintura e outra no meu pescoço, colando seu corpo e seus lábios nos meus em um beijo intenso.

— Meu amor, você está me deixando completamente vulnerável a você — ele falou, com rosto corado, tentando disfarçar a excitação crescente em sua calça de moletom.

— Hum... Gosto de saber disso!

— Gosta, né? Sua sorte é que estou realmente atrasado e não posso perder essa reunião.

Sorrindo, com os lábios ainda colados aos meus, Gustavo me beijou mais uma vez e saiu para seu compromisso. O dia transcorreu tranquilo, e perto das 16h comecei a cuidar dos cães e me arrumar para o encontro com Júlio na clínica. Gustavo chegou às 17h em ponto, bastante agitado.

— Estou realmente na dúvida se é uma boa ideia isso.

— Calma. Eu estarei com você. Confia em mim?

Ele me olhou, acalmando-se um pouco.

Seguimos na estrada por 40 minutos. A clínica onde Júlio estava fica em um bairro afastado, em frente ao mar, em um lugar muito calmo e bonito. Era uma chácara grande, com muito verde.

Assim que saímos do estacionamento, Cláudio veio nos receber com um sorriso no rosto.

— Helena! Que bom ver você! Esse deve ser o Gustavo.

Gustavo apertou a mão de Cláudio e sorriu, visivelmente nervoso.

— Júlio está concluindo um trabalho na marcenaria. Vou avisá-lo que chegaram.

— Obrigada, Cláudio.

Cláudio nos acomodou em uma sala com sofá e televisão. Gustavo sentou-se sacudindo os joelhos. Ele estava muito nervoso. Coloquei minhas mãos sobre as dele no sofá e ele me olhou e disse:

— Helena, isso é bem mais difícil do que eu pensava.

— Vai ficar tudo bem.

Poucos minutos depois, Cláudio entrou na sala com Júlio logo atrás. Ele estava muito melhor, cabelo cortado, barba feita e o rosto mais corado. Parecia até que tinha ganhado peso. Agora sim, estava voltando a ser o homem por quem Olivia se apaixonou um dia.

— Sra. Helena, boa noite! Gustavo, obrigado por vir — ele falou, ainda parado na porta. Gustavo não olhou para ele, ficou olhando para os pés.

— Oi, Júlio. Que bom ver você! Está muito bem! Como está se sentindo? — falei, tentando quebrar um pouco o clima tenso que se instalara no ar. Cláudio observava tudo com atenção.

— Obrigado, Sra. Helena! Cláudio tem me ajudado muito, nem sinto vontade de beber mais. E está sendo revigorante trabalhar com marcenaria.

Nessa hora, Gustavo encarou Júlio com um olhar indecifrável.

— Bom, vou deixar que conversem. Helena, me acompanha? — Cláudio falou caminhando para a porta.

— Ela pode ficar? — Júlio perguntou, olhando para mim e Gustavo, que não parava de encará-lo.

— Tem certeza de que quer que eu fique? Gustavo, o que acha?

— Sim, por favor.

Os dois falam quase juntos.

Júlio sentou-se no sofá em frente a mim e Gustavo, cabisbaixo.

— Ok! Estarei aqui fora, Helena! — Cláudio falou saindo, olhando para mim. Um olhar que eu entendi perfeitamente bem: "Se as coisas complicarem, me chame!".

— Bom, Gustavo. Faz muito tempo. Eu... Eu... — Júlio tentou começar e percebi Gustavo ficando com olhar irritado.

Pego sua mão, o que o fez olhar para mim e relaxar um pouco.

— Fico feliz de ver que está se recuperando, Júlio.

Júlio relaxou um pouco, olhou para mim e depois para Gustavo.

— Gustavo, eu sei que fracassei muito com você. Não existem palavras para o que eu fiz.

— Existem sim. O que você fez foi ser um covarde, aproveitador.

"Ixi... As coisas começaram a ficar complicadas", pensei. Gustavo estava com o rosto tenso, punhos cerrados, e percebi que Júlio, que antes estava acuado, estava ficando irritado.

— Sim, eu sei. Vai me deixar falar ou veio aqui apenas para me insultar novamente?

Ainda com os punhos cerrados, Gustavo respirou fundo. Eu segurei a mão dele e ele me olhou. Meu olhar dizia: "acalme-se", e ele pareceu entender e relaxou um pouco.

— Tudo bem. Estou aqui para isso. Vou ouvir tudo que tem a dizer.

Júlio me olhou, acalmando-se também e olhando Gustavo nos olhos.

— Eu sei que magoei você, sei que traí sua confiança em todos os sentidos. Não há explicação para o que eu fiz, se é isso que espera ouvir. Eu me apaixonei por Olivia, fiquei completamente cego, não consegui me afastar, e fiquei cada vez envolvido. Sei que não faz sentido para você, mas não te contamos logo de cara porque amamos você e queríamos evitar que sofresse. Não era para nada daquilo ter acontecido.

Júlio colocou as duas mãos no rosto, escondendo as lágrimas que teimavam em cair de seu rosto. Gustavo ficou desconfortável e suspirou.

— Eu nem sei dizer como fiquei arrasado com tudo, mas, enfim... Não é para ficar remoendo isso que estou aqui.

Júlio, com os olhos vermelhos, apoiando-se nos joelhos, aproximou-se de Gustavo.

— E para que veio então? Para me ver assim? Fraco, viciado, um bosta completo?

— Não — Gustavo respondeu suspirando e passando as mãos nervosas no cabelo.

— Júlio, eu nunca desejei que você e Olivia acabassem assim. Estou aqui porque quero que sejam felizes, assim como eu quero ser feliz também. Já chega desse passado. Passou, erramos e pronto.

Júlio olhou para Gustavo, com surpresa.

— Você quer que eu seja feliz? Mesmo tendo arruinado sua vida?

— Você não arruinou minha vida. Acho que você só acelerou o inevitável. Eu e Olivia nunca nos amamos de verdade. Foi um casamento sem sentimentos fortes, por isso acabou como acabou, e pronto.

— Então somos amigos novamente?

— Calma aí! Amizade exige confiança e isso, infelizmente, eu não tenho mais em você.

Júlio olhou para os pés.

— Tudo bem, eu entendo. Era só isso, Gustavo?

— Não.

— O que mais quer de mim?

— Quero que aceite minha ajuda até concluir seu tratamento e poder assumir o seu papel de homem e pai.

Júlio o encarou com um olhar frio e duro.

— Não quero esmolas, Gustavo!

— Júlio, não estou oferecendo esmola. Sou um homem de negócios e é isso que estou oferecendo, uma oportunidade de negócio.

— Olivia me contou sua oferta.

— Então?

— Tenho uma melhor para te fazer.

— Qual?

— Quero oferecer a venda completa da imobiliária.

— Mas vocês precisam da renda!

— Já conversei com Olivia. Nunca gostei de vender imóveis e não levo nenhum jeito para isso. Olivia também não leva, por isso falimos tão rápido. Se aceitar minha proposta, teremos dinheiro suficiente para Olivia se manter com nosso filho por um tempo, e eu irei abrir meu estúdio de móveis assim que tiver alta.

— Estúdio de marcenaria?

— Isso. Você se lembra que eu trabalhava com meu pai antes de ir trabalhar com você na empresa? Eu amo fazer isso e aqui estou me aperfeiçoando. Já vendi algumas peças e Cláudio ficou de me ajudar.

— Eu acho uma boa ideia, Gustavo! O que me diz?

Gustavo me olhou, confuso.

— Eu posso fazer isso, mas tem certeza de que é uma boa investir nisso?

— Sim, eu quero fazer isso. E Olivia me apoia.

Ficamos em silêncio por alguns minutos, até que Gustavo pigarreou e falou:

— Ok. Vou pensar em uma proposta de valor e envio para você e Olivia avaliarem.

— Ótimo! Obrigado!

Os dois se olharam novamente e Gustavo se levantou.

— Obrigado por me receber, Júlio. Espero que se recupere rapidamente.

E eles dão um aperto de mão. Saímos os três da sala, encontrando com Cláudio no corredor.

— Obrigado por tudo, Sra. Helena! Que Deus possa dar tudo em dobro na vida da senhora.

— Imagina, Júlio. Boa recuperação. E me ligue se precisar de algo.

— Só cuide de Olivia, por favor.

— Pode deixar.

E Júlio subiu a escada para os dormitórios.

— Bom, acho melhor irmos. Obrigado, Cláudio.

— Por nada, Gustavo. Boa noite! Tchau, Helena.

Despedimo-nos e seguimos para minha casa. O caminho todo, Gustavo ficou em silêncio, imerso em seus pensamentos. Em casa, entramos e fui para cozinha para preparar algo para jantarmos. Gustavo senta-se no quintal, brincando com os cães quase no piloto automático.

"Acho que ele precisa de espaço agora".

Fazendo uma sopa de legumes, entretida no fogão, não percebi Gustavo entrando na cozinha.

— Júlio realmente parece ter sofrido muito esses anos.

Olhei para trás e vi Gustavo sentado no banco me olhando.

— É, a culpa corrói, literalmente.

— O que acha da proposta dele?

— Achei uma boa ideia. E você?

— Meu receio é eles ficarem sem nenhuma fonte de renda novamente.

— Eu sei. Mas pelo que Cláudio me disse, Júlio está mesmo se dando muito bem na marcenaria. Acho que vale a pena tentar. E vamos ajudar Olivia a investir o dinheiro da venda da imobiliária.

— Verdade. Pode ser uma boa opção.

— Você está disposto a comprar a imobiliária?

— Sim. Seria um bom negócio, na verdade. Ela seria incorporada à rede de imobiliárias do grupo.

— Então acho que está resolvido.

— É, acho que sim.

Percebi que ele ficou com o olhar vago.

— Gustavo?

— Oi?

— Como está se sentindo?

Ele suspirou, levantou-se e aproximou-se de mim.

— Sinceramente?

— Sim.

— Bem e mal ao mesmo tempo.

— Quer me explicar?

Passando as mãos no cabelo, ele vai até o armário para pegar os pratos para organizar a mesa.

— Estou me sentindo bem por, finalmente, ter ido conversar com ele e de poder ajudar de alguma forma.

— E está se sentindo mal por quê?

— Porque não consigo parar de pensar que eu poderia ter evitado tudo isso se tivesse perdoado os dois antes, se tivesse ajudado a administrar a imobiliária. Se não tivesse sido tão duro com eles...

Fui até ele, que estava na mesa colocando os pratos, e abracei-o pela cintura.

— Amor, não se culpe por isso. Você não tinha como imaginar que eles não saberiam lidar com a imobiliária. Você estava magoado, perdido, traído, e está tudo bem. Agora você está consciente e está fazendo o que considera certo.

Ele se virou e disse:

— Sinceramente, não sei o que fiz para merecer você!

Sorrindo para ele, fui pegar a sopa no fogão. Comemos e nos sentamos no sofá, assistindo a nossa série favorita.

— Estou ficando com sono e você?

— Também, viu.

— Posso dormir aqui hoje? Acho que não consigo sequer dirigir.

— Claro. Você deve estar exausto. Acho que ficou uma camiseta e uma bermuda sua aqui.

— Que tal um banho antes de ir para a cama?

— Banho, banho, ou algo além disso? — ele perguntou, beijando meus lábios.

— Com você sempre acaba em algo mais!

— Pensei que estava com sono e cansado demais.

— Isso me descansa, na verdade.

Ele se levantou, pegando a minha mão.

— Bom, faz assim. Vai tomando seu banho enquanto termino de cuidar dos dois e te vejo na cama.

"Hoje é um bom dia para estrear a camisola branca que comprei no shopping aquele dia!".

— Tudo bem. Não demora!

Termino de cuidar do Luís e da Lilica, fechei a casa e me preparei para o banho. Quando entrei no quarto, Gustavo estava dormindo profundamente.

"Ele deve estar exausto. Melhor deixá-lo dormir!". Tomei uma ducha rápida, evitando ao máximo fazer barulho, coloquei a camisola branca e me deitei ao lado dele. Rapidamente, peguei em um sono profundo.

Sentindo algo quente em minha perna, abri meus olhos.

— Oi, linda. Acordei você?

Era Gustavo, acariciando minha perna com aquela mão quente, fazendo subir o calor que seu toque sempre gerou em meu corpo.

— Oi! Bom dia! Nossa! Que horas são?

— Seis ainda. Está cedo.

— Que bom! Vou fazer um café para nós.

— Por que a pressa? — ele perguntou, puxando-me para mais perto, colando seu corpo ao meu de lado, encostando aquele volume em minha bunda, subindo a mão cada vez para mais para cima.

— Bom, acho que temos que trabalhar, certo?

— Sim, mas temos um tempo ainda. E essa camisola? Não posso ao menos ver? — Com beijos em meu pescoço, nuca e lóbulo da orelha, ele falou quase sussurrando com sua voz rouca e grossa, o que fez todos os pelos do meu corpo se arrepiarem.

— É nova. Comprei aquele dia no shopping.

— Hum... Eu gostei bastante. O tecido é tão macio...

Fiquei completamente pronta para recebê-lo. Seus lábios quentes continuavam despejando beijos em meu corpo, causando uma onda de prazer imediato.

— Amor, vamos nos atrasar, sabia?

Ignorando meu protesto, aquela mão quente subiu, arrancando minha calcinha e, acariciando-me, fez-me gemer baixinho. Ele colocou sua boca bem pertinho do meu ouvido, mordiscando minha orelha.

— Tem certeza de que não quer? Seu corpo está dizendo outra coisa.

Dei um sorriso misturado com gemido, o que o deixou completamente excitado. Ele pegou minha bunda com força e com a outra mão me penetrou com os dedos.

— Que deliciosa!

"Eu bem que podia fazer ele implorar por mim também...".

Sem avisar, virei-me de frente e subi nele, que me olhou com vontade.

— Quer assumir o controle, amor?

— Hoje é você quem vai implorar por mim!

Ele me olhou com desejo, e eu comecei a beijar cada centímetro do seu corpo, passando a língua em seus mamilos, umbigo, roçando meus seios nele, que gemeu baixinho.

— Nossa, Helena... Que delicioso isso...

— Eu estou apenas começando.

E continuei descendo até chegar em seu membro, que estava rígido e pronto. Passando meus seios neles e acariciando-os com as mãos em movimentos de vai e vem, ele gemeu gostoso.

— Isso sim é maldade. Vem cá, agora!

— Ainda não.

Passei a língua em toda a sua extensão, beijando, chupando e acariciando com as mãos, fazendo contato visual com ele.

— Eu vou... Eu vou...

Antes que ele chegasse ao clímax, eu parei e fiquei em cima dele, olhando para seus olhos, mordendo meu lábio inferior, com um olhar cheio de malícia.

— Meu Deus, Helena! Te quero agora. Pronto! Estou implorando!

— Hum... Acho que ainda não!

Coloquei meus joelhos um de cada lado, segurando seu braço. Ele me olhava com os olhos ardentes enquanto eu tirava vagarosamente a alça da camisola sem tirar os olhos dele, até deixar todo meu colo à mostra.

— Isso é muita maldade. Eu não posso mesmo te tocar?

— Hum... Quer tocar?

E comecei a rebolar em cima dele, sem deixar que ele me penetrasse.

— Helena... Nossa! Está me deixando doido aqui.

Tirei o restante da camisola, ficando completamente nua em cima dele. Seus olhos me devoravam. Dei um beijo quente e molhado em seus lábios e encaixei perfeitamente nossos corpos, soltando seus braços. Gustavo me agarrou forte, segurando minha bunda com vontade.

Cavalgando nele, senti todo seu membro me preencher, causando sensações deliciosas. Apertava e soltava, enquanto fazia movimentos de vai e vem, o que o deixou delirando de prazer.

— Caralho, isso é simplesmente... Acho que eu vou.

E antes que ele chegasse ao clímax eu parei e desci dele.

— Ainda não!

— Meu Deus! O que mais você quer de mim? Vem cá.

Então fiquei de quatro e olhei para ele.

— Você que pediu!

Ele meteu com força e intensidade algumas vezes até chegar ao clímax com um gemido forte e grosso.

— O que foi isso? Nossa! Acho que preciso respirar — ele falou, deitando-se na cama, com o corpo suado e a respiração ofegante.

"Hoje, eu que vou te deixar caidinho de tanto prazer!". Aproximei-me dele e comecei a beijar o lóbulo da sua orelha, tirando dele alguns gemidos de prazer.

— Helena... Nossa... Você quer mais, é isso?

Eu não falei nada, continuei beijando-o, descendo para seu pescoço, beijando e mordiscando cada pedacinho. Com a mão comecei a acariciar aquele corpo forte.

— Amor... Amor... Nossa! Você sabe que preciso de alguns minutos, não sabe? — ele disse, entre gemidos de prazer. Eu ignoro por completo e começo a acariciar seu membro, que está começando a ficar rígido novamente.

— Eu não quero parar ainda!

Ele me olha, incrédulo quando me vê descendo para beijá-lo mais uma vez.

— O que deu em você, hoje? Nossa... Meu Deus! Isso é... Nossa... Caralho... É muito gostoso...

Beijando-o intensamente, seu membro ficou rígido novamente. Eu subi nele de novo, colocando-o perfeitamente em mim, tirando mais um gemido forte dele, que só conseguia me olhar com desejo e gemer de prazer.

Cavalguei nele com mais intensidade do que antes. Gustavo me agarrou forte, virou-me e ficou sobre mim, metendo com vontade e com um olhar profundo. Ele esticou minha perna e a colocou sobre seu ombro, e penetrou forte, tão forte que gemi alto.

— Amor, ahhhh... Forte, muito forte!

— Você que provocou isso.

Ele meteu, meteu e meteu, entrando e saindo sem parar até que, com um gemido rouco, todo seu corpo estremeceu e ele chegou ao clímax. Eu cheguei tantas vezes que nem sei falar. Ofegante, ele se deitou sobre mim, ainda sem sair completamente de dentro.

— Acho que é você quem está tentando me matar hoje!

Sorrindo, ele me beijou, olhando-me com olhar satisfeito. Então ele se deitou ao meu lado, completamente sem forças, respirando com dificuldade, como se tivesse corrido uma maratona.

— Matar, não!

Ele sorriu e se virou de lado, olhando-me nos olhos.

— Vou precisar tomar uns suplementos para dar conta de você! Cara! Que mulher é essa! Acho que nunca fiquei tão... Nossa!

Ele se deitou novamente, ainda ofegante. Satisfeita com o resultado, aconcheguei-me em seu peito e ele me abraçou. Ficamos por um tempo assim, até que ele olhou para o relógio de teto e levantou assustado.

— Já são 8h, Helena?!

Dando uma risada sapeca, olhei para ele, ainda nua na cama.

— Eu não tenho culpa dos seus atrasos, Sr. Capanemma.

Ele me olhou novamente com desejo.

— Quer saber? Agora, você vai me pagar por isso.

E ele quase pulou na cama, beijando-me intensamente, e me penetrou novamente, com tesão quase incontrolável.

— Ahhhh... Você mete muito gostoso!

Ainda mais empolgado, ele continuou até que todo meu corpo endureceu e relaxou ao mesmo tempo, com um gemido de puro prazer. Ele estocou mais algumas vezes e fez o mesmo, chegando também em seu limite.

— Estou completamente exausto agora!

Sorrindo, ele me olhou. Estava com o rosto vermelho e todo descabelado, lindo de ver.

— Está pedindo para sair 02?

Ele sorriu, ainda ofegante, olhando-me com desejo.

— Ah... Está me desafiando?

— Acho que não aguenta mais, então, sim, estou.

E ele se abaixou e me beijou intensamente, penetrando os dedos ao mesmo tempo. Gozei em poucos minutos, afinal, já tinha tido estímulo demais.

— E agora? Quer mais?

Sorrindo para ele, olhei para o relógio e disse:

— Amor, agora já são 9h.

— Puta merda! Eu tinha uma reunião!

Ele se levantou e começou a pegar suas roupas espalhadas pelo quarto.

— Helena, você... Você... Como pode me tirar tanto do sério assim, mulher?

Levantei as mãos em sinal de rendição e coloquei meu roupão.

— Eu realmente não vi a hora passando.

Ele parou, olhou para mim e se aproximou.

— O que você me faz sentir... Como vou embora agora? Minha vontade é de jogar você nessa cama e ficar aqui o dia todo.

Passando as mãos no cabelo, ele se aproximou ainda mais e me beijou intensamente.

— Opa! Quer recomeçar, é?

Olhando para mim de modo sapeca, ele foi para a cômoda e pegou o celular dele.

— Tem 20 chamadas de Paula aqui. Só um minuto, amor.

— Tudo bem.

Abri as janelas e fui até a cozinha para preparar o café. Escutei-o conversando no quarto.

— Paula, tive um imprevisto. Pode remarcar as reuniões da parte da manhã?

Ele chegou na cozinha, já vestido com a bermuda, mas ainda sem camiseta.

— Te atrapalhei muito?

— Você nunca me atrapalha.

Ele me deu um beijo na nuca enquanto terminava de passar o café.

— Estou faminta. Deixa eu fazer uns ovos com bacon.

— Sério?

— Sim. Você pode dar comida para os cães enquanto faço para nós?

— Sim, meu amor.

Ele foi cuidar dos cães enquanto terminava de preparar tudo. Aproveitei e coloquei mamão picado e iogurte na mesa.

— Nossa! Que banquete!

— Precisa comer. Deve estar com fome.

Gustavo sentou-se, pegou a xícara e a encheu de café.

— Vou precisar de vitaminas mesmo! Afinal, não sou mais adolescente!

Sorrindo e mordendo minha torrada fiz que sim com a cabeça, fazendo-o sorrir também.

— Eu amo isso em você!

— Isso o quê? Eu mordendo a torrada?

Ele deu risada, passou as mãos no cabelo e me olhou meio sem jeito.

— Isso também. Mas quero dizer que amo o jeito que você é... Como posso dizer... Livre. Você é tão entregue... Quero dizer...

— Fala na cama?

— Isso.

Ele ficou um pouco corado.

—Acho que nos conectamos bem. Também sinto isso em você.

Ele sorriu.

— Você é diferente, é tão... Ah, não sei explicar... Selvagem, delicada, feminina, sexy, ardente, tudo ao mesmo tempo. Ama seu corpo e o conhece, não tem vergonha e isso me deixa literalmente sem fôlego.

Sorrindo, joguei meu cabelo para trás. E ele, que me observava atento, passou a língua nos lábios.

— Viu! Olha isso! Você é quase um imã! Não consigo parar de desejar você, Helena!

— Isso deve ser bom! — disse, rindo para ele com olhar ardente e colocando um pedaço de mamão na boca.

Ele corou e abaixou o olhar, e continuou comendo, ou melhor, devorando o café: comeu dois ovos com bacon, o mamão, algumas torradas e um copo de iogurte.

— Alguém estava com fome hoje!

— A culpa é sua, você sabe, certo?

— Eu admito que tive participação nisso.

— Amor, eu preciso mesmo ir. E você? Não tem clientes hoje?

— Tenho à tarde. Agora cedo a cliente desmarcou.

— Bom, vou passar em casa, colocar uma roupa e ir para o escritório. Preciso ver com os demais acionistas sobre a compra da imobiliária de Olivia.

— Entendi. Bom que já resolve isso.

— Sim, te ligo, tá?

— Combinado.

Ele levantou-se e me deu um beijo na testa, ainda na cozinha.

— Helena?

— Oi, amor.

Olhando-me nos olhos, Gustavo colou seus lábios aos meus e me deu um beijo apaixonado e demorado.

— Hoje foi simplesmente maravilhoso. Acho que nunca senti tanto prazer na vida! Obrigado por cuidar tão bem de mim.

Beijei-o e ele foi para casa. Fui ao quintal para brincar com os cães, ou melhor, tentar, porque só então percebi que doía quando eu andava.

— Acho que peguei pesado hoje. Literalmente, ele me arrebentou! Deve ser lesão de sexo! — falei, dando risada e me lembrando da manhã intensa, massageando minha perna e sentindo tudo latejar dentro de mim.

Tomei um banho e passei uma pomada para dor muscular na junção entre o quadril e a perna. Até para fazer xixi estava ardendo.

"É, Helena... Definitivamente, ele 'acabou' com você!", pensei, sorrindo para mim mesma, ainda sentindo os efeitos da manhã de sexo com Gustavo.

Perto das 11h cheguei ao consultório e Letícia, que estava saindo da copa, veio correndo me receber.

— Lena! Sumiu hoje de manhã. Tudo bem?

— Tá sim, muito bem.

— E por que está andando esquisita assim?

— Acho que dei um mal jeito na perna.

Lê, perspicaz como só ela, logo sacou tudo.

— Aquele gostosão te pegou de jeito, né, sua safadinha?

— Lê! — falei, colocando a mão na boca dela, brincando.

— Eu conheço uma lesão de sexo quando vejo uma. Já tive várias com o Lucas!

Fiquei vermelha e quase empurrei ela para dentro da copa.

— Lê do céu! O que eu faço? Ele é... Nossa!

Ela riu.

— Gostoso daquele jeito, imagino que deve ter uma bela pegada! Aquelas mãos enormes. Lucas é assim... Quando me pega de jeito, eu fico de perna bamba e ele faz o que quer. Já deu tudo para ele?

— Como assim "deu tudo"? Tudo o quê?

— Anal, né, Lena. Ele não fez ainda?

Fiquei roxa de vergonha! Ela riu na hora.

— Ah... Ele vai querer se tem esse fogo todo.

— Esse trem deve doer demais. Ele é... Você sabe.

— Enorme?

Lê riu e me deixou ainda mais vermelha.

— Lena, não se preocupe com isso. Se o cara souber fazer... Nossa! Você vai delirar. Deixa rolar!

— Você e o Lucas, é... fazem isso?

— Claro. Bom, somos casados e estamos juntos já há um tempo. Depois da gravidez, minha libido diminuiu, sabe, mas aí eu comecei a introduzir uns brinquedinhos e hoje é sensacional. Compra um plug anal e aquelas bolinhas que explodem, sabe? Ah! O Lucas também adora aquele gel que esfria e esquenta.

— Você sabe dessas coisas, né?

Ela sorriu e foi até a porta da copa saltitando.

— Sei mesmo. Deixo Lucas doido! Se o Gustavo é quente assim, vai amar umas surpresas. Pensa em algo.

— Hum... Quem sabe!

— Isso! Bom, esse assunto me deixou com vontade. Vou ligar para Lucas e almoçar lá. Adoro fazer um sexo gostoso no escritório dele.

E ela saiu sapeca, fazendo-me lembrar do dia em que ficamos no escritório de Gustavo, o que, claro, fez eu ficar molhada na hora. "Sossega, Helena! Hora de trabalhar!".

Tomei um copo de água bem gelada para acalmar meu corpo, que clamava por Gustavo.

A tarde foi um cliente atrás do outro. Precisava tirar um tempo e organizar minha vida. Meu telefone tocou perto das 15h, mas não consegui atender. Encerrei os atendimentos às 18h e antes que pegasse meu celular, Gustavo surgiu na porta da minha sala, lindo, de terno preto, camisa vinho, sem gravata, e com um buquê de rosas em uma das mãos.

— Entrega para uma mulher maravilhosa!

— Oi, amor! Ai, que lindas! Obrigada!

Dei um beijo em seus lábios, pegando as flores.

— Dia cheio?

— Bastante. Preciso alinhar com Mirella minha agenda. Ela está marcando um cliente atrás do outro.

— Imaginei. Te liguei e você não atendeu. Aí pensei que estaria cansada e com fome.

— Acertou em cheio.

— Vamos jantar? Tem uma pizzaria nova na rua de cima da sua casa. Podemos cuidar dos cães e ir na sequência.

— Que ideia boa! Só fechar aqui e vamos.

— Quer ajuda? Por que está andando assim? Machucou?

Fiquei vermelha. Como contar para ele que ele me deixou, literalmente, lesionada de tanto transar?

— Ah... Acho que dei mau jeito na perna.

Ele sorriu de canto, levantando a sobrancelha.

— Acho que peguei meio pesado com você hoje. Desculpe, amor!

Desviei o olhar e continuei organizando a minha bolsa.

— Ficou vermelhinha! Na hora você estava super à vontade!

Dando um tapinha em seu ombro, falei ainda morrendo de vergonha:

— Você está gostando disso, né?

— De ter te machucado não, mas de saber que foi porque te peguei de jeito, até que sim — ele respondeu sorrindo com cara de arteiro.

Virei os olhos brincando e peguei minhas flores para irmos para casa.

— Posso fazer uma massagem. Ajuda a melhorar. Sou muito bom com as mãos, como você já sabe.

— Convencido, hein?

Rindo, fomos até o carro de Gustavo e, então, para casa. Após cuidar de Luís e Lilica, fomos para a pizzaria.

— E como foi seu dia?

— Eu estava tão tranquilo depois da manhã maravilhosa que tive, que seguiu bem. A proposta para a compra da imobiliária está sendo avaliada. Agora é esperar.

— Entendi. Olivia não ligou. Amanhã fiquei de passar lá para auxiliar com a administração.

— Posso ajudar também.

— Ótimo! Vou falar com ela.

Comemos uma pizza deliciosa e voltamos para a minha casa.

— Deixa eu ver sua perna, vem cá — ele disse, massageando o local dolorido com uma pomada para dor muscular.

E esse simples toque fez um forte calor surgir entre minhas pernas e meu coração acelerar.

— É bem difícil fazer isso sem poder sentir você, sabia?

— E por que não pode?

— Precisa se recuperar. Posso te machucar mais sem querer.

Fiz um beicinho e ele sorriu, colocando a tampa na pomada.

— Mas posso fazer outra coisa.

— O quê?

Ele se aproximou, olhando em meus olhos com malícia e beijando meus lábios intensamente.

— Esse beijo só serviu para me deixar com mais vontade de ter você dentro de mim.

Então senti sua mão subir pela minha perna e ele desceu, beijando-me intensamente até me fazer chegar ao clímax.

— Gostosa!

— Ah... Eu vou...

Ele subiu e lambeu os lábios.

— Vem, vou te levar para a cama.

Ele me carregou e me colocou na cama, e assim dormimos, embalados pela deliciosa companhia um do outro.

As semanas passaram rapidamente. Já fazia três semanas desde o encontro com Júlio. Eu e Gustavo estávamos ajudando Olivia na imobiliária aos fins de semana. Ela aceitou o apoio dele temporariamente, até os acionistas aprovarem a compra.

Com o nosso apoio, a imobiliária estava praticamente recuperada e sem dívidas. Júlio continuava se recuperando muito bem, mas não aceitou ver Gustavo novamente.

Num sábado, enquanto ajudava Olivia a organizar o financeiro da imobiliária, aproveitando para ensinar tudo que ela precisava saber para administrar um negócio, já que a ideia deles era abrir um estúdio de marcenaria, Gustavo levou um cliente para ver um imóvel.

— Viu? É assim que vai analisar se uma empresa está dando ou não lucro.

— Entendi. Nossa, você faz isso parecer fácil — Olivia falou sorrindo.

Ela estava muito melhor. Tinha ganhado peso, as olheiras tinham sumido e, agora sim, ela tinha voltado a ser uma mulher linda e cheia de vida.

— É fácil.

Gustavo chegou da visita e me lançou um olhar.

— Oi, cheguei! Tem mais algum cliente hoje?

— Gustavo, só mais esse.

Olivia olhou para ele, depois para mim, e pegou a ficha do outro cliente com o endereço do imóvel para Gustavo ir.

— Ótimo! Já volto.

Ele seguiu para a última visita do dia.

— O que está rolando entre vocês dois, hein? — Olivia me perguntou assim que ele saiu. Ainda não tínhamos contado nada a ela, nem sei porquê. Apenas acabamos não tocando nesse assunto.

— Como?

— Ah, Helena! Acha que eu sou cega? Eu sei que está rolando algo entre vocês.

Olhei para baixo, ainda sem saber como falar para ela.

— Olivia, então... Nós estamos meio que namorando.

— Eu sabia! O jeito como ele olha para você! Acho que Gustavo nunca olhou assim para ninguém antes. Nem para mim.

Olhei para ela com rosto corado.

— Está chateada?

— Claro que não! Quero que ele seja feliz e sei que você é uma pessoa maravilhosa!

— Desculpe não ter comentado antes. Não queria te chatear.

— Relaxa, Helena! Só cuida bem dele. Ele merece mesmo ser amado por alguém como você!

— Claro!

Nós duas sorrimos e voltamos ao trabalho. Após encerrar, eu e Gustavo seguimos para minha casa depois de deixarmos Olivia na casa da mãe.

Chegando em casa, sentei-me na cadeira de balanço na varanda, brincando com Luís e Lilica. Gustavo se aproximou e sentou-se na cadeira ao meu lado.

— Olivia já sabe que estamos namorando.

— Sério? Você contou?

— Ela meio que descobriu.

— Melhor assim. Estava difícil fingir que não queria te tocar perto dela.

Ri e voltei a jogar a bolinha para Lilica, que corria feliz, enquanto Luís pulava no colo de Gustavo.

— Amor, esqueci de te falar.

— O quê?

— Vai ter uma festa na empresa no próximo fim de semana para comemorar o sucesso nas vendas. E como tudo só foi possível graças a sua ideia para a campanha, gostaria muito que fosse comigo.

Ele pegou minha mão e me olhou com expectativa.

— Claro, vou sim. Que horas?

— Vai ser sábado, às 19h. Mas preciso te avisar uma coisa para você não ficar chateada.

— O quê?

— Eu quase não vou conseguir ficar com você, porque vou ter que receber os convidados, dar entrevistas, tirar fotos... Essas coisas chatas.

— Tudo bem. Fico com Georgia lá.

— Ótimo! Mas farei o possível para te dar o máximo de atenção.

— Não se preocupe com isso.

E, assim, mais uma semana passou, entre atendimentos e o trabalho na imobiliária.

Gustavo disse que na semana seguinte os acionistas deliberariam sobre a compra da imobiliária.

Sábado chegou rápido, era o dia da festa na empresa de Gustavo. Comprei um vestido na cor laranja com detalhes em preto, longo, bonito e elegante. Gustavo me buscou pontualmente e fomos para o grande salão de festas do Grupo Capanemma. Ele estava lindo, de terno preto, blusa branca e gravata vermelha.

Assim que chegamos, ele já foi praticamente sequestrado pelos demais acionistas e sócios.

— Amor, me desculpe. Preciso falar com alguns investidores.

— Imagina! Vai lá. Vou procurar Georgia.

Ele ficou um pouco irritado por ter que sair e se encontrar com os investidores.

Procurei e logo avistei Georgia, que acenou alegre.

— Oi, Helena. Está linda!

— Obrigada! Você também.

E conversamos animadas por um bom tempo.

— Georgia, vou pegar uma bebida. Quer algo?

— Não. É ali que eles fazem drinques.

Ela me mostrou uma banca, onde alguns homens estavam girando garrafas e preparando coquetéis de frutas. Fui na direção da banca para pegar um, mas antes que chegasse, um homem me bloqueou.

— Oi, Junior. Boa noite!

— Helena, está simplesmente deslumbrante — ele falou, olhando-me da cabeça aos pés com olhar penetrante.

— Obrigada!

"Preciso sair fora desse cara!", pensei.

— Estava indo pegar uma bebida?

— Sim.

— Eu também. Vamos? — ele falou, e não tive outra opção a não ser ir com ele.

Junior estava muito elegante em um terno preto, com camisa azul clara, sem gravata.

— Qual vai querer?

— Uma caipivodka de morango.

— Boa pedida! Vou pegar para você.

Ele foi até o balcão e pegou as bebidas. Em seguida, entregou-me a minha e me encarou.

— Veio sozinha?

— Não, eu vim com Gustavo.

— Ah... O chefe!

Sorrindo, totalmente sem jeito, bebi um pouco do meu drinque e olhei em volta para ver se avistava Gustavo ou Georgia, ou qualquer pessoa que pudesse me tirar daquela saia justa.

— Eu queria mesmo te encontrar novamente. Você é uma mulher muito atraente. Que tal irmos para um lugar mais reservado?

Olhei para ele inconformada pela audácia dele. Ele mal me conhecia e já me chamava para transar assim?

— Junior, eu não quero. Obrigada! Vou procurar Georgia.

Ele segurou minha mão e, nessa hora, vi Gustavo surgindo com semblante furioso. "Preciso sair de perto de Junior antes que Gustavo faça uma cena!".

— Preciso ir.

E fui em direção a Gustavo antes que ele alcançasse Junior e eu.

— O que estava acontecendo ali?

— Nada, Gustavo.

— Venha comigo.

E ele se virou e começou a andar com passos pesados, visivelmente irritado. Subindo as escadas do grande salão, ele abriu uma porta. Era um quarto pequeno, com um sofá e algumas cadeiras. Entrei no quarto e ele entrou logo atrás, fechando a porta, bufando de raiva.

— Posso saber o que aquele palhaço estava tentando fazer com você?

— Gustavo, eu não faço ideia. Ele me encontrou e começou a conversar.

— E do nada ele pegou um drinque para você?

— O que queria que eu fizesse? Jogasse a bebida na cara dele? — perguntei, irritada.

Ele passou as mãos no cabelo. Estava muito bravo, como na primeira vez em que encontrei com Junior.

— Eu sabia que ele ia tentar se aproximar de você! Eu vou lá acabar com aquele safado!

Gustavo colocou a mão na maçaneta para abrir a porta e eu peguei seu braço.

— Amor, está louco? Vai socar seu funcionário no meio da festa da empresa? Está lotado de repórteres aqui, acionistas, investidores. Pare já com isso! Raciocina!

Ele me olhou, relaxando um pouco a face.

— Droga!

— Calma, tá! Não aconteceu nada.

Olhando-me com chama nos olhos, ele me beijou forte e intensamente, pressionando-me contra a parede, tentando levantar meu vestido.

— Eu não aceito isso!

— Gustavo!

Ele me conduziu até o sofá, subindo meu vestido e pegando minhas mãos, colocando-as acima da minha cabeça, beijando-me insaciavelmente, com raiva e desejo ao mesmo tempo.

— Você é minha! Vou mostrar que é minha!

As palavras "você é minha" me fizeram tremer, só que não de prazer, mas de medo, um medo que já tinha sentido antes. Sem pensar, coloquei minhas pernas em seu peito e o empurrei com força, fazendo-o cair no chão.

— Eu não sou sua! Não sou propriedade de ninguém!

Levantei-me e saí do quarto furiosa e assustada. Gustavo ficou no chão, olhando-me, sem entender nada. Saí quase correndo e me encontrei com Tiago do lado de fora.

— Me leva para casa, por favor!

Aos prantos, entrei no carro. E Tiago não teve outra opção a não ser me levar. Enquanto isso, Gustavo me ligava sem parar. Desliguei meu celular e vi o olhar de Tiago preocupado no retrovisor interno.

— Está tudo bem, dona Helena?

— Sim. Só estou cansada.

— E o Sr. Gustavo?

— Ele vai demorar. Depois você volta para buscá-lo, ok?

Ele me deixou em casa. Eu entrei e corri para o banheiro, e por instinto me lavei.

— Merda! Merda! Merda!

Agachei no chuveiro abraçando minhas pernas. Todo o trauma dos abusos físico e emocional que pensei ter vencido foram despertados pela frase "Você é minha!". Quando fechei meus olhos, as imagens do meu pai e de Marcus me machucando vieram a minha mente e lágrimas escorriam pelo meu rosto sem que eu conseguisse impedir. "Respira, Helena. Respira!".

Fui me acalmando e após alguns instantes consegui me levantar e sair do banho. Quando acabei de me vestir, a campainha tocou. Atendi pelo interfone.

— Helena, abra a porta! Vamos conversar!

Era Gustavo. Eu não queria abrir, mas precisava enfrentar a situação. "E se ele me machucar? E se ele for como Marcus? E se tudo foi uma ilusão que criei em minha mente?".

— Helena, me perdoa! O que eu fiz? O que aconteceu?

Ele estava desesperado. Seguindo meu coração, abri o portão. Gustavo entrou, com lágrimas nos olhos e um olhar preocupado. Quando ele tentou se aproximar, eu instintivamente me afastei.

— Helena, o que é isso? Está com medo de mim?

— Claro. Percebeu o que fez?

Ele hesitou e me olhou nos olhos. Estava aflito e confuso.

— Helena, me perdoa. Fiquei com ciúmes daquele idiota, mas jamais machucaria você! Por que está agindo assim? Eu não fiz nada!

— Você me agarrou, lembra-se?

— Eu fiquei com desejo por estar sozinho com você. Quantas vezes já não fiz isso? Pensei que estava gostando também. O que eu disse que te assustou assim?

Ele tentou se aproximar, mas dessa vez eu não me afastei. Eu não sentia medo dele como sentia de Marcus. Era como seu meu corpo dissesse: "Está segura!".

— Eu não sou sua propriedade, Gustavo!

— Eu sei disso. Foi jeito de falar. Perdoe-me. Não quis te ofender ou te assustar. Posso? — ele disse, perguntando se podia continuar se aproximando, o que eu permiti. Gustavo me abraçou e todo meu corpo tremia.

— Meu Deus, Helena! Você está tremendo! Vem aqui.

Ele me levou até o sofá e eu me sentei. Gustavo pegou um copo de água e me entregou.

— Bebe. Vai se sentir melhor.

Tomei um gole da água, ainda sem conseguir olhar nos olhos dele.

— Helena?

Ele virou meu rosto delicadamente para olhar para ele.

— Quer me contar por que ficou assim? Sei que não foi só pela minha estupidez.

Olhei em seus olhos e vi que ele jamais me machucaria. Lágrimas rolavam em meu rosto e ele me abraçou forte.

— O que fizeram com você, meu amor? Fala comigo. Deixe-me te ajudar.

Molhei seu terno de tanto chorar. Quando finalmente consegui me acalmar um pouco, olhei em seus olhos.

— Eu sofri abuso na infância e depois tive uma relação abusiva. As palavras "Você é minha"... Eram essas palavras que ele sempre falava antes de me machucar.

Afundei meu rosto no peito de Gustavo, que me abraçou forte.

— Helena, eu não imaginava! Me desculpe, de verdade! Você nunca me contou isso.

— Eu sei. É uma parte do meu passado que prefiro não lembrar. Pensei que tinha vencido isso, mas hoje percebi que ainda preciso trabalhar mais esse ponto.

Ele levantou minha cabeça com a ponta do polegar delicadamente, fazendo-me olhar para ele novamente.

— Amor, vamos vencer isso juntos. Vou controlar esse ciúme inútil. Nunca mais vai se sentir assim. Eu prometo!

Ele beijou minha testa e me abraçou forte, fazendo-me ter a certeza de que podia confiar nele, de que jamais me machucaria como meu pai e Marcus, muito pelo contrário, ele me protegeria e cuidaria de mim o tempo todo.

O tempo passa rápido e lá se foram três meses desde a festa na empresa de Gustavo. Nosso relacionamento estava cada vez mais sólido e sentia que o sentimento que tinha por ele crescia a cada dia.

Chegamos em dezembro, a cidade já estava cheia de luzes que deixavam o lugar que eu aprendi a amar ainda mais encantador.

Era o dia da alta de Júlio na clínica de reabilitação. A última vez que eu o vi ele parecia outra pessoa. Estava mais forte e bronzeado devido ao trabalho na marcenaria da clínica.

Gustavo comprou a imobiliária de Júlio e Olivia e eles abririam o estúdio de móveis e decoração em janeiro. Eu ajudaria na administração temporariamente, até que Olivia se sentisse mais segura para tomar conta do negócio, enquanto Júlio ficaria na produção.

— Amor?

— Oi! Estou aqui na cozinha!

— Então, o que vai fazer no Natal esse ano? — perguntou Gustavo vindo do quintal, com as mãos ainda sujas de terra. Ele estava podando as árvores e colhendo as frutas.

— Bom, mamãe e Estevão foram visitar a filha mais nova dele, que mora no Rio. Ficaram de vir para cá em janeiro, então devo ficar por aqui. E você?

Gustavo se aproximou, ainda sem camiseta e de bermuda, cena que virou rotina aos fins de semana em minha casa. Ele fica bem mais comigo do que na casa dele, por mais ela fosse muito maior e mais requintada. E eu amo a presença dele. Acho que nunca gostei tanto de compartilhar meu espaço com outra pessoa. Nós nos damos tão bem que é como se tivéssemos vivido juntos a vida toda. Ele tem quase que me obrigado a comprar as coisas para casa em seu cartão preto, que deixou comigo. "Eu faço questão!" — essa é a frase que mais escuto dele. Acabei concordando por saber que isso faz bem para ele e ajuda a equilibrar nossas energias como casal.

Lavando as mãos na pia, enquanto ainda organizava a mesa para o café, ele beijou meu pescoço e falou bem próximo ao meu ouvido.

— Interessante... Que tal darmos mais um passo?

Virei-me, ficando de frente para ele. Como podia ainda me arrepiar tanto esse peito nu dele?

— Passo? O que quer dizer?

— Quero que vá comigo passar o Natal na casa da minha mãe. Aceita?

Engolindo seco, senti meu rosto esquentar. Olho para aqueles olhos cheios de expectativa dele.

— Está me convidando para conhecer sua família em Recife?

— Na verdade, minha mãe não está mais lá. Ela se casou de novo e hoje mora em Maragogi. Fica a menos de um dia de viagem de carro. O que me diz?

— Maragogi?

— Isso.

— E quem mais vai estar lá?

— Provavelmente, meus irmãos e sobrinhos.

Conhecer a família dele era um grande passo. E seria uma boa parte da família dele, por sinal. Já conheci alguns amigos dele, Tereza e, claro, a ex-esposa, mas mãe e irmãos, isso era importante.

— Eu só preciso ver se a Juliana pode cuidar dos dois.

— Não precisa, meu amor! Levamos eles. Meu carro é grande, a casa da minha mãe também.

— Quer levar eles?

— Claro! Eles fazem parte da família.

A forma como ele inclui minha vida na dele sempre me fascinou e eu sentia que a paixão estava se tornando algo cada vez maior.

— Então... Confirmado! Vamos passar o Natal com sua família.

Ele deu um enorme sorriso e logo em seguida um beijo que quase me faz bambear as pernas.

— Está se lembrando de hoje à noite?

— Sim. Boliche com o Clube dos Cinco.

— Isso. São como meus irmãos.

— Acho que conheço só um, né? Serei a única mulher lá?

— Sim, conhece só Pablo. Ficaram de levar esposas e namoradas.

Era sábado e íamos ao boliche. Gustavo queria me apresentar para seus amigos mais próximos, que, pelo que entendi, eram do mesmo grupo do qual Júlio fazia parte antes de ficar com Olivia. Quando ele saiu, virou o Clube dos Cinco.

— Ótimo! Estarei pronta. Vai trabalhar hoje?

Continuamos a conversa enquanto tomávamos café da manhã.

— Pior que vou, amor. Preciso resolver umas questões do escritório. Ah! Preciso da sua ajuda em uma análise, viu?

— Em quê?

— Tem um relatório financeiro que não faz sentido. Queria ver se concorda comigo ou se eu que estou vendo coisas.

— Claro! Traz o notebook e olhamos.

— Você bem que podia me visitar no escritório para eu te mostrar.

— Sei... Conheço seus golpes pervertidos, Sr. Capanemma!

Ele levantou as mãos em sinal de rendição, brincalhão como ele só.

— Culpado! Mas é que aquele dia não sai da minha mente.

Dando uma de esquecida, mas é claro que sabia exatamente de que dia ele estava falando, perguntei:

— Dia? Que dia?

Ele sorriu maliciosamente e passou a mão em minha coxa por debaixo da mesa.

— O dia em que possuí você por completo na mesa da minha sala!

Fiquei totalmente vermelha. Não sei porque ainda insistia em brincar com ele, pois, em geral, eu sempre acabava assim, quente, molhada e sem palavras.

— Aaaah! Aquele dia!

— Pois é.

— Bom, acho que isso não vai acontecer tão cedo.

— Vamos ver! — ele falou, com ar desafiador na voz, mordendo um pedaço do pão e me olhando intensamente.

Terminamos o café, Gustavo foi para o escritório. Já eu tinha duas clientes na parte da manhã e ia tirar a tarde de folga. Esses últimos meses foram bastante cansativos. Estava trabalhando com Olivia, ajudando Gustavo na empresa, atendendo no consultório e em casa, inclusive os colaboradores do Grupo Capanemma. Começamos os atendimentos no mês anterior e eles estavam amando.

Graças a Deus, o serviço com Olivia estava reduzindo e poderia ficar por conta só dos meus atendimentos terapêuticos em breve.

Atendia na empresa de Gustavo toda segunda-feira, das 10h às 17h. Os demais dias da semana intercalava entre meus clientes virtuais e os presenciais no consultório. Fechei minha agenda para novos clientes no mês, alinhando com Mirella os horários para que eu pudesse voltar a ter uma rotina mais leve. Ainda não estava perfeita, mas, com certeza, bem melhor.

Arrumei-me para ir ao boliche com os amigos de Gustavo. Estava bem animada para conhecê-los. Coloquei uma saia longa, uma camiseta cor-de-rosa, sandálias e pronto! Gustavo chegou pontualmente às 18h30 e seguimos para o boliche.

Assim que entramos, dois homens acenaram para ele.

— Gustavo! Cara, há quanto tempo! — o maior deles falou, abraçando Gustavo.

— Trabalho demais. Só assim para nos encontrarmos. Pessoal, essa é minha namorada, Helena.

Todos olharam para mim — os dois homens e as mulheres que os acompanhavam.

— Helena, esses são Walter e sua esposa, Ludmila.

O homem grande, branco feito folha de papel, com cabelo loiro, olhos azuis, que aparentava ter cerca de 40 anos, e sua esposa, uma mulher morena, de cabelo cacheado como o meu, só que loiro, cumprimentaram-me alegremente.

— Como conseguiu conquistar essa deusa, meu amigo? — o outro homem, um pouco mais baixo que Gustavo, falou dando risada.

— Tenho meus meios! Helena, esses são Frederico e sua namorada, Ruth.

Cumprimentei a todos e fomos para uma aérea reservada com uma grande mesa de 10 lugares.

Sentamo-nos e logo chegaram os outros dois amigos de Gustavo e suas companheiras. Pablo, que eu conheci no escritório de Gustavo na última vez em que estive lá, estava acompanhado de Sandra, sua namorada, e Ronei e sua esposa Loren.

Todos conversaram animadamente, entre cervejas e aperitivos.

— Vocês se lembram daquele dia em que Ronei entrou na igreja bêbado e começou a pregar?

— Tivemos que o tirar do altar à força!

— Eu sequer me lembro disso, cara! Vocês não ajudam!

E todos caíram na gargalhada contando os casos engraçados um do outro, até que o assunto se virou para a novidade do momento, eu, claro!

— Então, Helena, com o que você trabalha? — Loren me perguntou, simpática.

— Trabalho com terapia holística.

— E ela ainda é uma excelente administradora de negócios. Está me apoiando bastante na empresa — Gustavo falou, todo orgulhoso, beijando meu rosto, o que me deixou tímida na hora.

— Que interessante! Gustavo merece mesmo alguém incrível como você depois de tudo... Enfim!

E o clima ficou tenso. Era lógico que estavam falando da traição de Olivia e Júlio.

— Bom, vamos jogar? — Pablo falou, quebrando a tensão explícita no ar.

— Já jogou isso, meu amor? — Gustavo me perguntou, colocando a mão em minha cintura enquanto caminhávamos para a pista.

— Eu sequer sei segurar essa coisa — respondi apontado para a bola com o dedo.

— Vou te ensinar.

E os casais começaram a jogar na pista. Alguns acertavam outros erravam, o que gerava brincadeiras, sorrisos e zoações, claro.

Quando foi minha vez, Gustavo entrou comigo para me explicar como funcionava.

— Precisa acertar os pinos com a bola. Aqui, você coloca seus dedos e faz assim para jogar — ele falou enquanto demonstrava.

— Eu provavelmente vou junto com essa bola pesada.

Sorrindo, ele me entregou a bola e eu tentei repetir o que ele ensinou, jogando a bola pesada na pista. E para surpresa de todos, derrubei os 10 pinos.

— Uau! Parabéns, amor! Você foi muito bem.

Após ganhar meu beijo da vitória, jogamos mais um pouco até todos se cansarem.

— Ainda está cedo. Que tal uma dança?

— Dança, cara? Tá falando da boate?

— Isso!

Pablo e Frederico falaram com os demais e todos concordaram em ir para a boate próxima ao boliche. E era enorme, com vários ambientes com estilos musicais diferentes. Primeiro ficamos no estilo discoteca. Gustavo me acomodou em uma mesa privativa, ao lado dos demais casais.

Alguns dos amigos de Gustavo já estavam dançando, enquanto eu bebia meu mojito, observando o ambiente.

— Não quer dançar, amor?

— Você gosta de dançar?

— Eu sou bom nisso. Quer ver?

Ele pegou minha mão e seguimos para pista de dança ao ritmo de *Footloose*. Ele realmente dançava bem e aproveitamos esse momento para brincar e nos divertir muito. São deliciosos esses momentos com ele. É como se voltasse a ser criança, a criança que eu nunca pude ser, brincando, dançando e sorrindo. Não há sensação melhor!

Fomos ao andar de baixo da boate, onde estavam tocando músicas mais recentes. De repente, começou a tocar *Oceans*, do Alok, e eu sempre amei essa música.

Gustavo me abraçou pela cintura e com uma dança quase sincronizada nossos corpos se misturaram, movendo-se juntos em harmonia. Colocando uma mão em minha nuca ele me beijou, um beijo ardente e cheio de desejo, que fez meu corpo acender como lampião. Ele mordiscou meu lábio antes de tirar aquela boca deliciosa da minha, deixando-me com vontade de quero mais.

Passei a língua nos lábios, mordendo meu lábio inferior, sem perder o contato visual com ele, que se aproximou e falou baixinho em meu ouvido direito:

— Sabe o que estou pensando agora?

— O quê?

— Como eu queria que fôssemos só eu e você aqui agora!

— É? Por quê?

— Porque eu rasgaria sua roupa e meteria fundo em você, aqui mesmo.

Eu adoro quando ele demonstra o desejo com palavras. Isso me mostra um lado dele mais selvagem que eu amo. Só de ele falar isso, eu fiquei completamente molhada e com o rosto quente, o que, lógico, ele percebeu, e começou a dar beijos suaves em meu pescoço.

— Amor, está me deixando louca aqui! Para, vai!

— Podemos escapar e dar um jeito nisso!

— Como? Seus amigos estão aqui, esqueceu?

— Eles vão entender. Topa uma aventura? — ele perguntou, ainda dando mordidinhas em meu pescoço, o que me deixou sem raciocínio. Eu só consegui dizer que sim com a cabeça.

— Vem comigo.

Ele me puxou pela mão, atravessando grande salão da boate e subimos até o último andar do prédio, chegando a uma cobertura enorme e que estava completamente vazia e escura, apenas com a claridade do luar.

Antes que eu terminasse de avaliar o lugar, ele me abraçou forte e suas mãos iniciaram todo o trabalho de reconhecimento do meu corpo, como se pudesse redesenhar cada curva minha. Aqueles lábios molhados, com hálito sutil da bebida de poucos minutos antes, beijaram-me intensamente e eu me desmanchei, até que o senti levantando a minha saia.

— Amor, aqui? Vão nos pegar!

— Não vão não — ele respondeu com a respiração ofegante, ainda beijando meu pescoço.

— Como sabe? Olha... Ai, amor... Você é completamente maluco, sabia?

Ele tirou um molho de chaves do bolso.

— Este prédio é meu, amor! Só eu tenho a chave da cobertura agora. Vem, tem um sofá ali. Confia em mim.

Ele me levou até um sofá preto no cantinho esquerdo da grande cobertura. E deitando-se sobre mim, Gustavo voltou a me pegar com vontade, dando beijos ainda mais intensos e apertando meu corpo com desejo com aquelas mãos fortes.

— Mas como? Quem alugou deve ter a chave!

Ele sorriu. Visivelmente, estava entretendo-o com minhas perguntas e minha total falta de jeito para aventuras sexuais.

— Cadê a Helena ousada que eu conheço? Nunca fez sexo escondido?

Ele tirou minha blusa, apertando e beijando meus seios, o que me deixou completamente sem sentido, ou com todos eles ativos ao mesmo tempo, não sei bem explicar.

— E aqui você pode gemer alto porque a música alta vai abafar, então...

— Você adora isso, né?

— Eu adoro você!

Em instantes nossos corpos estavam completamente conectados, ali mesmo, no sofá preto da cobertura da boate. Como previsto, gemi alto quando ele me penetrou várias e várias vezes, com intensidade e profundidade.

Cerca de uma hora depois, ajeitamo-nos do jeito que dava e voltamos para a boate, o que, claro, chamou a atenção dos amigos dele.

Vejo Gustavo e Pablo trocando olhares, como se dissessem um para o outro "eu estava fazendo o mesmo!".

Dançamos e bebemos mais um pouco até seguir para casa.

Quando chegamos na minha casa, ainda na sala ele me carrega sem nenhum aviso.

— Que isso? Me põe no chão!

Falo sorrindo, dando soquinhos de brincadeira nele que solta um sorriso malicioso.

— A senhora está detida.

— Por quê? O que foi que eu fiz agora?

— A senhora violou várias regras essa noite.

— Que regras?

— Bom, a primeira delas foi me excitar claramente em ambiente público, o que é um crime bem grave, senhora!

Com aquelas mãos fortes, ele me deita na cama e coloca meus braços acima da cabeça segurando minhas mãos, movimento que antes me causava calafrios de medo, hoje, me causam calafrios de total prazer, porque eu sei que posso confiar nele.

— E o que vai acontecer comigo? Não tenho nenhum direito à defesa, gentil senhor?

Ele sorri e tira a camisa, mostrando aquele abdômen definido dele, que me molha na hora.

— Bom, primeiro preciso fazer uma vistoria completa.

— Vistoria?

— Sim, então, por favor, senhora, tire a roupa por completo.

— Sério?

— Sim, é necessário.

Ele fala me olhando com ardência e um sorriso malicioso, satisfeito por eu entrar na brincadeira.

Tiro a blusa sem desviar o olhar dele, que lambe os lábios. Tiro a saia e fico de calcinha e sutiã.

— Está bom, senhor?

— Deixa eu ver se dá para vistoriar assim.

Ele começa a apalpar cada centímetro do meu corpo, tirando alguns gemidos meus pelo caminho. Ele também estava claramente excitado, com aquele volume todo apontando na calça jeans escura dele. Então ele levantou-se, olhando-me intensamente.

— É, senhora... Infelizmente, preciso fazer uma análise mais, digamos, minuciosa.

— Sério? E como fará isso, senhor?

— Preciso que tire o restante da sua vestimenta.

Levantei-me e sentei-me na cama olhando com malícia para ele, que não tirava o sorriso dos lábios.

— Mas, senhor, eu sou inocente!

— Então não precisa temer nada, certo?

Desci as alças do sutiã, desabotoando-o e jogando-o no chão ao lado da cama. O olhar quente de Gustavo observava cada movimento meu. Ele estava amando tudo isso. Comecei a descer a calcinha devagar, olhando dentro dos olhos dele. Gustavo mordia o lábio inferior.

— Agora, preciso que se deite de bruços, com as pernas abertas para a vistoria, senhora!

— Sim, senhor!

Deitei-me como ele disse, sentindo um calor subindo pelas minhas pernas, esperando o que ele iria aprontar. Senti sua presença forte se aproximando de mim, beijando cada pedacinho desde meu pescoço até meus pés. Ele massageava forte e delicadamente minhas nádegas, beijando-me ao mesmo tempo.

E quando eu estava achando que o prazer já estava intenso o suficiente, ele levantou um pouquinho meu quadril e me beijou deliciosamente, fazendo-me chegar rapidamente ao clímax.

Escutei-o abrir o zíper da calça e pegar um pacote de camisinha no bolso.

— Quero tentar uma coisa.

— Que coisa?

— Se doer, me fala que eu paro, tá bom?

"Que coisa é essa que pode doer?".

Mas não tive tempo para pensar, porque ele voltou a acariciar-me, colocando-me de lado. Senti aquela ereção enorme em minhas nádegas, até que comecei a sentir uma pressão forte e deliciosa.

— Você está... Ahhhh, meu Deus... Isso é delicioso!

Era tudo que ele precisava ouvir.

— Helena, isso é uma delícia!

Não consegui responder, só gemer alto e me entregar ainda mais para ele. Chegamos ao climax de forma tão intensa e única, que eu só conseguia sorrir e admirá-lo.

Ele me beijou no rosto ainda de lado.

— Só um minutinho, amor.

Ele foi ao banheiro e voltou, completamente nu, lindo como sempre, com o cabelo bagunçado. Deitando-se ao meu lado, ele me abraçou forte e beijou minha testa.

— Isso foi bem gostoso, sabia?

Ele sorriu, com aqueles dentes brancos e perfeitos, delineando ainda mais seu queixo forte.

— Eu também gostei muito. Desculpe se fui um pouco "dominador", mas hoje você estava ainda mais sexy.

— Eu gosto de você assim.

— Não te assustei?

— Não, de jeito nenhum, muito pelo contrário.

Feliz com a minha resposta, ele me puxou para mais perto de seu corpo quente. Rapidamente, adormeci no embalo de sua respiração.

Nossa rotina sempre foi assim: dias calmos em casa e dias quentes e cheios de ousadia. O mais incrível é que todos os momentos são únicos e deliciosos.

Segunda-feira chegou, trazendo com ela a preguiça do fim de semana. Gustavo dormiu na casa dele. Levantei-me cedo como sempre e logo meu telefone tocou.

— Oi, amor. Bom dia!

— Oi, meu amor! Nossa! Não consigo mais dormir longe de você. Acredita que não dormi quase nada, rolando na cama, que fica ainda maior quando você não está aqui?

— Como diz a música mesmo? "Exagerado, jogado aos seus pés, eu sou mesmo exagerado!".

Ele riu e escutei o barulho de Tereza chegando.

— Oi, Tereza. Bom dia! É a Tereza chegando aqui, amor. Essa mulher madruga, credo!

Escutei-a rindo no fundo, dizendo a ele que ia fazer um café.

— Amor, consegue passar no meu escritório hoje? Acabei esquecendo o notebook e não te mostrei o relatório financeiro que te falei.

— É uma emboscada?

— Imagina! Eu? Fazendo emboscada? Jamais!

Escutei-o ligando o chuveiro.

— Vai tomar banho, é? Hum... Que cena, hein?

— Ah, se você tivesse aqui agora!

— Nem começa porque eu vou ficar com vontade sem você e isso não é justo.

Ele sorriu gostoso do outro lado.

— Tá bom! Mas é sério, amor. Preciso mesmo do seu olhar clínico. Consegue ir lá hoje?

— Acho que sim. Chegando lá olho minha agenda e ligo para Paula para ver a sua.

— Combinado! Ah... Já ia esquecendo, já confirmei com minha mãe que vamos pra lá semana que vem.

— Semana que vem?

— Sim. Pensei em sair na quarta para evitar o trânsito. Eu não te falei, amor?

— Não, acho que não — respondi, sorrindo, de nervoso, lógico. "Tenho uma semana para me preparar psicologicamente para conhecer a família dele? É a primeira vez que me sinto tão nervosa em conhecer a família de alguém".

— Nossa! Eu ando tão cheio de coisas na cabeça, amor. Podemos adiar se ficar ruim para você. Me desculpe! Jurava que tinha te falado.

— Está tranquilo. Então saímos na quarta-feira da semana que vem.

— Isso.

— Combinado. E vamos ficar lá até que dia?

— Acha que consegue ficar até o Ano Novo?

— Sim. Vou reprogramar a agenda.

— Perfeito! Já pedi ao pessoal do RH para não agendar ninguém para você até janeiro.

— Ótimo! Vai tomar seu banho!

— Beijo, amor.

— Beijo.

Fiz uma lista das coisas que precisava levar, afinal de contas Luís e Lilica iam junto e ficaríamos lá por alguns dias.

Com tudo organizado, banho tomado, arrumei-me para atender os colaboradores do Grupo Capanemma.

Cheguei cerca de 15 minutos antes do primeiro atendimento e liguei para Paula, secretária de Gustavo.

— Oi, Paula. Bom dia! É a Helena. Tudo bem com você?

— Bom dia, Sra. Helena! Como posso te ajudar?

— O Gustavo pediu para eu ver com você um horário que ele possa me receber.

— Hoje a agenda do Sr. Gustavo está bem cheia, Sra. Helena.

— Entendi. Pode ver com ele, por favor? Ele que pediu.

— Vou ser se consigo, ok?

"Eita. Alguém está de mau humor hoje!".

— Perfeito. Muito obrigada, Paula.

Ela desligou. "Estranho... Parece que ela nem quer tentar".

Como não tinha tempo para ficar me preocupando com isso, mandei uma mensagem para Gustavo.

'Oi, amor. Segundo sua secretária, sua agenda está lotada hoje'.

Ele rapidamente me ligou.

— Oi, amor. Acabei uma reunião agora. Deixe-me ver aqui minha agenda.

— Tenho uma brecha na agenda às 11h.

— Perfeito! Não tenho nada agendado esse horário. Pode vir. Estranho Paula ter falado que estava cheia. Vou ver com ela isso.

— Não briga com ela. Talvez ela tenha olhado o dia errado.

— É, pode ser. Você vem às 11h? Aproveitamos e vamos almoçar depois. O que acha?

— Excelente ideia! Combinado.

— Bom trabalho, linda!

— Para você também!

"Por que será que a Paula estava assim? Da última vez que a vi ela foi gentil!". E meu pensamento é interrompido pela batida na porta. Era o primeiro colaborador do dia. Após atender os primeiros do dia, subi para a sala de Gustavo.

Assim que cheguei à recepção, Paula me olhou, e dessa vez ela não parecia mesmo satisfeita em me ver.

— Sra. Helena! Então conseguiu um tempo com o Sr. Gustavo!

"É impressão minha ou ela está visivelmente irritada?".

— Ah, sim. Ele me pediu para subir aqui.

Paula estava com um grande decote hoje, em uma blusa com gola V que valorizava ainda mais seu corpo.

— Vou avisá-lo.

— Oi, Paula. Não precisa! Amor, venha! — Gustavo saiu da sala e me chamou. Paula fez uma expressão aborrecida, só não entendi o motivo.

— Ela está nervosa hoje ou é impressão minha?

— Quem?

— Sua secretária.

— Eu nem percebi, amor — ele me falou dando-me um beijo nos lábios e fechando a porta.

— Nem começa. Vim para trabalhar.

— Estraga prazeres — ele disse, indo para a mesa dele. — Olha isso, que estranho. — Continuou, virando o notebook para que eu pudesse ver. Sentei-me na cadeira ao lado dele.

Analisando o relatório por alguns minutos, encontrei dados realmente estranhos.

— Bom... Ou tem algum rato bem grande comendo os itens da despensa ou os gastos não fazem sentido mesmo.

— Pois é... Isso que eu vi. Olha esse outro relatório.

E ele me mostrou um outro, com dados ainda mais discrepantes.

— Amor, eu precisaria avaliar com mais profundidade para te dar certeza, mas parece que há desvio de mercadoria nessa unidade.

Percebi, então, que Gustavo estava me olhando com aquele olhar que eu sabia bem o que significava.

— Sabia que ouvir você falar assim me dá muito tesão?

— Para, seu bobo. Concentre-se aqui. É sério!

Ele tossiu para tentar voltar ao seu lado profissional.

— Eu vi isso mesmo. Estava tentando não acreditar. É o Hotel Palace.

— Bom, deve ter câmeras em toda cozinha e despensa, não tem?

— Sim, tem.

— Pode pedir à equipe de compliance para verificar as filmagens e ver o que descobre antes de qualquer ação impulsiva.

Ele me fitou nos olhos.

— Como eu sobrevivi sem você todos esses anos?

— Sinceramente, não faço ideia! — respondi sorrindo, e ele se aproximou e me beijou intensamente nos lábios.

— Amor, hoje suas persianas estão escancaradas — falei, apontando para as janelas.

— Droga! Esqueci de preparar a emboscada.

— Ah! Então era mesmo uma emboscada! — disse rindo, empurrando a cadeira de rodinhas dele.

— Vou fazer isso. Sua ideia foi perfeita. Obrigado, amor!

— Por nada!

— Aceita almoçar comigo? Podemos ir em um lugar diferente.

— Eu topo! Estou faminta, mas preciso voltar às 13h.

— Eu também. Então vamos.

Saímos da sala de Gustavo e ele parou na mesa de Paula, que olha para ele com olhar brilhante. "Opa! É impressão minha ou ela abaixou um pouco para mostrar o decote?".

— Paula, vou almoçar. Qualquer recado, você anota, por favor?

— Claro, Sr. Gustavo. Bom almoço!

— Obrigado. Aproveita e almoça também.

Ela sorriu, mostrando todos os dentes e jogando o cabelo para o lado. "É, parece que ela está tentando chamar a atenção dele!". Observei Gustavo e ele parecia nem ver. Rapidamente, ele pegou minha mão e seguimos para o elevador.

— Amor, não fica bravo se eu perguntar uma coisa?

— Claro que não, mas, antes, prefere comida comida ou algo mais suculento?

— Hum... Hoje é segunda-feira, né? Que tal comida comida?

— Tá bom, me convenceu. Tem um restaurante novo aqui perto que parece ser bom.

— Vamos lá.

— O que ia perguntar?

Chegamos no carro e ele abriu a porta para eu entrar, sentando-se na sequência no banco do motorista, dando partida.

— É impressão minha ou a Paula está tentando chamar sua atenção?

Ele ficou em silêncio e me olhou de canto de olho, ainda focado na estrada.

— Está com ciúmes da minha secretária?

— Não, não é isso. Eu confio em você, mas hoje achei ela meio... Sei lá... Estranha.

— Meu amor, eu sinceramente não percebi nada. Mas você sabe que não quero nenhuma outra mulher, que só quero você! Você sabe disso, não sabe?

— Então deve ser impressão minha mesmo.

— Mas se ela tentar alguma coisa, eu mesmo falo com ela.

— Tudo bem, esquece! Devo estar vendo coisas.

Ele sorriu e apertou minha mão, tranquilizando-me.

Almoçamos e voltamos para a empresa. Assim que acabei meus atendimentos, liguei para Gustavo.

— Oi, amor. Acabei aqui. E você?

— Eu estou quase. Não quer subir aqui e me esperar uns minutinhos? Te levo em casa.

— Claro. Já já chego aí.

Subi até o andar de Gustavo, que estava vazio. Bati na porta.

— Oi, amor. Sou eu.

— Entre! Está aberta!

Entrei na sala e Gustavo estava digitando algo em seu notebook, com o celular pendurado na orelha. Ele falou sussurrando para mim:

— Estou encerrando aqui, só um minuto.

— Tudo bem.

Sentei-me na poltrona perto da mesa em que fizemos amor aquele dia, recordando tudo.

— Isso. As filmagens de toda despensa, cozinha, enfim, de todos os lugares por onde os alimentos passam. Isso, por favor. Obrigado!

Ele encerrou a ligação.

— Estava falando com o pessoal do compliance para analisar as filmagens, como você sugeriu.

— Ah, perfeito! Quer alguma ajuda aí?

Ele me olhou, levantando a sobrancelha.

— Quero sim. Vem cá, amor!

Levantei-me e cheguei na mesa dele.

— Aqui do meu lado. Deixa eu te mostrar uma coisa.

Aproximei-me e Gustavo me sentou em seu colo, começando a acariciar meu corpo.

— Emboscada, certo? — falei sorrindo, com os lábios ainda nos dele.

— Acertou.

Puxei o cabelo dele com delicadeza para trás, mordiscando seus lábios, o que o fez gemer baixinho.

— Nossa, Helena! Pensei em você o dia todo.

— Pensou, é?

— É...

Coloquei uma perna de cada lado dele e tirei sua gravata, desabotoando sua camisa branca social.

— E pensou em quê?

— Ele beijou meu colo, apertando minha bunda com força.

— Em você, em seus lábios, em seu cheiro...

— É?

Abri a camisa dele e comecei a desabotoar sua calça, e ele subiu meu vestido. Ele estava visivelmente excitado.

— Você me deixa louco, sabia?

— Deixo, é? Hum... Quando faço isso?

Desci a calça dele, rebolando, ainda de calcinha, em seu colo. Ele gemeu, o que me deixou ainda mais excitada.

— Isso... Isso... Nossa! Quero você agora!

— O que você quer? Seja mais específico!

Ele tirou a minha calcinha, jogando-a no chão e se encaixando perfeitamente em mim.

— Quero isso!

E cavalguei nele ali mesmo, em sua cadeira, beijando seu pescoço e seus lábios com intensidade, o que o fez chegar ao clímax bem rápido.

— Helena... Nossa... Até esqueci o que eu estava fazendo!

Sorrindo, saí de cima dele, satisfeita com o efeito que causei nele.

— Bom, acho que estava vendo a questão das filmagens.

— Ah, é! Isso. Vou só enviar esse e-mail e vamos para a sua casa — ele falou, ainda ofegante, passando as mãos no cabelo e puxando a calça que ainda estava no chão.

Em poucos minutos, ele terminou.

— Pronto, amor!

— Ótimo! Vamos.

Eu me levantei para sair da sala, mas ele me bloqueou ainda perto da mesa com aquele corpo forte, olhando-me com malícia.

— Eu sei que você quer mais do que apenas isso.

— Como?

E ele me colocou na mesa, tirando novamente minha calcinha, e me beijou intensamente, movimentando sua língua e seus dedos de modo sincronizado, fazendo-me estremecer de tanto prazer.

— Amor... Nossa! Que delícia!

Então ele me beijou de maneira ainda mais intensa, saboreando cada instante enquanto eu gozava. Levantando-se, ele me olhou nos olhos, feliz de me ver completamente desconcertada.

— Agora sim, podemos ir.

Arrumei-me e saímos rumo a minha casa.

Os demais dias passaram rápido e chegou o dia de irmos para a casa da mãe de Gustavo. Organizamos as coisas dos cães, a bagagem, e seguimos para Maragogi. Como fomos dois dias antes do Natal, a estrada não estava tão cheia.

Luís e Lilica não gostaram muito de ficar na caixinha de transporte no começo, mas depois de três horas de viagem dormiram tranquilamente.

— Gustavo...

— Oi, amor?

— Me fala mais um pouco sobre sua família?

— Claro! O que quer saber?

— Você me disse que sua mãe se casou novamente?

— Isso. É uma história triste, na verdade. Meu pai não era um bom exemplo, digamos. Trabalhava, pagava as contas, mas não era um pai e um marido presente. Ele teve várias amantes, até que, quando eu tinha 19 anos, minha mãe se separou dele.

— Entendi. Você nunca mais viu seu pai?

— Muito pouco. Ele também se casou novamente e se mudou para Rondônia.

— E seu padrasto? Gosta dele?

— Sim. José é um bom homem e minha mãe parece estar feliz com ele. Eles se casaram há 10 anos.

"É uma história bem mais tranquila do que a minha", pensei.

Até então nunca falei muito sobre meu passado para Gustavo. Ele sabia que sofri abuso, mas não que foi meu pai quem fez isso e que meu avô o matou. Ainda não me sentia confortável para compartilhar essa história com ele.

— E seus irmãos também estarão lá?

— Isso, são gêmeos. Giovani e Giovana, 34 anos. Eu sou o mais velho.

— Não sabia que eram gêmeos.

— São, mas não se parecem muito. Giovani se casou no ano passado e deve estar lá com sua esposa, Ana, e a filhinha, Alice, ainda bebê. Minha irmã é a que adotou o cachorrinho que eu resgatei. Ela se divorciou há dois anos e tem dois filhos, um de 10 anos e um de 5 anos. Se não me engano, ela vai levar o namorado dela.

— Ok.

Gustavo me olhou de canto de olho.

— Está nervosa?

— Um pouco, para ser sincera. Espero que gostem de mim.

— Não tem como não gostar de você, meu amor! E minha mãe me mataria se eu não levasse você lá.

— Uai, por quê?

— Adoro quando fala mineirês!

Ele sorriu e colocou a mão na minha sem tirar o olho da estrada.

— Porque ela sabe que estamos namorando há alguns meses e está ansiosa para te conhecer.

— Então comentou com ela sobre mim, foi?

— Claro.

Continuamos a viagem e por volta de 18h chegamos na grande propriedade da mãe de Gustavo.

— Vamos ficar na pousada da família, tá, amor?

— Tudo bem.

Era lindo. Um tipo de casarão antigo, grande e muito arborizado. Assim que chegamos no portão principal, uma senhora veio nos receber.

— Oi, meu filho. Coloca o carro lá na garagem dos chalés.

Ele segue com o veículo, estacionando em frente a um chalé muito bonito. Era rústico, mas muito elegante. O cheiro da grama misturado com as flores do jardim logo preencheu meu nariz, trazendo a sensação de ar fresco e aconchego.

— Amor, aqui é seguro para soltar os cães. Vamos ficar com esse chalé cercado — Gustavo falou, mostrando-me a cerca branca que separava o chalé em que íamos ficar dos demais da propriedade, que estavam sem hóspedes. A cerca delimitava um espaço confortável para os cães.

Assim que os tiramos das caixinhas de transporte, Luís e Lilica correram satisfeitos, explorando todo o lugar.

— É um charme aqui.

— Que bom que gostou!

A casinha era bem espaçosa por dentro. Havia uma cama grande, banheiro, televisão, frigobar e armários. Tinha uma varandinha com duas cadeiras de balanço e uma rede, dando um clima ainda mais relaxante para o ambiente.

Enquanto Gustavo pegava as malas no carro, eu coloquei água e comida para os dois, ajeitando também a caminha deles na varanda. A mesma senhora, que deduzi ser a mãe de Gustavo, estava vindo em nossa direção.

— Que maravilha que chegaram! Então essa moça bonita é a minha nora?

Gustavo colocou as malas no chão e foi ao encontro da mãe, dando um abraço apertado e um beijo na testa dela.

— Benção, mãe! Sim, essa é a Helena.

— Muito prazer, senhora! Obrigada pelo convite. Amei o lugar!

— Nada de senhora. Me chame de Mariza. Fico feliz que gostou. Ah, meu Deus! Que fofuras! Esses são os bebês? — ela falou, chamando Luís e Lilica, que logo pularam em seu colo, animados.

— Minha mãe adora cães.

— Adoro mesmo. Na minha casa tem cinco.

— Eu também amo demais.

— Bom, vou deixar vocês se acomodarem. Devem estar cansados. Minha filha, me desculpe acomodar vocês no chalé e não na nossa casa, mas é que moramos na pousada e lá não teria espaço para os cães, porque os meus ficam no quintal externo atrás da pousada. E aqui vocês podem ficar mais à vontade também.

— Imagina! Está tudo simplesmente perfeito.

Mariza deu um enorme sorriso. Ela era quase metade de Gustavo na altura, cabelo liso como o do filho, já grisalho, e muito bonito em um corte em camadas na altura das orelhas. Estava com um lindo vestido floral azul um pouco abaixo dos joelhos, e sandálias brancas. Sem dúvida, Gustavo herdou a beleza da mãe.

— Meus irmãos já chegaram?

— Bom, sua irmã está morando aqui, como você sabe. Ela está me ajudando com a pousada. Giovani chega amanhã, eu acho.

— Ótimo, mãe. Vamos apenas tomar um banho e já vamos lá.

Ela saiu depois de dar um beijo no filho e um sorriso para mim.

— Ela gostou de você!

— Sério?

— Sim. Ela normalmente não trata tão bem as pessoas na primeira vez.

Sorri feliz para ele, que voltou a pegar a bagagem. Entramos no chalé e comecei a organizar as coisas.

— Deve estar cansado.

— Só um pouco. Vou tomar um banho. Quer vir?

— Pensei que estava cansado!

Ele riu e pegou uma toalha.

— Tá bom. Vou declinar de insistir agora. Mas só agora.

— Tudo bem! Vou cobrar isso mais tarde.

Aproveitei para terminar de organizar as roupas no armário e dar uma checada em meu celular. Olivia tinha mandado uma mensagem.

> 'Helena, passando só para agradecer mais uma vez por tudo. Este ano nosso Natal vai ser em família, com fartura, muito amor e esperança graças a você! Porque você me olhou não como a ex, não como inimiga, mas como alguém que precisava de apoio e de amor. Obrigada de coração!'.

Meus olhos se encheram de lágrimas. Nunca fiz nada querendo retorno ou algo assim, mas saber que consegui auxiliar alguém em sua jornada faz meu coração se aquecer e me dá ainda mais sentido para continuar meu trabalho.

Gustavo saiu do banheiro só de cueca, com aquele corpo delicioso, forte e molhado. "Ele faz de sacanagem, só pode!". E, lógico, olhei para ele e ele, na hora:

— Estava chorando?

Nem percebi que ainda estava com lágrimas nos olhos por causa da mensagem de Olivia.

— Ah, não foi nada.

— Helena, eu sei que foi alguma coisa. Por que não me conta?

— Sabia que às vezes é irritante como você já me conhece tão bem?

Ele sorriu e sentou-se ao meu lado, com olhar preocupado, ainda enxugando o cabelo.

— O que foi?

— Só uma mensagem da Olivia. Só isso.

— Ela fez algo que te magoou?

— Não! Longe disso.

— Então por que está chorando, meu amor?

Entreguei a ele o celular para que ele mesmo lesse a mensagem.

Ele leu e me olhou, com uma expressão indecifrável, entregando-me o celular.

— Entendi.

— Sei que não se sente confortável com minha amizade com sua ex.

— Bom, eu não me sentia.

— Sentia? Tipo, no passado?

Ele levantou-se para pegar uma roupa no armário.

— É, no passado.

— Então agora você não se importa?

Vestindo a calça, ele me olhou dentro dos olhos. Como queria ler seu pensamento nesses momentos em que ele fica tão calado.

— Amor, hoje eu vejo a mudança que sua atitude de ajudar e não ignorar causou na vida de tantas pessoas, inclusive na minha, e isso tem me feito refletir muito.

— Como assim?

Gustavo pegou uma camisa polo verde-escura e se aproximou de mim, colocando a mão em minha cintura, olhando profundamente em meus olhos.

— Eu não sabia perdoar. Acho que nem entendia bem o que essa palavra significava. Para mim, perdoar era ficar o mais longe possível e fingir que nada tinha acontecido, evitava até de lembrar que a pessoa existia. Mas você me ensinou o verdadeiro significado de perdão.

— Ensinei?

— Perdoar é se libertar. É se libertar do peso, da dor, do sofrimento, da mágoa, do ressentimento. Perdoar é entender que todos erram, inclusive nós, e que só tem uma coisa que cura tudo.

— Que coisa?

— O amor, Helena! E é isso que você me ensina todos os dias. Que o amor, o amor de verdade, aquele que Jesus veio aqui ensinar, ele aceita o outro. O que temos que fazer é ser nossa melhor versão todos os dias. Não para ser o fodão, mas para ser a diferença neste mundo.

Não sei se foram as palavras dele ou aquele olhar brilhante dentro do meu, mas meus olhos ficaram úmidos e meu coração palpitou forte.

— Isso é incrível, amor! Não sabia que eu tinha te ensinado essas coisas com um gesto tão simples.

— Eu não achei simples, mas mesmo que fosse simples, foi "grandioso". Você tem ideia do quanto é uma mulher inspiradora?

Ele beijou meus lábios docemente e enxugou minhas lágrimas.

— Você sabe usar as palavras, hein?

Rindo, com aquela boca linda, ele me soltou e voltou a se arrumar.

— Amor, vamos lá na casa da minha mãe? Toma um banho para relaxar também.

— Vou sim. Um minuto. Ah! Olha se os dois comeram, por favor?

— Claro. Vou ver como aqueles sapecas estão.

E segui para meu banho. Quando saí, Gustavo estava lá fora jogando a bolinha para os dois, que corriam felizes no grande espaço verde. Coloquei meu vestido vermelho com flores amarelas, rodado e acima dos joelhos, minha rasteirinha na mesma cor, soltei os cachos e pronto.

— Nossa! Que mulher linda!

— Obrigada, amor. Acha que eles vão ficar bem aqui? Tem cobra, essas coisas?

Ele riu, terminando de colocar a coberta na cama de Luís, que se deitou preguiçosamente ao lado de Lilica.

— Eu os cansei. Vão dormir agora. E relaxa, não tem cobra não.

— Então tá bom.

De mãos dadas fomos para a pousada que fica ao lado dos chalés, o casarão enorme que avistamos na chegada. Fomos para a parte da casa que não tinha hóspedes, onde a família de Gustavo morava.

— Aí estão vocês!

A mãe de Gustavo veio nos receber com um sorriso enorme no rosto.

— Fiz uma comida deliciosa, meu filho. Adivinha?

— Caldo de mandioca com carne seca?

— Isso mesmo! Helena gosta?

— Eu amo!

— Perfeito! Venham. Sua irmã e José estão na sala com os meninos.

Fomos até a grande sala de televisão, onde uma mulher muito bonita, com os mesmos traços finos de Mariza, estava sentada. Ao seu lado, um garotinho de 10 anos, cabelo castanho, cacheado, pele bronzeada, e uma garotinha de 5 anos, no colo da mãe, com as mesmas feições do irmão. Na outra poltrona estava José, um senhor que aparentava ter seus 65 anos, alto, com uma barriguinha de cerveja, um sorriso simpático, barba e cabelo brancos.

— Até que enfim meu irmão chegou! Opa! Quem é essa mulher linda? Sequestrou, é? — Giovana falou, levantando-se com a pequena em seu colo, aproximando-se com um enorme sorriso, o mesmo sorriso largo e elegante de Gustavo.

— Não acredita nas minhas habilidades de conquistador, é? — Gustavo brincou, abraçando a irmã. A pequena logo pulou em seu colo.

— Tio Gu, saudades.

— Esta aqui é a Helena. E esta é a minha princesa Sofia.

— Oi, princesa! Que linda você!

— Você é a rainha que se casou com o tio Gu?

Gustavo me olhou risonho, porque, lógico, meu rosto ficou corado com esse comentário.

— Ela é sim, minha rainha, mas você é minha princesa.

Ele beijou a pequena no rosto, que não desgrudava de seu pescoço.

— E você, garotão? Como estão as coisas?

Gustavo se aproximou do sobrinho, que estava entretido no celular.

— Fala, tio! Tudo bem?

— Helena, este é Tomás.

— Muito prazer, moça!

— Seja bem-vinda, Helena! Fique à vontade — José falou, cumprimentando-me com um aperto de mãos.

— Vem, Helena. Me conte tudo. Estou muito curiosa em te conhecer.

Giovana quase me sequestrou e Gustavo apenas riu, sentando-se do outro lado do sofá com a pequena Sofia em seu colo, que pegou sua boneca preferida para ele brincar com ela. "Ele realmente leva jeito com crianças!".

— Me conta. Onde se conheceram?

— Irmã, não sufoque minha namorada com sua curiosidade, por favor! — Gustavo falou, olhando para a irmã com ar brincalhão.

— Preciso fazer a entrevista com ela, afinal, meu irmão é um homem raro.

— Isso é verdade. Tem que cuidar mesmo.

Ela riu, abraçando-me.

— E por falar em cuidar, quem é esse rapaz que está namorando, hein, Sra. Giovana?

— É o tio Lu — Sofia respondeu, pulando no colo do tio novamente.

— Ele é gente boa. Joga videogame comigo direto — Tomás falou, sentando-se perto do tio também.

— Você gosta dele, Sofia?

— Sim. Ele me deixa pentear o cabelo dele e passar minhas maquiagens.

Gustavo começou a rir e relaxou brincando e conversando com os sobrinhos. Era tão tranquilo ficar ali, entre sua família. Era quase como estar em casa. Pouco tempo depois, a mãe de Gustavo nos chamou para o jantar.

— Você vai me ajudar, tio? — Sofia perguntou, puxando o tio pela mão.

— Claro, princesa. Já sabe comer o caldinho? Vou picar a carne e o pão para você.

— Ela sempre foi apaixonada pelo tio — disse Giovana, colocando o braço em meu ombro enquanto seguíamos para a sala de jantar, onde a mesa já estava posta.

— Ela é muito linda.

— Essas crianças são meus amores. Foi bem difícil quando me separei, mas hoje vejo que fiz a escolha certa. Vem! Vai amar a comida. As cozinheiras da pousada têm mãos de fada.

E o jantar seguiu alegre. Realmente, senti-me como parte da família, algo que eu não sentia na minha própria família. Eles eram unidos, brincavam, divertiam-se. Era possível sentir que o amor os unia.

— Helena, você pensa em ter filhos? — a mãe de Gustavo me perguntou, olhando para mim com expectativa, e ele logo me olhou também. Na verdade, eu e ele nunca conversamos direito sobre isso.

— Bom, eu já não sou mais tão jovem...

— Quantos anos tem? Parece ter no máximo 25 anos.

— Eu agradeço, mas tenho 36 anos.

— Quero, por favor, o nome desse creme que você usa, cunhada! — Giovana brincou.

Graças a Deus e a essa interrupção de Giovana o assunto foi para cremes e tratamentos de estética. Gustavo não parava de me olhar com um sorriso bobo no rosto, que não sabia o que significava.

— Giovani chega amanhã. Aí a bagunça será instaurada nessa casa!

— Meus filhos juntos aqui. Estou tão feliz!

— E seus filhos, José? Vão vir para a ceia?

— Só a Maitê e o marido. Antônia e a esposa estão viajando.

— Que chique! Elas estão em Paris, Gu! Pega essa!

— Paris, é? — Gustavo falou, ajudando a pequena Sofia a cortar a carne.

Depois do jantar nos sentamos na varanda do grande casarão. José pegou um violão e entregou para Gustavo.

— Você toca?

— Um pouco, mas aqui sou quase obrigado a tocar — ele respondeu, afinando o instrumento.

— Ele está sendo singelo, Helena! Ele toca muito. Nós três cantávamos nos barzinhos de Recife quando éramos jovens.

— Sério?

— Tem bastante tempo isso.

— Eu tenho saudade dessa época. E você, Gu?

— Era divertido.

Ele sorriu, olhando para mim ainda sem jeito.

José colocou uma garrafa de licor e alguns copinhos na mesa.

— Prove, Helena. É muito saboroso. De maracujá, feito com a cachaça produzida aqui na chácara.

Provei um pouco da bebida. Era forte, mas, realmente, bem saborosa. E logo começou a cantoria. Gustavo e Giovana cantavam em harmonia, um sertanejo antigo, e logo se formou um coro com todas as vozes.

Ele me olhou, um olhar penetrante e brilhante, durante toda a canção. Ouso dizer que ele ficou ainda mais bonito assim, de calça jeans, blusa polo verde-escura, cabelo balançando ao vento, solto, tranquilo, sendo apenas ele, de forma natural. Ali ele era apenas o Gustavo, filho, irmão, tio, namorado, cantor. Conhecer ainda mais esse lado família dele me encantou e me fez ter mais certeza de que o sentimento que eu tinha por ele era amor!

Perto das 23h voltamos para o chalé. Luís e Lilica dormiam satisfeitos nas casinhas e acordaram e abanaram os rabinhos quando chegamos.

— Cantor, hein?

Gustavo sorriu, fechando a porta do chalé.

— Viu? Também tenho muitas habilidades.

Abraçando-o pela cintura, levantando meu pescoço para tentar olhar em seus olhos, falei sussurrando:

— Quais outras habilidades que ainda não conheço?

Ele logo mudou o olhar doce para malicioso e me beijou nos lábios, conduzindo-me até a cama.

— Posso te mostrar mais algumas.

— Pode, é? — falei, dando mordidinhas em seu lábio inferior, o que o atiçou na mesma hora.

Gustavo me beijou de modo intenso, subindo meu vestido com aquela mão quente em minha perna direita. Sua mão esquerda já estava em meu seio esquerdo, o que me fez ficar pronta para ele em segundos.

— Amor, eu te quero agora!

— Mas já? Que pressa é essa? Eu nem comecei a me divertir — ele falou entre beijos no meu pescoço. Sem dar tempo para mais nada, tirei a camisa dele e abri o zíper da sua calça jeans.

— Agora, vem!

Ele me olhou com desejo, ainda perplexo pela minha pressa, mas, na verdade, fiquei muito excitada vendo-o após o banho, depois tocando aquele violão, e eu só queria senti-lo dentro de mim.

— Seu desejo é uma ordem.

Ele arrancou meu vestido e minha calcinha e me penetrou, começando devagar.

— Nossa! Você já está molhadinha!

— Mais... Vem!

Puxei-o para que ele entrasse completamente dentro de mim, o que o fez gemer.

— Nossa, Helena! Que fogo é esse?

— Mete gostoso, vai! Mete, amor!

Essas palavras o deixavam louco e eu sabia disso. Ele estocou forte, apertando-me com aquela mão suada e quente na minha bunda, beijando meus lábios e meu pescoço, sem tirar os olhos dos meus. Agarrei forte suas costas largas e me abri completamente para ele. Nesses momentos eu me sinto conectada a ele e parece que a sensação de prazer é intensificada quando nossos olhos se encontram.

— Amor, eu... eu... Nossa! Você está muito gostosa!

Ele gozou rápido, infelizmente, porque eu bem que queria senti-lo por mais meia hora, no mínimo, dentro de mim. E como se pudesse ler minha mente, ele me penetrou com seus dedos e me beijou até me fazer chegar ao orgasmo.

Suados e ofegantes, ficamos deitados em silêncio por alguns minutos, apenas ouvindo a respiração um do outro.

— O que foi esse furacão, hein? — ele perguntou.

— Você me provocou muito hoje.

— Provoquei, é? Lembre-me de fazer isso mais vezes.

E pegamos no sono mais uma vez um do lado do outro, nessa conexão que vai além do corpo e eu ainda não sabia explicar.

Acordei com a luz do Sol na janela e a cantoria dos pássaros. Coloquei a mão do lado vazio, mas ainda quente, da cama. "Gustavo já se levantou?". Vesti meu roupão e fui até a varanda. Ele estava lá, claro, brincando com os cães. Assim que me viu, Gustavo abriu um sorriso lindo e os cães correram para me dar bom dia.

— Te acordei, amor?

— Não. Bom dia!

Ele me deu um beijo.

— Estava dormindo tão linda que não quis acordar você. Que tal irmos na praia hoje? Aqui tem praias lindas.

— Eu amo praia, você sabe.

— Minha irmã e os meninos também vão. Tem problema?

— Claro que não, amor. Vai ser ótimo.

— Perfeito! Quando estiver pronta, vamos tomar café e seguimos para a praia.

— Só tomar uma ducha. Coisa rápida.

Ele sorriu e voltou a brincar com os cães.

Pouco tempo depois estávamos a caminho da praia no carro da irmã de Gustavo, uma caminhonete cabine dupla enorme.

— Tia Helena, meu cabelo vai ficar bonito igual o seu quando eu for grande?

— Vai ficar ainda mais bonito, princesa!

Ela sorriu toda feliz, brincando com meus cachos.

Assim que chegamos à praia de Antunes, que é de tirar o fôlego, com aquele mar de águas claras, descemos do carro e Sofia pegou minha mão.

— Vou com a Tia Helena, mamãe!

Giovana e Gustavo me olharam sorrindo, e Tomás veio ao meu lado e da irmã.

— Vou ajudar Giovana com as coisas, amor.

— Tudo bem!

Sofia me deu a mão e fomos conversando.

— Tia Helena, eu gosto de passar batom, mas mamãe não gosta.

— Porque você já é linda, nem precisa passar muito. Olha, eu também não passei.

Ela me olhou com aqueles olhinhos cheios de vida. Tomás riu.

— Verdade! E ficou linda, tia Helena!

— Obrigada! Você também está.

— Se der corda ela vai ficar falando de maquiagem o dia todo com você — Tomás falou, pegando a outra mãozinha da irmã, sorrindo para mim.

Eu falei para ele em sussurro: "Eu não sou muito de maquiagem!" e ele riu de novo.

— Helena, você trabalha com o tio Gu?

— Também.

— Como assim, também?

— Eu sou terapeuta, atendo em um consultório e em casa.

— Que legal! Trabalha pela internet.

Olhando para Tomás, joguei meu cabelo, que teimava em cair no meu rosto, para trás.

— Sim, atendo alguns clientes on-line.

— Eu quero ser psicólogo.

— Que incrível! É uma excelente profissão.

Ele parou e sorriu com uma expressão admirada.

— Você acha? Meu pai fala que é besteira.

— Ele não deve conhecer o novo mercado, talvez. Hoje é possível ter uma excelente renda nessa área.

— Isso é incrível! Tio! Tio! — Tomás chama o Gustavo entusiasmado, que estava logo atrás, ajudando a irmã com as cadeiras e os brinquedos de Sofia.

— Oi, garotão!

— Sua namorada é muito inteligente, sabia? Ela me disse que posso ganhar muita grana sendo psicólogo.

Gustavo me olha com um enorme sorriso no rosto e Giovana também.

— E pode mesmo. Aproveita e pega umas dicas com ela.

Tomás correu até mim de volta e começou a me perguntar várias coisas. A curiosidade dele me alegrou. Um garoto tão jovem, já com o sonho de ajudar outras pessoas.

Gustavo colocou as cadeiras e os brinquedos de Sofia na areia, enquanto Giovana passava protetor nas crianças.

— Helena, mas aí eu preciso fazer o curso de psicologia, que dura cinco anos, é isso?

— Isso mesmo. E, claro, o ideal nessa área e em todas as outras é nunca parar de aprender e se aperfeiçoar sempre.

— E posso atender meus clientes pela internet?

— Pode sim. Hoje isso é bem comum.

— Vai ser muito bom, porque quero viajar e conhecer o mundo.

— E você vai! Se deseja isso, é só acreditar e fazer a sua parte.

Ele sorriu para a mãe, que sorriu de volta.

— Agora vai brincar, meu filho. Leva sua irmã para pegar água para a piscina dela.

— Obrigado, Helena! Você é muito legal!

— Você o conquistou. E olha que Tomás não se abre muito.

— Ele é um garoto incrível. Parabéns pela educação dele, Giovana!

Gustavo sentou-se atrás de mim na areia, colocando suas longas pernas de um lado à minha volta. Então ele aproximou-se e falou bem colado em meu ouvido direito:

— Leva jeito com crianças, sabia?

Eu apenas sorri e ele começou a passar protetor em mim.

— Tio, me leva lá? — Sofia falou, já puxando Gustavo pela mão, para que ele entrasse na água com ela.

— Gustavo, por favor, não vai fundo com ela. Coloca as boias, filha.

Giovana coloca as boias nela.

— Vem, tia Helena!

Gustavo me olhou com um olhar pidão igual ao da sobrinha.

— Claro! Vamos!

E entramos os três na água. Sofia, toda feliz, pulava no meu colo e no de Gustavo. Depois de um tempo, voltamos para a areia.

— Gu, topa pedir uma porção pra nós? E refri para os meninos?

— Claro! Quer alguma coisa, amor?

— Água de coco bem gelada! Quer ajuda para trazer tudo?

— Tomás ajuda.

— Claro. Vamos, tio!

E Gustavo seguiu com o sobrinho. Sofia estava na piscina inflável brincando de dar banho nas suas bonecas.

— Helena?

— Oi?

Giovana falou me olhando com atenção. Com certeza, ela queria ficar sozinha comigo.

— Gustavo me contou sobre a Olivia.

— Ah! Agora está tudo mais calmo.

Ela me olhou, como se estivesse me analisando.

— Acho que jamais faria o que você fez.

— Só fiz o que podia. Ela tem uma criança pequena, sabe? É como se fosse a Sofia naquela situação.

Ela olhou para a pequena brincando com suas bonecas.

— Meu irmão sofreu muito por causa daquela mulher. Ele emagreceu muito na época. Ficamos realmente preocupados com ele.

— Imagino.

— E depois de Olivia ele nunca mais trouxe ninguém aqui.

— Sou a primeira namorada que ele apresenta a vocês?

— Pelo que sei, é a primeira namorada que ele tem depois de Olivia. Sei que ele teve alguns casos, mas nada importante. Você deve ser muito importante para ele.

— Eu realmente amo seu irmão, Giovana, e o que eu puder fazer para vê-lo cada vez mais feliz, pode ter certeza de que farei.

Ela sorriu. Estava visivelmente preocupada com o irmão, o que era compreensível, pois ele já tinha sofrido muito.

— Você parece mesmo ser uma boa pessoa, Helena. Desculpe ficar sondando, mas você sabe... Ele é um homem bem-sucedido, bonito e bom, o que faz com que interesseiras se aproximem. Você entende?

— Claro! Sem problemas. Você só está preocupada com o bem-estar dele.

Gustavo chegou com o sobrinho, trazendo as porções e as bebidas. Ele logo imaginou que a irmã tinha feito a checagem habitual e perguntou:

— Tudo bem aqui?

— Claro, amor. Tudo ótimo — respondi, tranquilizando Giovana. Não queria criar atrito entre eles.

O restante do dia foi tranquilo e antes de escurecer voltamos para a pousada.

— Amor, vamos no chalé tomar um banho?

— Vamos.

— Você volta, tia Helena?

— Claro, lindeza — respondi, dando um beijinho no rosto de Sofia, que estava bem sonolenta no colo da mãe.

Assim que entramos no chalé, Gustavo perguntou:

— Giovana te estressou muito?

— Não, amor!

Ele levanta a sobrancelha, com olhar desconfiado.

— Eu sei que ela é ciumenta.

— Amor, ela só quis me conhecer melhor.

— Já falei para ela não ficar amolando você.

— Ela não me amolou. Para de bobeira. Vamos dar uma volta com os cães antes do banho?

— Vamos.

E saímos para caminhar com os cães nas ruas perto da pousada. Quando voltamos, tomamos banho e fomos para a casa da mãe de Gustavo.

— Olha quem tá aqui! Fala, cara! Tá mais velho!

Era Giovani, irmão de Gustavo. Eles se pareciam um pouco, mas Giovani era um pouco mais baixo que Gustavo e a pele era um pouquinho mais clara. Sua esposa era uma mulher de pele negra muito bonita, cabelo crespo maravilhoso, olhos cor de jabuticaba e lábios grossos. Sem dúvida, era uma mulher muito atraente. A bebezinha estava no colo dela dormindo.

— E você está ainda mais acabado, hein?

Os irmãos se abraçaram felizes.

— Giovani, esta é Helena, minha namorada.

— Até que enfim arrumou alguém que te aguenta, hein, irmão? — ele falou, cumprimentando-me.

A esposa, Ana, cumprimentou-me também.

Gustavo logo pegou a sobrinha no colo e Sofia correu para perto para ver a bebezinha.

— Tia Helena, quando vai me dar um desse? — ela perguntou, apontando para a bebezinha, que dormia tranquilamente.

Gustavo deu risada e eu, lógico, fiquei vermelha de vergonha.

— Quem sabe, né, lindeza? — respondi bem sem graça.

O jantar foi novamente alegre e feliz, e hoje a cantoria foi com os três irmãos, e, realmente, era lindo vê-los juntos.

— Vocês formam um belo casal. Fico feliz que Gustavo tenha encontrado uma mulher como você, Helena! — a esposa de Giovani me falou, pegando minha mão, com a bebezinha no colo, que olhava para mim.

— Pode segurar ela, enquanto vou no banheiro?

— Claro!

Ana me entregou Alice, que logo pegou uma mecha do meu cabelo.

Eu nunca tinha me imaginado sendo mãe, mas até que estava gostando de passar esse tempo com os sobrinhos do Gustavo.

Sem que eu percebesse, Gustavo sentou-se ao meu lado.

— Oi, bebê! Gostou da tia Helena? — Ela sorriu e ficou ainda mais linda, aqueles olhinhos pretos e aquelas bochechas fofas.

Ana voltou e aproveitou que a filha estava comigo e com Gustavo e se sentou no colo do marido, entrando na cantoria também.

Alice brincou até pegar no sono no meu colo.

— Você leva jeito para isso.

Ana se aproximou, pegando Alice com cuidado para não a acordar.

— Cuidei de um bebezinho quando era adolescente. Acho que aprendi a fazê-los dormir.

Ela agradeceu e entrou com a pequena nos braços. Gustavo não parava de me olhar e de sorrir, e continuou assim durante todo o caminho de volta para o chalé.

— Por que esse sorriso?

— Só estou muito feliz!

— Isso é bom, amor. Deve estar feliz de rever seus familiares.

— Também, mas estou feliz mesmo em ter você aqui com eles.

— Eu estou amando conhecer sua família. Obrigada por me trazer, amor.

Após cuidar de Luís e Lilica, deitamo-nos na cama para ver TV. Gustavo estava estranhamente quieto, mas ainda com o semblante feliz e relaxado.

— Tá tudo bem? Está quieto.

— Eu estava tentando encontrar o momento certo...

Ele se curvou para olhar diretamente em meus olhos.

— Momento certo para quê?

Acariciando meu rosto delicadamente com a mão, ele me olhou bem no fundo dos meus olhos e disse:

— Helena, eu realmente amo você. Sei que nos conhecemos há poucos meses e não quero apressar nada, muito menos assustar você, mas não sei explicar, parece que te conheço há anos. Você me inspira, me excita, me move a ser um homem cada vez melhor. E eu só sei o que sinto e o que eu sinto é que eu AMO VOCÊ.

Ele nunca tinha dito isso antes. Há algum tempo eu acharia que essas palavras eram apenas palavras que casais falam, sem nenhum sentido. Mas com ele eu sentia o que essas palavras significam. Apesar do pouco tempo juntos, o sentimento que nos unia era forte, como se fosse realmente um reencontro.

— Eu também amo você, Gustavo!

E ele me beijou, mas dessa vez foi um beijo demorado, doce, que traduziu o que nossos corações estavam sentindo naquele momento.

Nessa noite não transamos, apenas ficamos abraçados, beijando-nos e sentindo a presença um do outro, o que foi tão bom quanto todas as vezes em que nossos corpos se entrelaçaram no calor da luxúria.

Era véspera de Natal. Acordamos cedo para auxiliar nos preparativos da grande festa.

— Filho, preciso que vá com seu irmão na cidade para buscar algumas coisas para a ceia dos hóspedes e para a nossa — Mariza pediu a Gustavo enquanto tomávamos café da manhã.

— Claro, mãe. É só falar o que precisa. Helena, você vem comigo?

— Deixe Helena comigo? Preciso de toda ajuda possível aqui — a mãe de Gustavo falou, colocando a mão em meu ombro. Ele me olhou, esperando minha resposta.

— Claro! Fico feliz em ajudar, Mariza!

— Então tudo certo. Os homens vão buscar os itens pesados e nós cuidamos dos preparativos internos — Mariza falou satisfeita.

Pouco tempo depois, José, Giovani e Gustavo saíram e eu fiquei sozinha com a mãe de Gustavo, Giovana, Ana e as crianças.

— Helena e Giovana, vocês podem ir decorando o salão de festas. Eu e Ana vamos decorar a nossa sala de reuniões.

Giovana me leva até o grande salão de festas da pousada, onde ocorreria a ceia dos hóspedes. Enquanto eu organizava as cadeiras, Giovana fazia lindos arranjos de flores de papel nas mesas.

— Você é muito boa nisso!

— Eu amo fazer isso!

— É uma terapia trabalhar com as mãos mesmo. Onde estão as crianças?

— Ah... Hoje é dia de ver o pai — ela respondeu em tom triste e vi que seu semblante ficou abatido.

— Isso preocupa você?

Ela me olhou e respondeu:

— Ele me fez sofrer muito, Helena.

— Quer conversar sobre isso? Às vezes ajuda a reduzir a dor — falei para ela, pois percebi que o silêncio estava quase explodindo seu coração de tanta dor e angústia.

Giovana se aproximou de onde eu estava, puxou uma cadeira e sentou-se.

— Bom, eu o conheci jovem, era imatura e sonhadora. Fizemos faculdade de engenharia juntos e eu simplesmente o idolatrava. Era o homem mais bonito e mais charmoso que eu já tinha visto. Começamos a namorar no quarto ano, ficamos noivos e seis meses após a nossa formatura, ele recebeu uma proposta de trabalho em uma grande empresa no Rio de Janeiro. Como não suportávamos a ideia de ficar longe um do outro, casamo-nos e eu me mudei de Recife para o Rio.

— Como foi?

— No início parecia um conto de fadas. Eu o amava tanto e ele me tratava como uma rainha... Ou era o que eu achava. Consegui um trabalho na cidade, um cargo de assistente, mas era na minha área. Alguns meses depois que nos mudamos, eu fiquei grávida de Tomás. E foi aí que tudo começou a desabar.

— O que aconteceu?

— Quando contei sobre a gravidez, ele disse: "Você devia ter se cuidado. Não é o momento para isso!".

Lágrimas começaram a descer pelo rosto de Giovana e eu apertei sua mão, reconfortando-a.

— Eu, na ilusão em que vivia, pensei: "Ele deve estar cansado! Ele vai mudar de ideia, ele vai amar ser pai!". E assim foram os nove meses, eu tentando enxergar nele a imagem que eu tinha construído. E ele, a cada dia mais frio e mais distante. Às vezes ele chegava em casa tarde da noite, cheirando a álcool e a perfume de mulher.

— Você o questionava?

— No início, mas ele sempre falava que estava no trabalho com clientes e às vezes era preciso "socializar". Com o tempo e a gravidez avançada, optei por acreditar nesse papo dele. No dia do nascimento de Tomás, ele simplesmente desapareceu. Não atendeu nenhuma ligação minha ou do hospital. Eu tive meu filho totalmente sozinha. Ele foi nos ver somente no dia seguinte.

— Imagino como deve ter ficado arrasada.

— Nossa, nem fala! Eu só o queria ali, comigo. Quando ele viu que era um menino e que se parecia com ele, eu até cheguei a pensar que tudo ia ficar bem novamente, mas logo após minha licença-maternidade acabar, eu fui demitida. No dia em que contei isso para ele tudo piorou 100%. Ele começou a ser extremamente rígido comigo, regrava as contas, o quanto eu podia comer, o que eu devia ou não vestir, onde eu podia ou não e com quem. No início ele falava coisas como: "Amor, estou apenas cuidando de você e do nosso filho", mas depois começou a ser: "Eu que sustento você, então cala essa boca!".

— Nossa, Giovana! Sinto muito.

— Eu fui levando, não sabia o que estava acontecendo. Achei que era só uma fase, estresse do trabalho. Ele rapidamente foi promovido a gerente e estava ganhando muito bem. Perto dos amigos dele, me tratava como uma princesa, o que até me fazia acreditar. Eu fui cedendo cada vez mais e fazia tudo que ele queria para evitar brigas. Quando Tomás estava com 4 anos, quase 5, ele quis fazer um jantar para alguns amigos do trabalho e seu chefe. Eu organizei tudo exatamente como ele mandou, até a roupa foi ele quem escolheu, um vestido azul de linho longo.

— Ele escolhia até o que você ia usar?

— Sim, tudo. Nesse dia, um amigo do trabalho dele, Silvio, foi com a esposa e o filho, da mesma idade de Tomás. Um homem muito gentil, da mesma idade que eu. Quando fui à cozinha para buscar mais vinho, não observei que Silvio estava logo atrás trazendo algumas tigelas vazias para colocar na pia.

— Aconteceu algo entre vocês?

— Só uma conversa amigável, mas o pai das crianças não entendeu assim quando entrou na cozinha e me viu conversando com ele. Eu sabia, pelo olhar dele, que, para ele, tinha feito algo muito grave.

— Ele fez alguma coisa?

— Durante o jantar não, agiu como um cavalheiro. Quando todos foram embora, coloquei Tomás para dormir e fui para cozinha para lavar a louça, porque ele não gostava que a pia ficasse com louças sujas. Estava lavando tudo quando ele puxou meu cabelo e me jogou no chão, dando tapas bem fortes no meu rosto.

— Meu Deus! O que você fez?

— Eu só falei "O que está fazendo?", e ele só me respondeu uma coisa: "Você é uma vadia, mas eu vou te mostrar quem é seu dono!".

— Ele bateu mais em você?

— Pior do que isso, ele me estuprou, ali mesmo, no chão da cozinha da minha casa, colocando a mão em minha boca para que eu não gritasse. Quando ele terminou, levantou-se e saiu de casa, batendo forte a porta.

— Giovana!

Dei um forte abraço em Giovana, pois eu, literalmente, reconhecia essa dor.

— Ele me deixou ali, sangrando e com rosto vermelho pelos tapas. Eu devia ter ido à polícia, chamado alguém, mas o medo me fez fazer apenas uma coisa, levantar e terminar de lavar as louças antes que ele chegasse em casa.

— Ele manipulava você.

— Totalmente. Algumas semanas depois comecei a ficar enjoada e minha menstruação atrasou. Resultado: fiquei grávida de Sofia nesse dia.

— Então Sofia é fruto desse estupro?

— Sim, uma segunda gravidez. Eu só pensava em proteger meus filhos e, mais uma vez, tentei fingir que era normal tudo que acontecia, mas ele ficava cada dia mais agressivo e manipulador. Eu percebi que perto de Tomás ele não me machucava, então comecei a ficar 24 horas do dia agarrada a Tomás.

— Você estava em pânico, imagino!

— Sim. E para evitar novos ataques e agressões, eu comecei a ceder ainda mais. Vários estupros consentidos ocorreram durante a gravidez de Sofia, mas ao menos ele não me batia nessas horas.

— Mesmo assim. A dor do estupro é tão forte quanto.

— Sim. Eu me sentia cada vez mais suja. Quando Sofia estava com 1 aninho e já fazia um bom tempo que não havia agressões, eu permiti que Tomás dormisse na casa de um coleguinha, claro que com a permissão do pai dele. Nesse dia eu fui me deitar cedo, antes de ele chegar. Por volta de 22h ele chegou totalmente bêbado e, sem motivo algum, ele me puxou pelos pés e começou a me dar chutes em todo o corpo e a socar meu rosto.

— Meu Deus do céu!

— Ele só gritava: "Sua puta, vagabunda, eu sei que está dando para todo mundo! Essa filha não é minha, eu só faço filho homem!".

Giovana soluçava ao se recordar da violência.

— Depois de um tempo, quando eu já estava sem chorar ou conseguir me movimentar, ele saiu, batendo a porta atrás de si. Nesse momento, eu só queria estar morta, mas Sofia chorou no berço. E o choro dela me deu a força que eu precisava. Sem pensar em nada, nem na dor, eu me levantei, peguei minha filha, documentos e fui até a casa de Silvio, que era onde Tomás estava. No caminho liguei para Gustavo.

— Sua família não tinha ideia do que acontecia?

— Não, nenhuma, mas Gustavo nunca gostou dele. Eu falei para Gustavo que precisava ir para casa, que tinha sofrido um acidente. Ele já estava ganhando melhor nessa época e me mandou a quantia suficiente para eu pegar um avião para cá com as crianças. Quando cheguei na casa do Silvio, ele e a família ficaram horrorizados, nem eu mesma sabia o quanto ele tinha me machucado fisicamente. Silvio me levou à delegacia e ao hospital e consegui a medida protetiva. Quando cheguei aqui, Gustavo queria matá-lo. Foi difícil, muito difícil, porque eu não queria que meus filhos vissem o pai como um monstro, você entende?

— Eu entendo você totalmente, Giovana! Também já fui vítima de abuso, sei bem o que é ser violada, ferida, quebrada de todas as formas possíveis.

Ela me olhou nos olhos, um olhar de cumplicidade.

— Nem sei porque estou te contando tudo isso!

— Bom, provavelmente porque somos amigas!

Ela sorriu e me abraçou forte mais uma vez.

— Demorei muito até entender que o abuso sempre existiu, desde o namoro. Coisas que só enxerguei depois. Ele sempre foi ciumento, sempre falava coisas para me deixar para baixo ou me diminuir. Eu é que nunca tinha percebido os sinais. Enquanto estávamos aqui ele não se mostrava, porque Gustavo agia como meu pai, sempre de olho e atento, mas assim que eu fiquei totalmente dependente dele, a máscara de bom moço caiu. Eu me senti tão estúpida depois de tudo, por todas as vezes em que aceitei ser diminuída, violentada física e emocionalmente por ele.

— Giovana, olhe para mim.

Ela me olhou, ainda segurando minhas mãos, com os olhos molhados.

— Você não pode se culpar por ter sido a melhor versão sua em um relacionamento. Você não pode se culpar por ter amado, por ter se entregado, por ter acreditado. Você não tem culpa alguma por ter sido mãe, por ter amado tanto seus filhos que só conseguiu pensar na segurança deles. Você estava sendo manipulada, regida pelo medo. Não se culpe, porque você é uma mulher incrível! Olha a força que teve! Levantou do chão sangrando, ferida, e mesmo assim lutou para salvar a si e aos seus filhos.

— Helena, muito obrigada por isso!

Ela me abraçou forte mais uma vez, molhando minha blusa com suas lágrimas.

— Eu demorei tanto para confiar em homens novamente. Luciano tem sido maravilhoso! Ele é tão diferente do pai dos meninos. Ele me respeita, me incentiva, me elogia... Às vezes chego até a achar estranho ter tanta atenção de alguém.

— E se permita viver isso. Hoje você sabe que não está sozinha. Nós, sua família, estaremos sempre aqui. E Giovana, eu sei que é muito difícil, mas tente perdoá-lo por tudo que ele te fez.

— Perdoar aquele desgraçado infeliz?

— Sim. Infelizmente, enquanto você o odiar estará cada vez mais presa a ele e a toda a dor que ele te causou, ou seja, ele continua manipulando você! Liberte-se disso e fique livre desse passado.

Ela me olhou, levantando a sobrancelha, igual ao irmão.

— É... Agora sei porque meu irmão está caidinho por você!

Giovana sorriu, levantando-se e voltando para o trabalho.

— Por quê?

— Você é totalmente... peculiar!

— Peculiar? O que você quer dizer exatamente? — perguntei, voltando para o trabalho também.

— Bom, você tem uma forma diferente de lidar com os problemas. Até hoje, das poucas pessoas que sabem de partes da história, você foi a única que me disse para perdoar. A maioria me fala para proibi-lo de ver os filhos, para arruinar com a vida dele, essas coisas.

— E por que ainda permite que ele veja as crianças?

Ela hesita.

— Ele me procurou um ano depois da nossa separação, falido, literalmente na merda, implorando para ter uma nova chance.

— E o que você fez?

— Disse que permitiria que ele fosse pai dos filhos dele, mas que nunca mais tocaria um dedo em mim. Eu nunca quis que meus filhos crescessem com a mancha de um pai violento. Por isso, eles não sabem de nada.

— Compreendo sua decisão.

— E só isso? Não vai dar sua opinião?

— Minha opinião é que você fez o que julgou certo para o bem de seus filhos. Isso só mostra como seu amor de mãe superou o que sentia naquele momento como mulher.

— Impressionante.

— O quê?

— Não tem ideia do quanto fui julgada nessa época. Gustavo foi o único que me apoiou e, claro, ele deu um bom susto no abençoado, que desde então tem seguido todas as regras para ver os meninos e nunca mais me procurou. Ah, Helena! Por favor, preciso que guarde essa nossa conversa em segredo. Meu irmão sabe que ele era abusivo, mas não sabe do espancamento. E isso poderia causar uma grande confusão.

— Claro. É sua vida. Fique tranquila que não vou comentar nada.

Ela sorriu, agradecida.

Algum tempo depois, Giovana me olhou com curiosidade.

— Seu ex-marido que era abusivo com você?

— Não. Bem, a minha história é bastante tensa, vamos dizer.

Ela me olhou, aguardando com expectativa.

— Vou resumir: eu era abusada pelo meu pai, meu avô descobriu e o matou. E depois disso vivi uma relação abusiva com um namorado, parecida com a sua.

Ela abriu e fechou a boca algumas vezes e me abraçou forte.

— Seu pai? Meu Deus, Helena!

— Ah... Já está curado isso, ou curando, enfim.

— É... Você fala disso com tranquilidade.

— Mais ou menos. Ainda não contei tudo para seu irmão, por exemplo.

— Entendo. Ficamos tão receosas em nos entregar novamente, né?

— Muito, mas, bem...você conhece seu irmão. Ele é maravilhoso e aos poucos foi conquistando completamente minha confiança.

— Seus olhos brilham quando fala dele!

— Eu sei! É o amor... — falei brincando, imitando um microfone, como se estivesse cantando, o que fez Giovana gargalhar.

— Assim vocês nunca vão terminar isso!

Mariza chegou sorridente.

— Mamãe, estamos quase!

Ela olhou satisfeita para a arrumação, quase finalizada.

— Os meninos chegaram, filha. E aquele que não deve ser nomeado já foi embora — disse brincando Mariza para descontrair a visível apreensão de Giovana.

— Vou lá dar banho neles. Obrigada por tudo, Helena! Estou me sentindo muito mais aliviada.

Dei um grande sorriso para ela, e Mariza, lógico, percebeu o que tinha acontecido.

— Minha filha sofreu muito. Infelizmente, não desconfiei de nada na época.

— Ela é muito forte, uma mulher incrível. Parabéns, Mariza. Pelo pouco que pude conhecer, seus filhos são pessoas maravilhosas e sei que os criou praticamente sozinha.

Ela sorriu, feliz com o elogio. E nós duas concluímos a decoração. Depois disso, caminhei sozinha pelo lindo jardim até o chalé para dar uma olhada em Luís e Lilica. Minha cabeça não parava de pensar em quantas pessoas estão por aí, sofrendo violência, abuso, de todas as formas possíveis, sem apoio, sentindo-se sozinhas e desamparadas. A vontade de fazer algo para auxiliar crescia a cada dia dentro de mim.

"Um lugar com moradia, creche, escola, cuidados médicos, oficinas profissionalizantes e terapias diversas. É isso! Agora... Como fazer isso? Deve custar uma fortuna construir um lugar desses para abrigar várias pessoas e seus filhos. Pensa, Helena! Posso pedir patrocínio, conseguir voluntários... É... Acho que se eu estruturar...".

— Amor?

A voz grave e rouca de Gustavo logo atrás de mim me tirou dos meus pensamentos.

— Oi. Já voltou?

— Agorinha. Estava indo para o chalé?

— Sim. Vou só ver como estão os dois.

— Ótimo! Vamos.

Ele me alcançou rapidamente, e ao chegarmos no chalé, brincamos com Luís e Lilica. Sentei-me na cadeira de balanço e me permiti viajar em meus pensamentos mais uma vez, olhando para os dois correndo e brincando.

— Você está estranha... O que aconteceu?

Olho nos olhos dele. Era hora de contar sobre meu passado.

— Você quer saber por que me assustou aquele dia da festa? Todos os motivos?

Ele senta-se na cadeira ao meu lado.

— Amor, eu não te pressionei na época e não vou fazer isso agora. Eu posso imaginar como é sofrer uma relação abusiva, porque minha irmã sofreu isso com o pai dos meninos, e eu vi como ela demorou a se recuperar.

— Sim, ela me contou.

— Ela te contou?

— Sim.

— Uau! Ela confia mesmo em você. Nem para mim ela contou tudo.

Peguei as mãos dele e fitei seu olhar preocupado.

— Eu quero compartilhar isso com você. Confio em você e realmente quero que me conheça por completo. Toda luz, mas, também, toda sombra que há em mim.

Ele me deu um olhar reconfortante, que me encorajou a contar toda minha história. Ele me escutou atentamente, sem falar uma palavra sequer. E seu olhar mudava entre perplexidade, amor, ternura, raiva, frustação e cumplicidade.

— Então foi isso. Por isso me assustei aquele dia com você e demorei a confiar para me abrir por completo.

Ele se levantou, deu-me a mão convidando-me a levantar também, e deu-me um abraço forte, e eu percebi lágrimas caindo de seus olhos.

— Helena, eu não fazia ideia... Mas tudo que me contou só fortalece o que eu já sei sobre você: que você é uma mulher simplesmente maravilhosa, forte, que decidiu se reconstruir ao invés de se entregar. Eu me sinto honrado por você ter me escolhido.

Então ele beijou meus lábios suavemente e senti a nossa conexão ficar ainda mais forte. Mais tarde, voltamos para a pousada, onde o almoço logo foi servido.

— Tia Helena!

Sofia pulou no meu colo e fez questão de comer comigo.

— Está delicioso, Mariza!

— Obrigada, minha filha!

Todos comeram felizes e o ambiente foi preenchido pelo amor fraternal que une essa família.

— Mano, me ajuda com uma dúvida aqui do consultório?

Giovani chamou Gustavo e Ana veio se sentar ao meu lado no sofá com Alice no colo. Sofia, que estava deitada com a cabecinha em meu colo, estava quase pegando no sono.

Ana observou Giovani com os olhos cintilantes.

— Como amo esse homem.

Ela sorriu, olhando para a pequena Alice.

— Se conhecem há muito tempo?

— Cinco anos. Trabalhávamos no mesmo hospital. Ele é ortopedista e eu sou ginecologista obstetra.

— Quem chegou em quem primeiro? Adoro histórias de romance!

Giovana se aproxima, curiosa.

— Ele vivia me chamando para sair. Mas, sabe, eu sofri muito preconceito por ser mulher, negra e pobre, e tive a "ousadia" de me formar com louvor em medicina. No hospital mesmo tive que lidar com cada coisa. Giovani sempre me defendia e me valorizava muito nas reuniões do corpo clínico. Eu achava que ele só queria "mais uma para a coleção". Um homem bonito desse, médico, com situação financeira razoável, ia querer o quê comigo?

— Essa sociedade nos faz acreditar que é errado ser diferente dos padrões de capa de revista. É absurdo — Giovana comentou, olhando para Alice e para Sofia no meu colo.

— Pois é... Não me achava bonita. Sabia que era inteligente e minha carreira era meu grande amor.

— Aí chegou meu irmão?

— É. Esse danadinho foi comendo pelas beiradas, sabe?

— A cara dele isso.

As duas abriram um grande sorriso de cumplicidade.

— Giovani era totalmente diferente dos palhaços que eu tinha namorado antes. Ele realmente me tratava como uma rainha, preocupa-se, cuidava de mim. Ele me olhava nos olhos e parecia que não havia nada mais importante do que eu ali. Vocês conseguem entender isso?

— É praticamente irresistível! — respondi, dando uma boa risada.

— Nos casamos e, quando engravidei, eu estava trabalhando em dois hospitais. Na mesma hora ele disse: "Amor, você merece ser mãe como sempre desejou, ter tempo para nosso filho. Eu cuido de tudo, pode sair do emprego. E quando quiser voltar, podemos abrir seu consultório como você sempre quis!". Esse apoio dele era tudo que eu queria. Me senti tão segura e protegida... Agora estou curtindo cada segundo com minha pequena. Eu até achei que ele não teria tempo para ser pai por ter pegado mais pacientes, mas ele faz questão de chegar em casa e ficar comigo e com Alice.

— Faz uma diferença enorme essa presença.

— Nossa, Helena, você nem imagina! Faz dois meses que montamos um consultório no andar de baixo da nossa casa. Aí eu comecei a atender algumas pacientes, e ele também. É maravilhoso tê-lo por perto com esse jeito moleque e alegre dele.

"É... Parece que os irmãos Capanemma são parecidos nisso! Eles sabem como tratar uma mulher!", pensei.

— Vocês deviam descansar um pouco. A noite vai ser longa hoje — Mariza falou, pegando na mão de José para irem se deitar. Gustavo terminou de conversar com Giovani e seguimos para o chalé.

— Vamos tentar dormir um pouco. Natal aqui acaba bem cedo. Tipo umas cinco da manhã — Gustavo brincou, pulando na cama, tirando a camisa. Deitei-me ao seu lado, apoiando a cabeça naquele peito duro e quente.

— Cansado?

— Um pouco. Carreguei bastante caixa hoje. Academia do dia tá paga!

Sorrindo, puxei o lençol e me aconcheguei naquele corpo quente que me fazia sentir tanto amor e segurança.

Acordei perto das 18h, sem me lembrar ao certo onde estava. Senti a respiração profunda de Gustavo em meu pescoço. Ele dormia profundamente. Levantei-me bem devagar para não o acordar e saí do chalé. Quando estava quase saindo com os cães para o passeio, ele aparece com a cara amassada e o cabelo bagunçado, lindo como sempre, sem camisa, mostrando aquele corpo desenhado dele.

— Me espera, amor! Vou com você.

— Tá bom.

Ele pegou a guia da Lilica e caminhamos pela propriedade com os cães, felizes e abanando seus rabinhos.

— Eu apaguei. Seu corpo ao lado do meu é um sonífero, sabia?

— Posso dizer o mesmo!

Ele deu aquele sorriso que me lembra pão quente com manteiga derretida, reconfortante e delicioso.

— O que é ali?

— É o espaço onde ficam os outros cães. Quer ver?

— Acho melhor deixarmos Luís e Lilica no chalé antes para evitar brigas.

— Verdade. Vamos! Temos tempo ainda.

Depois de deixar os pequenos no chalé, Gustavo vestiu uma camiseta branca e me levou para a área privativa da pousada, onde ficava o quintal enorme com os cinco cães da mãe dele, que corriam felizes.

— Aquele é o Pitoco, que minha irmã se apaixonou.

— São mansos? Posso ir lá?

— Claro! Vem!

Entramos no quintal e fomos recebidos por lambidas e pulos de alegria.

— Eles adoram festa.

José apareceu com um homem ao lado e Giovana.

— Este é o Luciano, Gu!

Gustavo analisou o homem e o cumprimentou com um forte aperto de mão. Percebi que Giovana estava desconfortável.

— Muito prazer. É muito bom finalmente conhecer você! — falou o homem, alto, magro, de cabelo preto e barba espessa na mesma cor.

— Gustavo e Luciano, venham aqui. Preciso de ajuda nos barris — disse José, e os três saíram.

Giovana quase arrancou meu braço, pendurando nele com força, dizendo:

— Helena de Deus! Gustavo vai acabar com o Luciano.

— Acabar? Como assim?

— Ele vai interrogá-lo. E vai ser bem pior do que eu com você! — respondeu ela, sorrindo de nervoso.

— Relaxa. Se ele for mesmo uma boa pessoa e amar você e as crianças, tenho certeza de que seu irmão não vai intimidá-lo.

— Ai, Jesus! Me ajude nesse momento!

E ela seguiu caminhando agarrada em mim, fazendo súplicas no caminho todo de volta para a pousada.

Estávamos na sala de estar tomando café com bolo de chocolate e biscoitos quando Gustavo e Luciano entraram sorrindo, em uma conversa animada. José estava logo atrás. Giovana voltou a respirar e foi ao encontro no namorado, que logo pegou Sofia no colo.

— Tio Lu, vamos ver *Frozen*?

— Claro! Estou quase aprendendo a cantar igual a Elsa.

Todos gargalharam divertidamente e Tomás acompanhou a irmã e o padrasto. Gustavo sentou-se ao meu lado na mesa, pegando um pedaço de bolo e café.

— E então, mano? Aprovou o sujeito? Se precisar, vou lá concluir o serviço!

Giovani sentou-se, brincalhão como sempre, sorrindo para a irmã em tom provocador.

— Está aprovado temporariamente.

Giovana deu um gritinho de felicidade e disse:

— Espero que não tenha assustado meu namorado, viu?

Gustavo riu, colocando um pedaço de bolo na boca.

— Parece ser mesmo um bom homem, mas ficaremos de olho! — ele falou, olhando para o irmão, e ambos fizeram o símbolo de vigília para Giovana, que saiu suspirando fundo.

— Deixem sua irmã namorar em paz! — Mariza disse, sentando-se, e os filhos começaram a brincar com a mãe, que sorriu com satisfação.

Depois do café voltamos para o chalé. E logo mais começaria a grande noite.

— Amor? Pode vir aqui?

Gustavo começou a chamar de dentro do chalé. Eu estava do lado de fora, arrumando tudo para os dois ficarem tranquilos à noite.

— Oi... O que é isso?

Ele estava completamente nu e me puxou para dentro do boxe do banheiro, molhando minha roupa por completo.

— Na hora do banho, mocinha!

— Seu doido! — falei dando risada, dando um soquinho de brincadeira em seu ombro.

— Vem, deixa eu te ajudar com isso.

— Eu sei tomar banho sozinha, sabia?

— Sabe?

Ele me olha com malícia, seu olhar percorreu meu corpo molhado com a camiseta branca colada em mim, mostrando detalhes do que estava por baixo. Levantei os braços para ele tirar minha camiseta, o que ele fez sem tirar os olhos dos meus. Seu olhar estava quente, ardente.

Gustavo desabotoou meu sutiã e beijou meus seios com vontade, tirando, ao mesmo tempo, meu short e minha calcinha, o que me fez gemer, sussurrando em seu ouvido enquanto passeava minhas mãos pelo seu braço tatuado e seu peito nu:

— Amor, você sabe me deixar completamente louca de desejo por você...

Ele sorriu, um sorriso quase maligno, antecipando o que estava por vir. Ele começou a ensaboar todo meu corpo.

— Irresistível! — ele falou, mordendo de leve meu pescoço.

Em um só movimento, ele me virou e me penetrou de modo intenso e gostoso. Coloquei minhas pernas em sua cintura e ele me segurou forte na bunda com aquelas mãos quentes. Nossos corpos dançaram juntos, com a água quente escorrendo por nossas peles, que ardiam de desejo. Meu corpo fervia de amor e malícia.

— Amor... Ahhh... Eu vou... Ahhh... Nossa!

E eu tive um orgasmo delicioso com ele ainda dentro de mim, o que o fez estocar mais algumas vezes até chegar ao seu limite também.

— Deliciosa! Não me canso de você!

E assim terminamos nosso banho.

Peguei meu vestido vermelho rodado, que tinha comprado para usar à noite. Quando comecei a colocá-lo, senti o olhar quente dele nas minhas costas. Olhando por cima dos ombros, vi que Gustavo parecia hipnotizado, olhando fixamente para meu corpo.

— Apreciando a vista?

Ele olhou para meu rosto e sorriu, ficando um pouco corado por ter sido pego no flagra.

— Você está completamente deslumbrante nesse vestido.

— Estou, é? — perguntei, deixando as costas à mostra de propósito para provocá-lo.

Percebi sua forte presença bem próxima a mim e, então, suas mãos em meu pescoço, descendo pelas minhas costas, tirando o vestido que tinha acabado de colocar.

— Não é normal eu querer fazer amor com você o tempo todo assim! Acabamos de fazer e eu já quero você novamente!

Ele se aproximou, encostando sua ereção em mim, o que também me deixou acesa de novo. Ainda de costas para ele, falei, com sedução na voz:

— E o que faremos a respeito disso?

Ele me virou, olhou-me nos olhos e me beijou intensamente mais uma vez.

— Amor, você não está facilitando as coisas para mim. Sabe que precisamos ir. Minha família já deve estar toda lá.

— Verdade, né? — falei, passando as mãos em seu abdômen duro por baixo da camisa social, que ainda estava para fora da calça.

— Helena... Eu tenho limite de autocontrole com você, e é bem curto.

Comecei a caminhar em direção à cama, empurrando-o para que ele se deitasse, e, então, subi por cima dele apenas de calcinha. Sua enorme ereção estava explodindo dentro da calça jeans preta dele.

— Sério? Até onde será que aguenta?

Ele me olhou, fascinado pela minha ousadia.

— Helena, é sério! Temos que ir, amor.

— Eu sei, mas deixa só eu ver uma coisa.

E coloquei minha mão dentro da calça dele, massageando seu membro, o que o fez delirar de prazer.

— Já chega disso!

Ele se virou sobre mim e praticamente arrancou sua roupa e a minha calcinha, devorando-me novamente, de modo ainda mais intenso e ardente. Estocando forte, em movimentos de vai e vem e circulares, cheguei no clímax rapidamente e ele também, o que nos deixou completamente suados.

— É, acho que teremos que tomar outro banho!

— E a culpa é de quem dessa vez?

Com um sorriso sapeca no rosto, eu levantei as mãos em sinal de rendição.

— Culpada, confesso. Vem, uma ducha rápida e vamos!

— Não, senhora. Vai primeiro e depois eu vou.

— Está fugindo de mim?

— Sim. Com esse fogo que você está, vai nos atrasar mais ainda. E se eu entrar lá e ver aquela água descendo pela sua pele, já viu... Só de falar, já tô querendo! — ele disse, virando de bruços tentando controlar sua excitação.

— Tá bom! Você venceu!

— Vou te esperar aqui e depois eu vou. Não demora, amor!

— Tudo bem.

Tomei uma ducha rápida ainda sentindo o latejar entre minhas pernas. Eu nunca fiquei tão fogosa assim antes, mas ele sempre me deixa "molhada" de tanta vontade de senti-lo. Não sei se é sua virilidade, a forma como ele me trata, como trata todos a sua volta, seu jeito protetor, provedor... Tudo nele me excita e me faz amá-lo cada vez mais. Um simples olhar, um toque, já deixa todo meu corpo pronto para recebê-lo.

Tentando parar de pensar nisso, lavei-me rapidamente e saí para que ele entrasse.

— Pronto, senhor!

Ele sorriu me vendo apenas de toalha.

— Isso vai ser difícil...

Ele riu e entrou logo no banheiro, imagino que tentando parar de pensar, assim como eu. Quando ele saiu eu já estava vestida, e ele ali, só de toalha.

— Agora é você quem não está facilitando as coisas.

— Gostando da vista?

— Para! Nem começa. Vou te esperar lá fora.

Quando passei por ele, senti um tapinha na bunda, o que me fez virar e ver aquele sorriso malandro dele.

— Gostosa!

— Seu bobo! Fica provocando, fica!

E o deixei lá se arrumando enquanto cuidava dos cães. A nossa sorte é que Luís e Lilica não ligam para barulho de fogos, então, com certeza, dormiriam tranquilamente enquanto estivéssemos na ceia.

Seguimos para a grande festa de Natal na sala privada de festas da pousada. Estavam todos arrumados, sorrindo, bebendo e conversando. Logo seria Natal. Brindamos com as taças harmonicamente. As crianças correram para a mesa e o grande banquete foi servido: peru, lombo assado com batatas, arroz à grega, salada, farofa, uma mesa de frutas linda! Estava tudo deliciosamente incrível, tanto no sabor como na decoração.

Todos comeram felizes. Gustavo estava alegre e carinhoso. Seus olhos, quando encontravam os meus, brilhavam de felicidade.

Logo é a hora dos presentes. Entregamos primeiro os das crianças.

— Feliz Natal, meu amor!

Gustavo me entregou uma caixa do tamanho de um livro.

— Ah! Espera. Este é o seu!

Entreguei o dele, uma caixa quase do mesmo tamanho. Abri meu presente e meus olhos brilharam.

— Eu amei, amor! Como sabia que eu estava namorando esse conjunto de cristais? Meu Deus! Olha essas pedras! Que lindas! Obrigada!

Era um conjunto de cristais para harmonização. Estava com dificuldade em achar todos e eram simplesmente lindos. Ele abriu o dele e deu um enorme sorriso.

— Ah, Helena! Você é demais mesmo!

Era uma caneta personalizada com o nome dele e um porta-retratos eletrônico com fotos nossas e de sua família.

— Você pode colocar várias fotos aí. Espera, que tem mais um!

Fui para a árvore e peguei um pacote maior, entregando para ele, que parecia uma criança ao recebê-lo.

— Que tanto de coisa! Que isso?

— Abre e saberá.

Ele rasgou o embrulho. Assim que ele viu, seus olhos ficaram úmidos. Gustavo me abraçou forte.

— Gostou?

— Helena, é simplesmente perfeito! Olha isso, gente!

Ele saiu mostrando o quadro que eu tinha pintado para ele, como uma criança exibindo seu novo brinquedo. O quadro representava a Lua da primeira noite que saímos, que estava cheia, enorme, clareando todo o céu, e o luar banhando o mar. Eu pintei essa tela logo após o nosso primeiro encontro, quando ele me contou sobre seu passado.

— Nossa! Que lindo! Foi você que pintou, Helena? — Giovana falou, segurando a tela.

— Vou colocar no meu escritório, amor! Muito obrigado mesmo!

E com um beijo de satisfação, ele me agradeceu feliz pelo presente.

CAPÍTULO 18

Amar é decisão

Já era março. Mamãe não conseguiu me visitar em janeiro, pois ela e Estevão não conseguiram sair da cidade devido ao grande movimento de turistas após uma reportagem mostrando o município.

Eu e Gustavo estávamos juntos há quase sete meses e nossa relação estava cada dia melhor, mais forte. A cada dia que passava, meu sentimento por ele crescia e eu o admirava mais, o que parecia ser mútuo.

Os últimos meses foram de muito trabalho. Olivia e Júlio abriram o estúdio de marcenaria e eu estava auxiliando na administração. Também estava trabalhando no consultório, na empresa de Gustavo e ainda atendia alguns clientes fixos no formato on-line. Você pode estar se perguntando se eu não me sentia cansada e a resposta é sim, mas como amo fazer tudo isso, nem sentia muito, na verdade.

Sexta-feira, teoricamente um dia mais tranquilo, marquei de passar no estúdio para ensinar Júlio a fazer o lançamento correto das vendas na ausência de Olivia. Eles estavam muito bem, já tinham alugado uma casa e voltado a morar juntos.

— Helena, bom dia! Como você está?

— Oi, Júlio! Bom dia! Olivia já foi levar o Pedrinho na creche?

— Sim, acabou de sair.

— Entendi. E então? Pronto para sua aula de gestão financeira?

Ele sorriu, passando as mãos no cabelo, nervoso.

— Espero que seja muito paciente. Claramente, sou melhor na produção, mas não quero sobrecarregar a Olivia.

Sentamo-nos em frente ao computador e comecei a ensinar a ele os detalhes do fluxo de caixa.

— Então aqui eu lanço tudo que vender no dia e aqui tudo que pagamos?

— Isso.

— Essa planilha faz tudo quase sozinha. Ficou bem tranquilo.

— Isso. Fiz o mais automatizada possível. Aqui, está vendo? Já traz o resultado do dia, ou seja, se teve lucro ou prejuízo.

— Então ontem tivemos lucro de R$ 5.000?

— Exatamente. Ontem foi um excelente dia.

— Que massa isso! Eu vendi uma mesa com cadeiras e alguns adornos em madeira.

— Agora, o mais importante é sempre fechar o mês, porque um dia bom pode não ser o suficiente. Olha essa análise do mês passado.

Mostrei a ele o relatório do mês anterior e seus olhos brilharam.

— Nossa senhora! Tivemos um lucro de R$ 20 mil? Tá certo isso?

Dei um enorme sorriso e respondi:

— Sim. Seu trabalho está ficando famoso na cidade. Sinceramente, em breve vão precisar de ajudantes aqui.

Júlio me olhou e seu olhar dizia apenas uma coisa: que ele estava imensamente feliz.

— Helena, me permite te dar um abraço?

— Claro!

E ele me abraçou forte, molhando meu vestido com suas lágrimas.

— Se tudo isso está acontecendo, se eu tenho minha família de volta, minha dignidade, tudo isso eu devo à senhora e ao Sr. Cláudio. Obrigado de coração.

— Opa! Que agarramento é esse? — Olivia chegou brincando, juntando-se ao abraço.

— Meu amor, olha isso! Tivemos um lucro de 20 mil no mês passado.

— Sério isso?

— Vocês conseguiram sim, olha.

Mostrei a Olivia a planilha com o resultado e ela me abraçou forte, caindo em lágrimas também.

— Meu Deus! O Senhor é maravilhoso! Helena, você é nosso anjo.

— Longe disso! E parem de chorar ou vou começar a chorar também e os clientes não vão entender nada.

Os dois começaram a rir, abraçados. Júlio beijou a testa da esposa e seu olhar era de apaixonado. O amor que os uniu, venceu. Isso sim é a decisão de vencer os obstáculos!

Parecendo sentir, Gustavo me ligou.

— Só um minutinho, pessoal.

Saí do estúdio e atendi a ligação.

— Oi, amor. Tudo bem?

— Oi, minha linda. Está no consultório? Pode falar?

— Estou no estúdio de marcenaria, mas posso falar sim.

— Ah... Com Júlio e Olivia.

— Isso.

— Entendi.

Ele respirou do outro lado. A minha aproximação ainda o incomodava um pouco.

— Amor, eu estou quase acabando aqui.

— Bom, na verdade te liguei, porque preciso conversar com você. Aceita um almoço?

— Algo sério?

— Sim, mas é coisa boa. Posso te buscar aí às 12h?

— Pode. Se não quiser entrar aqui, eu encontro você lá fora.

— Tudo bem. Te aviso quando chegar. Beijo, amor. Te amo!

— Te amo, amor!

"O que será que ele quer falar comigo que não pode esperar até a noite?".

Bom, sem tempo para ficar sofrendo por antecedência, o que aprendi ao longo desses anos, voltei para o trabalho com Olivia e Júlio.

Nós três nos damos incrivelmente bem e todo trabalho é entre brincadeiras e sorrisos. Júlio acabou se tornando um grande amigo, quase como Pedro, que, por falar nisso, andava bem sumido.

— Helena, você pode até ser boa em muitas coisas, mas duvido que saiba fazer isso.

Júlio falou, todo orgulhoso da escultura de madeira que estava terminando de esculpir.

— Isso é verdade.

— Pare de ser exibido, amor!

E estávamos os três, brincando e sorrindo, quando o sino da porta fez barulho avisando que algum cliente havia chegado. Júlio ajeitou o avental e Olivia posicionou-se na recepção da loja, enquanto eu voltei para algumas análises.

— Gustavo?

Olivia falou, espantada ao ver Gustavo entrando com as mãos nos bolsos, visivelmente desconfortável.

— Oi, pessoal. Boa tarde! Posso entrar?

— Claro — Júlio respondeu um pouco seco, com um sorriso amarelo.

— Só vim buscar Helena para almoçar.

— Oi, amor. Não vi que já era hora. Um minuto que já estou concluindo aqui.

O clima ficou tenso, mas menos do que antes de todo esse processo. Era a primeira vez que Gustavo ia ao estúdio com Júlio lá.

Ele olhou em volta e ficou admirado com o trabalho de Júlio.

— Júlio, seu trabalho é incrível. Parabéns! De verdade! Eu quis entrar para conhecer.

— Obrigado. Estou acabando de esculpir este — Júlio falou, mostrando a escultura de madeira de um casal abraçado, muito bonita, de cerca de um metro de altura.

Gustavo se aproximou para ver os detalhes e Olivia me olhou preocupada e entusiasmada ao mesmo tempo, dando a volta no balcão e sussurrando em meu ouvido:

— Acha que eles vão se matar agora?

Dei um sorriso tranquilizador para ela e respondi:

— Acho que não, mas vamos observar por precaução.

Ela riu, entendendo a brincadeira.

— Está ficando perfeita e muito bonita. Devia fazer uma exposição da sua arte, sabia?

— Acha mesmo? Estava pensando nisso depois que Helena deu a ideia de ampliar a quantidade de esculturas. Estão vendendo muito bem.

— Com certeza. São diferentes e únicas, e isso vende muito. Se precisar de um lugar grande para expor, pode usar o salão de festas do Hotel Palace. Lá é enorme e já fizemos exposições lá. Ficou muito bom.

Júlio sorriu e apertou a mão de Gustavo fortemente.

— Gostei da ideia. Vou me organizar para isso sim, se a Olivia concordar — disse ele, olhando para esposa com expectativa.

— É uma excelente ideia. Obrigada, Gustavo, pela gentileza.

— Perfeito! Só falar quando estiverem prontos, que organizamos tudo. E Pedrinho? Posso conhecê-lo?

— Ele está na creche agora, mas depois podemos marcar um almoço. O que acha? — Olivia falou, olhando com receio para Júlio.

— Isso! Quando puderem. Vocês dois fazem parte de tudo isso. Será muito bom ter vocês em nossa casa. Helena, chame o Cláudio e a esposa também, por favor — Júlio falou, sorrindo para a esposa, concordando.

— Será um prazer. Vamos alinhar isso sim.

— Acabei aqui, amor. Vamos? Estou morrendo de fome — disse, caminhando em direção a Gustavo.

— Obrigado por me receberem. E parabéns mais uma vez pelo trabalho.

Júlio e Olivia acenaram e nós saímos para almoçar.

Assim que entramos no carro, soltei o ar que nem tinha percebido que estava segurando.

— Como está se sentindo? — perguntei para Gustavo, apreensiva ao ver seu rosto contraído.

Ele respirou fundo e respondeu:

— Estranho.

— Estranho bom ou ruim?

— Acho que bom. Na verdade não tinha planejado entrar lá, mas, sei lá, estou cansado de fugir disso e sei que gosta deles.

Ele sorriu meio sem jeito e ligou o carro.

— Não precisa se forçar por mim não, você sabe.

— Eu sei, amor. Bom, foi melhor assim.

— Ok. Onde vamos comer?

— Que tal um churrasco? Estou com vontade de carne hoje.

— Aceito.

Seguimos, então, para uma churrascaria muito boa perto do escritório de Gustavo. Já nos deliciando com a comida, percebi que Gustavo estava ansioso.

— Vamos, amor. O que queria falar comigo?

— Então... Aconteceu algo inesperado.

— O quê?

— Um grupo de investidores italianos querem investir na rede de hotéis e abrir uma filial na Itália, podendo expandir para pousadas.

— Que incrível! Parabéns, meu amor! Você merece todo esse sucesso que está colhendo.

— Obrigado, amor. E você faz parte disso. É tudo porque eles adoraram os resultados da campanha que você fez.

— Sério?

— Sim, sim.

Ele sorriu, mas ainda estava apreensivo.

— E o que mais?

Gustavo suspirou e disse:

— Terei que viajar para lá no mês que vem. Eles fazem questão de me conhecer pessoalmente e não podem vir para o Brasil.

— Quanto tempo vai ficar?

— Provavelmente, umas duas semanas.

— Tudo bem, amor. Posso te ajudar no que precisar daqui.

— Eu sei, mas essa é a questão que quero falar com você.

— Não estou entendendo.

Gustavo respirou e pegou a minha mão sobre a mesa.

— Eu quero que vá comigo e que seja a responsável por esse projeto dentro do Grupo. Resumindo, estou te propondo uma parceria de negócios e, claro, você será muito bem paga por isso. Você aceita?

Olhei para ele espantada. Eu? Responsável pela implantação de uma unidade da empresa dele na Itália?

— Amor, eu fico honrada com o convite, mas você tem vários gerentes bem mais qualificados que eu para isso.

— Não.

— Como assim, não? Tem sim. Eu posso te dar o nome de, no mínimo, três.

Ele apertou minha mão levemente, transmitindo seu calor reconfortante, e me olhou nos olhos com intensidade.

— Helena, isso é a realização de um sonho para mim e eu quero a mulher que eu amo ao meu lado e não um gerente. Eu quero você construindo esse sonho junto comigo. Sei que é pedir muito, porque você ama seu trabalho, mas não estou pedindo para abandonar nada, só quero poder ter você ao meu lado nisso.

Fiquei totalmente sem palavras, não imaginava que já era tão importante assim para ele.

— Então ficaria fora por duas semanas?

Ele sorriu, soltando minha mão e se recostando na cadeira.

— Agora sim. Acredito que teremos que ir mais vezes se tudo der certo, mas você, como responsável pelo projeto de implantação, terá toda autonomia para definir uma equipe e, aí sim, outra pessoa de sua confiança pode ir quando não for possível nossa ausência da cidade.

— Entendi.

Mordi meu lábio inferior pensativa. Ele não tirava os olhos de mim, analisando minha reação.

— Precisa de um tempo para pensar? Quer saber quanto pensei em pagar pelo seu serviço?

— Amor, você sabe que não me importo com isso.

— Helena, eu faço questão.

— Realmente não precisa amor, fico feliz em ajudar você e sua empresa.

Ele abriu a boca e a fechou. Pareceu que ia dizer algo, mas desistiu.

— Então? Aceita?

— Preciso ver minha agenda, desmarcar os clientes e remarcar.

— Lá no escritório eu resolvo isso com Georgia.

— Sim, eu sei. Nossa... É muita responsabilidade isso que está me pedindo! Você me coloca em cada saia justa.

— Eu sei, amor, mas eu realmente não confio em mais ninguém para compartilhar isso.

— Me deixe pensar? Preciso ver se arrumo alguém para ficar com Luís e Lilica também.

— Eu pensei nisso. Sua mãe não ia vir?

— Ia, mas ela não me deu certeza de data. Vou olhar esses detalhes e te falo.

— Você tem passaporte, não tem?

— Sim.

— Perfeito! Na dúvida, já comecei a providenciar a documentação.

— Certo.

Acabamos o almoço e meu cérebro estava tentando organizar tudo.

"Ele quer que eu vá com ele para a Itália! Meu sonho é conhecer esse lugar desde novinha. Até aí tudo bem. O problema é que ele quer que eu assuma o projeto de implantação. Isso vai demandar tempo e dedicação, e talvez eu tenha que reduzir minha jornada de trabalho como terapeuta para dar conta. Será que quero fazer isso?".

Voltamos em silêncio. Gustavo me deixou em casa. Ia atender mais três clientes on-line. Um pouco depois que encerrei a última cliente, meu telefone tocou.

— Oi, mãe! Sumida! Como estão as coisas por aí?

— Oi, filha. Muito bem e você?

— Bem também, mamãe.

— Filha, eu e Rosana conseguimos férias no trabalho. Estava pensando em ir com ela para sua casa. O que acha? Se eu ficar esperando Estevão, nunca vou te ver.

— Claro, mamãe. Será maravilhoso. E quando vai ser?

— Saio de férias no dia 20.

"Meu Deus! Isso é um sinal? É exatamente na semana que preciso de alguém para olhar os cães".

— Mãe do céu!

— Que foi? Péssima ideia?

— Maravilhosa, na verdade. Gustavo me chamou hoje para ir com ele a uma reunião de negócios na Itália e preciso de alguém de confiança para cuidar dos cães por duas semanas. Quantos dias terá de férias?

— Itália? Que chique! São 30 dias.

— Mais perfeito do que isso só dois disso! A senhora se importa de olhar a casa e os cães para mim enquanto eu viajo? E ficamos juntas quando eu voltar.

— Eu vou lá me importar de cuidar dos meus netos? Perfeito! Vou sim, filha. Que dia precisa que eu chegue aí?

— Vou confirmar com Gustavo e te falo.

— Rosana vai amar. Obrigada, filha!

— Eu que agradeço, mamãe. Beijo para todos aí.

Antes que eu ligasse para Gustavo, ele chegou. Tinha dado uma cópia da chave para ele há algumas semanas.

— Oi, amor. Como foi o restante do dia?

— Perfeito. E o seu?

— Ótimo também. Mas um pouco ansioso pela sua resposta. Claro, sem querer pressionar — ele falou, deixando o paletó no sofá e afrouxando a gravata se aproximando, dando um beijo doce em meus lábios.

— Mas já pressionando!

Sorrindo, seu sorriso maroto de sempre, ele foi até a cozinha para pegar um copo de água. Era incrível como em pouco tempo nos adaptamos de forma tão natural a nossa vida juntos.

— Desculpe por isso.

— Bom, você deve ter amigos lá em cima.

— Por quê?

— Minha mãe me ligou e adivinha? Ela estará de férias bem na semana da nossa viagem para a Itália.

— Então isso é um sim?

— Sim, isso é um sim.

Ele me levantou nos braços, girando-me alegre pela cozinha.

— Me coloca no chão, seu bobo! Agora, senhor Gustavo, eu preciso ver minha agenda e remarcar os clientes, mas antes preciso das datas certas de ida e volta. Também preciso comprar as passagens para mamãe e Rosana. Não posso deixá-las vir de ônibus, é muito longe.

— Então já tenho as datas. Precisamos sair daqui no dia 25 e voltaremos no dia 7 — ele disse, colocando uma mecha de cabelo atrás da minha orelha.

— Perfeito. Vou olhar tudo.

— Helena, deixa que eu providencio as passagens de sua mãe e da amiga dela.

— Imagina, não precisa.

Ele me olhou e pegou meu nariz com a ponta dos dedos, brincando, e seguiu em direção ao quarto dizendo:

— Você não aprende, certo?

— Não aprendo o quê?

Ele entrou no quarto e eu fui atrás dele, irritada.

— O que eu não aprendo?

Ele estava de costas, sem camisa, preparando-se para o banho, cena que quase fez minha irritação desaparecer.

— Amor, pode me permitir cuidar de você? Eu faço questão de dar as passagens de presente para sua mãe vir.

Gustavo se aproximou e beijou minha testa.

— Você é tão teimoso!

— Eu? Olha quem está falando!

Bufando, assisti aquele ser delicioso terminar de tirar a calça e entrar no banho.

— Que tal vir aqui terminar essa conversa? — ele falou risonho, olhando-me pelo boxe transparente do chuveiro, sabendo exatamente qual efeito seu corpo nu tinha sobre mim.

— Para de tentar me seduzir para ter o que quer, senhor Capanemma!

Ele riu, ensaboando aquele corpo delicioso e me olhando com ar desafiador. Com certeza eu o estava divertindo com minha irritação.

— Estou te seduzindo?

— Quando acabar aí, conversamos.

E saí do quarto pisando duro. Mas, na verdade, era só encenação, porque nem irritada eu estava. O jeito como ele queria me proteger e cuidar de tudo me agradava bastante, mas às vezes ficava com receio de ele pensar que estava com ele só pelo dinheiro ou algo assim, o que não era verdade, pois ganhava muito bem e não precisava dele para absolutamente nada.

Ele saiu do banho só de bermuda e se sentou ao meu lado no sofá.

— Que tal pizza hoje?

— Pode ser.

Não tirei meus olhos do livro que estava lendo. Ele pegou meu livro gentilmente, fazendo-me olhar para ele.

— Ainda irritada?

Suspirei fundo e olhei dentro de seus olhos.

— Não! Nem consigo ficar com raiva de você, droga!

Abraçando-me, ele beijou minha testa.

— O que foi, então?

— Não quero que pense que estou com você por causa de sua condição financeira ou seu status.

Ele me olhou assustado, quase ofendido pelo que eu disse.

— Helena, vamos lá...

Ele respirou fundo, tentando manter a calma.

— Acha que eu estaria aqui se pensasse isso de você? Você sabe que eu não estou com você porque me sentia sozinho ou estava desesperado, nada disso.

— Mas...

Ele levantou a mão, pedindo para continuar.

— Mas nada! Eu estou com você porque eu escolhi estar, porque vi em você a mulher que quero ter ao meu lado para conquistar e construir muitas coisas, sonhos, desejos, enfim. Eu sei a mulher incrível que você é, eu admiro você por isso, por ser independente, forte, determinada, sensível, carinhosa e tantas outras qualidades que eu poderia fazer uma lista. Mas, sinceramente, essa sua teimosia em não me deixar mostrar que a amo chega a ser irritante às vezes.

— Eu só não quero que pense...

— Eu não penso nada disso. Quem pensa é você! Então, por favor, pode me deixar fazer isso? Pode me deixar servir você? Eu quero usar meu dinheiro com você, é para isso que serve, para me permitir fazer as coisas que amo e uma delas é agradar você!

Ele estava visivelmente irritado.

— Tudo bem, amor! Me desculpe por ficar pensando essas coisas.

— Ótimo! Então resolvido? Jura que não vai mais ficar imaginando que eu penso isso ou aquilo? Da próxima vez, me pergunte. Você sabe que eu jamais mentiria ou esconderia algo de você.

— Ok. Combinado.

Ele sorriu aliviado e me abraçou forte.

— Pizza?

— Sim, eu quero de quatro queijos.

— Vou pedir para nós.

Gustavo se levantou para pedir a pizza pelo celular, que estava na mochila em cima da mesa.

Raramente discutíamos. No geral, conseguíamos chegar a um consenso. Dessa vez, eu entendi que ele só queria agradar. Precisava trabalhar esse lado de não aceitar, afinal, já vinha trabalhando a crença do merecimento há um tempo. Cláudia sempre me falava que é preciso deixar o homem ser provedor: "O homem se senti útil quando serve à mulher, então deixe ele servir a você com o que ele tem para dar. Isso o faz se sentir amado!". E nesse dia vi claramente como isso o alegrava, e eu também, na verdade. Não sei por que implicava tanto com isso.

A pizza chegou e comemos conversando tranquilamente.

— Vou ver como vai estar o clima lá. Acho bom comprar umas roupas mais quentes, amor — Gustavo falou dando uma mordida na pizza.

— Verdade. Acho que nem tenho mais roupa de frio! Aqui está sempre quente.

Ele sorriu, limpando o canto da boca com guardanapo.

— Já viajou para fora do Brasil, não foi?

— Uma vez, para Inglaterra, lembra que te contei que fui visitar um amigo? Ah, sabia que conhecer a Itália é um dos meus sonhos?

— Você nunca comentou isso!

— Verdade. Acha que teremos tempo para turistar?

— Daremos um jeito. Aonde quer ir?

— Sem dúvida, quero conhecer o Coliseu. E Verona, para ver a casa de Julieta. Roma, Florença... Ai... Quero experimentar vinhos e massas, ver os vinhedos!

Ele riu, observando meus devaneios turísticos.

— Tudo anotado, seu desejo é uma ordem! Deixa comigo.

Ele pegou mais um pedaço de pizza, comendo com satisfação. Depois de comer e arrumar a cozinha, deitamo-nos na cama para assistir televisão.

— Com sono?

— Um pouquinho. E você?

— Hoje estou bem cansado, na verdade. Preciso adiantar tudo para nossa viagem.

— Quer uma massagem?

— Eu adoraria, mas se tiver cansada, não precisa, amor.

— Imagina. Vem cá.

Ele se sentou na minha frente. Joguei um pouco de óleo de amêndoas nas mãos e comecei a massagear seu pescoço e costas.

— Nossa! Suas mãos são mágicas!

— Está cheio de tensão aqui.

Ele relaxou e vi seus olhos ameaçando se fecharem.

— Deixe-me fazer em você agora.

— Não, não.

— Por que não?

— Você está quase dormindo sentado. Vem cá.

E puxei-o para deitar a cabeça em meu peito. Ele me abraçou e logo adormeceu, enquanto eu acariciava seu cabelo.

Em poucos dias mamãe e Rosana chegaram em Fortaleza e estavam bastante animadas. Como elas chegaram na terça-feira, Gustavo pediu para Tiago buscá-las no aeroporto.

— Meus netos! Filha, está cada vez mais linda!

— Oi, mamãe! Quanta saudade! Rô! Que maravilha ter vocês aqui. Fizeram boa viagem?

— Maravilhosa! Aqui é mesmo quente. Bem que você falou.

— Pois é, Rô, eu avisei. Venham! Deixem-me ajudar com a bagagem.

— Sua casa é linda, filha! Os cães têm um excelente espaço aqui.

— Eu gosto bastante. Apesar de simples, é muito aconchegante.

— E cadê o gato? Quero conhecer seu namorado, filha. Preciso ver se aprovo.

Ri e fiquei vermelha. Acho que nunca tive esse sentimento por ninguém antes, então até o simples fato de apresentá-lo para minha mãe conseguia me deixar um pouco nervosa.

— Ele está no trabalho. Hoje tinha uma reunião importante. Ficou de passar aqui depois para conhecer vocês. Venha, mamãe. Vocês podem ficar no meu quarto, que é maior, ou neste. Meu sofá também vira cama, então...

— Está ótimo o sofá para mim, Helena!

— Tem certeza, Rô? Eu posso dormir lá.

— Imagina! Até prefiro porque é mais duro que o colchão e minha coluna agradece.

— Ok, você venceu. E os maridos ficaram de fora?

— Ah! Aqueles dois só trabalham. Eu e sua mãe aproveitamos para ter um tempo "só das garotas"!

— Que dia você viaja, filha?

— Na quinta-feira, mas volto uma semana antes de vocês irem. Aproveitem, viu. Aqui tem praias lindas.

— Vamos mesmo, né, Rô?

Ficamos contando as novidades por mais um tempo e rapidamente o dia virou noite. Gustavo enviou mensagem avisando que chegaria perto das 19h e queria nos levar para jantar no Gusto Mamma.

— Filha, eu nem tenho roupa para esse lugar.

— Experimenta este. Acho que vai ficar linda.

Emprestei para mamãe meu vestido amarelo com detalhes brancos, de tecido mais fino, e ficou perfeito no corpo dela agora que estava recuperada.

— Ficou lindo! Olha, Rô. O que acha?

— Eu adorei! Olha esse que Lena me emprestou!

Rô estava vestindo o meu verde com flores amarelas nas bordas, muito elegante e que também vestiu perfeitamente bem em seu corpo.

— Linda, vamos arrasar no jantar com meu genro. Estou curiosa para saber quem finalmente conquistou o coração da minha filha.

Fiquei vermelha novamente, e antes que pudesse responder, a campainha tocou.

— Oi, amor! Sou eu!

— Pode entrar! Esqueceu a chave?

— Achei que sua mãe podia não gostar de eu ir entrando.

— Imagina! Fique tranquilo.

Ele entrou. Luís e Lilica latiram, pularam e fizeram a maior festa com ele, que estava claramente nervoso.

— Oi, amor. Boa noite. Cadê elas?

— Estão acabando de se trocar. Está nervoso?

— Muito. Vou conhecer sua mãe! Espero causar boa impressão.

— Claro que vai.

Mamãe e Rosana saíram do quarto já vestidas e com um grande sorriso no rosto.

— Que rapaz bonito, minha filha! Muito prazer! Sou a mãe da Helena.

— Muito prazer. Estou muito feliz em finalmente conhecer a senhora.

— E eu sou Rosana, a melhor amiga da família — Rosana falou toda orgulhosa, esticando a mão para cumprimentar Gustavo, que retribuiu o gesto.

— Helena fala muito sobre você! Agradeço por terem vindo! Vamos? Estou faminto. E vocês?

— Nem me fala! Vamos sim!

E fomos ao Gusto Mamma. Minha mãe ficou encantada com Gustavo. E quem não ficaria?

— Que lugar lindo!

— E a comida é maravilhosa. A senhora vai adorar.

O jantar foi tranquilo e animado, voltamos para casa perto das 23h.

— Amei conhecer você, meu filho. Vejo que minha filha está em boas mãos. Vou me deitar. Estou com sono de verdade. Vamos, Rô?

Mamãe e Rô saíram sugestivamente, deixando eu e Gustavo sozinhos.

— Adorei elas!

"Ele fala isso porque não conheceu a versão antiga!", pensei.

— Sim, agora minha mãe está bem melhor.

— Helena, eu acho melhor ir pra casa, certo?

— Infelizmente, minha mãe vai ficar com meu quarto esses dias.

Ele fez um beicinho chateado.

— Tudo bem. Logo dormiremos agarradinhos na Itália.

— Não vejo a hora!

Demos um último beijo e ele foi para seu apartamento. Estávamos dormindo juntos há semanas, sem nenhum intervalo. "Estou realmente me acostumando a ter Gustavo sempre por perto". Esse pensamento fez meu coração se aquecer e temer ao mesmo tempo. Em poucos meses, Gustavo se tornou tão importante em minha vida que me perguntava como seria se algum dia isso acabasse. "Vai ser difícil, mas seguirei em frente como sempre!".

Arrumei o sofá pensando em como tinha sido bom investir um pouco mais em um móvel confortável. Eu consegui convencer a Rô a dormir no quarto.

Já debaixo do lençol, lendo meu livro, Gustavo ligou em chamada de vídeo.

— Oi, amor. Chegou bem?

— Cheguei, mas estou com um grande problema aqui.

— Que problema?

— Acho que eu não sei mais dormir sem você do meu lado.

Ele estava sem camisa, deitado na cama, e consegui ver um rubor em seu rosto ao fazer essa confissão.

Sorrindo para ele, falei:

— Bom, somos dois! Sentindo falta do meu cobertor de orelha.

Gustavo sorriu. Seu sorriso é como o Sol que aquece nosso rosto pela manhã, trazendo a sensação de calma e conforto. Ele afundou ainda mais a cabeça no travesseiro abaixo dele, colocando um braço atrás da cabeça, relaxando e olhando fixamente para a câmera.

— Bom, nosso roteiro da viagem está praticamente pronto. Vamos começar em Verona. Os investidores estão lá, na verdade.

— Jura? Ai, me diga que vou poder conhecer a Casa da Julieta?

— O que eu vou ganhar se eu disser que sim?

— Hum... Posso pensar em uma ou duas coisas.

— Estou gostando da ideia!

— Bom, vai ter que descobrir! Então? Vamos?

— Claro que vamos, meu amor!

— Ebaaaa! É assim que se fala! Te dou seu presente quando chegarmos lá.

— Vou cobrar.

Sorrindo, abri a boca com o sono chegando.

— Amor, vou dormir. Nos vemos rumo à Itália?

— Não vejo a hora! Boa noite, meu amor! Sabe que eu te amo, linda?

— Eu te amo muito também. Beijo, amor! Boa noite!

E assim nos despedimos e caí em um sono ansioso devido à viagem.

E chegou o dia da nossa viagem! Meu estômago parecia estar cheio de borboletas voando, de tão ansiosa que estava.

— Mãe, por favor, cuidado com eles. Luís é muito sapeca e Lilica vai na onda. Ah! Só dê a eles dois biscoitos por dia. Não fica cedendo a esses olhinhos não... Ah! Tem bastante comida na geladeira e... Ah! Tem também esses doces aqui e...

— Filha, pelo amor de Deus, relaxa! Vamos ficar bem aqui — mamãe fala carregando Luís no colo enquanto Lilica brincava com a Rosana de pegar a bolinha.

Gustavo não parava de rir do meu visível desespero.

— Amor, vamos? Já está na hora!

Olhei para Gustavo e para minha mãe, nunca tinha ficado tanto tempo fora depois que adotei os dois. Dava alegria e medo ao mesmo tempo.

— Vamos! Mamãe, qualquer coisa, me liga. Ah! O telefone do veterinário tá na geladeira.

Gustavo saiu pegando as malas e levando para o carro de Tiago.

— Aproveita muito, filha. Manda notícias, tá?

— Pode deixar. Vocês duas também.

— Vamos mesmo. Amanhã vamos em uma excursão para conhecer Canoa Quebrada e mais umas praias.

— Vão amar. É lindo lá. Levem protetor, viu. O Sol aqui é bem forte.

— Pode deixar. Beijo, filha!

Mamãe e Rosana me abraçaram e fui com Gustavo para o aeroporto.

— Nervosa?

Gustavo pegou minha mão e me perguntou já sabendo a resposta, claro.

— Um pouco. Nunca deixei meus bebês tanto tempo assim.

— Vai ficar tudo bem!

— Sim, sim.

Ao embarcarmos, meu coração ficou pulando sem parar até que o avião decolou. Ao ver aquele oceano de nuvens brancas, relaxei.

— Olha isso! Deus é simplesmente maravilhoso!

— Verdade — Gustavo disse, não olhando pela janela, mas para meu rosto, que corou na hora.

— Helena, essa viagem é a realização de um sonho para mim.

— Eu imagino. Pensa! O Grupo Capanemma internacional!

— Não é apenas por isso.

Ele aproximou o rosto do meu, fitando meus olhos.

— E o que mais está realizando?

— Você. Ter você aqui! Nossa! Eu nunca imaginei conhecer alguém como você, sabia disso?

— Alguém como eu? Pequena, falante e atrevida?

Ele sorriu, um sorriso que já me deu vontade de beijá-lo ali mesmo.

— Também. Mas é exatamente por tudo isso e muito mais que amo você. Com você posso ser eu mesmo e sinto que você também é totalmente você. Essa cumplicidade, o jeito simples e tranquilo que é a vida ao seu lado, esse sentimento, é algo que eu nem sei explicar. Só sei que é bom sentir isso e estar aqui com você faz tudo ficar ainda mais especial, meu amor.

Um beijo foi a minha resposta a essa fala, porque era exatamente assim que me sentia com Gustavo: livre. Eu podia ser eu mesma e, nós, juntos, melhorar a cada dia mais.

O voo foi tranquilo e após horas, contando os trajetos de carro e avião, chegamos a Verona.

E que cidade charmosa e elegante! Chegamos e fomos direto para o Hotel Firenze. E só a entrada já era de tirar o fôlego.

Após fazer o check-in fomos para a suíte master.

— Acho que esse quarto é maior que minha casa inteira.

Gustavo riu, aproximando-se e abraçando-me pela cintura.

— Gostou?

— E tem como não gostar disso? Olha o tamanho dessa cama!

Depois de me dar um beijo no rosto, ele pulou na cama.

— Bom, acho que vamos aproveitar bem esse espaço.

— Você só pensa "naquilo"! — Brinquei.

— Bom, imagino que esteja cansada da viagem. Pensei em pedir serviço de quarto hoje e começar nosso roteiro amanhã. O que acha?

— Acho perfeito! Estou cansada mesmo.

— Quer tomar um banho enquanto peço para nós?

— Quero sim, amor! Obrigada!

Saí renovada de um banho delicioso, enrolada no roupão do hotel.

— Pedi uma massa italiana e um vinho para nós. Devem trazer daqui a pouco, amor.

— Delícia! Vai tomar banho?

— Vou sim. Se a comida chegar, é só pedir para eles servirem na mesa. Ah! Fala assim... — Gustavo me ensinou a falar "servir na mesa" em italiano e eu repeti meio desajeitada, o que o fez rir bastante.

— Ótimo, amor.

Gustavo foi para o banho e eu aproveitei para fazer uma chamada de vídeo para mamãe.

— Oi, mãe! Meu Deus! Estão os dois no sofá com você? — perguntei, vendo-a abraçada com Luís e Lilica, um de cada lado.

— Deixa eu mimar meus netos! Chegaram bem, filha?

— Sim. Acabamos de nos instalar em Verona. É lindo aqui, mãe.

— Imagino. Tira bastante foto e me manda.

— Pode deixar. E você? Tá morena, hein!

— Estou pensando seriamente em me mudar para cá. Ô, lugar lindo, sô!

— Lindo mesmo. Os dois estão se comportando?

— Eles são uns amores, não dão trabalho algum.

— Cadê a Rosana?

— Ela está no banho. Cansada da praia de hoje.

— Imagino. Gustavo também está no banho.

A campainha do quarto tocou. Era o jantar.

— Mamãe, vou indo. Amanhã te ligo, ok?

— Beijo, filha. Dá um abraço no Gustavo.

— Pode deixar.

Assim que recebi o jantar, Gustavo saiu do banho, também de roupão, secando o cabelo na toalha.

— O cheiro está ótimo!

— E minha barriga roncando!

Sentamo-nos à mesa para aproveitar esse jantar delicioso. Depois, deitamo-nos na cama e assistimos a um filme na televisão enquanto terminávamos o vinho. Então ele me abraçou, beijou minha testa e começou a bocejar.

— Estou mesmo cansado. Depois do banho que percebi.

— A viagem é longa, cansa mesmo. Vamos dormir.

— Não, amor. Não podemos dormir na nossa primeira noite aqui! Eu tinha preparado uma noite romântica, com muitos beijos, suor, eu completamente nu em cima de você...

— Hum... Adorei! Mas fazemos isso amanhã, amor! Você está caindo de sono.

Ele abriu a boca em um bocejo ainda mais longo e vi que seus olhos estavam vermelhos de sono.

— Amanhã eu compenso você, amor. Vou só escovar os dentes e pedir para recolherem a louça.

— Eu peço para virem, amor. Vai lá se preparar para dormir.

Ele foi para o banheiro, voltando logo em seguida. Pouco tempo depois, Gustavo estava dormindo profundamente. Um sono tranquilo que amava observar. Como pode ser tão reconfortante ver alguém dormindo?

Li um pouco e me aninhei ao seu lado, dormindo rapidamente também.

Na manhã seguinte, acordei com beijos molhados e quentes em meu pescoço.

— Alguém acordou animado hoje!

— Bom dia, meu amor!

Ele me puxou delicadamente para junto do seu corpo, ainda de costas para ele. Senti sua ereção roçar minhas nádegas e apenas isso já foi suficiente para ativar todo meu corpo para recebê-lo. Virei-me e o beijei, colocando minhas mãos em volta de seu pescoço e colando minha pélvis na dele.

Depois disso, tudo aconteceu rapidamente e o calor em meu corpo aumentou. Beijos e mãos por todo meu corpo, até que, sem conseguir resistir mais, eu o puxei para o encaixe perfeito, gerando-me prazer em toda sua extensão.

— Nossa, amor! Que saudade de estar dentro de você!

Eu só conseguia gemer e dar mordidas em seu pescoço, que faziam Gustavo agir mais e mais intensamente, penetrando com muita vontade, o que logo o levou ao clímax. Sabendo que eu queria mais, ele penetrou-me com seus dedos longos, beijando-me nos lábios, fazendo movimentos com sua língua e com seus dedos quase sincronizados, o que me fez chegar ao clímax também. E com um gemido nos desconectamos fisicamente, mas não emocionalmente.

Deitei-me em seu peito, sentindo o pulsar acelerado do seu coração. Ainda um pouco ofegante, Gustavo me beijou na testa e disse:

— Amor, eu queria muito ficar a manhã inteira aqui neste quarto, mas precisamos nos arrumar.

— Qual nosso roteiro hoje?

— Primeiro, trabalho. Marcaram a primeira reunião com os investidores às 9h.

— Tudo bem. Quer que eu vá com você?

— Claro! Você é fundamental.

— Certo. E depois?

— Acredito que vai estar perto da hora do almoço e devem querer nos levar a algum lugar. Se tudo sair como planejado, logo depois vamos conhecer a Casa de Julieta!

Levantei-me, olhando animada para ele, dando pulinhos de alegria ainda nua, o que o fez sorrir com malícia e alegria.

— Então vamos. Se ficar assim linda, olhando para mim com esse sorriso, todos esses planos irão por água abaixo.

— Claro, senhor! Vou só tomar um banho e me arrumar.

— Perfeito! Vou pedir para trazerem nosso café aqui. Posso pedir o completo? Fruta, pão, café, essas coisas, ou quer algo específico?

— Você sabe o que eu gosto. Peça o que preferir.

— Ótimo! Vai lá antes que eu te agarre novamente — ele falou rindo, fazendo posição de ataque.

Já eu saí quase correndo, toda saltitante de alegria, para o banheiro. Gustavo me esperou sair para entrar, pois ele sabia que se entrasse comigo iríamos nos atrasar.

Coloquei uma calça, blusa de frio e botas, pois estava realmente frio. Após tomarmos nosso café da manhã caprichado, seguimos para reunião com os investidores.

Ao chegar no grande prédio da empresa italiana, fomos recebidos por um senhor, muito simpático, típico italiano alegre. Gustavo falou com ele em italiano. Eu entendi poucas palavras.

Seguimos o senhor até uma sala de reuniões, onde estavam mais três homens e duas mulheres, com idades variadas, alguns mais velhos e outros mais jovens.

— Estamos muito felizes com a presença de vocês! — falou o homem mais velho em um português embolado, apresentando-nos para o grupo na sequência.

— Nós agradecemos a oportunidade. O Grupo Capanemma é um grande sonho para mim e...

Gustavo me olhou e continuou:

— E para minha companheira Helena. A verdade é que só estamos aqui hoje porque ela teve muitas ideias e ações que fizeram a empresa expandir e aumentar os lucros em 45% nos últimos meses.

Todos me olharam com um olhar de surpresa e curiosidade.

— Que bom que pôde vir com o Sr. Capanemma, Sra. Helena! — o homem mais jovem falou olhando fixamente para mim, e percebi que isso deixou Gustavo um pouco desconfortável.

— Bom, vamos começar. A nossa proposta é a seguinte: queremos inaugurar três hotéis da Rede Capanemma. Um em Verona, um em Roma e um em Florença, inicialmente. Queremos trazer o que deu certo na rede de hotéis que mais cresce no Brasil para nosso país.

— Ficamos muito honrados com o convite, Sr. Antoni.

— Nós que agradecemos. Realmente, identificamos uma potência no negócio. No entanto precisamos fechar valores e ver toda a definição da estrutura. Queremos manter as características brasileiras. Esse será o grande diferencial.

— Excelente! Helena irá comandar diretamente o projeto para implantação.

Todos abriram um grande sorriso e a mulher de cabelo loiro, curto, muito bonita, disse:

— Helena, a ideia é realmente vender a hospitalidade e o "jeitinho" brasileiro que tanto nos encanta.

— Perfeito! Iremos trabalhar nisso. Podemos, inclusive, trazer nossos pratos típicos e uni-los ao cardápio da cozinha italiana.

— Excelente ideia, Sra. Helena! — Antoni falou sorridente. O restante da reunião correu tranquila e alguns detalhes foram acertados.

O grupo nos levou para almoçar em um restaurante italiano típico, muito saboroso.

Gustavo, que fala fluentemente italiano, conversava com eles e traduzia a conversa, ensinando-me algumas palavras. Após a sobremesa, nos despedimos e seguimos para o hotel.

— O que achou da proposta deles, amor?

— Eu achei interessante. Estão ofertando uma boa quantia. E o grupo ainda receberá a comissão mensal de 40% do valor faturado. Mas...

Gustavo me olhou, sentando-se na cama, observando-me enquanto tirava minhas botas.

— Eu sabia que tinha algo que estava incomodando você. Diga!

— Essa ideia de renunciar aos direitos da marca após um ano. Acho isso muito arriscado.

— Por quê?

— Você demorou tanto para construir essa marca. Não considero certo simplesmente entregar nas mãos de outras pessoas.

— Qual sua proposta nesse caso?

Eu já conhecia a expressão em seu rosto. Ele concordava comigo e só queria escutar da minha boca as palavras, como que validando o que ele também achava.

— Amor, sugiro aceitar a proposta financeira e recusar essa parte. Ou outra opção é transformar a Rede Capanemma de Hotéis em uma franquia, assim você garante os direitos sobre a marca.

Gustavo levantou-se e veio em minha direção sem tirar os olhos dos meus. "Será que irritei ele?", pensei. Sem dizer nada, ele me carregou e me levou até a cama, ficando sobre mim e me beijando como se tivesse com urgência dos meus lábios, do meu gosto.

Suas mãos grandes e quentes passeavam pelo meu corpo coberto pelas roupas de frio. E sem pensar duas vezes, ele quase arrancou a minha blusa.

— Amor, você quase rasgou minha blusa, sabia?

Ele me olhou com os olhos ardentes de desejo e voltou a me beijar com tanta intensidade que me lembrou a primeira vez que fizemos amor. Suas mãos trabalharam habilmente e logo estávamos completamente nus. Gustavo parou e me olhou nos olhos, descendo o olhar para todo meu corpo, então passando a língua nos lábios, olhando para meus lábios, parando em meus olhos.

Minha respiração estava ofegante, ele quase descontrolado de tanto desejo. Eu não fazia ideia do que eu tinha feito para atiçá-lo tanto.

— Você é a mulher mais sensacional que eu conheço!

Antes que eu respondesse ou pensasse, ele me penetrou intensamente. Meu corpo já estava em chamas por ele, completamente entregue, e eu só consegui sentir a onda imensa de prazer que surgiu em cada movimento sincronizado dos nossos corpos.

Gemidos de prazer eram o único som que eu conseguia emitir. Quando percebi que ele estava quase chegando ao clímax, virei-me sobre ele, mantendo o encaixe perfeito dos nossos corpos.

— Nossa, amor! Helena, eu... eu...

— Ainda não quero terminar.

Ele sorriu, tentando se controlar enquanto eu estava ali, encaixada nele, olhando para aquele rosto, para aqueles olhos.

— Está me matando ficando parada assim, tão linda!

Comecei a rebolar devagarzinho, tirando alguns gemidos dele, aumentando gradativamente a velocidade até que ambos chegamos ao clímax quase no mesmo momento. Ele primeiro, claro, mas como eu estava no controle, aproveitei para curtir ainda mais o momento com ele todo dentro de mim, fazendo movimentos circulares que me fizeram chegar ao clímax rapidamente.

Deitei-me sobre ele, que me abraçou um pouco trêmulo ainda de tanto esforço físico e prazer. Então ele me colocou ao seu lado e me abraçou forte.

— O que foi isso, hein? — Gustavo sorriu, ainda ofegante, passando as mãos no cabelo molhado de suor.

— Você me tira completamente do eixo, mulher!

— Tiro? Tirar minhas botas ativou isso?

Ele quase deu uma gargalhada debochada.

— Não foi isso que me tirou do controle.

— E o que foi?

Gustavo me olhou dentro dos olhos e disse:

— Sua visão para negócios, sua inteligência, sua paixão pela vida, sua força, sua feminilidade. Nossa! Você tem ideia do quanto tudo em você me atrai?

— Até minha teimosia? Meu cabelo armado pela manhã? Meus olhos remelentos? Aqueles pelinhos quando nascem? Tudo mesmo? Até a TPM?

Ele me beijou docemente nos lábios.

— Helena, eu amo absolutamente tudo em você e é isso que te torna tão única, tão verdadeira e tão especial.

— Amor, eu te amo e te admiro muito também. Você sabe disso.

Ele me beijou, demoradamente e intensamente, e ficamos ali, abraçados, por mais algum tempo.

— Minha linda, ainda quer ir à casa da Julieta hoje? Se quiser, precisamos ir antes que fique tarde demais.

— Eu quero. Acha que dá tempo?

— Dá sim. Apesar de a senhora ter me distraído, ainda são 15h e não estamos longe.

— Eu quero conhecer sim, amor, mas se estiver muito cansado, eu posso ir sozinha.

Ele se levantou ainda nu, dando a volta na cama e me estendendo a mão, convidando-me para pegá-la.

— Helena, quando você vai entender que eu quero acompanhar você, cuidar de você, proteger você, fazer minha vida com você?

Ele beijou as costas da minha mão e me puxou para um abraço, roçando seu corpo quente no meu.

— Eu te amo, Gustavo! Muito obrigada por isso!

— Não tem que agradecer nada. É melhor irmos antes que eu recomece todo o processo de ter você toda para mim.

Com um beijo nos lábios, ainda sorrindo, ele pegou as roupas no chão e seguiu para o banho.

— Amor? Quer que eu tome banho com você? — perguntei, batendo na porta, percebendo que ele tinha entrado excitado no chuveiro.

— Não, de jeito nenhum.

— Por que não?

— Porque se você entrar aqui, não vamos sair mais desse quarto hoje. Estou tomando um banho gelado aqui e você falando com essa voz não está ajudando, viu?

Dei uma risada gostosa e disse:

— Tudo bem, amor! Vou organizar as coisas para sairmos.

— Obrigado, linda! Já estou acabando aqui.

Organizei a roupa que ia vestir e a bolsa, e logo Gustavo saiu do banho, com a toalha amarrada na cintura, mostrando aquele peitoral delicioso ainda molhado. Meu corpo se acendeu como uma lareira.

— Amor, assim você vai fazer eu atrasar nosso passeio — falei, aproximando-me dele e passando a mão no seu peitoral ainda molhado.

— Helena, não me provoque...

Colando meu corpo ao dele, começo a dar beijos em seu pescoço, ainda acariciando seu abdômen, percebendo o efeito do carinho em seu corpo.

— Não estou provocando, estou?

A respiração dele mudou na hora, mas ele ainda permanecia imóvel, tentando resistir, o que seu membro entregou que estava sendo bem difícil.

— Amor... Nossa! Por que você está me tentando assim? Não temos que ir? Falou, com os lábios ainda entreabertos, sussurrando, quase em súplica, que era o efeito que eu queria causar. Tirei a toalha dele, que gemeu baixinho, fechando os olhos. Apertei forte sua bunda, aproximando mais seu corpo do meu, beijando seus lábios com desejo.

— Já chega! — ele falou grosso, olhando-me nos olhos, e colocou-me na cama novamente.

Sorrindo para ele, abri-me por completo para senti-lo mais uma vez, preencher-me, causando sensações tão deliciosas que a vontade era ficar ali o dia todo, nesse entrelaçamento de corpos.

Rapidamente, ele chegou ao clímax.

— Amor... Nossa... Que delícia...

E em um gemido forte ele liberou toda a tensão que estava segurando.

Desconectando o corpo do meu, ele me beijou, descendo sua mão por todo meu corpo, parando na região que me dá mais prazer, penetrando-me com seus dedos, acariciando em movimentos delicados e deliciosos, em velocidade e intensidade perfeitos, o que me levou ao clímax em poucos minutos. Percebendo que todo meu corpo se contraiu em seus braços e depois relaxou, ele desceu e me beijou com vontade, como se quisesse mesmo me devorar, passando a língua nos pontos mais sensíveis, o que me fez chegar ao meu limite novamente, agora ainda mais forte.

— Gustavo, amor... Nossa! Meu Deus!

Ele sorriu, ainda me dando beijos e mais beijos sem parar. Não sei quantas vezes cheguei ao prazer com ele. Quando, finalmente, ele ficou satisfeito, ele subiu e me penetrou novamente.

— Amor, vai me matar desse jeito.

Ele sorriu, sem parar de estocar fortemente.

— Quem mandou ser tão deliciosa?

Só consegui sorrir, gemer e agarrá-lo com força. Logo chegamos ao clímax de novo. E cansados, suados e ofegantes, deitamo-nos lado a lado. Com um sorriso bobo no rosto, ele pegou o celular no móvel ao lado da cama e disse:

— É, acho que teremos que visitar a Sra. Julieta amanhã!

— Ficou tarde, né?

Ele se apoiou no braço, ficando de lado, virado para mim.

— Alguém provocou isso. Você sabe quem, não sabe?

Fiz cara de quem não fazia ideia do que ele estava falando, o que o fez rir e me abraçar, colocando-me de conchinha em seu corpo. Ele beijou meu pescoço e meu ombro, o que, claro, começou a me deixar molhada, se é que eu tinha parado de ficar excitada.

— Não se faça de desentendida. Você sabe muito bem o domínio que tem sobre mim, não é, amor?

— E você sobre mim. Olha como está me deixando com esses beijos aí. Sabe que é meu ponto fraco.

Ele sorriu e me abraçou. Acabamos adormecendo assim, abraçados um ao outro.

Quando acordei já estava escuro. "Meu Deus! Dormimos o resto da tarde!". Olhei no relógio e eram 20h. Gustavo abriu os olhos, ainda sonolento.

— Acho que peguei no sono.

— Pegamos no sono. E já são 20h, acredita?

— Vamos amanhã cedo na Julieta. E a senhorita está proibida de me seduzir, ok? — Gustavo falou, ainda coçando os olhos para tentar espantar o sono.

— Sim, senhor!

Ele se sentou na cama e esticou os braços para cima, espreguiçando-se e olhando-me em seguida.

— Que tal um jantar? Fiquei sabendo de excelentes restaurantes aqui.

— Já gostei da ideia. Vamos sim.

Gustavo me pega no colo e seguimos para o banheiro.

— Eu ainda sei andar, sabia?

Ele só sorriu. Assim que entramos no banheiro, ele me colocou dentro do boxe, entrando em seguida. Ele ligou a água quente do chuveiro e logo senti o calor, mas não da temperatura da água e, sim, o que subiu pelas minhas pernas de sentir a mão de Gustavo ensaboando meu corpo.

Ele pressionou o corpo contra o meu enquanto ensaboava minhas costas, deixando um rastro de calor ao beijar a minha nuca, descendo até as minhas costas. Suas mãos acariciavam meus seios, o que me deixou completamente excitada.

— Amor, isso sim é maldade.

— Viu como é bom? — ele falou, dando mordidinhas em meu pescoço.

— Gustavo, é sério. Assim é... Nossa...

— Você me quer novamente, meu amor?

Com a respiração ofegante, falando entre os dentes, tentando segurar a onda de prazer que suas carícias causavam em meu corpo, só consegui dizer uma palavra:

— Quero.

Era tudo que ele precisava ouvir. Ainda de costas, ele me penetrou deliciosamente. Eu nem sei dizer onde sentia mais prazer ou com o quê, só sei dizer que era quase como uma explosão de sensações.

Ele gemeu com aquela voz rouca que me deixava ainda mais louca de desejo.

Ele continua a estocar forte, com movimentos perfeitos, entrando cada vez mais fundo dentro de mim, o que me fez sentir uma forte pressão em minha pélvis; uma pressão deliciosa, de senti-lo inteiro e completamente em mim.

Após alguns minutos, eu não resisti mais e cheguei ao clímax.

— Isso! Deliciosa!

Só consegui sorrir e senti-lo ainda fazendo seus movimentos perfeitos, até que ele também chegou ao seu momento.

Sinceramente, não sei quanto tempo ficamos nesse banho. Então ele me virou de frente para ele, beijou meus lábios e falou:

— Bom, agora vamos tomar banho mesmo e ir jantar.

Fomos para um restaurante italiano com várias opções de massas e vinhos deliciosos. E após uma noite de sono restaurador, acordamos cedo para nosso passeio em Verona.

Gustavo alugou um carro para que pudéssemos conhecer mais lugares. A cidade é simplesmente linda. Tiramos muitas fotos e vídeos.

— Amor, amanhã teremos outra reunião com o grupo de investidores. Gostaria que falasse sua ideia para eles.

— Tudo bem. Eu falo sim. Tem certeza disso?

— Claro. Olha, vou postar esta! — Gustavo falou, mostrando-me a foto que havíamos tirado na Arena de Verona.

— Ficou linda mesmo.

Ele postou a foto todo orgulhoso e me abraçou.

No dia seguinte, tivemos a reunião com os investidores, que aprovaram a ideia da franquia.

— Gostaríamos que nos acompanhassem amanhã para conhecerem o prédio que compramos em Roma.

— Claro, Sr. Antoni.

— Excelente! Esperamos vocês aqui às 8h.

Após o almoço com os investidores, passeamos mais um pouco pela cidade e voltamos para o hotel assim que começou a escurecer.

— Estou animada para conhecer Roma. E você, amor?

— Você vai adorar, meu amor!

— Vamos ficar hospedados lá?

— Sim. Aí aproveitamos para turistar um pouco.

— Ótimo! Vou arrumar a mala.

— Boa ideia.

Gustavo terminou a ligação e ainda do outro lado do quarto, arrumando sua mala no sofá, ele falou animado:

— As ações da empresa não param de crescer devido à criação da franquia da rede de hotéis. Sua ideia foi, mais uma vez, brilhante, meu amor!

— Obrigada! E como está o andamento dos papéis para isso?

— Os advogados já estão concluindo o processo. Acredito que o grupo italiano poderá entrar rapidamente.

No dia seguinte, fomos para Roma de carro. Foi uma viagem tranquila e aproveitamos para apreciar toda a beleza da cidade no caminho. Assim que chegamos no prédio enorme, Antoni falou entusiasmado:

— Vai ser aqui. A ideia é reformar todo esse prédio no estilo da rede Capanemma.

— É enorme! São quantos andares? — perguntei, olhando o prédio como uma criança observando uma girafa.

— São 20 andares.

— Uau...

Esse meu comentário fez todos rirem alegres.

— Venha, Helena. Mostre-me suas ideias — falou a Sra. loira, puxando-me pelo braço e me levando para dentro do prédio.

— A reforma será pesada — comentei, observando as paredes descascando, o mofo e o piso solto.

— Sim, não mediremos esforços.

Terminamos a visita ao prédio e seguimos para a casa de um dos investidores. Ainda no carro, falei no ouvido de Gustavo.

— Amor, vamos dormir na casa dele?

— Espero que não. Mas ele faz questão de nos apresentar à família. Fizeram um jantar.

Assim que chegamos na casa de Ruan, um homem que aparentava ter a idade de Gustavo, moreno e alto, e uma mulher carregando um bebê no colo vieram nos receber.

— *Amore mio!*

O homem beijou a mulher nos lábios e pegou o bebê.

— Essa é Maria, minha esposa, e essa pequena é Rosa, minha princesa!

— Sejam bem-vindos! Preparei um spaghetti.

A casa era acolhedora e bem decorada. Não muito grande, mas tinha um bom quintal nos fundos. O aroma da comida de Maria preencheu todo o ambiente, convidando por si só para o jantar.

A pequena Rosa ficou olhando para mim e logo estendeu os bracinhos para que eu a pegasse no colo. Gustavo ficou sorrindo enquanto observava a pequena brincando com meus cachos soltos.

— Amo brasileiros, mas falo pouco. Ruan trabalhou no Brasil alguns anos, não é, *amore mio*?

— Sim, trabalhei cinco anos em São Paulo.

— Eu morei em São Paulo por um tempo antes de me mudar para Fortaleza — falei, com a pequena Rosa ainda em meu colo. O jantar foi regado com bom vinho e a massa estava deliciosa.

— Agradecemos imensamente o convite. O jantar estava excelente, Maria — Gustavo falou, em tom de despedida.

— Vocês podem dormir aqui. Temos um quarto de hóspedes muito confortável. Amanhã teremos a reunião cedo e vamos juntos.

Gustavo me olhou, como pedindo autorização.

— Podemos ir para um hotel. Não queremos incomodar — disse a Maria, entregando Rosa, que já estava bem sonolenta em meu colo.

— Imagina! Não é incômodo algum. E está bem tarde.

Gustavo me olhou novamente e eu respondi que sim com o olhar.

— Tudo bem. Obrigado pela acolhida!

Ruan e Maria nos mostraram o quarto de hóspedes no fim do corredor. O quarto era confortável, com banheiro, roupas de cama verde-claro limpas e cheirosas, e um jarro de flores na cômoda.

— Coloquei toalhas limpas no banheiro. Fiquem à vontade.

Gustavo e Ruan foram até o carro buscar as malas e logo estávamos sozinhos no quarto do casal de novos amigos.

— Eles são muito simpáticos — comentei, observando a inquietude de Gustavo.

— Desculpe, meu amor. Sei que não gosta de dormir na casa de outras pessoas, mas fiquei sem jeito de não aceitar.

— Tudo bem. Não precisa se desculpar.

— Bom, teremos que nos comportar hoje.

Gustavo falou, aproximando-se e beijando-me nos lábios.

— Pois é... Uma pena! Apesar de que estou bem cansada, precisando mesmo dormir.

— Também, viu.

Ele sorriu e virou-se para arrumar as coisas para tomar banho.

— Quer ir primeiro, amor?

— Pode ir. Vou só ligar para a mamãe.

— Ok.

Ele foi tomar banho e eu liguei para mamãe, que disse que estava tudo bem com os cães.

— Pronto, linda! Como estão os dois?

— Mamãe está mimando-os demais.

Gustavo deu risada, terminando de secar o cabelo com a toalha.

— Vou lá tomar um banho também.

— Tudo bem. Vou ler um pouco.

Tomei meu banho, já me sentindo mais relaxada após a água quentinha lavar o cansaço do meu corpo. Quando voltei para o quarto, Gustavo estava dormindo com o livro no peito. "Ele dormiu enquanto lia de tão cansado!". Tirei o livro com cuidado para não o acordar, cobri-o com a coberta e me deitei ao seu lado. Peguei no sono rapidamente com o ninar de sua respiração.

Acordei cedo, com os primeiros raios de Sol e o choro da bebê. Gustavo ainda dormia profundamente. Coloquei meu roupão e saí do quarto devagar, sem fazer barulho. Maria estava na cozinha, esquentando o leite de Rosa, e sorriu assim que me viu.

— Te acordamos, querida?

— Não. Eu acordo cedo mesmo. Ei, lindeza! Como você está?

Rosa riu e já esticou os bracinhos para que eu a carregasse.

— Você tem muito jeito com crianças. Ela normalmente não é tão sociável de primeira — Maria falou, já colocando o leite morno na mamadeira de Rosa, que brincava com meus cachos.

— Vem mamar, princesa.

Maria me entregou a mamadeira de Rosa, que logo a pegou e começou a tomar tudo com satisfação.

— Ela é muito linda. Parece com você, Maria.

— Você acha?

— Sim, muito!

Maria sorriu alegremente e voltou para o fogão.

— Vou aproveitar que está com ela e preparar nosso café. Você e seu marido já têm filhos?

— Ah, não somos casados e não temos filhos.

— Sério? Mas se conhecem há muito tempo, não é?

— Nos conhecemos há menos de um ano.

Maria me olhou do balcão da cozinha, levantando a sobrancelha.

— Vocês têm uma conexão, uma intensidade, que só vi em casais que convivem há anos. Isso é raro. Eu e Ruan ainda não temos isso e me pergunto quando teremos.

Meu rosto ficou vermelho. Sinceramente, nem sei porquê.

— Vocês são incríveis juntos! Olha a filha linda que fizeram!

— Sim, mas ainda estamos no processo, eu diria. Mas você e Gustavo, com certeza, já conseguiram essa proeza.

— Proeza?

— É. De ter um amor profundo, adulto e sincero. Não é fácil construir isso em tão pouco tempo. Não perca isso.

Sorri para ela, e Rosa logo soltou a mamadeira vazia.

Eu e Maria continuamos a conversar até que Gustavo e Ruan se juntaram a nós na mesa. Após o café, arrumamo-nos e seguimos para a reunião com os investidores, que durou a manhã toda.

Conseguimos a tarde de folga para conhecer essa cidade linda.

— Cansada, amor?

— Um pouco, mas eu amei cada lugar! Nossa... O Coliseu, a Basílica, é tudo sensacional. A energia desse lugar!

Gustavo sorriu do meu entusiasmo.

— Vamos para o hotel? Fiz a reserva e acredito que mesmo sendo tarde da noite vão nos deixar entrar.

Pegamos um táxi e seguimos para o hotel. No dia seguinte seguiríamos para Florença para conhecer a cidade e o local onde queriam construir o terceiro hotel. No hotel, pegamos rapidamente no sono devido ao cansaço. Acho que nunca andei tanto e tirei tantas fotos.

Na manhã seguinte, logo cedo nos encontramos com Antoni e fomos para Florença. Sinceramente, deu vontade de morar lá. Que cidade majestosa, elegante e imponente.

Antoni nos levou para o prédio, mostrando-nos os planos do grupo para o lugar. Gustavo estava visivelmente empolgado, sorrindo e gesticulando. Após o almoço em um restaurante local delicioso fomos para o hotel, charmoso e confortável como a cidade.

— Amor, vamos descansar ou passear um pouco? Como você está se sentindo? — Gustavo perguntou assim que entramos no quarto.

— Eu animo a passear! Estou empolgada demais para descansar. E você?

— Também. Só tomar um banho rápido.

— Eu também vou.

— Contratei um motorista para nós. Ele chega em alguns minutos. — Gustavo falou enquanto ia para o banheiro. Aproveitei e comecei a escolher uma roupa confortável para o passeio.

— Excelente, amor!

Ele sai com a toalha amarrada na cintura, com aquele corpo que me faz ficar em chamas em segundos.

— Maldade ficar desfilando assim quando não posso usufruir de tudo isso — Brinquei, andando rapidamente para o banheiro.

— Mais tarde, amor!

Tomei um banho bem rapidinho e em pouco tempo estávamos no carro a caminho do nosso primeiro passeio por Florença. Íamos ficar mais dois dias, até a conclusão das reuniões com os investidores.

Paramos na Catedral de Santa Maria del Fiore. Que lugar lindo, que arquitetura! Os detalhes, a grandeza do lugar são incríveis. Depois seguimos para a Ponte Vecchio, parando no Mercado del Porcellino, onde aproveitei para comprar algumas lembrancinhas para todos. Gustavo estava radiante de alegria.

— Por que está me olhando assim? — ele me questionou quando percebeu que eu não tirava os olhos do seu sorriso.

— Eu gosto de ver você assim. Só isso!

— Assim como? Suado, descabelado e cansado? — ele respondeu, passando as mãos no cabelo, que teimavam em ficar fora do lugar devido ao vento.

— Assim, com esse sorriso lindo nos lábios!

Ele corou e me beijou docemente.

— Você é a principal razão para isso, meu amor!

E de mãos dadas terminamos o passeio, voltando para o hotel já ao anoitecer.

Nossa viagem foi maravilhosa, entre reuniões, passeios, amor e muitas memórias novas construídas naquele lugar mágico. A viagem de volta foi calma, e assim que chegamos em casa, Luís e Lilica vieram nos receber com seus rabinhos abanando de felicidade.

Mamãe e Rô surgiram logo em seguida, com as peles morenas de sol.

— Filha! Genro! Que saudades! Como foi a viagem?

— Saudades também! Mãe, foi simplesmente mágica!

Mamãe me deu um abraço enquanto Rô fazia o mesmo com Gustavo. Entramos e logo mamãe trouxe uma xícara de café e uma fatia de bolo para mim e Gustavo.

— Está delicioso. A senhora quem fez?

— Sim. Eu e Rosana. É de cenoura com cobertura de chocolate.

— Está divino, mamãe!

Ela sorriu satisfeita em ver eu e Gustavo devorando o bolo.

Ficamos ali por cerca de duas horas conversando e mostrando as fotos da viagem, até anoitecer. Gustavo levantou-se e despediu-se. Eu o acompanhei até a porta.

— Vai ser difícil dormir sem você hoje! — ele falou, colocando as mãos em minha cintura.

— Eu também vou sentir sua falta, amor, mas é só mais esta semana!

Então ele se despediu, indo para seu apartamento.

Mamãe e Rô estavam na sala com Lilica e Luís, assistindo a um filme.

— Ô, vida boa, hein?

Elas riram bastante.

— Vem ver o filme, filha!

— Vou só arrumar as coisas, tirar as roupas da mala, tomar um banho e venho.

— Tá bom. Logo liberamos sua cama! — Mamãe brincou, batendo a mão no sofá, mostrando que eu dormiria ali por enquanto.

Fui para meu quarto e abri a mala, já com saudades da incrível viagem que tinha feito. Após colocar as roupas sujas para lavar, tomei meu banho. Relaxada, ainda enrolada na toalha, abri minha gaveta de calcinhas e meu coração gelou na hora.

— Meu Deus! Eu esqueci completamente de levar o anticoncepcional na viagem!

Peguei a cartela e conferi. Mais de 10 dias sem tomar nenhum comprimido.

— Helena, como você pôde ser tão desligada?

Sentei-me na cama, coloquei a cabeça entre os joelhos e passei as mãos no cabelo, nervosa. Antes que o pânico me tomasse, uma voz apareceu em minha mente: "Helena, relaxa! Você não é mais adolescente e nem ele. As chances de uma gravidez na sua idade são pequenas, ainda mais tomando remédio há tanto tempo. E se estiver, o que de pior pode acontecer?".

Respirei fundo algumas vezes, recuperando minha sanidade mental.

— É isso! Sem estressar antes de ter certeza! Amanhã ligo para minha médica e vejo o que ela me indica fazer. Na dúvida, melhor não tomar a pílula hoje — falei para mim mesma. Então coloquei meu pijama e fui para a sala como se nada tivesse acontecido.

— Venha, filha. Perdeu o início.

Deitei-me entre mamãe e Rô, com Luís e Lilica nos meus pés. Assistimos ao filme de comédia, que me tirou boas risadas, desviando-me do medo de uma possível gravidez.

— Vamos dormir, filha! Boa noite!

— Boa noite, meninas!

— Amanhã você trabalha?

— Não. Tirei o resto da semana para ficar com vocês.

— Maravilha, filha! Amanhã vamos para a praia!

— Isso! Vamos sim. Boa noite!

Mamãe e Rô foram para os quartos. Lilica e Luís já estavam dormindo em suas caminhas. Quando estava quase pegando no sono, meu celular tocou.

— Oi, amor. Como estão as coisas por aí?

— Esse apartamento fica ainda maior sem você aqui, sabia?

Do outro lado da linha, lembrei-me da pílula que tinha esquecido de levar.

— Saudades de você também. Amanhã vai trabalhar?

— Sim. Tenho reunião na primeira hora sobre a franquia. Mas você está de folga, certo? Vai aproveitar e sair com sua mãe?

— Isso. Volto ao trabalho na segunda. Elas vão embora no domingo.

— Entendi. Está cansada?

— Um pouco. E você?

— Também. Mas perguntei porque sua voz está meio pesada.

"Eita! Ele me conhece bem demais".

— Só ansiosa para o projeto dar certo, amor.

Ele suspirou.

— Só isso mesmo?

— Claro.

— Vai dar certo. Estaremos juntos o tempo todo. Fique tranquila.

"Ufa! Acho que colou! Não quero falar nada sem ter certeza. Só vai deixá-lo preocupado à toa".

— Bom, amor, vou deitar. Boa noite, te amo!

— Também, meu amor. Beijo com saudades!

No dia seguinte, eu, mamãe e Rô fomos para a Praia do Futuro, e o dia passou entre risadas e boa conversa. Quando chegamos em casa, já eram 16h e só então me lembrei de mandar mensagem para minha médica, que não demorou a responder.

— Helena, eu sugiro que pare de tomar a pílula e observe se virá algum corrimento.

— Posso fazer um teste de farmácia?

— Até pode, Helena, mas o recomendado é que espere ao menos cinco semanas. Vamos fazer assim: sua menstruação deve vir na próxima semana. Vamos aguardar e ver se ela vem. Caso não venha, vamos fazer o exame de sangue, que é mais certo.

— Ok, doutora. Obrigada!

"Droga! Esperar não é meu forte! E como vou fugir do Gustavo por uma semana?".

Bom, sem muita opção, minha única saída era respirar e tentar controlar a ansiedade.

Os demais dias da semana passaram rápido e, graças a Deus, Gustavo ficou preso no escritório quase todas as noites, e com mamãe e Rô aqui, ele não se sentia à vontade para termos relações. E minha menstruação nada, é claro! Mas ainda faltavam dois dias para o dia em que ela normalmente vinha. Mamãe e Rô iriam embora no dia seguinte à noite e Gustavo iria levá-las ao aeroporto.

— Amor, fala para elas ficarem prontas às 16h.

— Pode deixar.

— Mesmo o aeroporto sendo perto da sua casa, acho melhor não arriscar atrasar.

— Sim, senhor. Vou avisá-las.

Ele riu.

— Que saudade de você! Esta semana foi uma loucura! Quase não consegui te ver.

— Ainda está no escritório?

— Sim. Devo sair só daqui a uma hora.

— Nossa, amor... Deve estar exausto.

— Estou mesmo. Mas bem que uma noite de amor com você me faria muito bem agora!

Só de pensar nisso meu coração gelou! Ainda não tinha falado sobre o risco de estar grávida.

— Claro, amor! Em breve!

Escutei a voz do gerente de produção chamando-o ao fundo.

— Amor, preciso ir. Até amanhã.

— Beijo, amor!

Desliguei o telefone um pouco apreensiva. Detesto mentir, mas não queria trazer mais problemas para ele antes de ter certeza. Passei a noite em claro, não conseguia parar de pensar que podia estar grávida nessa altura do campeonato, com quase 37 anos.

— Filha, vou sentir sua falta, mas não vejo a hora de chegar em casa!

— Nada como a casa da gente, né, mamãe?

— E que cara é essa?

— Não dormi muito bem.

Minha mãe me entregou uma xícara de café, observando minhas olheiras profundas.

— E olha que nem foi por causa daquele seu namorado gostoso!

— Ei! — falei para a Rô, que chegou sorrindo toda descabelada.

— Ah, Lena! Ele é um pedaço de homem! Ah, se eu não fosse comprometida! — Rô brincou, jogando o cabelo despenteado para o lado, fazendo pose.

Abracei as duas bem forte.

— Vou sentir muitas saudades, viu!

— Também vamos. E na próxima, vocês que vão lá.

— Vamos sim.

O dia passou rápido e logo Gustavo chegou para buscar as duas.

— Oi, amor! Nossa, que saudade!

Ele me abraçou forte e me deu um beijo demorado nos lábios, ainda no portão.

— Também, muita.

— Elas estão prontas?

— Sim. Estão ansiosas já.

Ele riu e entrou, e Luís e Lilica já vieram exigindo atenção.

— Oi, meninas! Prontas para a viagem?

— Prontíssimas! Vamos sentir saudades, genro!

Gustavo pegou as malas e fomos para o aeroporto. A despedida foi com lágrimas, sorrisos e abraços. Eu realmente adoro ver minha mãe assim, alegre e feliz. Nem de longe lembra a mulher com quem convivi por anos.

Já no caminho de volta para casa, Gustavo pegou na minha mão no carro, o que já me deixou ansiosa. E, claro, ele percebeu.

— Está tudo bem, amor?

— Estou só preocupada com elas.

— A viagem dura só algumas horas. Logo teremos notícias.

Logo chegamos em casa e meu cérebro começou a pensar em várias desculpas para não transar com ele, pois, vamos ser sinceros, há meses não usávamos camisinha e, aí, "do nada", eu peço para ele usar? É lógico que ele ia ficar desconfiado.

Entramos em casa e fui para a cozinha para pegar um copo de água. Gustavo se sentou no sofá. Ele estava visivelmente cansado.

— Meu amor? — Ele me chamou, e eu fui até ele, sentando-me ao seu lado no sofá.

— Oi. Aconteceu alguma coisa?

Ele me olhou, pegou a minha mão e disse:

— Não fica brava, mas hoje eu estou morto. Vai ficar chateada se a gente descansar um pouco?

"Deus ouviu as minhas preces! Gratidão, Criador!".

Sorrindo de orelha a orelha, aconcheguei-me em seu colo.

— Estava pensando a mesma coisa!

E logo adormecemos ali mesmo, no sofá.

Acordei cedo, antes dele, para evitar qualquer tentativa de aproximação. Precisava ir cedo para o trabalho. Não queria nem imaginar a quantidade de coisas que tinha para fazer.

— Nossa! Eu apaguei! — Gustavo falou ao acordar, sentindo o cheiro do café que tinha acabado de fazer.

— Eu também. Estávamos mesmo cansados.

— Que saudade de acordar aqui — Gustavo falou, abraçando-me e dando um beijo em meu pescoço.

— Também, amor. O café está quase pronto.

— Delícia! Hoje temos que ir cedo para o escritório. Tem alguma roupa minha aqui?

— Acho que tem sim. Olha no armário do quarto, amor.

Ele foi para o quarto e voltou sorrindo.

— Tem sim. Bom que nem preciso passar no apartamento.

— Vem comer. Aí nos arrumamos e saímos.

— Deixa só eu dar bom dia para os dois.

Ele vai até a caminha de Luís e Lilica, que ainda se espreguiçavam gostosamente, e deu um beijinho em cada um. Uma cena que sempre enche meu coração de alegria. "Não seria ruim ter um filho dele, afinal!". Balancei a cabeça, tentando esquecer esse pensamento. "Hoje, ou minha menstruação desce ou eu compro um teste de farmácia", pensei.

Tomamos café e fomos para o escritório. Minha agenda estava com os colaboradores da empresa de Gustavo, pois tinha ficado quase 15 dias sem atender.

O dia passou tão rápido que só percebi quando minha barriga roncou pedindo comida. Parecendo adivinhar, Gustavo apareceu na porta da minha sala.

— Vamos almoçar, amor?

— Nossa! Você está conectado comigo mesmo! Meu estômago acabou de reclamar aqui!

Ele deu um sorriso cúmplice e seguimos para a churrascaria que adoramos.

Gustavo estava calado, o que não é muito dele.

— O que aconteceu? Está calado, parece preocupado.

Ele me olhou, mas estava hesitando em falar.

— Aconteceu mesmo uma coisa, mas não quero te estressar com isso.

— Me fala. O que foi?

— É a Paula.

— Sua secretária?

— Sim, ela mesmo.

— O que aconteceu?

Ele olhou para o prato e depois para mim, pegando minha mão sobre a mesa.

— Sei lá... Eu estou começando a achar que você estava certa.

— Certa sobre o quê?

— É, parece que ela está tentando alguma coisa, não sei.

Respirei fundo, já um pouco irritada.

— O que aconteceu? Pode ser mais específico?

— Nada de mais, amor. É que hoje cedo pedi a ela para participar de uma reunião para fazer a ata e ela se sentou do meu lado, como de costume, mas ela ficou encostando demais a perna em mim. Pode ser impressão, mas eu precisei afastar um pouco a cadeira para evitar o contato. Aí, depois que a reunião acabou, o gerente de produção, o Igor, comentou comigo como devia ser bom fazer hora extra com uma secretária igual a ela. Fiquei muito irritado na hora.

— E o que você fez?

— Dei uma bronca nele. Falei que além de ser muito bem comprometido, eu a respeito muito.

— E com ela?

— Eu não fiz nada — ele respondeu, passando as mãos no cabelo, nervoso.

— Pode ser só impressão minha, sei lá! Preciso ter certeza antes de dar uma bronca na menina. Sei que ela tem uma filha pequena e precisa do emprego.

— Bom, acho que agiu certo.

Ele me olhou com brilho nos olhos, parecendo aliviado por eu não ter ficado brava.

— Pode mesmo ser impressão. Talvez ela nem tenha percebido. E você fez bem em chamar a atenção de Igor. Mas precisa ficar atento para caso ela dê algum sinal de interesse e, se você quiser, claro, cortar logo.

Ele jogou o corpo um pouco mais para frente e disse:

— Como assim, se eu quiser? Helena, é lógico que não vou permitir isso. Primeiro, porque estou com você, segundo, porque eu não quero.

— Então pronto! Vamos observar e, se for preciso, agimos.

Ele respira fundo.

— Ficou chateada, não foi?

— Bom, eu estaria mentindo se falasse que fico super feliz em saber que a secretária do meu namorado tem uma queda por ele.

Gustavo sorriu, meio sem jeito.

— Amor, você sabe que pode confiar em mim, não sabe? Eu jamais faria algo que a machucasse.

— Sim, eu confio e agradeço por ter me contado.

— Claro, sem segredos um para o outro, certo?

Essa frase fez todo o sangue do meu corpo ir para meu estômago, afinal, eu estava escondendo dele uma possível gravidez.

— Isso, claro! Vamos?

— Vamos sim.

Chegando ao escritório, atendi sem intervalos até por volta das 19h. Senti uma fincada na minha barriga, que me faz lembrar da menstruação. Assim que cheguei no banheiro, uma sensação de alívio. "Sangue, graças a Deus!". Um pequeno risquinho de sangue tinha sujado a minha calcinha. Como sempre ando prevenida, coloquei uma calcinha nova e um absorvente, respirando aliviada.

Meu telefone tocou assim que saí do banheiro.

— Oi, amor. Acabou aí?

— Acabei de acabar.

— Estou quase concluindo. Quer vir na minha sala? Podemos voltar juntos.

— Tá bom. Estou indo.

Cheguei ao andar de Gustavo, que já estava escuro, apenas com a claridade da sala dele. Antes que eu batesse na porta, ele saiu com a mochila nas costas.

— Preciso que me sequestre antes que o trabalho me sufoque, amor!

— Seu desejo é uma ordem, senhor!

— Que tal uma pizza?

— Hum...

Seguimos abraçados até o carro, e já pedi a pizza no caminho.

CAPÍTULO 19

Tudo pode desmoronar ou não. Depende de você!

Os dias passaram e já era quinta-feira. Estava na clínica com Lê e Cláudia, tentando colocar minha agenda em dia.

— Lena, acho que vai demorar uns dois meses para conseguir colocar tudo em dia! — a Lê falou olhando para minha cara de desespero ao ver minha agenda lotada.

— Nem me fala! Mas foi por uma boa causa!

— Vamos, você precisa comer.

— Tenho 20 minutos. Tem que ser rápido.

— Tem a salada aqui embaixo.

Claudia chegou sorrindo na sala.

— Boa! Vamos rápido antes que meu próximo cliente chegue! — disse, pegando o braço das duas e seguindo para o restaurante.

Após comer quase correndo, voltei para o consultório. Já no terceiro cliente da parte da tarde, comecei a sentir calafrios e meu estômago revirando. Assim que o cliente saiu, corri para o banheiro e coloquei todo meu almoço para fora.

— Lena?

— Lê, você não precisa ver isso, amiga!

— Será que foi a salada?

— Acho que sim. Ou porque eu comi correndo.

— Vou pegar um remédio para você. Só um minuto.

Escutei-a saindo pela porta. Após me limpar, saí do banheiro e quase me joguei na cadeira me sentindo muito fraca.

— Lena do céu! Está branca feito papel. Beba isso.

Lê me entregou um líquido borbulhando no copo.

— Que isso?

— Sal de fruta. Vai te fazer bem.

Tomei tudo e logo comecei a me sentir um pouco melhor.

— Acho melhor desmarcar sua agenda. Vou ligar para Mirella.

— Não precisa, amiga! Tem só mais uma cliente e estou me sentindo melhor graças a você.

— Tem certeza?

— Tenho sim.

— Gustavo vem te buscar?

— Ainda não sei, mas se ele não vier, eu vou de Uber.

— De jeito nenhum. Te levo em casa.

Cláudia surgiu na porta me olhando preocupada.

— Vocês querem parar de me olhar assim?

— Sua cara está péssima. Passa um batom para dar uma cor e toma uma água.

— Tá bom. Obrigada pela preocupação. Podem ir. Estou bem melhor agora.

— Precisando, é só chamar.

— Tudo bem. Pede à cliente para entrar, por favor.

Passei um batom e respirei fundo para me recompor. Atendi a última cliente e assim que ela saiu, meu telefone tocou.

— Oi, amor. Como foi seu dia?

— Foi bem corrido. E o seu?

— Uma loucura. Vou agarrar aqui.

Meu estômago voltou a revirar.

— Entendi. Posso te ligar daqui a um pouquinho?

— Claro.

Desliguei correndo e fui voando para o banheiro. "Que merda! Aquela salada estava envenenada, só pode!".

Escutei uma batida na porta.

— Lena, é a Cláudia. Está com cliente?

Recuperando-me do vômito, falei:

— Pode entrar. Só estou no banheiro.

Quando saí do banheiro, vi no semblante de Cláudia que eu não estava nada bem.

— Helena, você está ainda mais pálida. Vamos ao médico.

— Não precisa. É só uma intoxicação alimentar.

— Por isso mesmo. Se for pela maionese, pode ser sério. Vamos, eu te levo. É caminho mesmo.

Antes que eu pudesse negar, outra ânsia de vômito me fez ir de novo ao banheiro.

— É, você me convenceu. Estou realmente passando mal. É como se minhas pernas não tivessem força e meu estômago quisesse sair do meu corpo.

— Venha. Vou te ajudar a chegar no carro. Lê está atendendo ainda. Vou avisá-la por mensagem que já fomos embora.

Seguimos até o carro com Cláudia me apoiando. No caminho, meu celular tocou. Tinha me esquecido completamente do Gustavo. E meu estômago não parava de revirar.

— Helena? Você sumiu! Tá tudo bem?

— Gustavo, é a Cláudia. Estou levando Helena ao médico — Cláudia falou, colocando no viva-voz enquanto eu vomitava mais uma vez em uma sacola plástica.

— Médico? O que aconteceu?

— Ela está vomitando sem parar e muito fraca.

— Estou indo agora. Em qual hospital vão estar?

— No São Mateus. É mais perto.

— Perfeito. Estou indo.

Ela me entregou o celular me olhando preocupada.

— Estamos quase chegando. Aguenta firme.

Não consegui nem responder, só tentava respirar para evitar que o vômito voltasse.

Chegando na recepção, graças a Deus — ou ao vômito que dei na entrada — fui rapidamente atendida.

— Sra. Helena Soares — o médico, um senhor com cerca de 60 anos, cabelo grisalho e barba espessa, chamou.

— Pode esperar aqui, Cláudia. Assim Gustavo te vê quando chegar.

Ela assentiu com a cabeça e eu entrei no consultório, fechando a porta atrás de mim.

— Sente-se e me fale porque está aqui, minha jovem!

— Acho que estou com intoxicação alimentar. Não paro de vomitar desde o almoço.

— Certo. Vamos dar uma olhada. Deite-se aqui, por favor — ele falou, apontando para uma maca, e começou a me examinar, massageando minha barriga.

— Está mesmo desidratada. Vou te passar soro e remédio para enjoo.

— Ótimo. Devo ficar boa logo.

— Bom, isso vai depender.

— De quê?

— Do motivo real desse mal-estar. Diga, minha filha, tem chances de estar grávida?

Essa pergunta me fez ficar ainda mais pálida.

— Não, estava menstruada até poucos dias atrás.

— Bom, por precaução vou pedir alguns exames e terá que repousar.

— Doutor, tem risco de eu estar grávida mesmo tendo ficado menstruada?

— A jovem toma pílula?

— Sim.

— Esqueceu de tomar alguma?

A lembrança da cartela cheia quando voltei de viagem me veio à mente.

— É, eu esqueci... Mas se tive o corrimento na pausa...

— Isso pode acontecer até o terceiro mês de gestação.

— Como? Meu Deus!

— Calma. Vamos fazer os exames para ter certeza e aí, sim, damos o próximo passo. Aqui está. Eles já vão coletar e o resultado sai até segunda-feira.

Peguei o papel com as mãos trêmulas. "Como assim posso estar grávida?".

Saindo da sala do médico, Gustavo logo veio ao meu encontro, com Cláudia logo atrás.

— Amor, como você está? O que o médico disse?

"Que posso estar grávida de um filho seu". Como dizer isso sem surtar?

— Preciso tomar essa medicação e fazer uns exames.

— Claro, vamos. Cláudia, pode ir. Deve estar cansada.

— Tem certeza? Posso ficar e ajudar.

— Imagina! Já me ajudou demais!

— Então tá bom. Dê notícias, viu?

Fui com Gustavo para a sala de medicações e exames, e sentei-me em uma cadeira acolchoada.

— Amor, deve estar cansado.

— Não, não muito. Você me assustou.

Ele segurou minha mão enquanto a enfermeira coletava o sangue e preparava a medicação.

— Pronto. Já coletei o material para os exames e agora vamos te colocar no soro. Em cerca de uma hora estará liberada.

— Obrigada — agradeci a enfermeira, que saiu nos deixando a sós.

Gustavo acariciou meu cabelo e eu adormeci.

— Helena?

Abro os olhos, que estavam pesados.

— Como se sente, senhora? — a enfermeira me perguntou.

— Estou bem melhor. Só um pouco sonolenta.

— É efeito da medicação. Agora pode ir até o doutor para ele te avaliar e te liberar.

Gustavo me ajudou a caminhar até a sala do médico.

— Está se sentindo melhor?

— Sim, só sonolenta.

— Hoje, durma e se hidrate. Assim que os exames saírem, venha me procurar, tudo bem?

— Certo. Obrigada, doutor.

Gustavo me levou para casa. Ainda no caminho, falei preocupada:

— Meu Deus! Luís e Lilica! Devem estar famintos.

— Não se preocupe. A babá estava com eles. Liguei para ela assim que soube que estava no hospital.

— Obrigada, amor — disse, bocejando.

— Pode dormir. Descanse. Eu estou aqui.

Sem conseguir resistir, fechei meus olhos e dormi profundamente.

Acordo com o cheiro de café. Abri os olhos com dificuldade. Era como se minhas pálpebras pesassem uns cinco quilos. Olhando em volta, vi que estava na minha cama e sequer me lembrava de como tinha chegado lá. Antes que me levantasse, Gustavo entrou no quarto carregando uma bandeja.

— Bom dia, meu amor! Está se sentindo melhor?

— Oi. Nossa! Eu nem sei o que aconteceu.

Ele sorriu, colocando a bandeja de café da manhã, recheada de delícias, em meu colo e se sentou ao meu lado.

— Você pegou no sono no carro, aí te coloquei na cama. Precisa se alimentar. Fruta e suco não vão te fazer mal.

— Você não existe! — falei, dando um beijo nele, que retribuiu feliz.

— Bom, quero ver você bem e recuperada. Liguei para a secretária e pedi o cancelamento dos clientes hoje.

— Amor, não! Eu preciso trabalhar.

— Não, senhora. Vai descansar e se recuperar. A Juliana está vindo logo após a escola para ficar com você.

— Amor, eu estou bem.

— Por favor, não seja teimosa! Come. Vai te fazer bem.

Coloquei um pedaço de torrada na boca e ele sorriu satisfeito, levantando-se e ajeitando a gravata.

— Isso mesmo. Amor, infelizmente tenho uma reunião importante agora cedo, mas assim que terminar, eu volto.

— Não se preocupe. Vou ficar bem.

— Assim espero. Dei comida para os dois já. Fique deitada mais um pouco. Descanse.

Ele me deu um beijo na testa, pegou a bandeja e saiu, indo para o trabalho.

Acabei adormecendo de novo. Meu corpo ainda estava dolorido, como se tivesse levado uma surra, mas ao menos o estômago parecia ter aceitado o café. Levantei-me perto das 11h e me sentei na varanda, resolvendo algumas questões pelo celular. Cláudia e Lê tinham mandado mensagens cedo e respondi, tranquilizando-as.

Os cães correm para o portão, era Juliana chegando.

— Oi, dona Helena. Está melhor?

— Estou sim, graças a Deus. E é Helena! Você já é da família, Ju!

Ela entrou sorrindo, com Luís e Lilica pulando felizes ao seu redor.

— Trouxe uma canja que minha mãe fez. Sempre me faz bem!

— Delícia! Estou mesmo com fome. Obrigada!

Consegui comer um bom prato da canja deliciosa da mãe de Juliana e o sono bateu novamente, e eu dormi a tarde toda. Acordei quando já estava escuro e escutei a voz de Gustavo.

— Oi, amor. Te acordei?

— Não. Meu Deus! Que horas são?

— São 19h. Estava aqui explicando para o Luís porque ele não pode rasgar o sofá.

Gustavo estava lindo, de camisa social azul-marinho com os botões abertos, carregando Luís no colo. Ri dele e peguei Lilica no colo, sentando-me no sofá.

— Dormi a tarde toda. Credo!

— Como está se sentindo?

— Bem melhor.

— Que ótimo, amor! Juliana deixou uma canja para você. Vou esquentar.

Eu tomei a canja e ele comeu um sanduíche de peito de frango e salada, com suco.

— Como foi seu dia?

Ele respondeu, com olhar cansado:

— Foi bom, mas nossa, eu não fazia ideia de que esse projeto da Itália seria tão trabalhoso. Preciso de você assim que estiver recuperada.

— Quer me mostrar agora?

— De jeito nenhum. Você está se recuperando. Amanhã, se estiver melhor, veremos isso.

— Eu estou bem.

— Não, amor. Eu também quero descansar um pouco, curtir minha namorada, sabe?

— Tudo bem. Seus argumentos são válidos.

Ele sorriu e deu mais uma mordida no sanduíche. Passamos a noite tranquilamente, conversando até pegar no sono.

Os dias passaram, minha saúde estava bem melhor, eu não estava sentindo mais nada e, graças a Deus, o exame de gravidez deu negativo. O médico pediu para eu repetir o exame em algumas semanas se voltasse a me sentir mal. Como tinha uma consulta com a Dr.ª Andrea para fazer os exames de rotina, achei melhor ver com ela.

Era aniversário de Gustavo no sábado e eu e Giovana estávamos preparando uma festinha surpresa para ele. A família dele viria para a cidade e faríamos tudo no pub, mesmo lugar em que nos conhecemos.

— Lena, teve notícias do Pedro?

— Ele sumiu, né, Lê? Eu vi no Instagram que eles estão na Grécia.

— Que chique! Lucas bem que está me devendo uma viagem.
— Pois é... Ai...
— Que foi, Lena?

Antes que eu me desse conta, minha visão ficou escura do nada e minhas pernas fraquejaram. Lê me segurou e me ajudou a sentar.

— Sei lá, fiquei meio tonta.
— Você comeu?
— Só no café da manhã.
— Já são 10h, Lena! Não pode ficar sem comer. Espera aqui.

Lê saiu e eu fiquei lá, massageando minhas têmporas, sem entender que tontura era aquela. Ela logo voltou e me entregou uma barrinha de cereal.

— Come. Vai te fazer bem.
— Eca! Detesto esse trem.
— Lena, para de drama.

Dei uma mordida na barrinha de banana com castanha.

— É, até que não é tão ruim esta.
— Está se sentindo melhor?
— Um pouco. Obrigada, Lê!
— Amiga, posso ser muito sincera?
— Claro. Sempre fomos sinceras uma com a outra.
— Você tem andado bem estranha. Devia voltar ao médico.
— Eu só passei mal naquele dia por causa da salada e agora, porque esqueci de comer. Relaxa!
— Lena! Promete que vai olhar isso?
— Sim. Tenho minha médica amanhã.
— Ainda bem! Toma, bebe água.

Lê me passou um copo com água gelada, que logo me fez sentir melhor.

— Pronto! Estou recuperada. Ainda tenho uma cliente antes do almoço.

Lê me olhou ainda preocupada.

— Jura que está se sentindo melhor?
— Estou sim, relaxa.

Assim que a Lê saiu da sala, minha cliente entrou. Encerrei meus atendimentos da parte da manhã ainda me sentindo um pouco estranha. "Será que peguei alguma virose?". E antes que eu continuasse meu raciocínio, meu estômago veio para a boca. Só deu tempo de eu pegar a lixeira e despejar todo o conteúdo que ainda estava nele. "Que merda!".

Quando consegui me recuperar, fui ao banheiro, lavei-me na pia e limpei a lixeira, que ficou realmente nojenta. Meu telefone não parava de vibrar na mesa. Caminhei até ele com dificuldade.

— Alô.

— Sra. Helena?

— Sim, pois não?

— Aqui é a secretária da Dr.ª Andrea. Tivemos uma desistência hoje. Consegue vir às 13h?

— Claro! Vou sim!

"Obrigada, Papai do céu!". Agora até eu estava ficando preocupada com esse mal-estar.

Consegui fugir da Lê e da Cláudia; tínhamos marcado de almoçarmos juntas. Tomei uma água de coco e fiquei mascando um chiclete atrás do outro para aliviar o enjoo. Logo chegaria o horário da consulta com a Dr.ª Andrea.

O Uber chegou rápido e faltando exatos 15 minutos já me encontrava sentadinha, esperando minha vez, ainda lutando contra o enjoo, que persistia.

— Helena! Que bom ver você! Mas que cara é essa?

— Doutora, eu estou bem enjoada hoje.

— Enjoada? Teve esse sintoma recentemente?

— Há algumas semanas. Comi uma salada que não caiu bem.

— Sei... Você tinha me dito que havia esquecido de tomar a pílula alguns dias.

— Sim, mas eu menstruei e tudo.

— E não tomou mais a pílula?

— Tomei no primeiro dia da menstruação.

— Bem, deixa eu dar uma olhada. Coloque a camisola, por favor.

Fui ao banheiro e coloquei a camisola para o exame, que nenhuma mulher gosta de fazer, imagino. A Dr.ª Andrea começou o exame de toque, demorando um pouco mais do que o normal.

— Helena, não vou coletar o exame de colo de útero hoje. Quero que faça um exame de sangue primeiro.

— Que exame?

— Pelo que percebi, você está grávida.

Nessa hora, todo pouco sangue que havia em meu rosto desapareceu.

— Não, o exame deu negativo.

— Trouxe ele?

— Sim.

Desci da maca com dificuldade e peguei os exames na minha bolsa, entregando quase tremendo para a médica.

— Helena, esse resultado está bem esquisito. Vamos repetir nesse laboratório.

— Mas eu estava menstruada esses dias.

— Teve fluxo normal de sangue ou só um pequeno corrimento?

Então eu me lembrei de que tinha estranhado o pouco fluxo e como acabou rápido.

— Meu Deus! Será possível?

— Sim. Se teve relações sem preservativos é possível, afinal, seu útero estava muito bom da última vez em que esteve aqui e pronto para gerar uma vida.

— Doutora, estou com quase 37 anos. Isso é hora de ficar grávida?

— Seus hormônios estão ótimos e seu corpo também, mas precisamos ver. Suspenda o uso do anticoncepcional. Faça os exames amanhã e fale que eu pedi prioridade. Sei que o enjoo é ruim, mas não quero receitar remédios ainda. Você vai se alimentar melhor, no mínimo de três em três horas, e evitar esforço físico.

"Não sei reagir a isso, Deus! Grávida? A esta altura da minha vida?".

Saí do consultório da Dr.ª Andrea sem acreditar que fosse possível. Voltei para a clínica e atendi até perto das 19h.

Os chicletes de menta ajudavam bastante a lidar com o enjoo. Forcei-me e consegui comer uma fruta com iogurte, e meu estômago deu um pouco de sossego.

Gustavo me mandou mensagem avisando que ia demorar e que iria para seu apartamento, notícia que, sinceramente, eu adorei, pois não sei se saberia lidar com ele.

Chegando em casa, após um bom e demorado banho, parei em frente ao espelho, nua, olhando para minha barriga.

— Será possível? Eu nem sei se quero ser mãe!

Meu celular tocava em cima da mesa da sala, tirando-me do meu transe.

— Alô?

— Oi, Helena! É a Giovana!

— Oi! Tudo bem com vocês? Tudo certo para a festa?

— Tudo mais do que certo. Chegamos aí na sexta-feira. Vamos ficar em um hotel para ele não desconfiar. E depois da festa, vamos para a casa dele. Já acertamos tudo com a Tereza.

— Perfeito! No pub também já está tudo certo.

— Ele vai amar isso.

— Espero que sim. Ele merece.

— Ah! Vamos tocar lá. Giovani já acertou tudo.

— Ebaaaa!

— Helena, obrigada por fazer isso, viu. Aqui, você não chamou a Olivia, né? Sei que são amigas, mas acho que não é uma boa.

— Não chamei não. Imaginei que deixaria o ambiente tenso.

Meu estômago começou a revirar novamente.

— Perfeito! Então combinado. Sexta-feira chegamos para te ajudar. Um beijo!

— Beijo.

Saí quase correndo para o banheiro, vomitando tudo que eu tinha conseguido comer com muito custo, e depois fiquei me sentindo muito fraca. Coloquei uma camisola e me forcei a tomar um copo de água de coco.

Luís e Lilica não saíam do meu lado, como se estivessem cuidando de mim. Perto das 21h, eles se levantaram do meu lado e correram até a porta.

— Amor?

"Gustavo! Droga! Não queria que ele me visse assim. Ainda não quero falar sobre a possível gravidez".

— Aqui no sofá.

Ele se aproximou e logo percebeu pela minha cara que eu não estava bem.

— Senti um aperto no peito. Tentei te ligar e você não atendeu. Está se sentindo mal novamente?

— É só cansaço mesmo.

Ele franziu a testa e levantou a sobrancelha, colocando a mão em minha testa.

— Você está muito fria e pálida. Vamos ao médico.

— Não precisa. Eu fui hoje. Vou fazer exames amanhã. Pode ser uma virose. Nem era bom você ficar aqui.

— Eu vou cuidar de você. Conseguiu comer?

— Não, mas tomei água de coco.

Ele se levantou e foi até a cozinha, voltando algum tempo depois com um prato com algo cheirando muito bom.

— Que isso?

— Sopa de fubá. Vai te fazer bem. Minha mãe fazia isso quando passava mal assim.

Levantei-me, sentando no sofá, e antes que eu pensasse, ele colocou um pouco da sopa na minha boca.

— Amor, eu consigo me alimentar sozinha — falei sorrindo para ele, que estava visivelmente preocupado.

— Então come tudo.

Ele me entregou o prato e me observou comer, sentando-se ao meu lado. Terminei de comer e ele levou o prato para a cozinha, voltando e sentando-se ao meu lado novamente.

— Está se sentindo melhor?

— Sim, amor! Não se preocupe.

— Estou te achando muito estranha desde que voltamos de viagem. Quer me contar alguma coisa?

"Claro! Seria interessante! Gustavo, posso estar grávida porque a sem noção aqui esqueceu de levar a cartela de anticoncepcional na viagem! Eu não consigo encarar isso agora, droga!".

— Não, amor. Estou bem, é sério.

Ele beijou minha testa e ficou claro que eu não o tinha convencido.

— Tudo bem, mas você sabe que pode contar comigo, certo?

— Claro.

— Espero que você fique bem até sábado. Os rapazes estão insistindo para irmos no pub.

"Ele não faz mesmo ideia da festa surpresa!".

— Estarei sim.

Ele sorriu.

— Ótimo! Então é hora de ir para cama.

Ele me carregou até o quarto e me colocou na cama.

— Eu ainda sei andar, sabia?

Gustavo apenas riu.

— Vou colocar os dois na cama e comer alguma coisa. Tenta dormir um pouco.

— Tá bom. Obrigada por tudo. Eu te amo, você sabe, né?

— Eu também, meu amor. Descansa!

E com um beijo na testa, adormeci.

Não sei se foi o cuidado de todos ou se realmente não estava grávida, o que eu ainda não sabia, porque o exame só sairia na segunda-feira, mas estava me sentindo bem melhor. Era o dia da festa de Gustavo. Giovana e a família já tinham chegado e estavam no pub organizando tudo. Consegui convencer Gustavo a trabalhar no projeto da Itália, tudo pensado para ele não ir para casa ou para o pub.

— Não é justo você me fazer trabalhar em pleno aniversário! — Gustavo falou com beicinho, ainda na cama, relutante para sair.

— Amor, desculpe por isso. É que estamos bem atrasados. Prometo que à noite compenso você!

Dei um beijo naquele beicinho delicioso e ofereci a mão para ele se levantar da cama, mas, claro, ele me puxou para a cama, enchendo-me de beijos que logo deixaram meu corpo em chamas. Não transamos desde que a Dr.ª Andrea pediu para eu suspender o anticoncepcional.

— Você tem ideia de como estou com saudades de você?

— Amor, eu também, mas precisamos ir. Lembra que marcamos a reunião com a equipe de logística às 9h?

Ele suspirou, derrotado.

— Tá bom, você venceu. Mas à noite quero meu presente.

Com um sorriso maroto, Gustavo me beijou nos lábios e se levantou.

— Vou preparar um café para gente.

— Quer ajuda?

— Não, faço rapidinho.

— Ok. Vou tomar um banho rápido e vamos.

Após tomar café, fomos para o escritório. Íamos nos reunir com a equipe de logística para definir o processo de implantação do primeiro hotel na Itália. Assim que entramos, Georgia veio até mim.

— Helena, que bom ver você aqui! Pode falar um minutinho?

— Claro.

Gustavo foi para a sala dele e eu acompanhei a Georgia.

— É rápido. Só quero te mostrar isso.

Ela me mostrou um relatório que apontava como o desempenho dos colaboradores tinha melhorado depois da implantação das sessões de terapia e alguns depoimentos.

— Isso é incrível! Posso mostrar para a Cláudia e a Letícia?

— Claro! Vou enviar para vocês. Obrigada, viu!

— Eu que agradeço a confiança.

Logo depois, fui para o andar de Gustavo. Paula estava lá, com um vestido branco colado ao corpo e um salto alto vermelho. Assim que me viu, ela falou irritada:

— Você está aqui novamente?

— Oi. Paula. Bom dia para você também!

Ela se aproximou e, como é mais alta do que eu, olhou-me de cima para baixo, com ar de superioridade.

— Você sabe que ele será meu, não sabe?

— Oi? Como?

— Ele será meu, Helena. Aceite que é melhor. Olhe para você, pequena, frágil, sequer deve agradar um homem na cama. Eu, sim, sou uma mulher para acompanhar um homem como ele.

Chocada com a ousadia dela, fiquei sem resposta por alguns minutos. E antes que eu pudesse dizer algo, Gustavo saiu da sala e me chamou.

— Helena? Pode vir aqui?

Saí sem falar nada para a Paula, ainda tentando entender o que tinha dado nela.

— Amor, preciso de sua ajuda... Está tudo bem? — Gustavo falou ao ver minha cara.

— Oi? Quê?

— Está com uma cara... É o estômago?

— Não, estou bem. O que quer me mostrar?

Era o aniversário dele e não queria estragar seu dia por causa de uma secretária apaixonada pelo chefe. Depois lidaria com isso.

O dia passou muito rápido e após nos arrumarmos, fomos para o pub. No caminho, mandei uma mensagem para Giovana avisando que estávamos chegando. Ao chegarmos, todos começaram a cantar parabéns e Gustavo se surpreendeu ao ver toda sua família e amigos lá.

— Foi você? — ele me perguntou sorrindo, e o sorriso dele valeu toda a dedicação que tivemos ao organizar a festa, que foi muito bacana. Os irmãos dele cantaram, acompanhados por todos os presentes. Chamamos apenas família e amigos mais próximos e, claro, o Clube dos Cinco e suas companheiras compareceram.

A festa foi até bem tarde e todos saíram satisfeitos.

— Amor, muito obrigado! Eu não esperava mesmo por isso.

— Você merece.

— Irmão, já sabe que vamos acampar na sua casa? — Giovana chegou um pouco bêbada, abraçando o irmão pelo pescoço.

— Claro! Vamos de Uber, já que até o Tiago está bêbado. — Ele brincou, apontando para Tiago, que estava dançando com uma amiga de Gustavo.

Perto das 4h, Gustavo e sua família foram para o apartamento, e eu para minha casa, extremamente cansada. Após dormir a manhã toda, acordei com um forte enjoo e coloquei toda a comida da festa para fora. "Droga! Essa merda desse enjoo voltou!". Quando eu finalmente consegui parar de vomitar, levantei-me e fiz um suco de limão, que ajudou a aliviar o mal-estar.

Gustavo devia estar dormindo ainda. Ele bebeu um pouquinho a mais na festa. Por volta das 15h, ele ligou.

— Oi, amor. Nossa! Eu dormi quase o dia todo.

— Que bom! Como estão todos aí?

— Uma bagunça completa! Conhece minha família!

Escutei barulho de conversa e risos ao fundo.

— Imagino.

— Você podia vir pra cá. Posso te buscar.

— Amor, estou bem cansada de ontem. Se importa se eu ficar em casa hoje?

— Não, eu entendo.

— Obrigada, amor. Aproveita e curte sua família.

E com um beijo nos despedimos.

O restante do domingo passou entre vômitos e cólicas. Consegui pegar no sono tarde da noite.

Acordei com Luís e Lilica latindo. Eram 6h e ainda sentia meu estômago revirado. Levantei-me com dificuldade em me manter em pé devido à fraqueza, e forcei-me a comer algo.

Fui para o consultório da empresa de Gustavo e lutando para me manter acordada, consegui atender todos os pacientes da parte da manhã. Às 11h, meu celular vibrou.

— Sra. Helena?

— Oi, pois não?

— Aqui é a secretária da Dr.ª Andrea. Ela quer falar com a senhora. Posso passar?

— Claro.

— Oi, Helena. Como você está se sentindo?

— Hoje eu estou bem enjoada.

— Então, por isso te liguei. Seus exames saíram. Você está grávida mesmo.

Todo meu sangue pareceu congelar nesse momento.

— Grávida?

— Isso. Mas preciso que venha ao meu consultório. Quero fazer um ultrassom. Alguns exames mostraram baixa de vitaminas e precisamos entrar com alguns medicamentos.

— Eu não entendo...

— Helena, estou com receio de que seja uma gravidez de risco. Preciso examiná-la mais detalhadamente. Consegue vir amanhã às 15h?

— Consigo sim.

— Ótimo! Eu espero você. Vou te mandar uma receita por e-mail para você comprar um remédio de enjoo e vitaminas. Já vai se sentir melhor.

— Obrigada, doutora.

— Helena, vai ficar tudo bem.

— Obrigada.

Eu desliguei o telefone ainda sem saber o que fazer. Estava grávida e, pelo visto, era uma gravidez de risco. "Meu Deus! Isso não pode estar acontecendo!", pensei, passando as mãos no cabelo, bagunçando tudo.

Meu celular vibrou novamente e era a receita dos remédios, que encomendei na farmácia. Assim que recebi os remédios e os tomei, Gustavo chegou na minha sala. Eu gelei só de olhar para ele. Como contar para ele?

— Amor, vamos almoçar? Meu Deus! Como você está pálida!

— Deve ser fome — falei, sem graça, e sem conseguir olhar nos olhos dele.

— Então vamos. Quero te levar em um lugar.

— Que lugar?

— Você vai ver.

Almoçamos e me senti melhor. Entrando no carro, Gustavo começou a ir para a região mais nobre da cidade.

— Aonde estamos indo? Eu tenho alguns clientes agora à tarde.

— É rápido. Quero te mostrar uma coisa.

Depois de um tempo, chegamos em frente à uma casa de portão verde.

— Vamos visitar alguém?

— Venha. Quero que me dê sua opinião sobre esse imóvel.

Ele abriu o grande portão verde e quando entramos... Uau! Que casa linda e enorme!

Na frente, um espaço que daria um belo jardim, ao lado da garagem, e uma varanda, convidativa. Gustavo abriu a grande porta de vidro e entramos na sala de estar da casa, enorme, mas aconchegante, com piso de granito e paredes brancas. Tudo recém-reformado.

— Aqui é a sala de estar e aqui é um quarto que pode ser usado como escritório — ele falou, mostrando-me um quarto menor ao lado da sala de estar.

Continuamos andando. A casa era linda. Tinha quatro quartos amplos, todos com suítes, e outro banheiro enorme. A cozinha era perfeita, toda planejada e com boa entrada de luz.

— Aqui é a melhor parte, na minha opinião.

Gustavo pegou minha mão e me levou para a parte de trás da casa. Assim que ele abriu a grande porta de correr, meus olhos brilharam. Era um quintal enorme, com piscina, churrasqueira, outro quarto, sauna e algumas árvores frutíferas.

— Essa casa é linda demais!

— Gostou?

— E quem não gostaria? É espetacular!

— Consegue se ver morando aqui?

— Claro que sim. Vai colocá-la à venda?

— Na verdade, eu já vendi — ele falou, aproximando-se e colocando a mão em minha cintura.

— Ah, tá! Deve ter sido um bom negócio!

— Helena?

Ele me olhou nos olhos intensamente, como nunca havia olhado antes. Não com tal intensidade.

— Quero ficar com você para o resto da minha vida. Aceita se casar comigo e vir morar aqui?

Minhas pernas fraquejaram. Como assim?

— Gustavo, eu... eu...

— Eu amo você. Amo tanto que nem sei dizer. Só quero você.

Ele me beijou e eu senti lágrimas descerem pelo meu rosto.

— Gustavo, eu preciso te dizer uma coisa antes.

Ele me olhou ansioso e preocupado.

— Eu não queria assustar você. Me precipitei?

— Não! Eu... É... Droga! Como dizer isso?

Antes que conseguisse falar, o enjoo voltou com tudo e eu corri para o banheiro, deixando-o ali, parado, sem entender nada.

— Helena? Está passando mal de novo?

Após vomitar todo o almoço, saí do banheiro chorando, sem conseguir mais esconder dele.

— Estou grávida.

Gustavo me olhou por alguns segundos que mais pareceram uma eternidade. E eu não consegui decifrar aquele olhar.

— Por favor, fale alguma coisa!

— Está grávida?

— Sim. Descobri hoje.

Gustavo passou as mãos no cabelo e se aproximou, pegando minhas mãos.

— Então é por isso que estava se sentindo mal nas últimas semanas?

— É... Está furioso, né? Eu sei que não queria filhos e eu fui imprudente, esqueci de tomar a pílula... Eu devia ter...

Ele me abraçou forte e me silenciou com um beijo nos lábios.

— Furioso? Meu Deus! Eu estou imensamente feliz! Um filho? E com você? Esse é o melhor presente de todos e meu aniversário já passou!

— Você tem certeza? Eu juro que não planejei nada disso.

— Helena, eu já disse que com você eu quero tudo. Pronto! Vamos nos casar o quanto antes e nos mudar para cá.

— Ainda quer isso? Mesmo eu... Enfim... Estando nesse estado?

— Claro que quero! Já marcou um médico?

— Sim, vou amanhã.

— Posso ir junto?

— Quer ir?

— Lógico! Você é a mulher que eu amo e está grávida de um filho meu! Meu Deus! O que fiz para merecer tantas bênçãos?

Gustavo me beijou docemente, girando-me pelo ar, demonstrando sua felicidade com a notícia, o que acalmou meu coração.

— Você está muito pálida. Vamos, vou comprar uma água para você.

Saímos da casa e ele, que já era cuidadoso comigo, estava me tratando como se eu fosse uma porcelana rara.

Após os atendimentos do dia, Gustavo apareceu na minha sala, com olhar ansioso.

— Como você está se sentindo, amor?

— Estou bem. Consegui comer uma maçã.

— Uma maçã? Só isso?

— É o que deu para segurar.

— Vamos, vou fazer uma sopa.

Já em casa, ele não me deixava fazer absolutamente nada.

— Amor, eu estou grávida e não doente. Posso ao menos cozinhar.

— Não, senhora. Vai repousar até irmos na médica amanhã. Esse seu enjoo está te deixando muito fraca, amor.

Ele preparou uma sopa de legumes, que comi com vontade. O remédio de enjoo parecia estar fazendo efeito.

A consulta com a Dr.ª Andrea chegou e Gustavo fez questão de me acompanhar.

— Então você é o pai sortudo? — a Dr.ª Andrea falou enquanto fazia o ultrassom.

— Vamos conseguir ver o bebê?

— Ele ainda está bem pequeno, mas acho que conseguimos ver como estão as coisas.

Ela analisou as imagens na tela e olhou para mim preocupada.

— Bom, Helena... Todo esse mal-estar é normal, mas precisamos fazer com que se alimente. Você está de cinco semanas e ainda é uma fase crítica. Se sentir alguma dor aguda ou tiver um sangramento, venha imediatamente para o hospital. Quero que evite movimentos bruscos e esforço físico.

Ela passou alguns suplementos e vitaminas. Gustavo estava me tratando com ainda mais cuidado. Fomos para casa.

— Hoje é bom você repousar.

— Gustavo, eu estou bem. Preciso ir trabalhar.

— Helena, estava pensando sobre isso.

— Sobre isso o quê?

— Agora que você está grávida, não devia trabalhar tanto, amor. Precisa se cuidar. Você ouviu a médica.

— Mas eu sou terapeuta. Trabalho sentada.

Ele me olhou franzindo a testa.

— Helena, você sabe que não precisa. Eu cuido de tudo, ganho mais do que o suficiente para nós dois e o bebê.

— Não, senhor! Nem vem! Eu amo trabalhar, amo mesmo, não vou me privar disso.

Ele desfranziu a testa e me deu um beijo nos lábios.

— Ô, mulher teimosa! Tá bom! Mas promete que vai tentar reduzir o ritmo?

— Prometo que vou me cuidar e do nosso bebê.

Ele sorriu, passando a mão na minha barriga.

— Isso é simplesmente incrível!

— O que é incrível?

— Você me dando um filho. Eu nem sei dizer como estou me sentindo realizado!

E me dando outro beijo, ele disse:

— Quero morar com você logo. Pensou sobre nossa mudança para a casa nova?

— Amor, aquela casa é enorme. Deve ter sido uma fortuna e...

— E eu quero morar lá com você, Luís e Lilica e os nossos filhos.

— Teimoso.

Sorrindo, ele se levantou.

— Preciso voltar para o escritório.

— Eu também. Tenho clientes hoje.

— Tinha. Pedi para a Mirella desmarcar, amor. Você precisa descansar.

— Mandão agora?

— Só hoje. Ou até o enjoo melhorar. Volto para cá assim que encerrar as reuniões mais importantes. Promete que me liga e que vai pensar sobre minha proposta?

— Sim, prometo.

Gustavo saiu feliz, ainda preocupado, o que eu compreendi, porque nada parava no meu estômago por muito tempo.

As semanas passaram e Gustavo ficava cada vez mais amoroso e preocupado comigo. Eu aceitei ir morar com ele na casa nova, mas sem casamento formal, afinal, parecia mais uma doente que uma mulher grávida. Estava difícil controlar o enjoo.

E chegou outra consulta com a Dr.ª Andrea.

— Doutora, estou muito preocupado com ela. Nada para no estômago da Helena e acho que ela, inclusive, está emagrecendo — Gustavo falou, segurando minha mão, enquanto a Dr.ª Andrea me examinava.

— Sim. Por isso vamos fazer mais alguns exames, Helena. Deixa eu dar uma olhada nesse bebê.

A Dr.ª Andrea começou a fazer o exame e logo a expressão dela mudou.

— Agora faz ainda mais sentido todo esse seu mal-estar.

— O que foi, doutora?

— Helena e Gustavo, vocês vão ter gêmeos. Veem aqui? — ela falou, apontando para a tela do aparelho, no qual era possível ver dois borrões.

— Gêmeos? — Gustavo perguntou, espantado.

— Sim. Olha, esse é o primeiro saco gestacional e esse é o segundo. São gêmeos, sem dúvida.

— O quê? Eu estou esperando dois bebês?

— Está sim.

Vi lágrimas descendo pelo rosto de Gustavo, que não parava de sorrir. Ele beijou minha mão e eu só consegui retribuir sorrindo também, tentando não demonstrar meu desespero após receber essa notícia.

Depois do exame, a Dr.ª Andrea nos entregou uma lista de exames e recomendações.

— Helena, são dois bebês, o que já é, sim, mais delicado para uma primeira gestação, principalmente na sua idade. Vamos redobrar os cuidados. Quero que faça repouso máximo até o próximo mês e caso não consiga se alimentar, teremos que entrar com soro e suplementos. Precisa se forçar a comer. Aqui está uma relação de alimentos que vão ajudar.

Gustavo pegou as instruções e fomos para minha casa. Íamos nos mudar em algumas semanas para a nova casa e como eu andava muito fraca, ele estava resolvendo quase tudo sozinho.

— Meu Deus! Dois bebês! Minha mãe vai enfartar de tanta felicidade! — ele falou, colocando-me na cama.

— Já contou para ela?

— Claro! Ela está radiante em saber que finalmente darei netos para ela.

Sorrindo, ainda me sentindo fraca, deitei-me e cobri-me com o lençol.

— Eu ainda não contei para ninguém.

— Está esperando o quê?

— Sei lá. Com todo esse mal-estar, fiquei com medo de...

— Nem complete essa frase. Nada vai acontecer.

— Amor, você sabe que não sou mais adolescente e meu corpo...

— Dr.ª Andrea disse que você está ótima, só precisa se cuidar. Repouso e uma boa alimentação.

— Sim, você está certo.

— Bom, conseguiu remarcar seus clientes para fazer a sessão virtual?

— Sim. Hoje vou atender de casa.

— Melhor. Vou no escritório rapidinho.

— Amor, tem a reunião sobre o hotel de Roma, né?

— Sim, mas não precisa participar. Está tudo sob controle.

— Eu entro daqui, posso?

— Pode, claro. Juliana está vindo ficar com você.

— Tudo bem. Obrigada!

Ele me deu um beijo nos lábios e foi para o escritório. Então, sozinha, parei para pensar em toda essa loucura. Eu sequer queria filhos e agora teria dois de uma só vez? É isso mesmo, produção?

Levantei-me para tomar banho ainda imersa em meus pensamentos e, de repente, vejo-me acariciando minha barriga.

— Então são dois aqui dentro! Será que estou pronta para vocês?

Saí do banho e liguei para minha mãe. Precisava contar a ela. Fiz uma chamada de vídeo.

— Oi, mamãe!

— Ei, filha! Que carinha abatida é essa?

— Pois é, tenho uma notícia.

— O que aconteceu?

— Você vai ser vovó.

— Vovó? Está grávida?

— Sim.

Minha mãe sorriu de orelha a orelha e deu um pulinho na cadeira.

— Estevão! Vem cá! Seremos avós!

Rapidamente, ele surgiu na câmera sorrindo.

— Parabéns, minha filha! Gustavo deve estar muito feliz.

— Está mesmo.

— Está se cuidando, filha? Eu passei tão mal na sua gravidez.

— Nossa, sério? Não paro de vomitar, mãe.

— Faz chá de gengibre e bebe gelado. Ah! Nesse início tenta comer a cada duas horas e beber bastante líquido.

— Sério que chá de gengibre faz parar esse enjoo?

— Sim, você vai ver. É quase como tirar com a mão.

— Vou fazer, mãe. Tomara que dê certo.

— Como você está fora o enjoo? Está feliz?

— Mãe, eu estou em pânico, na verdade. Descobri hoje que estamos esperando gêmeos.

Minha mãe abriu e fechou a boca, e depois disse:

— Uai! Premiado, então!

— Pois é. Eu nem sei se queria ter um filho, agora descubro que vou ter dois.

— Minha filha, eu sei que assusta.

— E como! Estou apavorada!

—Helena, se tem alguém que pode ser uma mãe maravilhosa, muito melhor do que eu, esse alguém é você.

Lágrimas desceram pelo rosto dela.

— Mãe...

— Helena, você sempre cuidou de mim, da sua avó, de todos, na verdade. Você é uma mulher incrível e se eu sou quem eu sou hoje, devo isso a você. Tenho certeza de que se sairá muito bem como mãe. Esses bebês têm sorte por ter você nesse papel.

Como não chorar ouvindo isso? Quase derrubei o telefone de tanto chorar.

— Obrigada pelas palavras, mamãe.

— Vou me programar para estar com você quando os bebês nascerem. Fique tranquila.

— Obrigada mesmo.

Desliguei e me senti mais calma após a conversa. Liguei para Juliana.

— Ju, pode me fazer um favor antes de vir aqui pra casa?

— Claro, dona... Opa... Helena.

— Pode trazer gengibre para mim, por favor? Tem dinheiro aí?

— Claro! Tenho sim.

— Obrigada, Ju!

Consegui atender meus clientes e participar da reunião de casa. Juliana trouxe o gengibre e realmente foi como se tivesse tirado com a mão o enjoo.

Perto das 18h a campainha tocou.

— Lena! Somos nós, amiga!

Eram Lê e Cláudia. Claro, eu havia "sumido". Abri o portão e logo elas entraram com olhar preocupado.

— Lena, como está se sentindo?

— Estou bem melhor. Vem, vamos entrar.

Entramos e elas se sentaram no sofá. Dei uma xícara de chá para cada uma com alguns biscoitos. A Ju tinha acabado de ir embora para seu curso.

— Então, Lena, ficamos preocupadas quando Mirella disse que iria atender de casa novamente — Cláudia disse.

— Pois é... Estava me sentindo um pouco fraca.

— Vai ou não vai nos contar o que está acontecendo com você?

— Bom, não sou muito de suspense, então... Estou grávida. É isso.

— Eu sabia! Esses enjoos... Eu sabia que era um bebê aí!

— Um não, Lê, dois.

— Como? — Cláudia falou tentando entender se tinha escutado certo.

— Isso mesmo. Descobri hoje que estou grávida de gêmeos.

— Meu Deus! O homem é potente mesmo, hein, amiga? — Lê brincou, dando um tapinha na minha perna, com seu sorriso de menina sapeca.

— Como ele reagiu, Lena? — Cláudia perguntou.

— Incrivelmente bem. Ele está radiante. Eu que estou em pânico.

— Ah... Então está normal! Eu achei que ia pirar quando descobri que estava grávida. Dá medo mesmo.

— Sério, Lê? Estou morrendo de medo. E se não for boa mãe? E se eu não souber o que fazer?

— Vai saber. E estaremos aqui para te dar todo apoio.

E ficamos conversando até Gustavo chegar.

— Oi, meninas! Que bom que vieram! Trouxe pizza.

— Aí sim! Por isso que amamos você — Lê falou, pulando do sofá, dando um abraço em Gustavo e indo para a cozinha para pegar os pratos.

— Já estamos sabendo. Parabéns, papai! Cuida dela, viu? — Cláudia disse, dando um abraço em Gustavo também.

— Estou cuidando. Pode deixar.

A noite seguiu entre pizza e sorrisos, até que perto das 22h as meninas foram embora.

— Duas fatias de pizza? Se eu soubesse, tinha feito isso antes — Gustavo falou rindo, lavando os pratos do jantar enquanto eu organizava a cozinha.

— Estou me sentindo melhor. Contei para mamãe, que me falou para tomar chá de gengibre.

— Como ela reagiu?

— Ela amou a ideia de ser avó.

Ele sorriu e acabou de lavar os pratos.

— Amor, não vamos abusar. Melhor você se deitar. Eu cuido dos cães.

— Estou bem.

— Mas lembra do que a médica disse.

— Tá bom, tá bom.

Ele me beijou na testa e foi para o quintal para cuidar dos cães.

Já estava na cama, lendo meu livro, quando ele entrou com a expressão cansada.

— Como foi seu dia, meu amor?

— Cansativo, mas não quero te estressar com isso.

— Meu amor, vem cá — falei, batendo na cama, convidando-o para se sentar ao meu lado, o que ele fez. Então ele pegou minha mão e a colocou em seus lábios quentes.

— Diga, meu amor. Precisa de alguma coisa?

— Sim, preciso que você se abra comigo como antes. O que está acontecendo?

Ele me olhou preocupado e hesitante.

— Helena, não é nada, só coisas da empresa.

— Você sabe que é um péssimo mentiroso.

Sorrindo de nervoso, ele me beijou nos lábios e se levantou.

— Posso só tomar um banho antes?

— Claro, mas saiba que aguardarei bem acordada.

— Você é muito teimosa!

Gustavo foi tomar banho, terminando alguns minutos depois, e já saiu vestido com uma bermuda e camiseta branca.

— Acordada mesmo. Pelo visto não terei como fugir dessa conversa.

Deitou-se ao meu lado e me abraçou.

— Então o que aconteceu hoje?

Gustavo respirou fundo e deu para perceber que ele estava tentando encontrar as palavras certas.

— Eu troquei a Paula de setor.

Me viro para olhar para ele, que me olha com preocupação.

— O que houve?

— Helena, deixa isso pra lá. Eu já resolvi.

Continuei olhando fixamente para ele. Ele sabia que não ia deixar isso para lá.

— Você é muito teimosa e insistente.

— Por que simplesmente não fala logo o que houve?

Após um longo suspiro, ele falou:

— Droga, Helena! Tá bom. Aconteceu que eu cheguei na minha sala hoje depois do almoço e ela estava lá, completamente nua, sentada na minha mesa.

— O quê?!

— Isso mesmo que você ouviu.

Gustavo estava visivelmente desconfortável, com o rosto vermelho, passando as mãos no cabelo, e eu nem preciso dizer como fiquei furiosa.

— O que você fez?

— Eu a mandei sair imediatamente, o que, lógico, ela não fez. Helena, isso não importa. Podemos só dormir agora?

— Claro que importa! Quero saber o que aconteceu agora!

Gustavo me olhou assustado, inquieto, tentando ajeitar a postura na cama.

— Amor, nada aconteceu. Ela ficou tentando, bem... Você pode imaginar. Eu devia ter agido antes, você mesma já tinha me avisado sobre ela.

— Gustavo, eu quero saber exatamente o que aconteceu.

— Você está ficando vermelha. Não pode ficar nervosa.

— Sua falta de resposta está me deixando nervosa!

— Ok! Vou te contar, merda!

Agitado e nervoso, desviando o olhar para seus pés, deu mais um suspiro profundo e, inquieto, olhou-me com um olhar aflito e cansado.

— Eu entrei na sala e ela estava lá, totalmente nua. Eu disse furioso para ela se vestir e sair imediatamente da minha sala. Ela veio se aproximando, falando que ela sim era mulher para mim e que sabia que eu também a queria. Eu... Eu...

— Você o quê, Gustavo?

— Eu fiquei totalmente sem saber como agir. O que eu devia fazer? Se encostasse nela, ela poderia usar isso contra mim, mesmo se fosse para tirá-la de lá. Então eu simplesmente saí da sala e fui direto à sala da Georgia. Ia demiti-la por justa causa, mas aí ela me encontrou e me implorou, pediu desculpas, e eu sei que ela tem uma filha pequena, que é mãe solteira. Então pedi a Georgia para mudá-la de setor. Ela vai trabalhar na logística, que é no quinto andar. Pronto. Foi isso.

Gustavo me analisou, ansioso. Peguei suas mãos e olhei em seus olhos.

— Como você está se sentindo com tudo isso?

— Eu te conto tudo isso e está preocupada em saber como eu estou?

— Amor, eu sei como você gostava do trabalho dela e sei também que respeita muito suas funcionárias.

Ele me olhou, incrédulo.

— Você não está brava?

— Brava não. Você não me respondeu.

Ele abriu e fechou a boca.

— Eu? Como eu estou me sentindo? Ah... Então... Eu estou chateado com tudo isso. Não queria lidar com isso agora. Treinar outra pessoa, tudo novamente... Mas para evitar problemas, pedi a Georgia que contrate um secretário homem.

— Posso conversar com ela?

— Com a Georgia? Claro.

— Não, com a Paula.

— Não.

— Posso?

Gustavo me encarou, tentando me ler.

— Helena, não vejo motivos para isso. Eu já resolvi tudo. Você não pode se cansar.

— Se você não quer, vou respeitar.

Dei um beijo em seus lábios e me deitei ao seu lado. Gustavo, que permaneceu sentado na cama, só me observou, com uma expressão de dúvida. Pouco depois, ele deitou-se, abraçou-me e acariciou minha barriga.

— Meu amor, não é que eu não quero que fale com ela. Não tenho nada para esconder. Se isso vai te deixar mais tranquila, tudo bem. Você sabe que já faz parte da empresa.

— Ok. Vou pensar melhor sobre isso.

— Desculpe te incomodar com isso, amor!

— Gustavo...

Virei-me, ficando de frente para ele, e olhei em seus olhos novamente.

— Você não me incomoda. Somos parceiros, não somos?

Com um sorriso de felicidade, ele me beijou nos lábios demoradamente.

— Eu ainda me surpreendo com você! Vem cá. Precisa dormir.

Dormimos assim, abraçados e embalados na cumplicidade e no companheirismo desse relacionamento.

Duas semanas se passaram e estava me sentindo muito melhor. Finalmente conseguia comer e, na verdade, estava com uma fome de leão nos últimos dias. Ah! E estava com muitos desejos estranhos. Na madrugada anterior, levantei-me com vontade de comer pão com chocolate. Estava me lambuzando no pote de Nutella quando Gustavo entrou na cozinha.

— Que isso? Outro desejo dos meninos?

Com a boca toda lambuzada, ri e falei:

— Me deu uma vontade louca de comer isso.

Gustavo pegou um guardanapo, limpou o canto da minha boca e passou Nutella em um pedaço de pão, dando uma mordida.

— Até que é bom isso. Acho que também estou com desejos.

Comemos mais dois pães com um copo de leite e voltamos para a cama. Gustavo me apertou forte em um abraço gostoso.

— Eu estou bem feliz em ver você comendo assim.

— Problema que agora estou com uma fome que nunca acaba, credo. Esses bebês vão me transformar em uma baleia.

— Vai continuar linda.

E entre sorrisos, pegamos no sono.

Na manhã seguinte, acordei muito molhada e com muito tesão. Fazia semanas que não fazíamos nada. Gustavo estava dormindo só de cueca, com aqueles braços fortes, aquele tanquinho... Ah... Simplesmente lindo. Nossa, como meu corpo o queria.

Sentindo meu olhar predador, Gustavo começou a abrir seus olhos, preguiçoso.

— Bom dia, meu amor! Já acordou? Que horas são?

Ainda olhando para ele, com chamas em meus olhos, comecei a me aproximar.

— Helena... Por que está me olhando assim?

— Você está muito irresistível, sabia, Sr. Capanemma?

— Helena, você sabe que não podemos.

Subindo em cima dele, comecei a beijar seus lábios, seu pescoço e passear minhas mãos naquele tronco forte.

— Quem disse isso?

— A médica. Ela disse "sem esforço físico".

— Humm... Verdade!

Passei minha língua em todo seu tronco e minhas mãos chegaram em seu membro, que já estava rígido e pronto.

— Helena... Meu Deus... Isso é maldade demais. Sabe o quanto quero você e ficar me tentando assim... Ah... Você é muito... nossa!

— Eu tenho uma solução bem prática para isso.

Gustavo estava ofegante, tentando resistir.

— Qual?

— Bom, eu não posso fazer esforço, mas você pode normalmente. E olha...

Peguei a mão dele e a coloquei dentro do meu short.

— Eu estou totalmente pronta para você, amor.

Os olhos de Gustavo dilataram na hora e ele se virou, ficando sobre mim.

— Helena, você... Será que não tem nenhum risco?

Tirei a cueca dele, que gemeu, um gemido quase de dor.

— Por favor, amor... Eu preciso de você agora. Estou implorando.

Comecei a massagear seu membro rígido, percebendo sua hesitação.

— Amor... Amor... Não podemos...

Sem que ele protestasse mais, encaixei nossos corpos, tirando um gemido forte dele no momento do encaixe.

— Me faça sua, amor!

Os olhos ardentes dele em meu rosto, seus lábios em meu pescoço e sua mão forte em minha bunda, era isso que eu queria. Sem conseguir resistir mais ele meteu, devagar no começo, como se estivesse com medo de me quebrar.

Eu apertei e soltei, o que o fez gemer novamente.

— Helena, estou tentando ir devagar aqui.

Puxei-o para mais perto, enroscando minhas pernas em sua cintura, dando beijos em seu pescoço, que eu sei bem o efeito que sempre causaram nele.

— Eu quero mais, amor!

E, finalmente, ele soltou-se e estocou forte, possuindo-me por completo e me fazendo chegar a um orgasmo delicioso em poucos instantes.

— Ah... Gu... Nossa!

Ele me olhou surpreso por eu ter gozado tão rápido e com pouco estímulo, mas eu já estava muito excitada antes mesmo de ele começar a me tocar. Falando em um sussurro rouco e ofegante, ele aproximou-se do meu ouvido direito, causando arrepios em toda minha espinha:

— Aguenta mais ou quer que eu pare?

Olhando para ele, enrosquei minhas pernas novamente em volta do seu corpo e apertei aquela bunda gostosa em resposta. Ele sorriu e continuou estocando forte, fazendo-me gozar mais uma vez, chegando em seu momento logo em seguida.

Suado e com um sorriso no rosto, ele me perguntou, preocupado:

— Está se sentindo bem, amor? Machuquei você?

Coloco meus braços em volta do pescoço dele e respondi:

— Agora, sim, estou ótima!

Ele riu e me beijou nos lábios.

— Você não tem jeito. Teimosa demais! Vamos na médica ver se está tudo bem.

— Relaxa, amor. Eu não fiz esforço nenhum — falei mostrando minha testa seca, sem suor.

— Mesmo assim não devíamos ter feito isso. Preciso aprender a resistir a você.

— Amor, eu não tenho culpa se você me deixa completamente louca de desejo.

Voltei a beijar seu pescoço e ele se levantou, quase dando um pulo da cama.

— Não, senhora! Já chega! Não vai me dominar novamente. Já arriscamos demais por hoje. Agora vou preparar um café da manhã reforçado para você e os bebês.

E saiu, com o rosto vermelho e uma leve ereção começando a surgir, entrando no banheiro em seguida.

Sapeca como sou, levantei-me e bati na porta.

— Amor, posso te ajudar com o banho?

— De jeito nenhum. Você precisa ficar, no mínimo, a um metro de distância de mim agora.

Escutei sua risada gostosa. Ele estava se divertindo com tudo isso.

— Sabe que eu ainda estou nua e desejando você, não sabe?

— Droga, Helena! Quer parar de me tentar? Vou ter que tomar um banho gelado agora!

Com uma gargalhada, satisfeita, coloquei meu roupão e fui para a cozinha.

Lilica e Luís já estavam brincando no quintal. Íamos nos mudar no fim de semana para nossa nova casa. Já estava quase acabando de colocar a mesa do café quando Gustavo saiu do quarto. Ele já estava vestido com um terno cinza-claro e camisa preta, ainda sem gravata. Quando me viu ele sorriu, um pouco sem jeito, e percebi seu rosto corando.

— Bom dia, amor! — falei em tom provocante.

— Bom dia. Como está se sentindo?

— Estou ótima. Vem tomar café.

Ele sentou-se na mesa e quando comecei a me aproximar, ele estendeu o braço.

— Pode ficar aí, do outro lado da mesa, sua danadinha!

— Que isso? Está me afastando, é? A mãe dos seus filhos?

— Ah! Dramática agora? Quer o prêmio de melhor atriz?

Ele deu um gole no café, passando a mão no cabelo molhado.

— Tudo bem. Vou te dar folga de mim agora.

— Amor, sabe que é só precaução. Hoje vamos na médica e tiramos a dúvida sobre isso, se podemos manter relações normalmente e tal.

— Ok, ok.

Joguei meu cabelo para o lado e ele falou na hora:

— Puta merda, Helena!

— Que foi?

— Você me mata!

Ele se levantou e consegui ver o grande volume em sua calça social. Ele foi para o quintal, tentando se distrair com os cães. Parecia que a abstinência também já o estava afetando. Ainda no quintal, brincando com os cães, ele falou sem olhar para mim.

— Amor, a empresa de mudança chega na sexta-feira às 9h para embalar tudo. Não precisa fazer nenhum esforço, tá?

Fui para o quintal e o abracei por trás, colocando a cabeça em suas costas largas.

— Tudo bem, meu amor.

Ele respirou fundo e se virou para me olhar nos olhos.

— Eu te amo demais!

Colamo-nos em um beijo doce, mas demorado!

— Eu também, Gustavo.

Ele sorriu, um sorriso que dizia tudo que eu precisava.

— Vai atender em casa hoje, certo?

— Sim. Agora, na parte da manhã. E às 14h temos a consulta com a Dr.ª Andrea.

— Eu venho te buscar. Almoçamos e vamos juntos.

— Perfeito.

Após me dar um beijo na testa, ele saiu para o trabalho e eu me preparei para começar os atendimentos. Perto da hora do almoço, fui ao banheiro e vi um filete de sangue na calcinha. "Droga! Droga! Droga!". Saí correndo e liguei para a Dr.ª Andrea.

— Helena? Está tudo bem?

— Doutora, estou sangrando.

— Venha imediatamente para cá.

Sem pensar em mais nada, chamei um Uber e fui para o hospital. Já dentro do carro, mandei uma mensagem para Gustavo.

'Amor, consegui antecipar o horário com a Dr.ª Andrea. Já estou indo'.

Ele responde quase de imediato.

'Sério? Estou acabando uma reunião. Posso ir na sequência'.

'Não precisa. Saindo de lá eu te ligo'.

'Ok. Está tudo bem?'.

Ainda bem que era por mensagem, porque se fosse ligação, eu provavelmente não conseguiria esconder minha preocupação.

'Sim, está tudo bem. Eu te ligo quando sair da consulta'.

'Ok, amor! Beijo!'.

Guardei o telefone na bolsa e em poucos minutos o carro estacionou em frente ao hospital. Fui ansiosa para a recepção do andar onde a Dr.ª Andrea atendia naquele dia. Graças a Deus, em poucos minutos ela aparece.

— Helena, venha.

Quando entrei na sala, ela pediu para eu subir na maca e começou o exame.

— Dr.ª Andrea, o que está acontecendo? Os bebês?

Ela ficou em silêncio por alguns instantes, olhando a imagem no monitor.

— Está tudo bem com os bebês.

— Graças a Deus!

— Fez algum esforço físico?

— Eu? Não que me lembre.

— Teve relações sexuais?

Meu rosto corou um pouco.

— Sim, hoje pela manhã. Não podemos?

— Não existe risco em ter relações durante a gravidez, mas como seu caso é uma gestação de risco, quero que evitem movimentos bruscos demais. Entende o que eu quero dizer?

— Acho que sim — respondi, sem graça, enquanto a Dr.ª Andrea me ajudava a levantar da maca.

— É comum ter pequenos sangramentos após relação sexual nas primeiras semanas da gestação. O que não pode ocorrer é um grande fluxo de sangue ou ele persistir. Vamos fazer assim. Tente evitar relações durante as próximas duas semanas, só por precaução. Aí já passaremos da fase mais crítica.

— Sério?

A Dr.ª Andrea sorriu em cumplicidade, como mulher, médica e mãe. Ela, com certeza, sabia que minha libido estava nas alturas.

— Eu sei que deve estar bem sensível e é difícil resistir, mas há várias formas de prazer. Quero apenas evitar riscos maiores para vocês, mas, caso ocorra, tente não fazer movimentos muito ousados, ok?

Com as bochechas bem vermelhas, só concordei com a cabeça. Após me vestir, recebi mais algumas orientações da doutora. Assim que saí da sala, dei de cara com Gustavo.

— Amor? Você veio?

— Sim, assim que acabou a reunião. Dr.ª Andrea, boa tarde! Como eles estão?

"Por favor, não fale nada para ele!", pensei, praticamente fazendo uma oração em minha cabeça com essa frase.

— Venha, Gustavo, entre. Vamos conversar na minha sala.

Ele entrou, segurando minha mão, e eu continuei fazendo a minha oração mental.

— Então, Gustavo... Helena teve um pequeno sangramento.

Ele me olhou, um olhar questionador.

— Como assim? Helena, por que não me disse?

— Calma, é normal acontecer isso após relações sexuais nessa fase da gravidez.

Ele me olha com um olhar furioso. "Droga! Precisava abrir essa boca grande?".

— Eu disse para Helena que, por precaução, quero que evitem relações com movimentos bruscos e esforço físico nas próximas duas semanas. Aí já sairemos da fase mais crítica do primeiro trimestre.

— Certo. Vou cuidar para que ela siga as orientações.

"Droga! Droga! Droga!".

Saímos do consultório e Gustavo ficou mudo, com uma expressão fechada. Ele estava bastante irritado. Entramos no carro e o caminho até minha casa foi desconfortável. Quando chegamos, ele desligou o carro e sem me olhar falou, quase entre os dentes.

— Preciso voltar para o escritório. Juliana está vindo ajudar com as coisas da mudança. Se precisar de algo, me ligue, ok?

— Amor, olhe para mim...

Ele suspirou.

— Helena, não quero conversar agora. Estou bem irritado e não quero discutir com você.

Entendendo o recado, saí do carro e ele foi para o escritório. Assim que entrei, os cães vieram, com Juliana atrás.

— Dona Helena, como está?

— Oi, Ju. Eu estou bem. Com fome, mas bem — respondi, sorrindo para ela.

— Fiz uma macarronada para a senhora.

— Delícia, Ju! Obrigada! Já almoçou?

— Sim, comi agora. Venha, ajudo a senhora.

— Sem senhora, Ju.

Estava mesmo com fome. Comi dois pratos cheios de macarronada. Ainda tinha alguns clientes à tarde. Minha mente estava longe. "Se antes Gustavo já estava me evitando, tratando-me como um vidro frágil, imagina agora!".

O dia passou, sem novos corrimentos, o que me deixou mais tranquila. Perto das 20h, enquanto preparava uma sopa de legumes, escutei o carro de Gustavo e os cães indo recebê-lo. Ele entrou, com o cabelo bagunçado e um olhar cansado no rosto.

— Oi, amor!

— Oi. Como você está? Se sentindo bem? — Ele disse friamente, ainda na porta da sala.

— Estou bem, não tive mais nenhum sangramento. Pode ficar tranquilo.

Ele respirou fundo e foi para o quarto. Após alguns minutos, escutei o chuveiro. Ele ainda estava bravo comigo.

Entretida com a sopa, não o vi se aproximando. Gustavo me abraçou pela cintura por trás e me deu um beijo na nuca.

— Amor, me desculpe se fiquei irritado com você hoje. Mas tem ideia de como eu me preocupo com você e com nossos filhos?

Virei meu rosto de lado, apoiando meu rosto no dele.

— Eu sei. Me desculpe por preocupá-lo.

Gustavo beijou meu rosto e esticou o pescoço sobre meu ombro, olhando entusiasmado a panela com a sopa fervendo.

— Hum... Está com uma aparência deliciosa. Vou arrumar a mesa para nós.

Graças a Deus, a irritação dele tinha passado. Sentamo-nos para comer e ele continuava calado, imerso em seus pensamentos.

— Algum problema?

Ele demorou para perceber que eu estava chamando.

— Oi? O quê?

— Está em outro planeta. O que houve?

— Nada.

— Gustavo, é sério? Sabemos o resultado desse tipo de conversa.

Ele me olhou, visivelmente derrotado, e jogou o corpo ainda mais na cadeira.

— Helena, eu só estou com medo. É isso.

— Medo de quê?

Seus olhos ficaram úmidos e seu rosto vermelho.

— De nada. Não quero falar sobre isso.

Levantei-me e me sentei em seu colo, levantando seu rosto com os dedos para que ele olhasse em meus olhos.

— Amor, você não precisa ser forte o tempo todo. Eu estou aqui com você. Se abre comigo.

Ele respirou fundo, hesitante em demonstrar fragilidade, focando o olhar no prato de sopa.

— Helena, eu estou com medo de não conseguir proteger você e as crianças, de não ser um bom marido e pai, de não ser suficiente. Eu fui irresponsável e egoísta hoje. Olha o que aconteceu. Você podia ter perdido os bebês.

— Amor, olhe para mim.

Gustavo me olha, seus olhos com lágrimas lutando para não cair.

— Você é o homem mais íntegro que eu já conheci. É muito mais que suficiente e nem de longe egoísta. Você não foi irresponsável e eu não perderia os bebês por isso. Por favor, não se martirize assim. Você é um companheiro incrível e tenho certeza de que será um pai maravilhoso!

Ele enterrou o rosto em meu peito e, finalmente, as lágrimas caíram.

— Helena, eu não posso fracassar com você. Nunca!

— Ei! Pare com isso. Você não irá, ok? Estamos juntos nisso.

Ele chorou mais um pouco, abraçando-me forte.

— Eu te amo demais. Sua força me levanta sempre, meu amor!

Um pouco mais calmo, Gustavo me olhou nos olhos e me deu um selinho nos lábios.

— Ótimo! Agora que estamos resolvidos, bora acabar de comer essa sopa deliciosa? Ainda estou com muita fome.

Ele sorriu e voltamos para o jantar.

E lá se foram quase duas semanas desde o incidente do sangramento e, claro, Gustavo estava me evitando e eu quase subindo pelas paredes. Mudamo-nos a para casa nova. Gustavo contratou uma empresa especializada em mudança e organização, e quando cheguei, praticamente só tive que colocar minhas calcinhas na gaveta, porque o resto estava tudo perfeito. Ele mandou fazer um jardim lindo na entrada e uma casinha maior que meu antigo quarto para os cães, que estavam amando todo o espaço. Também fez um deck perto da piscina para meditação e uma pequena academia.

Tereza e Juliana eram funcionárias fixas e eu ainda estranhava essa vida, porque elas não me deixavam pegar em uma vassoura sequer e todos me tratavam como se eu fosse quebrar a qualquer momento.

Consegui convencer Gustavo a voltar para os atendimentos na empresa e retornei aos atendimentos presenciais no consultório, o que já me deixou bem satisfeita. A barriga ainda não estava aparecendo direito, também não tinha ganhado muito peso e, graças a Deus, os enjoos passaram e não tive mais nenhum sangramento. Voltei a fazer yoga e minha meditação matinal, o que já me fazia sentir que minha vida estava voltando um pouco ao normal.

Estava atendendo na empresa de Gustavo e quando entrei na minha sala tive uma enorme surpresa.

— Paula?

— Helena, eu marquei um horário com você.

Não tinha tido mais nenhuma notícia dela desde o que tinha acontecido na sala do Gustavo. Perplexa, entrei e fechei a porta, convidando-a a se sentar.

— Pois não? Como posso auxiliar você?

— Helena, eu sei que você sabe do que aconteceu.

— Sim, o Gustavo me contou.

— Eu fiquei esperando.

— Esperando o quê?

— Sua fúria, sei lá! Achei que ia vir aqui e acabar comigo, aí eu finalmente provaria para todo mundo que você não é essa pessoa *maravilhosa* que todos falam.

— Paula... — falei com tranquilidade, inclinando meu corpo para frente, colocando os braços sobre a mesa.

— Qual é o seu problema comigo? Por que essa necessidade de me atingir? Eu fiz alguma coisa que magoou você?

Ela se levantou, irritada, mas percebi que seu semblante, antes autoritário, desfez-se um pouco.

— Quem você pensa que é?

— Eu sei exatamente quem eu sou, Paula. A pergunta aqui é: você sabe quem você é?

— Eu sou muito melhor do que você! E ele devia estar comigo.

— Paula, não estou perguntando se é ou não melhor do que eu. A pergunta é: quem você é? Você é mesmo essa mulher desesperada que precisa se humilhar perante um homem que claramente não a quer? Você é mesmo essa mulher que se rebaixa a ponto de quase perder o emprego do qual tira o alimento para sua filha por um homem que nunca te deu sinais de interesse? Você é essa mulher que não se ama, não se respeita, e ainda fica colocando a culpa de todos os seus problemas em outra mulher que não tem nada a ver com isso? Essa é mesmo você? E o principal: está feliz com isso? Está mesmo se sentindo bem com isso? Sente-se orgulhosa da sua atitude?

Ela me olhou com o olhar arregalado e se aproximou da mesa, batendo forte, tentando me intimidar, o que ela não conseguiu. Ainda sentada, com o olhar sereno, olhei dentro dos olhos dela e só vi confusão e dor.

— Acha que assim vai conseguir o que quer? Se fosse sua filha no seu lugar, sentiria orgulho dela?

— Limpa a boca para falar da minha filha!

— E por que você, como mãe dela, está agindo assim? Qual exemplo está dando a ela em mendigar a atenção de um homem comprometido? Em se sujeitar a isso?

O olhar de Paula, antes furioso, transformou-se em lágrimas e dor. Ela sentou-se na cadeira, colocando as mãos no rosto, na tentativa inútil de esconder as lágrimas. Levantei-me, sentando na cadeira de frente para ela, e peguei suas mãos, fazendo com que ela me olhasse.

— Você não entende.

— Não mesmo. Por que não me explica?

— Quer que eu explique por que tentei roubar seu homem? É isso mesmo?

Relaxei na cadeira, soltando suas mãos, e com um sorriso acolhedor, disse:

— Bom, ele não é meu e é livre para fazer as escolhas dele. Mas quero sim saber o que a motivou a se rebaixar tanto. Não parece precisar disso. É uma mulher linda, jovem, inteligente, trabalhadora. O que aconteceu?

Paula me olhou ainda mais curiosa. Jogou o cabelo para o lado e enxugou as lágrimas que ainda teimavam em cair. Tossindo, como se não quisesse dizer as próximas palavras, ela continuou, agora com menos arrogância na voz:

— Eu só queria ser tratada como você. Reparei como ele olha para você, a admiração nos olhos dele. É quase como se você fosse o Sol daquele homem. Eu senti inveja, por mais feio que isso seja. Nenhum homem nunca me olhou dessa forma, sempre fui usada e jogada fora.

— Como espera que algum homem te trate diferente se você não se trata com o devido amor, respeito e carinho?

Essas palavras atingiram Paula como um tapa na cara, fazendo-a se curvar um pouco e voltar a chorar. Ela falou aos prantos:

— Eu sou uma merda mesmo! Quem vai querer uma puta?

Sem pensar muito na reação dela, eu me levantei e a abracei apertado. No início ela ficou rígida, mas depois se soltou e se permitiu ser abraçada. Alguns instantes depois, eu voltei a me sentar na cadeira e peguei suas mãos novamente.

— Paula, você é uma mulher sensacional pelo pouco que te conheço. O problema é que não está se tratando como deveria e fica esperando que o outro faça isso por você. O resultado disso é a frustração total que sente em cada relação. O outro reage à forma como nos tratamos. Se não damos amor, carinho e respeito a nós mesmas, como podemos esperar que outra pessoa faça isso? Entende a falta de congruência?

Ela levantou o olhar e ainda segurando minhas mãos, falou:

— Helena, você devia estar puxando meu cabelo, me xingando, me batendo, sei lá, qualquer coisa, mas está aqui, me ajudando? Por quê?

— Porque eu não sou nem serei sua inimiga, Paula.

— Mas devia.

— Não, eu não devia. Eu conheço sua dor em cada entranha do meu corpo. Já fui usada, abusada, machucada, e só depois que aprendi a cuidar de mim, a me amar, a me aceitar, a me respeitar que consegui ter uma relação saudável com outra pessoa.

Paula soltou minha mão e se levantou, caminhando de um lado para o outro. Até que, após alguns minutos, ela parou, virou-se para mim com um sorriso tímido nos lábios, e disse:

— É... É uma mulher como você que ele merece.

— Paula, não é sobre isso. É sobre você. E até quando vai aceitar viver com menos do que você merece?

— Eu merecia estar desempregada pela idiotice que fiz! Eu me envergonho todos os dias. Não sei o que pensei. Sei lá! Jurava que ele, como todo homem safado, iria me comer na hora, e aí eu, que já estava com tudo armado, exigiria que ele me assumisse. Mas não... O Sr. Gustavo sequer me olhou direito. Ele simplesmente saiu. E ainda deu um jeito para eu não ser demitida.

— Paula, você cometeu um erro e já está arcando com as consequências dele.

— Estou mesmo, só de estar aqui, tomando esse banho de lição de vida da mulher que eu tentei prejudicar.

Com um sorriso, levantei-me e fiquei cara a cara com ela.

— E o que vai fazer da sua vida? Vai continuar se anulando assim? Humilhando-se assim? Ou vai aprender a se amar, a se respeitar como a pessoa mais importante da sua vida, e ensinar a sua filha a fazer o mesmo?

Ela me encarou por alguns minutos, uma expressão que eu conhecia. Ela estava refletindo sobre as palavras que eu disse.

— Eu quero mudar, mas você jamais me ajudaria depois de tudo.

— Verdade. Eu não quero ajudar você.

Paula me olhou com tristeza.

— Tudo bem, eu entendo.

— Eu quero auxiliar você, porque ajuda é quando fazemos pelo outro, e esse processo, essa jornada, só você pode fazer. Eu consigo te mostrar o caminho, te dar orientações e ferramentas. Se desejar posso ser sua mentora e terapeuta na jornada de redescoberta da mulher incrível que você é!

Ela me olhou com olhar brilhante e se aproximou, mas parou no meio do caminho.

— Posso te dar um abraço?

— Claro!

E um abraço selou aquele momento de fraternidade e irmandade. Com o tempo eu aprendi que todas nós, mulheres, possuímos dores parecidas e somos instigadas a uma inimizade, porque enquanto estivermos desunidas, ficaremos mais fracas e frágeis, sendo assim, facilmente manipuláveis. Quanto mais formos amigas e unidas, quanto mais acolhimento e apoio, mais rapidamente conseguiremos assumir nosso lugar nessa sociedade, conquistando, de fato, o respeito, a dignidade, a liberdade de ser mulher em toda a nossa essência.

Após agendar com Paula sua próxima sessão, atendi mais dois colaboradores. Assim que encerrei o atendimento do terceiro colaborador, Gustavo apareceu na minha sala.

— Helena?

— Oi, amor. Entre. Estou só concluindo essas anotações da última sessão.

Ele entrou e percebi que estava irritado. Entrando e fechando a porta, ele falou com voz grave.

— Que porra é essa da Paula ter vindo aqui?

Olhei para ele, retirando calmamente meus óculos de leitura.

— Sim, nós conversamos. Ela agendou um horário. Algum problema?

— Problema? Ela não tinha esse direito. Vou demiti-la agora mesmo.

— Gustavo, por favor, sente-se.

Com um suspiro profundo e irritado, ele sentou-se, cruzando as pernas e mexendo os pés ansioso.

— Não estou bravo com você, mas com a audácia daquela mulher! Primeiro, aquela cena sem noção. Agora ela vem aqui perturbar você. Isso é inaceitável!

— Amor, ela não estava me perturbando. Nós conversamos, tudo ficou esclarecido e eu irei auxiliá-la a se tratar para que nunca mais ela se humilhe tanto novamente.

Gustavo ajeitou-se na cadeira, descruzando as pernas e apoiando a mão no queixo, falando em tom mais baixo:

— Como assim? Você vai ser terapeuta dela? É isso?

— Isso. Pelo que sei, ela tem todo o direito de usar esse benefício, certo?

Ainda com a mão no queixo, ele levantou a sobrancelha e disse:

— Helena, isso pode ser uma armadilha dela para se aproximar de mim e fazer outra cena. Parou para pensar nisso? Você só vê o melhor nas pessoas. Não posso permitir isso.

— Gustavo, eu não estou pedindo sua permissão. E não, não é um golpe. Eu que ofereci e vou fazer isso.

Ele passou os dedos pelo queixo, pensativo.

— Tem certeza disso? Não te incomoda atender a mulher que tentou transar comigo?

— Não. Deveria?

Gustavo me encarou, com um olhar de total perplexidade. Dando mais um suspiro profundo, ele se levantou.

— Ok. Já sei que não vou te fazer mudar de ideia e também já aprendi que você é assim.

— Assim como? — perguntei, enquanto ele se aproximou de mim, massageando meus ombros.

— Assim, uma pessoa que jamais vai enaltecer a dor e o defeito de alguém. Pelo contrário, você enaltece valores e qualidades que a própria pessoa não enxerga que tem, e acaba transformando a vida de todos a sua volta.

Com um beijo no rosto, ele me abraçou.

— Obrigada, amor. Não sei se é tudo isso não, mas obrigada!

— Vamos almoçar? Meus meninos devem estar com fome.

Ele sorriu e me deu a mão, e fomos para o carro.

Após um almoço tranquilo, retornamos para o escritório. Tinha uma reunião com a equipe de implantação do Projeto Itália, como o chamávamos.

A reunião foi um sucesso, a implantação dos hotéis estava a todo vapor e iríamos inaugurar o produto da franquia em poucos meses.

Terminei todo o trabalho às 18h. Gustavo mandou mensagem avisando que ia demorar um pouco e que Tiago poderia me levar. Só de pensar nele, todo meu corpo se excitava. Estava bem difícil aguentar esse tempo sem sexo, e ele não quis sequer tentar de novo. O prazo de duas semanas que a Dr.ª Andrea pediu terminou e é claro que tinha um plano. Fui, então, até a sala dele.

Bati na porta.

— Amor, sou eu.

— Pode entrar.

Entrei, tranquei a porta e fechei as persianas. Ele estava sentado em frente ao computador, distraído em uma reunião virtual, e não percebeu minhas intenções.

— Estou quase acabando — ele falou, ainda olhando para a tela do computador.

Sem que ele percebesse, aproximei-me de sua mesa e entrei embaixo dela, passeando minhas mãos em suas pernas. Gustavo abaixou o olhar sem acreditar no que eu estava fazendo. Intercalando o olhar entre mim e a tela do computador, ele sorriu sem jeito e me falou entre os dentes.

— O que pensa que está fazendo?

— Nada, amor.

Comecei a desabotoar o cinto da calça dele e logo o resultado da minha ousadia começou a surgir, quase rasgando a cueca preta dele. Ele passou as mãos no queixo, tentando esconder o sorriso e o rubor que surgia em seu rosto.

— Então, Sr. Gustavo? O que acha?

Ele me olhou, com um olhar de repreensão, e voltou para a tela do computador.

— Desculpe, pode repetir a pergunta? Algo tirou minha atenção.

Sorrindo sapeca por baixo da mesa, continuei a acariciar seu membro ainda por cima da cueca, e ele mexeu as pernas e passou as mãos no cabelo.

— Claro. Podemos fazer assim — ele respondeu ao homem do outro lado da tela. Então ele colocou o microfone no mudo e me olhou bravo.

— Helena, você não pode fazer isso. Primeiro, estou em uma reunião. Segundo, não podemos fazer nada, esqueceu? Ah...

Antes que ele continuasse o sermão, tirei seu membro ereto para fora da cueca e dei um beijo na cabecinha dele.

— Porra, Helena! Isso é... Meu Deus...

— Sr. Gustavo? Está escutando?

Ele pigarreou, tentando não gemer enquanto colocava seu membro na minha boca, dando alguns beijinhos suaves.

— Desculpe, ficou mudo de repente. Pode repetir, por favor?

E o homem repetiu tudo. Eu estava realmente me divertindo vendo-o lutar contra todo o prazer que estava sentindo sem poder expressar. Ele passou as mãos na testa, e quando coloquei toda a extensão do seu membro na boca, ele bateu na mesa, mordendo o lábio inferior.

— Ok... Então excelente! Podem me enviar tudo por e-mail e continuamos amanhã?

Ele desligou e deslizou a cadeira de rodinhas para longe de mim, vestindo-se.

— Helena! Caralho! Que isso? Você! Você! O que deu em você?

Levantei-me e comecei a me aproximar dele, lambendo os lábios, descendo a alça do meu vestido.

— Eu só te achei muito tenso.

— O que pensa que está fazendo?

Tirei a outra alça e ainda caminhando lentamente em sua direção, meu vestido caiu no chão, deixando-me apenas de calcinha. O olhar dele se incendiou e passeou por todo meu corpo. Tentando tirar minha imagem de seus olhos, ele balançou a cabeça de um lado para o outro e tampou os olhos com as mãos.

— Helena, pare agora mesmo! Não podemos fazer nada e eu não vou me entregar assim. Eu prometi que cuidaria de você. Mas que droga! Helena, por que está fazendo isso?

— Amor?

Aproximei-me dele, pegando suas mãos e colocando cada uma em uma nádega. Ele me olhou nos olhos, e depois seu olhar parou em meus seios.

— Meu Deus, Helena!

— Hoje acabou o prazo, amor!

Sentei-me em seu colo e logo senti a ereção demonstrando todo desejo dele.

— Helena! Pare com isso.

— Parar com o quê? Com isso?

Beijei seu pescoço, rebolando em cima de seu membro, que não cabia mais na calça apertada.

— Meu Deus, Helena... Eu tô falando sério. Pare agora!

Comecei a passear minha mão direita em seu peito e com a esquerda puxei seu cabelo devagar.

— Eu quero você... Não consigo mais resistir a esse desejo que me consome, à vontade de sentir você todo dentro de mim.

Ele gemeu baixinho, apertando minha bunda com força, como se estivesse se segurando.

— Eu... Eu... Helena!

Descendo a mão que estava em seu peito, abri sua calça. Ele me olhou com um olhar quase suplicante.

— Você quer isso? Quer sentir prazer, certo?

— Isso!

Então ele me carregou até sua mesa, jogando alguns papéis no chão, e me beijou intensamente, rolando seus dedos em meu ponto mais quente.

— Helena, você está encharcada...

Ele desceu, beijando meus seios, minha barriga, e se sentou em sua cadeira, encaixando seus lábios e sua língua dentro de mim, lambendo e chupando com tanta vontade que gozei em segundos.

— Seu gosto é sensacional...

Percebendo que eu gozei, ele se levantou e me deu a mão para que eu descesse da mesa.

— Espera aí! Acabou? Eu quero VOCÊ!

— Helena, não!

Ele se virou fechando o zíper da calça e abotoando os botões da camisa.

— Gustavo, vai me deixar aqui assim?

Ele sorriu, passando as mãos no cabelo.

— Amor, vamos esperar a consulta da semana que vem. E não adianta insistir.

Desolada, levantei-me e coloquei meu vestido, claramente irritada.

No carro, seguimos todo o trajeto em silêncio. Eu estava furiosa. Não estava doente, estava apenas grávida, e, o pior, com todo esse sangue circulando em mim, minha libido estava me matando. E o único homem que eu queria estava me evitando.

Quando chegamos, fui para o banho. Ele, percebendo a minha irritação, deixou-me quieta. Quando saí do banho, a irritação ainda não tinha passado.

— Tereza deixou uma lasanha deliciosa no forno. Vem comer — Gustavo falou da cozinha, já pegando os pratos.

Continuava muda, mas fui comer porque, claro, estava faminta e não ia recusar uma lasanha só de pirraça.

Após me servir, sentamo-nos à mesa. Eu continuei muda, apenas focada no meu prato delicioso de lasanha. E como estava bom!

— Helena, vai continuar mesmo me ignorando assim?

Olhei para ele com desdém e continuei comendo minha lasanha. Gustavo me olhou e deu um sorriso arrogante, que me deixou ainda mais enfurecida.

Terminamos o jantar e eu fui cuidar dos cães enquanto ele lavava os pratos. Quando entrei, vi Gustavo no escritório. Aproveitei para ir para o quarto. Deitei-me na cama ainda irritada e coloquei uma playlist de músicas calmas para relaxar. Acabei pegando no sono.

Quando acordei, senti o braço forte de Gustavo em minha cintura e sua respiração quente em meu pescoço. "Por que não consigo ficar irritada com ele?". Comecei a tirar seu braço da minha cintura delicadamente para não o acordar, mas quanto mais eu tentava tirar, mais ele apertava.

— Está tentando fugir? — ele perguntou com a voz embargada de sono.

— Oi, amor. Não queria te acordar.

Gustavo me beijou no pescoço, o que já foi o suficiente para acender todo o desejo latente do meu corpo.

— Não acordou. Ainda está irritada comigo?

— E eu consigo?

Sorrindo, ele continuou os beijos e as carícias com suas mãos quentes pelo meu corpo.

— Que tal eu tentar me redimir um pouco?

— Está disposto a me dar o que eu quero?

— Tudo não. Ainda não.

Com a mão quente e enorme em minha virilha, seus dedos começaram a acariciar toda minha região, tirando de mim alguns gemidos.

— Isso é delicioso, amor... Eu... Eu...

Gozei em segundos. Era uma droga a libido alta sem poder ter o que eu queria. Era como se todo meu corpo fosse um fósforo que se acendia e em segundos queimava totalmente.

Sorrindo por ver que eu tinha chegado ao orgasmo, ele parou e me deu mais alguns beijos no pescoço.

— Viu? Nem precisa de todo o resto do processo.

Dei uma bufada de insatisfação e virei de frente para ele.

— Isso é muito pouco — falei, fazendo um beicinho, o que o fez sorrir.

— Você fica linda irritada, sabia?

— Chato!

Ele deu uma mordidinha na ponta do meu nariz e me abraçou, aconchegando-me em seu corpo quente.

— A consulta já está chegando, amor! Logo serei todo seu.

— Afff... Ela disse para evitar movimentos bruscos e não virar celibatário.

Com uma risada gostosa que preencheu o quarto, Gustavo beijou minha testa e fechou os olhos.

— Vem. Ainda é madrugada e você precisa descansar.

Ainda insatisfeita, acabei pegando no sono.

No dia seguinte, já no consultório, entre o intervalo dos clientes da parte da manhã, Lê entrou na sala segurando o celular.

— Espera que vou colocar a Lena na tela.

Ela se aproximou da minha mesa, e quem estava do outro lado do celular logo arrancou um largo sorriso meu.

— Pedro! Seu sumido! Como vocês estão?

— Estamos ótimos! Decidimos tirar umas férias e estamos viajando. Agora estamos em Orlando.

— Hum... Que inveja, seu chato! — Lê falou sorrindo.

— Como está nossa grávida mais linda? Estou tão feliz em saber disso, Lena! Serei o padrinho?

— Lógico! Você e o Ramon. Será que conseguirão vir para conhecer seus afilhados?

— Vamos sim.

A conversa continuou alegre por mais um tempo, até que Pedro precisou desligar.

— Que saudade desse chato!

— Nem fala, Lê!

— E essa carinha triste? O que foi?

— Nada, só pensativa.

Lê, que me conhecia bem, sentou-se na minha mesa, olhando para mim, inquisitiva.

— Sei... Problemas em casa?

— Ah, Lê, não é nada.

— Lena, eu tenho mais experiência que você. Vamos! Se abre!

Ainda hesitante, falei baixinho.

— É que... Você sabe que minha gravidez é um pouco de risco, né?

— Sim, mas agora já inteirou os três primeiros meses.

— Pois é. E você sabe que eu estou sentindo... É... Como posso dizer... Uma vontade muito grande de... é...

— Transar?

— Delicada como um rinoceronte!

Lê deu uma gargalhada deliciosa.

— Eu fiquei louca nos primeiros meses. Lucas até emagreceu!

Lê riu, saudosa, ao se lembrar da época em que estava grávida de Luan.

— Menina, pensei que eu estava com algum distúrbio, sei lá.

— Imagina! Esse aumento de libido é bem normal. Mas, pelo que sei, vocês nunca tiveram problema com isso.

— É... Só que como a médica pediu para evitarmos movimentos bruscos, ele se recusa a ter relações comigo. E eu estou literalmente morrendo de vontade.

Lê desceu da minha mesa e puxou uma cadeira, sentando-se ao meu lado.

— Bom, pelo que sei, só terá problemas se fizerem coisas muito loucas. O velho e bom papai e mamãe não tem risco.

— Eu sei. Falei isso para ele. Mas ele quer que a médica fale. E nossa consulta é só daqui a algumas semanas.

— Entendi. Mas, Helena, é você quem tem o poder. Sabe que ele não vai conseguir resistir se jogar as cartas certas.

Curiosa, aproximei-me de Lê pronta para escutar.

— Cartas?

— Ah... Você com certeza conhece os pontos fracos dele.

— Conheço e já tentei algumas coisas. Nada! Ele está irredutível.

Lê franziu a testa pensativa.

— Já sei. Tem alguma coisa que você nunca fez para ele? Algo novo, que trabalhe todos os sentidos dele?

Pensei um pouco e a imagem do rosto dele iluminado quando eu mostrei o vídeo de dança aquele dia no restaurante me veio à mente.

— Ele nunca me viu dançando ao vivo.

Lê pulou da cadeira toda animada.

— Pronto! É isso! Eu duvido que ele vai resistir a uma apresentação exclusiva de dança do ventre com direito a um maravilhoso strip.

Sorrindo sapeca, comecei a pensar em tudo.

— Ah! Gostei disso!

Conversamos mais um pouco e Lê foi para a sala dela e eu continuei os atendimentos do dia. Nos intervalos, pensava na emboscada para ele. "Será sexta-feira! Você não me escapa, Sr. Capanemma!".

A semana seguiu e Gustavo continuou me evitando. E eu fingia tranquilidade, já que meu plano estava pronto. E sexta-feira chegou. Liberei Tereza e Juliana mais cedo. Gustavo mandou mensagem avisando que chegaria perto das 18h. Como atendi em casa apenas, encerrei meu expediente às 16h para dar tempo de preparar tudo. Comprei uma roupa composta de top e saia longa, ambos vermelhos. A saia tinha uma fenda em toda a perna direita e o top valorizava meus seios.

Ele chegou um pouco antes das 18h.

— Oi, amor. Como você está se sentindo hoje?

— Estou ótima. Como foi o seu dia?

— Foi muito bom, bem produtivo. Estava pensando... Podemos jantar fora hoje. O que acha?

— Excelente ideia!

— Ótimo! Vou tomar um banho e vamos.

— Ok, amor!

Ele me deu um beijo nos lábios e foi para o banheiro. Rapidamente, fui para o quarto, coloquei a roupa de dança e fiquei de vigia no corredor. Em poucos minutos, ele saiu do banho, ainda enrolado na toalha. Assim que ele se virou para pegar a roupa no guarda-roupa, eu coloquei a música. Gustavo olhou para trás para procurar de onde estava vindo o som. Entrei no quarto e nossa! Como eu queria tirar uma foto da expressão dele.

Entrei enrolada em um lençol de seda, próprio da dança do ventre, na cor branca. O olhar de Gustavo percorreu todo meu corpo, ele ficou atordoado.

— Helena! Você está fazendo o que eu acho que está fazendo?

Não falei nada, só continuei me aproximando em passos lentos e sedutores, e quando já estava dentro do quarto, perto de onde ele estava, desci o lenço e mostrei meu corpo de forma sedutora, fazendo-o abrir a boca e ficar com ela aberta por alguns instantes. Então me aproximei ainda mais dele, que estava totalmente sem reação. "Isso!".

Com um leve empurrão, joguei-o na cama.

— Caralho, Helena! Que isso?

Virei de costas e fiz movimentos de onda com o meu quadril, jogando o cabelo de forma leve e poderosa, continuando a dança no ritmo da melodia. Virei de frente e olhando dentro dos olhos dele, movimentei os quadris, fazendo a toalha mover-se de seu colo.

Aproximei-me da cama jogando o véu nele, que estava quase babando com a minha performance. Subi em seu colo e fiz alguns movimentos sentada em seu quadril, e foi o suficiente.

Gustavo virou-me e ficou em cima de mim na cama, com os olhos dilatados de desejo, beijando intensamente, agarrando minha bunda bem forte. Ele praticamente rasgou a minha roupa, beijando todo meu corpo, tomando-me por completo. Tudo aconteceu muito rápido e de modo muito intenso. Quando percebi, ele já estava completamente dentro de mim.

Gustavo parou por alguns instantes e me olhou nos olhos novamente. Sem dizer nenhuma palavra, ele colou os lábios nos meus e estocou forte várias e várias vezes, fazendo-me ter um orgasmo tão intenso que minhas pernas bambearem.

— Ah, Helena! Gostosa demais!

E ele continuou, eu já estava quase sem forças de tanto prazer. Só consegui agarrar suas costas largas e fortes e dizer uma coisa:

— Gustavo! Aaaah... Que delícia sentir você...

Sussurrar o nome dele o deixou ainda mais voraz. Antes que ele chegasse em seu limite, ele parou ofegante e me olhou, com ainda mais intensidade nos olhos. Com outro beijo molhado em meus lábios, ele segurou minhas mãos acima da minha cabeça e beijou meu pescoço com ansiedade, voltando a estocar mais algumas vezes, até que, com um gemido alto de prazer, Gustavo também chegou ao seu limite.

Ainda dentro de mim, ele me beijou novamente, agora um beijo mais calmo, mas ainda sensual. Dando-me mordidas leves nos lábios, ele sorriu sem sair de mim e disse:

— Você me pegou de surpresa, sua danadinha!

Sorrindo de volta, ainda com a boca em seus lábios, apertei seu membro que continuava dentro de mim, fazendo-o dar um gemido baixo.

— Helena, não me provoque mais, por favor!

Comecei a mexer meu quadril e ele me deixou me deliciar mais um pouco, até que cheguei mais uma vez ao clímax.

Ofegante e com sorriso bobo no rosto, ele saiu de dentro de mim e se deitou ao meu lado na cama. Levantei-me, deitando em cima de seu peito, olhando para ele.

— Gostou?

Ele me olhou e seu sorriso já respondeu a minha pergunta. Mas ele falou:

— Se eu gostei? Acho que nunca mais vou esquecer essa deusa de véu branco dançando para mim. Nossa, eu estou com a mulher mais linda, deliciosa e sexy do mundo!

Gustavo me abraçou forte e consegui sentir seu entusiasmo voltando.

— Fico feliz. Literalmente, feliz.

Ele suspirou, ainda ofegante, mas satisfeito.

— Bom, conseguiu o que queria. A prova de que não resisto a você. Está se sentindo bem? Machuquei você?

— Estou ótima, amor. Não se preocupe.

Com um sorriso nos lábios, deitei minha cabeça em seu peito e ele acariciou meu cabelo bagunçado.

— Eu tentei me segurar, mas você estava simplesmente sensacional. Bom, ainda topa aquele jantar? Agora eu que estou faminto!

— Eu topo demais. Também estamos famintos.

Gustavo me abraçou forte mais uma vez e nos levantamos para ir jantar. Fomos para um restaurante árabe e, pela minha cara, ele entendeu tudo.

— Nunca comeu comida árabe?

— Nunca. É boa?

— Vem. Vamos ver se você gosta. Fiquei inspirado depois do que fez!

O restaurante era lindo, com luzes avermelhadas e panos coloridos nas mesas. Sentamo-nos e ele pediu alguns pratos típicos. Eu comecei a provar com receio, mas meu paladar amou a comida e eu devorei tudo. Gustavo ficou feliz.

— Gostou mesmo da comida, hein?

Limpando a boca com guardanapo, falei satisfeita.

— Isso é uma delícia! — falei, pegando mais uma esfirra de carne, o que o fez sorrir.

Os meses passaram e a barriga cresceu. Já aos oito meses de gestação, era como se não estivesse mais no meu corpo — mamães vão me entender. Devido à gravidez de risco, já estava de repouso há uma semana, o que estava me deixando quase maluca.

Gustavo, Tereza e Ju me tratavam como uma rainha, fazendo todos os meus desejos, e essa parte eu até que gostava bastante. Nossos bebês estavam saudáveis, mas corria o risco de dar à luz a qualquer momento, o que deixava Gustavo ainda mais cauteloso e ansioso.

Estava trabalhando 100% home office, o que me ajudava a me distrair e esquecer um pouco todo o incômodo desse corpo enorme que então eu habitava.

— Helena! Trabalhando até agora?

Gustavo chegou e só então percebi que eram 19h.

— Oi, amor. Estou acabando a análise da implantação do hotel na Itália e das novas franquias vendidas. Vem cá.

Gustavo se aproximou, dando um beijo em meus lábios e na minha barriga com carinho.

— São os dados do último trimestre?

— Sim. Olha que sucesso isso.

— Helena! Já faturamos tudo isso com a rede de franquias?

— Sim. E olha a perspectiva para o próximo semestre que simulei com base no resultado que já temos.

Os olhos dele brilharam de entusiasmo, e com grande sorriso ele deu quase um pulo da cama.

— Helena, você é simplesmente brilhante! Eu jamais teria pensado em abrir uma rede de franquias e, graças a você, olha isso!

— Mereço algo em retribuição.

— Merece mesmo. E eu bem que estou querendo mimar minha linda mulher! Como está se sentindo hoje?

— Enorme.

Gustavo riu, tirando a gravata.

— Você não está enorme, amor. Está esperando dois bebês.

— Eu sei e eu os amo, mas não reconheço mais meu rosto e nem estou conseguindo enxergar meus pés.

Gustavo gargalhou, voltou para a cama e massageou meus pés.

— Eles estão aqui, amor. Deve estar com fome. Tereza deixou uma canja de galinha pronta. Vou trazer para você.

— Não precisa, amor. Me ajuda a sair um pouco desta cama?

— Claro.

Rapidamente, ele me ajudou a ir até a cozinha.

— Está até quente ainda. Vou colocar para você.

— Obrigada, amor.

Gustavo nos serviu e comemos conversando alegremente. Logo depois, ele me ajudou a voltar para o quarto. Estava difícil andar nesse final e eu não podia subir escada, então improvisamos uma copa no andar de cima.

Deitada, acariciava minha barriga, enquanto Gustavo concluía uma ligação com Ruan sobre o Projeto Itália. Perdi-me nesse momento. Conversei com meus bebês sem sequer perceber, era como se eu já pudesse ver seus olhinhos castanhos vivos como os do pai.

— Então vocês sabem que mamãe e papai amam vocês e vamos viajar muito. A Itália é linda!

Gustavo se aproximou sorrindo feito um bobo, sentando-se ao meu lado na cama e colocando a mão na minha barriga.

— Um deles chutou. Olha, amor!

Os bebês pareciam sentir que era ele. Sempre que Gustavo colocava a mão na minha barriga, eles faziam a maior festa dentro de mim.

— Eles amam sua voz.

Gustavo cantou uma canção suave para eles, que pareciam estar dormindo. Dando um beijo na minha barriga, ele disse:

— Que tal um banho? Parece estar cansada.

— Estou mesmo. Um banho será perfeito.

E seguimos para o banho, que virou quase um ritual nos últimos meses. Como não conseguia mais fazer muita coisa, basicamente trocávamos intimidades, carícias, mas o principal, preenchíamo-nos ainda mais do amor que nos unia nessa conexão tão forte. Gustavo amava esse momento e praticamente implorou para que eu o esperasse para tomar banho nesse último mês.

— Hum... Isso é muito bom!

Gustavo massageou minhas costas e acariciou minha barriga com delicadeza. E era sempre assim nossa rotina de cumplicidade, a cada dia nos conhecendo mais e construindo juntos a relação que queríamos ter.

CAPÍTULO 20

A vida é surpreendente para quem aprende a vivê-la

E chegou meu aniversário de 39 anos e Gustavo preparou uma deliciosa surpresa: fez um luau na praia com nossos amigos, familiares e nossos pequenos Henrique e Heloísa. Eu nunca imaginei que seria capaz de ser ainda mais feliz do que já era, mas, hoje, eu me sinto ainda mais realizada.

Como eu amo ser mãe! Aqueles olhos cheios de vida como os do pai aquecem meu coração! Passamos por muita coisa, principalmente no parto, que foi bem complicado e achamos que iríamos perder Heloísa. Ela nasceu um pouquinho menor do que o irmão, mas sua autenticidade e carisma logo ficaram evidentes. Seu cabelo cacheado chama a atenção de todos e ela adora exibir os cachinhos definidos. Henrique é um pouco mais calado, o que dura só até se soltar. O sorriso é lindo como o do pai e o cabelo também cacheado como o meu, faz com que seus traços sejam ainda mais lindos!

Estão todos se divertindo ao som dos irmãos Capanemma; Heloísa no colo do pai como sempre e Henrique no meu.

— Parabéns para você! Parabéns para você!

Todos começaram a bater palmas e a olhar para mim enquanto Gustavo tocava a velha canção, envolvendo a todos com sua energia!

— Discurso! Discurso! — todos gritaram animados quando o bolo com desenhos de rosas brancas chegou.

— O que dizer? Eu estou muito feliz!

Todos bateram palmas empolgados, Gustavo me olhou com um sorriso doce nos lábios.

— Hoje só tenho uma palavra em meu coração: gratidão! Eu agradeço a cada um de vocês, a cada pessoa que cruzou meu caminho, mesmo as que me trouxeram dor, porque com a dor eu aprendi, eu me fortaleci.

Vi minha mãe com lágrimas nos olhos.

— Eu agradeço imensamente aos meus irmãos de alma, Pedro, Cláudia, Lê, Paula, Lorena e Lorenzo, Olivia e Júlio. A vida nos uniu de formas tão diferentes e únicas, não é mesmo? E hoje não consigo imaginar como seria minha jornada sem cada um de vocês!

Em um abraço coletivo, todos me abraçaram.

— Mamãe, o que dizer para você? Eu honro sua história, sua força em vencer a si mesma todos os dias me inspira. Eu agradeço por ter me permitido ser sua filha! Gratidão, mamãe!

Mamãe me abraçou forte, chorando emocionada.

— E, claro, como não agradecer a essa pessoa incrível? Com seu jeitinho maroto conquistou meu coração mesmo quando eu estava fechada para o amor. Gustavo, meu amor, eu agradeço a cada dia em que você me ama, me faz sentir verdadeiramente uma rainha! Eu agradeço a família linda que me deu. Cada experiência, cada sorriso, cada lágrima, cada instante ao seu lado é único e inesquecível.

Gustavo se aproximou e me beijou nos lábios, radiante, girando-me de um lado para o outro, e todos bateram palmas entusiasmados.

— Helena, eu que sou o homem mais sortudo deste mundo. Agora, claro, vou começar a distribuição dos presentes.

Gustavo me entregou um envelope lacrado.

— Que isso?

— Abra e verá! — ele respondeu sorrindo, recordando quando eu lhe dei o quadro com a Lua cheia no nosso primeiro Natal juntos.

Quando abri, vi um documento autenticado, e quando comecei a ler meu coração quase para: "O Grupo Capanemma assume o patrocínio do Instituto Por Amor, Por Elles e Ellas".

— Amor? Isso... Isso... é... Meu Deus!

Lágrimas rolaram em meu rosto e todos me olhavam ansiosos.

— Sim, é seu sonho, amor. E se é seu sonho, é nosso sonho!

Gustavo me abraçou e eu ainda com os pés flutuando, falei para todos.

— Há algum tempo eu tenho um sonho em mente. Abrir um lugar onde mulheres e homens que sofrem abusos físico, mental e emocional possam ser acolhidos. Um lugar onde eles encontrem quatro coisas básicas: acolhimento, apoio, amor e dignidade. A ideia é abrir um lugar grande, com oficinas profissionalizantes, creches, atendimentos médico e psicológico, onde eles possam ter a oportunidade de recomeçar. O Instituto também terá atendimento profissional para quem pratica a violência, atuando para que eles possam ter a chance de recomeçar e sair do padrão da violência. E, claro, como sabem, amo os animais, e a ideia é unir tudo isso ao resgate e ao cuidado dos animais em situação de rua, com a criação de hospital veterinário e posterior doação deles. E esse sonho agora será realidade, pois o Grupo Capanemma irá financiar o Instituto!

Todos aplaudem, sinto o amor e a esperança preencherem o ambiente.

***

— Recordando todos esses acontecimentos das páginas deste livro com você, eu sinto duas coisas latentes em meu coração: GRATIDÃO e ORGULHO. Gratidão enorme por tudo que vivenciei, inclusive os momentos desafiadores que me fizeram crescer como ser espiritual que sou, e orgulho de toda minha jornada, da mulher que me tornei e da mulher que estou me tornando a cada dia. Eu precisei aprender muito. Precisei aprender sobre o que é ser filha, neta, funcionária, empresária, namorada, amante, esposa, solteira, companheira, mãe, mas, o principal, e é sobre isso que se trata toda a jornada da minha vida, eu precisei me desconstruir e me reconstruir várias e várias vezes. Eu precisei me libertar, do peso do passado, do peso do julgamento, do peso da opinião dos outros, do peso de ser quem era para me tornar algo muito maior. Eu precisei recomeçar após cada fim que vivenciava em minha vida e foram esses fins que me trouxeram aqui hoje. O amor não é um conto de fadas, não é algo que se sente de imediato, não mesmo! Amor é construção, é decisão, é entrega e, principalmente, a entrega de se permitir, de ser vulnerável para olhar para sua escuridão e tomar a decisão de acender a própria luz. É aprender a se LIBERTAR e a RECOMEÇAR a construir hoje a vida que você deseja, encerrando os ciclos que precisam ser encerrados e começando os que aguardam sua atitude para acontecerem! Hoje, aos 45 anos, consigo olhar para as páginas deste livro e sorrir.

"Helena, que bom que você foi teimosa e ousada o suficiente para fazer tudo o que seu coração te guiou!".

***

— E essa foi a maravilhosa escritora e terapeuta Helena Soares, fundadora do Instituto Por Amor, Por Elles e Ellas, que já auxiliou mais de 5 mil mulheres e homens em situação de risco e violência, reduzindo novos atos e novas agressões, e auxiliou vários cães e gatos a encontrarem amor e um lar em todo o Brasil.

Saindo do palco da maior rede de televisão aberta do estado, Henrique logo veio ao meu encontro.

— Mamãe, a senhora estava simplesmente linda!

— Obrigada, meu filho!

— Eu amo tanto você. Estou orgulhoso, amor!

Gustavo se aproxima, em seu terno preto, com aquele cabelo grisalho e seu sorriso que ainda me deixa com coração aquecido.

— Estava linda, mamãe.

Heloísa pega minha mão, arrastando-me para as fotos.

Quando entro no camarim do estúdio para pegar minhas coisas, vejo uma caixinha vermelha com laço dourado e um cartão.

"De quem será?".

Abro o cartão e meu coração para por alguns instantes.

"Minha eterna princesa!

Eu precisava vê-la uma última vez e hoje pude perceber o quanto fiz bem me afastando de seu caminho.

Eu estou bem, ainda casado, respeitando-a e tratando-a com carinho e cuidado, o que aprendi com você. Meus filhos são meu maior orgulho! Lindos e alegres, preenchem um pouco meu coração cansado de felicidade. Minha menina me lembra você. Seus olhos cheios de vida e amor me fazem continuar todos os dias minha jornada em busca de me tornar um homem melhor.

Continuo a terapia, a cada dia aprendendo mais. E se minha vida se transformou, eu devo tudo isso a você, meu anjo!

Obrigado, Helena, por ser essa mulher maravilhosa. Essa mulher que olha nos olhos, que é luz por onde passa. Hoje, vendo seu sucesso e toda a transformação que você gerou no mundo, eu me sinto honrado em um dia ter tido você em minha vida. Infelizmente, fui tolo demais para não manter isso, mas sei que o amor que nos une me sustenta diariamente.

Ainda me lembro de todos os nossos momentos juntos, do dia em que olhei em seus olhos, do dia em que a beijei pela primeira vez no escritório, na nossa noite sob o luar, de todas as vezes que me deu o céu e as estrelas em seus braços, em seu sorriso, em seu olhar. Obrigado, minha princesa, por tanto, por tudo e por um dia ter me permitido tocar você, sentir você de todas as formas. Quero que fique com o primeiro presente que te dei, e espero que o outro presente da caixa auxilie na construção diária dos seus sonhos, porque você, sim, meu eterno amor, merece conquistar todos os sonhos do mundo! Você, Helena, foi e ainda é a única mulher que me tem por completo. Todo meu corpo e a minha alma serão eternamente seus. Saiba que irei orar por você e desejar sua felicidade enquanto houver sangue fluindo em minhas veias. Eu te amo e sempre vou te amar! Obrigado mais uma vez, minha princesa! Marcus".

Com lágrimas nos olhos e os sentimentos de agradecimento e de amor latentes em meu peito, abro a caixa e me deparo com o lindo colar com pingente de diamante que ele me deu de presente na nossa primeira noite juntos, e ao lado dele, outro envelope, que me assustou ao abri-lo. Era um comprovante de depósito de 100 mil reais na conta do Instituto! "Meu Deus, Marcus!".

Lágrimas desciam pelo meu rosto, mas agora de gratidão, por ter finalmente transformado aquela relação doentia em amor sublime, o amor verdadeiro que une e conecta as pessoas além do tempo e do espaço.

Aguardo um pouco para sair e encontro com Gustavo e nossos filhos para ir para casa.

Já sentados em nossa varanda, Gustavo me abraça enquanto eu concluo uma ligação.

— Isso, Paula. Pode colocá-la na suíte Sol. Lá é maior e cabe os dois bebês. Perfeito! Obrigada!

— Quem diria que a Paula se tornaria sua sócia e grande amiga! — Gustavo falou, abraçando-me mais apertado.

— Ela é uma excelente profissional.

— Você é maravilhosa, meu amor! Sabe o quanto eu te amo?

— Eu também te amo muito!

E com um beijo apaixonado e doce, ficamos ali, sob a luz do luar, deliciando-nos com um momento mágico chamado VIVER!